國家古籍整理出版專項經費資助項目

全國高等院校古籍整理研究工作委員會規劃項目

中國史學基本典籍叢刊

十六國春秋輯補

上

〔北魏〕崔鴻撰
〔清〕湯球輯補
聶溦萌
羅新點校
華喆

中華書局

圖書在版編目(CIP)數據

十六國春秋輯補/(北魏)崔鴻撰,(清)湯球輯補;聶溦萌,羅新,華喆點校. —北京:中華書局,2020.3(2025.1重印)
(中國史學基本典籍叢刊)
ISBN 978-7-101-14390-4

Ⅰ.十… Ⅱ.①崔…②湯…③聶…④羅…⑤華…
Ⅲ.中國歷史-五胡十六國時代-紀傳體 Ⅳ.K238.042

中國版本圖書館CIP數據核字(2020)第026281號

責任編輯:李　勉
封面設計:周　玉
責任印製:管　斌

中國史學基本典籍叢刊
十六國春秋輯補
(全三册)
〔北魏〕崔　鴻 撰
〔清〕湯　球 輯補
聶溦萌　羅　新　華　喆 點校
*
中華書局出版發行
(北京市豐臺區太平橋西里38號　100073)
http://www.zhbc.com.cn
E-mail:zhbc@zhbc.com.cn
北京新華印刷有限公司印刷
*
850×1168毫米 1/32 · 37⅞印張 · 6插頁 · 630千字
2020年3月北京第1版　2025年1月第5次印刷
印數:7501-8500册　定價:158.00元

ISBN 978-7-101-14390-4

目録

整理前言……一

凡例……一

湯球傳……（清）王秉恩……一

十六國春秋輯補書後……（清）吴翊寅……四

十六國春秋輯補敘例……七

卷一　前趙録一

劉淵……一

卷二　前趙録二

劉淵……九

（江都王延年）……一三

（長樂王洋）……一二

（上郡王儁）……一二

（李景年）……一三

劉和……一六

劉宣……一七

卷三　前趙録三

劉聰……二三

（聰后呼延氏）……二七

（卜珝）……二八

（郭默）……三〇

（劉聰小劉后）……三一

（劉殷）……三一
（劉翌）……三三
（張寔）……三四
（劉聰大劉后）……三五
卷四　前趙録四
劉聰……四三
（段凱）……四五
卷五　前趙録五
劉聰……六一
劉粲……六五
王延……六七
陳元達……六八
卷六　前趙録六
劉曜……七三
（郭汜）……七五
（游子遠）……八〇
卷七　前趙録七
劉曜……八三
（曜后羊氏）……八七
卷八　前趙録八
劉曜……九一
（陳安）……九二
（劉胤）……九四
（臺産）……九七
（獻烈皇后劉氏）……九八
卷九　前趙録九
王彌……一〇五
（張嵩）……一〇七

王廣……一〇八
崔遊……一〇九
范隆……一〇九
董景道……一一〇
卷十　前趙録十
王育……一一三
韋忠……一一四
劉敏元……一一五
杜育……一一六
喬智明……一一六
梁緯妻辛氏……一一七
陝婦人……一一七
冷道……一一八
相里覽……一一八
卷十一　後趙録一
石勒……一一九
（張爾）……一三五
卷十二　後趙録二
石勒……一三七
卷十三　後趙録三
石勒……一五一
（郈輔）……一五六
（孟卓）……一五七
卷十四　後趙録四
石勒……一六五
（張躍）……一六五
（張進）……一七〇
卷十五　後趙録五

石勒……一七五
（徐光）……一七六
石弘……一八三
（石勒劉皇后）……一八六
（趙明）……一八八
張賓……一八九
卷十六　後趙録六
石虎……一九五
（張季）……一九六
（解飛）……一九八
（石虎鄭皇后）……二〇〇
（石虎杜皇后）……二〇二
（桃豹）……二〇五
卷十七　後趙録七
石虎……二一一
卷十八　後趙録八
石虎……二二一
卷十九　後趙録九
石虎……二三三
石世……二三五
石遵……二三七
石鑒……二四〇
（張才）……二四〇
卷二十　後趙録十
石閔……二四七
（王謨）……二四八
卷二十一　後趙録十一
支雄……二五七

張謐……二五七
張樓……二五八
魏豹……二五八
申録……二五八
續咸……二五八
韋謏……二五九
裴憲……二六〇
傅暢……二六二
石樸……二六二
盧諶……二六二
（崔悦）……二六三
劉羣……二六四
卷二十二　後趙録十二
楊軻……二六七
辛謐……二六八
佛圖澄……二六九
麻襦……二七五
單道開……二七六
素和明……二七七
卷二十三　前燕録一
慕容廆……二七九
（劉讚）……二八三
裴嶷……二八九
高瞻……二九〇
卷二十四　前燕録二
慕容皝……二九五
卷二十五　前燕録三
慕容皝……三〇七

慕容翰……三一三
陽裕……三一四
卷二十六　前燕録四
慕容儁……三一九
（高商）……三二三
（張悕）……三二四
卷二十七　前燕録五
慕容儁……三三三
韓恒……三三九
李產 子績……三四〇
侯青……三四二
庫官泥……三四二
卷二十八　前燕録六
慕容暐……三四五
（慕容恪）……三五〇
（陽騖）……三五二
卷二十九　前燕録七
慕容暐……三六一
皇甫真……三六六
卷三十　前燕録八
吐谷渾 吐延　葉延　辟奚……三七一
成公都……三七四
王歡……三七五
公孫鳳……三七五
公孫永……三七六
黄泓……三七六
氾昭……三七七
卷三十一　前秦録一

苻洪……三八一
苻健……三八三
（苻雄）……三八七
苻生……三九五
（雷弱兒）……三九七
（王墮）……三九七
卷三十二　前秦録二
苻堅……四〇九
（張蚝）……四一二
卷三十三　前秦録三
苻堅……四二九
（徐成）……四三〇
（梁讜）……四三三
卷三十四　前秦録四
（李威）……四三七
苻堅……四四五
（陰毓）……四四七
（都貴）……四五四
卷三十五　前秦録五
苻堅……四五九
卷三十六　前秦録六
苻堅……四七五
（姜宇）……四七八
（苻琳）……四七九
（慕容沖）……四七九
卷三十七　前秦録七
苻堅……四八五
卷三十八　前秦録八

王猛……四九〇
苻融……四九五
苻朗……四九八
卷三十九　前秦録九
苻丕……五〇三
索泮……五一〇
卷四十　前秦録十
苻登……五一五
（苻登妻毛氏）……五二〇
徐嵩……五二四
卷四十一　前秦録十一
堅夫人張氏……五二九
張忠……五三〇
石垣……五三一
孟欽……五三一
僧涉……五三二
趙整……五三二
王嘉……五三四
韋逞母宋氏……五三五
竇滔妻蘇氏……五三六
卷四十二　後燕録一
慕容垂……五四一
（慕容鳳）……五四六
（趙秋）……五四七
卷四十三　後燕録二
慕容垂……五五一
（封衡）……五五四
卷四十四　後燕録三

慕容垂……五六一
（垂皇后段氏）……五六四
卷四十五　後燕録四
慕容寶……五七三
卷四十六　後燕録五
慕容盛……五八九
卷四十七　後燕録六
慕容熙……五九九
慕容雲……六〇三
卷四十八　後燕録七
慕容鳳　闕……六〇九
慕容垂段后　闕……六〇九
趙秋　闕……六〇九
封衡　闕……六〇九
王高……六〇九
末那樓雷……六一〇
慕容白曜……六一〇
卷四十九　後秦録一
姚弋仲……六一三
姚襄……六一六
卷五十　後秦録二
姚萇……六二三
（萇后蛇氏）……六二六
卷五十一　後秦録三
姚興……六三七
（郭樵）……六四四
（姚邕）……六四五
卷五十二　後秦録四

姚興……六五一
卷五十三　後秦録五
姚興……六六五
（索棱）……六六八
（姚顯）……六六八
卷五十四　後秦録六
姚興……六七五
尹緯……六七九
卷五十五　後秦録七
姚泓……六八三
卷五十六　後秦録八
姚泓……六九三
卷五十七　後秦録九
斂憲……七〇一
鳩摩羅什……七〇一
卷五十八　南燕録一
慕容德……七〇七
卷五十九　南燕録二
慕容德……七一七
卷六十　南燕録三
慕容德……七二三
卷六十一　南燕録四
慕容超……七三三
卷六十二　南燕録五
慕容超……七四一
卷六十三　南燕録六
慕容鍾……七五一
封孚……七五一

王鸞……七五二
泠平……七五二
段豐妻慕容氏……七五三
卷六十四　夏録一
赫連勃勃……七五五
卷六十五　夏録二
赫連勃勃……七六五
卷六十六　夏録三
赫連昌……七七七
赫連定……七七八
（吐谷渾拾虎）……七七九
卷六十七　前涼録一
張軌……七八一
（宋配）……七八二
（氾瑗）……七八三
（辛攀）……七八八
卷六十八　前涼録二
張寔……七九三
（氾禕）……七九三
張茂……七九九
（辛憑）……八〇一
卷六十九　前涼録三
張駿……八〇七
卷七十　前涼録四
張駿……八一五
卷七十一　前涼録五
張重華……八二五
（張沖）……八二五

（車濟）……八二五
張靈曜……八三三
卷七十二　前涼録六
張祚……八三五
（索孚）……八三七
張玄靚……八三九
（索綏）……八四〇
卷七十三　前涼録七
張天錫……八四七
（郭瑀）……八四九
（張天錫美人閻姬薛姬）……八五一
（常據）……八五一
卷七十四　前涼録八
郭荷……八五七
宋纖……八五七
氾騰……八五八
氾昭……八五九
辛琳 弟理……八五九
張世度……八六〇
索襲……八六〇
索紞……八六一
卷七十五　前涼録九
張斌……八六五
李弇……八六五
祈嘉……八六六
卷七十六　蜀録一
李特……八六七
卷七十七　蜀録二

李流……八七九
李雄……八八一
（李安）……八八二
（李始）……八八二
卷七十八　蜀録三
李班……八九五
李期……八九六
卷七十九　蜀録四
李壽……九〇一
李勢……九〇五
（常璩）……九〇七
卷八十　蜀録五
李庠……九一一
龔壯……九一三
譙秀……九一三
許延妻杜氏……九一三
卷八十一　後涼録一
吕光……九一五
（竇苟）……九一七
卷八十二　後涼録二
吕光……九二七
卷八十三　後涼録三
吕纂……九三七
（吕纂妻楊氏）……九四三
吕紹……九四四
吕隆……九四四
（吕紹妻張氏）……九四五
卷八十四　後涼録四

呂憲妻苻氏……九五一
卷八十五　西秦録一
郭麘……九五一
乞伏國仁……九五五
卷八十六　西秦録二
乞伏乾歸……九六一
卷八十七　西秦録三
乞伏熾磐……九七五
乞伏暮末……九八〇
（辛進）……九八〇
卷八十八　西秦録四
醜門于弟……九八七
武都氏……九八七
吐谷渾　視連　視羆　烏紇堤即大孩
樹洛干……九八七
卷八十九　南涼録一
禿髮烏孤……九九一
禿髮利鹿孤……九九四
卷九十　南涼録二
禿髮傉檀……一〇〇三
卷九十一　南涼録三
禿髮傉檀……一〇一三
曇霍……一〇一九
卷九十二　西涼録一
李暠……一〇二三
卷九十三　西涼録二
李暠……一〇三一
（劉昞）……一〇三四

卷九十四　西涼録三
李歆　弟恂　子重耳　弟翻　翻子寶……一〇四三
曷后尹氏……一〇四八
卷九十五　北涼録一
沮渠蒙遜……一〇五三
卷九十六　北涼録二
沮渠蒙遜……一〇六七
卷九十七　北涼録三
沮渠茂乾　弟無諱　安周　從弟唐兒　天周　兄子萬年……一〇七七
張譚……一〇八三
卷九十八　北燕録一
馮跋……一〇八七
卷九十九　北燕録二
馮跋……一〇九五
卷一百　北燕録三
馮弘……一一〇三
馮素弗……一一〇六
十六國春秋輯補年表……一一〇九
附録
續修四庫全書總目提要……一一四九
十六國春秋輯補
百卷……徐世章　一一四九
十六國春秋輯補一百卷附纂録
十卷……〔清〕江瀚　一一五〇
十六國春秋纂録校本敘目……一一五一
十六國春秋纂録
校勘記跋……〔清〕吴翊寅　一一五三

整理前言

一　崔鴻事跡與十六國春秋的成書

十六國春秋是北魏崔鴻以十六國諸國史爲基礎撰寫的一部史書，記載了西晉衰亂以來至北魏太武帝統一北方的一百四十年間，中國北方（及蜀地）政權分立的歷史。在這段時期裏建立的政權並非衹有十六個，但崔鴻認爲「自晉永寧以後，雖所在稱兵，競自尊樹，而能建邦命氏成爲戰國者，十有六家」。後人把這個時期稱爲「十六國」，正是由於崔鴻此書的緣故〔一〕。

崔鴻，字彦鸞，清河人，是北魏名臣崔光之侄，其傳即附於魏書卷六七崔光傳之後。崔鴻曾祖崔曠，在十六國後期隨慕容德南遷，定居「青州之時水」。由於時水俗稱黑水或烏水，這一支崔氏後來被稱作「烏水房」〔二〕。他們的家族長眠於「黄山之北，黑水之南」〔三〕，這片墓地在上世紀七八十年代經過兩次發掘，清理出了包括崔鴻夫妻、崔鴻子混（字子元）墓在内的十九座墓葬〔四〕。

根據出土的崔鴻墓誌推算，崔鴻應生於魏孝文帝太和二年（四七八）。太和二十年，崔鴻「釋褐彭城王左常侍」，從此離鄉進京。妻子張氏的墓誌説「文侯（案：即崔鴻）少宦，夫人留居奉養，温清視饍廿餘載」。到孝昌元年（五二五）崔鴻四十八歲時，病卒於散騎常侍、黄門侍郎任上，纔歸葬鄉里。

崔鴻「少好讀書，博綜經史」。他的叔父崔光從太和年間就參撰國書，太和末「專以史事任光」，直到宣武帝永平四年（五一一）以前，崔光一直「領史官」。而崔鴻本人也在景明年間（五〇〇—五〇三）奉敕撰起居注。大概是這些條件令他有信心撰寫一部堪成一家的史書，他把目光投向了「各有國書，未有統一」的西晉末以來戰亂割據的北方，從景明之初開始通過公私渠道搜集諸國舊史。經過幾年的搜羅抄寫，除成漢史書以外的諸史終於齊備，遂自正始元年至三年（五〇四—五〇六）末，「於吏按之暇」草成九十五卷十六國春秋，尚闕蜀漢一録五卷。在這期間，崔鴻在朝主要擔任的是尚書曹郎的工作，還參與了律令的議定。

把劉石苻姚諸國史整合爲一部通貫的十六國史書，主要包括三方面工作。一是諸國各立年號，各方記事都以本國紀年爲準，需要比定納入同一紀年體系中。二是諸史或爲紀傳體，或爲編年體，需要儘量統一。三是有些史事彼此互見，或見彼不見此，需要整體考慮，把某國之事儘量集中於該國録内，原本有異同扞格的記載也應適當處理。爲此，崔鴻製作了序例、年表各一卷，幫助他在各個方面統合諸史。

對北魏人來説，十六國史相當敏感。一是由於這段歷史與北魏早年相涉，那時候由其他政權記録下來的北魏形象，往往是後來的北魏統治者不願承認的；二是由於當時南北分立，處理十六國北朝和東晉南朝的正統關係也容易犯忌。因此，崔鴻最初不敢公開這部著作。但事情傳到宣武帝耳中，詔令「隨成者送呈，朕當於機事之暇覽之」。崔鴻當然不敢奉詔，而宣武帝不久後也去世，送呈之事也就不了了之。

宣武帝太子即位，是爲孝明帝，其生母胡氏臨朝。崔鴻的伯父崔光在這一過程中發揮了關鍵作用，遂成爲孝明母子最崇重的大臣。崔鴻與崔光之子勵在孝明帝時「俱知名於世」，是崔氏第二代的焦點人物，正是風光得意，前途無量。鴻妻張氏也於正光二年（五二一）入京朝拜，在顯陽殿受到胡太后接見，據説還得到胡太后「夫才於朝，妻賢於室」的美譽。在這樣的形勢下，崔鴻纔敢使十六國春秋的書稿流出，於士衆間「頗相傳讀」。

正光中，崔鴻奉詔修高祖世宗起居注，正光四年冬崔光臨終前，又把紀傳體國史的修撰也托付給崔鴻。巧合的是，崔鴻自己的十六國史撰作也在這時重啓，契機是正光三年終於訪得蜀李之書。孝昌元年崔鴻病卒，其十六國春秋幸好「討論適訖」，而國史工作則「未有所就」。但在崔鴻墓誌裏，並無隻字談及十六國春秋的撰作，衹提到了「詔君修續史事」，説明崔鴻死時這部書稿知者甚少，家人亦不肯提及。直到永安年間（五二八—五二九），崔鴻長子崔混擔任秘書郎，纔將十六國春秋獻上秘閣〔五〕。

二　十六國春秋的流傳、亡佚與重現

崔鴻十六國春秋進上秘閣後，成爲北朝隋唐官方修撰中最重視的十六國史書。北齊時祖珽引諸學士在梁人華林遍略的基礎上改撰修文殿御覽，主要增補的史書就是十六國春秋與「魏史」〔六〕。唐史官重修晉書，要把東晉時北方即十六國的歷史也納入其中，借鑒了東觀漢記設立載記的體例，而取十六國春秋删減以成。

隋書、兩唐書藝文經籍志都著録了十六國春秋，而大多數宋代目録則否。由於資治通鑑考異多次提到十六國春秋，通鑑所記十六國史事也有不少並不見於晉書載記，早期學者多相信崔書亡佚於北宋末。余嘉錫指出，此書尚見於南宋尤袤的遂初堂書目〔七〕，近來學者也搜集了一些明代十六國春秋存世的證據，但都是書目著録，未詳其書内容，不知是否崔鴻原書〔八〕。無論如何，從南宋到明代中前期，此書的確聲跡罕聞了，永樂大典也没有引用，應該説崔鴻原書即便在明代尚存世間，亦不爲學者所見，幾無異於亡佚。

明代中後期，出現了兩種十六國春秋刊本。其一是萬曆三十七年屠喬孫、項琳之刊行的一百卷本，徑題爲「崔鴻撰」，但實際上如屠、項原序所言，是他們「博採贖探，詮次補葺」、「多方採拾，編次遺忘」的作品。此後流傳的屠本，大多不見這些聲明了該書重輯性質的原序，因此清初以來學者多斥爲僞書〔九〕。屠本一百卷分爲十六國録，各録順序也與魏書崔鴻傳所載一致，但它的取材並不限於崔鴻之書，而是把各種有關十六國的資料匯爲一編，不標注出處，大體可視爲一部明人重撰的十六國編年史。

其二是稍早的何鏜漢魏叢書中的十六卷本〔一〇〕。其内容與太平御覽偏霸部所引崔鴻書各録基本一致，部分國家多出的内容亦基本見於晉書載記〔一一〕，恐怕也是很晚出的本子。清代修四庫全書時，將以上兩種版本的十六國春秋同時收録，並將何本易名爲别本十六國春秋。在湯球重輯以前，清人見到的主要就是這兩種十六國春秋。

三 湯球輯補的工作方式與長處

湯球（一八〇四——一八八一）字伯玕，安徽徽州府黟縣人。自幼師從著名學者俞正燮、汪文臺等，隱居讀書，不求仕進。湯球一生最大的成就當屬史書輯佚，經過他校輯的佚書大概在八十種以上，現存者約有四十種，多數爲兩晉十六國時期的史書，而以圍繞十六國春秋的工作用力最深〔一二〕。

在正式輯補十六國春秋以前，湯球先校訂了十六卷本十六國春秋，這是由於他認爲十六卷本就是隋書經籍志著録的十六國春秋纂録，也是崇文總目中的十六國春秋略、通鑑考異所説的十六國春秋鈔〔一三〕。這種觀點過於理想化，没有强硬的證據。不過由於十六卷本與御覽偏霸部内容極爲接近，而偏霸部明引作崔鴻十六國春秋，且引用形成體系，非他處零散的十六國春秋佚文可比，以此爲基礎輯佚，從效果而言不失爲合理。湯球把十六卷本與御覽偏霸部〔一四〕進行校勘，依隋志著録卷數改定爲十卷，題爲十六國春秋纂録校本。他在此後的輯佚工作中使用的就是這個校本，而非御覽偏霸部〔一五〕。

湯球輯補是以纂録和晉書載記（及張軌傳、涼武昭王李玄盛傳）爲主幹，再穿插其他散見佚文的。纂録和載記之間，則依然以纂録爲主，輯補敘例云「以纂録爲底本」，「於纂録所删節處，以晉書張軌、李暠等傳及劉淵諸載記補足」〔一六〕。這主要體現在纂録、載記共有的記事上，輯補文字首先以纂録爲準。但由於載記的篇幅、包括的事件都遠超纂録，實際上肯定會造成喧賓奪主的效果。

纂録節引的十六國春秋重視編年的屬性，每事皆保留年月，而具體事件則删略爲寥寥數言。除了稱王或稱帝、改元、君主死亡這樣帶有時間節點意義的要事外，其他事件的取捨似乎比較隨意，至少與通常追究史識的標準不符。與此相反，晉書載記改編十六國春秋時保留了較多對歷史事件的具體記載，而删去了絶大多數事件的時間。所以儘管載記嚴格來説不能等同於十六國春秋佚文，但若把它完全捨棄，輯本内容會非常零散。把纂録與載記兩種文本合而爲一，再連綴羣書中能證實爲十六國春秋佚文的文字，可以形成一份編年相對明確、記事相對具體的文本，應該説是綜合考慮了科學性與讀者便利的優選輯佚方案。

如果説湯球通過纂録吸收延伸了十六卷本的十六國春秋，那麽對當時常見的另一種版本屠本，湯球在敘例中是明確予以批判的。他把自己的工作定位爲「編纂雖不及屠詳，而采集要信而有徵」。這是説輯補不像屠本那樣凡有關十六國者一概收入，而是更嚴格地對崔鴻之書進行輯佚；同時，對於纂録、載記以外來源的内容都以小注標明出處，同一内容見於多處的也一一列出。這使得輯補成爲一個信實的、可以被其他學者利用的工作成果，也反映了清代學術在資料整理、利用觀念上的進步。

然而值得注意的是，湯球對待屠本的態度，並非因其出處可疑便全然棄之不顧。反而湯球對屠本史源進行了審慎的梳理，當然這要建立在他自己也完成了十六國史料搜集整理工作的基礎上。之所以還有必要參照屠本，是由於十六國春秋的零散佚文數量可觀，對於如何把它們拼綴爲一部編年史書，屠本畢竟是一項不可忽視的既有成果。湯球對屠本謹慎的繼承態度，既體現在他删去了屠本中溢出十六國春秋佚文的部分、摒棄屠本對文字的隨意改動上，也體現在他對屠本綴合編排的進一步考訂上。輯補小注就包含有這類考訂内容。

例如，後趙石虎稱大趙天王後追尊祖、父事，載記繫於稱天王之時，即建武三年，纂録（及偏霸部）則在建武六年。屠本敘事從載記，即置於三年，而六年處完全未提及此事。湯球則在三年、六年分别依照載記、纂録輯出此事，加小注説明情況，並認爲載記有可能

是依事類將六年之事「混附於前」。（輯補卷一六、一七）

又如前燕慕容評陷許昌、略汝南諸郡，載記云「興寧初」，晉書哀帝紀則繫於興寧二年二月。輯補收録載記這段文字時，繫於相當於興寧二年的前燕建熙五年，並注云「原作『興寧初』，此從帝紀」。（輯補卷二八）這個繫年選擇與屠本一樣，但屠本此條記事内容本就採自帝紀。湯球之所以認可屠本及帝紀，大概是由於載記上文還有慕容忠攻滎陽、慕容塵攻長平事，在帝紀、通鑑中已明確繫於興寧元年，因此他便將載記這裏的「興寧初」順延爲二年了。

又如慕容皝載記，慕容皝「聞庾亮薨，弟冰、翼繼爲將相」，乃上表及致書於冰，表與書信内容亦可印證事在庾亮死後庾冰執政時。但此事之前所記的慕容評破後趙軍於遼西、段遼謀反被殺事，以及此後云「其年皝伐高句麗，王釗乞盟而還」之事，通鑑皆繫於咸康五年，在庾亮死前。這樣，湯球就把上表致書移到了此下一年，注云「此段載記原在前。按此事自在庾亮死後，故移於此。」（輯補卷二四）儘管這一處理與屠本一致，但湯球自己也進行了考訂，了解來龍去脈，纔決定大幅改動載記原文。

還有明確指出屠本錯漏，做出了修正的例子。輯補卷二前趙録永鳳元年條敘劉淵稱帝封拜王公事，隨後補入御覽的三則佚文，即江都王延年、長樂王洋、上郡王儁三小傳，並有兩條注文：

案：延年爲太宰，因下傳有「太宰」字，屠本誤合爲一傳。

屠本作「王儁，上郡人」，似誤。

屠本也採納了御覽的這幾則佚文，但處理時錯誤很多。其前趙録立王延年、王儁小傳，都是誤將他們的王號江都、上郡當成了籍貫，把「王」字當成了姓。而王延年傳是拼合了御覽卷四二一關於江都王延年的文字和御覽卷四一三稱「太宰王詳」的文字，這大概是由於這兩條事跡本來就很相似，且江都王延年後任太宰，屠本遂認定他們本是一人。但湯球意識到所謂「王延年」、「王儁」都是劉氏宗王，而御覽四一三云「太宰王詳字季海」恐怕是另一宗王長樂王洋之誤，比屠本的推斷合理得多。

湯球對屠本的這些覆核修正，充分體現了清代考據學對史料的嚴謹態度。在當時的技術條件下，不僅搜集十六國佚文，還要將它們儘量合理地編綴成書，實在是相當艱巨的任務，也遠遠超過了一般輯録佚文的範疇。無怪乎後人回顧湯球輯補十六國春秋，感歎「蓋君平生精力，唯此書最深邃矣」〔一七〕。

四　湯球輯補中的問題

儘管湯球在十六國春秋輯補上傾注了大量心力，但也難免有不足之處。就今人利用此書而言，有兩方面問題特別值得警惕，一是在綴連文字時過於機械，可能反失其真；二是編年詳盡，但可能迷失在十六國史事紀年無法避免的混亂中。

（一）綴合文字失當

同一記載在不同文獻中留存的佚文字句稍有出入，是輯佚者普遍會遇到的問題。通常輯本正文不會將這些條目反復録出，但可能注明不同出處，至於輯本採納的文本，或是以其中一條（一般是最詳者）爲準，或是綜合拼接。湯球輯補採取的方式就是後者。

湯球的拼綴嚴格遵照最大化原則。例如纂録云慕容暐「儁之第三子」，載記作「儁第三子也」，輯補則拼作「儁之第三子也」（卷二八）；纂録云石虎「故或謂之爲勒弟」，載記作「故或稱勒弟焉」，輯補拼作「故或謂之爲勒弟焉」（卷一六）。但這種嚴格的拼接只適用於不同史源也都嚴格據原書删略而成的情況，而纂録、載記（尤其是載記）與崔鴻原書的文本關係並非如此緊密，輯補對纂録和載記如「之」「也」「焉」這樣微小差異的追究，未必能真正求得崔鴻書原貌，倒可能適得其反。這在下面這個例子中表現得更爲明顯，載記於馮跋稱天王云：

乃僭稱天王於昌黎，而不徙舊號，即國曰燕，赦其境内，建元曰太平。

纂録云：

僭即天王位，大赦，令曰：「義貴適時，不必改作，故陳氏代姜，不徙齊號。即號燕國，改爲太平元年。」

顯然，載記「而不徙舊號」以下幾句是對纂録所録令文的改寫。而湯球輯補先合併纂録、載記前半句，作「乃僭即天王位於昌黎，而不徙舊號，大赦其境内」，再照録纂録令文，就與來自載記的「不徙舊號」重複了（卷九八）。

這種機械的拼合有時甚至會造成錯誤。例如纂録云禿髮利鹿孤「葬西平陵」，參照載記作「葬於西平之東南」，蓋陵在西平東南，而輯補在此拼作「葬於西平陵之東南」（卷八九），完全改變了原意。

又如，晉書李特載記云：

於是六郡流人推特爲主，特命六郡人部曲督李含、上邽令任臧、始昌令閻式、諫議大夫李攀、陳倉令李武、陰平令李遠、將兵都尉楊褒等上書，請依梁統奉竇融故事，推特行鎮北大將軍，承制封拜，其弟流行鎮東將軍，以相鎮統。

而纂録作：

冬十月，六郡流人推特行鎮北將軍，承制封拜，其弟流行鎮東將軍，弟驤驍騎將軍，少子雄爲前將軍，以相統領。

兩段内容大體相近，只是記載側重及詳略有所不同。而輯補卷七六捏合兩段文字作：

於是六郡流人推特爲主，特命六郡民部曲督李含、上邽令任臧、始昌令閻式、諫議大夫李攀、陳倉令李武、陰平令李遠、將兵都尉楊褒等上書，請依梁統奉竇融故事，冬十月，六郡流人推特行鎮北大將軍，承制封拜，其弟流行鎮東將軍，弟驤驍騎將軍，少子雄爲前將軍，以相統領。

依湯球輯補，則看似六郡流人先推李特爲主，再於冬十月推李特行鎮北大將軍，但參考華陽國志大同志記載「冬十月，特、流乃保赤祖，爲二營。特稱鎮北、益州，流鎮東，皆大將軍。兄輔驃騎，弟驤驍騎，特長子蕩鎮軍，少子雄前軍」，則可知實際情況大致是，六郡流人推舉李特爲主，即行鎮北大將軍事。湯球的拼綴反而使一事重出。

這類問題在輯補中不時出現，我們儘可能在校勘記中指出，也希望讀者在利用輯補時，重視分辨其史源，查對原始出處。

（二）編年失當

崔鴻原書編年紀事，因此無論屠本還是輯補，都力圖將崔書佚文恢復爲一個編年的系統，但這實際上是不可能完成的任務。每條崔書佚文的繫年都面臨兩重問題：崔書如何繫年，實際歷史又如何。第一層問題，由於載記極少保留事件時間，崔書佚文也有相當一部分時間不明，因此大量記載在崔鴻原書中的繫年無可查考。

關於第二層問題，由於十六國各國史事原本是以多種紀年體系被記載下來的，史家轉相採補，極易造成混亂。魏書崔鴻傳就指出崔書在這方面的謬誤：

如太祖天興二年，姚興改號鴻始，而鴻以爲改在元年；太宗永興二年，慕容超擒於廣固，鴻又以爲事在元年；太常二年，姚泓敗於長安，而鴻亦以爲滅在元年。

針對崔鴻傳的這段記載，湯球敘例云：

觀纂録及參諸傳記，雖皆有迹可尋，亦不必依譌傳譌，以復其初。湯球從與崔書有史源關係的記載中發現，崔書的某些繫年的確有誤，他的處理辦法是改正錯誤，不照録謬説。

但是，並不能就此認爲湯球輯補的繫年就是事實，因爲十六國史事的實際繫年是更加難以回答的問題。崔書的繫年錯誤也許始於崔鴻，也許還有更早的源頭。從現在留下的十六國史料來看，十六國春秋佚文、晉書帝紀、載記、魏書紀傳、通鑑將同一事件繫於不同時間的情況相當常見。站在這些文獻之後的人們，恐怕没有辦法真正搞清所有十六國記載的真實時間。因此上述兩重問題，其實都無法獲得完滿的解決。

屠本由於並不以崔書原文爲限，其繫年體系基本來自通鑑，這大概是編纂十六國編年史最具操作性的辦法。但湯球不能依照通鑑輯補崔書，因此他在屠本、通鑑紀年體系的基礎上，儘量考辨史源、史事，加以調整。雖然如上文所舉後趙録、前燕録數例，他的考訂也取得一些收穫，但總體來説，這種工作思路藴含了無法避免的矛盾。這裏以夏録中後秦滅國、赫連勃勃稱帝前後幾年的繫年問題爲例，對湯球在繫年問題上的工作方法和思路加以説明。

纂録（及偏霸部）引崔鴻書，一面謂赫連勃勃「改宏（弘）始十年爲龍昇元年」，一面又説「勃勃初號龍昇元年歲在丁未」。實際上，弘始十年應在戊申，亦即如魏書崔鴻傳指出的，崔鴻誤將後秦弘始建元的時間提前一年，導致他對夏龍昇元年的換算也出了錯〔一八〕。這也導致崔鴻夏録中的很多具體記載，若以龍昇元年爲丁未歲的標準换算會誤前一年，其中最明顯的就是劉裕滅後秦在夏鳳翔四年，則相當於東晉義熙十二年。通鑑和崔鴻書一樣，也把勃勃稱帝改元龍昇繫於丁未歲，但由於通鑑無需逐年排比赫連夏年號，上述矛盾不會顯現，而屠本和輯補就無法迴避這一問題。屠本在記載劉裕滅姚秦以後赫連夏的動向時，常與崔鴻書所繫年份相差一年：湯球則一依纂録，因此輯補夏録鳳翔四年勃勃「盡有嶺北之地」以下以及鳳翔五年的史事，都比實際情形（也是通鑑、屠本的記載）誤前一年。劉裕撤軍，赫連勃勃入長安，其時在夏秋以後。通鑑、屠本稱勃勃十一月即位改元昌武，而纂録稱正月群臣勸進，三月即皇帝位改元。輯補遵從纂録記載，把改元昌武繫於來年三月，與通鑑、屠本在史實上相左，但在表面的紀年上卻一致了，即夏昌武元年爲戊午歲（晉義熙十四年）。於是，以下己未、庚申兩年的記載，輯補與屠本、通鑑也没有矛盾。

在此之後，是纂録所記「二年十月」起沖天臺一事。由於纂録繫其事於「四月」、「五月」兩事後，屠本的處理是將三件事都繫於真興二年，湯球則考慮到「二年十月」這樣的書寫體例意味着非同在一年，遂將纂録的「二年十月」改作「三年十月」，並出注説明。但我們重新理解纂録此節原文（干支序號爲筆者所加）：

（甲）正月，羣臣勸勃勃稱皇帝。

（乙）三月，築壇於霸上，即皇帝位，大赦，改鳳翔六年爲昌武元年。

（丙）冬十月，以太子璝領大將軍、雍州牧、録南臺尚書事，鎮長安。

（丁）十一月，勃勃還統萬。

（戊）所建宫殿苑囿大成，遂大赦，改昌武二年爲真興元年。乃刻石都南，頌紀功德。

（己）四月，追尊父衛辰曰桓皇帝，廟號太祖，母苻氏爲桓文皇后，祖父豹子曰宣皇帝，曾祖虎曰景皇帝，高祖訓兒曰元皇帝。

（庚）五月，雨魚於統萬。

（辛）二年十月，起沖天臺於統萬南山，欲登之以望長安。

僅從纂録的記載來看，沒有明確證據表示（乙）（丙）分屬兩年，可以認爲（甲）至（丁）都在鳳翔六年暨昌武元年，（戊）（己）（庚）在真興元年，則（辛）作「二年十月」無誤。這裏湯球似乎是受到屠本把（己）（庚）兩事排在真興二年的影響，纔認定「二年」當作「三年」。

從這個例子裏可以看到，湯球通過考訂史源，在通鑑與纂録相左的情況下依纂録調整繫年，但由於崔鴻夏録本身存在問題，導致輯補中劉裕滅後秦的時間也從丁巳年提前到了丙辰年，明顯違離史實。不過，既然湯球對於魏書崔鴻傳所指出的崔書幾處紀年錯誤抱持「不必依謁傳謁」的態度，那麽此例中的史實謬誤就不是由於湯球有意維持崔書舊貌，而祇是未能察覺其誤。而在此下纂録不够明確之處，輯補還是會受到屠本—通鑑一系的影響。要之，由於崔鴻書繫年未必與通鑑一致，而湯球建立十六國史事繫年體系，不得不以屠本—通鑑爲總體基礎，難免會遇到諸多麻煩。無論是要恢復崔書繫年原貌，還是要恢復實際正確的繫年，都不可能得到令人滿意的結果。

輯補繫年精細，的確給讀者提供了相當大的便利，而且從絶對數量來説，有争議的繫時畢竟是少數。因此，我們認爲輯補各録的繫年和湯球製作的年表依然具有參考價值，但也希望讀者在利用時能够覆核通鑑、御覽偏霸部、正史帝紀等更爲原始的文獻。

五　本次整理工作的説明

十六國春秋輯補有湯球家刻本及光緒二十一年（一八九五）廣雅書局刊本，其中家刻本僅在徐世章爲續修四庫全書總目提要撰寫十六國春秋輯補提要中提及，而在國家圖書館、北京大學圖書館均無著録，流傳不廣。故此我們採用比較通行的廣雅書局刊本作爲整理底本，並以校核史源爲工作重心。

校核史源意味着推究一部書的形成過程。輯補是湯球輯佚北魏人崔鴻之作，因此它藴含着崔鴻著述與湯球輯佚的兩次形成，核查史源，也就有了兩個不同的目標。從了解十六國史的角度出發，要把所輯文字當作史料，就要重視它與出處文獻相比、與史實相比的準確性；然而輯補中一些看似錯誤或無據的内容，在湯球的輯佚思路、方法下又是順理成章的。由於我們的工作是整理輯補，也就是在湯球的工作框架之内，因此我們對輯補的疏漏儘量出校説明，但不强求更正原文。

湯球敘例指出輯補的三類史源是纂録、晉書傳記、諸書佚文，我們都進行了核實，一是確認出處準確，二是比對文字異同。儘管輯補是以纂録爲底本，但由於纂録篇幅遠遠小於晉書傳記，爲使校勘記簡明，我們在整理時還是以晉書傳記爲工作本，首先將其與湯球輯補相校，發現不同之處，再逐層處理。這些處理大體包括三個層次：

（一）區分來自纂録與晉書傳記的内容。在今天看來，湯球對纂録的使用有兩個明顯缺陷：一是將其與晉書傳記合爲一體，不再注明出處；二是纂録本身來源有疑，價值不高，若今人研究十六國史事，需要將其還原到太平御覽偏霸部。因此本次整理工作使用御覽偏霸部與輯補核對，難以核實時再參校纂録、屠本等湯球實際利用的文獻。

（二）諸書佚文湯球已標注出處，但也需要核實。一是由於湯球小注指涉的文句起點可能不够明確；二是一些佚文同條數見，文字有詳略同異，湯球加以拼綴，可能喪失一些信息，需要説明。

（三）處理湯球漏注出處、以及無明確出處的内容。前者可以通過史料比對解決，後者還要涉及對湯球工作方式的理解，我們酌情説明一些輯補敘例未顯言的工作慣例，以便讀者理解輯補文字的來由。

本次整理十六國春秋輯補，是我們承擔的高校古委會的古籍整理項目。從立項以後，我們成立了整理工作小組，既有分工負責，也有集中討論，由羅新和聶溦萌負責全部文稿的審校工作。具體篇章的分工如下：華喆負責年表、前趙録和北涼録，王珊、聶溦萌負責後趙録和前涼録，聶溦萌、胡鴻負責前秦録、西秦録和南涼録，常彧負責前燕録、後燕録和南燕録，陳侃理負責後秦録、夏録、蜀録、後涼録、西涼録和北燕録。整理稿都經過整理小組的審讀和校改。

由於我們學力有限，失誤在所難免。希望讀者能够多多指出我們的問題，以便今後進一步修改訂正。

聶溦萌　羅新　華喆

二〇一九年十一月

注　釋

〔一〕三崎良章五胡十六国の基礎的研究，汲古書院，二〇〇六年，頁三〇。

〔二〕新唐書卷七二下宰相世系表二下，中華書局，一九七五年，頁二七三六。

〔三〕崔德墓誌（北齊天統元年），拓片及録文見毛遠明漢魏六朝碑刻校注第九册，綫裝書局，二〇〇六年，頁二一九—二二〇。

〔四〕山東省文物考古研究所臨淄北朝崔氏墓，考古學報一九八四年第二期；張光明、李劍臨淄北朝崔氏墓地第二次清理簡報，考古一九八五年第三期。

〔五〕本節所述崔鴻事跡，參見魏書卷六七崔光傳附崔鴻傳（中華書局，一九七四年，頁一五〇一—一五〇五）、崔鴻墓誌（孝昌二年）、崔鴻妻張氏墓誌（天平四年）、崔混墓誌（元象元年）。墓誌拓片及録文見毛遠明漢魏六朝碑刻校注第六册，頁三〇—三二；第七册，頁一七〇—一七二、二一三—二一六，録文並參趙超漢魏南北朝墓誌彙編，天津古籍出版社，二〇〇八年，頁一八五—一八七、三一九—三二〇、三二六—三二八。

〔六〕王應麟玉海卷五四藝文類書「北齊聖壽堂御覽」條：「陽休之取芳林遍略，加十六國春秋、六經拾遺録、魏史爲玄洲苑御覽，後改爲『聖壽堂』，祖珽等又改爲『修文殿』上之。」（玉海（合璧本），京都：中文出版社，一九七七年，頁一〇七五下欄。）

〔七〕參見余嘉錫四庫提要辨證，中華書局，一九八〇年，頁三八五—三八九。

〔八〕王薇十六國春秋考略，古籍整理研究學刊一九九三年第三期；陳長琦、周羣十六國春秋散佚考略，學術研究二〇〇五年第七期。

〔九〕梶山智史屠本十六国春秋考：明代における五胡十六国史研究の一斑，史学雜誌第一一九编第七号，東京：山川出版社，二〇一〇年。

〔一〇〕湯球十六國春秋纂録校本敘目及吴翊寅十六國春秋纂録校勘記跋皆云「何鏜漢魏叢書」。按，今見最早收録此十六卷本的是何允中廣漢魏叢書。

〔一一〕參見劉琳明清幾種十六國春秋之研究，文史第四十六輯，中華書局，一九九九年。

〔一二〕參見王秉恩湯球傳。

〔一三〕湯球十六國春秋纂録校本敘目，收入十六國春秋纂録校本（附校勘記），叢書集成初編，中華書局，一九八五年。

〔一四〕湯球自稱是以修文殿御覽偏霸部相校，但這部修文殿御覽是否存在也没有明確證據。可參吴翊寅十六國春秋纂録校勘記跋，收入十六國春秋纂録校本（附校勘記）。

〔一五〕通過校對輯補、纂録與太平御覽偏霸部，可以知道輯補的實際工作基礎確實是湯球校勘後的纂録，而不是偏霸部。

〔一六〕湯球十六國春秋輯補敘例，見十六國春秋輯補，光緒二十一年廣雅書局刻本。

〔一七〕王秉恩湯球傳。

〔一八〕參見鈴木桂五胡十六國時代に關する諸史料の紀年矛盾とその成因：唐修〈晉書〉載記を中心として，史料批判研究第四號，二〇〇〇年，頁六六—一三二。

凡例

一、本次整理以光緒二十一年（一八九五）廣雅書局刊本爲底本。

二、本次整理的主要工作是校核史源。由於湯球並未説明他在輯補時使用的史籍是哪一種版本，我們主要選取目前受到認可和便於利用的諸書版本。校核所用主要文獻版本及簡稱如下：

太平御覽，中華書局一九六〇年影印四部叢刊影宋本。其中與十六國春秋各録對應的偏霸部（卷一一九至一二七），簡稱「偏霸部」，其餘則簡稱「御覽」。

晉書，校核主要使用中華書局點校本（簡稱「中華本」），必要時參考再造善本影宋本（簡稱「宋本」）、清武英殿本（簡稱「殿本」）等。其中與十六國春秋各録對應的本傳、載記，分别簡稱「本傳」、「載記」，其餘則注明卷次篇名。

别本十六國春秋，文淵閣四庫全書本，簡稱「别本」。

湯球十六國春秋纂録校本，叢書集成本，簡稱「纂録」。

屠本十六國春秋，乾隆四十六年汪日桂刊本，簡稱「屠本」。

北堂書鈔，中國書店一九八九年影印孔氏三十三萬卷堂本，簡稱「書鈔」。

初學記，中華書局一九六二年排印本。

廣韻，上海古籍出版社一九八三年影印乾道本鉅宋廣韻，必要時參考文淵閣四庫全書本。

通典，中華書局一九八八年點校本。

資治通鑑，中華書局標點本，簡稱「通鑑」。

其他如宋書、魏書等，均使用通行的中華書局點校本。

三、本書各録君主傳編年繫事，每年上注干支。本書大量紀年不見於晉書傳記及御覽偏霸部，可能是湯球參照佚文所載史事的前後順序以及通鑑、綱目、屠本等書記載排比而成，由於難以確定來源，不一一出校。

四、底本誤字，可能是由於輯補傳刻訛誤或湯球使用的文獻版本不佳而出現，現據今通行諸書版本酌情改正出校，其中常見的版刻誤字及虚字等則徑改。

五、凡清人避諱字如「寍」（寧）、「厤」（曆）、「丘」（邱），今一律回改，不另出校記。異體字、俗體字，亦徑改。底本用字不規範的人名、地名，如「浩亹」作「浩亹」，「揖次」作「捐次」，徑改從常規寫法。

六、湯球綴合諸書，務求儘可能保留所有文字，由此産生大量異文，我們擇要出校説明。由於晉書與十六國春秋立場不同、書法有異造成的異文，如一作「死」一作「薨」、一作「王師」一作「晉師」、一作「拜」一作「署」之類，亦不具校。

七、湯球對引自諸書的文字皆自注史源。其中引用起訖明確、且與原書文字無重大異同者，不再出校。

八、一般針對湯球輯録正文出校，摘録正文爲校頭。少量針對原注的校勘記，或是更正原注錯誤，或對較複雜的原注進行説明，則不出校頭。

九、底本目録與正文多有不合，我們依據正文内容重新編製了目録，插入諸君主傳内的其他人物傳用括號標出。

十、湯球依通鑑綱目補撰年表，冠於本書百卷之首。本次整理將年表作爲附録列於書末，並對年表與正文的個别明顯矛盾出校説明。

湯球傳

湯君諱球，字伯玕，黟縣人。少劬學，從同縣俞先生正燮、汪先生文臺遊，博通諸經，篤守家法，隱居教授，章句訓故以鄭氏爲主。諸生舉經義相質，必引據師説，徐下己意，決其異同，無穿鑿，無傅會，宣、歙間學者宗之。黟山縣僻小，而士皆潛心經術，實君爲之倡也。其事親以孝聞，父永懿老病且篤，君謝絶人事，壹意侍疾，衣不解帶者逾數月，父竟獲痊，以耄壽終。居喪哀毁盡禮，杖而後起。性耿介，授徒奉親，束脩外不受一無名錢。鄉里敬其清操，亦無敢干以私者。咸豐初，皖中爲賊蹂躪，郡縣承檄練鄉兵。當事者浼君直練局，君自謂非禦侮材，且鄉兵訓練無素，不足辦賊，死非所懼，懼爲賊污耳，遂避地去。後賊果大至，始服君先識高蹈云。

君頎身長髯，多聞强識，早歲覃精鋭思，治疇人學，中西算法靡不洞曉，尤善天官家言，開元占經悉能成誦，星緯推步，研究其奥，而不屑以藝事名。亂定後，聚書數千卷，杜門著述，補輯鄭氏逸書九種，孝經、論語注蒐采尤備，并補輯劉熙孟子注、劉珍等東觀漢紀、皇甫謐帝王世紀、譙周古史考、傅子、伏侯古今注等書，皆前人輯本所未逮。又以晉書爲唐所修，房玄齡傳稱其時史官多文詠之士，好采碎事，競爲綺豔，劉知幾亦言自貞觀中更加纂録，凡所修撰，多聚異聞，言晉史者皆棄其舊本。迺廣蒐載籍，以補其闕而糾其謬，譔録成帙，凡二十三種：曰王隱、虞預、朱鳳、何法盛、謝靈運、臧榮緒、蕭子雲、蕭子顯、沈約九家晉書，皆正史類也；曰陸機、干寶、曹嘉之、鄧粲、劉謙之、王韶之、徐廣、裴松之、郭季産九家晉紀；曰習鑿齒漢晉春秋、孫盛晉陽秋、檀道鸞續晉陽秋、杜延業晉春秋、蕭方等三十國春秋，皆編年類也。又輯常璩、和苞、田融、王度、陸翽、范亨、張詮、王景暉、高閭、裴景仁、姚和都、張諮、劉昞、喻歸、車頻、段龜龍等所譔偏霸各史，而崔鴻十六國春秋百卷爲鉅觀，又補撰年表一卷，校定纂録十卷，其所删訂，足正屠本之失，蓋君平生精力，唯此書最深邃矣。又旁輯兩晉詔鈔、晉起居注鈔、庾詵晉朝雜事、張敞東宫舊事、車灌修陵故事、盧綝八王故事、四王起事、應詹陶公故事、桓元僞事、傳暢晉諸公敍讚、晉公卿禮秩故事、荀綽晉後略記、晉百官表注、晉百官名、寮屬名、杜預律本、賈充晉令、張斐漢晉律序注、摯虞決疑要注，皆典午一代掌故所資。其區宇則輯太康地記、鄴中記、林邑記，凡三種。其言行則輯晉諸公别傳、袁宏名士傳、郭頒世語、裴啓語林、山公啓事，凡五種。又著録晉別集三百家、晉文集三百家，皆手自校寫，草稿具存，至被兵時所燬卷帙，不在此數，其纂述可謂勤且閎矣。同治六年，詔舉孝廉方正，同縣程先生鴻詔以君行誼白大吏應其選，而君抗志沖雅，不就一官，以著作終其身。嗚呼！非所稱博文君子者歟！

光緒辛卯，廣雅書局刻君所輯十六國春秋，秉恩提點局事，獲預校讎，因據程君所述事略及譔録書目次爲傳，庶以備延閣之采焉。

論曰：史官之替久矣！馬班而後，世重范書，體大思精，歎爲絶作，觀其自敘，亦博采衆家而成。承祚國志，稱良史才，裴世期補而注之，遂以不朽。晉代記載，炳乎藝林，陸機、干寶、何法盛、習鑿齒諸賢，大雅宏達，皆有鑒裁，卓然成一家言。唐修晉書，始用衆手。貞觀中房玄齡奏令許敬宗、來濟、陸元仕、劉子翼、令狐德棻、李義府、薛元超、上官儀等八人分功撰録，典著作者多文藻之士，又雜取世説新語，以放誕相高。然則子玄所譏「其事蕪穢，其辭猥雜」、「異乎記功書過，彰善癉惡者」，非過論矣。自太宗著論，總題「御譔」，新製既出，舊史遂佚。今君於散亡之餘，捃拾叢殘，又兼采霸朝各史，考覽異同，倘就所録，刊入史注，必能參覈詳洽，首尾該備，以方世期，又何愧焉？厥緒未竟，墓草已宿，遺書盈篋，懼就湮没。惜哉！

光緒十有九年，歲在尚章大芒駱陬月，華陽王秉恩譔。

十六國春秋輯補書後

自晉政不綱，方輿鼎沸，擴敓神器，僭跨相望。又皆起自胡羯，非我族類，毁裂冠冕，荼毒縉紳，宗社邱墟，生民塗炭，豈天心錘亂，運厄陽九，故遘其會耶？抑人事有以釀成之也？夫夷夏之防，古今至重，要荒委贄，義在羈縻。自漢魏以來，戎狄降者多處之塞内，漢光徙先零羌於馮翊，魏武徙武都氐於秦川，又并州之胡散居六郡。晉郭欽疏言百年之後，有風塵之警，則胡騎三日可至孟津，宜以兵威徙之邊地；江統亦言宜徙羌出關中，氐還隴右，五部匈奴，申諭發遣，歸其本域；皆不見録用。是時朝野上下，祖尚虚浮，白望清談，靡然成俗。州郡武備既弛，戎政不修，梟雄之材，乘釁而動，固其宜矣。劉淵因部衆之推，假單于之號，控弦數萬，首倡逆謀。李特父子，略陽氐豪，扇動流民，遂盜巴蜀。石勒羯之餘種，苻洪氐之酋長，姚萇羌之渠帥，迭據關隴，雄視中原。拓跋索頭之裔，稱王於代。慕容鮮卑之族，僭帝於燕。惟涼州張氏，奉晉正朔，終以僻在西陲，爲秦所併。吕光繼起，勢亦不振。自餘諸國，皆非冠裳，夷狄盛則中夏衰，又其勢然也。蓋嘗究其終始而論之：晉武踐祚，本由篡竊，平吴而後，志益驕盈，嗣主昏騃，不堪負荷，受遺顧託，又非親賢。加以女后專朝，台宰尸素，八王搆難，同氣推戈。逮乎神州陸沈，舊京燔蕩，王浚土崩於幽薊，劉琨瓦解於晉陽，耆雋衣冠，屈膝戎虜，十州有倒懸之危，四海無中興之望。琅邪纂承大統，假息吴會，畫江自守，經略未宏。桓温入關，三輔響應，因小挫衄，輒復返旆，遂使秦中豪傑翻然改圖，王猛、尹緯，甘爲苻姚佐命而不悔，故晉之替，非十六國也。夷甫諸人固任其責，亦由江表將相，坐失事機，無以收恢復之效也。而論者顧委之於運，何哉？偏霸之興，亦應符讖，然皆傳祚不永，忽就夷滅。蓋任賢則强，愎諫則厥，未有嚴刑峻法，賦役繇興，誅僇大臣，猜忌骨肉而能卜世長久，寖熾寖昌者。明乎逆取，昧乎順守，斯十六國之所以失耳。夫割據之禍，歷祀逾百，曠覽載籍，前古罕聞，然覆轍相尋，成敗燦列，則又哲后之蓍龜，先民之炯戒，而非可昧焉不察者也。

魏崔鴻十六國春秋百卷、敘例一卷、年表一卷，褒貶得失，恉寓勸懲。惜宋元間其書已佚。明屠氏別撰百卷，虚託鴻名，雜采小説，未足徵信。古黟湯伯玗先生，潛心著述，剌取舊文，輯成是編，並録晉書載記、列傳及宋、魏兩書，以補其闕。又撰年表一卷，冠晉於首，經緯秩然。十六國先後敘次，一依鴻傳，正其違繆，校其異同，遂使散亡之籍頓還舊觀，鑒誡以彰，興替足覩，非僅拾遺訂墜而已。夫史兼三長，識尤其要，謗固不可，穢亦非宜。本傳稱「鴻二世仕江左，故不録僭晉、劉、蕭之書」，明正統所歸，匪在元魏。今書於諸方僞號，輒繫晉年，牋表闕庭，不遺一字，侵陵則稱入寇，敗績亦曰王師，筆削之間，具存微恉。雖非鴻書之舊，然約而不疏，博而不緐，綱舉而目張，意内而言外，即謂鴻書至今存可也。

嗚呼！當晉太康時，君相溺於宴安，狃於全盛，氐羌戎狄雜處中國，有履霜堅冰之漸而不知戒，同積薪厝火之勢而不知懼，一旦禍起，遂成横流，内訌外潰，不可遏止。而承其弊者，又或玩寇喪師，無撥亂反正之具，至使銅駝没於荆棘，鐘簴淪於腥羶，國步陵夷，卒以不振。然則千載而下，思患預防，可不於是編三復之哉！

光緒壬辰涂月，陽湖吴翊寅。

十六國春秋輯補敘例

崔鴻十六國春秋，霸史也。然善惡興滅之形，用兵乖合之勢，亦足以垂將來，昭明勸戒。惜其不傳也久矣，故隋唐以後皆不著録。明屠喬孫本自是僞譔，而采録繁富，知寢饋此書有年，第務爲誇多，凡關十六國者一概收入，豈惟無徵不信，亦似太乏翦裁。蓋不但諸小記如鄴中記之類。不宜入此，即如魏書所載與諸國交争，每張大其詞，何與於十六國而載之？鴻本傳云「鴻以其書有與國相涉，言多失體」，「不奏」。則豈有此。且通鑑考異明云魏書如此，十六國春秋如此，乃不録原書而偏從魏書寫出，何哉？又鴻本傳稱刊十六國遺載，爲之序贊，褒貶評論。贊則各書所引「崔鴻曰」，是豈宜夾行寫之以爲注？序則篇首略論其生平，及後總序其事，或間爲褒貶之論者是，晉書諸傳、記猶如此。乃以總序之事，割附每年之下，所評論處，以爲虚文而删之，亦殊不知體制矣。采摘雖繁，而本書之引於羣書者，反多失檢録，其餘以前爲後，以後爲前，二事合爲一事，二人併作一人，録中或多二三年，或少一二年。差謬難屈，殊於心不慊。因取纂録本及晉書傳、記，及原書之散見於諸書者，别爲輯本，編纂雖不及屠詳，而采集要信而有徵，惟慚所見諸類書有限，而舛漏實多，重冀大人先生證其誤而補其闕焉。

一、此本以纂録爲底本者。蓋纂録雖未知即崔鴻所纂與否，而與正本同載於隋經籍志，則係當時約本，而爲十六國春秋原文可知。

一、此本於纂録所删節處，以晉書張軌、李暠等傳及劉淵諸載記補足者，蓋以傳記與纂録合觀，其删節之迹可見，且與原書之引於各書者，其字句多同，則知此傳記實採十六國春秋而成。

一、此本雖多依晉書傳、記録補，然其所誤，如劉聰二劉后，晉書列女傳與御覽所引互異，則自從御覽所引，而不録晉書。他如李特見殺在太安二年，而以爲元年；李雄即位國號大成，而以爲改元大武之類，不一，亦自從纂録及見於御覽者録出，而不録其誤。

一、本傳謂：「鴻經綜既廣，多有違繆。如太祖天興二年，姚興改號弘始，而鴻以爲改在元年；太宗永興二年，慕容超禽於廣固，鴻又以爲事在元年；太常二年，姚泓敗於長安，鴻亦以爲滅在元年。」是皆原誤之文推上一年。觀纂録及參諸傳記，雖皆有迹可尋，亦不必依謁傳謁，以復其初。强分百卷者，不過略存梗概而已。

一、此本編年則以纂録爲主，而稽之晉書傳、記，以補其闕。初意亦以晉書不録其年月，疑其有謬，及以甲子排之，自無不合，因依綱目以補年表一卷，以冠於首。

一、此本十六國次序，既不從纂録前趙、後趙、前燕、前秦、後秦、蜀、前涼、西涼、北涼、後涼、後燕、南涼、南燕、西秦、北燕、夏。又不從載記前趙、後趙、前燕、前秦、後秦、蜀、後涼、後燕、西秦、北燕、南涼、南燕、北涼、夏，及前涼、西涼在前。者，蓋因魏書本傳謂鴻「以劉淵、石勒、慕容儁、苻健、慕容垂、姚萇、慕容德、赫連勃勃、張軌、李雄、呂光、乞伏國仁、禿髮烏孤、李暠、沮渠蒙遜、馮跋等各有國書，未有統一，乃譔爲十六國春秋」，因以此爲前後爾。

十六國春秋輯補卷一

前趙録一

劉淵

劉淵字元海，新興匈奴人，冒頓之後也。先夏后氏之苗裔曰淳維，世居北狄，千有餘歲。至冒頓襲破東胡，西走月氏，北服丁零，内侵燕岱，控弦之士四十萬〔一〕。漢祖患之，使劉敬奉公主以妻冒頓〔二〕，約爲兄弟，故子孫遂冒母姓爲劉氏。建武初，烏珠留若鞮單于子右奥鞬日逐王比自立爲南單于，入居西河美稷，今離石左國城，即單于所徙庭是也〔三〕。上二句亦見初學記八、御覽一百六十三。

後漢中平中，單于羌渠使子於扶羅將兵助漢討平黄巾〔四〕。會羌渠爲國人所殺，於扶羅以其衆留漢，自立爲單于。屬董卓之亂，寇掠太原、河東，屯於河内。於扶羅死，弟呼廚泉立，以於扶羅子豹爲左賢王，即元海之父也。入朝，魏武因留之〔五〕。因分其衆爲五部，以左賢王豹爲左部帥〔六〕，其餘部帥皆以劉氏爲之。太康中，改置都尉，左部居太原茲氏，右部居祁，南部居蒲子，北部居新興，中部居大陵。劉氏雖分居五部，然皆家居晉陽汾澗之濱。豹妻〔七〕一作「左賢王妃」。呼延氏，匈奴貴姓有呼延氏〔八〕，八字依廣韻引補。魏嘉平中祈子於龍門。俄而有一大白魚，頂有一角〔九〕，一作「頭有二角」。軒鬐躍鱗於龍門而至於祭所〔一〇〕，久之乃去。巫覡皆異之曰：「此嘉祥一作「祉」。也。」其夜，夢旦所見魚變爲人，左手把一物，大如半雞子，光景非常，授呼延氏曰：「此是日精。服之，生貴子。」寤以告豹，豹曰：「吉徵也。吾昔從邯鄲張冏母司徒氏相，云吾當有貴子孫，三世必大昌，仿像相符矣。」自是十三月而生淵〔一一〕。此段亦見御覽一百四十二。

淵生而左手有文曰「淵海」，遂以名焉〔一二〕。一作「命之」。二句亦見御覽三百七十。齠齔英慧，七歲遭母憂，擗踴號叫，哀感旁鄰，宗族部落，咸共歎賞。時司空太原王昶等聞而嘉之，並遣弔賻。幼而好學，不舍晝夜。師事上黨崔游，習毛詩、京氏易、馬氏尚書，尤好春秋左氏傳、孫吳兵法，略皆誦之，史、漢、諸子，無不綜覽。嘗謂同門生朱紀、范隆等曰：「吾每觀書傳，嘗鄙隨陸之無武，絳灌之無文。道由人弘，一物之不知，固君子恥之也。二生遇高皇而不能建封侯之業，兩公屬太宗而不能開庠序之美，惜哉！」於是文學武事，並皆工絶〔一三〕。載記作「遂學武事妙絶於衆」。猿臂善射，膂力過人。姿儀魁偉，身長八尺四寸，鬚長三尺餘，當心有赤毫毛三根，長三尺六寸。有屯留崔懿之、襄陵公師彧等，皆善相人，及見淵，驚而相謂曰：「此人形貌非常，吾所未見也！」於是深相崇敬，推分結恩。太原王渾虚衿友之，命子濟拜焉。

咸熙中，爲任子在洛陽國，晉文王深待之〔一四〕。時東萊王彌等皆憑結，泰始之後〔一五〕，渾又屢言之於武帝。帝召見與言，大悦之。後謂王濟曰〔一六〕：「劉元海容貌風儀，機談鑒智〔一七〕，雖由余、日磾無以加也。」濟對曰：「元海儀容機鑒，實如聖旨。然其文武才幹，賢於二子遠矣。陛下若任之以東南之事，吴會不足平也。」帝稱善。孔恂、楊珧進曰：「臣觀元海之才，當今懼無其比。陛下若輕其衆，不足以成事，若假之威權，平吴之後，恐其不復北渡也。非我族類，其心必異，任之以本部，臣竊爲陛下寒心。若舉天限之固以資之，無乃不可乎！」帝默然。

後秦涼覆没，帝疇咨將帥，上黨李憙曰：「陛下誠能發匈奴五部之衆，假元海一將軍之號，鼓行而西，可指期而定。」孔恂曰：「李公之言，未盡殄患之理也。」憙勃然曰：「以匈奴之勁悍，元海之曉兵，奉宣聖威，何不盡之有！」恂曰：「元海若能平涼州，斬樹機能，恐涼州方有難耳。蛟龍得雲雨，非復池中物也。」帝乃止。

後王彌從洛陽東歸，元海餞彌於九曲之濱，泣謂彌曰：「王渾、李憙以鄉曲見知，每相稱達，讒閒因之而進，深非吾願，適足爲害。吾本無宦情，惟足下明之，恐死洛陽，永與子別。」因慷慨歔欷，縱酒長嘯，聲調亮然，坐者爲之流涕。齊王攸時在九曲，比聞而馳遣視之，見元海在焉。言於帝曰：「陛下不除劉元海，臣恐并州不得久寧。」王渾進曰：「元海長者，渾爲君王保明之。且晉方表信殊俗，懷遠以德，如之何以無萌之疑，殺人侍子，以示晉德不弘。」帝曰：「渾言是也。」

會父豹卒，帝以淵代爲左部帥。太康末，拜北部都尉。明刑法，禁姦邪，輕財好施，推誠接物，五部儁傑無不至者。幽冀名儒、後門秀士，不遠千里亦皆游焉。

晉惠帝以劉元海爲離石將兵都尉。此句依御覽一百六十三引補。楊駿輔政，以元海爲建威將軍、五部大都督，封漢光鄉侯。元康末，坐部人叛出塞，免官。成都王穎鎮鄴，表元海行寧朔將軍、監五部軍事。

太安中，惠帝失政，諸王迭相殘廢。州郡奸豪，所在蜂起〔一八〕。元海從祖故北部都尉、右賢王劉宣等竊議曰〔一九〕：「昔我先人與漢約爲兄弟，憂樂同之。自漢亡以來，魏晉代興，我單于雖有虚號，無復尺寸之業，自諸王侯，降同編户。今司馬氏骨肉相殘，四海鼎沸，興邦復業，在此時矣。左賢王淵姿器絶人，幹宇超世，天若不恢崇單于，終不虚生此人也。」於是密共推淵爲大單于，乃使其黨呼延攸詣鄴，以謀告之。元海請歸會葬，穎弗許，乃令攸先歸，告宣等招集五部，引會宜陽諸胡，聲言應穎，實背之也。

穎爲皇太弟，領丞相，自鄴懸秉國政，事無大小，皆先關諮。上十七字依御覽一百四十九引補，以淵爲太弟屯騎校尉。惠帝伐穎，次於蕩陰。穎假元海輔國將軍，督北城守事。及六軍敗績，穎以元海爲冠軍將軍，封盧奴伯。

并州刺史東瀛公騰、安北將軍王浚起兵伐穎。元海説穎曰：「今二鎮跋扈，衆餘十萬，恐非宿衛及近都士庶所能禦之。請爲殿下還説五部，以赴國難。」穎曰：「五部之衆，可保發已不？縱能發之，鮮卑、烏丸勁速如風雲，何易可當邪？吾欲奉乘輿還洛陽，避其鋒鋭，徐傳檄天下，以順逆制之。君意何如？」元海曰：「殿下武皇帝之子，有殊勳于王室，威恩光洽，四海欽風，孰不思爲殿下没命投軀者哉，何難發之有乎！王浚豎子，東瀛疏屬，豈能與殿下争衡邪！殿下一發鄴宫，示弱於人，洛陽可復至乎？縱達洛陽，威權不復在殿下也，紙檄尺書，誰爲人奉之！且東胡之悍，不逾五部，願殿下勉撫士衆，靖以鎮之。

當爲殿下以二部摧東瀛，三部梟王浚，二豎之首可指日而懸矣！」穎悦，拜元海爲北單于、參丞相軍事。

元海至左國城，劉宣等上大單于之號。二旬之閒，衆已五萬，都於離石。

王浚使將軍祁弘率鮮卑攻鄴。穎敗，挾天子南奔洛陽。元海曰：「穎不用吾言，逆自奔潰，真奴才也。然吾與其有言矣，不可不救。」於是命右於陸王劉景、左獨鹿王劉延年等率步騎二萬，將討鮮卑。劉宣等固諫曰：「晉爲無道，奴隸御我，是以右賢王猛不勝其忿。屬晉綱未弛，大事不遂，右賢塗地〔二〇〕，單于之恥也。今司馬氏父子兄弟自相魚肉，此天厭晉德，授之於我。單于積德在躬，爲晉人所服，方當興我邦族，復呼韓邪之業。鮮卑、烏丸可以爲援，奈何距之而拯仇敵！今天假手於我，不可違也。違天不祥，逆衆不濟，天與不取，反受其咎，願單于勿疑。」淵曰：「善。當爲崇岡峻阜，何能爲培塿乎！夫帝王豈有常哉，大禹出於西戎，文王生於東夷，顧惟德所授耳。今見衆十餘萬，皆一當晉十，鼓行而摧亂晉，猶拉枯耳。上可成漢高之業，下不失爲魏武〔二一〕，何呼韓邪足道哉〔二二〕？雖然，晉人未必同我。漢有天下世長，恩德結於人心，是以昭烈崎嶇於一州之地，而能抗衡於天下。吾又漢氏之甥，約爲兄弟，兄亡弟紹，不亦可乎？且可稱漢，追尊後主，以懷人望。」宣等稱善〔一三〕。

校勘記

〔一〕先夏后氏至四十萬　此節見偏霸部，載記無。

〔二〕漢祖患之使劉敬奉公主　偏霸部同，載記作「初漢高祖以宗女爲公主」。

〔三〕今離石左國城即單于所徙庭是也　初學記卷八河東道「永石單于」條引：「離石，單于所徙之庭。」御覽卷一六三引：「今離石在國單于所徙庭是也。」按，「在國」即「左國」之誤。

〔四〕羌渠　原作「姜渠」，據載記、纂録、偏霸部改。下同。

〔五〕入朝魏武因留之　見偏霸部，載記無。

〔六〕左賢王　偏霸部作「左賢」，載記無。

〔七〕豹妻　載記、偏霸部同，御覽卷一四二引作「左賢王妃」。

〔八〕匈奴貴姓有呼延氏　見廣韻卷一模韻「呼」字，載記、偏霸部均無。

〔九〕頂有一角　纂録同，載記、偏霸部作「頂有二角」，御覽卷一四二引作「頭有二角」。

〔一〇〕於龍門　載記、偏霸部無，見纂録、御覽卷一四二引。

〔一一〕十三月　載記、纂録、御覽卷一四二引同，偏霸部作「十二月」。

〔一二〕淵生而左手有文曰淵海遂以名焉　偏霸部同。御覽卷三七〇引「淵海」作「淵」，「名焉」作「命之」。載記此二句作「左手文有其名遂以名焉」。

〔一三〕於是文學武事並皆工絶　偏霸部無「文」字，載記作「於是遂學武事妙絶於衆」。

〔一四〕爲任子在洛陽國晉文王深待之　「國」、「晉」二字見偏霸部，載記無。

〔一五〕時東萊王彌等皆憑結泰始之後　偏霸部作「時東萊王彌等皆憑結」，載記作「泰始之後」，此下敍事二書略同。

〔一六〕後謂王濟曰　「後」，見偏霸部，載記無。

〔一七〕容貌風儀機談鑒智　偏霸部同，載記作「容儀機鑒」。

〔一八〕太安中至所在蜂起　此節偏霸部同，載記作「惠帝失馭寇盜蜂起」。

〔一九〕右賢王　載記作「左賢王」，偏霸部作「右賢」。

〔二〇〕右賢　原作「右賢王」，據載記改。

〔二一〕魏武　纂録同，載記、偏霸部作「魏氏」。

〔二二〕何呼韓邪足道哉　見偏霸部，載記無。

〔二三〕宣等稱善　見偏霸部，載記無。

十六國春秋輯補卷二

前趙録二

劉淵

甲子。元熙元年晉惠帝永興元年。遷於左國城，晉人東附者數萬〔一〕。宣等上尊號，淵曰：「今晉氏猶在，四方未定，可仰遵高祖初法，且稱漢王，權停皇帝之號，待宙宇混一，當更議之。」〔二〕十月〔三〕，爲壇於南郊，僭即漢王位。下令曰：「昔我太祖高皇帝以神武應期，廓開大業。太宗孝文皇帝重以明德，升平漢道。世宗孝武皇帝拓土攘夷，地過唐日。中宗孝宣皇帝搜揚儁乂，多士盈朝。是我祖宗道邁三王，功高五帝，故卜年倍於夏商，卜世過於姬氏。而元成多僻，哀平短祚，賊臣王莽，滔天篡逆。我世祖光武皇帝誕資聖武，恢復鴻基，祀漢配天，不失舊物，俾三光晦而復明，神器幽而復顯。顯宗孝明皇帝、肅宗孝章皇帝，累葉重暉，炎光再闡。自和安已後，皇綱漸頽，天步艱難，國統頻絶。黄巾海沸於九州，羣閹毒流於四海。董卓因之，肆其猖勃；曹操父子，凶逆相尋。故孝愍委棄萬國，昭烈播越岷蜀。冀否終有泰，旋軫舊京。何圖天未悔禍，後帝窘辱。自社稷淪喪，宗廟之不血食四十年於兹矣。今天誘其衷，悔禍皇漢，使司馬氏父子兄弟迭相殘滅，黎庶塗炭，靡所控告。孤今猥爲羣公所推，紹修三祖之業，顧兹尫闇，戰惶靡厝。但以大恥未雪，社稷無主，銜膽棲冰，勉從羣議。」改晉永興元年爲元熙元年。大赦天下〔四〕，追尊劉禪爲孝懷皇帝，立漢高以下三祖五宗一作「三宗五祖」。之神主而祭之〔五〕。立其妻呼延氏爲王后。置百官，以劉宣爲丞相，崔游爲御史大夫，劉宏爲太尉，其餘拜授各有差。

東瀛公騰使將軍聶玄討之，戰於大陵，玄師敗績。騰懼，率并州二萬餘户下山東，遂所在爲寇。元海遣其建武將軍劉曜寇太原、泫氏、屯留、長子、中都，皆陷之。劉元海遣將攻西河城，築營自固，有八門，城高九尺〔六〕。四句依初學記八引補。冠軍喬晞攻界休，剋之。其令賈渾一作「渾」。抗節不降，曰：「吾爲晉守，不能全之，豈苟求生以事賊虜，何面目以視息世間哉！」晞怒，將殺之，部將尹崧曰：「將軍舍之，以勸事君。」晞不聽，遂殺之。依晉書忠義傳補，亦見御覽四百二十二。其妻宗氏，年二十餘，有姿色。晞欲納之，宗罵曰：「屠狗奴！何有害人之夫而欲加無禮於爾母乎！何不促殺我！」遂仰天大哭，亦殺之〔七〕。依御覽四百二十二引補，亦見晉書列女傳。

乙丑。二年　騰又遣司馬瑜、周良、石鮮等討之，次於離石汾城。元海遣其武牙將軍劉欽等六軍距瑜等。四戰，瑜皆敗，欽振旅而歸。

是歲，離石大饑，遷於黎亭以就邸閣穀。留其太尉劉宏、護軍馬景守離石，使大司農卜豫運糧以給之。

丙寅。三年晉惠光熙元年。　以其前將軍劉景爲使持節、征討大都督、大將軍，要擊并州刺史劉琨於板橋，爲琨所敗。琨遂據晉陽。其侍中劉殷、王育進諫元海曰：「殿下自起兵已來，漸已一周，而顓守偏方，王威未震。誠能命將四出，決機一擲，梟劉琨，定河東，建帝號，鼓行而南，剋長安而都之，以關中之衆席捲洛陽，如指掌耳。此高皇帝之所以剏豎鴻基，剋殄强楚者也。」元海悦曰：「此孤心也。」遂進據河東，攻寇蒲坂、平陽，皆陷之。

丁卯。四年晉懷永嘉元年。　元海遂入都蒲子，河東、平陽屬縣壘壁盡降。時四部之東萊王彌起兵青徐，劉靈爲王讚所逐，王彌爲苟純所敗，乃謀歸漢，三句依通鑑考異引補。遣使來降，拜鎮東將軍、青州刺史、東萊郡公〔八〕。四月，汲桑叛，起兵趙魏，上郡，自稱趙王，選置州郡，四部鮮卑陸逐延、氐酋大單徵，十一月，石勒及胡部等並帥衆相次來降〔九〕。元海悉署其官爵。

戊辰。永鳳元年晉永嘉二年。淵遣聰等十將據太行，石勒等十將下趙魏〔一〇〕。四句依通鑑考異引補。

秋七月，鳳凰集於蒲子。丞相劉宣等六十四人上尊號〔一一〕。

十月，僭即皇帝位於南郊〔一二〕，大赦境内，改元永鳳。以衛軍和爲大將軍，撫軍聰爲車騎大將軍，建武曜爲龍驤大將軍〔一三〕。又以其大將軍和爲大司馬，封梁王；尚書令劉歡樂爲大司徒，封陳留王；御史大夫呼延翼爲大司空，封雁門郡公。

以延年爲江都王。江都王延年，年十五，喪二親，奉叔父以孝聞。子良孫及弟從子爲噉人賊所掠，延年追而請之。賊以良孫歸延年，延年拜請曰：「我以少孤爲叔父所養，此叔父之孤孫也，願以子易之。」賊曰：「君義士也。」免之〔一四〕。御覽四百二十一。案：延年爲太宰，因下傳有「太宰」字，屠本誤合爲一傳。

以洋爲長樂王。長樂王洋，御覽引誤作「太宰王祥」。字季海。性至孝，言及二親，未嘗不嗚咽摧慟。每忌日，輒三日不食〔一五〕。同上四百十三。

以儁爲上郡王。上郡王儁，屠本作「王儁，上郡人」，似誤。字元英，有幹藝之稱。儁年七八歲，隨兄密子元直西如涼州。路中糧匱，密留元直於途，乞丐民間。比還，儁爲賊所掠，元直逃免。密乃將元直追賊，叩頭求哀曰：「人情自當皆愛其子，但此弟未生，家君見背，孤遺相長，以至於今，請以元直易儁。」賊相謂曰：「以子易弟，義之大也。」於是乃以儁授密，受元直而去。密後亡，儁勺飲不入口者五日，雖服喪朞年而心喪六載〔一六〕。同上四百十六。

宗室以親疏爲等，悉封郡縣王。異姓以勳謀爲差，皆封郡縣公侯。

己巳。河瑞元年晉永嘉三年。太史令宣于晉春秋作「鮮于」。修之言於元海曰：「陛下雖龍興鳳翔，奄受大命，然遺晉未殄，皇居仄陋。紫宮之變，時熒惑犯紫微。猶鍾晉氏，不出三年，必剋洛陽。蒲子崎嶇，非可久安，平陽勢有紫氣，兼陶唐舊都，願陛下上迎乾象，下協坤祥。」於是遷都平陽〔一七〕。此節亦見御覽一百六十三。

五月，遣聰攻壺關。聰敗韓述於西澗，石勒敗黃肅於封田。太傅越遣淮南内史王廣拒聰。六月，廣等來討。七月，戰於長平。長平之戰，劉聰馬中流矢，幾爲晉軍所獲，李景年以馬授聰，揮戈前戰。依御覽三百五十一引補。晉師敗，劉惇以壺關降〔一八〕。此節依通鑑考異引補。

李景年，字延祐，前部人。少貧，見養於叔父，常使牧羊。景年見其叔子講誦，羨之，後從博士乞百餘字，牧羊之暇，折草木書之。叔乃驚曰：「吾家千里駒也，而令騏驥久躓鹽坂！」乃爲娶妻教學。依御覽八百三十三引補。後聰嘉平三年還虎牙，攻長安，以功封梁鄒侯〔一九〕。依御覽三百五十一引補。

汾水中得玉璽，高一寸二分，方四寸〔二〇〕。文曰「有新保之」，歸元海〔二一〕，蓋王莽時璽也。獻者因增其「淵海光」三字〔二二〕，元海以爲己瑞，大赦天下，改元河瑞。此節亦見初學記二十、御覽六百八十二。封子裕爲齊王，隆爲魯王。

於是命其子聰與王彌進寇洛陽，劉曜與趙固等爲之後繼。東海王越遣平北將軍曹武、將軍宋抽、彭默等距之。王師敗績，聰等長驅至宜陽。平昌公模遣將軍淳于定、呂毅等自長安討之，戰於宜陽，定等敗績。聰恃連勝，不設備。弘農太守桓延詐降，夜襲聰軍，大敗而還。元海素服迎師。

是冬，復大發卒，遣聰、彌與劉曜、劉景等率精騎五萬寇洛陽，使呼延翼率步卒繼之，敗王師於河南。聰進屯於西明門。護軍賈胤夜薄之，戰於大夏門，斬聰將呼延顥，其衆遂潰。聰迴師而南，壁於洛水，尋進屯宣陽門。曜屯上東門，彌屯廣陽門，景攻大夏門。聰親祈嵩嶽，令其將劉厲、呼延朗等督留軍。東海王越命參軍孫詢、將軍丘光、樓裒等率帳下勁卒三千自宣陽門擊朗，斬之。聰聞而馳還。厲懼聰之罪己也，赴水而死。王彌謂聰曰：「今既失利，洛陽猶固，殿下不如還師，徐爲後舉。下官當於兗豫之閒，收兵積穀，伏聽嚴期。」宣于修之又言於元海曰：「歲在辛未，當得洛陽。今晉氣猶盛，大軍不歸，必敗。」元海馳遣黄門郎傅詢召聰等還師。王彌出自轘轅，越遣薄盛等追擊彌，戰於新汲，彌師敗績。於是攝蒲阪之戍，還於平陽。

以劉歡樂爲太傅，劉聰爲大司徒，劉延年爲大司空，劉洋爲大司馬。

庚午。二年〔二三〕赦其境内，立其妻單氏爲皇后。以大司馬梁王和爲皇太子〔二四〕，封子乂爲北海王。

王浚遣祁弘率鮮卑討石勒，戰於飛龍山下，勒師大敗〔二五〕。御覽四十五明引作「前趙録」。弘擊破劉靈於廣宗，殺之〔二六〕。

八月〔二七〕，淵寢疾，將爲顧託之計，以歡樂爲太宰，洋爲太傅，延年爲太保〔二八〕，司徒聰爲大司馬、大單于，並録尚書事，置單于臺於平陽西，以其子裕爲大司徒。

丁丑〔二九〕，淵疾篤，召歡樂及洋等入禁中，受遺詔輔政。己卯，薨於光極殿〔三〇〕。此節亦見通鑑考異。以永嘉四年死，在位六當作「七」。年。太子和即位。聰自西明門攻斬和於西室〔三一〕。

九月辛卯，二字依通鑑考異補。葬淵於永光陵，謚曰光文皇帝，廟號高祖〔三二〕。

劉和

和字玄泰，身長八尺，雄毅美姿儀，好學夙成，習毛詩、左氏春秋、鄭氏易。及爲儲貳，内多猜忌，馭下無恩。

元海死，和嗣僞位。其衛尉西昌王劉鋭、宗正呼延攸恨不參顧命也，説和曰：「先帝不惟輕重之計，而使三王總强兵於内，大司馬握十萬勁卒居於近郊，陛下今便爲寄主耳。此之禍難，未可測也，願陛下早爲之所。」和即攸之甥也，深然之，召其領軍劉盛及劉欽、馬景等告之。盛曰：「先帝尚在殯宫，四王未有逆節，今忽一旦自相魚肉，臣恐人不食陛下之餘。四海未定，大業甫爾，願陛下以上成先帝鴻基爲志，且塞耳勿聽此狂簡之言也。詩云：『豈無他人，不如我同父。』陛下既不信諸弟，復誰可信哉！」鋭、攸怒曰：「今日之議，理無有二！」於是命左右刃之。景懼曰：「惟陛下詔臣等以死奉之，蔑不濟矣。」乃相與盟於東堂，使鋭、景攻聰，攸率劉安國攻裕，使侍中劉乘、武衛劉欽攻魯王隆，尚書田密、武衛劉璿攻北海王乂。密、璿等使人一作「挾乂」。斬關奔於聰〔三三〕，聰命貫甲以待之。鋭知聰之有備也，馳還，與攸、乘等會，攻隆、裕。攸、乘懼安國、欽之有異志也，斬之。是日，斬裕及隆。聰攻西明門，剋之。鋭等奔入南宮，前鋒隨之，斬和於光極西室，鋭、攸梟首通衢。

劉宣

劉宣字士則，朴鈍少言，好學修絜。師事樂安孫炎，沈精積思，不舍晝夜，好毛詩、左氏傳。炎每歎之曰：「宣若遇漢武，當踰於金日磾也。」學成而返，不出門閭蓋數年。每讀漢書至蕭何、鄧禹傳，未曾不反覆咏之曰：「大丈夫若遭二祖，終不令兩公獨擅美於前矣。」并州刺史王廣言之於武帝，帝召見，嘉其占對，因曰：「吾未見宣，謂廣言虚耳。今見其進止風儀，真所謂如珪如璋，觀其性質，足能撫集本部。」乃以宣爲右部都尉，特給赤幢曲蓋。莅官清恪，所部懷之。元海即王位，宣之謀也，故特荷尊重，勳戚莫二，軍國内外靡不專之。

校勘記

〔一〕元熙元年遷於左國城晉人東附者數萬　偏霸部同。載記無「元熙元年」，而於下文即位事云晉永興元年，又「晉人東附」作「遠人歸附」。

〔二〕宣等上尊號至當更議之　見偏霸部，載記無。

〔三〕十月　載記無，見偏霸部。

〔四〕改晉永興元年爲元熙元年大赦天下　偏霸部同，載記作「乃赦其境内年號元熙」。

〔五〕三祖五宗　載記同，偏霸部作「三宗五祖」。

〔六〕劉元海遣將至城高九尺　見初學記卷八河東道「八門六壁」條引，載記無。

〔七〕冠軍喬晞攻界休至亦殺之　此節載記無。「曰吾爲晉守」至「晞不聽遂殺之」一節依晉書卷八九忠義賈渾傳，餘依御覽卷四二二引，「其妻宗氏」以下又見晉書卷九六列女賈渾妻宗氏傳。「賈潭」，御覽卷四二二引同，晉書忠義傳、列女傳作「賈渾」。「屠狗奴」，御覽卷四二二引、晉書列女傳作「屠各奴」。

〔八〕時四部至東萊郡公　載記無此節，但於後文略及王彌，參下條校記。「劉靈」至「乃謀歸漢」三句見通鑑卷八六考異，餘見偏霸部。

〔九〕四月至相次來降　汲桑事，偏霸部無「起兵趙魏上郡」六字，載記作「時汲桑起兵趙魏」，而載記「上郡」當與下文「四部鮮卑」連讀，湯球誤置於此。此下事，偏霸部無「四部鮮卑陸逐延氏酋大單徵」十二字；載記無「十一月」，「石勒及胡部等並帥衆相次來降」作「東萊王彌及石勒等並相次降之」。按，偏霸部「胡部」蓋即載記所言陸逐延、單徵，未必諸降附分在四月、十一月；而載記「東萊王彌」蓋即上文偏霸部、考異所詳王彌事。

〔一〇〕淵遣聰至下趙魏　載記無，原注謂「依通鑑考異引補」。按通鑑卷八六考異但云：「石勒載記曰（中略），事在明年。今從十六國春秋。」此節文字蓋删減通鑑正文補出。

〔一一〕秋七月至上尊號　見偏霸部，載記無。

〔一二〕十月僭即皇帝位於南郊　偏霸部同，載記作「永嘉二年元海僭即皇帝位」。

〔一三〕以衛軍和至龍驤大將軍　見偏霸部，載記無。

〔一四〕以延年爲江都王至免之　首句蓋湯球自爲，以下見御覽卷四二一引。原注按語謂屠本誤合長樂王洋事於延年傳内，蓋由御覽卷四一三引誤「長樂王洋」爲「太宰王祥」。

〔一五〕以洋爲長樂王至三日不食　首句蓋湯球自爲，以下見御覽卷四一三引。「長樂王洋」，御覽卷四二一引作「太宰王祥」，蓋湯球校改。

〔一六〕以儁爲上郡王至心喪六載　首句蓋湯球自爲，以下見御覽卷四一六引。「元英」、「元直」，御覽卷四一六引作「玄英」、「玄直」。

〔一七〕太史令至遷都平陽　此節依載記，亦略見御覽卷一六三「晉州」引。「宣于修之」，載記、通鑑卷八七作「宣于脩之」，通鑑考異云：「晉春秋作『鮮于脩之』。今從載記、十六國春秋。」又，通鑑載此事，先云「春正月辛丑朔，熒惑犯紫微」，「紫宮之變」下原注蓋據此。

〔一八〕五月至以壺關降　此節載記、偏霸部無。事見通鑑卷八七，有考異四條，第四條略述十六國春秋記事，即此所本，餘三條僅校專名。「聰敗韓述」至「王廣據聰」，第四條考異但作「敗韓述黃肅」，湯球蓋以別條考異云「黃肅」、「封田」、「王廣」從十六國春秋，遂據通鑑正文補完。「長平之戰」至「揮戈前戰」，通鑑及考異皆無，見御覽卷三五一引。

〔一九〕李景年字延祐至梁鄒侯　「李景年」，御覽卷三五一引同，御覽卷八三三引作「李景」。「前部人」、「以功封梁鄒侯」見御覽卷三五一引；「後聰嘉平三年還虎牙攻長安」，蓋湯球自補，事見本録劉聰傳；餘依御覽卷八三三引。

〔二〇〕高一寸二分方四寸　見御覽卷六八二引，載記無。

〔二一〕歸元海　見初學記卷二〇政理「銀印玉璽」條引，載記無。

〔二二〕淵海光　「淵」，魏書卷九五匈奴劉聰傳同，載記作「泉」，御覽卷六八二引作「深」。

〔二三〕二年　載記無。按，上年末置太傅、三公事，與本年大赦、立后、太子事，載記皆相連，偏霸部云「二年，以大司馬梁王和爲皇太子」。

〔二四〕以大司馬梁王和爲皇太子　偏霸部同，載記作「子和爲皇太子」。

〔二五〕王浚遣祁弘至勒師大敗　劉元海載記無此事，在石勒載記，而御覽卷四五「飛龍山」引作「十六國春秋前趙録」。

〔二六〕弘擊破劉靈於廣宗殺之　載記無，見屠本卷一。按事見通鑑卷八七及晉書卷五懷帝紀。

〔二七〕八月　載記、偏霸部無，見通鑑卷八七考異引。

〔二八〕延年爲太保　載記同，偏霸部作「以延年爲太宰」，而未及劉歡樂。

〔二九〕丁丑　載記、偏霸部無，見通鑑卷八七考異引。

〔三〇〕己卯薨於光極殿　載記無，偏霸部作「淵薨於光極殿」，通鑑卷八七考異引云「己卯卒」。

〔三一〕太子和即位聰自西明門攻斬和於西室　偏霸部同，載記惟在後文云「子和立」。

〔三二〕九月辛卯至廟號高祖　此節偏霸部無「辛卯」二字，「永光陵」作「永陵」，餘同。載記作：「僞謚光文皇帝，廟號高祖，墓號永光陵。」通鑑卷八七永嘉四年考異引十六國春秋云：「八月丁丑，淵召太宰歡樂等受遺詔，己卯卒，辛未葬。」考異據長曆云辛未當在九月，十六國春秋誤，通鑑正文即作「九月辛未」。湯球補作「九月辛卯」，疑誤。

〔三三〕使人　載記同，屠本卷一作「挾乂」。

十六國春秋輯補卷三

前趙録三

劉聰

劉聰字玄明，一名載，淵第四子也。母曰張夫人。初，聰之在孕也，張氏夢日入懷，寤而以告淵，淵曰：「此吉徵也，慎勿言之。」自是十五月而生聰焉。此節亦見御覽一百四十二。夜有日一作「白」。光之異〔一〕。形體非常，左耳有一白毫，長二尺餘，甚光澤。幼而聰悟好學，博士朱紀大奇之。年十四，究通經史，兼綜百家之言，孫吴兵法，靡不誦之。工草隸，善屬文，著述懷詩百餘篇，賦頌五十餘篇。十五習擊刺，猿臂善射，彎弓三百斤，膂力驍捷，冠絶一時。太原王渾見而悦之，謂元海曰：「此兒吾所不能測也。」弱冠游於京師，名士莫不交結，樂廣、張華尤異之也。

新興太守郭熙辟爲主簿〔二〕，舉良將，入爲驍騎别部司馬〔三〕，累遷右部都尉。善於撫接，五部豪右無不歸之。河間王顒表爲赤沙中郎將。聰以元海在鄴，懼爲成都王穎所害，乃亡奔成都王，拜右積弩將軍，參前鋒戰事。元海爲北單于，立爲右賢王，隨還右部。及即大單于位，更拜鹿蠡王。

既殺其兄和，羣臣勸即尊位。聰以北海王乂，單后之子也，以位讓之〔四〕。三句依通鑑考異録。乂與公卿泣涕固請，聰久而許之，曰：「乂及羣臣正以四海未定〔五〕，禍難尚殷，貪孤年長故耳。此國家之事，孤敢不祇從，今便欲遠遵魯隱，待乂年長，復子明辟。」

庚午。光興元年晉永嘉四年。聰僭即皇帝位於光極前殿〔六〕，大赦境内，改元光興元年〔七〕。尊元海妻單氏曰皇太后，其母張氏爲帝太后，乂爲皇太弟，領大單于、大司徒，立其妻呼延氏爲皇后，封其子粲爲河内王，署使持節、撫軍大將軍、都督中外諸軍事，易河間王，翼彭城王，悝高平王。遣粲及其征東王彌、龍驤劉曜等率衆四萬長驅入洛川，遂出轘轅，周旋梁陳汝潁之閒，陷壘壁百餘。以其司空劉景爲大司馬，左光禄劉殷爲大司徒，右光禄王育爲大司空。

僞太后單氏姿色絶麗，聰烝焉。單即乂之母也，乂屢以爲言，單氏慙恚而死。聰悲悼無已，後知其故，乂之寵因此漸衰，然猶追念單氏，未便黜廢。又尊母爲皇太后。

十月，聰將趙固與晉車騎將軍王申始相拒於延津。時黄霧晝昏，人不相見，固軍大敗〔八〕。此節依御覽八百七十八引補。

辛未。嘉平元年　署其衛尉呼延晏爲使持節、前鋒大都督、前軍大將軍，配禁兵二萬七千，自宜陽入洛川。命東萊王彌、龍驤劉曜及鎮軍石勒進師會之〔九〕。晏比及河南，王師前後十二敗，晉師死者三萬餘人〔一〇〕。彌等未至，晏留輜重於張方故壘，長驅圍洛陽，攻陷平昌門，焚東陽、宣陽諸門及諸府寺。懷帝遣河南尹劉默距之，王師敗於社門。晏以外繼不至，出自東陽門，掠王公已下子女二百餘人而去。時帝將濟河東遁，具船於洛水，晏盡焚之，還於張方故壘。

王彌、劉曜至，復與晏會圍洛陽。時城内饑甚，人皆相食，百官分散，莫有固志。宣陽門陷。彌、晏入於南宮，升太極前殿，縱兵大掠，悉收宫人珍寶，幽晉帝於端門〔一一〕。曜於是害晉太子及諸王公百官已下三萬餘人〔一二〕，於洛水北築爲京觀。遷帝及惠帝羊后、一作「太后」。侍中庾珉等、傳國六璽於平陽〔一三〕。聰大赦，改光興爲嘉平元年〔一四〕。以帝爲特進、左光禄大夫、平阿公。亦見通鑑考異。

七月，司馬模牙門趙染歸聰，以爲平西將軍。八月〔一五〕，遣其平西趙染、安西劉雅率騎二萬攻南陽王模於長安，粲、曜率大衆繼之。染敗王師於潼關，將軍呂毅死之。軍至於下邽，模乃降染。染送模於粲，粲害模及其子范陽王黎，送衛將軍梁芬、模長史魯繇、兼散騎常侍杜鷔、辛謐及北宫純等於平陽。聰以粲之害模也，大怒。粲曰：「臣殺模本不以其晚識天命之故，但以其晉氏肺腑，洛陽之難不能死節。天下之惡一也，故誅之。」聰曰：「雖然，吾恐汝不免誅降之殃也。夫天道至神，理無不報。」

署劉曜爲車騎大將軍、開府儀同三司、雍州牧，改封中山王，鎮長安。王彌爲大將軍，封齊公。尋而石勒等殺彌於己吾而並其衆，表彌叛狀。聰大怒，遣使讓勒專殺公輔，有無上之心。又恐勒之有二志也，以彌部衆配之。

劉曜既據長安，安定太守賈疋及諸氏羌皆送質任，唯雍州刺史麴特、新平太守竺恢固守不降。護軍麴允、頻陽令梁肅自京兆南山將奔安定，遇疋任子於陰密，擁還臨涇，推疋爲平南將軍，率衆五萬攻曜於長安。扶風太守梁綜及麴特、竺恢等亦率衆十萬會之。曜遣劉雅、趙染來距，敗績而還。曜又盡長安鋭卒與諸軍戰於黄丘，曜衆大敗，中流矢，退保甘渠。疋追之，旋襲梁州。十二月，賈疋戰死（一六）。七字依通鑑考異引補。杜人王禿、紀特等攻劉粲於新豐，粲還平陽。曜攻陷池陽，掠萬餘人歸於長安。時閻鼎等奉秦王爲皇太子，入於雍城，關中戎、晉，翕然響應。

壬申。嘉平二年　聰后呼延氏死。

呼延氏，淵后之從父妹〔一七〕，有美色，恭孝稱於宗族。淵后愛聰姿色，故以配焉。每謂聰曰：「父終子紹，古今之大典。陛下自承高祖之嗣，太弟何爲者哉！陛下百年之後，粲兄弟必無種也，願陛下深思之。」聰亦信之曰：「然。吾當爲計。」后曰：「事留變生。太弟見粲兄弟並大，必有不安之志矣，或有小人構閒其中，未必不禍發於今日。妾嘗聞陛下說隱公，一何相似，竊爲陛下寒心。」聰深然其言，於是相圖之計起矣。依御覽一百四十二引補。

立司空王育女爲左昭儀，尚書令任顗女爲右昭儀。二句依御覽一百四十四引補。

將納其太保劉殷女，其弟乂固諫。聰更訪之於太宰劉延年、太傅劉景。景等皆曰：「臣常聞太保自云周劉康公之後，與聖氏本源既殊，納之爲允。」聰大悅，使其兼大鴻臚李弘聘殷二女爲左右貴嬪，位在昭儀上。又納殷女孫四人爲貴人，位次貴嬪。謂弘曰：「此女輩皆姿色超世，女德冠時，且太保於朕，實自不同，卿意安乎？」弘曰：「太保胤自有周，與聖源實別，陛下正以姓同爲恨耳。且魏司空東萊王基，當世大儒，豈不達禮乎？爲子納司空太原王沈女，以其姓同而源異故也。」聰大悅，賜弘黄金六十斤，曰：「卿當以此意諭吾子弟輩。」於是六劉之寵，傾於後宮。亦見御覽三百八十及一百四十二。聰稀復出外，事皆中黄門納奏，左右貴嬪決之〔一八〕。

二月，晉帝進號儀同三司，封會稽郡公〔一九〕，亦見通鑑考異。庾珉等以次加秩。聰引帝入讌，謂帝曰：「卿爲豫章王時，朕與王武子相造。武子示朕於卿，卿言聞其名久矣，以卿所製樂府歌文示朕，謂朕曰：『聞君善爲辭賦，試爲看之。』朕時與武子俱爲盛德頌，卿稱善者久之。又引朕射於皇堂，朕得十二籌，卿與武子俱得九籌，卿贈朕柘弓、銀研。卿頗憶否？」帝曰：「臣安敢忘之，但恨爾日不得早識龍顏耳！」聰曰：「卿家骨肉相殘，何其甚也？」帝曰：「此殆非人事，皇天之意也。大漢將應乾受歷，故爲陛下自相驅除耳。且臣家若能奉武皇之業，九族敦睦，陛下何由得之？」亦見御覽八百十二。至日夕乃出，以小劉貴人賜帝，謂帝曰：「此名公之孫，今特以相妻，卿宜善遇之。」拜劉爲會稽國夫人〔二〇〕。

遣其鎮北靳沖寇太原，平北卜珝率衆繼之。

卜珝字子玉，匈奴後部人也。少好讀易，郭璞見而歎曰：「吾所弗如也，奈何不免兵厄。」珝曰：「然。吾大厄在四十一，位爲卿將，當受禍耳。不爾者亦爲猛獸所害，吾亦未見子之令終也。」璞曰：「吾禍在江南，甚營之，未見免兆。雖然，在南猶可延期，住此不過時月。」玥曰：「子勿爲公吏，可以免諸。」璞曰：「吾不能免公吏，猶子之不能免卿將也。」玥曰：「吾此雖當有帝王子〔二一〕，終不復奉二京矣。琅邪可奉，卿謹奉之，主晉祀者必此人也。」玥遂隱於龍門山。劉元海僭號，徵爲大司農、侍中，固以疾辭。元海曰：「人各有心，卜玥之不欲在吾朝，何異高祖四公哉？可遂其高志。」後復徵爲光禄大夫。玥謂使者曰：「非吾死所也。」及劉聰嗣僞位，徵爲太常。時劉琨據并州，聰問何時可平，玥答曰：「并州，陛下之分，今兹剋之必矣。」聰戲曰：「朕欲勞先生一行，可乎？」玥曰：「臣所以來不及裝者，正爲是行也。」聰大悦，署玥使持節、平北將軍。將行，謂其妹曰：「此行也，死自吾分，慎勿紛紜。」〔二二〕

及沖攻太原不剋，爲琨所敗，玥卒先奔〔二三〕，歸罪於玥，輒斬之。聰聞之，大怒曰：「此人朕所不得加刑，沖何人哉！」遣其御史中丞浩一作「諸」。衍持節斬沖也〔二四〕。依晉藝術傳補，亦略見御覽六百四十六。

左都水使者襄陵王攄坐魚蟹不供，將作大匠望都公靳陵坐温明、徽光二殿不成，皆斬於東市。聰游獵無度，嘗晨出晚歸，觀魚於汾水，以燭繼晝。中軍王彰諫曰：「今大難未夷，餘晉假息，陛下不懼白龍魚服之禍，而昏夜忘歸。陛下當思先帝刱業之艱難，嗣承之不易，鴻業已爾，四海屬情，何可墜之於垂成，隳之於將就！比觀陛下所爲，臣實痛心疾首有日矣，且愚人係漢之心未專，而思晉之懷猶盛。劉琨去此，咫尺之閒，狂狷刺客，息頃而至，帝王輕出，一夫敵耳。願陛下改往修來，則億兆幸甚！」聰大怒，命斬之，上夫人王氏叩頭乞哀，乃囚之詔獄。聰母以聰刑怒過差，三日不食。弟乂、子粲並輿櫬切諫，聰怒曰：「吾豈桀紂幽厲乎？而汝等生來哭人！」其太宰劉延年及諸公卿列侯百餘人，皆免冠涕泣固諫曰：「光文皇帝以聖武膺期，剙建鴻祚，而六合未一，夙世升遐。陛下睿德自天，龍飛紹統，東平洛邑，南平長安，真可謂功高周成，德超夏啓。往也唐虞，今則陛下，歷觀書記，未有此比。而頃頻以小務不供而斬王公，直言忤旨便囚大將，游獵無度，機管不修，臣等竊所未解。臣等所以破肝糜胃忘寢與食者也。」聰乃赦彰。

麴特等圍長安，劉曜連戰敗績，乃驅掠士女八萬餘口，退還平陽。因攻司徒傅祗於三渚，使其右將軍劉參攻郭默於懷城。默時爲塢主。

郭默字玄雄〔二五〕，河内懷人，世以屠沽爲業。默壯勇拳捷，能貫甲跳三丈塹，時人咸異之，曰：「此兒必興郭氏。」河内陸允，世之豪民，望見，以女妻之。此傳依御覽三百八十六引補。

祗病卒，城陷。遷祗孫純、粹並其二萬餘户於平陽。聰贈祗太保，純、粹皆給事中，謂祇子暢曰：「尊公雖不達天命，然各忠其主，吾亦有以亮之。但晉主已降，天命非人所支，而虔劉南鄙，沮亂邊萌，此其罪也。以元惡之種而贈同勳舊，逆臣之孫荷榮禁闥，卿知皇漢之德弘曠已不？」暢曰：「陛下每嘉先臣，不以小臣之故而虧其忠節，及是恩也，自是明主伐罪弔人之義，臣輒同萬物，未敢謝生於自然。」

六月，聰立貴嬪劉氏爲皇后，尋卒〔二六〕。聰后劉氏，殷小女，字麗華。童齒聰慧，膚髮異常，晝營女工，夜誦書傳，母每止之，敦翫彌甚。與諸兄争論經義，理旨超然，諸兄常深歎謝。性孝友，美風儀，進止如珪璋焉。以貴嬪立爲皇后。依御覽一百四十二引補。

劉殷卒〔二七〕。劉殷字長盛，新興人也。高祖陵，漢光禄大夫。殷七歲喪父，哀毁過禮，服喪三年，未曾見齒。曾祖母王氏盛冬思堇而不言，食不飽者一旬矣，殷怪而問之，王言其故。殷時年九歲，乃於澤中慟哭曰：「殷罪釁深重，幼丁艱罰，王母在堂，無旬月之養，殷爲人子，而所思無獲。皇天后土，願垂哀愍！」聲不絶者半日。於是忽若有人云「止止」聲，殷收淚視地，見有堇生焉，因得斛餘而歸，食而不減。至時堇生乃盡。又嘗夜夢人謂之曰：「西籬下有粟。」寤而掘之，得粟十五鐘，銘曰：「七年粟百石，以賜孝子劉殷」。自是食之七載乃盡。以上見御覽。時人嘉其至性通感，競以穀帛遺之。殷受而不謝，直云「待後貴當相酬耳」。

弱冠，博通經史，綜核羣言，文章詩賦，靡不該覽。性倜儻，有濟世之志，儉而不陋，清而不介，望之頽然而不可侵也，鄉黨親族莫不稱之。郡命主簿，州辟從事，皆以供養無主，辭不赴命。司空齊王攸辟爲掾，征南將軍羊祜召參軍事，皆以疾辭。同郡張宣子，識達之士也，勸殷就徵。殷曰：「當今二公，有晉之棟楹也。吾方希達如榱椽耳，不憑之豈能立乎？吾今王母在堂，既應他命，無容不竭盡臣禮，便不得就養。子輿所以辭齊大夫，良以色養無主故耳。」宣子曰：「如子所言，豈庸人所識哉？而今而後，吾子當爲吾師矣！」遂以女妻之。宣子者，并州豪族也，家富於財。其妻怒曰：「我女年始十四，姿識如此，何慮不得爲公侯妃，而遽以妻劉殷乎？」宣子曰：「非爾所及也。」誡其女曰：「劉殷至孝冥感，兼才識超世。此人終當遠達，爲世名公，汝其謹事之。」張氏性亦婉順，事王母以孝聞，奉殷如君父焉。及王氏卒，殷夫婦毁瘠幾至滅性。時柩在殯，而西鄰失火，風飈甚盛。殷夫婦叩殯號哭，火遂越燒東家。此節見初學記。後有二白鳩巢其庭樹，自是名譽彌顯。

太傅楊駿輔政，備禮聘殷。殷以母老固辭，駿於是表之。優詔遂其高志，聽終色養，敕所在供其衣食，蠲其徭賦，賜帛二百匹，穀五百斛。趙王倫篡位，孫秀夙重殷名，以散騎常侍徵之，殷逃奔鴈門。及齊王冏輔政，辟爲大司馬軍諮祭酒。既至，謂殷曰：「先王虚心召君，君不至，今孤辟君，君何能屈也？」殷曰：「世祖以大聖應期，先王以至德輔世，既堯舜爲君，稷契爲佐，故殷以一夫而距千乘，爲不可迴之圖，幸邀唐虞之世，是以不懼斧鉞之戮耳。今殿下以神武睿姿，除殘反政，然聖迹稍纛，嚴威滋肅，殷若復爾，恐招華士之誅，故不敢不至也。」冏奇之，轉拜新興太守，明刑旌善，甚有政能。

屬永嘉之亂，没於劉聰。聰奇其才而擢任之，累至侍中、太保、録尚書事。殷常戒子孫曰：「事君之法，當務幾諫，凡人尚不可面斥其過，而況萬乘乎？夫犯顔之禍，將彰君過，宜上思召公咨商之義，下念鮑勛觸鱗之誅也。」在聰之朝，與公卿恂恂然，常有後己之色，士不修操行者，無得入其門。然滯理不申，藉殷而濟者，亦已百數。有七子，五子各授一經，一子授太史公，一子授漢書，一門之内，七業俱興，北州之學，殷門爲盛。竟以壽終。

依晉書孝友傳補，亦見於御覽四百十一及初學記二十五。

以彭城王翌爲衛將軍，典宿衛。劉翌驍勇一作「幹」。過人，能一手舉殿柱，跳過平陽門出〔二八〕。此節依御覽三百七十及三百九十四引補。

聰遣劉粲、劉曜等攻劉琨於晉陽。琨使張喬距之，戰於武灌，喬敗績，死之。晉陽危懼，太原太守高喬、琨別駕郝聿以晉陽降粲。琨與左右數十騎攜其妻子奔於趙郡之亭頭，遂如常山。琨收兵於常山〔二九〕。依通鑑考異補。粲、曜入於晉陽。先是，琨與代公一作「王」。猗盧結爲兄弟〔三〇〕，乃告敗於猗盧，且乞師。猗盧遣子日利孫、賓六須及將軍衛雄、姬澹等率衆數萬攻晉陽〔三一〕。此節亦見通鑑考異。琨收散卒千餘爲之鄉導。猗盧率衆六萬至於狼猛。

曜及賓六須戰於汾東。曜墜馬，中流矢，身被七創，討虜傅武以馬授曜。曜曰：「當今危亡之極，人各思免，吾創已重，自分死此矣。」武泣曰：「武小人，蒙大王識拔以至於是，常思效命，今其時矣。且皇室始基，大難未弭，天下何可一日無大王也！」於是扶曜乘馬，驅令渡汾，迴而戰死。

曜入晉陽，夜與劉粲等掠晉陽百姓，逾蒙一作「象」。山遁歸〔三二〕。二句亦見御覽四十五。猗盧率騎追之，戰於藍谷，粲敗績，斬其征虜邢延，獲其鎮北劉豐。琨收合離散，保於陽曲，猗盧戍之而還。

聰立張貴人爲皇后，以其父寔爲左光禄大夫〔三三〕。張寔爲鉅鹿太守，治任威强，路不拾遺。曾欲以寔爲司徒、太保，皆垂涕固辭。身騎瘠馬，妻乘敗車。此節依御覽四百二十四引補。

癸酉。三年晉愍建興元年。春正月〔三四〕，一作「正旦」。聰讌於光極前殿，逼晉帝行酒，光禄大夫庾珉、王儁等起而大哭，聰惡之。會有告珉等謀以平陽應劉琨者。二月丁未，懷帝崩於平陽。載記作「聰遂鴆帝」。於是誅珉、儁等〔三五〕，復以賜帝劉夫人爲貴人。

丁丑，張皇后卒〔三六〕。

三月，立貴嬪劉氏爲皇后〔三七〕。大赦境内殊死已下〔三八〕。

聰皇后劉氏，殷之長女也，字麗芳，以左貴嬪立爲皇后〔三九〕。聰將起䳍儀殿於後庭，廷尉陳元達諫曰：「臣聞古之聖王愛國如家，故皇天亦祐之如子。夫天生蒸民而樹之君者，使之爲父母以刑賞之，不欲使殿屎黎元而蕩逸一人。晉氏闇虐，視百姓如草莽，故上天勦絶其祚，乃眷皇漢。蒼生引領息肩，懷更蘇之望有日矣。我高祖光文皇帝靖言惟兹，痛心疾首，故身衣大布，居不重茵。先皇后嬪服無綺綵，重逆羣臣之請，故建南北宫焉。今光極之前，足以朝羣后，饗萬國矣；昭德、温明已後，足可以容六宫，列十二等矣。陛下龍興已來，外殄二京不世之寇，内興殿觀四十餘所，重之以饑饉疾疫，死亡相屬，兵疲於外，人怨於内，爲之父母固若是乎？伏聞詔旨，將營䳍儀，中宫新立，誠臣等樂爲子來者也。竊以大難未夷，宫宇粗給，今之新營，尤實非宜。臣聞太宗承高祖之業，惠吕息役之後，以四海之富，天下之殷，尚以百金之費而輟露臺，歷代垂美，爲不朽之迹，故能斷獄四百，擬於成康。陛下之所有，不過太宗二郡地耳，戰守之備者，豈僅匈奴南越而已哉！孝文之廣，思費如彼，陛下之狹，欲損如此，愚臣所以敢冒死犯顔色，冒不測之禍者也。」聰大怒曰：「吾爲萬機主，將營二宮〔四〇〕，一作「一殿」。豈問汝鼠子乎？不殺此奴，沮亂朕心，朕殿何當得成邪！」將出斬之，並其妻子同梟東市，使羣鼠共穴。時在逍遥園李中堂，元達抱堂下樹叫曰：「臣所言者社稷之計也，而陛下殺臣，若死者有知，臣要當上訴陛下於天，下訴陛下於先帝！朱雲有云：『臣得與龍逢、比干游於地下足矣！』未審陛下何如主耳！」元達先鎖腰而入，及至，即以鎖繞樹，左右曳之不能動。聰怒甚。劉氏時在後堂，聞之而密遣中常侍私敕左右停刑，於是手疏啓曰：「伏聞敕旨，將爲妾營殿。今四海未一，禍難猶繁，廷尉之言，社稷之計，當賞以美爵，而反欲誅之。陛下此怒由妾而起，廷尉之禍由妾而招，自古國敗家喪，未始不由婦人。妾每覽古事，忿之不已，何意今日妾自爲之。後人視妾，猶妾之視前人。復何面目仰侍巾櫛，請歸死此堂，以塞陛下誤惑之過。」聰覽之色變曰：「朕比來微風之患，喜怒不自由，元達忠臣，命其冠履就坐。」引元達，以劉后表示曰：「外輔如公等，内輔如此后，朕亦何憂矣！」〔四一〕改逍遥園爲納賢園，李中堂爲愧賢堂。此段亦見御覽一百四十二及四百五十四。

四月〔四二〕，愍帝即位於長安。聰遣車騎劉曜及司隸喬志明、武牙李景年等攻長安，命趙染率衆赴之。時大都督麴允據黄白城，累爲曜、染所敗。染謂曜曰：「麴允率大衆在外，長安可襲而取之，得長安，黄白城自服。願大王以重衆守此，染請輕騎襲之。」曜乃承制加染前鋒大都督、安南大將軍，以精騎五千配之而進。王師敗於渭陽，將軍王廣死之。染夜入長安外城，帝奔射鴈樓。染焚燒龍尾及諸軍營，殺掠千餘人，旦退屯逍遥園。麴允率衆襲曜，連戰敗之。曜入粟邑，遂歸平陽。

校勘記

〔一〕日光之異　「日」，纂録同，偏霸部、載記作「白」。

〔二〕郭熙　載記同，魏書卷九五匈奴劉聰傳作「郭頤」。屠本卷二作「郭熙」，下校「一作『頤』」。

〔三〕驍騎别部司馬　「驍騎」二字原無，據載記、屠本卷二、魏書卷九五匈奴劉聰傳補。

〔四〕聰以至讓之　通鑑卷八七「乂」作「义」，餘同，考異云：「載記作『乂』，按十六國春秋作『义』，今從之。」載記此句作「聰初讓其弟北海王乂」。

〔五〕羣臣　載記作「羣公」。

〔六〕聰僭即皇帝位於光極前殿　載記、偏霸部此句上有「以永嘉四年」。「於光極前殿」，見偏霸部，載記無。

〔七〕改元光興元年　載記作「改元年光興」，偏霸部作「改年光興元年」。

〔八〕十月至固軍大敗　此節載記無，見御覽卷八七八引。「王申始」，屠本卷二同，御覽引作「王申」，晉書卷一〇四石勒載記、魏書卷九五羯胡石勒傳敘此作「王甲始」，晉書卷五懷帝紀敘此作「王申始」。「晝昏」，御覽引作「晝夜」。

〔九〕東萊王彌龍驤劉曜　載記作「王彌劉曜」，偏霸部作「東萊彌龍驤曜」。

〔一〇〕王師前後十二敗晉師死者三萬餘人　載記此句無「晉師」二字，偏霸部此句作「十二敗晉師」。輯補據偏霸部補入「晉師」二字則重複。

〔一一〕幽晉帝於端門　見偏霸部，載記無。

〔一二〕害晉太子及諸王公百官已下三萬餘人　「晉太子」，見偏霸部，載記無。「三萬餘人」，載記同，偏霸部作「二十餘人」。

〔一三〕遷帝及惠帝羊后侍中庾珉等傳國六璽於平陽　「惠帝羊后」，載記同，偏霸部作「太后」。「侍中庾珉等」，載記無，見偏霸部。「傳國六璽」，偏霸部無，見載記。

〔一四〕改光興爲嘉平元年　偏霸部同，載記作「改年嘉平」。

〔一五〕七月至八月　此節載記無，事見屠本卷二、通鑑卷八七永嘉三年。

〔一六〕疋追之至賈疋戰死　載記無此節，事見通鑑卷八八永嘉六年，考異云「今從十六國春秋」。按，屠本卷二云：「疋追之，至於甘泉，旋自渭橋襲梁州刺史彭蕩仲，殺之。後蕩仲子天護率羣胡攻疋，疋遂敗走，夜墮澗中，爲天護所殺。」輯補「旋襲梁州」，蓋誤斷屠本「旋自渭橋襲梁州刺史彭蕩仲」一句而來。

〔一七〕淵后之從父妹　「后」，原作「母」，據御覽卷一四二引改。按，劉淵母、妻皆爲呼延氏。

〔一八〕左右貴嬪決之　「右」，見屠本卷二，載記無。

〔一九〕二月晉帝進號儀同三司封會稽郡公　偏霸部無「封」字，載記無「二月」，「晉帝進號」作「聰假懷帝」。又，通鑑卷八七永嘉五年考異云：「十六國、三十國、晉春秋：明年二月，乃封帝會稽公。」

〔二〇〕會稽國夫人　「國」字原無，據載記、屠本卷二補。

〔二一〕吾此雖當有帝王子　「雖」字原無，據晉書卷九五藝術卜珝傳補。

〔二二〕卜珝字子玉至慎勿紛紜　此節載記無，見晉書卷九五藝術卜珝傳，亦略見御覽卷六四六引。御覽引「卜珝」作「卜栩」。

〔二三〕爲琨所敗珝卒先奔　見晉書卷九五藝術卜珝傳，載記作「而」。

〔二四〕浩衍　載記同，御覽卷六四六引作「誥衍」。

〔二五〕玄雄　「玄」，原作「元」，據御覽卷三八六引改。

〔二六〕六月至尋卒　此節載記無，事見屠本卷二、通鑑卷八八永嘉六年。以下劉氏小傳見御覽卷一四二引。

〔二七〕劉殷卒　此節載記無，事見屠本卷二、通鑑卷八八永嘉六年。以下劉殷小傳見晉書卷八八孝友劉殷傳。

〔二八〕以彭城王翌至平陽門出　「以彭城王翌爲衛將軍典宿衛」，載記、御覽卷三七〇、三九四引皆無，事見屠本卷二、通鑑卷八八永嘉六年，而並作「彭城王翼」。按此下事御覽引作「劉翌」，而屠本卷八有劉翼傳亦引其事，湯球蓋據屠本以爲劉翌即彭城王翼。

〔二九〕琨收兵於常山　載記無此句。通鑑卷八八永嘉六年考異：「十六國春秋亦云：琨收兵常山。」

〔三〇〕代公　通鑑卷八八永嘉六年同，載記作「代王」。

〔三一〕遣子日利孫賓六須　載記同。通鑑卷八八永嘉六年考異云：「十六國春秋云『遣其子利孫、宥六須』。」魏書卷一序紀作：「遣子六脩、桓帝子普根。」

〔三二〕蒙山　載記同，御覽卷四五引作「象山」。

〔三三〕聰立張貴人至左光禄大夫　載記無，事見通鑑卷八八永嘉六年。「寔」，原作「實」，據屠本、通鑑、御覽卷四二四引改，下同。

〔三四〕春正月　纂録同，偏霸部作「正月」，載記作「正旦」。

〔三五〕二月丁未至珉儁等　偏霸部無「儁」字，載記此句作：「聰遂鴆帝而誅珉、儁。」

〔三六〕丁丑張皇后卒　此節載記無，事見屠本卷二、通鑑卷八八建興元年。

〔三七〕三月立貴嬪劉氏爲皇后　偏霸部同，載記無「三月」，「貴嬪」作「左貴嬪」。

〔三八〕大赦境内殊死已下　載記此句接「鴆帝而誅珉、儁，復以賜帝劉夫人爲貴人」之下，在「立左貴嬪劉氏爲皇后」之上。

〔三九〕聰皇后劉氏至立爲皇后　見御覽卷一四二引，載記無。

〔四〇〕將營二宫　「二宫」，御覽卷四五四引作「一宫」，載記作「一殿」。

〔四一〕手疏啓曰至朕亦何憂矣　見御覽卷一四二引，載記但作：「手疏切諫，聰乃解，引元達而謝之。」

〔四二〕四月　偏霸部同，載記作「時」。

十六國春秋輯補卷四

前趙録四

劉聰

甲戌。建元元年晉愍建興二年，亦見通鑑考異〔一〕。正月，朔日，黑霧四塞，終日竟夜，著人如墨，五日而止〔二〕。辛酉夜時，日落地，三日一作「月」。相承出於西方，東行〔三〕。

三月，平陽城震，崇明觀陷爲池。水赤如血，赤氣至天，有赤龍奮迅而去〔四〕。此節亦見御覽八百七十八及八百八十。

流星起於牽牛，入紫微，龍形逶迤，其光照地，落於平陽北十里，視之，則有肉，臭聞於平陽〔五〕。長三十步，廣二十七步，肉旁常有哭聲，晝夜不止。聰甚惡之，延公卿已下問曰：「朕之不德，致有斯異，其各極言，勿有所諱。」陳元達及博士張師等進對曰：「星變之異，其禍行及。臣恐後庭有三后之事，亡國喪家，靡不由此。願陛下慎之。」聰曰：「此陰陽之理，何關人事！」癸未〔六〕，劉氏産一蛇一虎〔七〕，各害人而走，尋之不得，頃之，見在隕肉之旁。己丑〔八〕，劉氏卒，僞謚武宣皇后〔九〕，乃失此肉，哭聲亦止。此段亦見御覽一百四十二及八百七十七。自是後宫亂寵，進御無序矣。

聰以劉易爲太尉。初置相國官，上公有殊勳德者死乃贈之。於是大定百官，置太師、丞相，自大司馬已上七公位皆上公，緑綟綬，遠游冠。置輔漢、都護、中軍、上軍、輔軍，鎮、衛京，前、後、左、右，上、下軍，輔國、冠軍、龍驤、武牙大將軍，營各配兵二千，皆以諸子爲之。置左右司隸，各領户二十餘萬，萬户置一内史，凡内史四十三。單于左右輔，各主六夷十萬落，萬落置一都尉。省吏部，置左右選曹尚書。自司隸已下六官，皆位次僕射。置御史大夫及州牧，位皆亞公。以子始安王粲爲丞相〔一〇〕，領大將軍，録尚書事，進封晉王，食五郡〔一一〕。劉延年録尚書六條事，劉景爲太師，王育爲太傅，任顗爲太保，馬景爲大司徒，朱紀爲大司空，劉曜爲大司馬。

曜復次渭汭，趙染次於新豐。晉安東將軍索綝自長安東討染〔一二〕。染狃於累捷，有輕綝之色。染長史魯徽曰：「今司馬鄴君臣自相逼僭王畿，雄劣不同，必致死拒我。將軍宜整陣案兵以擊之，弗可輕也，困獸猶鬥，況於國乎！」染曰：「以司馬模之强，吾取之如拉朽，索綝小豎，豈能汙吾馬蹄刀劒也〔一三〕！要擒之而後食。」晨率精騎數百，馳出逆之。戰於城西，敗績而歸，悔曰：「吾不用魯徽之言以至於此，何面見之？」乃斬徽。徽臨刑，謂染曰：「將軍愎諫違謀，戇而取敗，而復忌前害勝，誅戮忠良，以逞愚忿，亦何顔面瞬息世閒哉！袁紹爲之於前，將軍踵之於後，覆亡敗喪，亦當相尋，所恨不得一見大司馬而死。死者無知則已，若死而有知，下見田豐爲徒，要當訴將軍於黄泉，使將軍不得服一作「眠」。牀枕而死。」〔一四〕以上亦見御覽四百五十四。叱刑者：「令吾面東向！」大司馬曜聞之，曰：「蹄涔不容尺鯉，染之謂也。」

曜、染復與段凱向長安。麴允夜襲營，凱敗死〔一五〕。段凱驍勇善射，好讀書。爲御史中丞，明筆直繩，無所阿避，號曰老虎〔一六〕。此節依御覽二百二十六引補。

曜還師，攻郭默於懷城，收其米粟八十萬斛，列三屯以守之。聰遣使謂曜曰：「今長安假息，劉琨游魂，此國家所尤宜先除也。郭默小醜，何足以勞公神略？可留征虜將軍貝丘王翼光守之，公其還也。」於是曜歸蒲坂。俄而徵曜輔政。

趙染攻北地，夢魯徽大怒，引箭射之。染驚悸而寤，旦將攻城，中弩而死。此節亦見御覽四百五十四。

十一月，以晉王粲爲相國、一作「四相」，似「國相」之誤。大單于〔一七〕，總百揆，省丞相以並相國。

平陽地震，此句亦見御覽八百八十。烈風拔樹發屋。光義人羊充妻産子二頭，其兄竊而食之，三日而死。

聰以其太廟新成，大赦境内，改年建元。

十二月，雨血於左司隸寺，覆地。其月，又雨血於東宫延明殿，徹瓦在地者深五寸〔一八〕。自「十二月」以下亦見御覽八百七十七。劉乂惡之，以訪其太師盧志、太傅崔瑋、太保許遐。志等曰：「主上往以殿下爲太弟者，蓋以安衆望也，志在晉王久矣。王公已下，莫不希旨歸之。相國之位，自魏武以來，非復人臣之官。主上本發明詔，置之爲贈官。今忽以晉王居之，羽儀威尊，踰於東宫，萬機之事，無不由之，置太宰、大將軍及諸王之營以爲羽翼，此事勢去矣，殿下不得立明也。然非止不得立而已，不測之危，在於旦夕，宜早爲之所。四衛精兵，不減五千，餘營諸王皆年齒尚幼，可奪而取之。相國輕佻，正可煩一刺客耳。大將軍無日不出，其營可襲而得也。殿下但當有意，二萬精兵立便可得，鼓行向雲龍門，宿衛之士孰不倒戈奉迎，大司馬不慮爲異也。」乂弗從，乃止。

聰如中護軍靳準第，納其二女爲左右貴嬪，大曰月光，小曰月華，皆國色也。數月，立月光爲皇后。

東宫舍人荀裕告盧志等勸乂謀反、乂不從之狀，聰於是收志、瑋、遐於詔獄，假他事殺之。使冠威卜抽監守東宫〔一九〕，禁乂朝賀。乂憂懼不知所爲，乃上表自陳，乞爲黔首，並免諸子之封，褒美晉王粲宜登儲副。抽又抑而弗通。

其青州刺史曹嶷攻汶陽關、公丘，陷之，害齊郡太守徐浮，執建威劉宣。齊魯之間郡縣壘壁降者四十餘所，嶷遂略地，西下祝阿、平陰，衆十餘萬，臨河置戍而歸於臨淄。嶷於是遂有雄據全齊之志。石勒以嶷之懷二也，請討之。聰又憚勒之並齊，乃寢而弗許。

劉曜濟自盟津，將攻河南，將軍魏該奔於一泉塢。曜進攻李矩於滎陽。矩遣將軍李平師於城皋，曜覆而滅之。矩恐，送質請降。

時聰以其皇后靳氏爲上皇后，立貴妃劉氏爲左皇后，右貴嬪靳氏一作「月華」。爲右皇后。左司隸陳元達以三后之立也，極諫，聰不納。乃以元達爲右光禄大夫，外示優賢，内實奪其權也。於是太尉范隆、大司馬劉丹、大司空呼延晏、尚書令王鑒等皆抗表遜位，以讓元達。聰乃以元達爲御史大夫、儀同三司。

劉曜寇長安，頻爲王師所敗。曜曰：「彼猶强盛，弗可圖也。」引師而歸。宣光陵石人皆行數步〔二〇〕。宮中鬼夜哭，三日而聲向右司隸寺乃止。其上皇后靳氏有淫穢之行，陳元達奏之，聰廢靳，靳慙恚自殺。靳有殊寵，聰迫於元達之諫，故廢之，既而追念其姿色，深仇元達。

乙亥。二年　四月，雨血於東宮。依御覽八百七十七引補。

劉曜進師上黨，將攻陽曲。聰遣使謂曜曰：「長安擅命，國家之深恥也。公宜以長安爲先，陽曲一委驃騎，天時人事，其應至矣，公其亟還。」曜回滅郭邁，朝於聰，遂如蒲坂。

八月，平陽地震，汾水大溢，流漂數百家〔二一〕。此節亦見御覽八百八十。

十二月〔二二〕，又雨血於東宮，廣袤頃餘。亦見御覽八百七十七。

劉曜又進軍屯於粟邑。麴允饑甚，去黄白而軍於靈武。曜進攻上郡，太守張禹與馮翊太守梁肅奔於允吾，於是關右翕然，所在應曜。曜進據黄阜。

丙子。　麟嘉元年　聰武庫地陷，深一丈五尺〔二三〕。時聰中常侍王沈、宣懷、俞容，中宮僕射郭猗，中黄門陵修等皆寵幸用事。聰游宴後宮，或百日不出，羣臣皆因沈等言事，多不呈聰，率以其意愛憎而決之。故或有勳舊功臣而弗見敍録，姦佞小人數日而便至二千石者。軍旅無歲不興，而將士無錢帛之賞，後宮之家賜賚及於僮僕，動至數千萬。沈等車服宅宇皆踰於諸王，子弟中表布衣爲内史令長者三十餘人，皆奢僭貪殘，賊害良善。以上亦見御覽八百八十。靳準合宗内外諂以事之。

郭猗有憾於劉乂，謂劉粲曰：「太弟於主上之世，猶懷不逞之志，此則殿下父子之深仇，四海蒼生之重怨也。而主上過垂寬仁，猶不替二尊之位，一旦有風塵之變，臣竊爲殿下寒心。且殿下高祖之世孫，主上之嫡統，凡在含齒，孰不係仰。萬機大事，何可與人！臣昨聞太弟與大將軍相見，極有言矣，若事成，許以主上爲太上皇，大將軍爲皇太子。乂又許衛軍爲大單于。二王已許之矣。二王居不疑之地，並握重兵，以此舉事，事何不成？臣謂二王兹舉，禽獸之不若也，背父親人，人豈親之？今乂苟貪其一切之力耳，事成之後，主上豈有全理？殿下兄弟，故在忘言，東宮、相國、單于在武陵兄弟，何肯與人！許以三月上巳因讌作難，事淹變生，宜早爲之所。春秋傳曰：『蔓草猶不可除，況君之寵弟乎？』臣屢啓主上，主上性敦友于，謂臣言不實。刑臣刀鋸之餘，而蒙主上、殿下成造之恩，故不慮逆鱗之誅，每所聞必言，冀垂採納，臣當入言之，願殿下不泄，密表其事也。若不信臣言，可呼大將軍從事中郎王皮、衛軍司馬劉惇，假之恩顧，通其歸善之路以問之，必可知也!」粲深然之。猗密謂皮、惇曰:「二王逆狀,主相已具知之矣,卿同之乎?」二人驚曰:「無之!」猗曰:「此事必無疑,吾憐卿親舊並見族耳!」於是歔欷流涕。皮、惇大懼,叩頭求哀,猗曰:「吾爲卿作計,卿能用不?」二人皆曰:「謹奉大人之教。」猗曰:「相國必問卿,卿但云有之。若責卿何不先啓,卿即答云:『臣誠負死罪,然仰惟主上聖性寬慈,殿下篤於骨肉,恐言成詿僞故也。』」皮、惇許諾。粲俄而召問,二人至不同時,而辭若畫一,粲以爲信然。

初,靳準從妹爲乂孺子,淫於侍人,乂怒殺之,而屢以嘲準。準深慙恚,説粲曰:「東宮萬機之副,殿下宜自居之,以領相國,使天下知早有所繫望也。」至是,準又説粲曰:「昔孝成距子政之言,使王氏卒成簒逆,可乎?」粲曰:「何可之有?」準曰:「然,誠如聖旨。下官急欲有所言矣,但以德非更生,親非皇宗,恐忠言暫出,霜威已及,故不敢耳。」粲曰:「君但言之。」準曰:「聞風塵之言,謂大將軍、衛將軍及左右輔皆謀奉太弟,尅季春搆變,殿下宜爲之備,不然恐有商臣之禍。」粲曰:「爲之奈何?」準曰:「主上愛信於太弟,恐卒聞未必信也。如下官愚意,宜緩東宫之禁錮,勿絶太弟賓客,使輕薄之徒得與交游。太弟既素好待士,必不思防此嫌。輕薄小人,不能無逆意以勸太弟之心。小人有始無終,不能如貫高之流也。然後下官爲殿下露表其罪，殿下與太宰拘太弟所與交通者考問之，窮其事原，主上必以無將之罪罪之。不然，今朝望多歸太弟，主上一旦晏駕，恐殿下不得立矣。」於是粲命卜抽引兵去東宫。

聰自去冬至是，遂不復受朝賀，軍國之事，一決於粲，唯發中旨生殺除授，王沈、郭猗等意所欲皆從之。又立市於後庭，與宫人讌戲，或三日不醒。聰臨上秋閣，誅其特進綦母達、太中大夫公師彧、尚書王琰、田歆、少府陳休、左衛卜崇、大司農朱誕等，皆羣閹所忌也。侍中卜榦泣諫聰曰：「陛下方隆武宣之化，欲使幽谷無考槃，奈何一旦先誅忠良，將何以垂之於後？昔秦愛三良而殺之，君子知其不霸。以晉厲之無道，尸三卿之後，猶有不忍之心，陛下如何忍信左右之言，欲一日尸七卿？詔尚在臣所，猶未宣露，乞垂昊天之澤，迴雷霆之威。且陛下直欲誅之耳，不露其罪名，何以示四海，此豈是帝王三訊之法邪？」因叩頭流血。王沈叱榦曰：「卜侍中欲距詔乎？」聰拂衣而入，免榦爲庶人。太宰劉易及大將軍劉敷、御史大夫陳元達、金紫光禄大夫王延等詣闕諫曰：「臣聞善人者，乾坤之紀，政教之本也；邪佞者，宇宙之螟螣，王化之蟊賊也。故文王以多士基周，桓靈以羣閹亡漢，國之興亡，未有不由此也。自古明王之世，未嘗有宦者與政，武元安順，豈足爲故事乎？今王沈等乃處常伯之位，握生死予奪於中，勢傾海內，愛憎任之，矯詔弄旨，欺誣日月，內諂陛下，外佞相國，威權之重侔於人主矣。王公見之駭目，卿宰望塵下車，銓衡迫之以勢〔二四〕，選舉不復以實，士以屬舉，政以賄成，多樹姦徒，殘毒忠善。知王琰等忠臣，必盡節於陛下，懼其姦萌發露，陷之極刑，陛下不垂三察，猥加誅戮，怨感穹蒼，痛入九泉，四海悲惋，賢愚傷懼。沈等皆刀鋸之餘，背恩忘義之類，豈能如士人君子，感恩展效以答乾澤也！陛下何故親近之？何故貴任之？昔齊桓公任易牙而亂，孝懷委黃皓而滅，此皆覆車於前，殷鑒不遠。比年地震、日蝕、雨血、火災，皆沈等之由。願陛下割翦凶醜與政之流，引尚書、御史朝省萬機，相國與公卿五日一入，會議政事，使大臣得極其言，忠臣得逞其意，則衆災自弭，和氣呈祥。今遺晉未殄，巴蜀未賓，石勒潛有跨趙魏之志，曹嶷密有王全齊之心，而復以沈等助亂大政，陛下心腹四支，何處無患？復誅巫咸，戮扁鵲，臣恐遂成桓侯膏肓之疾，後雖欲療之，其如病何！請免沈等官，付有司定罪。」聰以表示沈等，笑曰：「是兒等爲元達所引，遂成癡也。」寢之。沈等頓首泣曰：「臣等小人，過蒙陛下識拔，幸得備灑掃宮閤，而王公朝士疾臣等如仇讐，又深恨陛下。願收大造之恩，以臣等膏之鼎鑊，皇朝上下自然雍穆矣！」聰曰：「此等狂言恒然，卿復何足恨乎？」更以訪粲。粲盛稱沈等忠清，乃心王室。聰大悅，封沈等爲列侯。太宰劉易詣闕，又上疏固諫。聰大怒，手壞其表。易遂忿恚而死。元達哭之悲慟，曰：「人之云亡，邦國殄瘁，吾既不復能言，安用此默默生乎？」歸而自殺。

北地飢甚，人相食噉。羌酋大軍須運糧以給麴昌，劉雅擊敗之。麴允與劉曜戰於磻石谷，王師敗績，允奔靈武。

平陽大飢，流叛死亡十有五六。

石勒遣石越率騎二萬，屯於并州，以懷撫叛者。聰使黄門侍郎喬詩讓勒，勒不奉命，潛結曹嶷，規爲鼎峙之勢。

聰立樊氏爲上皇后，樊氏即張氏之侍婢也。時四后之外，佩皇后璽綬者七人。朝廷内外無復綱紀，阿諛日進，貨賄公行。軍旅在外，飢疫相仍，後宫賞賜，動至千萬。劉敷屢泣言之，聰不納，怒曰：「爾欲得使汝公死乎？朝朝夕夕生來哭人！」敷憂忿發病而死。

秋七月〔二五〕，河東大蝗，唯不食黍豆，司隸靳準率部民收而埋之〔二六〕，哭聲聞於十餘里。後乃鑽土飛出，復食黍豆，平陽飢甚。司隸部人奔於冀州二十萬户，石越招之故也。

大司馬曜攻陷長安外城〔二七〕。

九月〔二八〕，犬與豕交於相國府門，又交於宮門，又交司隸、御史門。有豕著進賢冠，升聰御坐，犬冠武冠，帶綬，與豕並升，俄而鬥死。殿上宿衛莫有見其入者。而聰昏虐愈甚，無誡懼之心。讌羣臣於光極前殿，引見其太弟乂，容貌毁瘁，鬢髮蒼然，涕泣陳謝。聰亦對之悲慟，縱酒極歡，待之如初。

長安飢甚，死者過半，麴允爲粥以供帝膳。帝泣曰：「今窘厄如此，外無救援，勢不自支。」一作「知」。乃使侍中宋敞奉牋降曜。敞隨使者至，帝肉袒牽羊，輿櫬銜璧，出降東門。曜受璧焚櫬，遷愍帝及司徒梁汾、驃騎麴允等諸臣百餘人至於平陽。聰臨光極殿，帝稽顙於前，二字一作「與」。麴允伏地大哭，扶不能起。聰大怒，允自殺。以帝爲光禄大夫、懷安侯。以大司馬曜假黄鉞、大都督陝西諸軍事、太宰、秦王〔二九〕。使粲告於太廟，大赦境內，改年麟嘉。

石人言於宣光陵〔三〇〕。二月，雨血於東宮。其月又雨血於光極殿。屠本有此四句，因下三句亦引見於御覽八百七十七，故録之。

聰東宮四門無故自壞，後內史女人化爲丈夫。

十二月，癸亥，大將軍東平王約卒〔三一〕。一指猶煖，遂不殯殮，至甲戌乃蘇〔三二〕。言見淵於不周山，經五日，遂復從至崑崙山，三日而復返於不周。見諸王公卿將相死者悉在焉，大有人民〔三三〕，宮室甚壯麗，號曰蒙珠離國。淵謂約曰：「東北有遮須夷國，無主久，待汝父爲之。汝父後三年當來，來後，國中大亂相殺害，吾家死亡略盡，但可永明輩十數人在耳。汝但還，後年當來，見汝不遲不久。」〔三四〕約拜辭而歸。道過一國曰猗尼渠餘國，引約入宮，與約皮囊一枚，曰：「爲吾遺漢皇帝。」約辭而歸。謂約曰：「劉郎後年來，必見過，當以小女相妻。」約歸，置皮囊於机上，俄而蘇，謂左右曰：「机上取皮囊來！」左右取得開之〔三五〕，有一方白玉，題文曰：「猗尼渠餘國天王敬信遮須夷國天王，歲在攝提，當相見也。」馳使奏呈。聰曰：「若當如此，吾不懼死也。」及聰以戊寅歲薨〔三六〕，與此玉並葬焉。此段亦見御覽三十八，纂録本附之大傳後。依載記録於此。

時東宮鬼哭，東西赤虹經天〔三七〕，南有一岐，十字亦見御覽八百七十八。三日並照，各有兩珥，五色甚鮮。客星歷紫宮，入於天獄而滅。太史令康相言於聰曰：「蛇虹見彌天，一岐南徹，三日並照，客星入紫宮，此皆大異，其徵不遠也。今虹達東西者，許洛以南不可圖也。一岐南徹者，李氏當仍跨巴蜀，司馬叡終據全吴之象，天下其三分乎？月爲胡王，皇漢雖苞括二京，龍騰九五，然世雄燕代，肇基北朔，太陰之變，其在漢域乎？漢既據中原，曆命所屬，紫宫之異，亦不在他，此之深重，胡可盡言？石勒鴟視趙魏，曹嶷狼顧東齊，鮮卑之衆，星布燕代，齊代燕趙，皆有將大之氣，願陛下以東夏爲慮，勿顧西南。吴蜀之不能北侵，猶大漢之不能南向也。今京師寡弱，勒衆精盛，若盡趙魏之鋭，燕之突騎，自上黨而來，曹嶷率三齊之衆以繼之，陛下將何以抗之？紫宫之變，何必不在此乎？願陛下早爲之所，無使兆人生心。陛下誠能發詔，外以遠追秦皇、漢武循海之事，内爲高祖圖楚之計，無不剋矣！」聰覽之不悦。

校勘記

〔一〕通鑑卷八九建興三年考異曰：「十六國春秋：建元元年在晉建興二年。」

〔二〕正月朔日至五日而止　載記無此節，見偏霸部、御覽卷八七八引。「朔日」、「終日竟夜」，偏霸部無，見御覽卷八七八引。

〔三〕辛酉夜時至東行　載記無此節，見偏霸部。「夜時」，纂録同，偏霸部作「庚時」，「三日」，纂録、偏霸部並作「三月」。

〔四〕三月平陽城震至奮迅而去　載記無此節，見偏霸部、御覽卷八八〇引。「三月」，偏霸部無，見御覽卷八八〇引。「城震」，御覽卷八八〇引同，偏霸部作「地震」。

〔五〕臭聞於平陽　偏霸部同，載記在「長三十步廣二十七步」之後。

〔六〕癸未　偏霸部同，載記作「既而」。

〔七〕一蛇一虎　「虎」，偏霸部同，載記作「猛獸」。

〔八〕己丑　偏霸部同，載記作「俄而」。

〔九〕僞謚武宣皇后　載記、偏霸部無，見御覽卷一四二引。按御覽卷一四二引作小劉后事。

〔一〇〕始安王粲　載記無「始安王」三字，見屠本卷三嘉平四年，未知何據。按據通鑑，劉曜曾封始安王，後進中山王。

〔一一〕食五郡　「郡」，屠本卷三嘉平四年同，載記作「都」。疑屠本是。

〔一二〕晉安東將軍　御覽卷四五四引作「東晉安將軍」，按索綝當爲安東將軍，見晉書卷五愍帝紀建興二年。

〔一三〕馬蹄刀劒　「劒」，御覽卷四五四引同，載記作「刃」。

〔一四〕服牀枕而死　「服」，載記同，御覽卷四五四引作「眠」。

〔一五〕曜染復與至凱敗死　此節載記無，事見屠本卷三嘉平四年、通鑑卷八九建興二年。

〔一六〕段凱驍勇至號曰老虎　見御覽卷二二六引，載記無。

〔一七〕十一月以晉王粲爲相國大單于　偏霸部「相國」作「國相」，餘同，載記此句作「聰以粲爲相國」。纂録「相國」作「四相」。

〔一八〕十二月至深五寸　御覽卷八七七引同，載記作：「雨血於其東宫延明殿，徹瓦在地者深五寸。」

〔一九〕冠威　原作「寇威」，據載記、通鑑卷八九建興三年改。

〔二〇〕宣光陵石人皆行數步　見偏霸部，載記無。

〔二一〕八月至數百家　御覽卷八八〇引同，載記作「平陽地震」。

〔二二〕十二月　見御覽卷八七七引，載記無。

〔二三〕麟嘉元年聽武庫地陷深一丈五尺　「麟嘉元年」，偏霸部同，御覽卷八八〇引作「劉聰末年」，載記無。「地陷深」，御覽卷八八〇引同，載記、偏霸部作「陷入地」。

〔二四〕銓衡迫之以勢　「以勢」二字，載記無，見屠本卷三。

〔二五〕秋七月　纂録同，偏霸部作「七月」，載記無。

〔二六〕司隸靳準　「司隸」，見偏霸部，載記無。

〔二七〕大司馬曜攻陷長安外城　見偏霸部，載記無。

〔二八〕九月　見偏霸部，載記無。

〔二九〕長安飢甚至秦王　此節載記簡略，見纂録、偏霸部。「死者過半」，纂録同，偏霸部作「死半」。

「宋敞」，載記、纂録同，偏霸部作「宗敞」。

〔三〇〕石人言於宣光陵　見屠本卷四麟嘉二年，載記無。參下原注。

〔三一〕十二月癸亥大將軍東平王約卒　載記作「時聰子約死」，偏霸部作「二年正月，東平王約卒」，偏霸部劉聰條後又别引前趙録云「麟嘉元年十二月，大將軍東平王約卒」，御覽卷三八引作「東平王劉約癸亥卒」。

〔三二〕至甲戌乃蘇　御覽卷三八引、偏霸部劉聰條後别引前趙録同，載記作「及蘇」。

〔三三〕大有人民　見偏霸部劉聰條後别引前趙録，載記無。

〔三四〕見汝不遲不久　「不遲」，見偏霸部劉聰條後别引前趙録，載記無。

〔三五〕謂左右曰至取得開之　偏霸部劉聰條後别引前趙録無「皮」、「之」二字，載記作「使左右机上取皮囊開之」。

〔三六〕及聰以戊寅歲薨　偏霸部劉聰條後别引前趙録同，載記作「及聰死」。

〔三七〕東西赤虹經天　「東西」，見御覽卷八七八引，載記無。

十六國春秋輯補卷五

前趙録五

劉聰

丁丑。麟嘉二年晉元建武元年。　正月，東平王約卒〔一〕。

劉粲使王平謂劉乂曰：「適奉中詔，云京師將有變，敕裹甲以備之。」乂以爲信然，令命宮臣裹甲以居。粲馳遣告靳準、王沈等曰：「向也王平告云，東宮陰備非常，將若之何？」準白之，聰大驚曰：「豈有此乎？」王沈等同聲曰：「臣等久聞，但恐言之陛下弗信。」于是使粲圍東宮。粲遣沈、準收氐羌酋長十餘人，窮問之，皆懸首高格，燒鐵灼目，乃自誣與乂同造逆謀。聰謂沈等言曰：「而今而後，吾知卿等忠于朕也。當念爲知無不言，勿恨往日言不用也！」于是誅乂素所親厚大臣及東宮官屬數十人，皆靳準及閹竪所怨也。

劉聰以讒慝故，誅詹事曹光。光臨刑，舉止自若，謂刑者曰：「取席敷之，無令土汚吾鬢。」此節依御覽三百七十四引補。

廢乂爲北部王，粲使準賊殺之。坑士衆萬五千餘人，平陽街巷爲之空。氐羌叛者十餘萬落，以靳準行車騎大將軍以討之。時聰境内大蝗，平陽、冀、雍尤甚，靳準討捕之，震其二子而死。河汾大溢，漂没千餘家。東宫災異，門閤宫殿蕩然。立粲爲皇太子，大赦殊死已下，以粲領相國、大單于，總攝朝政如前。

八月，聰將趙固降于李矩〔二〕。

十一月〔三〕，聰校獵上林，以晉帝行車騎大將軍〔四〕，戎服，執戟前導，行三驅之禮。觀者皆指帝曰：「此故長安天子。」聚而觀之，故老亦有悲泣者〔五〕。粲言于聰曰：「今司馬氏跨據江東，趙固、李矩同逆相濟，興兵聚衆者，皆以子鄴爲名，不如除之以絶其望。」聰然之。

十二月，大饗於光極前殿。聰欲觀晉臣之意，使帝行酒，洗爵更衣，又使帝執蓋。多有涕泣，或有失聲者。尚書郎辛賓起而抱帝大哭，引出斬之〔六〕。

趙固、郭默攻其河東，至于絳邑。右司隸部人盜牧馬負妻子奔之者三萬餘騎，騎兵將軍劉勳追討之，殺萬餘人。固、默引歸，劉顗遮邀擊之，爲固所敗。使粲及劉雅等伐趙固，次于小平津。固揚言曰：「要當生縛劉粲，以贖天子。」聰聞而惡之。

戊戌，愍帝崩于平陽〔七〕。天崩，聲若雷，久乃止。十二字依御覽八百七十四引補。

戊寅。麟嘉三年晉元太興元年。

李矩使郭默、郭誦救趙固，屯于洛汭，遣耿稚、張皮潛濟襲粲。貝丘王翼光自釐城覘知之，以告粲。粲曰：「征東南渡〔八〕，趙固望聲逃竄，彼方憂自固，何暇來邪！且聞上身在此，自當不敢北視，況敢濟乎？不須驚動將士也。」是夜，稚等襲敗粲軍，粲奔據陽鄉，稚館穀粲壘。雅聞而馳還，栅于壘外，與稚相持。聰聞粲敗，使太尉范隆率騎赴之。稚等懼，率衆五千趨北山而南。劉勳追之，戰於河陽，稚師大敗，死者三千五百人，投河死者千餘人。

聰所居螽斯則百堂災，焚其子會稽王衷已下二十有一人〔九〕。一作：「會稽王康已下二十一人，一子焚焉而卒。」聰聞之，自投于牀，哀塞氣絶，良久乃蘇。自此鬼哭宮中，至于九月，夜聲不絶〔一〇〕。御覽八百八十三引作：「自此鬼哭二宮，夜夜不絶。」平陽西明門牡自亡，霍山崩。

署其驃騎大將軍濟南王劉驥爲大將軍、都督中外諸軍事、録尚書，衛大將軍齊王劉勱爲大司徒。

中常侍王沈養女，年十四，有妙色，聰立爲左皇后。四月〔一一〕，尚書令王鑒、中書監崔懿之、中書令曹恂等諫曰：「臣聞王者之立后也，將以上配乾坤之性，象二儀敷育之義，生承宗廟，母臨天下，亡配后土，執饋皇姑，必擇世德名宗，幽閑淑令，副四海之望，稱神祇之心。是故周文造舟，姒氏以興，關雎之化饗，則百世之祚永。孝成任心縱欲，以婢爲后，使皇統亡絶，社稷淪傾。有周之隆，既如彼矣，大漢之禍，又如此矣。從麟嘉以來，亂淫于色，縱沈之弟女，刑餘小醜猶不可塵瓊寢，汙清廟，況其家婢邪！六宫妃嬪，皆公子公孫，奈何一旦以婢主之？何異象榱玉簀，而對腐木朽楹哉！臣恐無福於國家也。」聰覽之大怒，使宣懷謂粲曰：「鑒等小子，慢侮國家，狂言自口，無復君臣上下之禮，其速考竟！」于是收鑒等送市。金紫光禄大夫王延馳將入諫，門者弗通。鑒等臨刑，王沈以杖叩之曰：「庸奴復能爲惡乎？乃公何與汝事！」鑒瞋目叱之曰：「竪子！使皇漢滅者，坐汝鼠輩與靳準耳！要當訴汝于先帝，取汝等于地下！」懿之曰：「靳準梟聲獍形，必爲國患，汝既食人，人亦當食汝！」皆斬之。聰又立中常侍宣懷養女爲中皇后。

秋，七月〔一二〕，鬼哭于光極殿，又哭于建始殿。雨血平陽，廣袤十里〔一三〕。八字亦見御覽八百七十七。

聰晝見東平王約〔一四〕，甚惡之，謂粲曰：「吾寢疾惙頓，怪異特甚。往以約之言爲妖，比累日見之，此兒必來迎吾也，何圖人死定有神靈，如是吾不悲死也。今世難未夷，非諒闇之日，朝終夕殮，旬日而葬。」徵秦王曜爲丞相、録尚書事，輔政，固辭乃止，仍以丞相領雍州牧〔一五〕。以劉景爲太宰，劉驥爲大司馬，劉顗爲太師，朱紀爲太傅，呼延晏爲太保，並録尚書事；范隆守尚書令、儀同三司，靳準爲大司空、領司隸校尉，皆迭決尚書奏事。癸亥，薨于建始殿。甲子，粲即位。葬宣光陵〔一六〕。太興元年聰死，在位九年，僞謚曰昭武皇帝，廟號烈宗。

劉粲

粲字士光，少而儁傑，才兼文武。自爲宰相，威福任情，疏遠忠賢，昵近姦佞，任性嚴刻，無復恩惠，距諫飾非。好興造宫室，相國之府仿像紫宫。在位無幾，作兼晝夜，飢困窮叛，死亡相繼，粲弗之恤也。

既嗣僞位，尊聰后靳氏爲皇太后，樊氏號弘道皇后，宣氏號弘德皇后，王氏號弘孝皇后。靳等年皆未滿二十，並國色也。粲晨夜烝淫于内，志不在哀。立其妻靳氏爲皇后，子元公爲太子，大赦境内，改元漢昌。

雨血于平陽。

靳準將有異謀，私于粲曰：「如聞諸公將欲行伊尹、霍光之事，謀先誅太保及臣，以大司馬統萬機。陛下若不先之，臣恐禍之來也，不晨則夕！」粲弗納。準懼其言之不從，謂聰二靳氏曰：「今諸公侯欲廢帝立濟南王，恐吾家無復種矣，盍言之于帝？」二靳承間言之。粲誅其太宰上洛王劉景、太師昌國公劉顗、大司馬濟南王劉驥、大司徒齊王劉勱等，太傅朱紀、太尉范隆出奔長安，又誅其車騎大將軍劉逞〔一七〕，驥母弟也。粲大閱上林，謀討石勒。

八月，以丞相曜爲相國、大都督，司空靳準爲大將軍、領尚書事〔一八〕。粲荒耽一作「酗」。酒色，游讌後庭，軍國之事一決于準。準矯粲命，以從弟明爲車騎將軍，康爲衞將軍。

準將作亂，以金紫光禄大夫王延耆德時望，謀之于延。延弗從，馳將告之，遇靳康，刧延以歸。準遂勒兵入宮，升其光極前殿，下使甲士執粲，數而殺之，追謚靈帝〔一九〕。劉氏無少長男子一作「女」。盡刑于東市，發掘二陵，一作「元海聰墓」。焚燒其宗廟〔二〇〕。鬼大哭，聲聞百里。

準自號大將軍、漢大王，置百官，遣使稱藩于晉。左光禄劉雅出奔西平。尚書北宮純、胡崧等招集晉人，堡于東宫，靳康攻滅之。準將以王延爲左光禄，延駡曰：「屠各逆奴，何不速殺我！以吾左目置西陽門，觀相國之入也，右目置建春門，觀大將軍之入也！」準怒，殺之。

相國曜自長安赴難〔二一〕。

王延

王延字延元，西河人也。九歲喪母，泣血三年，幾至滅性，每至忌日，則悲啼一旬。後母卜氏遇之無道，恒取蒲穰及敗麻頭與延貯衣。其姑聞而問之，延知而不言，供事母彌謹。卜氏嘗盛冬敕延，云思生魚。延求魚不獲，卜杖延流血〔二二〕。延尋汾河〔二三〕，叩凌而哭，忽有一魚長五尺，踊出水上，延取以進母。卜氏食之，積日不盡。卜乃心悟，撫延如己生。延事親色養，夏則扇枕席，冬則以身温被，隆冬盛寒，體無全衣，而親極滋味。晝則傭賃，夜則誦書，遂究覽經史，皆通大義。州郡禮辟，貪供養不起。父母終後，廬于墓側，非其蠶不衣，非其耕不食。屬天下喪亂，隨劉元海還于平陽。農蠶之暇，訓誘宗族，侃侃不倦。家牛生一犢，他人認之，延牽而授與，初無吝色。其人後自知妄認，送犢還延，叩頭謝罪。延仍以與之，不復取也。年六十，方仕于劉聰，稍遷尚書左丞，至金紫光禄大夫。此依晉書孝友傳補，亦見御覽四百十一及二十七。

陳元達

陳元達，字長宏，後部人也。本姓高，以生月妨父，故改云陳。少而孤貧，常躬耕兼誦書，樂道行詠，忻忻如也。至年四十，不與人交通。

元海之爲左賢王，聞而招之，元達不答。及元海僭號，人謂元達曰：「往劉公相屈，君蔑而不顧，今稱號龍飛，君其懼乎？」元達曰：「是何言邪？彼人姿度卓犖，有籠羅宇宙之志，吾固知之久矣。然往日所以不往者，以期運未至，不能無事喧喧，彼自有以亮吾矣。卿但識之，吾恐不過二三日，驛書必至。」其暮，元海果徵元達爲黄門郎。人曰：「君殆聖乎！」既至引見，元海曰：「卿若早來，豈爲郎官而已！」元達曰：「臣惟性之有分，盈分者顛。臣若早叩天門者，恐大王賜處于九卿納言之閒，此則非臣之分，臣將何以堪之？是以抑情盤桓，待分而至。大王無過授之謗，小臣免招寇之禍，不亦可乎？」元海大悦。在位忠謇，屢進讜言，退乃削草，雖子弟莫得而知也。聰每謂元達曰：「卿當畏朕，反使朕畏卿乎?」元達叩頭謝曰:「臣聞師臣者王,友臣者霸。臣誠愚闇,無可採也,幸邀陛下垂齊桓納九九之義,故使微臣得盡愚忠。昔世宗遥可汲黯之奏,故能恢隆漢道,桀紂誅諫,幽厲弭謗,是以三代之亡也忽焉。陛下以大聖應期,挺不世之量,能遠捐商周覆國之弊,近模孝武光漢之美,則天下幸甚,羣臣知免。」及其死也,人盡冤之。

校勘記

〔一〕麟嘉二年正月東平王約卒　見偏霸部,載記無。按,輯補上文已於麟嘉元年補云十二月癸亥約卒,此重出其事,由各處佚文本有歧異,參見上卷校勘記〔三二〕。

〔二〕八月聰將趙固降于李矩　載記、偏霸部無。事見屠本卷四、通鑑卷九〇建武元年。

〔三〕十一月　見偏霸部,載記無。

〔四〕以晉帝行車騎大將軍　偏霸部同,載記無「帝」、「大」二字。

〔五〕觀者皆指帝至悲泣者　見偏霸部,載記無。

〔六〕十二月至引出斬之　見偏霸部,載記無。

〔七〕戊戌愍帝崩于平陽　見偏霸部,載記無。

〔八〕征東南渡　「征東」，通志卷一八六同，載記、屠本卷四作「征北」。

〔九〕焚其子會稽王衷已下二十有一人　載記、纂録同，偏霸部作：「會稽王康已下二十一子焚焉而卒。」此句下湯球原注所引見纂録校語。

〔一〇〕自此鬼哭至不絶　見偏霸部，載記無。

〔一一〕四月　見偏霸部，載記無。

〔一二〕秋七月　原作「秋十月」，據纂録、偏霸部改，載記無此句。

〔一三〕廣袤十里　「十里」，原作「千里」，據載記、御覽卷八七七引改。

〔一四〕聰晝見東平王約　偏霸部同，載記作「時聰子約已死至是晝見」。

〔一五〕仍以丞相領雍州牧　見偏霸部，載記無。

〔一六〕癸亥至葬宣光陵　見偏霸部，載記無。

〔一七〕又誅其車騎大將軍劉逞　載記「劉逞」上有「吴王」二字。

〔一八〕八月至領尚書事　偏霸部同，載記僅「以靳準爲大將軍録尚書事」。「司空」，原作「司徒」，據纂録、偏霸部改，按載記上文云聰臨終以靳準爲大司空。

〔一九〕追謚靈帝　見偏霸部，載記無。

〔二〇〕劉氏無少長至焚燒其宗廟　「無少長男子」，偏霸部同，載記作「男女無少長」。「盡刑于東市」，偏霸部無「東」，載記作「皆斬于東市」。「二陵」，偏霸部同，載記作「元海聰墓」。

〔二二〕相國曜自長安赴難　見偏霸部，載記無。

〔二三〕卜氏嘗盛冬至流血　御覽卷四一一引「杖延」作「杖之」，餘同。晉書卷八八孝友王延傳作：「卜氏嘗盛冬思生魚，敕延求而不獲，抶之流血。」

〔二三〕汾河　御覽卷二七引同，御覽卷四一一引、晉書卷八八孝友王延傳皆作「汾」。

十六國春秋輯補卷六

前趙録六

劉曜

劉曜字永明，淵之族子也。少孤，見養于淵，幼而聰惠一作「慧」。有奇度。年八歲，從元海獵于西山，遇雨止樹下。迅雷震樹，旁人莫不顛仆，曜神色自若。元海異之曰：「此吾家千里駒也，從兄爲不亡矣！」身長九尺三寸，垂手過膝，生而眉白，目有赤光，鬚髯不過百餘根，而皆長五尺。性拓落高亮，與衆不羣。讀書志于廣覽，不精思章句，善屬文，工草隸。雄武過人，鐵厚一寸，射而洞之，于時號爲神射。尤好兵書，略皆闇誦，常輕侮吴鄧，而自比樂毅蕭曹，時人莫之許也，惟聰每曰：「永明，世祖、魏武之流，何數公足道哉？」

弱冠游于洛陽，坐事當誅，亡匿朝鮮，遇赦而歸。自以形質異衆，恐不容于世，常隱避于管涔之山，以琴書爲事。嘗夜閒居，忽有二童子入，跪曰：「管涔王使小臣奉謁趙皇帝！」獻劒一口，置前，再拜而去。以燭視之，劒長二尺，光澤非常，赤玉爲室，背上有銘云「神劒服御除衆毒」〔一〕。曜遂服之，劒隨四時而變爲五色也。此段亦見御覽四十五。

元海世頻歷顯職，後拜相國、都督中外諸軍事，鎮長安。靳準之難，自長安赴之，至于赤壁。

光初元年晉元太興元年。戊寅。十月〔二〕，太保呼延晏等自平陽來奔，與太傅朱紀、太尉范隆等上尊號于曜。以太興元年僭即皇帝位，大赦境内，惟準一門不在赦例，改元光初。以朱紀領司徒，呼延晏領司空，范隆以下悉復本位。使征北劉雅、鎮北劉策次于汾陰，與石勒爲犄角之勢。

靳準遣侍中卜泰降于勒，勒囚泰送之。曜謂泰曰：「先帝末年，實亂大倫，羣閹撓政，誅滅忠良，誠是義士匡討之秋。司空執心忠烈，行伊霍之權，拯濟涂炭，使朕及此，勳高古人，德格天地。朕方寧濟大艱，終不以非命及君子賢人。司空若執忠誠，早迎大駕者，政由靳氏，祭則寡人，以朕此意，布之司空，宣之朝士。」泰還平陽，具宣曜旨。準自以殺曜母兄，沈吟未從。

十二月，靳準左右軍一作「車」。騎喬泰〔三〕、王騰、靳康、馬忠等殺準，推尚書令靳明爲盟主，遣卜泰奉傳國六璽來降。曜大悦，謂泰曰：「使朕獲此神璽而成帝王者，子也！」石勒聞之，怒甚，增兵攻之。明戰累敗，遣使求救于曜。曜使劉雅、劉策等迎之。明率平陽士女萬五千歸於曜。曜命誅明，靳氏男女無少長皆殺之。

曜誅靳氏，見康女有姿容，將納爲妻〔四〕。靳曰：「陛下既滅其父母兄弟，復何用妾爲？妾聞逆人之誅也，尚污宫伐樹，而況其子女乎？」因號泣請死，曜哀之，免康一子。此節依晉書列女傳補。

使劉雅迎母胡氏喪于平陽，還葬粟邑，墓號陽陵，僞謚宣明皇太后，僭尊高祖父亮爲景皇帝，曾祖父廣爲獻皇帝，祖防懿皇帝，考曰宣成皇帝。

己卯。二年　勒遣王修等獻捷，曜遣兼司徒郭汜授勒太宰，進趙王〔五〕。郭汜字子游，上郡人也。父士爲縣卒，隨巫而遇女子于路，巫曰：「此女生貴子，君亦有貴子相，可納之，當興君門。」士納之，生汜，長不滿七尺，醜極。當時朴訥無慧，後爲縣卒，感憤遊學，師事安平趙孔曜。曜見而偉之曰：「此生有公骨，其當貴達。」依御覽三百八十二引補〔六〕。因曹平樂言修實來窺伺，二月，斬修，追汜還，停勒之授〔七〕。

夏四月〔八〕，徙都長安，起光世殿于前，紫光殿于後。立其妻羊氏爲皇后，子熙爲皇太子，封子襲爲長樂王，闡太原王，沖淮南王，敞齊王，高魯王，徽楚王，徵諸宗室皆進封郡王。

六月，繕宗廟、社稷、南北郊于長安〔九〕。令曰：「蓋王者之興，必禘始祖。我皇家之先，出自夏后，居于北夷，世跨燕朔。光文以漢有天下歲久，恩德結于民庶，故立漢祖宗之廟，以懷民望。昭武因循，遂未悛革。今欲除宗廟，改國號，復以大單于爲太祖，其議以聞。」于是太保呼延晏等議曰：「今宜承晉，母子傳號，以光文本封盧奴，中山之屬城，陛下勳功，懋于平洛，終于中山。中山分野屬大梁，趙也。宜革稱大趙，遵以水行〔一〇〕，承晉金行，國號曰趙。」曜從之〔一一〕，于是牲牡尚黑，旗幟尚玄，以冒頓配天，淵配上帝，大赦境内殊死已下。

黄石屠各路松多起兵于新平、扶風，聚衆數千，附于南陽王保。保以其將楊曼爲雍州刺史，王連爲扶風太守，據陳倉，張顗爲新平太守，周庸爲安定太守，據陰密。松多下草壁，秦隴氐羌多歸之。曜遣其車騎劉雅、平西劉厚攻楊曼于陳倉，二旬不剋。曜率中外精鋭以赴之，行次雍城，太史令弁廣明言于曜曰：「昨夜妖星犯月，師不宜行。」乃止。敕劉雅等攝圍固壘，以待大軍。

地震，長安尤甚。時曜后羊氏有殊寵，頗與政事，陰有餘之徵也。

庚辰。三年　曜發雍，攻陳倉，曼、連謀曰：「諜者適還，云其五牛旗建，多言胡主自來，其鋒恐不可當也。吾糧廩既少，無以支久，若頓軍城下，圍攻百日，不待兵刃而吾自滅。不如率見衆以一戰。如其勝也，關中不待檄而至；如其敗也，等一死，早晚無在。」遂盡衆背城而陣，爲曜所敗，王連死之，楊曼奔于南氐。曜進攻草壁，又陷之，松多奔隴城。進陷安定，保懼，遷于桑城，氐羌悉從之。曜振旅歸于長安，署劉雅爲大司徒。

晉將李矩襲金墉，剋之。曜左中郎將宋始、振威宋恕降于石勒。署其大將軍廣平王岳爲征東大將軍，鎮洛陽。會三軍疫甚，岳遂屯澠池。石勒遣石生馳應宋始等，軍勢甚盛。曜將尹安、趙慎等以洛陽降生。岳乃班師，鎮于陝城。

夏四月，長安雨雹，大如鷄子。十一字依御覽十四引補〔一二〕。

五月〔一三〕，西明門内大樹風吹折。經一宿，樹撥變爲人形〔一四〕，髮長一尺，鬚眉長三寸，皆黄白色，有斂手之狀，亦有兩腳著履一作「裙」。之形〔一五〕，唯無目鼻。每夜有聲。十日而生柯條，遂成大樹，枝葉甚茂。

長水校尉尹車謀反，潛結巴酋徐庫彭。曜乃誅車，囚庫彭等五十餘人于阿房，將殺之。光禄大夫游子遠固諫，曜不從，子遠叩頭流血，曜大怒，幽子遠而盡殺庫彭等，尸諸街巷之中，十日乃投之于水。于是巴氐盡叛，推巴歸善王句渠知爲主，四山羌氐巴羯應之者三十餘萬，關中大亂，城門晝閉。子遠又從獄表諫，曜怒甚，毁其表曰：「大荔奴不憂命在須臾，猶敢如此，嫌死晚邪！」叱左右速殺之。劉雅、朱紀、呼延晏等諫曰：「子遠幽而尚諫者，所謂忠于社稷，不知死之將至，陛下縱弗能用，奈何殺之？若子遠朝誅，臣等亦暮死，以彰陛下過差之咎。天下之人皆當去陛下，蹈西海而死耳。陛下復與誰居乎？」曜意解，乃赦之。于是敕内外戒嚴，將親討渠知。子遠進曰：「陛下誠能納愚臣之計者，不勞大駕親動，一月之中，可使清定。」曜曰：「卿試言之。」子遠曰：「彼匪有大志，希竊非望也，但逼于陛下峻網耳。今死者不可追，莫若赦諸逆人之家老弱没奚官者，使迭相撫育，聽其復業，大赦，與之更始，彼生路既開，不降何待？若渠知自以罪重不即下者，願假臣弱兵五千，以爲陛下梟之，不敢勞陛下之將帥也。不爾者，今賊黨既衆，彌川被谷，雖以天威臨之，恐非年歲可除。」曜大悦，以子遠爲車騎大將軍、開府儀同三司、都督雍秦征討諸軍事，大赦境内。子遠次于雍城，降者十餘萬。進軍安定，氐羌悉下，惟句氐宗黨五千餘家保于陰密。進攻平之，遂振旅循隴右，陳安郊迎。

先是，上郡氐羌十餘萬落保險不降，酋大虛除權渠自號秦王。子遠進師至其壁下，權渠率衆來距，五戰敗之。權渠恐，欲降。其子伊餘大言于衆中曰：「往日劉曜自來，猶無若我何，況此偏師而欲降之乎？」遂率勁卒五萬人晨壓子遠壘門。左右勸出戰，子遠曰：「吾聞伊餘有專諸之勇、慶忌之捷，士馬之强，人百匪敵〔一六〕。又其父新敗，怒氣甚盛。且西戎勁悍，其鋒不可擬也。不如緩之，使氣竭而擊之，此曹劌之勝也。」〔一七〕乃堅壁不戰。伊餘有强驕色，子遠候其無備，夜分誓衆，秣馬蓐食，先晨具甲〔一八〕。晨大風霧，子遠曰：「天贊我也！」躬先士卒，掃壁而出。遲明設覆出戰，生擒伊餘于陣，盡俘其衆〔一九〕。以上亦見御覽三百三十，通典一百五十五。權渠大懼，被髮剺面而降，子遠啓曜以權渠爲征西將軍、西戎公，分徙伊餘兄弟及其部落二十餘萬口于長安。西戎之中，權渠部最强，皆稟其命而爲寇暴，權渠既降，莫不歸附。

曜大悦，讌羣臣于東堂，語及平生，泫然流涕，遂下書曰：「蓋褒德惟舊，聖后之所先，念惠録孤，明王之恒典。是以世祖草刱河北，而致封于嚴尤之孫；魏武勒兵梁宋，追慟於橋公之墓。前新贈大司徒烈愍公崔岳、中書令曹恂、晉陽太守王忠、太子洗馬劉綏等，或識朕于童齔之中，或濟朕于艱窘之極，言念君子，實傷我心。詩不云乎：『中心藏之，何日忘之。』岳，漢昌之初雖有褒贈，屬否運之際，禮章莫備，今可贈岳使持節、侍中、大司徒、遼東公。恂大司空、南郡公，綏左光禄大夫、平昌公，忠鎮軍將軍、安平侯，並加散騎常侍。但皆丘墓夷滅，申哀莫由，有司其速班訪岳等子孫，授以茅土，稱朕意焉。」

初，曜之亡，與曹恂奔于劉綏。綏匿之于書匱，載送于忠，忠送之朝鮮。歲餘飢窘，變姓名，客爲縣卒。岳爲朝鮮令，見而異之，推問所由，曜叩頭自首，流涕求哀。岳曰：「卿謂崔元嵩不如孫賓碩乎？何懼之甚也！今詔捕卿甚峻，百姓閒不可保也，此縣幽僻，勢能相濟，縱有大急，不過解印綬與卿俱去耳！吾既門衰，無兄弟之累，身又薄祜，未有兒子，卿猶吾子弟也，勿爲過憂。大丈夫處身立世，鳥獸投人，要欲濟之，而況君子乎？」給以衣服，資供書傳。曜遂從岳質通疑滯，恩顧甚厚。岳從容謂曜曰：「劉生姿宇神調，命世之才也。四海脱有微風摇之者，英雄之魁，卿其人矣！」曹恂雖于屯厄之中，事曜有君臣之禮，故皆德之。

曜立太學于長樂宫東，小學于未央宫西，簡百姓年二十五已下，十三已上，神志可教者千五百人，選朝賢宿儒明經篤學以教之。以中書監劉均領國子監祭酒。置崇文祭酒，秩次國子。散騎侍郎董景道以明經擢爲崇文祭酒。

以游子遠爲大司徒。游子遠幼有姿貌，聰亮好學。年十五至洛陽，張華見而奇之曰：「此兒雅潔洪方，精公才也。」〔二〇〕此節依御覽三百七十九引補。

曜命起酆明觀，立西宮，建陵霄臺于滈池。

校勘記

〔一〕神劒服御除衆毒　御覽卷四五引同，載記無「服」字。

〔二〕光初元年十月　見偏霸部，載記無。

〔三〕十二月靳準左右軍騎喬泰　「十二月」，纂録、偏霸部同，載記作「尋而」。「左右軍騎」，纂録同，偏霸部「軍」作「車」，載記無四字。「喬泰」，載記同，纂録、偏霸部作「喬太」。

〔四〕曜誅靳氏至將納爲妻　屠本卷五「妻」作「后」，餘同。晉書卷九六列女傳作「劉曜之誅靳氏將納靳女爲妾」。

〔五〕二年至進趙王　載記、偏霸部無。事見通鑑卷九一太興二年。

〔六〕「三百八十二」，原誤「五百八十二」，今改。

〔七〕因曹平樂言至停勒之授　載記、偏霸部無。事見通鑑卷九一太興二年。

〔八〕夏四月　見偏霸部，載記無。

〔九〕六月至于長安　「六月」、「于長安」，見偏霸部，載記無。

〔一〇〕令曰至遵以水行　纂録同，偏霸部「復以大單于」作「御以大單于」，「其議以聞」作「其速議以聞」，「中山之屬城」作「中之屬城」，餘同。載記但作：「以水承晉金行，國號曰趙。」按，輯補已據纂録詳令文、議文，又綴載記概略之辭於下，實重複。

〔一二〕曜從之　見偏霸部，載記無。

〔一三〕「十一字」，原作「十字」，今改。

〔一三〕五月　見偏霸部，載記無。

〔一四〕樹撥變爲人形　原從纂録誤重「撥」字，今據偏霸部、載記删。

〔一五〕兩腳著履　「履」，偏霸部同，載記作「裙」。

〔一六〕吾聞伊餘至人百匪敵　御覽卷三三〇引、通典卷一五五同，載記作：「吾聞伊餘之勇，當今無敵，士馬之强，復非其匹。」

〔一七〕此曹劇之勝也　見御覽卷三三〇引、通典卷一五五，載記無。

〔一八〕夜分誓衆秣馬蓐食先晨具甲　御覽卷三三〇引、通典卷一五五同，載記作「夜誓衆蓐食」。

〔一九〕遲明至盡俘其衆　御覽卷三三〇引「出戰」作「而戰」，餘同。通典卷一五五「出戰」作「而出戰」，無「生」字，餘同。載記作：「遲明覆之生擒伊餘，悉俘其衆。」

〔二〇〕游子遠幼有姿貌至精公才也　見御覽卷三七九引，載記無。

十六國春秋輯補卷七

前趙録七

劉曜

辛巳。四年〔一〕將於霸陵西南營壽陵，侍中喬豫、和苞上疏諫曰：「臣聞人主之興作也，必仰準乾象，俯順人時。是以衛文承亂亡之後，宗廟社稷流漂無所，而猶上候營室，以構楚宫。彼其急也，猶尚若兹，故能興康叔、武公之迹，以延九百之慶也。奉詔書將營酆明觀，市道芻蕘咸以非之，曰一觀之功，可以平涼州矣。又奉敕旨，復欲擬阿房而建西宫，模瓊臺而起淩霄，此則費萬酆明，功億前役也。以此功費，亦可以吞吴蜀，翦齊魏矣。陛下何爲於中興之日而蹤亡國之事？自古聖王，人誰無過，陛下此役，實爲過舉。過貴在能改，終之實難。又伏聞敕旨，將營建壽陵，周圍一作「迴」。四里，下深二十五丈，以銅爲棺槨，黄金飾之，恐此功費非國内所能辦也。且臣聞堯葬穀林，市不改肆；顓頊葬高一作「廣」。

陽〔二〕，下不及泉，聖王之於終也如是。秦始皇下錮三泉，周輪七里，身亡之後，毀不旋踵，闇主之於終也如此。向魋石椁，孔子以爲不如速朽；王孫倮葬，識者嘉其矯世。自古無有不亡之國，不掘之墓，故聖王知厚葬之招害也，故不爲之。臣子之於君父陵墓，豈不欲高廣如山岳哉？但以保全始終，安固萬世爲優耳。從喪亂以來，漢帝諸陵，咸見踐辱，唯霸陵獨全，雖太宗之達至然，抑亦釋之之功〔三〕。興亡奢儉，炯然於前，惟陛下覽之。」曜大悦，下書曰：「二侍中懇懇有古人之風烈矣，可謂社稷之臣也！非二君，朕安聞此言乎？以孝明於承平之世，四海無虞之日，尚納鍾離一言而罷北宫之役，況朕之闇眇，當今極弊，而可不敬從明誨乎？今敕悉停，壽陵制度一遵霸陵之法。詩不云乎：『無言不酬，無德不報。』其封豫安昌子，苞平輿子，並領諫議大夫。可敷告天下，使知區區之朝思聞過也。自今政法有不便於時，不利社稷者，其詣闕極言，勿有所諱。」省酆水囿以與貧户。

終南山崩，長安人劉終於崩所得白玉，方一尺，有文字曰：「皇亡皇亡敗趙昌，井水竭，構五梁，咢酉小衰困囂喪。嗚呼嗚呼，赤牛奮靷其盡乎！」時羣臣咸賀，以爲勒滅之徵。曜大悦，以爲己瑞〔四〕，一作「以爲天錫神璽」。齋七一作「九」。日，而後受之於太廟，大赦境内，以終爲奉瑞大夫。中書監劉均進曰：「臣聞國主山川，故山崩川竭，君爲之不舉。終南山，京師之鎮，國之所瞻，無故而崩，其凶焉可極言！昔三代之季，其災也如是。今朝臣皆言祥瑞，臣獨言非，誠上忤聖旨，下違衆議，然臣不達大理，竊所未同，何則？玉之於山石也，猶君之於臣下，山崩石壞，象國傾民亂。『皇亡皇亡敗趙昌』者，此言皇室將爲趙所敗，趙因之而昌。今大趙都於秦雍，而勒跨全趙之地，趙昌之應，當在石勒，不在我也。『井水竭，構五梁』者，『井』謂東井，秦之分也，『五』謂五車，『梁』謂大梁，五車、大梁，趙之分也。此言秦將竭滅，以構成趙也。『咢』者，歲之次，名作咢也，言歲馭作咢，酉之年，當有敗軍殺將之事。『困』謂困敦，歲在子之年名，玄囂亦在子之次，言歲馭於子，國當喪亡。『赤牛奮靷』謂赤奮若，在丑之歲名也，『牛』謂牽牛，東北維之宿，丑之分也。言歲在丑，當滅亡盡，無復遺也。此其誡悟蒸蒸，欲陛下勤修德化以禳之。縱爲嘉祥，尚願陛下夕惕以答之。書曰：『雖休勿休。』願陛下追蹤周旦盟津之美，捐鄙虢公夢廟之凶，謹歸沐浴，以待妖言之誅。」曜撫一作「憮」。然改容，御史劾均狂言瞽説，誣罔祥瑞，請依大不敬論。曜曰：「此之災瑞，誠不可知，均深戒朕之不德，朕收其忠惠多矣，何罪之有乎？」

光初五年晉元永昌元年。壬午。并州牧安定王策獻玉璽一，文曰「趙盛」。此節依御覽六百八十二引補。

曜親征氐羌，仇池楊難敵率衆來距，前鋒擊敗之，難敵退保仇池，仇池諸氐羌多降於曜。曜後復西討楊韜司馬保部將。於南安，韜懼，與隴西太守梁勳等降於曜，皆封列侯。使侍中喬豫率甲士五千，遷韜等及隴右萬餘户於長安。曜又進攻仇池。時曜寢疾，兼癘疫甚，議欲班師，恐難敵躡其後，乃以其尚書郎王獷爲光國中郎將，使於仇池以説難敵。難敵於是遣使稱藩，曜大悦，署難敵爲使持節、侍中、假黄鉞、都督益寧南秦涼梁巴六州隴上西域諸軍事、上大將軍、益寧南秦三州牧，領護南氐校尉、寧羌中郎將、武都王，子弟爲公侯列將二千石者十五人。

陳安請朝，曜以疾篤不許，安怒，且以曜爲死也，遂大掠而歸。曜疾甚篤，馬輿而還，使其將呼延寔監輜重於後。陳安率精騎要之於道，寔戰奔無路，與長史魯憑俱没於安。安因寔而謂之曰：「劉曜已死，子誰輔哉？孤當與足下終定大業。」寔叱安曰：「狗輩！汝荷人榮寵，處不疑之地，前背司馬保，今復如此。汝自視何如主上？憂汝不久梟首上邽通衢，何謂大業！可速殺我，懸我首於上邽東門，觀大軍之入城也！」安怒，遂殺之，以魯憑爲參軍。又遣其弟集及將軍張明等率騎二萬追曜。曜衛軍呼延瑜逆戰，擊斬之，悉俘其衆。安懼，馳還上邽。

曜至自南安。陳安使其將劉烈、趙罕襲汧城，拔之，西州氐羌悉從安。安士馬雄盛，衆十餘萬，自稱使持節、大都督、假黄鉞、大將軍、雍涼秦梁四州牧、涼王，以趙募爲相國，領左長史。魯憑對安大哭曰：「吾不忍見陳安之死也！」安怒，命斬之。憑曰：「死自吾分，懸吾頭於秦州通衢，觀趙之斬陳安也。」遂殺之。曜聞憑死，悲慟曰：「賢人者，天下之望也。害賢人，實塞天下之情。夫承平之君猶不敢乖臣妾之心，況於四海乎！陳安今於招賢採哲之秋而害君子，絶當世之望，吾知其無能爲也！」休屠王石武以桑城降。曜大悦，署武爲使持節、都督秦州隴上雜夷諸軍事、平西大將軍、秦州刺史，封酒泉王。

曜后羊氏卒。故晉惠后也，名獻容，泰山南城人。祖瑾，父玄之，以太安元年立爲皇后。將入宫，衣中有火。洛陽之陷，没於曜，納之。曜僭位，以爲皇后，因問曰：「吾何如司馬家兒？」后曰：「胡可並言！陛下開基之聖主，彼亡國之暗夫，有一婦一子，及身三耳，不能庇之，貴爲帝王而妻子辱於凡庶之手。妾于爾時，實不思生，何圖復有今日？妾生於高門，常謂世閒男子皆然，自奉巾櫛以來，始知天下有丈夫耳！」羊氏内有特寵，外參朝政，生曜三子熙、襲、闡而死，僞謚獻文皇后〔五〕。此傳纂録本及載記皆略，因依晉書后妃傳補。

曜始禁無官者不聽乘馬，禄八百石已上婦女乃得衣錦繡，自季秋農功畢乃聽飲酒，宗廟社稷之祭不得殺牛，犯者皆死。

曜臨太學，引試學生之上第者拜郎中。

武功男子蘇撫、陝男子伍長平並化爲女子。石言於陝，若言「勿東」者。

曜將葬其父及妻，親如粟邑以規度之。負土爲墳，其下周迴二里，作者繼以脂燭，怨呼之聲盈於道旁。游子遠諫曰：「臣聞聖主明王、忠臣孝子之於終葬也，棺足周身，槨足周棺，藏足周槨而已，不封不樹，爲無窮之計。伏惟陛下聖慈幽被，神鑒洞遠，每以清儉恤下爲先，社稷資儲爲本。今二陵之費，至以億計，計六萬夫百日作，所用六百萬功。二陵皆下錮三泉，上崇百尺，積石爲山，增土爲阜，發掘古冢以千百數。役夫呼嗟，氣塞天地，暴骸原野，哭聲盈衢。以上亦略見御覽八百七十六。臣竊謂無益於先皇先后，而徒喪國之儲力。陛下脱仰尋堯舜之軌者，則功不盈百萬，費亦不過千計，下無怨骨，上無怨人。先帝先后有太山之安，陛下饗舜禹周公之美。惟陛下察焉！」曜不納，乃使其將劉岳等帥騎一萬，迎父及弟暉喪於太原。

疫氣大行，死者十三四。上洛男子張盧死二十七日，有盜發其冢者，盧得蘇。

曜葬其父，墓號永垣陵。葬妻羊氏，墓號顯平陵。大赦境内殊死以下，賜人爵二級，孤老貧病不能自存者帛各有差。

六年晉明大寧元年。癸未。正月，天裂，廣一丈餘，長五十餘丈。時四方交戰〔六〕。此節亦見御覽八百七十四，誤作「建元初」。

陳安攻曜征西劉貢於南安。休屠王石武自桑城將攻上邽，以解南安之圍。安聞之懼，馳歸上邽，遇於瓜田。武以衆寡不敵，奔保長春故壘。安引軍追武，曰：「叛逆胡奴，要當生縛此奴，然後斬劉貢。」武閉壘距之。貢敗安後軍，俘斬萬餘。安馳還赴救，貢逆擊敗之。俄而武騎大至，安衆大潰，收騎八千，奔於隴城。貢乃留武督後衆，躬先士卒，戰輒敗之，遂圍安於隴城。

大雨霖，震曜父墓門屋，大風飄發其父寢堂于垣外五十餘步。曜避正殿，素服哭於東堂五日，使其鎮軍劉襲、太常梁胥等繕復之。松柏衆木殖已成林，至是悉枯死。此節亦見御覽八百七十六。

校勘記

〔一〕四年　見偏霸部，載記無。

〔二〕高陽　纂録同，載記、偏霸部作「廣陽」。

〔三〕從喪亂以來至釋之之功　見偏霸部，載記無。

〔四〕以爲己瑞　見偏霸部，載記無。按，原注云「一作『以爲天錫神璽』」，蓋襲屠本卷六注：「水經注作：『於龍門河水中得一玉璽，文曰云云，曜以爲天錫神璽，齋九日而受於太廟。』」而水經注未見此文，御覽卷六八二引趙書略同。然彼謂河水中得璽，此謂終南山崩得璽，又不同。

〔五〕曜后羊氏卒至獻文皇后　載記作：「曜后羊氏死，僞謚獻文皇后。羊氏内有特寵，外參朝政，生曜三子熙、襲、闡。」偏霸部作：「曜后羊氏卒，故晉惠后也，洛陽之陷，納之。」輯補此節合載記、偏霸部之文，並摘晉書卷三一后妃傳上以補。

〔六〕六年至四方交戰　偏霸部「五十餘丈」作「五十丈」，無「時四方交戰」。御覽卷八七四引「六年正月」作「建元初」，「一丈餘」作「一丈」。

十六國春秋輯補卷八

前趙録八

劉曜

甲申。七年　置當作「署」。其大司馬劉雅爲太宰，加劍履上殿，入朝不趨，讚拜不名，給千兵百騎，甲仗百人入殿，增班劍六十人，前後鼓吹各二部。

曜親征陳安，圍安於隴城。安頻出挑戰，累擊敗之，斬獲八千餘級。右軍劉幹攻平襄，剋之，隴上諸縣悉降。曲赦隴右殊死已下，惟陳安、趙募不在其例。

安留楊伯支、姜沖兒等守隴城〔一〕，帥騎數百突圍而出，欲引上邽、平襄之衆，還解隴城之圍。安既出，知上邽被圍，平襄已敗，乃南走陝中。曜使其將軍平先、丘中伯率勁騎追安，頻戰敗之，俘斬四百餘級。安與壯士十餘騎於陝中格戰。安左手奮七尺大刀，右手執丈八蛇矛，近交則刀矛俱發，輒害六七〔二〕，一作「人五六」。遠則雙帶兩鞬〔三〕，一作「鞬服」。左右馳射之而走。此段亦略見御覽七百四十四。平先亦壯健絶人，勇捷如飛，與安搏戰，三交，奪其蛇矛而退。會日暮雨甚，安棄馬，與左右五六人步逾山嶺，匿於溪澗。翌日尋之，遂不知所在。會連雨始霽，輔威呼延清尋其徑迹，斬安於澗曲。曜大悦。

安善於撫接，吉凶夷險，與衆共之。及其死，隴上歌之曰：「隴上壯士有陳安，軀幹雖小腹中寬，愛養將士同心肝。騄驄駿馬鐵鍛鞍〔四〕，七尺大刀奮如湍，丈八蛇矛左右盤，十蕩十決無當前。戰始三交失蛇矛，棄我騄驄竄巖幽，爲我外援而懸頭。西流之水東流河，一去不還奈子何！」曜聞而嘉傷，命樂府歌之。

陳安字虎侯，成紀平莊人也，家世農民。安少慷慨，曰：「大丈夫當乘軒杖節，安能久事犂鋤乎？」遂東遊京師，頗學書字，讀魏書，見許褚而慕之，乃自字虎侯。遇晉室喪亂，遂憑結司馬賓。驍壯果毅，武幹過人，多力善射，持七尺刀貫結，奔及馳馬〔五〕。此傳依御覽三百六十二及三百八十六引補。

楊伯支斬姜沖兒以隴城降，宋亭斬趙募以上邽降。徙秦州大姓楊姜諸族二千餘户於長安。氐羌悉下，並送質任。

時劉岳與涼州刺史張茂相持於河上。曜平陳安〔六〕，自隴長驅至於西河，戎卒二十八萬五千，臨河列營。百餘里中，鐘鼓之聲沸河動地，自古軍旅之盛，未有斯比。茂臨河諸戍皆望風奔退。揚聲欲百道俱渡，直至姑臧，涼州大怖，人無固志。諸將咸欲速濟，曜曰：「吾軍旅雖盛，不踰魏武之東也。畏威而來者，三有二焉。中軍宿衛已皆疲老，不可用也。張氏以吾新平陳安，師徒殷盛，以形聲言之，非彼五郡之衆所能抗也，必怖而歸命，受制稱藩，吾復何求？卿等試之，不出中旬，張茂之表不至者，吾爲負卿矣！」茂懼，果遣使稱藩，獻馬一千五百匹，牛三千頭，羊十萬口，黄金三百八十斤，銀七百斤，女妓二十人，及諸珍寶珠玉、方物美貨，不可勝紀。此段亦略見於御覽八百二。曜大悦，使其大鴻臚田崧署茂使持節、假黄鉞、侍中、都督涼南北秦梁益巴漢隴右西域雜夷匈奴諸軍事、太師、領大司馬、涼州牧、領西域大都護、護氐羌校尉、涼王。

曜至自河西，遣胡元增其父及妻墓高九十尺。

楊難敵以陳安既平，内懷危懼，奔於漢中。鎮西劉厚追擊之，獲其輜重千餘兩，士女六千餘人，還之仇池。

曜以大鴻臚田崧爲鎮南大將軍、益州刺史，鎮仇池。以劉岳爲侍中、都督中外諸軍事，進封中山王。

初，靳準之亂，曜世子胤没於黑匿郁鞠部。至是胤自言，郁鞠大驚，資給衣馬，遣子送之。曜對胤悲慟，嘉郁鞠忠款，署使持節、散騎常侍、忠義大將軍、左賢王。

胤字義孫，美姿貌，善機對。年十歲，身長七尺五寸，眉鬢如畫。聰奇之，謂曜曰：「此兒神氣豈同義真乎！固當應爲卿之冢嫡，卿可思文王廢伯邑考立武王之意也。」曜曰：「臣之藩國，僅能守祭祀便足矣，不可以亂長幼之倫也。」聰曰：「卿勳格天地，國兼百城，當世祚太師受專征之任，五侯九伯得專征之者。卿之子孫，奈何言同諸藩國也。義真既不能遠追太伯高讓之風，吾不過爲卿封之以一國。」義真，曜子儉之字也。於是封儉爲臨海侯〔七〕，立胤爲世子。

胤雖少離屯難，流躓殊荒，而風骨俊茂，爽朗卓然。身長八尺三寸，髮與身齊，多力善射，驍捷如風雲。曜因以重之，其朝臣亦屬意焉。曜於是顧謂羣下曰：「義孫可謂歲寒而不凋，涅而不淄者矣。義光雖先已樹立，然沖幼儒謹，恐難乎爲今世之儲貳也，懼非所以上固社稷，下愛義光。義孫年長明德，又先世子也。朕欲遠追周文，近蹤光武，使宗廟有太山之安，義光饗無疆之福，於諸卿意如何？」其太傅呼延晏等咸曰：「陛下以擬周漢，爲國家無窮之計，豈惟臣等賴之，實亦四海宗廟之慶。」左光禄卜泰、太子太保韓廣等進曰：

「陛下若以廢立爲是也，則不應降日月之明，垂訪羣下。若以爲疑也，固思聞臣等異同之言。竊以謂廢太子非也。何則？昔周文以未建之前，擇聖衷而超樹之可也。光武緣母色而廢立，豈足爲聖朝之模範？光武誠以東海纂統，何必不如明帝？皇子胤文武才略，神度弘遠，信獨絶一時，足以擬蹤周發。然太子孝友仁慈，志尚沖雅，亦足以堂負聖基，爲承平之賢主。何況儲宮者，六合人神所繫望也，不可輕以廢易。陛下誠實爾者，臣等有死而已，未敢奉詔。」曜默然。胤前泣曰：「慈父之於子也，當務存尸鳩之仁，何可替熙而立臣也？陛下謬恩乃爾者，臣請死於此，以示赤心。且陛下若愛忘其醜，以臣微堪指授，亦當能輔導義光，仰遵聖軌。」因歔欷流涕，悲感朝臣。曜亦以太子羊氏所生，羊有寵，哀之不忍廢，乃止。追謚前妻卜氏爲元悼皇后，胤之母也。卜泰，胤之舅，曜嘉之，拜上光禄大夫、儀同三司、領太子太傅。封胤爲永安王，署侍中、衛大將軍、都督二宮禁衛諸軍事、開府儀同三司、録尚書事、領太子太傅，號曰皇子。命熙於胤盡家人之禮。

時有鳳皇將五子翔於故未央殿，五日，悲鳴不食，皆死。

乙酉。八年

丙戌。九年晉成咸和元年。曜立后劉氏〔八〕。

石勒將石他自雁門出上郡，襲安國將軍、北羌王盆句除，俘三千餘落，獲牛馬羊百餘萬而歸。曜大怒，投袂而起，即日次於渭城，遣劉岳追之。曜次於富平，爲岳聲援。岳及石他戰於河濱，敗之，斬他及其甲士一千五百級，赴河死者五千餘人，悉收所虜，振旅而歸。

楊難敵自漢中還，襲仇池，剋之，執田崧立之於前。難敵左右叱崧令拜，崧瞋目叱之曰：「氐狗！安有天子牧伯而向賊拜乎？」難敵曰：「子岱，吾當與子終定大事。子於劉氏可爲盡忠，吾獨不可乎？」崧厲色大言曰：「若賊氐奴才，安敢欲希覬非分！吾寧爲國家鬼，豈可爲汝臣！何不速殺我！」顧排一人，取其劒，前刺難敵不中，爲難敵所殺。

曜遣劉岳攻石生於洛陽，配以近郡甲士五千，宿衛精卒一萬，濟自盟津。鎮東呼延謨率荆司之衆自崤澠而東。岳攻石勒盟津、石梁二戍，剋之，斬獲五千餘級，進圍石生於金墉。石季龍率步騎四萬入自成皋關。岳陳兵以待之，戰於洛西，岳師敗績。岳中流矢，退保石梁。季龍遂塹栅列圍，遏絶内外。岳衆饑甚，殺馬食之。季龍又敗呼延謨，斬之。曜親率軍援岳，季龍率騎三萬來拒，曜前軍劉黑大敗季龍將石聰於八特坂。曜次於金谷，夜無故大驚，軍中潰散，乃退如澠池。夜中又驚，士卒奔潰，遂歸長安。季龍執劉岳及其將王騰等八十餘人，並氐羌三千餘人送於襄國，坑士卒一萬六千。曜至自澠池，素服郊哭，七日，乃入城。

武功豕生犬，上邽馬生牛，及諸妖變，不可勝紀。

曜命其公卿各舉博識直言之士一人。司空劉均舉參軍臺產，曜親臨東堂，遣中黃門策問之。產極言其故，曜覽而嘉之，引見東堂，訪以政事。產流涕歔欷，具陳災變之禍，政化之闕，辭旨諒直。曜改容禮之，即拜博士祭酒、諫議大夫、領太史令。其後所言皆驗，曜彌重之，轉太中大夫〔九〕。歲中三遷，歷位尚書、光禄大夫、太子少師，位特進，金章紫綬，爵關中侯〔一〇〕。

臺產字國儁〔一一〕，上洛人，漢侍中崇之後也。少專京氏易，善圖讖、秘緯、天文、洛書、風角、星算、六日七分之學，尤善望氣、占候、推步之術。隱居商洛南山，兼美經學，汎情教授，不交當世。此傳依晉書術藝傳補。

曜署劉胤爲大司馬，進封南陽王，以漢陽諸郡十三爲國，置單于臺於渭城，拜大單于，置左右賢王已下，皆以胡羯鮮卑氐羌豪傑爲之。

丁亥。十年　曜自還長安，憤恚發病，至是疾瘳，曲赦長安殊死已下。署其汝南王劉咸爲太尉、録尚書事，光禄大夫劉綏爲大司徒，卜泰爲大司空。

曜妻劉氏疾甚，曜親省臨之，問其所欲言。劉泣曰：「妾叔父昶無子，妾少養於叔，恩撫甚隆，無以報德，願陛下貴之。妾叔皚女芳，有德色，願備後宫。」曜許之。言終而死，僞謚獻烈皇后。以劉昶爲使持節、侍中、大司徒、録尚書事，進封河南郡公；昶妻張氏爲慈鄉君；立劉皚女芳爲皇后，追念劉氏之言也。

后年十三，長七尺八寸，手垂過膝，髮與身齊，姿德才色，邁於别后。此傳依御覽一百四十二引補。

俄署驃騎劉述爲大司徒，劉昶爲太保。召公卿已下子弟有勇幹者爲親御郎，被甲乘鎧馬，動止自隨，以充折衝之任。尚書郝述、都水使者支當等固諫，曜大怒，鴆而殺之。

戊子。十一年〔一二〕咸和三年。夜夢三人金面赤脣〔一三〕，東向逡巡，不言而退，曜拜而履其迹。旦召公卿已下議之。朝臣咸賀，以爲吉祥，惟太史令任義進曰〔一四〕：「三者，曆運統之極也；東爲震位，王者之始次也；金爲兑位，物衰落也；脣丹不言，事之畢也；逡巡揖讓，退舍之道也；爲之拜者，屈伏於人也；履迹而行，慎不出疆也。東井，秦分也；五車，趙分也。秦兵必暴起，亡主喪師，留敗趙地。遠至三年，以上亦見御覽四百。近七百日，其應不遠。願陛下思而防之。」曜大懼，於是躬親二郊，飾繕神祠，望秩山川，靡不周及。大赦殊死已下，復百姓租稅之半。

長安自春不雨，至於五月。

曜遣其武衛劉朗率騎三萬襲楊難敵於仇池，弗剋，掠三千餘户而歸。

張駿聞曜軍爲石氏所敗，乃去曜官號，復稱晉大將軍、涼州牧。遣金城太守張閬及枹罕護軍辛晏、鎮軍韓璞等〔一五〕，率衆數萬人，自大夏攻掠秦州諸郡。曜遣劉胤率步騎四萬擊之，夾洮相持七十餘日。冠軍呼延那雞率親御郎二千騎絶其運路。胤濟師逼之，璞軍大潰，奔還涼州。胤追之，及於令居，斬級二萬。張閬、辛晏率衆數萬降於曜，皆拜將軍，封列侯。

七月〔一六〕，石勒遣石虎率衆四萬，自軹關西入寇擾，河東應之者五十餘縣〔一七〕，進攻蒲坂。曜將東救蒲坂，懼張駿、楊難敵承虚襲長安，遣其河間王述發氐羌之衆，屯於秦州。曜盡中外精鋭，水陸赴之，自潼關一作「衛關」。北濟〔一八〕。虎懼，引師而退。追之，及於高候，大戰敗之，斬其將軍石瞻，枕尸一百一作「二百」。餘里〔一九〕，收其資仗億計。虎奔於朝歌，曜遂濟自大陽〔二〇〕，攻石生於金墉，決千金堨以灌之。分遣諸將攻討汲郡、河内〔二一〕。

十二月，勒自帥衆拒之〔二二〕。曜不撫士衆，專與嬖臣博飲。左右諫之，曜怒，以爲妖言，斬之。大風拔木，昏霧四塞。七句亦見御覽八百七十六。聞虎進據石門，續知勒自率大衆已濟，始議增滎陽戍，杜黄馬關。俄而洛水候者與勒前鋒交戰，擒羯，送之。曜問曰：「大胡自來邪？其衆大小復何如？」羯曰：「大胡自來，軍盛不可當也。」曜色變，使攝金墉之圍，陳於洛西，南北十餘里。

曜性少而酗酒，末年猶甚。勒至，曜將戰，飲酒數斗，常乘赤馬無故跼頓，乃乘小馬。比出，復飲斗餘。至於西陽門，撝陣就平。勒將石堪因而乘之，師遂大潰。曜昏醉奔退，而馬陷石渠，墜於冰上，被創十餘，通中者三，爲堪所執，送於勒所。曜曰：「石王，憶重門之盟不？」勒使徐光謂曜曰：「今日之事，天使其然，復云何邪？」幽曜於河南丞廨，使金瘡醫李永療之，歸於襄國。

曜瘡甚，勒載以馬輿，使李永與同載。北苑市三老孫機上禮求見曜，勒許之。機進酒於曜曰：「僕谷王，關右稱帝皇〔二三〕，當持重，保土疆，輕用兵，敗洛陽，祚運窮，天所亡，開大分，飲一觴。」〔二四〕曜曰：「何以健邪！當爲翁飲。」勒聞之，凄然改容曰：「亡國之人，足令老叟數之。」舍曜於襄國永豐小城，給其妓妾，嚴兵圍守。遣劉岳、劉震等乘馬，從男女，衣幍以見曜。曜曰：「久謂卿等爲灰土，石王仁厚，全宥至今，而我殺石他，負盟之甚。今日之禍，自其分耳。」留宴終日而去。勒諭曜，使與其太子熙一作「毗」，下同。書〔二五〕，令速降之。曜但敕熙「與諸大臣匡維社稷，勿以吾易意也」。勒覽而惡之。建平末〔二六〕，爲勒所殺。

己丑。十二年　正月，太子熙、大司馬南陽王胤、劉咸等議，欲西保秦州〔二七〕。尚書胡勳曰：「今雖喪主，國尚全完，將士情一，未有離叛。可共并力距險，走未晚也。」胤不從，怒其沮衆，斬之，遂率百官奔於上邽。劉厚、劉策皆捐鎮奔之。關中擾亂，將軍蔣英、辛恕擁衆數十萬據長安，遣使招勒。勒遣石生率洛陽之衆以赴之。胤及劉遵率衆數萬，自上邽將攻石生於長安，隴東、武都、安定、新平、北地、扶風、始平諸郡戎夏皆起兵應胤。胤次於仲橋，石生固守長安。勒使石季龍率騎二萬距胤，戰於義渠。爲季龍所敗，死者五千餘人，胤奔上邽。石虎乘勝追戰，枕尸千里，上邽潰。虎執其僞太子熙、南陽王劉胤〔二八〕，並將相諸王等及其諸卿校公侯已下三千餘人，皆殺之。徙其臺省文武、關東流人、秦雍大族九千餘人於襄國，又坑其王公等及五郡屠各五千餘人於洛陽。曜在位十下有脱文。年而敗。

自劉淵以惠帝永興元年僭號西河〔二九〕，懷帝永嘉四當作「二」。年僭位，至曜三世，凡二十有七一作「六」。載〔三〇〕，以成帝咸和四年滅。

校勘記

〔一〕姜沖兒　原作「羌沖兒」，據載記改，下並同。

〔二〕輒害六七　「六七十」，御覽卷七四四引同，載記作「五六」。

〔三〕雙帶兩鞬　「兩鞬」，御覽卷七四四引同，載記作「鞬服」。

〔四〕騄驄駿馬鐵鍛鞍　屠本卷一〇陳安傳同，載記作「驪驄父馬鐵瑕鞍」，御覽卷三五三引趙書作「騄驄馬鐵鏤鞍」，御覽卷四六五引趙書作「騄驄駁馬鐵瑕鞍」。

〔五〕陳安字虎侯至奔及馳馬　載記無此節。「成紀平莊人也」見御覽卷三六二引，餘皆見御覽卷三八六引。「頗學書字」，屠本卷一〇陳安傳同，御覽卷三八六引作「頗學書算」。「司馬賓」，屠本、御覽引皆同，當是「司馬寶」之誤。「貫結」，屠本同，御覽引作「貫甲」。

〔六〕曜平陳安　「平陳安」，見御覽卷八〇二引，載記無。

〔七〕於是封儉爲臨海侯　「臨海侯」，載記、通鑑卷九二太寧元年皆作「臨海王」。

〔八〕九年曜立后劉氏　載記、偏霸部無，屠本卷七光初九年有此事。通鑑卷九三事在太寧三年。

〔九〕轉太中大夫　見晉書卷九五藝術臺産傳，載記無。

〔一〇〕金章紫綬爵關中侯　見晉書卷九五藝術臺産傳，載記無。

〔一一〕臺産字國僑　「國僑」，原作「國雋」，據晉書卷九五藝術臺産傳改。

〔一二〕十一年　載記作「咸和三年」。

〔一三〕夜夢三人金面赤脣　「赤脣」，載記、御覽卷四〇〇引皆作「丹脣」。

〔一四〕太史令任義　「令」字原無，據載記、御覽卷四〇〇引補。

〔一五〕鎮軍韓璞　「鎮軍」，載記作「將軍」。

〔一六〕七月　見偏霸部，載記無。

〔一七〕自軹關至五十餘縣　載記「寇擾」作「伐曜」，餘同。偏霸部作「入寇擾河東」。

〔一八〕自潼關北濟　「潼關」，偏霸部同，載記作「衛關」，當爲「衝關」之誤，即潼關别稱。

〔一九〕枕尸一百餘里　「一」，纂録同，載記、偏霸部作「二」。

〔二〇〕曜遂濟自大陽　「大陽」，原作「洛陽」，據載記、通鑑卷九四咸和三年改。

〔二一〕分遣諸將攻討汲郡河内　見偏霸部，載記無。

〔二二〕十二月勒自帥衆拒之　見偏霸部，載記無。

〔二三〕關右稱帝皇　「關右」，原作「關左」，據載記、屠本卷七光初十三年改。

〔二四〕飲一觴　「飲」，載記、屠本卷七光初十三年皆作「持」。

〔二五〕太子熙　「熙」，載記、通鑑卷九四咸和三年同，偏霸部作「毗」。

〔二六〕建平末　偏霸部同，載記作「後」。按，建平爲石勒年號。

〔二七〕十二年至保秦州　偏霸部「熙」作「毗」，無「劉咸」，餘同。載記作：「熙及劉胤、劉咸等議西保秦州。」

〔二八〕石虎乘勝追戰至南陽王劉胤　「石虎」、「虎」，偏霸部同，載記作「石季龍」、「季龍」。「熙」，載記同，偏霸部作「毗」。

〔二九〕以惠帝永興元年僭號西河　載記無，偏霸部僅「建號西河」。

〔三〇〕凡二十有七載　「七」，載記同，偏霸部作「六」。

十六國春秋輯補卷九

前趙録九

王彌

王彌，東萊人也，家世二千石。祖頎，魏玄菟太守，武帝時至汝南太守。彌有才幹，博涉書記。少游俠京師，隱者董仲道見而謂之曰：「君豺聲豹視，好亂樂禍，若天下騷擾，不作士大夫矣。」

惠帝末，妖賊劉柏根起於東萊之惤縣，彌率家僮從之，柏根以爲長史。柏根死，聚徒海渚，爲苟純所敗，亡入長廣山爲羣賊。彌多權略，凡有所掠，必豫圖成敗，舉無遺策。弓馬迅捷，膂力過人，青土號爲「飛豹」。後引兵入寇青徐，兖州刺史苟晞逆擊，大破之。彌退集亡散，衆復大振。晞與之連戰，不能剋。彌進兵寇太山、魯國、譙、梁、陳、汝南、潁川、襄城諸郡，入許昌，開府庫，取器杖，所在陷没，多殺守令，有衆數萬，朝廷不能制。

會天下大亂，進逼洛陽，京邑大震，宫城晝閉。司徒王衍等率百官距守，彌屯七里澗，王師進擊，大破之。彌謂其黨劉靈曰：「晉兵尚强，歸無所厝。劉元海昔爲質子，我與之周旋京師，深有分契，今稱漢王，將歸之，可乎？」靈然之。乃渡河歸元海。元海聞而大悦，遣其侍中兼御史大夫郊迎，致書於彌曰：「以將軍有不世之功，超時之德，故有此迎耳。遲望將軍之至，孤今親行將軍之館，輒拂席洗爵，敬待將軍。」及彌見元海，勸稱尊號。元海謂彌曰：「孤本謂將軍如竇周公耳〔一〕，今真吾孔明、仲華也！烈祖有云：『吾之有將軍，如魚之有水』。」於是署彌司隸校尉，加侍中、特進，彌固辭。使隨劉曜寇河内，又與石勒攻臨漳。

永嘉初，寇上黨，圍壺關。東海王越遣淮南内史王曠、安豐太守衛乾等討之，及彌戰於高都、長平間，大敗之，死者十六七。元海進彌征東大將軍，封東萊公。與劉曜、石勒等攻魏郡、汲郡、頓丘，陷五十餘壁，皆調爲軍士。又與勒攻鄴，安北將軍和郁棄城而走。懷帝遣北中郎將裴憲次白馬討彌，車騎將軍王堪次東燕討勒，平北將軍曹武次大陽討元海。武部將軍彭默爲劉聰所敗，見害，衆軍皆退。聰渡黄河，帝遣司隸校尉劉暾、將軍宋抽等距之，皆不能抗。彌、聰以萬騎至京城，焚二學。東海王越距戰於西明門，彌等敗走。彌復以二千騎寇襄城諸縣，河東、平陽、弘農、上黨諸流人之在潁川、襄城、汝南、南陽、河南者數萬家，爲舊居人所不禮，皆焚燒城邑，殺二千石長吏以應彌[二]。彌又以二萬人會石勒，寇陳郡、潁川，屯陽翟，遣弟璋與石勒共寇徐兗，因破越軍。

彌後與曜寇襄城，遂逼京師。時京邑大饑，人相食，百姓流亡，公卿奔河陰。曜、彌等遂陷宮城，至太極前殿，縱兵大掠。幽帝於端門，逼辱羊皇后，殺皇太子詮，發掘陵墓，焚燒宮廟，城府皆盡，百官及男女遇害者三萬餘人。遂遷帝於平陽。彌之掠也，曜禁之，彌不從。曜斬其牙門王廷以徇，彌怒，與曜阻兵相攻，死者千餘人。彌長史張嵩諫曰：「明公與國家共興大事，事業甫爾，便相攻討，何面見主上乎？平洛之功誠在將軍，然劉曜皇族，宜小下之，晉二王平吴之鑒，其則不遠，願明將軍以爲慮。縱將軍阻兵不還，其若子弟宗族何？」彌曰：「善。微子，吾不聞此過也。」於是詣曜謝，結分如初。彌曰：「下官聞過，乃是張長史之功。」曜謂嵩曰：「君爲朱建矣，豈況范生乎？」各賜嵩金百斤。

張嵩，隴西人也。事母至孝。母喪，既葬，廬於墓側，哀感幽顯。歲餘而墓地自裂，棺亦自破，母還蘇活。此小傳依御覽五百五十七引補。

彌謂曜曰：「洛陽，天下之中，山河四險之固，城池宮室，無假營造，可徙平陽都之。」曜不從，焚燒而去。彌怒曰：「屠販該作「各」。子豈有帝王之意乎〔三〕，汝奈天下何！」遂引衆東屯項城。曜以彌先入洛，不待己，怨之，至是嫌隙遂構。

劉曒説彌還據青州。彌然之，乃以左長史曹嶷爲鎮東將軍，給兵五千，多齎寶物，還鄉里招誘亡命，且迎其室。彌將徐邈、高梁輒率部曲數千人隨嶷去，彌益衰弱。

初，石勒惡彌驍勇，常密爲之備。彌之破洛陽也，多遺勒美女寶貨以結之。時勒擒苟晞，以爲左司馬。彌謂勒曰：「公獲苟晞而用之，何其神也！使晞爲公左，彌爲公右，天下不足定也。」勒愈忌彌，陰圖之。劉曒又勸彌徵曹嶷，藉其衆以誅勒。於是彌使曒詣青州，令曹嶷以兵會己，而詐要勒共向青州。曒至東阿，爲勒游騎所獲。勒見彌與嶷書，大怒，乃殺曒。彌未之知，勒伏兵襲彌，殺之，並其衆。此依晉書列傳録〔四〕。

王廣

王廣，永嘉之亂，聚族避世。仕劉聰爲西揚州刺史，被蠻賊梅芳圍百餘日，外救不至，糧食罄絶，雞犬雀鼠，靡有孑遺。將士泣曰：「將軍忠於本朝，故有今難，豈有背將軍理哉！」芳攻陷揚州而廣被殺，衆相枕而死者五千人〔五〕。

王廣女容質甚美，慷慨有丈夫之節，時年十五，芳納之。俄於闇室擊芳，不中，芳驚起曰：「何故反邪？」王罵曰：「蠻畜！我欲誅反賊，何謂反乎？吾聞父仇不同天，母仇不同地，汝反逆無狀，害人父母而復以無禮陵人，吾所以不死者，欲誅汝耳！今死自吾分，不待汝殺，但恨不得梟汝首於通逵，以塞大恥。」辭氣猛厲，言終乃自殺，芳止之不可。此依晉書列女傳補，亦略見御覽四百十八。

崔遊

崔遊字子相，上黨人也。少好學，儒術甄明，恬静謙退。自少及長，口未嘗語及財利。魏末察孝廉，除相府舍人，出爲氐池長，甚有惠政。以病免，遂爲廢疾。泰始初，武帝録敘文帝故府僚屬，就家拜郎中。年七十餘，猶敦學不倦。撰喪服圖，行於世。及劉元海僭位，命爲御史大夫，故辭不就，卒於家，時年九十三。此依晉書儒林傳録。

范隆

范隆字玄嵩，雁門人。父方，魏雁門太守。隆在孕十五月，生而父亡。年四歲，又喪母，哀號之聲，感慟行路。單孤無緦功之親，疏族范廣愍而養之，迎歸教書，爲立祠堂。隆好學修謹，奉廣如父。博通經籍，無所不覽，著春秋三傳，撰三禮吉凶宗紀，甚有條義。惠帝時，天下將亂，隆隱迹不應州郡之命，晝勤耕稼，夜誦書典。頗習秘歷陰陽之學，知并州將有氛祲之祥，故彌不復出仕。與上黨朱紀友善。嘗共紀游山，見一父老於窮澗之濱。父老曰：「二公何爲在此？」隆等拜之，仰視則不見。後與紀依於劉元海，元海以隆爲大鴻臚，紀爲太常，並封公。隆死於劉聰之世，聰贈太師。此依晉書儒林傳録。

董景道

董景道字文博，弘農人也。少而好學，千里追師，所在惟晝夜誦讀，略不與人交通。明春秋三傳、京氏易、馬氏尚書、韓詩，皆精究大義。三禮之義，專遵鄭氏，著禮通論，非駁諸儒，演廣鄭旨。永平中，知天下將亂，隱於商洛山，衣木葉，食樹果，彈琴歌笑以自娱，毒蟲猛獸皆繞其旁。是以劉元海及聰屢徵，皆礙而不達。至劉曜時出山，廬於渭汭，曜徵爲太子少傅、散騎常侍，並固辭，竟以壽終。此依晉書儒林傳録。

校勘記

〔一〕竇周公　「公」，原作「等」，據晉書卷一〇〇王彌傳改。按竇融字周公。

〔二〕長史　原作「長史」，據晉書卷一〇〇王彌傳改。

〔三〕屠販子　「販」，晉書卷一〇〇王彌傳、通鑑卷八七永嘉五年作「各」。

〔四〕按王彌傳見晉書卷一〇〇。

〔五〕王廣永嘉之亂至五千人　此節以御覽卷四一八引文爲本。「仕劉聰爲西揚州刺史」，晉書卷九六列女王廣女傳同，御覽引作「及爲揚州刺史」。「芳攻陷揚州而廣被殺」，見晉書卷九六列女王廣女傳，御覽引無。

十六國春秋輯補卷十

前趙録十

王育

王育字百春，京兆人也。少孤貧，爲人傭牧羊。每過小學，必歔欷流涕。時有暇，即折蒲學書，忘而失羊，爲羊主所責，育將鬻己以償之。同郡許子章，敏達之士也，聞而嘉之，代育償羊，給其衣食，使與子同學，遂博通經史。身長八尺餘，鬚長三尺，容貌絶異，音聲動人。子章以兄之子妻之，爲别立宅，分之資業，育受之無愧色。然行己任性，頗不偶俗。妻喪，弔之者不過四五人，然皆鄉閭名士。太守杜宣命爲主簿，俄而宣左遷萬年令，杜令王攸詣宣，宣不迎之，攸怒曰：「卿往爲二千石，吾所敬也，今吾儕耳，何故不見迎？欲以小雀遇我，使我畏死鷂乎！」育執刃叱攸曰：「君辱臣死，自昔而然。我府君以非罪黜降，如日月之蝕耳。小縣令敢輕辱吾君，汝謂吾刀鈍邪？敢如是乎！」前將殺之。宣懼，跣下抱育，乃止，自此知名。

司徒王渾辟爲掾，除南武陽令，爲政清約，宿盜逃奔他郡。遷并州督護。成都王穎在鄴，又以育爲振武將軍。劉元海之爲北單于，育説穎曰：「元海今去，育請爲殿下促之，不然，懼不至也。」穎然之，以育爲破虜將軍。元海遂拘之。其後以爲太傅。此依晉書忠義傳録。

韋忠

韋忠字子節，平陽人也。少慷慨，有不可奪之志，好學博通，性不虛諾，閉門修己，不交當世，每至吉凶，親表贈遺，一無所受。年十二喪父，哀慕毁悴，杖而後起。司空裴秀弔之，匍匐號訴，哀慟感人。秀出而告人曰：「此子長大，必爲佳器。」歸而命子頠造焉。服闋，遂廬於墓所。頠慕而造之，皆托行不見。家貧，藜藿不充，人不堪其憂，而忠不改其樂。頠爲僕射，數言之於司空張華。華辟之，辭疾不起。人問其故，忠曰：「吾茨簷賤士，本無宦情，且茂先華而不實，裴頠欲而無厭，棄典禮而附賊后，若此豈丈夫之所宜行邪？裴常有心托我，常恐洪濤蕩嶽，餘波見漂，況可臨尾閭而闚沃焦哉？」

太守陳楚迫爲功曹。會山羌破郡，楚攜子出走。賊射之，中三創。忠冒刃伏楚，以身捍之，泣曰：「韋忠願以身代君，乞諸君哀之。」亦遭五矢。賊相謂曰：「義士也。」舍之。忠於是負楚以歸。

後仕劉聰爲鎮西大將軍、平羌校尉，討叛羌，矢盡，不屈節而死。此依晉書忠義傳録。

劉敏元

劉敏元字道光，北海人也。厲己修學，不以險難改心。好星曆陰陽術數，潛心易、太玄，不好讀史，常謂同志曰：「讀書當味義根，何爲費功於浮辭之文？易者，義之源；太玄，理之門。能明此者，即吾師也。」

永嘉之亂，自齊西奔。同縣管平，年七十餘，隨敏元而西。行及滎陽，爲盜所劫。敏元已免，乃還謂賊曰：「此公孤老，餘年無幾，敏元請以身代，願諸君舍之。」賊曰：「此公於君何親？」敏元曰：「同邑人也，窮寠無子，依敏元爲命。諸君若欲役之，老不堪使，若欲食之，復不如敏元，乞諸君哀也。」有一賊瞋目叱敏元曰：「吾不放此公，憂不得汝乎？」敏元奮劒曰：「吾豈望生邪？當殺汝而後死。此公窮老，神祇尚當哀矜之。吾親非骨肉，義非師友，但以見投之故，乞以身代。諸大夫慈惠，皆有聽吾之色，汝何有靦面目而發斯言？」

顧謂諸盜長曰：「夫仁義何常，寧可暫失！諸君子上當爲高皇、光武之事，下豈失爲陳項乎？當取之由道，使所過稱詠威德，奈何容畜此人以損盛美？當爲諸君除此人，以成諸君霸王之業。」前將斬之。盜長遽止之，而相謂曰：「義士也，害之犯義。」乃俱免之。後仕劉曜爲中書侍郎、太尉長史。此依晉書忠義傳録。

杜育

杜育字子光，濮陽人。少爲賊，其母每怒之，育曰：「天下將亂，且以習膽。如意，望封侯；不如意，但不使他人斫頭。」曾爲賊圍，衣甲三重，持戟蓬轉而出。此見御覽三百五十二。

喬智明

喬智明字元達，鮮卑前部人也。少喪二親，哀毁過禮，長而以德行著稱。成都王穎辟爲輔國將軍。穎之敗趙王倫也，表智明爲殄寇將軍、隆慮、共二縣令。二縣愛之，號爲神君。部人張兑爲父報仇，母老單身，有妻無子，智明愍之，停其獄。歲餘，令兑將妻入獄，兼陰縱之。人有勸兑逃者，兑曰：「有君如此，吾何忍累之？縱吾得免，作何面目視息世閒？」於獄産一男，會赦得免，其仁感如是。惠帝之伐鄴也，穎以智明爲折衝將軍，參丞相前鋒軍事。智明勸穎奉迎乘輿，穎大怒曰：「卿名曉事，投身事孤，主上爲羣小所逼，將加非罪於孤，卿奈何欲使孤束手就刑邪！共事之義，正如是乎！」智明乃止。尋屬永嘉之亂，仕於劉曜。此依晉書良吏傳録。

梁緯妻辛氏

梁緯妻辛氏，隴西狄道人也。緯爲散騎常侍，西都陷没，爲劉曜所害。辛氏有殊色，曜將妻之。辛氏據地大哭，仰謂曜曰：「妾聞男以義烈，女不再醮，妾夫已死，理無獨全。且婦人再辱，明公亦安用哉？乞即就死，下事舅姑。」遂號哭不止。曜曰：「貞婦也。」任之。乃自縊而死，曜以禮葬之。此依晉書列女傳録。

陜婦人

陜有婦人，不知姓字。年十九，劉曜時嫠居陜縣，事叔姑甚謹。其家欲奪而嫁之〔一〕，此婦毁面自誓。後叔姑病死，其叔姑有女在夫家〔二〕，先從此婦乞假不得，因而誣殺其母。有司不能察而誅之。時有羣鳥悲鳴尸上，其聲甚哀，盛夏暴尸，十日不腐，亦不爲蟲獸所敗，其境乃經歲不雨。曜遣呼延謨爲太守，既知其冤，乃斬此女，設少牢以祭其墓，謚曰「孝烈貞婦」。其日大雨。此依晉書列女傳補，亦略見御覽四百三十九。

冷道

徐州刺史冷道字安義〔三〕。此見廣韻。

相里覽

偏將軍相里覽〔四〕。同上。

校勘記

〔一〕其家欲奪而嫁之　「奪而」，見御覽卷四三九引，晉書卷九六列女傳無。

〔二〕其叔姑有女在夫家　「叔姑」，原作「父姑」，據晉書卷九六列女傳改。

〔三〕徐州刺史冷道字安義　見廣韻卷三迥韻「冷」字。

〔四〕偏將軍相里覽　見廣韻卷四漾韻「相」字。

十六國春秋輯補卷十一

後趙録一

石勒

石勒字世龍，初名㔨，音「背」。上黨武鄉羯人也。其先匈奴别部羌渠之胄，祖耶奕于，父周曷朱，一名乞翼加，並爲部落小率。勒生時，赤光滿室，白氣自天屬於庭中〔一〕，見者咸異之。年十四，隨邑人行販洛陽，倚嘯上東門。王衍見而異之，顧謂左右曰：「向者胡雛，吾觀其聲視有奇志，恐將爲天下之患。」馳遣收之，會勒已去。

長而壯健有膽力，雄武好騎射。曷朱性凶麁，不爲羣胡所附，每使勒代己督攝，部胡愛信之。所居武鄉北原山下，一作「五指山上」。草木皆變爲鐵騎之形〔二〕。二字依初學記八、御覽四十五補。家園中生人參，花葉甚茂，悉成人狀。父老及相者皆曰：「此胡狀貌奇異，志度非常，其終不可量也。」勸邑人厚遇之。時多嗤笑，唯鄔人郭敬、陽曲寧驅以爲信然，並加資贍，勒亦感其恩，爲之力耕。每聞鞞鐸之音，或在前後，懼以問翼伽。一作「告其母」。伽曰：「作勞耳鳴，無不祥也。」〔三〕六句亦見御覽五百七十五。

太安中，并州饑亂，勒與諸小胡亡散，乃自雁門還依寧驅。北澤都尉劉監欲縛賣之，驅匿之獲免。勒於是潛詣納降都尉李川，路逢郭敬，泣拜言饑寒。敬對之流涕，以帶貨鬻食之，並給以衣服。勒謂敬曰：「今日大餓，不可守窮。諸胡饑甚，宜誘將冀州就穀，因執賣之，可以兩濟。」敬深然之。會建威將軍閻粹説并州刺史東瀛公騰執諸胡於山東，賣充軍實，騰使將軍郭陽、張隆虜羣胡，將詣冀州，兩胡一枷。勒時年二十餘，亦在其中，數爲隆所毆辱。敬先以勒屬郭陽及兄子時。陽，敬族兄也。是以陽、時每爲解請，道路饑病，賴陽、時而濟。

既而東至平原〔四〕，賣與茌平人師懽家爲奴。有一父老謂勒曰：「君龍角二字一作「魚龍」。髮際上四道已成，當貴爲人主。甲戌之歲，王彭祖可圖。」勒曰：「若如公言，弗敢忘德。」忽然不見〔五〕。每耕作二字一作「夜」。於野，又聞鼓角之聲。勒以告諸奴，諸奴亦聞，問之，因曰：「吾幼來二字一作「初」。在家，恒聞如是。」諸奴歸以白懽，懽亦奇其狀貌而免之〔六〕。此段亦見御覽五百七十五及七百三十。

懽家鄰於馬牧，與牧率魏郡汲桑往來。勒以能相馬，自託於桑。嘗傭於武安臨水，爲遊軍所囚，會有羣鹿傍過，軍人競逐之，勒乃獲免。俄而又見一父老，謂勒曰：「向羣鹿者，我也。君應爲中州主，故相救爾。」勒拜而受命。遂招集王陽、夔安、支雄、冀保、吴豫、劉膺、桃豹、逯明等八騎爲羣盜。後郭敖、劉徵、劉寶、張曀僕、呼延莫、郭黑略、張越、孔豚、趙鹿、支屈六等又赴之，號爲十八騎。復東如赤龍、騄驥諸苑中，乘苑馬遠掠繒寶以賂汲桑。

永興元年〔七〕，成都王穎敗乘輿於蕩陰，逼帝如鄴宫。王浚以穎陵辱天子，使鮮卑擊之，穎懼，挾惠帝南奔洛陽。帝復爲張方所逼，遷於長安。關東所在兵一作「盜」。起〔八〕，皆以誅穎爲名，河間王顒懼東師之盛，欲輯懷東夏，乃奏議廢穎。是歲，劉元海稱漢王於黎亭。

二年〔九〕，穎故將陽平人公師藩等自稱將軍，起兵趙魏，衆至數萬。勒與汲桑帥牧人乘苑馬數百騎以赴之。桑始命勒以石爲姓、勒爲名焉。藩拜勒爲前隊督，從攻平昌公模於鄴，模使將軍馮嵩逆戰敗之。藩濟自白馬而南，濮陽太守苟晞討藩，斬之。勒與桑亡潛苑中，桑以勒爲伏夜牙門，帥牧人劫掠郡縣繫囚，又招山澤亡命，多附勒。勒率以應之。

永嘉元年〔一〇〕，桑乃自號大將軍，稱爲成都王穎誅東海王越、東瀛公騰爲名。桑以勒爲前驅，屢有戰功，署爲掃虜將軍、忠明亭侯。桑進軍攻鄴，以勒爲前鋒都督，大敗騰將馮嵩。因長驅入鄴，遂害騰，殺萬餘人，掠婦女珍寶而去。濟自延津，南擊兗州。越大懼，使苟晞、王讃等討之。桑、勒攻幽州刺史石尟於樂陵，尟死之。乞活田禋帥衆五萬救尟，勒迎戰，敗禋。與晞等相持於平原、陽平閒數月，大小三十餘戰，互有勝負。越懼，次於官渡，爲晞聲援。桑、勒爲晞所敗，死者萬餘人，乃收餘衆，將奔劉元海，冀州刺史丁紹要之於赤橋，又大敗之。桑奔馬牧，勒奔樂平，王師斬桑於平原。

時胡部大張䓍督、馮莫突等擁衆數千〔一一〕，壁於上黨。勒往從之，深爲所昵，因說䓍督曰：「劉單于舉兵誅晉，部大距而不從，豈能獨立乎？」曰：「不能。」勒曰：「如其不能者，兵馬當有所屬。今部落皆已被單于賞募，往往聚議，欲叛部大而歸單于矣。宜早爲之計。」䓍督等素無智略，懼部衆之貳己也，乃潛隨勒單騎歸劉淵。淵署䓍督爲親漢王，莫突爲都督部大，以勒爲輔漢將軍、平晉王以統之。勒於是命䓍督爲兄，賜姓石氏，名之曰會，言其遇己也。

烏丸張伏利度亦有衆二千，壁於樂平，元海屢招而不能致。勒僞獲罪於元海，因奔伏利度。伏利度大悦，結爲兄弟，使勒率諸胡寇掠，所向無前，諸胡畏服。勒知衆心之附己也，乃因會執伏利度，告諸胡曰：「今起大事，我與伏利度孰堪爲主？」諸胡咸以推勒，勒於是釋伏利度，率其部衆歸元海。元海加勒都督山東征討諸軍事，以伏利度衆配之。

元海使劉聰攻壺關，命勒率所統七千爲前鋒都督。劉琨遣護軍黄秀等救壺關，勒敗秀於白田，秀死之。勒遂陷壺關。元海命勒與劉零、閻羆等七將率衆三萬寇魏郡、頓丘諸壘壁，多陷之。假壘主將軍、都尉，簡强壯五萬爲軍士，老弱安堵如故，軍無私掠，百姓懷之。

及元海僭號，遣使授勒持節、平東大將軍，校尉、都督、王如故。勒並軍寇鄴，鄴潰，和郁奔於衛國，執魏郡太守王粹於三臺。進攻趙郡，害冀州西部都尉馮沖。攻乞活赦亭、田禋於中丘，皆殺之。

河瑞元年〔一二〕，永嘉三年。元海授勒安東大將軍、開府，置左右長史、司馬、從事中郎。進軍攻鉅鹿、常山，害二郡守將。陷冀州郡縣堡壁百餘，衆至十餘萬，其衣冠人物集爲君子營。以上亦見御覽三百三十五〔一三〕。乃引張賓爲謀主，始署軍功曹。以刁膺、張敬爲股肱，夔安、孔萇爲爪牙，支雄、呼延莫、王陽、桃豹、逯明、吴豫等爲將率。

使其將張斯率騎詣并州山北諸郡縣說諸胡羯，曉以安危。諸胡懼勒威名，多有附者。進軍常山，分遣諸將攻中山、博陵、高陽諸縣，降之者數萬人。

王浚使其將祁弘率鮮卑段務塵等十餘萬騎討勒，戰於飛龍山下，勒師大敗〔一四〕，此段亦見御覽四十五。死者萬餘。勒退屯黎陽，分命諸將攻諸未下及叛者，降三十餘壁，置守宰以撫之。進寇信都，害冀州刺史王斌。於是車騎將軍王堪、北中郎將裴憲自洛陽率衆討勒。勒燒營并糧，迴軍距之，次於黄牛壘。魏郡太守劉矩以郡附於勒，勒使矩統其壘衆，爲中軍左翼。勒至黎陽，裴憲棄其軍奔於淮南，王堪退保倉垣。

元海授勒鎮東大將軍，封汲郡公，持節、都督、王如故，勒固讓公不受。與閻羆攻圈、苑市二壘，陷之。羆中流矢死，勒并統其衆。潛自石橋濟河，攻陷白馬，坑男女三千餘口。東襲鄄城，害兗州刺史袁孚，因攻倉垣，陷之，遂害堪。渡河攻廣宗、清河、平原、陽平諸縣，降勒者九萬餘口。復南濟河，滎陽太守裴純奔於建鄴。時劉聰攻河内，勒率騎會之，攻冠軍將軍梁巨於武德。懷帝遣兵救之，勒留諸將守武德，與王桑逆巨於長陵。巨請降，勒弗許，巨踰城而遁，軍人執之。勒馳如武德，坑降卒萬餘，數梁巨罪而害之。乃赦張彌〔一五〕。

張彌字巨秦，汲郡人。晉永嘉中，與梁巨戍武德城。勒攻之，城潰，彌隨例當坑。乃大呼曰：「官當活健兒，何以殺也？」勒曰：「有何健事而求活也？」彌曰：「武德西城上大聲督戰，警備嚴設，使賊不入，正是張彌。」勒曰：「降兒能爾，正是奇健。」乃赦之。依御覽三百八十六引補。

王師退還，河北諸堡壁大震，皆請降送任於勒。

及淵薨，聰襲位〔一六〕，授勒征東大將軍、并州刺史、汲郡公，持節、開府、都督、校尉、王如故。勒固辭將軍，乃止。劉粲率衆四萬寇洛陽，勒留輜重於重門，率騎二萬會粲於大陽，大敗王師於澠池，遂至洛川。粲出轘轅，勒出成皋關〔一七〕，圍陳留太守王讚於倉垣，爲讚所敗，退屯文石津。

將北攻王浚，會浚將王甲始率遼西鮮卑萬餘騎敗趙固於津北，勒乃燒船棄營，引軍向柏門，迎重門輜重，至於石門，濟河，攻襄城太守崔曠於繁昌，害之。先是，雍州流人王如、侯脫、嚴嶷等起兵於江淮閒，聞勒之來也，懼，遣衆一萬屯襄城以距，勒擊敗之，盡俘其衆。勒至南陽，屯於宛北山。如懼勒之攻襄也，使送珍寶車馬犒師，結爲兄弟，勒納之。如與侯脫不平，説勒攻脫，勒夜令三軍鷄鳴而駕，晨壓宛門，攻之，旬有二日而剋。嚴嶷率衆救脱，至則無及，遂降於勒。勒斬脱，囚嶷送於平陽，盡并其衆，軍勢彌盛。勒南寇襄陽，攻陷江西壘壁三十餘所，留刁膺守襄陽，躬帥精騎三萬，還攻王如，憚如之盛，遂趣襄城。如知之，遣弟璃率騎二萬五千，詐言犒軍，實欲襲勒，勒迎擊滅之，復屯江西，蓋欲有雄據江漢之志也。張賓以爲不可，勸勒北還，弗從。以賓爲參軍都尉，領記室，位次司馬，專居中總事。

元帝慮勒南寇，使王導率衆討勒。勒軍糧不接，死疫大半，納張賓之策，乃焚輜重，裹糧卷甲，渡沔寇江夏，太守楊岠棄郡而走。北寇新蔡，害新蔡王確於南頓，朗陵公何襲、廣陵公陳軫、上黨太守羊綜、廣平太守邵肇等率衆降於勒。勒進陷許昌，害平東將軍王康。

先是，東海王越率洛陽之衆二十餘萬討勒。越薨於軍，衆推太尉王衍爲主，率衆東下。勒輕騎追及之，衍遣將軍錢端與勒戰，爲勒所敗，端死之。衍軍大潰，勒分騎圍而射之，相登如山，無一免者。於是執衍及襄陽王範、任城王濟〔一八〕、西河王喜、梁王禧、齊王超〔一九〕、吏部尚書劉望、豫州刺史劉喬、太傅長史庾敳等，坐之於幕下，問以晉故。衍、濟等懼死，多自陳説。惟範神色儼然，意氣自若，顧呵之曰：「今日之事，何復紛紜？」勒甚奇之。勒於是引諸王公卿士於外害之，死者甚衆。勒重衍清辨，奇範神氣，不能加之兵刃，夜使人排牆填之。左衛何倫、右衛李惲聞越薨，奉越妃裴氏及越世子毗出自洛陽，勒逆毗於洧倉，軍復大潰，執毗及諸王公卿士皆害之，死者甚衆。因率精騎三萬，入自成皋關，會劉曜、王彌寇洛陽。洛陽既陷，勒歸功彌、曜，遂出轘轅，屯於許昌。劉聰署勒征東大將軍，勒固辭不受。

先是，平陽人李洪有衆數千，壘於舞陽。苟晞假洪雍州刺史。勒進寇穀陽，害冠軍將軍王滋。破王讚於陽夏，獲讚，以爲從事中郎。襲破大將軍苟晞於蒙城〔二〇〕，執晞，以爲左司馬。劉聰授勒征東大將軍、幽州牧，固辭將軍不受。

先是，王彌納劉暾之説，將先誅勒，東王青州，使暾徵其將曹嶷於齊。勒遊騎獲暾，得彌所與嶷書，勒殺之，密有圖彌之計矣。會彌將徐邈輒引兵去彌，彌漸削弱。及勒之獲苟晞也，彌惡之，僞卑辭使謂勒曰：「公獲苟晞而赦之，何其神也。使晞爲公左，彌爲公右，天下不足定。」勒謂張賓曰：「王彌位重言卑，恐其遂成前狗意也。」賓曰：「觀王公有青州之心。桑梓本邦，固人情之所樂，明公獨無并州之思乎？王公遲迴未發者，懼明公踵其後，已有窺明公之志，但未獲便爾。今不圖之，恐曹嶷復至，共爲羽翼，後雖欲悔，何所及邪。徐邈既去，軍勢稍弱，觀其控御之懷猶盛，可誘而滅之。」勒以爲然。勒時與陳午相攻於蓬關，王彌亦與劉瑞相持甚急。彌請救於勒，勒未之許，張賓進曰：「明公常恐不得王公之便，今天以其便授我矣。陳午小豎，何能爲寇，王彌人傑，將爲我害。」勒因迴軍擊瑞，斬之。彌大悦，謂勒深心推奉，無復疑也。勒引師攻陳午於肥澤，午司馬上黨李頭説勒曰：「公天生神武，當平定四海，四海士庶，皆仰屬明公，望濟於塗炭。有與公争天下者，公不早圖之，而返攻我曹流人。我曹鄉黨，終當奉戴，何遽見逼乎？」勒心然之，詰朝引退。詭請王彌讌於己營〔二二〕，彌長史張嵩諫彌勿就，恐有專諸、孫峻之禍，彌不從。既入酒酣，勒手斬彌而并其衆，啓聰稱彌叛逆之狀。聰署勒鎮東大將軍、督并幽二州諸軍事，領并州刺史，持節、征討都督、校尉、開府、幽州牧、公如故。

將軍郭黑略二字一作「默」。獲沙門天竺浮圖澄，以其有道術，進之於勒。試之有效，甚尊重之〔二三〕。

苟晞、王讚謀叛勒，勒害之。以將軍左伏肅爲前鋒都尉，攻掠豫州諸郡，臨江而還。屯於葛陂，降諸夷楚，署將軍二千石以下，税其義穀，以供軍士。初，勒被鬻平原，與母王相失，至是劉琨遣張儒送王於勒，遺勒書曰：「將軍發迹河朔，席捲兖豫〔二三〕，飲馬江淮，折衝漢沔，雖自古名將，未足爲諭。所以攻城而不有其人，略地而不有其土，翕爾雲合，忽復星散，將軍豈知其然哉？存亡決在得主，成敗要在所附，得主則爲義兵，附逆則爲賊衆，義兵雖敗而功業必成，賊衆雖剋而終歸殄滅。昔赤眉、黄巾，横逆宇宙，所以一旦敗亡者，正以兵出無名，聚而爲亂。將軍以天挺之資，威振宇内，擇有德而推崇，隨時望而歸之，勳義堂堂，長享遐貴，背聰則禍除，向主則福至，採納往誨，翻然改圖，天下不足定，蟻寇不足掃。今相授侍中、持節、大將軍〔二四〕、領護匈奴中郎將、襄城郡公，總内外之任，兼華戎之號，顯封大郡，以表殊能，將軍其受之，副遠近之望也。自古以來，誠無戎狄爲帝王者，至於名臣建功業者，則有之矣。今之遲想，蓋以天下大亂，當須雄才，遥聞將軍攻城野戰，合於機神，雖不視兵書，闇與孫吳同契。所謂生而知之者上，學而知之者次，但得精騎五千，以將軍之才，何向不摧。至心實事，皆張儒所具。」勒報琨曰：「事功殊途，非腐儒所聞，君當逞節本朝，吾自夷難爲效。」遺琨名馬珍寶，厚賓其使，謝歸以絶之。

前趙嘉平二年〔二五〕，晉永嘉六年。勒於葛陂繕室宇，課農造舟，將寇建鄴。會霖雨歷三月不止，上三句亦見御覽八百七十七。元帝使諸將率江南之衆，大集壽春。勒軍中饑疫，死者大半，檄書朝夕繼至。勒會諸將計之，右長史刁膺諫勒先送款於帝，求掃平河朔，待軍退之後，徐更計之，勒愀然長嘯。中堅夔安勸勒就高避水，勒曰：「將軍何其怯乎？」孔萇、支雄等三十餘將進曰：「及吴軍未集，萇等請各將三百步卒，乘船三十餘道，夜登其城，斬吴將頭，得其城，食其倉米。今年要當破丹陽、定江南，盡生縛取司馬家兒輩。」勒笑曰：「是勇將之計也。」各賜鎧馬一匹。顧謂張賓曰：「於君計何如？」賓曰：「將軍攻陷帝都，因執天子，殺害王侯，妻略妃主。擢將軍之髮，不足以數將軍之罪，奈何復還相臣奉乎？去年誅王彌之後，不宜於此營建。天降霖雨，方數百里中，示將軍不應留也。鄴有三臺之固，西接平陽，四塞山河，有喉衿之勢。宜北徙據之，伐叛懷服。河朔既定，莫有處將軍之右者。晉之保壽春，懼將軍之往擊爾。今卒聞迴軍，必欣於敵去，未遑奇兵犄擊也。輜重逕從北道，大軍向壽春。輜重既過，大軍徐迴，何懼進退無地乎？」勒攘袂鼓髯曰：「賓之計是也。」責刁膺曰：「君共相輔佐，當規成功業，如何便當勸降！此計應斬，然相明性怯，所以宥君。」於是退膺爲將軍，擢賓爲右長史，加中壘將軍，號曰「右侯」。發自葛陂，遣石季龍率騎二千距壽春，會江南運船至，獲布米數十艘。將士争之，不設備，晉伏兵大發。王師敗季龍於巨一作「匡」。靈口〔二六〕，赴水死者五百餘人，二句亦見御覽八百七十七。奔退百里，及於勒軍。軍中震擾，謂王師大至，勒陣以待之，晉懼有伏兵，退還壽春。勒所過路次，皆堅壁清野，採掠無所獲，軍中大饑，士衆相食。二句亦見御覽八百七十七。

行達東燕，聞汲郡向冰有衆數千，壁於枋頭。勒將於棘津北渡，懼冰邀之，會諸將問計。張賓進曰：「如聞冰船盡在瀆中，未上枋內。可簡壯勇者千人，詭道潛渡，襲取其船以濟大軍。大軍既濟，冰必可擒也。」勒從之，使支雄、孔萇等從文石津縛筏潛渡，勒自酸棗向棘津〔二七〕。冰聞勒軍至，始欲內其船。會雄等已渡，屯其壘門，下船三十餘艘以濟其軍，令主簿鮮于豐挑戰，設三伏以待之。冰怒，乃出軍將戰，而三伏齊發，夾擊攻之，又因其資，軍遂豐振。

長驅寇鄴，攻北中郎將劉演於三臺，演部將臨深、牟穆等率衆數萬降於勒。時諸將佐議欲攻取三臺以據之，張賓說勒曰〔二八〕：「劉演衆猶數千，三臺險固，攻守未可卒下，舍之則能自潰。王彭祖、劉越石，大敵也，宜及其未有備，密規進據罕城，廣運糧儲，西稟平陽，掃定并薊，桓文之業可以濟也。且今天下鼎沸，戰爭方始，游行羈旅，人無定志，難以保萬全制天下也。夫得地者昌，失地者亡。邯鄲、襄國，趙之舊都，依山憑險，形勢之國，一作「固」。可擇此二邑而都之，然後命將四出，授以奇略，推亡固存，兼弱攻昧，則羣凶可除，王業可圖矣。」勒曰：「右侯之計是也。」於是進據襄國。賓又言於勒曰：「今我都此，越石、彭祖所深忌也，恐及吾城池未固，資儲未廣，送死於我。聞廣平諸縣秋稼大成，可分遣諸將收掠野穀。遣使平陽，陳宜鎮此之意。」勒又然之。於是上表於劉聰，分命諸將攻冀州郡縣壘壁，率多降附，運糧以輸勒。聰授勒使持節、散騎常侍、都督幽冀并營四州雜夷征討諸軍事、冀州牧，進封本國上黨郡公，邑萬户〔二九〕，開府、幽州牧、東夷校尉如故。

廣平游綸、張豺擁衆數萬，受王浚假署，保據苑鄉，勒使夔安、支雄等七將攻之，破其外壘。浚遣督護王昌及鮮卑段就六眷、末柸、匹磾等部衆五萬餘以討勒。時城隍未修，乃於襄國築隔城，重栅設鄣以待之。就六眷屯於渚陽，勒分遣諸將連出挑戰，頻爲就六眷所敗。又聞其大造攻具，勒顧謂其將佐曰：「今寇來轉逼，彼衆我寡，恐攻圍不解，外救不至，内糧罄絶，縱孫吴重生，亦不能固也。吾將簡練將士，大陣於野以決之，何如？」諸將皆曰：「宜固守以疲寇，彼師老自退，追而擊之，蔑不剋矣。」勒顧謂張賓、孔萇曰：「君以爲何如？」賓、萇俱曰：「聞就六眷剋來月上旬送死北城，其大衆遠來，戰守連日，以我軍勢寡弱，謂不敢出戰，意必懈怠。今段氏種衆之悍，末柸尤最，其卒之精勇，悉在末柸所。可勿復出戰，示之以弱，速鑿北壘，爲突門二十餘道，候賊列守未定，出其不意，直衝末柸帳，敵必震惶，計不及設，所謂迅雷不及掩耳。末柸之衆既奔，餘自摧散。擒末柸之後，彭祖可指辰而定。」勒笑而納之，即以萇爲攻戰都督，造突門於北城。鮮卑入屯北壘，勒候其陣未定，躬率將士鼓譟於城上。會孔萇督諸突門伏兵俱出擊之，生擒末柸，就六眷等衆遂奔散。萇乘勝追擊，枕尸三十餘里，獲鎧馬五千匹。就六眷收其遺衆，屯於渚陽，遣使求和，送鎧馬金銀，并以末柸三弟爲質而請末柸。諸將並勸勒殺末柸以挫之，勒曰：「遼西鮮卑，健國也。與我素無怨讎，爲王浚所使耳。今殺一人，結怨一國，非計也。放之，必悦，不復爲王浚用矣。」於是納質，遣石季龍盟就六眷於渚陽，結爲兄弟，就六眷等引還。遣使參軍閻綜獻捷於劉聰。於是游綸、張豺請降稱藩，勒將襲幽州，務養將士，權宜許之，皆就署將軍。於是遣衆寇信都，害冀州刺史王象。王浚復以邵舉行冀州刺史，保於信都。

校勘記

〔一〕庭中　偏霸部同，載記作「中庭」。

〔二〕所居武鄉至鐵騎之形　「北原山」，載記同，御覽卷四五引作「此山」，在「五指山」目下。「變爲」，見初學記卷八河東道「石室鐵騎」條引，載記作「有」。

〔三〕每聞鞞鐸至無不祥也　此節並見載記、偏霸部、御覽卷五七五引。「或在前後」，見偏霸部、御覽卷五七五引，載記無。「懼以問翼伽伽曰」，御覽卷五七五引同，載記作「歸以告其母母曰」，偏霸部作「懼以告父母曰」，按上文云石勒父一名乞翼加。

〔四〕東至平原　見偏霸部、御覽卷七三〇引，載記無。

〔五〕有一父老至忽然不見　此節並見載記、御覽卷五七五、七三〇引。「父老」，載記、御覽卷五七五、七三〇引皆作「老父」。「龍角」，御覽卷七三〇引同，載記作「魚龍」，御覽卷五七五引作「龍魚」。

〔六〕每耕作至免之　此節並見載記、偏霸部、御覽卷五七五引。「耕作於野」，載記同，偏霸部作「夜於野」，御覽卷五七五引作「耕」。「問」，載記、偏霸部、御覽卷五七五引並無，疑涉上「聞」字衍。「幼來」，載記同，御覽卷五七五引作「初」。

〔七〕永興元年　見偏霸部，載記無。

〔八〕所在兵起　「兵」，載記、偏霸部同，纂録作「盜」。

〔九〕二年　見偏霸部，載記無。

〔一〇〕永嘉元年　見偏霸部，載記無。

〔一一〕馮莫突　原作「馮突莫」，據通鑑卷八六及下文乙正。

〔一二〕河瑞元年　見御覽卷三三五引，載記無。

〔一三〕「三百三十五」，原誤「一百三十五」，今改。

〔一四〕戰於飛龍山下勒師大敗　載記作「大敗勒于飛龍山」。御覽卷四五「飛龍山」條引與此同，而引作「十六國春秋前趙録云」，輯補前趙録亦收此條。

〔一五〕乃赦張彌　載記無。蓋湯球自補以啓下文。

〔一六〕及淵薨聰襲位　偏霸部無「及」字，載記作「及元海死劉聰」。

〔一七〕勒出成皋關　「出」，原作「至」，據載記、魏書卷九五石勒傳、通鑑卷八七永嘉四年改。

〔一八〕任城王濟　「濟」，原作「躋」。載記原亦作「躋」，中華本據本傳、通鑑卷八七改，今從。下同。

〔一九〕齊王超　「超」，原作「韶」。載記原亦作「韶」，中華本據本傳、通鑑卷八七改，今從。

〔二〇〕大將軍　「軍」字原無，據載記補。

〔二一〕詭請王彌讌於己營　「己營」，偏霸部同，載記作「己吾」。

〔二二〕將軍郭黑略至甚尊重之　見偏霸部，載記無。「郭黑略」，偏霸部作「郭默」。按，此事詳晉書卷九五藝術佛圖澄傳，而作「郭黑略」，該傳即輯補後趙録十二佛圖澄傳所本。

〔二三〕席捲兖豫　「兖」，原作「燕」，據載記改。

〔二四〕大將軍　載記作「車騎大將軍」。

〔二五〕前趙嘉平二年　見偏霸部，載記無。

〔二六〕王師敗季龍於巨靈口　「王師」，載記無，見御覽卷八七七引。「巨靈口」，原作「户靈口」，據載記改，御覽卷八七七引作「臣靈口」。

〔二七〕勒自酸棗向棘津　載記「勒」下有「引其衆」。

〔二八〕張賓説勒曰「説勒」，偏霸部同，載記作「進」。

〔二九〕邑萬户　偏霸部同，載記作「邑五萬户」。

十六國春秋輯補卷十二

後趙録二

石勒

建興元年，前趙嘉平三年。石季龍攻鄴三臺，鄴潰。劉演奔於廩丘，將軍謝胥、田青、郎牧等率三臺流人降於勒，勒以桃豹爲魏郡太守以撫之。命段末柸爲子，署爲使持節、安北將軍、北平公，遣還遼西。末柸感勒厚恩，在途日南面而拜者三，段氏遂專心歸附。自是王浚威勢漸衰。

勒襲苑鄉，執游綸以爲主簿。攻乞活李惲於上白，斬之。將坑其降卒，見郭敬而識之曰："汝郭季子乎？"敬叩頭曰："是也。"勒下馬執其手泣曰："今日相遇，豈非天邪？"賜衣服車馬，署敬上將軍，悉免降者以配之。其將孔萇寇定陵，害兗州刺史田徽。烏丸薄盛執渤海太守劉既，率户五千降於勒。

劉聰授勒侍中、征東大將軍，餘如故。拜其母王氏爲上黨國太夫人，妻劉氏上黨國夫人，章綬首飾一同王妃。

段末柸任弟亡歸遼西，勒大怒，所經令尉皆殺之。烏丸審廣、漸裳、郝襲背王浚，密遣使降於勒，勒厚加撫納。

司、冀漸寧，人始租賦。立太學，簡明經善書吏署爲文學掾，選將佐子弟三百人教之。

勒母王氏死，潛窆山谷，莫詳其所。既而備九命之禮〔一〕，虛葬於襄國城南。

勒謂右長史張賓曰〔二〕：「鄴，魏之舊都，吾將營建。既風俗殷雜，須賢望以綏之，誰可任也？」賓曰：「晉故東萊太守南陽趙彭忠亮篤敏，有佐時良幹。將軍若任之以鄴〔三〕，必能允副神規。」勒於是徵彭，署爲魏郡太守。彭至，入泣而辭曰：「臣往曾策名晉室，食其禄矣。犬馬戀主，切不敢忘。誠知晉之宗廟，鞠爲茂草，亦猶洪川東逝，往而不還，明公應符受命，可謂攀龍之會，但受人之榮寵，復事二姓者，臣志所不爲。且豈惟愚臣之狷志〔四〕，恐亦明公之所不許。有死而已，不敢聞命〔五〕。」若賜其餘年，全臣一介之願者，則明公大造之惠也。」勒默然。張賓進曰：「自將軍神旗所經，衣冠之士靡不變節，未有能以大義進退者。至如此賢，以將軍爲高祖，自擬爲四公，所謂君臣相知，此亦足成將軍不世之高，何必吏之？」勒大悦曰：「右侯之言，得孤心矣。」於是賜安車駟馬，養以卿禄〔六〕，一作「秩」。辟其子明爲參軍。此段亦見御覽四百二十一。勒以征虜將軍石虎爲魏郡太守〔七〕，鎮鄴三臺，季龍簒奪之謀〔八〕，一作「基謀之萌」。兆於此矣。

時王浚署置百官，奢縱淫虐。勒有吞并之意，欲先遣使以觀察之，議者僉曰：「宜如羊祜與陸抗致書相聞。」時張賓有疾，勒就而謀之。賓曰：「王浚假三部之力，稱制南面，雖曰晉藩，實懷僭逆之志，必思協英雄圖濟事業。將軍威聲震於海内，去就爲存亡，所在爲輕重。浚之欲將軍，猶楚之招韓信也。今權譎遣使，無誠款之形，脱生猜疑，圖之兆露，後雖奇略，無所設也。夫立大事者，必先爲之卑。當稱藩推奉，尚恐未信，羊陸之事，臣未見其可。」勒曰：「右侯之計是也。」乃遣其舍人王子春、董肇等多齎珍寶，奉表推崇浚爲天子曰：「勒本小胡，出於戎裔。值晉綱弛御，海内饑亂，流離屯厄，竄命冀州，共相帥合，以救性命。今晉祚淪夷，遠播吴會，中原無主，蒼生無繫。伏惟明公殿下，州鄉貴望，四海所宗，爲帝王者，非公復誰？勒所以捐軀命、興義兵、誅暴亂者，正爲明公驅除爾。伏願殿下應天順時，踐登皇祚，勒奉戴明公如天地父母，明公當察勒微心，慈眄如子也。」亦遺棗嵩書而厚賂之。

浚謂子春等曰：「石公一時英武，據趙舊都，成鼎峙之勢，何爲稱藩於孤？其可信乎？」子春對曰：「石將軍英才儁拔，士馬雄盛，實如聖旨。仰惟明公州鄉貴望，累葉重光，出鎮藩嶽，威聲播於八表。固已胡越欽風，戎夷歌德，豈惟區區小府，而敢不斂衽神闕者乎？昔陳嬰豈其鄙王而不王，韓信薄帝而不帝者哉？但以知帝王不可以智力争故也。石將軍之擬明公，猶陰精之比太陽，江河之比洪海爾。項籍、子陽覆車不遠，是石將軍之明鑒。明公亦何怪乎？且自古誠胡人而爲名臣者實有之〔九〕，帝王則未之有也。石將軍非以惡帝王而讓明公也，顧取之不爲天人之所許耳。願公勿疑。」浚大悦，封子春等爲列侯，遣使報勒，答以方物。浚司馬游統時鎮范陽，陰叛浚，馳使降於勒。勒斬其使送於浚以表誠實。浚雖不罪統，彌信勒之忠誠，無復疑矣。

子春等與王浚使至，勒命匿勁卒精甲，虚府羸師以示之，北面拜使而受浚書。浚遺勒麈尾，勒僞不敢執，懸之於壁，朝夕拜之，云：「我不得見王公，見王公所賜，如見公也。」復遣董肇奉表於浚，期親詣幽州，奉上尊號。亦修牋於棗嵩，乞并州牧、廣平公，以見必信之誠也。

勒將圖浚，引子春問之，子春曰：「幽州自去歲大水，人不粒食。浚積粟百萬，不能贍恤，刑政苛酷，賦役殷煩，賊害賢良，誅斥諫士，下不堪命，流叛略盡。鮮卑、烏丸離貳於外，棗嵩、田矯貪暴於内，人情沮擾，甲士羸弊。而浚猶置立臺閣，布列百官，自言漢高、魏武不足並也。又幽州謡怪特甚，聞者莫不爲之寒心，浚意氣自若，曾無懼容。此亡期之至也。」勒撫几笑曰：「王彭祖真可擒也。」

浚使還幽州，具陳勒形勢寡弱，款誠無二，浚大悦，以勒爲信然。勒纂兵戒期將襲浚，而懼劉琨及鮮卑、烏丸爲其後患，沈吟未決。張賓進曰：「夫襲敵國，當出其不意。軍嚴經日不行，豈顧有三方之慮乎？」勒曰：「然，爲之奈何？」賓曰：「彭祖之據幽州，唯仗三部，今皆離叛，還爲寇讎，此則外無聲援以抗我也。幽州饑儉，人皆蔬食，衆叛親離，甲旅寡弱，此則内無强兵以禦我也。若大軍在郊，必土崩瓦解。今三方未靖，未謂將軍便能懸軍千里以征幽州也。輕軍往返，不出二旬，就使三方有動，勢足旋趾〔一〇〕，宜應機電發，勿後時也。且劉琨、王浚雖同名晉藩，其實仇敵。若修牋於琨，送質請和，琨必欣於得我，喜於浚滅，終不救浚而襲我也。」勒曰：「吾所不了，右侯已了，復何疑哉？」於是輕騎襲幽州，以火宵行。至柏人，殺主薄游綸，以其兄統在范陽，懼聲軍計故也。遣張慮奉牋於劉琨，陳己過深重，求討浚以自效。琨既素疾浚，乃檄諸州郡，説勒知命思愆，收累年之咎，求拔幽都，效善將來。令聽所請，受任通和。

軍達易水，浚督護孫緯馳遣白浚，將引軍距勒，游統禁之。浚將佐咸請出擊勒，浚怒曰：「石公來，正欲奉戴我也。敢言擊者斬。」乃命設饗以待之。勒晨至薊，叱門者開門。疑有伏兵，先驅牛羊數千頭，聲言上禮，實欲填諸街巷，使兵不得發。浚乃懼，或坐或起。勒升其聽事，命甲士執浚，立之於前，使徐光讓浚曰：「君位冠元台，爵列上公，據幽都驍悍之國，跨全燕突騎之鄉，手握强兵，坐觀京師傾覆，不救天子，而欲自尊。又專任姦暴，殺害忠良，肆情恣欲，毒徧燕壤。自貽於此，非爲天也。」使其將王洛生驛送浚襄國市，斬之。於是分遣流人各還桑梓。擢荀綽、裴憲，資給車服。數朱碩、棗嵩、田矯等以賄亂政，責游統以不忠於浚，皆斬之。遷烏丸審廣、漸裳、郝襲、靳市等於襄國。焚燒浚宮殿。以晉尚書劉翰爲寧朔將軍、行幽州刺史，戍薊，置守宰而還。遣其東曹掾傅遘兼左長史〔一一〕，封王浚首獻捷於劉聰。勒既還襄國，劉翰叛勒奔段匹磾。

襄國大饑，穀二升直銀一兩〔一二〕，肉一斤直銀一兩。五句亦見御覽三十五，作「建元元年」。

劉聰以平幽州之勳，乃遣其使人柳純持節，署勒大都督陝東諸軍事、驃騎大將軍、東單于，侍中、使持節、開府、校尉、二州牧、公如故，加金鉦黃鉞，前後鼓吹二部，增封十二郡。勒固辭，受二郡而已。勒封左長史張敷等十一人爲伯〔一三〕、子、侯，文武進位各有差。勒將支雄攻劉演於廩丘，爲演所敗。演遣其將韓弘、潘良襲頓丘，斬勒所署太守邵攀。支雄追擊弘等，害潘良於廩丘。劉琨遣樂平太守焦球攻勒常山，斬其太守邢泰。琨司馬温嶠西討山胡，勒將逯明要之，敗嶠於潞城。

勒以幽冀漸平，始下州郡閲實人户，户貲二匹，租二斛。

勒將陳午以浚儀叛於勒。逯明攻寧黑於茌平，降之，因破東燕、酸棗而還，徙降人二萬餘户於襄國。勒使其將葛薄寇濮陽，陷之，害太守韓弘。

劉聰遣其使人范甔持節策命勒，賜以弓矢，加崇爲陝東伯，得專征伐，拜封刺史、將軍、守宰、列侯，盡歲集上。署其長子興爲上黨國世子，加翼軍將軍，爲驃騎副貳。

劉琨遣王旦攻中山，逐勒所署太守秦固。勒將劉勔距旦，敗之，執旦於望都關。

建興四年〔一四〕，前趙麟嘉元年。勒襲邵續於樂陵，續盡衆逆戰，大敗而還。章武人王眘起兵於科斗壘，擾亂勒河間、渤海諸郡。勒以揚武張夷爲河間太守，參軍臨深爲渤海太守，各率步騎三千以鎮静之。使長樂太守程遐屯於昌亭，爲之聲援。一作「勢」。徙平原烏丸展廣、劉哆等部落三萬餘户於襄國。使石季龍奔襲乞活王平於梁城，敗績而歸。

又攻劉演於廩丘。文雄、逯明擊寧黑於東武陽，陷之，黑赴河而死。徙其衆萬餘於襄國。晉將邵續使文鴦救演〔一五〕，季龍退止盧關津以避之。文鴦弗能進，屯於景亭。兖豫豪右張平等起兵救演，季龍夜棄營，設伏於外，揚聲將歸河北。平等以爲信然，入於空營。季龍廻擊敗之，遂陷廩丘。此段亦見御覽三百二。演奔文鴦軍。獲演弟啓，送於襄國。演，即劉琨之兄子也。勒以琨撫存其母，德之，賜啓田宅，令儒官授其經。

時大蝗，中山、常山尤甚。中山丁零翟鼠叛勒，攻中山、常山。勒率騎討之，獲其母妻而還。鼠保於胥關，遂奔代郡。勒攻樂平太守韓據於坫城。

劉琨遣將軍姬一作「姚」。澹率衆十餘萬來討〔一六〕，琨次廣牧，爲澹聲援。勒將距之，或諫之曰：「澹兵精盛，其鋒不可當。宜深溝高壘，以挫其鋭，攻守勢異，必獲萬全。」勒曰：「澹大衆遠來，體疲力竭，犬羊烏合，號令不齊，可一戰而擒之，何强之有？寇已垂至，胡可捨去，大軍一動，豈易中還，若澹乘我之退，顧乃無暇，焉得深溝高壘乎？此爲不戰而自滅亡之道。」立斬諫者。以孔萇爲前鋒都督，令三軍後出者斬。設疑兵於山上，分爲二伏。勒輕騎與澹戰，僞收衆而北，澹縱馬追之，勒前後伏發夾擊，澹軍大敗，獲鎧馬萬匹。澹奔代郡，據奔劉琨。琨長史李弘以并州來降〔一七〕，琨遂奔於段匹磾。勒遷陽曲、樂平户於襄國，置守宰而退。孔萇追姬澹於桑乾。勒遣兼左長史張敷獻捷於劉聰。

勒之征樂平也，其南和令趙領招合廣川、平原、渤海數千户，叛勒奔於邵續。河間邢嘏累徵不至，亦聚衆數百以叛。勒巡下冀州諸縣，以右司馬程遐爲寧朔將軍，監冀州七郡諸軍事。

勒姊夫廣威張越與諸將蒱博，勒臨觀之，越戲言忤勒，勒大怒，叱力士折其脛而殺之。孔萇攻代郡，澹死之。時司冀并兖州流人數萬户在於遼西，迭相招引，人不安業。孔萇等攻馬嚴、馮睹〔一八〕，久而不剋。勒問計於張賓，賓對曰：「馮睹等本非明公之深仇，遼西流人悉有變本之思。今宜班師息甲，差選良守，任之以龔遂之事。不拘常制，奉宣仁澤，奮揚威武，幽冀之寇可翹足而静，遼西流人可指時而至。」勒曰：「右侯之計是也。」召萇等歸，署武遂令李回爲易北督護、振武將軍、高陽太守。馬嚴士衆多李潛軍人，回先爲潛府長史，素服回威德，多叛嚴歸之。嚴以部衆離貳，懼，奔於幽州，溺水而死。馮睹率衆降於勒。回移居易京〔一九〕，流人降者歲常數千。勒甚嘉之，封回弋陽子，邑三百户。加賓封一千户，進賓位前將軍，固辭不受。

河朔大蝗，初穿地而生，二旬則化狀若蠶，七八日而卧，四日蜕而飛，彌亘百草，唯不食三豆及麻，并、冀尤甚。

石季龍濟自長壽津，寇梁國，害内史荀闓。劉琨與段匹磾、涉復辰、疾六眷、段末柸等會於固安，將謀討勒。勒使參軍王續齎金寶遺末柸以間之，末柸既思有以報勒恩，又忻於厚賂，乃説辰、眷等引還，琨、匹磾亦退如薊城。邵續使兄子濟攻勒渤海，虜三千餘人而還。劉聰將趙固以洛陽歸順，恐勒襲之，遣參軍高少奉書推崇勒，請師討聰。勒以大義讓之，固深憾恚，與郭默攻掠河内、汲郡。段末柸殺鮮卑單于截附真〔二〇〕，即涉復辰。立忽跋鄰爲單于〔二一〕。段匹磾自幽州攻末柸，末柸逆擊敗之。匹磾奔還幽州，因害太尉劉琨，琨將佐相繼降勒。末柸遣弟騎督擊匹磾於幽州，匹磾率其部衆數千將奔邵續。勒將石越要之於鹽山，大敗之，匹磾退保幽州。越中流矢死，勒爲之屏樂三月，贈平南將軍。

初，曹嶷據青州，既叛劉聰，南稟王命，以建鄴懸遠，勢援不接，懼勒襲之，故遣通和。勒授嶷東州大將軍、青州牧，封琅邪公。

七月〔二二〕，劉聰疾甚，驛召勒爲大將軍、録尚書事，受遺詔輔政。勒固辭乃止。聰乃遣其使人持節署勒大將軍，持節鉞、都督、侍中、校尉、二州牧、公如故，增封十郡。勒不受。

聰死，其子粲襲僞位，其大將軍靳準殺粲於平陽。勒命張敬率騎五千爲前鋒以討準，勒統精鋭五萬繼之，據襄陵北原，羌羯降者四萬餘落。準數挑戰，勒堅壁以挫之。劉曜自長安屯於蒲阪〔一三〕。曜復僭稱尊號，署勒大司馬、大將軍，加九錫，增封十郡，并前十三郡，進爵趙公。勒攻準於平陽小城，平陽大尹周置等率雜户六千降於勒。巴帥及諸羌羯降者十餘萬落，徙之司州諸縣。準使卜泰送乘輿服御請和，勒與劉曜競有招懷之計，乃送泰於曜，使知城内無歸曜之意，以挫其軍勢。曜潛與泰結盟，使還平陽宣慰諸屠各。勒疑泰與曜有謀，欲斬泰以速降之。諸將皆曰：「今斬卜泰，準必不復降。就令泰宣漢要盟於城中，使相率誅靳準，準必懼而速降矣。」勒久乃從諸將議，遣之。泰入平陽，與準將喬泰、馬忠等起兵攻準，殺之。推靳明爲盟主，遣泰及卜玄奉傳國六璽送於劉曜。勒大怒，遣令史羊升使平陽，責明殺準之狀。明怒，斬升。勒怒甚，進軍攻明，明出戰，勒擊敗之，枕尸二里。明築城門堅守，不復出戰。勒遣其左長史王修獻捷於劉曜。

晉彭城内史周堅害沛内史周默，以彭沛降於勒。

石季龍率幽、冀州兵會勒攻平陽，劉曜遣征東劉暢救明。勒命舍師於蒲上。靳明率平陽之衆奔於劉曜，曜西奔粟邑。勒焚平陽宫室，使裴憲、石會修復元海、聰二墓，收劉粲已下百餘尸葬之，徙渾儀、樂器於襄國。

校勘記

〔一〕既而備九命之禮　「九命」，册府卷二二四、通志卷一八七同，載記作「九牢」。

〔二〕右長史　見御覽卷四二一引，載記無。

〔三〕任之以鄴　「以鄴」，見御覽卷四二一引，載記無。

〔四〕且豈惟愚臣之狷志　見御覽卷四二一引，載記無。

〔五〕有死而已不敢聞命　見御覽卷四二一引，載記無。

〔六〕養以卿禄　「禄」，載記同，御覽卷四二一引作「秩」。

〔七〕征虜將軍石虎　偏霸部作「征虜將軍」，載記作「石季龍」。

〔八〕篡奪之謀　纂録、偏霸部作「基謀之萌」，纂録下校「一作『篡奪之謀』」，載記作「篡奪之萌」。

〔九〕誠胡人而爲名臣者　「誠」，原作「稱」，據載記改。

〔一〇〕勢足旋跬　「跬」，原作「距」，據載記改。

〔一一〕左長史　原作「左史長」，據載記乙正。

〔一二〕穀二升直銀二兩　「二兩」，載記作「二斤」，通鑑卷八九、御覽卷三五引作「一斤」。

〔一三〕張敷　載記作「張敬」，然載記下文云：「勒遣兼左長史張敷獻捷于劉聰。」

〔一四〕建興四年　載記無，偏霸部作「前趙麟嘉元年」。

〔一五〕晉將　見御覽卷三〇二引、通典卷一五四，載記無。

〔一六〕劉琨遣將軍姬澹率衆十餘萬來討　「姬澹」，載記、偏霸部同，纂録作「姚澹」。「來討」，偏霸部同，載記作「討勒」。

〔一七〕琨長史李弘以并州來降　「來降」，偏霸部同，載記作「降于勒」。

〔一八〕馮睹　原作「馮脂」，據載記改。下同。

〔一九〕易京　原作「易涼」，據載記改。

〔二〇〕截附真　載記同，通鑑卷九〇作「涉復辰」，屠本卷一二下注「紀事本末作『涉復辰』」。

〔二一〕立忽跋鄰爲單于　「立」，原作「位」，據載記改。

〔二二〕七月　見偏霸部，載記無。

〔二三〕蒲阪　原作「蒲陂」，據載記改。

十六國春秋輯補卷十三

後趙録三

石勒

己卯。趙王元年前趙光初二年，晉愍太興二年。劉曜又遣其使人郭汜等持節，將授勒太宰，領大將軍，加九錫〔一〕，進爵趙王，增封七郡，并前二十郡，出入警蹕，冕十有二旒，乘金根車，駕六馬，如曹公輔漢故事，夫人爲王后，世子爲王太子。勒舍人曹平樂因使留仕於曜，言於曜曰：「大司馬遣王修等來，外表至虔，内覘大駕强弱，謀待修之返，將輕襲乘輿。」時曜勢實殘弊，懼修宣之。曜大怒，追汜等還，斬修於粟邑，停太宰之授。劉茂逃歸，言王修死故，勒大怒，誅平樂三族，贈修太常。又知停殊禮之授，怒甚，下令曰：「孤兄弟之奉劉家，人臣之道過矣。若微孤兄弟，豈能南面稱朕哉？根基既立，便欲相圖，天不助惡，使假手靳準。孤惟事君之體，當資舜求瞽瞍之義，故復推崇令主，齊好如初。何圖長惡不悛，殺奉誠之使。帝王之起復何常邪？趙王、趙帝，孤自取之，名號大小，豈其所節三字一作「爾所呼」。邪？」〔二〕於是置太醫、尚方、御府諸令，命參軍鼂讚成正陽門。俄而門崩，勒大怒，斬讚。既怒刑倉卒，尋亦悔之，賜以棺服，贈大鴻臚。

平西將軍祖逖攻陳川於蓬關〔三〕。石季龍救川，逖退屯梁國。季龍使揚武左伏肅攻之。

勒增置宣文、宣教、崇儒、崇訓十餘小學於襄國四門，簡將佐豪右子弟百餘人以教之，且備擊柝之衛。置挈壺署，鑄豐貨錢。

河西鮮卑日六延叛於勒，石季龍討之，敗延於朔方，斬首二萬級，俘三萬餘人，獲牛馬十餘萬。孔萇討平幽州諸郡。時段匹磾部衆饑散，棄其妻子，匹磾奔邵續。曹嶷遣使來聘，獻其方物，請以河爲斷。桃豹至蓬關，祖逖退如淮南。徙陳川部衆五千餘户於廣宗。

石季龍與張敬、張賓及諸將佐百餘人勸勒稱尊號，勒下書曰：「孤猥以寡德，忝荷崇寵，夙夜戰惶，如臨深薄，豈可假尊竊號，取譏四方？昔周文以三分之重，猶服事殷朝；小白居一匡之盛，而尊崇周室。况國家道隆殷周，孤德卑二伯哉？其亟止斯議，勿復紛紜，自今敢言，刑兹無赦。」乃止。

勒又下書曰：「今大亂之後，律令滋煩，其採集律令之要，爲施行條制。」於是命法曹令史貫志造辛亥制度五千文，施行十餘歲，乃用律令。

晉泰山太守徐龕叛降於勒。

征虜將軍虎與左右長史張敬、張賓〔四〕，左右司馬張屈六、程遐文武等一百二十九人上疏曰：「臣等聞有非常之度，必有非常之功，有非常之功，必有非常之事。是以三代陵遲，五伯迭興，靜難濟時，績侔睿后。伏惟殿下天縱聖哲，誕膺符運，鞭撻宇宙，弼成皇業。普天率土，莫不來蘇，嘉瑞徵祥，日月相繼，物望去劉氏，威懷於明公者，十分而九矣。今山川夷靜，星辰不孛，夏海重譯，天人係仰，誠應升御中壇，即皇帝位，使攀附之徒，蒙寸尺之潤。大司馬雖位冠九台，非霸者之號，請改稱大將軍、大單于、領冀州牧、趙王〔五〕，依劉備在蜀、魏王在鄴故事，以河內、魏、汲、頓丘、平原、清河、鉅鹿、常山、中山、長樂、樂平十一郡，并前趙國、廣平、陽平、章武、渤海、河間、上黨、定襄、范陽、漁陽、武邑、燕國、樂陵十三郡，合二十四郡，户二十九萬〔六〕，爲趙國。封内依舊改爲内史，準禹貢、魏武復冀州之境，南至盟津，西達龍門，東至於河，北至於塞垣。以大單于鎮撫百蠻。罷并、朔、司三州，通置部司以監之。伏願欽若昊天，垂副羣望也。」勒西面而讓者五，南面而讓者四，百寮皆叩頭固請，勒乃許之。

十一月，勒即位，僞稱趙王〔七〕。赦殊死已下，均百姓田租之半，賜孝悌、力田、死義之孤帛各有差，孤老鰥寡穀人三石。大酺七日。依春秋列國、漢初侯王每世稱元，改光初二年爲趙王元年。始建社稷，立宗廟〔八〕。營東西官署。從事中郎裴憲、參軍傅暢、杜嘏並領經學祭酒，參軍續咸、庾景爲律學祭酒〔九〕，任播、崔濬爲史學祭酒，中壘支雄、游擊王陽並領門臣祭酒，專明胡人辭訟。以張離、張良、劉羣、劉謨等爲門生主書，司典胡人出内，重其禁法，不得侮易衣冠華族。號胡爲「國人」。遣使循行州郡，勸課農桑。加張賓大執法，專總朝政，位冠寮首。署石季龍爲單于元輔，都督禁衛諸軍事。署前將軍李寒領司兵勳，教國子擊刺戰射之法。命記室佐明楷、程機撰上黨國記，中大夫傅彪、賈蒲、江軌撰大將軍起居注，參軍石泰、石同、石謙、孔隆撰大單于志。自是朝會常以天子禮樂饗其羣下，威儀冠冕，從容可觀矣。

羣臣議請論功，勒曰：「自孤起軍，十六年於兹矣。文武將士從孤征伐者，莫不蒙犯矢石，備嘗艱阻。其在葛陂之役，厥功尤著，宜爲賞之先也。若身見存，爵封輕重隨功位爲差，死事之孤，賞加一等。庶足以慰答存亡，申孤之心也。」

塗中有大石二丈許自立，勒命斷之，有魚羊之文，於是字「玄羊」。五句依北堂書鈔一百六十引補。

庚辰。二年　勒下書禁二字一作「令曰」。國人不聽報嫂及在喪婚娶，至於燒葬，令如本俗〔一〇〕。

孔萇攻邵續別營十一，皆下之。續尋爲石季龍所獲，送於襄國。劉曜將尹安、宋始據洛陽降於勒。晉徐州刺史蔡豹敗徐龕於檀丘，龕遣使詣勒，陳討豹之計。勒遣將王步都爲龕前鋒，使張敬率騎繼之。敬達東平，龕疑敬之襲己也，斬步都等三百餘人，復降於晉。勒大怒，命張敬據其襟要以守之。

大雨霖，中山、常山尤甚，滹沱泛溢，衝山陷谷〔一一〕，巨松僵拔，浮於滹沱，東至渤海，原隰之間皆如山積。孔萇攻陷文鴦十餘營，萇不設備，鴦夜擊之，大敗而歸。此段亦見御覽八百七十七。

勒將石季龍大掠陳蔡二字亦作「河州」。而去〔一二〕，留將桃豹守譙城〔一三〕，住西臺。晉將祖逖遣將韓潛等鎮東臺。同一大城，賊從南門出入放牧，逖軍開東門，相守四旬。逖以布囊盛土如米狀，使千餘人運上臺。又令數人擔米，僞爲疲極而息於道，賊果逐之，皆棄擔而走。賊既獲米，謂逖士衆豐飽，而胡戎饑久，益懼，無復膽氣。勒將以驢千頭運糧以饋桃豹，逖遣韓潛、馮鐵追擊於汴水，盡獲之。桃豹宵遁〔一四〕。此段依御覽二百八十六及通典一百六十、一百六十一引補。

八月〔一五〕，勒始制軒懸之樂，八佾之舞，作金根大輅，黄屋左纛，天子車旗禮樂，於斯備矣〔一六〕。

使石季龍率步騎四萬討徐龕，龕遣長史劉霄詣勒乞降，送妻子爲質，納之。時蔡豹屯於譙城，季龍攻豹，豹夜遁。季龍引軍城封丘而旋。

徙朝臣掾屬已上士族者三百户於襄國崇仁里，置公族大夫以領之。

勒宫殿及諸門始就。以郦輔爲材官將軍〔一七〕。郦輔，樂陵人也。好學多才藝，巧思機智，妙於當時，襄國宫殿臺榭，皆輔所營也〔一八〕。御覽七百五十二。

制法令甚嚴，兼諱胡尤峻〔一九〕。諸胡物皆改名，如胡餅曰「摶鑪」，石虎改曰「麻餅」〔二〇〕。四句依初學記二十六、御覽八百六十引補〔二一〕。有醉胡乘馬突入止車門，勒大怒，謂宫門小執法馮翥曰：「夫人君爲令，將使下之無犯，吾尚望威行天下，況於宫闇一作「闕」。之間乎？向馳馬入門爲是何人，而不彈白，縱之邪？」〔二二〕翥惶懼忘諱，對曰：「向有醉胡，乘馬馳入，甚呵禦之，而不可與語。所謂互鄉難與言，小人所不能制〔二三〕。」勒笑曰：「胡人正自難與言。」恕而不罪。此段亦見御覽四百九十七。

使石季龍擊託候部掘咄哪於岍北，大破之，俘獲牛馬二十餘萬。

勒清定五品，以張賓領選，復續定九品，署張班爲左執法郎，孟卓爲右執法郎，典定士族，副選舉之任。孟卓字君偉，廣平人，少修清苦之志，著一作「有」。一單裙，十年不澣〔二四〕。一作「换」。○依御覽四百三十一、六百九十六引補。令羣寮及州郡歲各舉秀才、至孝、廉潔〔二五〕、賢良、直言、武勇之士各一人，置署都部從事各一部一州，秩二千石，職準丞相司直。

辛巳。三年〔二六〕勒下令曰：「去年水出巨材，所在山積，將皇天欲孤繕修宫宇也。其擬洛陽之太極，起建德殿。」遣從事中郎任汪帥使工匠五千，採木以供之。

黎陽民人陳武妻一產三男一女〔二七〕，武攜其妻子，詣襄國上書自陳。勒下書曰：「昔周之興也，四乳八子，今武一乳四子，可謂慶過姬祥，美加曩日〔二八〕。」以爲二儀諧暢，和氣所致。其賜乳婢一人，穀一百石，雜繒一作「綵」。四十匹，庶以肅迎嘉祥〔二九〕。

石季龍攻段匹磾於厭次，孔萇討匹磾部内諸城，陷之。匹磾勢窮，乃率其臣下輿櫬出降。季龍送之襄國，勒署匹磾爲冠軍將軍，以其弟文鴦、亞將衛麟爲左右中郎將，皆金章紫綬。散諸流人三萬餘户，復其本業，置守宰以撫之。於是冀、并、幽州遼西巴西諸屯結皆陷於勒〔三〇〕。

時晉征北將軍祖逖據譙，將平中原。逖善於撫納，自河以南多背勒歸順。勒憚之，不敢爲寇，乃下書曰：「祖逖屢爲邊患。逖，北州士望也，儻有首丘之思，其下幽州修祖氏墳墓，爲置守冢二家。冀逖如趙佗感恩，輟其寇暴。」逖聞之甚悦，遣參軍王愉使於勒，贈以方物，修結和好。勒厚賞其使，遣左常侍董樹報聘，以馬百匹、金五十斤答之。自是兗、豫乂安，人得休息矣。

從事中郎劉奥坐營建德殿井木斜縮，斬於殿中。勒悔之，贈太常。

建德校尉王和掘得員石，銘曰：「律權石，重四鈞，同律度量衡。有新氏造。」議者未詳，或以爲瑞。參軍續咸曰：「王莽時物也。」其時兵亂之後，典度堙滅，遂命下禮官，爲準程定式。又得一鼎，容四升，中有大錢三十文，曰：「百一無此字。當千，千一無此字。當萬。」〔三一〕鼎銘十三字，篆書不可曉，藏之於永豐倉。因此令公私行錢，而人情不樂。乃出公絹市錢，限中絹匹一千二百，下絹八百。然百姓私買中絹四千，下絹二千，巧利者賤買私錢，貴賣於官，坐死者十餘人，而錢終不行。乃重立禁制，官賦至皆取錢，廛肆故不行也〔三二〕。此段亦見御覽八百三十六。

勒徙洛陽銅馬、翁仲二於襄國，列之永豐門。此節亦見御覽八百十三。

祖逖牙門童建害新蔡内史周密，遣使降於勒。勒斬之，送首於祖逖曰：「天下之惡一也。叛臣逃吏，吾之深仇，將軍之惡，猶吾惡也。」逖遣使報謝。自是兖豫閒壘壁叛者，逖皆不納，二州之人率多兩屬矣。

冬十月〔三三〕，勒令武鄉耆舊赴襄國。既至，勒親與鄉老齒坐歡飲，語及平生。勒曰：「李陽，壯士也，孤方任之，何以不來？父老歸語，令速來。漚麻池之忿，是布衣之憾，孤方崇信於天下，寧讎匹夫乎？」令曰：「武鄉，吾之豐沛也。萬世之後，魂靈當歸之。其復之三世。」十一月，李陽至。勒引入與酣謔，引陽臂笑視之曰：「卿雖老，臂中猶有力。頗復與人門不？孤往日厭卿老拳，卿亦飽孤毒手。」因賜甲第一區，拜參軍都尉。陽與勒鄰居，歲常爭漚麻池，迭相毆擊〔三四〕。

勒以百姓始復業，資儲未豐，於是重制禁釀，郊祀宗廟皆以醴酒行之。數年，無復釀者。

鬱尋署石季龍爲車騎將軍，率騎三萬討鮮卑鬱粥於離石，俘獲男女及牛馬十餘萬。鬱粥奔烏丸，悉降其衆城。

校勘記

〔一〕將授勒太宰領大將軍加九錫　「將授」，偏霸部同，載記作「署」。「加九錫」，見偏霸部，載記無。

〔二〕豈其所節邪　載記同，偏霸部作「豈爾所呼耶」。

〔三〕蓬關　原作「逢關」，據載記及下文「桃豹至蓬關」改。

〔四〕征虜將軍虎與左右長史張敬張賓　偏霸部同，載記作「石季龍及張敬張賓」。

〔五〕大司馬雖位冠九台至趙王　見偏霸部，載記無。

〔六〕户二十九萬　載記同，偏霸部作「十九萬」。

〔七〕十一月勒即位僞稱趙王　載記作「太興二年勒僞稱趙王」，偏霸部作「十一月勒即位」。

〔八〕依春秋列國至立宗廟　「侯王每世」至「立宗廟」，原錯簡在「經學祭酒」下，據載記乙正。「改光初二年爲趙王元年」，偏霸部同，載記作「改稱趙王元年」。

〔九〕庾景　原作「度景」，據載記改。

〔一〇〕二年至令如本俗　「二年」，見偏霸部，載記無。「禁」，載記同，偏霸部作「令曰」。「報嫂」，載記、纂録同，偏霸部作「執嫂」。「至於」，偏霸部同，載記作「其」。

〔一一〕滂沱泛溢衡山陷谷　御覽卷八七七引同，載記作「滮淹汎溢衡陷山谷」。

〔一二〕大掠陳蔡而去　御覽卷二八六引、通典卷一六一「陳蔡」下有「間」字，通典卷一六〇「陳蔡」作「荆河州」，晉書卷六二祖逖傳「陳蔡」作「豫州」。按唐人避諱以豫州爲荆河州。

〔一三〕桃豹　原作「姚豹」，據御覽卷二八六引、通典卷一六〇、一六一、晉書卷六二祖逖傳改。下同。

〔一四〕勒將以驢至桃豹宵遁　此節見通典卷一六〇、晉書卷六二祖逖傳，御覽卷二八六引、通典卷一六一無。

〔一五〕八月　見偏霸部，載記無。

〔一六〕於斯備矣　見偏霸部，載記無。

〔一七〕以邴輔爲材官將軍　載記無。按屠本卷二二邴輔傳云輔爲材官將軍，未知何據。

〔一八〕邴輔樂陵人也至皆輔所營也　見御覽卷七五二引，載記無。

〔一九〕兼諱胡尤峻　見御覽卷四九七引，載記無。

〔二〇〕諸胡物至麻餅　載記無此節。御覽卷八六〇引無「諸」、「如」二字，餘同，初學記卷二六餅敘事作「改胡餅曰麻餅」。

〔二一〕初學記二十六御覽八百六十　原作「御覽二十六八百六十」，誤，今改。

〔二二〕夫人君爲令至縱之邪　「將使下之無犯」、「吾」、「縱之」，見御覽卷四九七引，載記無。「宮閤」，御覽卷四九七引同，載記作「宫闕」。

〔二三〕所謂互鄉難與言小人所不能制　見御覽卷四九七引，載記無。

〔二四〕孟卓字君偉至十年不辯　載記無此節，見御覽卷四三一、六九六引。「著」，御覽卷六九六引同，卷四三一引作「有」。「辯」，御覽卷四三一引同，卷六九六引作「换」。

〔二五〕廉潔　原作「廉清潔」，據載記改。

〔二六〕三年　見偏霸部，載記無。

〔二七〕黎陽民人陳武妻　「民人」，載記作「人」，偏霸部作「民」。

〔二八〕勒下書曰至美加囊日　載記僅「勒下書」，餘見纂録、偏霸部。「武一乳四子」，纂録作「武妻一産四子」，偏霸部作「武妻乳四子」。

〔二九〕其賜至嘉祥　偏霸部同，載記「其賜」作「賜其」，「一人」作「一口」，「繒」作「綵」，無「庶以肅迎嘉祥」。

〔三〇〕冀并幽州遼西巴西　「巴西」，當爲「已西」之訛，參見載記中華本校勘記。

〔三一〕百當千千當萬　載記同，御覽卷八三六引作「當千當萬」。

〔三二〕乃重立禁制至不行也　見御覽卷八三六引，載記無。

〔三三〕冬十月　見偏霸部，載記無。

〔三四〕勒曰李陽壯士也至迭相毆擊　此節以纂録爲本。「漚麻池之忿」，纂録同，偏霸部誤作「漚麻麻之忿」。「布衣之憾」，載記、纂録、偏霸部皆作「布衣之恨」。「萬世之後魂當歸之」，見載記，纂録、偏霸部無。「勒引入與酣謔」，載記、纂録作「勒與酣謔」，偏霸部作「引入懽酣」。「引陽臂」，載記、纂録同，偏霸部作「宣楊臂」。「甲第一區」，載記、纂録同，偏霸部無「區」字。「都尉」，纂録、偏霸部同，載記作「參軍都尉」。按，載記文句先後有異，又稍略，兹不具校。

十六國春秋輯補卷十四

後趙録四

石勒

壬午。四年晉元永昌元年。二月〔一〕。先是勒世子興死，至是，拜子弘爲世子，領中領軍。尋署衛將軍，以張躍爲長史〔二〕。

張躍字世淵，清河東武城人也。學敏才達，雅善清談。勒偉其儀辨，拜世子衛軍長史，敕世子曰：「張長史人之表範，汝其師之。」依北堂書鈔七十一、御覽二百四十八及四百四引補。

遣季龍統中外精卒四萬討徐龕，龕堅守不戰，於是築室返耕，列長圍以守之。晉鎮北將軍劉隗降於勒，拜鎮南將軍，封列侯。石季龍攻陷徐龕，送之襄國，勒囊盛於百尺樓自上撲殺之，令步都妻子刳而食之，坑龕降卒三千。晉兖州刺史劉遐懼，自鄒山退屯於下邳。琅邪内史孫默以琅邪叛降於勒，徐兖閒壘壁多送任請降，皆就拜守宰。

清河張披爲程遐長史，遐甚委昵之。張賓舉爲別駕，引參政事。遐疾披去己，又惡賓之權盛，勒世子弘，即遐之甥也，自以有援，欲收威重於朝，乃使弘之母譖之曰：「張披與張賓爲游俠，門客日百餘乘，物望皆歸之，非社稷之利也。宜除披以便國家。」勒然之。至是，披取急，召不時至，因此遂殺之。賓知遐之間己，遂弗敢請。無幾，以遐爲右長史，總執朝政。自是朝臣莫不震懼，赴於程氏矣。

時祖逖卒，勒始侵寇邊戍。勒征虜石他敗王師於酇西，執將軍衛榮而歸。征北將軍祖約懼，退如壽春。勒境内大疫，死者十二三，乃罷徽文殿作。遣其將王陽屯於豫州，有闚𨵦之志，於是兵難日尋，梁鄭之閒騷然矣。

癸未。五年晉明大寧元年。又遣季龍統中外步騎四萬討曹嶷。先是，嶷議欲徙海中，保根余山，會疾疫甚，計未及就。季龍進兵圍廣固，東萊太守劉巴、長廣太守吕披皆以郡降。以石他爲征東將軍，擊羌胡於河西。

左軍石挺濟師於廣固，曹嶷降，送於襄國，勒害之，坑其衆三萬。季龍將盡殺嶷衆，其青州刺史劉徵曰：「今留徵，使牧人也。無人焉牧，徵將歸矣。」季龍乃留男女七百口，配徵鎮廣固。青州諸郡縣壘壁盡陷。

勒司州刺史石生攻晉揚武將軍郭誦於陽翟，不剋，進寇襄城，俘獲千餘而還。

勒以參軍樊坦清貧，擢授章武内史。既而入辭，勒見坦衣冠弊壞，大驚曰：「樊參軍何貧之甚也？」坦性誠樸，率然而對曰：「頃遭羯賊無道，資財蕩盡。」勒笑曰：「羯賊乃爾暴掠邪？今當相償耳。」坦大懼，叩頭泣謝，勒曰：「律自防俗士，不關卿輩老書生也。」賜車馬衣服，裝錢三百萬，以勵貪俗。

甲申。六年　勒將兵都尉石瞻寇下邳，敗晉將軍劉長。遂寇蘭陵，又敗彭城内史劉續。東莞太守竺珍、東海太守蕭誕以郡叛降於勒。

勒親臨大小學考諸學生，經義尤高者，賞帛有差。勒雅好文學，雖在軍旅之中，嘗令儒生讀春秋、史漢諸傳而聽之〔三〕，每以其意論古帝王善惡，朝賢儒士聽者莫不歸美焉。嘗使人讀漢書，聞酈食其勸立六國後，大驚曰：「此法當失！何以得遂成天下？」至留侯諫，乃曰：「賴有此耳。」其天姿英達如此。

勒徵徐、揚州兵，會石瞻於下邳。劉遐懼，又自下邳奔於泗汭。石生攻劉曜河内太守尹平於新安，斬之，剋壘壁十餘，降掠五千餘戶而歸。自是劉石禍結，兵戈日交，河東、弘農間，百姓無聊矣。

以右常侍霍皓爲勸課大夫，與典農使者朱表、典勸都尉陸充等循行州郡，核定户籍、勸課農桑。農桑最修者，賜爵五大夫。

使石生自延壽關出寇許潁，俘獲萬餘，降者二萬。生遂攻陷康城〔四〕，晉將軍郭誦追生，生大敗，死者千餘。生收散卒，屯於康城。勒汲郡内史石聰聞生敗，馳救之，進攻郭默，俘獲男女二千餘人。石聰攻敗晉將李矩、郭默等。

乙酉。七年　勒將狩於近郊，主簿程琅諫曰：「劉馬刺客，離布如林，變起倉卒，帝王亦一夫之敵耳。孫策之禍，可不慮乎？且枯木朽株，盡能爲害，馳騁之弊，古今戒之。」勒勃然曰：「吾幹力自可，足能裁量。但知卿文書事，不須白此輩也。」是日逐獸，馬觸木而死，勒亦幾殆，乃曰：「不用忠臣言，吾之過也。」乃賜琅朝服、錦絹，爵關内侯。於是朝臣謁見，忠言競進矣。

晉都尉魯潛叛，以許昌降於勒。石瞻攻陷晉兗州刺史檀斌於鄒山，斌死之。勒西夷中郎將王勝襲殺并州刺史崔琨、上黨内史王眘，以并州叛於勒。先是，石季龍攻劉曜將劉嶽於石梁，至是石梁潰，執嶽送襄國。季龍又攻王勝於并州，殺之。李矩以劉嶽之敗也，懼，自滎陽遁歸，矩長史崔宣率矩衆二千降於勒。於是盡有司、兗之地，徐、豫濱淮諸郡縣皆降之。

勒命徙洛陽晷影於襄國，列之單于庭。銘佐命功臣三十九人於石函，置於建德前殿。

此節亦見御覽五百九十。

丙戌。趙王八年　春正月〔五〕，立桑梓苑於襄國。此節亦見御覽一百九十六。

勒嘗夜微行，檢察營衛，齎繒帛金銀以賂門者求出。永昌門門候王假欲收捕之，從者至，乃止。旦召假以爲振忠都尉，爵關内侯。勒如苑鄉，召記室參軍徐光。光醉，不至。以光物情所湊，常不平之，因此發怒，退爲牙門。勒自苑鄉如鄴，徐光侍直，愠然攘袂振紟，仰視不顧。勒因而惡之，讓光曰：「何負卿而敢怏怏邪？」於是幽光并其妻子於獄。

八月，修三臺〔六〕。勒既將營鄴宫，又欲以其世子弘爲鎮，密與程遐謀之。石季龍自以勳效之重，仗鄴爲基，雅無去意。及修構三臺，遷其家室，季龍深憾遐，遣左右數十人夜入遐宅，姦其妻女，掠衣物而去。十月，以世子、衛將軍弘鎮鄴〔七〕，配禁兵萬人，車騎所統五十四營悉配之，以驍騎領門臣祭酒王陽專統六夷以輔之。

石聰攻壽春不剋，遂寇逡遒、阜陵，殺掠五千餘人，京師大震。濟岷太守劉闓、將軍張闔等叛，害下邳内史夏嘉，以下邳降於石生。石瞻攻河南太守王羨於邾，陷之。龍驤將軍王國叛，以南郡降於勒。晉彭城内史劉續復據蘭陵、石城，石瞻攻陷之。

勒令州郡有墳發掘不掩覆者，推劾之，骸骨暴露者，縣爲備棺衾之具。以牙門將王波爲記室參軍，典定九流，始立秀、孝試經之制。

丁亥。九年

戊子。太和元年〔八〕茌平令師懽獲黑兔，獻之於勒。程遐等以爲勒「龍飛革命之祥，於晉以水承金，兔，陰精之獸，玄爲水色，此示殿下宜速副天人之望也」。於是大赦，以咸和三年改年曰太和。

石堪攻晉豫州刺史祖約於壽春，屯師淮上。晉龍驤將軍王國以南郡叛，降於堪。南陽都尉董幼叛，率襄陽之衆又降於堪。祖約諸將佐皆陰遣使附於勒。石聰與堪濟淮，陷壽春，祖約奔歷陽，壽春百姓陷於聰者二萬餘户。

劉曜敗季龍於高候，遂圍洛陽。勒滎陽太守尹矩、野王太守張進等皆降之。

張進，元城屠各人也。爲刺奸外部都督，糾舉不避豪右，軍中憚之，號曰「張霹靂」。御覽四百二十八〔九〕。

襄國大震，勒將親救洛陽，左右長史司馬郭敖、程遐等固諫曰：「劉曜乘勝兵盛，難與爭鋒，金墉糧豐，攻之未必卒拔。曜懸軍千里，勢不久支。不可親動，動無萬全，大業去矣。」勒大怒，按劍叱遐等出。於是赦徐光，召而謂之曰：「劉曜乘高候之勢，圍守洛陽，庸人之情皆謂其鋒不可當也。然曜帶甲十萬，攻一城而百日不剋，師老卒殆，以我初鋭擊之，可一戰而擒。若洛陽不守，曜必送死冀州，自河以北，席卷南向，吾事去矣。程遐等不欲吾親行，卿以爲何如？」光對曰：「劉曜乘高候之勢而不能進臨襄國，更守金墉，此其無能爲也。懸軍三時，無攻戰之利，若鸞旗親駕，必覩旌奔敗。定天下之計，在今一舉，今此機會，所謂天授，授而不應，禍之攸集。」勒笑曰：「光之言是也。」此段亦見御覽二百九十。佛圖澄亦謂勒曰：「大軍若出，必擒劉曜。」勒尤悦，使内外戒嚴，有諫者斬。

命石堪、石聰及豫州刺史桃豹等各統見衆會滎陽，使石季龍進據石門，以左衛石邃都督中軍事，勒統步騎四萬赴金墉，濟自大堨。先是流澌風猛，軍至冰泮清和，濟畢流澌大至。勒以爲神靈之助也，命曰「靈昌津」。勒顧謂徐光曰：「曜盛兵成皋閒〔一〇〕，一作「關」。上計也；阻洛水，其次也；坐守洛陽者，成擒也。」勒諸軍集於成皋，步卒六萬，騎二萬七千。勒見曜無守軍，大悦，舉手指天，又自指額，曰：「天也。」數句亦另見御覽三百六十四。乃卷甲銜枚，而詭道兼路，出於鞏訾之間。知曜陳其軍十餘萬於城西，彌悦，謂左右曰：「可以賀我矣。」勒統步騎四萬，入自宣陽門，升故大極前殿。季龍步卒三萬，自城北而西攻其中軍，石堪、石聰等各以精騎八千，自城西而北擊其前鋒，大戰於西陽門。勒躬貫甲冑，出自閶閭夾擊之。曜軍大潰，石堪於陣擒曜送之〔一一〕，以徇於軍也。以上亦見御覽二百九十。斬首五萬餘級，枕尸於金谷。勒下令曰：「所欲擒者一人耳，今已獲之。其敕將士，抑鋒止鋭，縱其歸命之路。」乃旋師，使征東石邃等帥騎衛曜而北。

及是祖約舉兵敗，降於勒，勒使王波讓之曰：「卿逆極勢窮，方來歸命，吾朝豈逋逃之藪邪？而卿敢有靦面目也！」示之以前後檄書，乃赦之。

己丑。二年〔一二〕劉曜子熙等去長安，奔於上邽，遣季龍討之。

勒巡行冀州諸郡，引見高年、孝悌、力田、文學之士，班賜穀帛有差。令遠近牧守宣告屬城：諸所欲言，靡有隱諱，使知區區之朝，虚渴讜言也。

車騎虎剋上邽〔一三〕，遣主簿趙封奉傳國玉璽〔一四〕、金璽、太子璽各一送之於勒〔一五〕。季龍進攻集木且羌於河西，剋之，俘獲數萬，秦隴悉平。涼州牧張駿大懼，遣使稱藩，貢方物於勒。徙氐羌十五萬落於司、冀州。

校勘記

〔一〕四年二月　見偏霸部，載記無。

〔二〕尋署衛將軍以張躍爲長史　載記、偏霸部並無，湯球或據後文「拜世子衛軍長史」補。

〔三〕春秋史漢諸傳　偏霸部同，載記作「史書」。

〔四〕生遂攻陷康城　「生」，原作「石」，據載記改。

〔五〕趙王八年春正月　見御覽卷一九六引，載記無。

〔六〕八月修三臺　見偏霸部，載記無。

〔七〕十月以世子衛將軍弘鎮鄴　偏霸部同，載記作「勒以弘鎮鄴」。

〔八〕太和元年　纂録同，偏霸部誤作「太和十年」，載記無。

〔九〕「四百二十八」，原誤「四百二十六」，今改。

〔一〇〕成皋閒　御覽卷二九〇引同，載記作「成皋關」。

〔一一〕於陣擒曜送之　通典卷一五三作「於陣擒曜」，載記、偏霸部作「執曜送之」，御覽卷二九〇引作「擒曜」。

〔一二〕二年　見偏霸部，載記無。

〔一三〕車騎虎　偏霸部同，載記作「季龍」。

〔一四〕奉傳國玉璽　「奉」，偏霸部同，載記作「送」。

〔一五〕送之於勒　「送之」，見偏霸部，載記無。

十六國春秋輯補卷十五

後趙録五

石勒

庚寅。建平元年　勒羣臣議，以勒功業既隆，祥符竝萃，宜時革徽號，以答乾坤之望。二月〔一〕，車騎石虎等奉皇帝璽綬〔二〕，上尊號於勒，勒不許。羣臣固請，勒乃以咸和五年僭號趙天王，行皇帝事，大赦〔三〕。尊其祖邪曰宣王，父周曰元王，立其妻劉氏爲王后，世子弘爲太子。署其子宏爲持節〔四〕、散騎常侍、都督中外諸軍事、驃騎大將軍、大單于，封秦王；左衛將軍斌太原王；小子恢爲輔國將軍、南陽王；中山公季龍爲太尉、守尚書令、中山王；石生河東王；石堪彭城王。以季龍子邃爲冀州刺史，封齊王，加散騎常侍；武衛將軍宣左將軍；挺侍中、梁王。署左長史郭敖爲尚書左僕射，右長史程遐爲右僕射、領吏部尚書，左司馬夔安、右司馬郭殷、從事中郎李鳳、前郎中令裴憲爲尚書，署參軍事徐光爲中書令、領秘書監。

徐光字季武，頓丘人。父聰，以牛醫爲業。光幼好學，有文才。年十三，王陽攻頓丘，掠之而令主秣馬。光但書柱作詩賦而不親馬事，陽怒，撻之，啼呼終夜不止。左右以白勒，勒令召光，付紙筆，光立爲頌。陽奇之，賜衣服。勒署爲參軍，遷爲中書令〔五〕。依初學記十一、御覽二百二十及三百八十四引補〔六〕。

論功封爵，開國郡公文武二十一人，侯二十四人；縣公二十六人，侯二十二人。其餘文武各有差。侍中任播等參議，以趙承金爲水德，旗幟尚玄，牲牡尚白，子社丑臘，勒從之。勒下書曰：「自今有疑難大事，八座及委丞郎齊詣東堂，詮詳平決。其有軍國要務須啓者，令、僕、尚書隨局入陳，弗避寒暑昏夜也。」

勒以祖約不忠於本朝，誅之，及其諸子姪親屬百餘人。

八月，羣臣又固請勒，以名位不正，宜即尊號〔七〕。九月〔八〕，僭即皇帝位，大赦境内，改年曰建平。自襄國都臨漳。追尊其高祖曰順皇，曾祖曰威皇，祖曰宣皇，父曰世宗元皇帝，妣曰元昭皇太后。文武封進各有差。立其妻劉氏爲皇后。又定昭儀、夫人，位視上公，貴嬪、貴人視列侯，員各一人；三英、九華視伯，淑媛、淑儀視子，容華、美人視男，務簡賢淑，不限員數。

勒荆州監軍敦敬、南蠻校尉董幼寇襄陽。勒驛令敬退屯樊城，戒之使偃藏旗幟，寂若無人，彼若使人觀察，則告之曰：「自愛堅守，後七八日大騎將至，相禁不復得走矣。」〔九〕敬使人浴馬於津，周而復始，晝夜不絶。偵諜還告晉南中郎將周撫，撫以爲勒軍大至，懼而奔武昌。敬入襄陽，軍無私掠，百姓安之。此段亦見御覽二百九十四。晉平北將軍魏該弟遐等率該部衆，自石城降於敬。敬毁襄陽，遷其百姓於沔北，城樊城以戍之。

秦州休屠王羌叛於勒，刺史臨深遣司馬管光帥州軍討之，爲羌所敗。隴右大擾，氐羌悉叛。勒遣石生進據隴城，王羌兄子擢與羌有仇，生乃賂擢，與掎擊之。羌敗，奔涼州。徙秦州夷豪五千餘户於雍州。

勒下書曰：「自今諸有處法，悉依科令。吾所忿戮，怒發中旨者，若德位已高，不宜訓罰，或服勤死事之孤，邂逅罹譴，門下皆各列奏之，吾當思擇而行也。」

堂陽人陳豬妻一産三男，賜其衣帛廩食，乳婢一口，復三歲弗事。

時高句麗、肅慎致其楛矢，宇文屋孤並獻名馬於勒。涼州牧張駿遣長史馬詵奉圖送款，高昌、于寘、鄯善、大宛使獻其方物。晉荆州牧陶侃遣兼長史王敷聘於勒，致江南之珍寶奇獸。秦州送白虎、白鹿，荆州送白雉、白兔，濟陰木連理，甘露降苑鄉。勒以休瑞並臻，遐方慕義，赦三歲刑已下，均百姓去年逋調。特赦涼州殊死，涼州計吏皆拜郎中，賜絹十四、綿十斤。

辛卯。二年　正月〔一〇〕，勒南郊，有白氣自壇屬天。勒大悦，還宫，赦四歲刑。遣使封張駿武威郡公，食涼州諸郡。勒親耕籍田，還宫，赦五歲刑，賜其公卿已下金帛有差。勒以日食，避正殿三日，令羣公卿士各上封事。禁州郡諸祠堂非正典者皆除之，其能興雲致雨，有益於百姓者，郡縣更爲立祠堂〔一一〕，殖嘉樹，準嶽瀆已下爲差等。

四月，勒於鄴議營新宫〔一二〕，廷尉續咸上書切諫，曰：「臣聞唐虞之治，采椽茅茨，土階三尺，美彰於詩書；漢文惜百金，不營露臺，稱之於千古。迨夏商之瓊臺瑶室，楚秦之章華阿房，資財内竭，華夷外叛。」〔一三〕勒大怒曰：「不斬此老臣，朕宫不得成也。」敕御史收之。中書令徐光進曰：「陛下天資聰睿，超邁唐虞，而更不欲聞忠臣之言，豈夏癸、商辛之君邪？其言可用，用之；不可用，故當容之。奈何一旦以直言而斬列卿乎？」勒歎曰：「爲人君不得自專如是，豈不識此言之忠乎，向戲之爾。人家有百匹資，尚欲市别宅，况有天下之富、萬乘之尊乎？終當繕之耳。」詔曰〔一四〕：「且敕停作，申吾直臣之氣也。」〔一五〕因賜咸絹百匹、稻百斛。又下書令公卿百寮歲薦賢良、方正、直言、秀異、至孝、廉清各一人，答策上第者拜議郎，中第中郎，下第郎中。其舉人得遞相薦引，廣招賢之路。起明堂、辟雍、靈臺於襄國城西。

九月，以太尉中山王虎爲大司馬，程遐開府儀同〔一六〕。

是月大雨霖〔一七〕，中山西北暴水，流漂巨木百餘萬根，此三句亦見御覽八百七十七。集於堂陽。勒大悦，謂公卿曰：「諸卿知不？此非爲災也，天意欲吾營鄴都耳。」於是令少府任汪、都水使者張漸等監營鄴宫，勒親授規模。

蜀梓潼、建平、漢固三郡蠻巴降於勒。

勒以成周土中，漢晉舊京，復有移都之意。乃命洛陽爲南都，置行臺治書侍御史於洛陽。

壬辰。三年　正月〔一八〕，勒因饗高句麗、宇文屋孤使，大饗於建德殿〔一九〕。酒酣，謂徐光曰：「朕方自古開基何等主也？」對曰：「陛下神武籌略，邁於高皇〔二〇〕；雄藝卓犖，超絶魏祖。自三王以來無可比也，其軒轅之亞乎！」勒笑曰：「人豈不自知，卿言亦已太過。朕若逢高皇，當北面而事之，然猶與韓、彭競鞭而爭先耳。脱一作「倘」。遇光武者，當並驅於中原，未知鹿死誰手。大丈夫行事，當磊磊落落，如日月皎然，終不能如曹孟德、司馬仲達父子，欺他孤兒寡婦，狐媚以取天下也。朕當在二劉之間耳，軒轅豈所擬乎！」其羣臣皆頓首稱萬歲。

晉將軍趙胤攻剋馬頭，石堪遣將軍韓雍救之，至則無及。遂寇南沙、海虞，俘獲五千餘人。初，郭敬之退據樊城也，王師復戍襄陽。至是，敬又攻陷之，留戍而歸。

暴風大雨雹，震建德殿、端門、襄國市西門倒〔二一〕，殺五人。雹起西河介山，大如鷄子，平地三尺，洿下丈餘，行人禽獸死者萬數。歷太原、樂平、武鄉、趙郡、廣平、鉅鹿，千餘里樹木摧折，禾稼蕩然。勒正服於東堂以問徐光曰：「歷代已來，有斯災幾也？」光對曰：「周、漢、魏、晉皆有之，雖天地之常事，然明王未始不爲變，所以敬天之怒也。去年禁寒食，介子推，帝鄉之神也，歷代所尊，或者以爲未宜替也，故有此災〔二二〕。以上亦見御覽八百七十八。一人吁嗟，王道尚爲之虧，況羣神怨憾，而不怒動上帝乎？縱不能令天下同爾，介山左右，晉文之所封也，宜任百姓奉之。」勒下書曰：「寒食既并州之舊風，朕生其俗，不能異也。前者外議，以子推諸侯之臣，王者不應爲忌，故從其議。儻或由之而致斯災乎？子推雖朕鄉之神，非法食者亦不得亂也。尚書其促檢舊典，定議以聞。」有司奏以子推歷代攸尊，請普復寒食，更爲植嘉樹，立祠堂，給户奉祀。勒黄門郎韋謏駁曰：「案春秋，藏冰失道，陰氣發泄爲雹。自子推以前，雹者復何所致？此自陰陽乖錯所爲耳。且子推賢者，曷爲暴害如此？求之冥趣，必不然矣。今雖爲冰室，懼所藏之冰不在固陰沍寒之地，多皆山川之側，氣泄爲雹也。以子推忠賢，令綿介之閒奉之爲允，於天下，則不通矣。」勒從之，於是遷冰室於重陰凝寒之所，并州復寒食如初。

勒令其太子省可尚書奏事，使中常侍嚴震參綜可否，征伐刑斷大事乃呈之。自是震威權之盛，過於主相矣。季龍之門可設雀羅，季龍忿，怏怏不悦。

郭敬南掠江西，晉南中郎將桓宣承其虚攻樊城，取城之衆而去。敬旋師救樊，追戰於涅水，敬前軍大敗，宣亦死傷大半，盡取所掠而止。宣遂南取襄陽，留軍戍之。

勒如鄴，臨季龍第，謂之曰：「功力不可並興，待宫殿成後，當爲王起第。勿以卑小悒悒也。」季龍免冠拜謝，勒曰：「與王共有天下，何所謝也？」

建平四年〔二三〕癸巳。有流星大如象，尾足蛇形，自北極西南流五十餘丈，光明燭地，墜於河，聲聞九百餘里。此節亦見御覽八百七十五。黑龍見鄴井中，勒觀龍，有喜色，朝其羣臣於鄴。命郡國立學官，每郡置博士祭酒二人，弟子百五十人，三考修成，顯升台府。於是擢拜太學生五人爲佐著作郎，録述時事。時大旱，勒親臨廷尉録囚徒，五歲刑已下，皆輕決遣之。重者賜酒食，聽沐浴，一須秋論。還未及宫，澍雨大降。雍州刺史石生上言西鄉竹死；蛇鼠鬭於安定府閒，二日，蛇死；臨涇馬生角；長安城中鷄鳴音皆曰「基慈」；安定廳事前後聞誦書聲，求之不得，七日乃止。隕石於肥鄉〔二四〕。

六月〔二五〕，勒如其灃水宫，因疾甚而還。召中山王虎與其太子弘〔二六〕、中常侍嚴震等侍疾禁中。季龍矯命絶弘、震及内外羣臣親戚，勒疾之增損，莫有知者。詐召石宏、石堪還襄國。勒疾小瘳，見宏驚曰：「秦王何故來邪？使王藩鎮，正備今日。有呼者邪？自來也？有呼者誅之！」季龍大懼曰：「秦王思慕暫還耳，今謹遣之。」數日，復問之，季龍曰：「奉詔即遣，今已半路矣。」更諭宏在外，遂不遣之。廣阿蝗，季龍密遣其子邃率騎三千，游於蝗所。熒惑入昴，星隕於鄴東北六十里，黄霧四塞，氛連蔽天〔二七〕。此節依御覽八百七十八引補。初，有赤黑黄雲如幕，長數十丈〔二八〕，一作「四」。二句亦見御覽八百七十七。交錯，忽有旋風下屬地，隱隱聲如雷震〔二九〕，墜地氣熱如火，塵起連天。時有耕者往視之，土猶燃沸。良久視之〔三〇〕，見有一大石方尺餘，青色而輕，擊之，音如磬。此句依御覽九引補。

勒疾甚，遺令：「三日而葬，内外百寮既葬除服，無禁婚娶、祭祀、飲酒、食肉，征鎮牧守不得輒離所司以奔喪。斂以時服，載以常車，無藏金寶，無内器玩。大雅沖幼，恐非能構荷朕志，中山已下其各司所典，無違朕命。大雅與斌宜善相維持，司馬氏汝等之殷鑒，其務於敦穆也。中山王深可三思周霍，勿爲將來口實。」以咸和七當作「八」。年七月薨於西閣〔三一〕，時年六十，在位十五年。夜瘞山谷，莫知其所。備文物虚葬，號高平陵，僞謚明皇帝，廟號高祖。

石弘

弘字大雅，勒之第二一作「三」。子也〔三二〕。母程夫人，右光禄遐之妹〔三三〕。幼有孝行，以恭謙自守，受經於杜嘏，誦律於續咸。勒曰：「今世非承平，不可專以文業教也。」於是使劉徵、任播授以兵書，王陽教之擊刺。立爲世子，領中領軍。尋署衛將軍，使領開府辟召。後鎮鄴。

建平元年〔三四〕，勒僭位，立爲太子。虚衿愛士，好爲文詠，其所親昵，莫非儒素。勒謂徐光曰：「大雅愔愔，殊不似將家子。」光曰：「漢祖以馬上取天下，孝文以玄默治之。聖人之後，必世勝殘，天之道也。」勒大悦，光因曰：「皇太子仁孝温恭，中山王雄暴多詐，陛下一旦不諱，臣恐社稷必危。宜漸奪中山威權，使太子早參朝政。」勒納之。程遐又言於勒曰：「中山王勇武權智，羣臣莫有及者。觀其志也，自陛下之外，視之蔑如。兼荷專征歲久，威振外内，性又不仁，殘忍無賴，其諸子並長，皆預兵權。陛下在，自當無他，恐其怏怏不可以輔少主也。宜一作「乞」。早除之〔三五〕，以便大計。」勒曰：「今天下未平，兵難未已，大雅沖幼，宜任强輔〔三六〕。中山佐命功臣，親同魯衛，方委以伊霍之任，何至如卿言也？卿當患輔幼主之日，不得獨擅帝舅之權故耳。吾亦當參卿於顧命，勿爲過懼也。」遐泣曰：「臣所言者至公，陛下以私賜距，豈明主開襟納説、忠臣必盡之義乎？中山雖爲皇太后所養，非陛下天屬，不可以親義期也。杖陛下神規，微建鷹犬之效，陛下酬其父子以恩榮，亦已足矣。魏任司馬懿父子，終於鼎祚淪移，以此而觀中山，豈將來有益者乎？臣因緣多幸，託瓜葛於東宫，臣而不竭言於陛下，而誰言之？陛下若不除中山，臣已見社稷不復血食矣。」勒不從。遐退告徐光曰：「主上向言如此，太子必危，將若之何？」光曰：「中山常切齒於吾二人，恐非但國危，亦爲家禍。當爲安國寧家之計，不可坐而受禍也。」光復承閒言於勒曰：「陛下廓平八州，帝有海内，而神色不悦者，何也？」勒曰：「吴蜀未平，書軌不一，司馬家猶不絶於丹陽，恐後之人將以吾爲不應符録，每一思之，不覺見於神色。」光曰：「臣以陛下爲憂腹心之患，而何暇更憂四支乎。何則？魏承漢運爲正朔帝王，劉備雖紹興巴蜀，亦不可謂漢不滅也。吴雖跨江東，豈有虧魏美？陛下既苞括二都，爲中國帝王，彼司馬家兒，復何異玄德？李氏亦猶孫權。符録不在陛下，竟欲安歸？此四支之輕患耳。中山王藉陛下指授神略，天下皆言其英武亞於陛下，兼其殘暴多姦，見利忘義，無霍伊之忠。父子爵位之重，勢傾王室。觀其耿耿常有不滿之心，近於東宫曲讌，有輕皇太子之色，陛下隱忍容之。臣恐陛下萬年之後，宗廟必生荆棘。此心腹之重疾也，惟陛下圖之。」勒默然，而竟不從。

及勒薨，虎執弘〔三七〕，一作「政」。使臨軒，命收程遐、徐光下廷尉。石季龍因中書令徐光於襄國詔獄，光在獄中注解經史十餘萬言〔三八〕。依初學記二十、御覽六百四十三引補。召其子冀州刺史邃率兵入禁宿衛〔三九〕，文武靡不奔散。弘大懼，讓位於季龍。季龍曰：「君薨而世子立，臣安敢亂之？」弘泣而固讓，季龍怒曰：「若其不堪，天下自當有大議，何足預論？」遂以咸和七當作「八」。年逼立之，改年曰延熙。文武百寮進位一等，誅程遐、徐光。

弘策拜中山王虎爲丞相〔四〇〕、魏王、大單于，加九錫，以魏郡等十三郡爲邑，總攝百揆。虎僞固讓，久而受命，赦其境内殊死已下，立其妻鄭氏爲魏王后，子邃爲魏太子，加使持節、侍中、大都督中外諸軍事、大將軍、車騎大將軍、冀州刺史，封河間王；韜爲前鋒將軍、司隸校尉，封樂安王；遵齊王；鑒代王；苞樂平王；徙太原王斌爲章武王。勒文武舊臣皆補左右丞相閑任，季龍府寮舊昵悉署臺省禁要。命太子宫曰崇訓宫，勒妻劉氏已下皆徙居之，簡其美淑，及勒車馬珍寶服御之上者，皆入於己。署鎮軍夔安領左僕射，尚書郭殷爲右僕射。

劉氏謂石堪曰：「皇祚之滅，不復久矣。王將何以圖之？」堪曰：「先帝舊臣皆已斥外，衆旅不復由人。宫殿之内無所措籌，臣請出奔兗州，據廪丘，挾南陽王爲盟主，宣太后詔於諸牧守征鎮，令各率義兵，同討桀逆，蔑不濟也。」劉氏曰：「事急矣，便可速發，恐事淹變生。」堪許諾，微服輕騎襲兗州，失期不剋，遂南奔譙城。季龍遣其將郭太等追擊之，獲堪於城父，送襄國炙而殺之。徵石恢還於襄國。劉氏謀泄，季龍殺之。

石勒劉皇后，侍中閏中妹，後部胡人也。勒納之於胡關，美色有特寵。張枰反於襄城，后袖劒斬之，勒賴后而濟。后性惠有幹，助理軍國之務，有吕氏輔漢之風，然整嚴貞婉，容裕不妬忌過之也。石弘即位，尊爲皇太后，與彭城王堪謀殺石虎。謀泄，虎殺之。依御覽一百四十二引補。

尊弘母程氏爲皇太后。

時石生鎮關中，石朗鎮洛陽，皆起兵於二鎮。季龍留子邃守襄國，統步騎七萬攻朗於金墉，金墉潰，獲朗，刖而斬之。進師攻長安，以石挺爲前鋒大都督，生遣將軍郭權率鮮卑涉璝部衆二萬爲前鋒距之，生統大軍繼發，次於蒲坂。前鋒及挺大戰潼關，敗績。挺及丞相左長史劉隗皆戰死，季龍退奔澠池，枕尸三百餘里。鮮卑密通於季龍，背生而擊之。生時停蒲坂，不知挺之死也，懼，單馬奔長安。郭權乃復收衆三千，與越騎校尉石廣相持於渭汭。生不能守長安，欲西上隴，士卒散盡，遂入於鷄頭山〔四一〕。四句依御覽四十四引校補。將軍蔣英固守長安。季龍聞生之奔也，帥師入關，進攻長安。旬餘，拔之，斬蔣英等。分遣諸將屯於汧，徙雍、秦州華戎十餘萬户於關東。生部下斬生於鷄頭山〔四二〕，一作「爲追兵所害」。山在鄠縣東〔四三〕。二句依御覽四十四引校補。季龍還襄國，大赦。諷弘命己建魏臺，一如魏輔漢故事。郭權以生敗，據上邽以歸順。

甲午。延熙元年〔四四〕詔以權爲鎮西將軍、秦州刺史，於是京兆、新平、扶風、馮翊、北地皆應之。弘鎮西石廣與權戰，敗績。季龍遣郭敖及其子斌等率步騎四萬討之，次於華陰。上邽豪族害權以降，徙秦州三萬餘户於青、并二州諸郡。南氐楊難敵等送任通和。

長安陳良夫奔於黑羌，招誘北羌四角王薄句大等，擾北地、馮翊，與石斌相持。石韜等率騎掎句大之後，與斌夾擊，敗之，句大奔於馬蘭山。郭敖等懸軍追北，爲羌所敗，死者十七八，斌等收軍還於三城。季龍聞而大怒，遣使殺郭敖。

七月，改頓丘爲魏國，沿一作「分」。魏郡至一作「立」。黎陽〔四五〕。

石宏有怨言，季龍幽之。

十月，弘齎璽綬，親詣魏宮，諭禪位意〔四六〕。虎曰：「天下人自當有議，何爲自論此也？」弘還宮，對其母流涕曰：「先帝真無復遺矣。」俄而，虎曰：「弘昏昧愚暗，處喪無禮，不可以君臨萬國，奉承宗廟，便當廢之，云何禪讓？」〔四七〕十一月〔四八〕，石虎遣丞相郭殷持節入，廢弘爲海陽王。弘安步就車，容色自若，謂羣臣曰：「不堪纂承大統，顧慚羣后，此亦天命去矣，又何言？」百官莫不流涕，宫人慟哭。此節亦見御覽三百八十八。咸康元年，幽弘及太后程氏并秦王宏、南陽王恢於崇訓宮〔四九〕，尋殺之。趙明諫，不從〔五〇〕。

趙明字顯昭，南陽人。虎攝位，拜爲尚書。及誅勒諸子，明諫曰：「明帝功格皇天，爲趙之太祖，安可以絶之？」虎曰：「吾之家事，幸卿不須言也。」以直言忤旨，故十年不遷。貞固之風，時論擬之蘇則。依御覽四百五十四引補。

在位二年卒，時年二十二。

張賓

張賓字孟孫，趙郡中丘人也。父瑶，中山太守。賓少好學，博涉經史，不爲章句，闊達有大節，常自謂昆弟曰：「吾自言智算鑒識，不後張子房，但不遇高祖耳。」爲中丘王帳下都督，非其好也，病免。及永嘉大亂，石勒爲劉元海輔漢將軍，與諸將下山東。賓謂所親曰：「吾歷覽諸將多矣，獨胡將軍可與共成大事者。」乃提劍軍門，大呼請見，此段亦見御覽三百四十二。勒亦未之奇也。後漸進規謨，乃異之，引爲謀主。機不虛發，算無遺策，成勒之基業，皆賓之勳也。及爲右長史、大執法，封濮陽侯，任遇優顯，寵冠當時。而謙虛敬慎，開襟下士，士無賢愚，造之者莫不得盡其情焉。肅清百寮，屏絶私昵，入則格言，出則歸美。勒甚重之，每朝，常爲之正容貌、簡辭令，呼曰「右侯」而不名之，勒朝莫與爲比也。及卒，勒親臨哭之，哀慟左右。贈散騎常侍、右光禄大夫、儀同三司，謚曰「景」。將葬，送於正陽門，望之流涕，顧左右曰：「天欲不成吾事邪？何奪吾右侯之早也！」程遐代爲右長史，勒與遐議，有所不合，輒歎曰：「右侯捨我去，令我與此輩共事，豈非酷乎？」因流涕彌日。

校勘記

〔一〕二月　偏霸部同，載記作「於是」。

〔二〕車騎石虎　偏霸部同，載記作「石季龍」。

〔三〕大赦　見偏霸部，載記無。

〔四〕其子宏　「宏」，原作「弘」，據載記改。

〔五〕徐光字季武至中書令　此節以御覽卷三八四引文爲本。「年十三」之下，御覽卷三八四引有「嘉平中」，初學記卷一一、御覽卷二二〇引無。「以白勒勒令召光」，初學記卷一一、御覽卷二二〇引同，御覽卷三八四引作「以白陽陽令召光」。按輯補此處從「勒」字，下文又從御覽卷三八四引作「陽奇之」，文意錯亂。「勒署爲參軍遷爲中書令」，御覽卷三八四引無，初學記卷一一、御覽卷二二〇引僅「遷爲中書令」。

〔六〕「二百二十」，原誤「二百二十七」，今改。

〔七〕八月至宜即尊號　「八月」、「以名位不正」，見偏霸部，載記無。

〔八〕九月　偏霸部同，載記作「勒乃」。

〔九〕相禁不復得走矣　「禁」，御覽卷二九四引、通典卷一五三同，載記作「策」。

〔一〇〕正月　見偏霸部，載記無。

〔一一〕郡縣更爲立祠堂　「爲立」，原作「立爲」，據載記乙正。

〔一二〕四月勒於鄴議營新宫　偏霸部「於鄴」作「如鄴」，餘同，載記作「勒將營鄴宫」。

〔一三〕曰臣聞至華夷外叛　見偏霸部，載記無。

〔一四〕詔曰　見偏霸部，載記無。

〔一五〕申吾直臣之氣也　「申」，偏霸部同，載記作「成」。

〔一六〕九月至開府儀同　見偏霸部，載記無。

〔一七〕是月大雨霖　「是月」，偏霸部同，載記作「時」。「霖」，原作「霧」，據載記、偏霸部、御覽卷八七七引改。

〔一八〕三年正月　見偏霸部，載記無。

〔一九〕大饗於建德殿　見偏霸部，載記無。

〔二〇〕邁於高皇　「高皇」，原作「高王」，據載記、偏霸部改。

〔二一〕暴風至襄國市西門倒　「雹震」，御覽卷八七八引，載記作「震雹」。「倒」，見御覽卷八七八引，載記無。

〔二二〕故有此災　見御覽卷八七八引，載記無。

〔二三〕建平四年　見御覽卷八七五引，載記無。

〔二四〕雍州刺史石生至隕石於肥鄉　見纂録、偏霸部，載記無。「安定廳事前後聞誦書聲」，纂録同，偏霸部「後」作「夜」。

〔二五〕六月　見偏霸部，載記無。

〔二六〕中山王虎　偏霸部同，載記作「石季龍」。

〔二七〕黄霧四塞氛連蔽天　見御覽卷八七八引，載記無。

〔二八〕長數十丈　「丈」，御覽卷八七七引同，載記作「匹」。

〔二九〕忽有旋風至聲如雷震　「忽有旋風下屬地隱隱」，見御覽卷九引，載記無。

〔三〇〕良久視之　見御覽卷九引，載記無。

〔三一〕七月薨於西閣　見偏霸部，載記無。

〔三二〕勒之第二子也　「二」，載記同，偏霸部作「三」。

〔三三〕母程夫人右光禄遐之妹　見偏霸部，載記無。

〔三四〕建平元年　見偏霸部，載記無。

〔三五〕宜早除之　「宜」，載記、偏霸部同，纂録作「乞」。

〔三六〕宜任强輔　「强」，原作「弼」，據載記改。

〔三七〕虎執弘　載記作「季龍執弘」，偏霸部作「虎執政」。

〔三八〕石季龍囚至十餘萬言　見初學記卷二〇、御覽卷六四三引，載記無。「囚」，初學記、御覽引皆作「幽」。「襄國」，初學記引同，御覽引誤作「襄陽國」。

〔三九〕召其子冀州刺史邃率兵入禁宿衛　載記作：「召其子邃率兵入宿衛。」偏霸部作：「召子冀州刺史遂帥兵入禁宿衛。」

〔四〇〕中山王虎　偏霸部同，載記作「季龍」。

〔四一〕生不能守長安至鷄頭山　御覽卷四四引同，載記作：「生遂去長安，潛於雞頭山。」

〔四二〕生部下斬生於鷄頭山　載記同，御覽卷四四引作「爲追兵所害」。

〔四三〕山在鄠縣東　見御覽卷四四引，載記無。

〔四四〕延熙元年　見偏霸部，載記無。

〔四五〕七月至黎陽　見纂録、偏霸部，載記無。「魏國」，纂録同，偏霸部作「衛國」。「沿」，纂録同，偏霸部作「分」。「至」，纂録同，偏霸部作「立」。

〔四六〕十月至諭禪位意　偏霸部無「位」字，餘同，載記作：「弘齎璽綬，親詣季龍，諭禪位意。」

〔四七〕虎曰弘昏昧至云何禪讓　見偏霸部，載記無。

〔四八〕十一月　見偏霸部，載記無。

〔四九〕幽弘至崇訓宮「太后程氏」，載記作「程氏」，偏霸部作「太后」。「秦王宏南陽王恢」，屠本卷一四同，載記作「宏恢」，偏霸部作「南陽王恢」。

〔五〇〕趙明諫不從　載記無，蓋湯球自補以啓下文。

十六國春秋輯補卷十六

後趙録六

石虎

石虎字季龍，勒之從子也〔一〕。祖曰㔨邪，父曰寇覓。勒父朱幼而子之，故或謂之爲勒弟焉。年六七歲，有善相者曰：「此兒貌奇有壯骨，貴不可言。」晉永興中，與勒相失。嘉平元年〔二〕，劉琨送勒母王及虎於葛陂，時年十七矣。性殘忍，好馳獵，喧遊無紀度〔三〕。尤善彈，數彈人，軍中每以爲毒患。勒白王將殺之，曰：「此兒凶暴，無使軍人殺之，聲名可惜，宜自除也。」〔四〕王曰：「快牛犢子小時多能破車，爲復小忍，勿怯之。」〔五〕年十八，檢攝恭謹，嚴重愛士〔六〕。身長七尺五寸，趫捷便弓馬，勇冠當時，將佐親戚莫不敬憚。勒甚嘉焉，拜征虜將軍，爲娉將軍郭榮妹爲妻。季龍寵惑優僮鄭櫻桃而殺郭氏，更納清河崔氏女，櫻桃又譖而殺之。所爲酷虐，軍中有勇幹策略與己侔者，輒方便二字一作「因事」。害之〔七〕，前後所殺甚衆。至於降城陷壘，不復斷别善惡，坑斬士女，尠有遺類。勒雖屢加責誨〔八〕，而行意自若。然御衆嚴而不煩，莫敢犯者，指授攻討，所向無前，故勒寵之，信任彌隆，仗以專征之任。

勒之居襄國，署爲魏郡太守，鎮鄴三臺。後封繁陽侯。勒即大單于、趙王位，署爲單于元輔、都督禁衛諸軍事，遷侍中、開府，進封中山公。及勒僭號，授太尉、守尚書令，進封爲王，邑萬户。季龍自以勳高一時，謂勒即位之後，大單于必在己，而更以授其子弘，季龍深憾之。以程遐間己，而每爲所抑〔九〕。張季字文伯，羌渠部人也。頗曉相法，常謂虎曰：「明公之相，非人臣之骨。」虎掩其口曰：「君勿妄言，族吾父子。」〔一〇〕御覽七百三十。私謂其子邃曰：「主上自都襄國以來，端拱指授而已。吾躬當矢石二十餘年，南擒劉岳，北走索頭，東平齊魯，西定秦雍，剋殄十有三州。成大趙之業者，我也。大單于之望實在於我，而授黄吻婢兒。每一憶此，令人不復能寢食。待主上晏駕之後，不足復留種也。」既廢殺勒子弘〔一一〕，羣臣已下勸其稱尊號，季龍下書曰：「王室多難，海陽自棄，四海業重，故俛從推逼。朕聞道合乾坤者稱皇，德協人神者稱帝，皇帝之號，非所敢聞。且可稱居攝趙天王，以副天人之望。」

乙未。建武元年晉咸康元年。正月〔一二〕，大赦其境内，改元曰建武。以夔安爲侍中、太尉，守尚書令，郭殷爲司空，韓晞爲尚書左僕射，魏概、馮莫、張崇、曹顯爲尚書，申鍾爲侍中，郎闓爲光禄大夫，王波爲中書令。文武封拜各有差。立其子邃爲太子。季龍以讖文「天子當從東北來」，於是備法駕行自信都而還以應之，分瘿陶之柳鄉立停駕縣。

季龍徐州從事朱縱殺刺史郭祥，以彭城歸順。季龍遣將王朗擊之，縱奔淮南。

虎荒遊廢政，外耽營繕，使太子邃省可尚書奏事，選牧守、祀郊廟〔一三〕，惟征伐刑斷乃親覽之。鸛雀一作「觀省」，誤。臺崩，殺典匠少府任汪。復使修之，倍於常度。

三月，南游寇歷陽，臨江而還，江東大震〔一四〕。遣其征虜石遇寇中廬，遂圍平北將軍桓宣於襄陽。輔國將軍毛寶、南中郎將王國、征西司馬王愆期等率荆州之衆救之，屯於章山。遇攻守二旬，軍中饑疫而還。

季龍以租入殷廣，轉輸勞煩，令中倉歲入百萬斛，餘皆儲之水次。晉將軍淳于安攻其琅邪費縣，俘獲而歸。石邃保母劉芝初以巫術進，既養邃，遂有深寵。通賄賂、豫言論，權傾朝廷，親貴多出其門，遂封芝爲宜城君。季龍下書令刑贖之家，得以錢代財帛，無錢聽以穀麥，皆隨時價輸水次倉。冀州八郡雨雹，大傷秋稼，下書深自咎責，遣御史所在發水次倉麥以給秋種，尤甚之處差復一年。鸛雀臺成，賜匠有差〔一五〕。九月，遷都鄴宮〔一六〕。尚書請太常告廟，季龍曰：「古者將有大事，必告宗廟，而不列社稷。尚書可詳議以聞。」公卿乃請使太尉告社稷，從之。及入鄴宮，澍雨周洽。季龍大悅，赦殊死已下。尚方令解飛機巧若神，妙思奇發〔一七〕，造指南車就〔一八〕，季龍以其搆思精微，賜爵關內侯，賞賜甚厚。此節亦見御覽七百七十五〔一九〕。始制散騎常侍已上得乘軺車，王公郊祀乘副車、駕四馬，龍旂八旒，朔望朝會節乘軺軒。

時羌薄句大猶保險未賓〔二〇〕，遣其子章武王斌帥精騎二萬，並秦雍二州兵以討之。季龍如長樂、衛國，有田疇不闢、桑業不修者，貶其守宰而還。

丙申。建武二年〔二一〕晉咸康二年。使牙門將張彌率衆一萬〔二二〕，徙洛陽鐘虡、九龍、翁仲、銅駝、飛廉於鄴。鐘一没於河，募浮没三百人入河，繫以竹絙，牛百頭轆轤引之，乃出。造萬斛舟載以渡之。以四輪纏綱車，轍廣四尺、深二尺，運至於鄴〔二三〕。此段亦見御覽七百六十九。季龍大悅，赦二歲刑，賚百官穀帛，百姓爵一級。

下書曰：「三載考績，黜陟幽明，斯則先王之令典，政道之通塞。魏始建九品之制，三年一清定之，雖未盡弘美，亦縉紳之清律，人倫之明鏡。從爾以來，遵用無改。先帝創臨天下，黄紙再定，至於選舉，銓爲首格，自不清定，三載於兹。主者其更銓論，務揚清激濁〔二四〕，使九流咸允也。吏部選舉，可依晉氏九班選制，永爲揆法。選畢經中書門下，宣示三省，然後行之。其著此詔書於令，銓衡不奉行者，御史彈坐以聞。」

索頭郁鞠率衆三萬降於季龍，署鞠等一十三人親通趙王，皆封列侯，散其部衆於冀、青等六州。時衆役煩興，軍旅不息，加以諸州自建武元年十一月不雨雪，至於二年八月，穀價踴貴〔二五〕，金一斤直米二升〔二六〕。民流死者十有五六〔二七〕，百姓嗷然，人無生賴矣〔二八〕。此節亦見御覽三十五及八百一十〔二九〕。又納解飛之説，於鄴正南投石於河以起飛橋，功費數千億萬，橋竟不成。役夫饑甚，乃止。使令長率丁壯隨山澤采橡捕魚，以濟老弱。而復爲權豪所奪，人無所得焉。又料殷富之家，配饑人以食之，公卿以下出穀以助賑給。姦吏因之，侵割無已，雖有貸贍之名，而無其實。

改直蕩爲龍騰，冠以絳幘。

於襄國起太武殿〔三〇〕，於鄴造東西宫，至是皆就。太武殿基高二丈八尺，以文石綷之，下穿爲伏室，置衛士五百人於其中。東西七十五步，南北六十五步，皆漆瓦金鐺、銀楹金柱、珠簾玉璧，窮極伎巧。又起靈風臺九殿於顯揚殿後，選召百官州郡民女以充之〔三一〕。

後庭服綺縠、玩珍奇者萬餘人，内置女官十有八等。教宫人星占及馬步射。置女太史於靈臺，仰觀災祥，以考外太史驗察之虚實〔三二〕。數句亦見御覽一百四十五。又置女鼓吹羽儀，䄏伎工巧，皆與外侔。禁郡國不得私學星讖，敢有犯者誅。左校令成公段造庭燎於崇杠之末，高十餘丈，上盤置燎，下盤置人，絚繳上下。虎試而悦之。丁酉。三年〔三三〕，太保夔安等文武五百九十人上皇帝尊號勸進〔三四〕，方入而庭燎油灌下盤，死者七人。虎惡之，大怒，腰斬成公段于閶闔門。於是依殷周之制，以咸康三年僭稱大趙天王。即位於南郊，大赦殊死以下。追尊祖㔨邪爲武皇帝，父寇覓爲太宗孝皇帝，纂録本作「追尊考樂平敬公爲太宗孝皇帝」，係在六年，此疑有誤。立其鄭氏爲天王皇后。石虎鄭后名櫻桃，晉亢從僕射鄭世達家妓也。在衆猥妓中，虎數歎其貌於太后，太后給之〔三五〕。依御覽三百八十引補。以子邃爲天王皇太子，親王皆貶封郡公，藩王爲縣侯，百官封署各有差。

太原徙人有五百餘户叛入黑羌。

武鄉長城徙人韓强獲玄玉璽，方四寸七分，龜紐金文，詣鄴獻之。拜强騎都尉，復其一門。夔安等又勸進曰：「臣等謹案：大趙水德，玄龜者，水之精也，玉者，石之寶也。分之數以象七政，寸之紀以準四極，昊天成命，不可久違。輒下史官擇吉日、具禮儀，謹昧死上皇帝尊號。」季龍下書曰：「過相褒美，猥見推逼，覽增恧然，非所望也。其亟止兹議。今東作告始，自非京城内外，皆不得表慶。」中書令王波上玄璽頌以美之。季龍以石弘時造此璽，强遇而獻之。

太子邃自總百揆之後〔三六〕，荒酒淫色，驕恣無道。或盤遊於畋〔三七〕，懸管而入；或夜百騎宿於宫臣家〔三八〕，淫其妻妾。裝飾宫人美淑者，斬首洗血，置於盤上，傳共視之。又納諸比丘尼有姿色者，與其交褻而殺之，合牛羊肉煮而食之，亦賜左右，欲以識其味也。河間公宣、樂安公韜有寵於季龍，邃疾之如仇。虎荒耽内遊，威刑違度，邃以事爲可呈，呈之，虎怒曰：「此小事，何足呈也？」時有所不聞，復怒曰：「何以不呈？」誚責杖捶，月至再三。邃甚愠，私謂常從無窮、長生、中庶子李顔等曰：「官家難稱，吾欲行冒頓之事，卿從我乎？」顔等伏不敢對。邃稱疾不省事，率宫臣文武五百餘騎，宴於李顔别舍。謂顔等曰：「我欲至冀州殺石宣，有不從者斬。」行數里，騎皆逃散，李顔叩頭固諫，邃亦昏醉而歸。邃母鄭氏聞之，私遣中人責邃，邃怒，殺其使。季龍聞邃有疾，遣所親任女尚書察之。邃呼前與語，抽劍擊之。季龍大怒，收李顔等詰問，顔具言始末。誅顔等三十餘人，幽邃於東宫。既而赦之，引見太武東堂。邃朝而不謝，俄而便出。季龍遣使謂邃曰：「太子應入朝中宮，何以便去？」邃逕出不顧。季龍大怒，廢邃爲庶人。其夜，虎殺太子邃此句亦見通鑑考異〔三九〕。及妃張氏，并男女二十六人盡賜死，合一棺埋之〔四〇〕。誅其宮臣友黨二百餘人〔四一〕，廢鄭氏爲東海太妃。立其子河間公宣爲天王皇太子〔四二〕，宣母杜昭儀爲天王皇后。

石虎杜皇后名珠，不知何許人。平幽州，在王浚妓中，虎見而悅之，因請於勒，勒引見，號曰「才人」，以賜虎。性恭惠柔婉，寵倖亞於鄭后也。依御覽一百四十五引補。

安定人侯子光弱冠美姿儀，自稱佛太子，從大秦國來，當王小秦國。易姓名爲季子楊〔四三〕，游於鄠縣爰赤眉家，頗見其妖狀，事徵有驗，赤眉信恭之，妻以二女，轉相扇惑。京兆樊經、竺龍、嚴謀、謝樂子等聚衆數千人於杜南山，子楊稱大黃帝，建元曰龍興。赤眉與經爲左右丞相，龍、謀爲左右大司馬，樂子爲大將軍。鎮西石廣擊斬之於鄠〔四四〕，子楊頸無血，十餘日而面色無異於生。此段亦見御覽三百七十九。

戊戌。四年　季龍將伐遼西鮮卑段遼，募有勇力者三萬人，皆拜龍騰中郎。遼遣從弟屈雲襲幽州，刺史李孟退奔易京。季龍以桃豹爲橫海將軍，王華爲渡遼將軍，統舟師十萬出漂榆津；支雄爲龍驤大將軍、姚弋仲爲冠軍將軍，統步騎十萬爲前鋒，以伐段遼。季龍衆次金臺，支雄長驅入薊。遼漁陽太守馬鮑、代相張牧、北平相陽裕、上谷相侯龕等四十餘城並率衆降於季龍。支雄攻安次，斬其部大夫那樓奇。遼懼，棄令支奔於密雲山。遼左右長史劉羣、盧諶、司馬崔悦等封其府庫，遣使請降。季龍遣將軍郭太、麻秋等輕騎二萬追遼，及之，戰於密雲，獲其母妻，斬級三千。遼單馬竄險，遣子乞特真送表及名馬，季龍納之。乃遷其户二萬餘於雍司兖豫四州之地，諸有才行者皆擢敘之。先是，北單于乙回爲鮮卑敦那所逐，既平遼西，遣其將李穆擊那破之，復立乙回而還。季龍入遼宫，論功封賞各有差。

初，慕容皝與段遼有隙，遣使稱藩於季龍，陳遼宜伐，請盡衆來會。及軍至令支，皝師不出，季龍將伐之，天竺佛圖澄進曰：「燕福德之國，未可加兵。」季龍作色曰：「以此攻城，何城不克？以此衆戰，誰能禦之？區區小豎，何所逃也？」太史令趙攬固諫曰：「燕地歲星所守，行師無功，必受其禍。」季龍怒，鞭之，黜爲肥如長。進師攻棘城，旬餘不剋。皝遣子恪帥胡騎二千晨出挑戰，諸門皆若有師出者，四面如雲。季龍大驚，棄甲而遁。於是召趙攬復爲太史令。

季龍旋自令支，過易京，惡其固而毁之。還謁石勒墓，朝其羣臣於襄國建德前殿，復從征文武有差。至鄴，設飲至之禮，賜俘遍於丞郎。

季龍謀伐昌黎，遣渡遼曹伏將青州之衆渡海，戍蹋頓城，無水而還。因戍於海島，運穀三百萬斛以給之。又以船三百艘，運穀三十萬斛詣高句麗，使典農中郎將王典率衆萬餘，屯田於海濱。又令青州造船千艘。

使石宣率步騎二萬，擊朔方鮮卑斛摩頭〔四五〕，破之，斬首四萬餘級。

冀州八郡大蝗，司隸請坐守宰，季龍曰：「此政之失和，朕之不德，而欲委咎守宰，豈禹湯罪己之義邪？司隸不進讜言，佐朕不逮，而歸咎無辜，所以重吾之責。可白衣領司隸。」

加其子司徒韜金鉦黄鉞、鑾輅九旒。

先是，使襄城公涉歸、上庸公日歸率衆戍長安，二歸告鎮西石廣私樹恩澤，潛謀不軌，季龍大怒，追廣，至而殺之。

段遼於密雲山遣使詐降，季龍信之，使征東麻秋百里郊迎，敕秋曰：「受降如待敵，將軍慎之。」遼又遣使降於慕容皝曰：「胡貪而無謀，吾今請降求迎，彼終不疑也。若伏重軍以要之，可以得志。」皝遣子恪伏兵於密雲，麻秋統衆三萬迎遼，爲恪所襲，死者十六七，秋步遁而歸。季龍聞之驚怒，方食，吐餔，乃削秋官爵。

己亥。五年　下書令諸郡國立五經博士。初，勒置大小學博士，至是復置國子博士、助教。季龍以選舉斥外耆德而勢門童幼多爲美官，免郎中魏奐爲庶人。

以其太子宣爲大單于，建天子旌旗。

以夔安爲征討大都督，統五將、步騎七萬寇荆揚北鄙。石閔敗王師於沔陰，將軍蔡懷死之。宣將朱保又敗王師於白石，將軍鄭豹、談玄、郝莊、隨相、蔡熊皆遇害。季龍將張賀度攻陷邾城，敗晉將毛寶於邾西，死者萬餘人。夔安進據胡亭，晉將軍黄沖、歷陽太守鄭進皆降之。安於是掠七萬户而還。

時豪戚侵恣，賄託公行，季龍患之，擢殿中御史李巨爲御史中丞，特親任之。自是百僚震懾，州郡肅然。季龍曰：「朕聞良臣如猛虎，高步通衢而豺狼避路，信矣哉。」鎮遠王擢表雍秦二州望族，自東徙以來，遂在戍役之例，既衣冠華冑，宜蒙優免。從之。自是皇甫、胡、梁、韋、杜、牛、辛等十有七姓，蠲其兵貫，一同舊族，隨才銓叙，思欲分還桑梓者聽之。其非此等，不得爲例。

以其撫軍李農爲使持節、監遼西北平諸軍事、征東將軍、營州牧，鎮令支。

十二月丁丑，太保桃豹卒〔四六〕。桃豹字安步，范陽人。少時以膽勇騎射稱。嘗攘臂大言曰：「大丈夫遭魏太祖，不封萬户侯、位上將者，非丈夫也！」時類笑之。豹罵言：「爾鼠子輩安知君子豹變之志乎？」從起中原，豹爲十八騎之雄，事勒甚恭〔四七〕。依御覽三百九十一引補。

校勘記

〔一〕石虎字季龍勒之從子也　偏霸部同，載記作：「石季龍，勒之從子也，名犯太祖廟諱，故稱字焉。」載記避諱稱「季龍」，輯補多改作「虎」，不一一具校。

〔二〕嘉平元年　偏霸部同，載記作「後」。

〔三〕喧遊無紀度　偏霸部同，載記作「遊蕩無度」。

〔四〕曰此兒凶暴至宜自除也　見偏霸部，載記無。

〔五〕快牛犢子至勿怯之　偏霸部同，載記作：「快牛爲犢子時，多能破車，汝當小忍之。」

〔六〕檢攝恭謹嚴重愛士　偏霸部同，載記作「稍折節」。

〔七〕輒方便害之　「方便」，載記同，偏霸部作「因事」。

〔八〕屢加責誨　「誨」，偏霸部同，載記作「誘」。

〔九〕以程遐閒已而每爲所抑　載記無。

〔一〇〕張季字文伯至族吾父子　載記無。御覽卷七三〇引「張季」作「張秀」，餘同。

〔一一〕既廢殺勒子弘　偏霸部作「既廢殺弘」，載記作：「咸康元年，季龍廢勒子弘。」

〔一二〕建武元年正月　見偏霸部，載記無。

〔一三〕虎荒遊廢政至祀郊廟　「荒遊廢政」，載記同，偏霸部作「志荒内遊」。「外耽營繕」，偏霸部同，載記作「多所營繕」。「太子」，見偏霸部，載記無。

〔一四〕三月至江東大震　偏霸部作：「三月，南遊臨江而還，江東大震。」載記作：「季龍自率衆南寇歷陽，臨江而旋，京師大震。」

〔一五〕鸛雀臺成賜匠有差　偏霸部「鸛雀臺」作「鶴省臺」，餘同，載記無此句。

〔一六〕九月遷都鄴宫　偏霸部同，載記作「季龍將遷于鄴」。

〔一七〕機巧若神妙思奇發　見御覽卷七七五引，載記無。

〔一八〕造指南車就　御覽卷七七五引同，載記作「作司南車成」。

〔一九〕「七百七十五」，原誤「七百七十三」，今改。

〔二〇〕時羌薄句大猶保險未賓　「猶」，原作「酋」，據載記改。

〔二一〕建武二年　偏霸部作「二年」，載記作「咸康二年」。

〔二二〕率衆一萬　見御覽卷七六九引，載記無。

〔二三〕運至於鄴　御覽卷七六九引作「至於鄴」，載記作「運至鄴」。

〔二四〕揚清激濁　原作「揚激清濁」，據載記乙正。

〔二五〕加以諸州至穀價踴貴　御覽卷三五引同，載記作「加以久旱穀貴」。

〔二六〕金一斤直米二升　「升」，御覽卷三五、八一〇引同，載記作「斗」。

〔二七〕民流死者十有五六　御覽卷三五引「流」作「流散」，餘同，載記無。

〔二八〕人無生賴矣　御覽卷三五引無「矣」字，載記無「人」字。

〔二九〕「三十五」，原誤「三千五」，今改。

〔三〇〕太武殿　原作「大武殿」，據載記改。下文「太武」、「大武」間出，今並改從「太武」。

〔三一〕選召百官州郡民女以充之　纂録同，偏霸部「選」作「采」，餘同。載記作「選士庶之女以充之」。

〔三二〕外太史驗察之虛實　「驗察」，見御覽卷一四五引，載記無。

〔三三〕三年　見偏霸部，載記無。

〔三四〕太保夔安等文武五百九十人上皇帝尊號勸進　「夔安」，載記同，偏霸部誤作「安夔」。「五百九十」，偏霸部同，載記無「十」字。「上皇帝尊號勸進」，偏霸部同，載記作「勸季龍稱尊號」。

〔三五〕石虎鄭后至太后給之　見御覽卷三八〇引，載記無。

〔三六〕太子邃　偏霸部同，載記作「邃」。

〔三七〕盤遊於畋　偏霸部作「盤于遊畋」，載記作「盤游于田」。

〔三八〕夜百騎宿於宮臣家　偏霸部同，載記「百騎宿」作「出」。

〔三九〕通鑑卷九五咸康三年考異云：「按十六國、晉春秋，殺邃皆在咸康三年，燕書恐誤。今從十六國、晉春秋。」按，考異指示十六國春秋事件繫年，非引原文，原注不確。

〔四〇〕及妃張氏至埋之　「妃」，偏霸部同，載記作「妻」。「并」，見載記，偏霸部無。「盡賜死」，見偏霸部，載記無。「合一棺埋之」，偏霸部同，載記作「同埋於一棺之中」。

〔四一〕宮臣友黨　「友」，偏霸部同，載記作「支」。

〔四二〕其子河間公宣　載記作「其子宣」，偏霸部作「河間公宣」。

〔四三〕季子楊　載記作「李子楊」，御覽卷三七九引作「季子」，下闕。

〔四四〕鎮西石廣擊斬之於鄠　「於鄠」，見御覽卷三七九引，載記無。

〔四五〕斛摩頭　原作「斛萬頭」，據載記改。

〔四六〕十二月丁丑太保桃豹卒　載記無，事見通鑑卷九六。

〔四七〕桃豹字安步至事勒甚恭　見御覽卷三九一引，載記無。

十六國春秋輯補卷十七

後趙録七

石虎

庚子。建武六年　追尊號考樂平敬公爲太宗孝皇帝〔一〕。此依纂録本編，載記混附於前。於時大旱，白虹經天，二句亦見御覽八百七十八。季龍下書曰：「朕在位六載，不能上和乾象，下濟黎元，以致星虹之變。其令百僚各上封事。解西山之禁，蒲葦魚鹽除歲供之外，皆無所固。公侯卿牧不得規占山澤，奪百姓之利。」又下書曰：「前以豐國、澠池二冶初建，徙刑徒配之，權救時務，而主者循爲恒法，致起怨聲。自今罪犯流徒，皆當申奏，不得輒配也。京獄見囚，非手殺人，一皆原遣。」其日澍雨。

季龍將討慕容皝，令司、冀、青、徐、幽、并、雍兼復之家，五丁取三，四丁取二，合鄴城舊軍，滿五十萬。具船萬艘，自河通海運穀豆千一百萬斛於安樂城，以備征軍之調。徙遼西、北平、漁陽萬餘户於兖豫雍洛四州之地。

季龍僭位之後，有所調用，皆選司擬官，經令僕而後奏行，不得其人，案以爲令僕之負，尚書及郎不坐。至是，吏部尚書劉真以爲失銓考之體而言之，季龍責怒主者，加真光禄大夫，金章紫綬。

季龍如宛陽，大閲於曜武場。

慕容皝襲幽冀，略三萬餘家而去，幽州刺史石光坐懦弱徵還。

賜徵士辛謐几杖衣服，穀五百斛，勅平原爲起甲第。

先是，李壽將李宏自晉奔於季龍，壽致書請之，題曰「趙王石君」。季龍不悦，付外議之，多有異同。中書監王波議曰：「今李宏以死自誓，若得反魂蜀漢，當鳩率宗族，混同王化。若遣而果也，則不煩一旅之師而坐定梁益〔二〕。就有進退，豈在逃命一夫？壽既號並日月，跨僭一方，今若制詔〔三〕，或敢酬反，則取誚戎裔。宜書答之，并贈以楛矢，使壽知我遐荒必臻也。」於是遣宏備物以酬之。

以石韜爲太尉，與太子宣迭日省可尚書奏事。自幽州東至白狼，大興屯田。

張駿憚季龍之盛，遣其別駕馬詵朝之。季龍初大悦，及覽其表，辭頗蹇傲。季龍大怒，將斬誅，侍中石璞進曰：「爲陛下之患者，丹陽也。區區河右，焉能爲有無。今斬馬誅，必征張駿，則南討之師，勢分爲二，建鄴君臣延其數年之命矣。勝之不爲武，弗剋爲四夷所笑，不如因而厚之。彼若改圖謝罪，率其臣職者，則我又何求？迷而不悟，討之未晚也。」季龍乃止。

李宏既至蜀漢，李壽欲誇其境内，下令云「羯使來庭，獻其楛矢」。季龍聞之，怒甚。黜王波以白衣領中書監。

辛丑。七年

壬寅。八年　季龍志在窮兵，以其國内少馬，乃禁畜馬，匿者腰斬。收百姓馬四萬餘匹以入於公。

六月，上黨孟門上有神人之像坐於山上，三日而去。虎遣使以太牢祀之〔四〕。盛興宮室於鄴，起臺觀四十餘所。營長安、洛陽二宮，作者四十餘萬人。又勑河南四州具南師之備〔五〕，并朔秦雍嚴西討之資，青冀幽州三五發卒，諸州造甲者五十餘萬人。兼公侯牧宰競興私利，百姓失業十室而七。船夫十七萬人，爲水所没、猛獸所害，三分之一。貝丘人李弘因衆心之怨，自言姓名應讖，連結姦黨，署置百寮。事發，誅之，連坐者數千家。

虎馳獵無度，晨出夜歸，又多輕一作「微」。行〔六〕，躬察作役之所。侍中、太子太保韋謏諫曰〔七〕：「臣聞千金之子坐不垂堂，萬乘之主行不履危。陛下雖天生神武，雄據四海，乾坤冥贊，萬無所慮者也。然白龍魚服，有豫且之禍；海若潛游，罹葛陂之酷。深願陛下清宮蹕路，思二神爲元鑒，不可忽天下之重，輕行斤斧之間。一旦有狂夫之變，雖龍騰之勇不暇施也，智士之計豈及設哉？又自古聖王之營建宮室，未始不於三農之隙，所以不奪農時也。今或盛功於耘藝之辰，或煩役於收穫之月，頓斃之徒，怨聲塞路，誠非聖君仁后所忍爲也。昔漢明賢君也，鐘離一言而德陽役止。臣誠識慙昔士，言無可採；陛下道越前王，所宜哀覽。」虎省而善之，賜以束一作「穀」。帛〔八〕，此段亦見御覽四百五十四及七百六十四。而興繕滋繁，游察自若。

右僕射張離領五兵尚書，專總兵要，而欲求媚於石宣，因説之曰：「今諸公侯吏兵過限，宜漸削弱，以盛儲威。」宣素疾石韜之寵，甚悦其言，乃使離奏奪諸公府吏。秦、燕、義陽、樂平四公聽置吏一百九十七人，帳下兵二百人，自此已下，三分置一。餘兵五萬，悉配東宮。於是諸公咸怨，爲大釁之漸矣。

遣征北張舉自雁門討索頭郁鞠，剋之。

制：「征士五人車一乘，牛二頭，米穀二十五斛〔九〕，絹十匹，調不辦者以斬論，將以圖江表。」於是百姓窮窘，鬻子以充軍制，猶不能赴，自經於道路，死者相望，而求發無已。會青州言，濟南平陵城北石虎，一夜中忽移在城東南，善石溝上有狼狐千餘迹隨之，迹皆成路。季龍大悦曰：「虎者，朕也。自平陵城北而東南者，天意將使朕平蕩江南之徵也。天命不可違，其敕諸州兵，明年悉集，朕當親董六師，以副成路之祥。」羣臣皆賀，上皇德頌者一百七人。時妖怪尤多。石然於泰山，八日而滅。東海有大石自立，旁有血流。鄴西山石間血流出，長十餘步，廣二尺餘。初太武殿既成，圖畫自古聖賢、忠臣、烈士、貞女，皆變爲胡狀，旬餘，頭悉入肩中，唯冠帢髣髴微出。石虎大惡之〔一〇〕。以上數句亦見御覽三百六十九。佛圖澄對之流涕。

癸卯。九年晉康建元元年。寧遠劉寧攻武都、狄道，陷之。使石宣討鮮卑斛穀提，大破之。斬首三萬級。

中謁者令申扁有寵於季龍，而宣亦昵之。扁聰辨明斷，專綜機密之任。季龍既不省奏案，宣荒酒内游，石韜沈湎好獵，生殺除拜皆扁所決。於是權傾内外，刺史、二千石多出其門，九卿以下望塵而拜。唯侍中鄭系、王謙，常侍盧諶、崔約等十餘人與之抗禮。

季龍又取州郡吏馬一萬四千餘匹，以配曜武關將，馬主皆復一年。鎮北宇文歸執送段遼之子蘭降於季龍，獻駿馬萬匹。季龍以平西張伏都爲使持節、都督征討諸軍事，帥步騎三萬擊涼州。既濟河，與張駿將謝艾大戰於河西，伏都敗績。

季龍雖昏虐無道，而頗慕經學。遣國子博士詣洛陽寫石經，校中經於秘書。國子祭酒聶熊注穀梁春秋，列於學宮。

燕公石斌淫酒荒穢，常懸管而入，征北張賀度以邊防宜警，每裁諫之。斌怒，辱賀度。季龍聞之大怒，杖斌一百，遣主書禮儀持節監之。斌行意自若，儀持法呵禁，斌怒，殺之。欲殺賀度，賀度嚴衛馳白之。季龍遣尚書張離持節，帥騎追斌，鞭之三百，免官歸第，誅其親任十餘人。

十二月，武鄉送雄虎變爲雌，産一狼子，口噬虎腦而殺之。後三日狼子亦死。佛圖澄聞之流涕〔一一〕。

甲辰。十年〔一二〕季龍饗羣臣於太武前殿，有白雁百餘集於馬道南。季龍命射之，無所獲。既將討三方，諸州兵至者百餘萬。太史令趙攬私於季龍曰：「白雁集殿庭，宮室將空，不宜行也。」季龍納之，臨宣武觀大閲而解嚴〔一三〕。

以燕公斌爲使持節、侍中、大司馬、録尚書事。置左右戎昭、曜武將軍，位在左右衛上；東宮置左右統將軍，位在四率上；置上、中光禄大夫，在左右光禄上；置鎮衛將軍，在車騎將軍上。

時石宣淫虐日甚，而莫敢以告。領軍王朗言之於季龍曰：「今隆冬雪寒，而皇太子使人斫伐宮材，引於漳水。功役數萬，士衆吁嗟，陛下宜因游觀而罷之也。」季龍如其言。既而宣知朗所爲，怒欲殺之而無因。會熒惑守房，趙攬承宣旨言於季龍曰：「昴者，趙之分也。熒惑所在，其主惡之，房爲天子，此殃不小。宜貴臣姓王者當之。」季龍曰：「誰可當者？」攬久而對曰：「無復貴於王領軍也。」季龍既惜朗，且猜之，曰：「更言其次。」攬白：「其次唯中書監王波耳」。乃下書，追波前議遣李宏及答楛矢之愆，腰斬之，及其四子，投於漳水，以厭熒惑之變。尋愍波之無罪，追贈司空，封其孫爲侯。

平北尹農攻慕容皝凡城，不剋而還，黜農爲庶人。

時白虹出自太社〔一四〕，經鳳陽門，東南連天，十餘刻乃滅。四句亦見御覽一百八十二。季龍下書曰：「蓋古明王之理天下也，政以均平爲首，化以仁惠爲本，故能允協人和，緝熙神物。

朕以渺薄，君臨萬邦，夕惕乾乾，思遵古烈。是以每下書蠲除徭賦，休息黎元，庶俯懷百姓，仰稟三光。而中年已來，變眚彌顯，天文錯亂，時氣不應，斯由人怨於下，譴感皇天。雖朕之不明，亦羣后不能翼獎之所致也。昔楚相修政，洪災旋弭；鄭卿厲道，氛祲自消，皆股肱之良，用康羣變。而羣公卿士，各懷道迷邦，拱默成敗，豈所望於台輔百司哉？其各上封事，極言無隱。」於是閉鳳陽門，唯元日乃開。二句亦見御覽一百八十二。立二時於靈昌津，祠天及五郊。

李壽以建寧、上庸、漢固、巴徵、梓潼五郡降於季龍。

先是，虎起河橋於靈昌津，采石爲中濟。石無大小，下輒隨流，用功五百餘萬而終不成。虎如靈昌津，遣散騎侍郎崔收沈璧於河中流告誡〔一五〕。俄而所沈璧浮於渚上〔一六〕，已地震水波上騰〔一七〕，津所殿觀莫不傾壞，壓死者百餘人。虎恚甚，乃斬工匠，止作而還〔一八〕。此段亦見御覽七十一。

命石宣、石韜生殺拜除皆迭日省決，不復啓也。司徒申鍾諫曰：「慶賞刑威，后皇攸執，名器至重，不可以假人，皆以防姦杜漸，以示軌儀。太子國之儲貳，朝夕視膳而不及政也。庶人邃往以聞政致敗，殷鑒不遠，宜革而弗遵。且二政分权，匙不及禍，周有子頹之釁，鄭有叔段之難。此皆由寵之不道，所以亂國害親。惟陛下覽之。」季龍不從。

太子詹事孫珍問侍中崔約曰：「吾患目疾，何方療之？」約素狎珍，戲之曰：「溺中則愈。」珍曰：「目何可溺？」約曰：「卿目晼晼，正耐溺中。」珍憾之，以白宣。宣諸子中最胡狀目深，聞之大怒，誅約父子。珍有寵於宣，頗預朝政，自誅約之後，公卿已下憚之側目。

校勘記

〔一〕建武六年至太宗孝皇帝　見纂録、偏霸部，載記無。「樂平敬公」，纂録同，偏霸部作「樂平孝公」。按，載記於石虎稱大趙天王時記追尊祖、父爲帝，其文見輯補上卷建武三年條。

〔二〕一旅之師　「旅」，原作「族」，據載記改。

〔三〕今若制詔　「詔」，原作「契」，據載記改。

〔四〕六月至以太牢祀之　見偏霸部，載記無。

〔五〕又勑　「又」，原作「大」，據載記改。

〔六〕又多輕行　「輕」，御覽卷七六四引同，載記作「微」。

〔七〕太子太保　見御覽卷七六四引，載記無。

〔八〕賜以束帛　「束帛」，御覽卷四五四引同，載記作「縠帛」。

〔九〕米穀二十五斛　「穀二十五」，載記作「各十五」。

〔一〇〕初太武殿至大惡之　御覽卷三六九引「太武殿」作「太式殿」，無「貞女」二字，「皆變爲胡狀」前有「是月」二字，「唯」誤「喉」，餘同。載記作：「太武殿畫古賢悉變爲胡，旬餘，頭悉縮入肩中。季龍大惡之。」事亦見晉書卷九五藝術佛圖澄傳、魏書卷九五石虎傳。

〔一一〕十二月至聞之流涕　纂録同，偏霸部「産」作「乳」，「口」作「七日」，餘同。載記無此節。

〔一二〕十年　偏霸部同，載記作「建元初」，謂晉康帝建元初。

〔一三〕宣武觀　原作「寧武觀」，據載記改。

〔一四〕時白虹出自太社　「時」，御覽卷一八二引作「建武十年」。

〔一五〕遣散騎侍郎崔收沈璧於河中流告誠　御覽卷七一引無「於河」，「誠」作「神」，餘同。偏霸部作「沉璧告誠」，載記作「遣使致祭沈璧于河」。

〔一六〕浮於渚上　「浮」，偏霸部同，載記作「流」。

〔一七〕已地震水波上騰　載記作「地震水波騰上」，御覽卷七一引作「已地震水流」，偏霸部作「水波騰上」。

〔一八〕止作而還　御覽卷七一引同，偏霸部作「而還」，載記作「而止作焉」。

十六國春秋輯補卷十八

後趙録八

石虎

乙巳。十一年晉穆永和元年。季龍子義陽公鑒時鎮關中，役煩賦重，失關右之和。其友李松勸鑒，文武有長髮者，拔爲冠纓，餘以給宫人。長史取髮白之，季龍大怒，以其右僕射張離爲征西左長史、龍驤將軍、雍州刺史以察之。信然，徵鑒還鄴，收松下廷尉，以石苞代鎮長安。

發雍洛秦并州五字一作「雍梁」二字。十六萬人城長安未央宫〔一〕。季龍性既好獵，其後體重不能跨鞍，乃遣司農中郎將費霸帥工匠四千，於東平剛山造獵車千乘〔二〕，轅長三丈，高一丈八尺，罝高一丈七尺〔三〕；格虎車四千乘〔四〕，立三級行樓二層於上，剋期將校獵。上自靈昌津南至滎陽，東極陽都而還〔五〕。使御史監司〔六〕，一作「察」。

其中禽獸有犯者罪至大辟。以上亦見御覽八百卅一。御史因之擅作威福，百姓有美女、好牛馬者，求之不得，便誣以犯獸，論死者百餘家。海岱河濟閒，人無寧志矣。又發司豫荆兗二十六萬人城洛陽宮〔七〕，發百姓牛二萬餘頭配朔州牧官。增置女官二十四等，東宮十有二等，諸公侯七十餘國皆置女官九等。先是，大發百姓女二十已下、十三已上三萬餘人，爲三等之第以分配之。郡縣要媚其旨，務於美淑，奪人婦者九千餘人。百姓妻有美色，豪勢因而脅之，率多自殺。石宣及諸公又私令采發者，亦垂一萬。總會鄴宮，季龍臨軒簡第諸女，大悦，封使者十二人皆爲列侯。自初發至鄴，諸殺其夫及奪而遣之縊死者三千餘人〔八〕。荆楚揚徐閒流叛略盡，宰守坐不能綏懷下獄誅者五十餘人。金紫光禄大夫廣平逯明〔九〕句依廣韻引補。因侍切諫，季龍大怒，遣龍騰拉而殺之。自是朝臣杜口相招，爲禄仕而已。季龍常以女騎一千爲鹵簿，皆著紫綸巾、織錦袴〔一〇〕、金銀鏤帶、五文織成韡，游於戲馬觀。觀上安詔書五色紙在木鳳之口，鹿盧回轉，狀若飛翔焉。

丙午。十二年　遣涼州刺史麻秋等伐張重華。

尚書朱軌與中黄門嚴生不協，會大雨霖，道路陷滯不通。生因譖軌不修道，又訕謗朝政，季龍遂殺之。於是立私論之條，偶語之律，聽吏告其君，奴告其主，威刑日濫，公卿已下朝會以目，吉凶之問自此而絶。軌之囚也，冠軍苻洪諫曰：「臣聞聖主之馭天下也，土階三尺，茅茨不翦，食不累味，刑措而不用。亡君之馭海内也，瑶臺瓊榭〔一一〕，象箸玉杯，截脛剖心，脯賢刳孕，故其亡也忽焉。今襄國、鄴宫，足康帝宇，長安、洛陽，何爲者哉？盤於游田，耽於女德，三代之亡，恒必由此。而忽爲獵車千乘，養獸萬里，奪人妻女，十萬盈宫。尚書朱軌，納言大臣，以道路不修，將加酷法。此自陛下政之失和，陰陽災沴，暴降霖雨七旬，霽方二日。縱有鬼兵百萬尚未及修之，而況人乎？刑政如此，其如史筆何？其如四海何？特願止作徒，休宫女，赦朱軌，允衆望。」季龍省之不悦，憚其强，但寢而不納，弗之罪也。乃停二京作役焉。

丁未。建武十三年永和三年。二月〔一二〕，虎親耕籍田於其桑梓苑，其妻杜氏祠先蠶於近郊。遂如襄國謁勒墓。

以中書監石寧爲征西將軍，率并、司州兵二萬餘人，爲麻秋等後繼。張重華將宋秦等率户二萬來降。河湟間氐羌十餘萬落與張璩相首尾，麻秋憚之，不進。重華金城太守張沖又以郡降石寧，麻秋尋次曲柳。劉寧、王擢進攻始興〔一三〕、武街，重華將楊康等與寧戰於沙阜，寧敗績，乃引還金城。王擢剋武街，執重華護軍曹權、胡宣，徙七千餘户於雍州。季龍又以孫伏都爲征西將軍，與麻秋率步騎三萬長驅濟河，且城長最。重華大懼，遣將謝艾逆擊敗之，秋退歸金城。

勒及季龍貪而無禮，既王有十州之地，金帛珠玉及外國珍奇異貨不可勝紀，而猶以爲不足，曩代帝王及先賢陵墓，靡不發掘而取其寶貨焉。邯鄲城西石子堈上有趙簡子墓，至是季龍令發之。初得炭深丈餘，次得木板厚一尺，積版厚八尺，乃及泉，其水清冷非常。作絞車以牛皮囊汲之，月餘而水不盡，不可發而止。又使掘秦始皇冢，取銅柱鑄以爲器。

時沙門吳進言於虎曰：「胡運將衰，晉當復興，宜苦役晉人以厭其氣。」虎於是使尚書張羣發近郡男女十六萬、車十萬乘，運土築華林苑及長牆於鄴北，廣長五一作「數十」二字。里〔一四〕。此節亦見御覽三十七。趙攬、申鍾、石璞等上疏陳天文錯亂，蒼生凋弊。及因引見，又面陳，辭旨甚切。季龍大怒曰：「牆朝成夕没，吾無憾矣。」乃促張羣以燭夜作，起三觀、四門，三門通漳水，皆爲鐵扉。暴風大雨，死者數萬人。

揚州獻黄鵠雛五〔一五〕，頸長一丈，聲聞十餘里，泛之於玄武池。四句亦見御覽九百十六。郡國前後送蒼麟十六、白鹿七，季龍使司虞張曷柱調之，以駕芝蓋，列於充庭之乘。鑿北城引水於華林園，城崩，壓死者百餘人。

虎命太子宣行祈山川，因而遊獵藪澤〔一六〕，乘大輅，羽葆華蓋，建天子旌旗，十有六軍，戎卒十八萬，出自金明門。季龍從其後宮升陵霄觀望之，笑曰：「我家父子如是，自非天崩地陷，當復何愁？但抱子弄孫，日爲樂耳。」宣既馳逐終夕〔一七〕，所在陳列行宮。四面各以百里爲度，驅圍禽獸，皆暮集行宮〔一八〕。文武跪立，圍守重行，烽炬星羅，光燭如晝。命勁騎百餘馳射其中，宣與嬖姬顯德美人乘輦觀之，嬉娛忘反，獸殫乃止。其有禽獸奔逸，當之者坐，有爵者奪以上亦見御覽八百三十一。馬步驅一日，無爵者鞭之一百。峻制嚴刑，文武戰慄，士卒饑凍而死者萬有餘人。宣弓馬衣食皆號爲御，有亂其閒者以冒禁罪罪之，所過三州十五郡，資儲靡有孑遺。季龍復命石韜亦如之，出自并州，游於秦晉。宣素惡韜寵，是行也，嫉之彌甚。宦者趙生得幸於宣而無寵於韜，微勸宣除之，於是相圖之計起矣。麻秋又襲張重華將張瑁於河陝，敗之，斬首三千餘級。枹罕護軍李逵率衆七千降於季龍，自河已南，氐羌皆降。

戊申。十四年　三月，虎夢龍飛西南，自天落地。旦而問澄公，公曰：「禍將至矣，陛下宜父慈子和，深以慎之。」〔一九〕

四月，秦公韜起宣光殿於太尉府〔二〇〕，梁長九丈，太子宣視而惡之〔二一〕，斬匠截梁而去。

韜怒，增之十丈。宣聞之，恚甚，謂所幸楊柸、牟成等曰：「韜凶豎悖逆，敢違我如是。汝等能殺之者，吾入西宮，當盡以韜之國邑分封汝等。韜既死，主上必親臨喪〔二二〕，因行大事，無不濟矣。」柸等許諾。

八月〔二三〕，東南有黄黑雲，大如數畝，稍分爲三，狀若匹布，東西經天，色黑而青。酉時貫日，日没後分爲七道，每相去數十丈，閒有白雲如魚鱗。子時乃滅。韜素解天文，見而惡之，顧謂左右曰：「此變不小，當有刺客起於京師，不知誰定當之？」是夜，韜讌其寮屬於東明觀，樂奏酒酣，愀然長歎曰：「人居世無常，别易會難，各付一杯，開意爲吾飲，令必醉。知後會復何期而不飲乎？」因泫然流涕，左右莫不歔欷。因宿於佛精舍。宣使楊柸、牟皮、牟成、趙生等緣獮猴梯而入，殺韜，置其刀箭而去。旦，宣奏之，虎哀驚氣絶，久之乃蘇。將出臨之，其司空李農諫曰：「害秦公者恐在蕭牆之内，慮生非常，不可以出。」季龍乃止，嚴兵發哀於太武殿。宣乘素車，從千人臨韜喪，不哭，直言呵呵，使舉衾看尸，大笑而去。收大將軍記室參軍鄭靖、尹武等，將委之以罪。

季龍疑宣之害韜也，謀召之，懼其不入，乃僞言其母哀過危惙，宣不虞己之見疑也，入朝中宫，因而止之。

建興人史科告稱：韜死夜，宿東宮長上楊杯家。杯夜與五人從外來，相與語曰：「大事已定，但願大家老壽，吾等何患不富貴？」語訖便入，科寢闇中，杯不見也。科尋出逃匿。俄而杯與二人出求科不得，杯曰：「宿客聞人向語，當殺之斷口舌。今而得去，作大事矣。」科踰牆獲免。

季龍馳使收之，獲楊杯、牟皮、趙生等，杯、皮尋皆亡去，執趙生而詰之，生具首服。季龍悲怒彌甚，幽宣於席庫，以鐵環穿其頷而鏁之，作數斗木槽，和羹飯以猪狗法食之。取害韜刀箭舐其血，哀號震動宫殿。積柴鄴北，樹標於其上，標末置鹿盧，穿之以繩，倚梯柴積。送宣於標所，使韜所親宦者郝稚、劉霸拔其髮，抽其舌，牽之登梯，上於柴積。郝稚以繩貫其頷，鹿盧絞上，劉霸斷其手足，斫眼潰腹，如韜之傷。四面縱火，煙炎際天。季龍從昭儀已下數千，登中臺以觀之。火滅，取灰分置諸門交道中。殺其妻子二十九人〔二四〕。宣少子年數歲，季龍甚愛之，抱之而泣，兒曰：「非兒罪。」季龍欲赦之，其大臣不聽，遂於懷中取而戮之。兒猶挽季龍衣而大叫，時人莫不爲之流涕，季龍因此發病。又誅其四率已下三百人、宦者五十人，皆車裂節解，棄之漳水。洿其東宫，養猪牛，東宫衛士十餘萬人皆讁戍涼州。先是，散騎常侍趙攬言於季龍曰：「中宫將有變，宜防之。」及宣之殺韜也，季龍疑其知而不告，亦誅之。廢宣母杜氏爲庶人。貴嬪柳氏，尚書耆之女也，以才色特幸，坐其二兄有寵於宣，亦殺之。季龍念其姿色，復納耆少女於華林園。

季龍議立太子，其太尉張舉進曰：「燕公斌、彭城公遵並有武藝文德，陛下神齒已衰，四海未一，請擇二公而樹之。」初，戎昭張豺之破上邽也，獲劉曜幼女，年十二，有殊色。季龍得而嬖之，生子世，封齊公。至是，豺以季龍年長多疾，規立世爲嗣，劉當爲太后，己得輔政，説季龍曰：「陛下再立儲宮，皆出自倡賤，是以禍亂相尋。今宜擇母貴子孝者立之。」季龍曰：「卿且勿言，吾知太子處矣。」又議於東堂，虎曰：「吾欲以純灰三斛洗吾腹，腸穢惡，故生凶子，兒年二十餘便欲殺父。一作「公」。今世方十歲，比其二十，吾已老矣。」於是與張舉、李農定議，敕公卿上書請立世。大司農曹莫不署名，季龍使張豺問其故，莫頓首曰：「天下業重，不宜立少，是以不敢署也。」季龍曰：「莫，忠臣也，然未達朕意。張舉、李農知吾心矣，其令諭之。」遂立齊公世爲皇太子，立昭儀劉氏爲皇后〔二五〕。季龍召太常條攸、光禄勳杜嘏，謂之曰：「煩卿傅太子，實希改轍。吾之相託，卿宜明之。」署攸太傅，嘏爲少傅。

十一月，饗羣臣於太武前殿，佛圖澄殿上褰衣而行吟曰：「棘子成林，將壞人衣。」虎發石而視之，有棘子生焉。冉閔小字棘奴也〔二六〕。

十二月辛巳，雷，大雨霖。虎問佛圖澄：「此何災也？」澄曰：「其爲我乎？」至戊子而澄卒〔二七〕。此節亦見御覽八百七十六。

校勘記

〔一〕雍洛秦并州　載記同，偏霸部作「雍梁」。

〔二〕司農中郎至東平剛山　御覽卷八三一引「剛山」作「罡山」，餘同，載記無。

〔三〕罝高一丈七尺　「罝」，原作「置」，據載記改。

〔四〕格虎車四千乘　「格虎車」，御覽卷八三一引同，載記作「格獸車」。「四千」，御覽卷八三一引、載記並作「四十」。

〔五〕東極陽都而還　「而還」，見御覽卷八三一引，載記無。

〔六〕使御史監司　「司」，御覽卷八三一引同，載記作「察」。

〔七〕又發至洛陽宮　「司豫荆兖」，偏霸部同，載記作「諸州」。「城」，偏霸部同，載記作「修」。

〔八〕諸殺其夫及奪而遣之　「諸」，原作「誅」，據載記改。

〔九〕廣平逯明　「廣平」，載記無。廣韻卷三燭韻「逯」字：「後趙録有金紫光禄大夫廣平逯明。」

〔一〇〕織錦袴　載記、御覽卷六八一引載記皆作「熟錦袴」。

〔一一〕瑶臺瓊榭　「瑶臺」，載記作「傾宫」。

〔一二〕十三年二月　偏霸部同，載記作「永和三年」。

〔一三〕始興　載記同。中華本據晉書卷八六張重華傳、通鑑卷九七改作「晉興」。

〔一四〕五里　御覽卷三七引同，載記作「數十里」。

〔一五〕揚州獻黄鵠雛五　「獻」，御覽卷九一六引同，載記作「送」。

〔一六〕虎命太子宣行祈山川因而遊獵藪澤　御覽卷八三一引無「因而」，餘同，載記作「命石宣祈于山川因而游獵」。

〔一七〕馳逐終夕　「終夕」，御覽卷八三一引同，載記作「無厭」。

〔一八〕暮集行宫　「行宫」，御覽卷八三一引同，載記作「其所」。

〔一九〕十四年至深以慎之　見偏霸部，載記無。

〔二〇〕四月秦公韜起宣光殿於太尉府　偏霸部同，載記作：「石韜起堂于太尉府，號曰宣光殿。」

〔二一〕太子宣視而惡之　偏霸部同，載記作「宣視而大怒」。

〔二二〕主上必親臨喪　「主上」，原作「主人」，據載記、偏霸部改。

〔二三〕八月　偏霸部作「八月殺韜」，載記作「時」。

〔二四〕殺其妻子二十九人　「二十九」，屠本卷一七、魏書卷九五石虎傳同，載記作「九」。

〔二五〕遂立齊公世至皇后　「齊公」，見偏霸部，載記無。「皇太子」，載記同，偏霸部作「皇世子」。「立昭儀」，見偏霸部，載記無。

〔二六〕十一月至棘奴也　載記無，偏霸部「棘子成林」訛作「棘子成杯」，屠本卷一七、晉書藝術佛圖澄傳並作「林」。

〔二七〕十二月至澄卒　載記無，見偏霸部、御覽卷八七六引。偏霸部無「此何災也」，御覽卷八七六引無「辛巳」。

十六國春秋輯補卷十九

後趙録九

石虎

己酉。大寧元年〔一〕虎時疾瘳，以永和五年正月〔二〕，僭即皇帝位於南郊。大赦境内，改年曰大寧。百官增位一等，諸子進爵郡王。以尚書張良爲右僕射。

故東宫謫卒高力等萬餘人當戍涼州，行達雍城。既不在赦例，又敕雍州刺史張茂送之，茂皆奪其馬，令步推鹿車，致糧戍所。高力督定陽梁犢等因衆心之怨，謀起兵東還，陰令胡人吉獨鹿微告戍者，戍者皆踊抃大呼。梁犢乃自稱晉征東大將軍，率衆攻陷下辨，逼張茂爲大都督、大司馬，載以軺車。安西劉寧自安定擊之，大敗而還。秦、雍閒城戍無不摧陷，斬二千石長史，長驅而東。高力等皆多力善射，一當十餘人，雖無兵甲，所在掠百姓大斧，施一丈柯，攻戰若神，所向崩潰。戍卒皆隨之，比至長安，衆已十萬。其樂平王苞時鎮長安，盡鋭距之，一戰而敗。犢遂東出潼關，進如洛川。季龍以李農爲大都督，行大將軍事，統衛軍張賀度、征西張良、征虜石閔等率騎十萬討之，戰於新安，農師不利。又戰於洛陽，農師又敗，乃退壁成皋。犢東掠滎陽、陳留諸郡。季龍大懼，以燕王石斌爲大都督中外諸軍事，率精騎一萬，統姚弋仲、苻洪等擊犢於滎陽東，大敗之，斬犢首而還。討其餘黨，盡滅之。

二月，有沙門從雍州來，稱見佛圖澄西入關。虎掘之，無尸，唯有一石。虎惡之曰：「石者，朕也。葬我而去，吾將死矣。」因而寢疾〔三〕。

晉將軍王龕拔其沛郡。始平人馬勖起兵於洛氏葛谷〔四〕，自稱將軍，石苞攻滅之，誅三千餘家。

時熒惑犯積尸，又犯昴，月及熒惑，北犯河鼓。

洛陽西北九里，石牛在青山上忽鳴，聲聞三十里，遣人打落兩耳及肩，鐵釘四足。此節依北堂書鈔一百六十引補。

未幾，季龍疾甚，以石遵爲大將軍，鎮關右；石斌爲丞相、録尚書事；張豺爲鎮衛大將軍、領軍將軍、吏部尚書，並受遺輔政。劉氏懼斌之輔政也害世，與張豺謀誅之。斌時在襄國，乃遣使許斌曰：「主上患已漸損，王須獵者，可小停也。」斌性好酒耽獵，遂游畋縱飲。劉氏矯命稱斌無忠孝之心，免斌官，以王歸第，使張豺弟雄率龍騰五百人守之。石遵自幽州至鄴，敕朝堂受拜，配禁兵三萬遣之。遵慟哭而去。是日，季龍疾小瘳，問曰：「遵至未？」左右答言：「久已去矣。」季龍曰：「恨不見之。」季龍臨於西閣，龍騰將軍、中郎二百餘人列拜於前，季龍曰：「何所求也？」皆言聖躬不和，宜令燕王入宿衛，典兵馬，或言乞爲皇太子。季龍不知斌之廢也，責曰：「燕王不在內邪？呼來。」左右言王酒病不能入，季龍曰：「促持輦迎之，當付其璽綬。」亦竟無行者。尋惛眩而入。張豺使弟雄等矯季龍命殺斌，劉氏又矯命以豺爲太保、都督中外諸軍、録尚書事，加千兵百騎，一依霍光輔漢故事。侍中徐統歎曰：「禍將作矣，吾無爲豫之。」乃仰藥而死。

四月，虎薨於金華殿〔五〕。季龍始以咸康元年僭位，至此永和五原誤「太和六」。年〔六〕，凡在位十五歲。

石世

於是子世即僞位，尊劉氏爲皇太后，臨朝。進張豺爲丞相。豺請石遵、石鑒爲左右丞相，以慰其心，劉氏從之。

豺與張舉謀誅李農，而舉與農素善，以豺謀告之。農懼，率騎百餘奔廣宗，率乞活數萬家保於上白。劉氏使張舉等率宿衛精卒圍之。豺以張離爲鎮軍大將軍、監中外諸軍事、司隸校尉，爲己之副。鄴中羣盗大起，迭相劫掠。

彭城王遵先鎮關右，至是聞季龍之死，勒兵而還〔七〕，屯於河内。姚弋仲、苻洪、石閔、劉寧及武衛王鸞、寧西王午、石榮、王鐵、立義將軍段勤等既平秦洛〔八〕，班師而歸。遇遵於李城〔九〕，説遵曰：「殿下長而且賢，先帝亦有意於殿下矣，但以末年惛惑，爲張豺所誤。今上白相持未下，京師宿衛空虚，若聲張豺之罪，鼓行而討之，孰不倒戈開門而迎殿下者邪？」遵從之。洛州刺史劉國等亦率洛陽之衆至於李城。

遵檄至鄴，張豺大懼，馳召上白之軍。遵次於蕩陰，戎卒九萬，石閔爲前鋒都督〔一〇〕。豺將出距之，耆舊羯士皆曰：「天子兒來奔喪，吾當出迎之，不能爲張豺城戍也。」踰城而出，豺斬之，不能止。張離率龍騰二千斬關迎遵。劉氏懼，引張豺入，對之悲哭曰：「先帝梓宫未殯而禍難繁興，今皇嗣沖幼，託之於將軍，將軍何以匡濟邪？加遵重官，可以彌否？」豺惶怖失守，無復籌計，但言「唯唯」。劉氏令以遵爲丞相，領大司馬、大都督中外諸軍，録尚書事，加黄鉞、九錫，增封十郡，委以阿衡之任。己丑〔一一〕，遵至安陽亭，張豺懼而出迎，遵命執之。於是貫甲一作「庚申」。曜兵入自鳳陽門〔一二〕，升於太武前殿，擗踴盡哀，退如東閣。斬張豺於平樂市，夷其三族。

假劉氏令曰：「嗣子幼沖，先帝私恩所授，皇業至重，非所克堪。其以遵嗣位。」遵僞讓至於再三，羣臣敦勸乃受之，僭即尊位於太武前殿。大赦殊死已下，罷上白圍。封世爲譙王，邑萬户，待以不臣之禮。廢太后劉氏爲昭儀〔一三〕。此句亦見通鑑考異。尋皆殺之。

世立凡三十三日〔一四〕。此句亦見通鑑考異。

石遵

於是李農歸請罪，遵復其位，待之如初。尊其母鄭氏爲皇太后，立妃張氏爲皇后〔一五〕，以石斌子衍爲皇太子，大司馬義陽王鑒爲侍中、太傅〔一六〕，沛王沖爲太保〔一七〕，石苞爲大司馬，石琨爲大將軍，石閔爲都督中外諸軍事〔一八〕、輔國大將軍、録尚書事，輔政。

其月夜暴風拔樹〔一九〕，震雷，雨雹大如盂升。三句亦見御覽八百七十六及八百七十八。甲午〔二〇〕，太武、暉華殿災，諸門觀閣蕩然，其乘輿服御燒者大半，光燄照天，金石皆盡，火月餘乃滅。

乙未〔二一〕，雨血，周遍鄴城。此句亦見御覽八百七十七。

石沖時鎮于薊，聞遵殺世而自立，乃謂其僚佐曰：「世受先帝之命，遵輒廢殺，罪逆莫大。其敕内外戒嚴，孤將親討之。」於是留寧北沭堅戍幽州，帥衆五萬自薊討遵。傳檄燕、趙，所在雲集，比及常山，衆十餘萬。次於苑鄉，遇遵赦書，謂左右曰：「吾弟一也，死者不可復追，何爲復相殘乎？吾將歸矣。」其將陳暹進曰：「彭城篡殺自尊，爲罪大矣。王雖北旆，臣將南轅，平京師，擒彭城，然後奉迎大駕。」沖從之。遵馳遣王擢以書喻沖，沖弗聽。遵假石閔黄鉞金鉦，與李農等率精卒十萬討之。戰於平棘，沖師大敗，獲沖於元氏，賜死，坑其士卒三萬餘人。

六月〔二二〕，始葬虎，號其墓爲顯原陵，僞謚武皇帝，廟號太祖。

遵揚州刺史王浹以淮南歸順，晉西中郎將陳逵進據壽春，征北將軍褚裒率師伐遵，次於下邳。遵以李農爲南討大都督，率騎二萬來距。裒不能進，退屯廣陵。陳逵聞之，懼，遂焚壽春積聚，毁城而還。

石苞時鎮長安，謀帥關中之衆攻鄴。左長史石光、司馬曹曜等固諫，苞怒，誅光等百餘人。苞性貪而無謀，雍州豪右知其無成，並遣使告晉梁州刺史司馬勳。勳於是率衆赴之，壁於懸鉤，去長安二百餘里。使治中劉焕攻京兆太守劉季離，斬之。三輔豪右多殺其令長，擁三十餘壁，有衆五萬以應勳。苞輟攻鄴之謀，使麻秋、姚國等率騎距勳。遵遣車騎王朗率精騎二萬，外以討勳爲名，因刧苞，送之於鄴。勳又爲朗所距，釋懸鉤，拔宛城，殺遵南陽太守袁景而還。

初，遵之發李城也，謂石閔曰：「努力！事成以爾爲儲貳。」既而立衍，閔甚失望。自以勳高一時，規專朝政，遵忌而不能任。閔既爲都督，總内外兵權，乃懷撫殿中將士及故東宫高力萬餘人，皆奏爲殿中員外將軍，爵關外侯，賜以宫女，樹己之恩。遵弗之猜也，而更題名善惡以挫抑之，衆咸怨矣。而又納中書令孟準、左衛將軍王鸞之計，頗疑憚於閔，稍奪兵權，閔益有恨色。準等咸勸誅之，遵召石鑒等入，議於其太后鄭氏之前，皆請誅之。鄭氏曰：「李城迴師，無棘奴豈有今日？小驕縱之，不可便殺也。」鑒出，遣宦者楊環馳以告閔。十一月，石閔遂刧司空李農及右衛王基等，密謀共廢遵〔二三〕。閔使將軍蘇亥彦、周成率甲士三十八人執遵於南臺如意觀〔二四〕。遵時方與婦人彈碁，問周成等曰：「反者誰也？」成曰：「義陽王鑒當立。」遵曰：「我尚如是，汝等立鑒，復能幾時？」遂殺之於琨華殿，并誅鄭太后、張皇后及其太子衍〔二五〕、上光禄張斐、中書令孟準、左衛王鸞等。

遵字太祗，虎第九子〔二六〕，凡在位一百八十三日。

石鑒

鑒乃僭即位，大赦殊死已下。以石閔爲大將軍，封武德王，李農爲大司馬，並録尚書事。郎闓爲司空，秦州刺史劉羣爲尚書左僕射，侍中盧諶爲中書監。鑒使石苞及中書令李松、殿中將軍張才等夜誅閔、農於琨華殿，不克，禁中擾亂。鑒恐閔爲變，僞若不知者，夜斬松、才於西中華門。張才，即材伎。烏檀部人也。善棋博、蹴踘、鬥鷄諸伎，身長八尺，飲酒石餘不亂〔二七〕。依御覽七百四十四。并誅石苞。

時石祗在襄國，與姚弋仲、苻洪等通和連兵，檄誅閔、農。鑒遣石琨爲都督，與張舉及侍中呼延盛率步騎七萬分討祗等。

中領軍石成、侍中石啓、前河東太守石暉謀誅閔、農，閔、農殺之。龍驤將軍孫伏都、劉銖等結羯士三千人伏於胡天〔二八〕，亦欲誅閔等。時鑒在中臺，伏都率三十餘人，將升臺挾鑒以攻之。鑒見伏都毁閣道，臨問其故，伏都曰：「閔、農等反，已在都掖門〔二九〕。臣嚴率衛士，謹先啓知。」鑒曰：「卿是功臣，好爲官陳力，朕從臺觀卿，勿憂無報也。」伏都有膂力，善尺牘〔三〇〕，及銖率衆攻閔、農，不剋，屯於鳳陽門。閔、農率衆數千，毁金明門而入。鑒懼閔之誅己也，馳招閔、農，開門内之，謂曰：「孫伏都反，卿宜速討之。」閔、農攻斬伏都等，自鳳陽門至琨華，横尸相枕，血流成渠〔三一〕。以上亦見御覽三百七十五。

宣令内外六夷敢稱兵杖者斬之。胡人或斬關、或踰城而出者不可勝數。使尚書王簡、少府王鬱帥衆數千守鑒於御龍觀，懸食給之。石鑒「鑒」原誤「虎」。好食蒸餅，常以乾棗、胡桃瓤爲心，蒸之，使拆裂方食。及爲冉閔所篡幽廢，思其不裂者不可得〔三二〕。此節依御覽八百六十引補。令城内曰：「與官同心者住，不同心者，各任所之。」敕城門不復相禁。於是趙人百里内悉入城，胡羯去者填門。閔知胡之不爲己用也，班令内外，趙人斬一胡首送鳳陽門者，文官進位三等，武職悉拜牙門。一日之中，斬首數萬。閔躬率趙人誅諸胡羯，無貴賤男女少長者皆斬之，數句亦見御覽三百七十五〔三三〕。死者二十餘萬人。尸諸城外，悉爲野犬豺狼所食。屯據四方者，所在承閔書誅之。於時高鼻多鬚至有濫死者〔三四〕。

太宰趙鹿、太尉張舉、中軍張春、光禄石岳、撫軍石寧、武衛張季及諸公侯、卿校、龍騰等萬餘人出奔襄國，石琨奔據冀州。撫軍張沈屯滏口，張賀度據石瀆，建義段勤據黎陽，寧南楊羣屯桑壁，劉國據陽城〔三五〕，段龕據陳留，姚弋仲據混橋，苻洪據枋頭，衆各數萬。

王朗、麻秋自長安奔於洛陽，秋承閔書，誅朗部胡千餘，朗奔於襄國，麻秋率衆奔於苻洪。石琨及張舉、王朗率衆七萬伐鄴，石閔率衆千餘，距之城北。閔執兩刃矛，馳騎擊之，皆應鋒摧潰，斬級三千。琨等大敗，遂歸於冀州。閔與李農率騎三萬討張賀度於石瀆，鑒密遣宦者齎書召張沈等，使承虛襲鄴。宦者以告閔、農，閔、農馳還。

初，青龍元年正月，石閔欲滅二石之號，議曰：「孔子曰：易姓而王七月者，七十有三國。繼趙李，讖書炳然，且德星鎮衛，宜改號大衛，易姓李氏。」又大赦改元〔三六〕。閏月〔三七〕，廢鑒殺之，誅虎孫三十八人，盡殪石氏。

鑒在位一百三日。鑒字大朗，虎第三子也〔三八〕。

季龍小男混，永和八年將妻妾數人奔京師，敕收付廷尉，俄而斬之於建康市。季龍十三子，五人爲冉閔所殺，八人自相殘害，混至此又死。初，讖者言「滅石者陵」，尋而石閔徙封蘭陵公。季龍惡之，改蘭陵爲武興郡，至是終爲閔所滅。

始勒以成帝咸和三年僭立，二主四子，凡二十三年，以穆帝永和五當作「六」。案：鑒在永和六年閏正月見殺。年滅。

校勘記

〔一〕大寧元年　見偏霸部，載記無。按載記下文作「太寧」，輯補亦從「大寧」。

〔二〕正月　見偏霸部，載記無。

〔三〕二月至寢疾　見偏霸部，載記無。

〔四〕馬勖　原作「馬昂」，據載記改。

〔五〕四月虎薨於金華殿　偏霸部作「四月薨于金華殿」，載記作「俄而季龍亦死」。

〔六〕永和五年　載記作「太和六年」。

〔七〕彭城王遵至勒兵而還　偏霸部無「聞季龍之死」五字，餘同，載記此句作：「石遵聞季龍之死」。

〔八〕段勤　原作「段勒」，據載記改。

〔九〕李城　原作「季城」，據載記改。下同。

〔一〇〕前鋒都督　偏霸部同，載記作「前鋒」。

〔一一〕己丑　見偏霸部，載記無。

〔一二〕貫甲曜兵　「貫甲」，載記同，偏霸部作「庚申」。按，纂録正文亦作「貫甲」，校云「一作『庚申』」，庚申距己丑三十日，偏霸部誤。

〔一三〕廢太后劉氏爲昭儀　偏霸部同，載記作「廢劉氏爲太妃」。通鑑卷九八永和五年考異云：「晉春秋及十六國春秋鈔皆云廢太后爲昭儀，今從載記。」

〔一四〕世立凡三十三日　「立凡」，偏霸部同，載記作「凡立」。通鑑卷九八永和五年考異云：「十六國春秋及載記又云立三十三日。按四月己巳至五月庚寅，凡二十二日。」

〔一五〕立妃張氏爲皇后　「妃」，偏霸部同，載記作「妻」。

〔一六〕大司馬義陽王鑒爲侍中太傅　偏霸部無「侍中」，餘同，載記作「石鑒爲侍中」。

〔一七〕沛王沖　偏霸部同，載記作「石沖」。

〔一八〕都督中外諸軍事　「都督」，見偏霸部，載記無。

〔一九〕其月夜暴風拔樹　「其月夜」，見御覽卷八七六引，載記無。

〔二〇〕甲午　見偏霸部，載記無。

〔二一〕乙未　見偏霸部，載記無。

〔二二〕六月　見偏霸部，載記無。

〔二三〕十一月至廢遵　「十一月」、「司空」、「等」、「共」，並見偏霸部，載記無。

〔二四〕閔使將軍至如意觀　「閔」，見偏霸部，載記無。「蘇亥彦」，載記作「蘇亥」，偏霸部作「蘇彦」。「三十八人」，纂録同，偏霸部作「三十人」，載記作「三十」。「南臺」，見偏霸部，載記無。

〔二五〕并誅鄭太后張皇后　偏霸部同，載記作「誅鄭氏」。

〔二六〕字太祇虎第九子　見偏霸部，載記無。

〔二七〕張才烏檀部人也至石餘不亂　載記無此節，御覽卷七四四引「張才」作「張材伎」，「烏檀」作「烏譚」，餘同。按，屠本卷二二張才傳亦用此文。

〔二八〕龍驤將軍孫伏都劉銖等　「將軍」，見偏霸部，載記無。「劉銖」，載記、纂録同，偏霸部作「劉誅」。

〔二九〕閔農等反已在都掖門　偏霸部同，載記「閔農」作「李農」，「都掖門」作「東掖門」。

〔三〇〕有膂力善尺牘　載記無，見御覽卷三七五引。

〔三一〕血流成渠　「成」，原作「九」，據載記改。

〔三二〕石鑒好食至不可得　御覽卷八六〇引「石鑒」作「石虎」，餘同，載記無此節。

〔三三〕「三百七十五」，原作「三百三十五」，今改。

〔三四〕至有濫死者　偏霸部、御覽卷三七五引同，載記下多「半」字。

〔三五〕陽城　原作「楊城」，據載記改。

〔三六〕初青龍元年至大赦改元　見纂録、偏霸部，載記無此節。「初青龍」，纂録同，偏霸部作「青龍初」。「易姓」，纂録同，偏霸部作「死姓」。「七十有三」，纂録同，偏霸部作「七十有二」。「炳」，原作「怲」，據纂録、偏霸部改。

〔三七〕閏月　見偏霸部，載記無。

〔三八〕鑒字大朗虎第三子也　纂録同，偏霸部「大朗」作「太朗」，餘同。載記無此句。

十六國春秋輯補卷二十

後趙録十

石閔

石閔字永曾，小字棘奴，虎之養孫也。父瞻一作「贍」。字弘武〔一〕，本姓冉，名良，魏郡内黄人也。其先漢黎陽騎都督，累世牙門。勒破陳午，於河内獲瞻〔二〕，時年十二。長而勇悍便弓馬，臨陣不顧，勒奇之曰：「此兒壯健可嘉。」命虎子之。驍猛多力，攻戰無前。歷位左積射將軍，封西華侯〔三〕。閔幼而果鋭，虎撫之如孫。及長，身長八尺，善謀策，勇力絶人。虎即位，拜建節將軍，徙封修武一作「盛」。侯〔四〕。歷位北中郎將、游擊將軍。虎之敗於昌黎，閔軍獨全，由此功名大顯。及敗梁犢之後，威聲彌振，胡夏宿將莫不憚之。

庚戌。永興元年晉永和六年。閏月，殺石鑒〔五〕，其司徒申鍾、司空郎闓等四十八人上尊號於閔。閔固讓李農，農以死固請。於是僭即皇帝位於南郊，大赦，改元曰永興，國號稱大魏。復姓冉氏，追尊其祖隆元皇帝，考瞻烈祖高皇帝，尊母王氏爲皇太后，立妻董氏爲皇后，子智爲皇太子。以司馬李農爲太宰〔六〕、領太尉、録尚書事，封齊王，農諸子皆封爲縣公。封其子胤、明、裕皆爲王。文武進位三等，封爵有差。遣使者持節赦諸屯結，皆不從。新興王石祗聞鑒之死〔七〕，僭稱尊號於襄國，改年永寧〔八〕。拜姚弋仲、苻健官〔九〕，句依通鑑考異引補。諸六夷據州郡擁兵者皆應之。

閔遣使臨江告晉曰：「胡逆亂中原，今已誅之，若能共討者，可遣軍來也。」朝廷不答。閔誅李農及其三子，并尚書令王謨、侍中王衍、中常侍嚴震、趙昇等。王謨字思賢，齆鼻，言不清暢，尪短無威儀。將拜曲陽令，石勒疑之，問長史張賓，賓曰：「請試可不。」勒從之。由是政教嚴明，百城尤最。出爲都部從事，守宰去官者十五人〔一〇〕。依御覽二百六十八及三百六十七引補。

晉廬江太守袁真攻其合肥，執南蠻校尉桑坦，遷其百姓而還。石祗遣其相國汝陰王石琨帥衆十萬伐鄴〔一一〕。六月〔一二〕，進據邯鄲，祗鎮南劉國自繁陽會琨。閔盡衆拒之〔一三〕，大敗琨於邯鄲，死者萬餘。劉國還屯繁陽。苻健自枋頭入關。張賀度、段勤與劉國、靳豚會於昌城，將攻鄴。閔遣尚書左僕射劉羣爲行臺都督，使其將王泰、崔通、周成等帥步騎十二萬次於黄城，閔躬統精卒八萬繼之，戰於蒼亭。賀度等大敗，死者二萬八千，追斬靳豚於陰安鄉，盡俘其衆。振旅而歸，戎卒三十餘萬，旌旗鐘鼓緜亘百餘里，雖石氏之盛，無以過之。

閔至自蒼亭，行飲至之禮。清定九流，凖才授任，儒學後門，多蒙顯進，於時翕然，方之爲魏晉之初。閔帥步騎十萬攻石祗於襄國，署其子太原王胤爲大單于、驃騎大將軍，以降胡一千配爲麾下。光禄大夫韋謏啓諫甚切，閔覽之，大怒，誅謏及其子孫。

辛亥。二年 二月〔一四〕，閔攻襄國百餘日，爲土山地道，築室反耕。祗大懼，乃去皇帝之號，改稱趙王，遣太尉張舉乞師於慕容儁，中軍張春請救於姚弋仲〔一五〕。

三月，祗相國汝陰王琨自冀州救祗〔一六〕，弋仲復遣其子襄率騎三萬八千至自滆頭〔一七〕，儁遣將軍悦綰率甲卒三萬自龍城，三方勁卒合十三萬〔一八〕。閔遣車騎胡睦距襄於長蘆，將軍孫威候琨於黄丘，皆爲敵所敗，士卒略盡，睦、威單騎而還。琨等軍且至，閔將出擊之，衛將軍王泰諫曰：「窮寇固迷，希望外援。今强救雲集，欲吾出戰，腹背擊我。宜固壘勿出，觀勢而動，以挫其謀。今陛下親戎，如失萬全，大事去矣。請慎無出，臣請率諸將爲陛下滅之。」閔將從之，道士法饒進曰：「太白經昴，當殺胡王，一戰百剋，不可失也。」閔攘袂大言曰：「吾戰決矣，敢諫者斬。」於是盡衆出戰。姚襄、悦綰、石琨等三面攻之，祗衝其後，閔師大敗。閔潛於襄國行宫，與千餘騎奔還鄴〔一九〕。降胡栗特康等執冉胤及左僕射劉琦等送於祗，盡殺之。司空石璞、尚書令徐機、車騎胡睦、侍中李緋、中書監盧諶、少府王鬱、尚書劉欽、劉休等及諸將士死者十餘萬人，於是人物殲矣。

盗賊蜂起，司、冀大饑，人相食。自季龍末年，冉閔盡散倉庫以樹私恩，與羌胡相攻，無月不戰。青、雍、幽、荆州徙户及諸氐、羌、胡、蠻數百餘萬各還本土，道路交錯，互相殺掠，且饑疫死亡，其能達者十有二三。諸夏紛亂，無復農者。

閔悔之，誅法饒父子，支解之，贈韋謏大司徒。石祗使劉顯帥衆七萬，追奔伐鄴〔二〇〕。時閔潛還，莫有知者，内外洶洶，皆謂閔已歿矣。射聲校尉張艾勸閔親郊以安衆心，閔從之，譌言乃止。劉顯次於明光宫，去鄴二十三里。閔懼，召衛將軍王泰議之，泰恚其謀之不從，辭以瘡甚。閔親臨問之，固辭疾篤，閔怒，還宫顧謂左右曰：「巴奴，乃公豈假汝爲命邪？要將先滅羣胡，卻斬王泰。」於是盡衆而戰，大敗顯軍，追奔至於陽平，斬首三萬餘級。顯懼，密使請降，求殺石祗爲效。閔振旅而歸，會有告王泰招集秦人，將奔關中，閔怒，誅泰，夷其三族。

四月，劉顯殺祗及其丞相樂安王炳、太保張舉、太宰趙鹿等十餘人〔二一〕，傳首於鄴，送質請命。遣拜顯上大將軍、大單于、冀州牧。祗、炳皆虎之庶子也〔二二〕。驃騎石寧奔於柏人。閔命焚祗首於通衢。閔兖州刺史劉啓以鄄城歸順。

七月〔二三〕，劉顯復率衆伐鄴，閔擊敗之，還稱尊號於襄國。閔徐州刺史周成、兖州刺史魏統、豫州牧冉一作「張」。遇〔二四〕、荆州刺史樂弘皆以城歸順。平南高崇、征虜吕護執洛州刺史鄭系，以三河歸順。慕容彪攻陷中山，殺閔寧北白同，幽州刺史劉準降於慕容儁。

壬子。永興三年〔二五〕有雲黄赤色，起東北，長百餘丈，以上亦見御覽八百七十七。一白鳥從雲間西南去。占者惡之。

二月〔二六〕，劉顯率衆伐常山，太守蘇彦一作「亥」。告難於閔〔二七〕，閔留其大將軍蔣幹等輔其太子智守鄴〔二八〕，親率騎八千救之。顯所署大司馬清河王寧以棗强降於閔，收其餘衆擊顯，敗之。追奔及於襄國，顯大將軍曹伏駒開門爲應〔二九〕，遂入襄國。二月〔三〇〕，誅顯，句亦見通鑑考異。及其公卿已下百餘人，焚襄國宫室，遷其百姓於鄴。顯領軍范路率衆千餘斬關奔於枋頭。

三月〔三一〕，前燕慕容儁已剋幽、薊，略地至於冀州。閔帥騎距之，與儁將慕容恪相遇於魏昌城廣當作「廉」。臺〔三二〕。閔大將軍董閏、車騎張温言於閔曰：「鮮卑乘勝氣勁，不可當也。請避之以溢其氣，然後濟師以擊之，可以捷也。」閔怒曰：「吾成師以出，將平幽州，斬慕容儁。今遇恪而避之，人將侮我矣。」乃與恪遇，十戰皆敗之。恪乃以鐵鎖連馬，簡善射鮮卑勇而剛者五千〔三三〕，方陣而前。閔所乘赤馬曰「朱龍」，日行千里，左杖雙刃矛，右執鈎戟，順風擊之，斬鮮卑三百餘級。俄而燕騎大至，圍之數周，閔衆寡不敵，躍馬潰圍出。東走行二十餘里，馬無故而死，遂爲恪所擒，此段亦見御覽二百八十六及三百五十二。及董閏、張温等送之於薊。

儁立閔而問之曰：「汝奴僕下才，何敢妄稱天子？」閔曰：「天下大亂，爾曹夷狄，人面獸心，尚欲篡逆。我一時英雄，何爲不可作帝王邪？」儁怒，鞭之三百。遣慕容評帥衆圍鄴〔三四〕。五月，送閔於龍城，告廆、皝廟而殺之〔三五〕。

劉寧及弟崇帥胡騎三千奔於晉陽，蘇亥一作「彦」。棄常山奔於新興。鄴中饑，人相食，虎時宮人被食略盡。冉智尚幼，蔣幹遣侍中繆嵩〔三六〕、詹事劉猗奉表降晉，且乞師於晉。濮陽太守戴施自倉垣次於棘津，止猗不聽進，責其傳國璽。猗使嵩還鄴復命，幹沈吟未決，施乃率壯士百餘人入鄴助守三臺，譎之曰：「且出璽付我，今凶寇在外，道路不通，未敢送也。須得璽，當馳白天子耳。聞璽已在吾處，信卿至誠，必遣軍糧厚相救餉。」幹以爲然，乃出璽付之。施宣言使督護何融迎糧，陰令懷璽送於京師。

八月〔三七〕，長水校尉馬願、龍驤將軍田香開門降評，施、融、蔣幹懸縋而下，奔於倉垣。評送閔后董氏、太子智、太尉申鍾、司空條攸〔三八〕、中書監聶熊、司隸校尉籍羆、中書令李垣及諸王公卿士於薊，尚書令王簡、左僕射張乾、右僕射郎肅自殺。

初，慕容儁斬閔於遏陘山〔三九〕，山左右七里草木悉枯，蝗蟲大起。自五月不雨〔四〇〕，至於十二月。儁遣使者祀之，謚曰武悼天王，其日大雨雪〔四一〕。是歲永原誤作「太」。和八年也〔四二〕。

校勘記

〔一〕父瞻字弘武　「瞻」，載記、偏霸部同，偏霸部下文作「贍」。

〔二〕於河内獲瞻　「於河内」，見偏霸部，載記無。「瞻」，偏霸部作「贍」。

〔三〕封西華侯　「封」，見偏霸部，載記無。

〔四〕虎即位至修武侯　偏霸部作：「虎即位，爲修武侯。」載記作：「拜建節將軍，徙封脩成侯。」

〔五〕永興元年閏月殺石鑒　偏霸部作「永興元年閏月」，載記作「永和六年殺石鑒」。

〔六〕司馬李農　「司馬」，見偏霸部，載記無。

〔七〕新興王石祗　偏霸部作「新興王祗」，載記作「石祗」。

〔八〕改年永寧　見偏霸部，載記無。

〔九〕拜姚弋仲苻健官　偏霸部、載記無。通鑑卷九八考異：「按十六國春秋：祗稱帝，拜姚弋仲、苻健官。」

〔一〇〕王謨字思賢至十五人　見御覽卷二六八、三六七引，載記無。又略見御覽卷七四〇引。

〔一一〕汝陰王　見偏霸部，載記無。

〔一二〕六月　見偏霸部，載記無。

〔一三〕盡衆拒之　見偏霸部，載記無。

〔一四〕二年二月　纂録同，偏霸部作「二年三月」，載記無。

〔一五〕遣太尉張舉至姚弋仲　偏霸部同，載記作：「遣使詣慕容儁、姚弋仲以乞師。」

〔一六〕三月祗相國汝陰王琨自冀州救祗　偏霸部同，載記作：「會石琨自冀州援祗。」

〔一七〕三萬八千　「三」原作「二」，據載記、纂録、偏霸部改。

〔一八〕十三萬　偏霸部同，載記作「十餘萬」。

〔一九〕與千餘騎奔還鄴　「千」，纂録同，載記、偏霸部作「十」。「還」，見偏霸部，載記無。

〔二〇〕追奔伐鄴　偏霸部同，載記作「攻鄴」。

〔二一〕四月至十餘人　偏霸部無「太宰趙鹿」、「十餘人」，餘同。載記作：「劉顯果殺祗及其太宰趙鹿等十餘人。」

〔二二〕遣拜顯至虎之庶子也　見偏霸部，載記無。

〔二三〕七月　見偏霸部，載記無。

〔二四〕冉遇　載記同，屠本卷一九、通鑑卷九九作「張遇」。

〔二五〕永興三年　御覽卷八七七引同，載記作「時」。

〔二六〕二月　見偏霸部，載記無。

〔二七〕蘇彦　偏霸部同，載記作「蘇亥」。

〔二八〕蔣幹　原作「蔣榦」，據載記改。

〔二九〕大將軍　偏霸部同，載記作「大將」。

〔三〇〕二月　載記、偏霸部無，通鑑卷九九考異云：「閔殺顯，晉帝紀在正月，十六國春秋鈔在二月，燕書在三月。」

〔三一〕三月　偏霸部同，載記作「時」。

〔三二〕與儁將慕容恪相遇於魏昌城廣臺　「儁將」，見御覽卷二八六引，載記無。「廣臺」，纂録、偏霸部同，魏書卷九五石勒傳、通鑑卷九九並作「廉臺」，載記無。

〔三三〕勇而剛者　載記作「勇而無剛者」。

〔三四〕遣慕容評帥衆圍鄴　此句偏霸部同，載記在「告廆皝廟」之下。

〔三五〕五月至殺之　偏霸部無「皝廟」，餘同，載記作：「送于龍城，告廆、皝廟。」

〔三六〕蔣幹　原作「蔣榦」，據載記、偏霸部改。下「幹」字同。

〔三七〕八月　見偏霸部，載記無。

〔三八〕條攸　原作「條休」，據載記及上文改。

〔三九〕初慕容儁斬閔於遏陘山　偏霸部同，載記作：「儁送閔，既至龍城，斬於遏陘山。」

〔四〇〕自五月不雨　「自」，見偏霸部，載記無。

〔四一〕大雨雪　偏霸部同，載記作「大雪」。

〔四二〕是歲永和八年也　「永和」，載記、偏霸部作「太和」，誤。

十六國春秋輯補卷二十一

後趙録十一

支雄

支雄，其先月支胡人也〔一〕。通鑑晉紀九注引後趙支雄傳。

司空支雄〔二〕。廣韻。

張謐

張謐美姿貌，幼有逸氣〔三〕，太守陸雲見而異之，謂傅喜曰〔四〕：「吾聞冀州多名童，故不虚也。」御覽三百七十九。

張樓

張樓爲臨水長，嚴政酷刑，殘忍無惠，人謠之曰：「陽平張樓頭如箱，見人切齒劇虎狼。」御覽四百六十五。

魏豹

魏豹字叔虎，范陽人也。遷中山太守，所在有治名。豹嬖妾先死，豹死守「死守」二字疑是「葬妾」二字之誤。於廪丘南〔五〕，妾形見，與豹言，翌日而卒。御覽八百八十三。

申録或即申鍾。

申録字道時，爲廣昌令，白烏巢其庭樹，甘露降其廳事。後爲三公。御覽二百六十八。

續咸

續咸字孝宗，上黨人也。性孝謹敦重，履道貞素，好學，師事京兆杜預，專春秋、鄭氏易，教授常數十人。博覽羣言，高才善文論。又修陳杜律，明達刑書。永嘉中，歷廷尉平、東安太守。劉琨承制於并州，以爲從事中郎。後遂没石勒，勒以爲理曹參軍，持法平詳，當時稱其清裕，比之于公。著遠遊志、異物志、汲冢古文釋，皆十卷，行於世。年九十七，死於石季龍之世，季龍贈儀同三司。依晉書儒林傳録。

韋謏

韋謏字憲道，京兆人也。雅好儒學，善著述，於羣言秘要之義，無不綜覽。仕於劉曜，爲黄門郎，後又入石季龍，署爲散騎常侍，歷守七郡，咸以清化著名。又徵爲廷尉，識者擬之于、張。前後四登九列，六在尚書，二爲侍中，再爲太子太傅，封京兆公。好直諫，陳軍國之宜，多見允納。著伏林三千餘言，遂演爲典林二十三篇，凡所述作及集記世事數十萬言，皆深博有才義。

至冉閔，又署爲光禄大夫。時閔拜其子胤爲大單于，而以降胡一千處之麾下。謏諫曰：「今降胡數千，接之如舊，誠是招誘之恩。然胡羯本爲仇敵，今之款附，苟全性命耳。或有刺客，變起須臾，敗而悔之，何所及也。古人有言一夫不可忸，而況千乎？願誅屏降胡，去單于之號，深思聖王苞桑之誡也。」閔志在綏撫，鋭於澄定，聞其言，大怒，遂誅之，并殺其子伯陽。

謏性不嚴重，好徇己之功，論者亦以是少之。嘗謂伯陽曰：「我高我曾，重光累徽，我祖我考，父父子子。汝爲我對，正值惡抵。」伯陽曰：「伯陽之不肖，誠如尊教，尊亦正值軛抵耳。」謏慚無言，時人傳之以爲嗤笑。同上。

裴憲晉裴楷子。

裴憲字景思，少而穎悟，好交輕俠。及弱冠，更折節嚴重，修尚儒學，足不踰閾者數年。陳郡謝鯤、潁川庾敳皆儁朗士也，見而奇之，相謂曰：「裴憲鯁亮弘達，通機識命，不知其何如父。至於深弘保素，不以世物嬰心者，其殆過之。」

初侍講東宫，歷黄門、吏部郎、侍中。東海王越以爲豫州刺史、北中郎將、假節。王浚承制，以憲爲尚書。永嘉末，王浚爲石勒所破，棗嵩等莫不謝罪軍門，貢賂交錯，惟憲及荀綽恬然私室。勒素聞其名，召而謂之曰：「王浚虐暴幽州，人鬼同疾，孤恭行乾憲，拯兹黎元，羇舊咸歡，慶謝交路。二君齊惡傲威，誠信岨絶，防風之戮，將誰歸乎？」憲神色侃然，泣而對曰：「民等世荷晉榮〔六〕，恩遇隆重，王浚凶驫醜正，尚晉之遺藩，雖欣聖化，義岨誠心。且武王伐紂，表商容之閭，未聞商容在倒戈之列也。明公既不欲以道化厲物，必於刑忍爲始者，防風之戮，臣之分也。請就辟有司。」不拜而出。勒深嘉之，待以賓禮。勒乃簿王浚官寮親屬，皆資至巨萬，惟憲與荀綽家有書百餘袠，鹽米各十數斛而已。勒聞之，謂其長史張賓曰：「名不虛也。吾不喜得幽州，喜獲二子。」署從事中郎，出爲長樂太守。及勒僭號，未遑制度，與王波爲之撰朝儀，於是憲章文物，擬於王者。勒大悦，署太中大夫，遷司徒。

及季龍之世，彌加禮重。憲有二子挹、毅，並以文才知名。毅仕季龍爲太子中庶子、散騎常侍。挹、毅俱豪俠耽酒，好臧否人物，與河間邢魚有隙。魚竊乘毅馬奔段遼，爲人所獲，魚誣毅使己，以季龍當襲鮮卑，告之爲備。時季龍適謀伐遼，而與魚辭正會。季龍悉誅挹、毅，憲亦坐免。未幾，復以爲右光禄大夫、司徒、太傅，封安定郡公。憲歷官無幹績之稱，然在朝玄默，未嘗以物務經懷，但以德重名高，動見尊禮。竟卒於石氏，以族人峙子邁爲嗣。依晉書裴秀傳録。

傅暢 晉傅祗子。

傅暢字世道。年五歲，父友見而戲之，解暢衣，取其金鐶與侍者，暢不之惜，以此賞之。年未弱冠，甚有重名。以選入侍講東宫，爲秘書丞。尋没於石勒，勒以爲大將軍右司馬。諳識朝儀，恒居機密，勒甚重之。作晉諸公敘讚二十二卷，又爲公卿故事九卷。咸和五年卒。子詠，過江爲交州刺史、太子右率。依晉書傅玄傳録。

石樸 晉石苞曾孫。

石樸字玄真，爲人謹厚，無他材藝。没於胡，石勒以與樸同姓，俱出河北，引樸爲宗室，特加優寵〔七〕，位至司徒。依晉書石苞傳録。

盧諶 晉盧志子。

盧諶字子諒，清敏有理思，好老莊，善屬文。選尚武帝女滎陽公主，拜駙馬都尉，未成禮而公主卒。後舉州秀才，辟太尉掾。洛陽没，隨父志北依劉琨，與志俱爲劉粲所虜。粲據晉陽，留諶爲參軍。琨收散卒，引猗盧騎還攻粲，粲敗走，諶得赴琨，先父母兄弟在平陽者，悉爲劉聰所害。琨爲司空，以諶爲主簿，轉從事中郎。琨妻即諶之從母，既加親愛，又重其才。

值建興末，隨琨投段匹磾。匹磾自領幽州，取諶爲別駕。匹磾既害琨，尋亦敗喪。時南路阻絶，段末波在遼西，諶往投之。元帝之初，末波通使於江左，諶因其使抗表理琨，文旨甚切，於是即加弔祭。累徵諶爲散騎、中書侍郎，而爲末波所留，遂不得南渡。末波死，弟遼代立，諶流離世故且二十載。石季龍破遼西，復爲季龍所得，以爲中書侍郎、國子祭酒、侍中、中書監。屬冉閔誅石氏，諶隨閔軍，於襄國遇害，時年六十七。是歲永和六（當作「七」。）年也。

諶名家子，早有聲譽，才高行潔，爲一時所推。值中原喪亂，與清河崔悅、潁川荀綽、河東裴憲、北地傅暢，並淪没非所，雖俱顯於石氏，恒以爲辱。諶每謂諸子曰：「吾身没之後，但稱晉司空從事中郎爾。」譔祭法，注莊子，及文集皆行於世。

崔悅字道儒，魏司空林曾孫，劉琨妻之侄也。與諶俱爲琨司空從事中郎，後爲末波佐史。没石氏，亦居大官。（依晉書盧欽傳録。）

劉羣 晉劉琨子。

劉羣字公度，少拜廣武侯世子，隨父在晉陽，遭逢寇亂，數領偏軍征討。性清慎有裁斷，得士類懽心。及琨爲匹磾所害，琨從事中郎盧諶等率餘衆奉羣依末波。温嶠前後表稱：「姨弟劉羣，内弟崔悅、盧諶等皆在末波中，翹首南望，愚謂此等並有文思，於人之中少可愍惜。如蒙録召，繼絶興亡，則陛下更生之恩，望古無二。」咸康二年，成帝詔徵羣等，爲末波兄弟愛其才，託以道險不遣。

石季龍滅遼西，羣及諶、悅同没胡中。季龍皆優禮之，以羣爲中書令。至冉閔敗後，羣遇害。時勒及季龍得公卿人士多殺之，其見擢用終至大官者，惟有河東裴憲、渤海石樸〔八〕、滎陽鄭系、潁州荀綽、北地傅暢及羣、悅、諶等十餘人而已。依晉書劉琨傳録。

校勘記

〔一〕支雄其先月支胡人也　通鑑卷八七永嘉三年「夔安、孔萇、支雄、桃豹、逯明爲爪牙」句下胡注云：「後趙支雄傳云，其先月支胡人也。」

〔二〕司空支雄　見廣韻卷一支韻「支」字引。

〔三〕張謐美姿貌幼有逸氣　「姿」下原衍「容」字，「有」原作「而」，並據御覽卷三七九引删改。

〔四〕傅喜　原作「傅壽喜」，據御覽卷三七九引改。

〔五〕豹死守於廩丘南　「死守」，御覽卷八八三引「後守」。

〔六〕民等世荷晉榮　「民」，晉書卷三五裴秀傳作「臣」。

〔七〕特加優寵　「特」，原作「時」，據晉書卷三三石苞傳改。

〔八〕石樸　晉書卷六二劉琨傳作「石璞」。晉書卷三三石苞傳作「樸」，輯補上文石樸傳亦從「樸」。

十六國春秋輯補卷二十二

後趙録十二

楊軻

楊軻，天水人也。少好易，長而不娶。學業精微，養徒數百，常食麄飲水，衣褐緼袍。人不堪其憂，而軻悠然自得。疏賓異客，音旨未曾交也。雖受業門徒，非入室弟子，莫得親言。欲所論授，須旁無雜人，授入室弟子，令遞相宣授。劉曜僭號，徵拜太常，軻固辭不起，曜亦敬而不逼，遂隱於隴山。曜後爲石勒所擒，秦人東徙，軻留長安。及石季龍嗣僞位，備玄纁束帛，安車徵之。軻以疾辭，迫之，乃發。既見季龍，不拜，與語，不言。命舍之於永昌乙第。其有司以軻倨傲，請從大不敬論，季龍不從，下書任軻所尚。軻在永昌，季龍每有饋餼，軻口授弟子，使爲表謝，其文甚美，覽者歎有深致。季龍欲觀其真趣，乃密令美女夜以動之，軻蕭然不顧。又使人將其弟子盡行〔一〕，遣魁壯羯士衣甲持刀，臨之以兵，并竊其所賜衣服而去，軻視而不言，了無懼色。常卧土牀，覆以布被，倮寢其中，下無茵褥。潁川荀鋪，好奇之士也，造而談經，軻瞑目不答，鋪發軻被露其形，大笑之。軻神體頽然，無驚怒之狀。於時咸以爲焦先之徒，未有能量其深淺也。後上疏陳鄉思求還，季龍送以安車蒲輪，蠲十户供之。自歸秦州，仍教授不絶。其後秦人西奔涼州，軻弟子以牛負之，爲戍軍追擒，并爲所害。依晉書隱逸傳録。

辛謐

辛謐字叔重，隴西狄道人也。父怡，幽州刺史，世稱冠族。謐少有志尚，博學善屬文，工草隸，爲時楷法。性恬静，不妄交游。召拜太子舍人、諸王文學，累徵不起。永嘉末，以謐兼散騎常侍，慰撫關中。謐以洛陽將敗，故應之。及長安陷没於劉聰，聰拜太中大夫，固辭不受。又歷石勒、季龍之世，並不應辟命。雖處喪亂之中，頽然高邁，視榮利蔑如也。及冉閔僭號，復備禮徵爲太常。謐遺閔書曰：「昔許由辭堯，以天下讓之，全其清高之節。伯夷去國，子推逃賞，皆顯史牒，傳之無窮。此往而不反者。然賢人君子，雖居廟堂之上，無異於山林之中。斯窮理盡性之妙，豈有識之者邪？是故不嬰於禍難者，非爲避之，但冥心至趣，而與吉會耳。諡聞物極則反，冬夏是也，致高則危，累棋是也。君王功以成矣，而久處之，非所以顧萬全、遠危亡之禍也。宜因茲大捷，歸身本朝，必有許由、伯夷之廉，享松喬之壽，永爲世輔，豈不美哉！」因不食而卒。同上。

佛圖澄

佛圖澄，天竺人也，本姓帛氏。少好道，妙通玄術。永嘉四年，來適洛陽，自云百有餘歲，常服氣自養，能積日不食。善誦神咒，能役使鬼神。腹旁有一孔，常以絮塞之，每夜讀書，則拔絮，孔中出光，照於一室。又當一作「嘗」。齋時，平旦至流水側，從腹旁孔中，引出五臟六腑洗之，訖，還納腹中。此節亦引見御覽三百七十一。又能聽鈴音，以言吉凶，莫不懸驗。

及洛中寇亂，乃潛草野以觀變。石勒屯兵葛陂，專行殺戮，沙門遇害者甚衆。澄投勒大將軍郭黑略家，黑略每從征伐，輒豫剋勝負。勒疑而問曰：「孤不覺卿有出衆智謀，而每知軍行吉凶，何也？」黑略曰：「將軍天挺神武，幽靈所助，有一沙門智術非常，云將軍當略有區夏，已應爲師，臣前後所白，皆其言也。」

勒召澄，試以道術。澄即取鉢盛水，燒香咒之，須臾鉢中生青蓮花，光色曜日〔二〕。一作

「目」。勒由此信之。勒自葛陂還河北，過枋頭，枋頭人夜欲斫營，澄謂黑略曰：「須臾賊至，可令公知。」果如其言，有備故不敗。勒欲試澄，夜冠胄衣甲，執刀而坐，遣人告澄云：「夜來不知大將軍何所在。」使人始至，未及有言，澄逆問曰：「平居無寇，何故夜嚴？」勒益信之。勒後來因忿，欲害諸道士，并欲苦澄。澄乃潛避至黑略舍，語弟子曰：「若將軍信至，問吾所在者，報云不知所之。」既而勒使至，覓澄不得。使還報勒，勒驚曰：「吾有惡意向澄，澄舍我去矣。」通夜不寢，思欲見澄。澄知勒意悔，明旦造勒。勒曰：「昨夜何行？」澄曰：「公有怒心，昨故權避。公今改意，是以敢來。」勒大笑曰：「道人謬矣。」襄國城塹水源在城西北五里，其水源暴竭。勒問澄：「何以致水？」澄曰：「今當敕龍取水。」迺與弟子法首等數人至故泉源上，坐繩牀，燒安息香，咒願數百言。如此三日，水泫然微流，有一小龍長五六寸許，隨水而來。諸道士競往視之，有頃，水大至，隍塹皆滿。鮮卑段末波攻勒，衆甚盛。勒懼問澄，澄曰：「昨日寺鈴鳴云，明旦食時，當擒段末波。」勒登城望末波軍，不見前後，失色曰：「末波如此，豈可獲乎？」更遣夔安問澄，澄曰：「已獲末波矣。」時城北伏兵出，遇末波，執之。澄勸勒宥末波，遣還本國，勒從之，卒獲其用。

劉曜遣從弟岳攻勒〔三〕，勒遣石季龍距之。岳敗，退保石梁塢，季龍堅栅守之。澄在襄國忽歎曰：「劉岳可憫。」弟子法祚問其故，澄曰：「昨日亥時，岳已敗被執。」果如所言。及曜自攻洛陽，勒將救之，其羣下咸諫，以爲不可。勒以訪澄，澄曰：「相輪鈴音云：『秀支替戾岡，僕谷劬秃當。』」此羯語也。秀支，軍也；替戾岡，出也；僕谷，劉曜胡位也；劬秃當，捉也。此言軍出捉得曜也。又令一童子潔齋七日，取麻油合胭脂，躬自研於掌中，舉手示童子，粲然有輝。童子驚曰：「有軍馬甚衆，見一人長大白皙，以朱絲縛其肘。」澄曰：「此即曜也。」勒甚悦，遂赴洛距曜，生擒之。

勒僭稱趙天王，行皇帝事，敬澄彌篤。時石葱將叛，澄誡勒曰：「今年葱中有蟲，食必害人，可令百姓無食葱也。」勒班告境内，慎無食葱，俄而石葱果走。勒益重之，事必諮而後行，號曰大和尚。勒愛子斌暴病死，將殯，勒嘆曰：「朕聞號太子死，扁鵲能生之，今可得效乎？」乃令告澄。澄取楊枝沾水，灑而咒之，就執斌手曰：「可起矣。」因此遂蘇，有頃，平復。自是，勒諸子多在澄寺中養之。勒死之年，天静無風，而塔上一鈴獨鳴。澄謂衆曰：「鈴音云，國有大喪，不出今年矣。」既而勒果死。

及季龍僭位，遷都於鄴，傾心事澄，有重於勒。下書衣澄以綾綿，乘以彫輦，朝會之日，引之升殿，常侍以下悉助舉輿，太子諸公扶翼而上，主者唱「大和尚至」，衆坐皆起，以彰其尊。又使司空李農旦夕親問，其太子諸公五日一朝，尊敬莫與爲比。支道林在京師，聞澄與諸公游，乃曰：「澄公其以季龍爲海鷗鳥也。」百姓因澄故多奉佛，皆營造寺廟，相競出家，真僞混淆，多生愆過。季龍下書料簡，其著作郎王度奏曰：「佛，外國之神，非諸華所應祠奉。漢代初傳其道，惟聽西域人得立寺都邑，以奉其神，漢人皆不出家。魏承漢制，亦循前軌。今可斷趙人，悉不聽詣寺燒香禮拜，以遵典禮。其百辟卿士下逮衆隸〔四〕，例皆禁之。其有犯者，與淫祠同罪。其趙人爲沙門者，還服百姓。」朝士多同度所奏。季龍以澄故，下書曰：「朕出自邊戎，忝君諸夏，至於饗祀，應從本俗，佛是戎神，所應兼奉。其夷趙百姓有樂事佛者，特聽之。」澄時止鄴城寺中，弟子徧於郡國。常遣弟子法常北至襄國，弟子法佐從襄國還，相遇於梁基城下，對車夜談，言及和尚，比旦各去。佐始入，澄逆笑曰：「昨夜爾與法常交車共説汝師邪？」佐愕然愧懺。於是國人相語：「莫起惡念，和尚知汝。」及澄之所在，無敢向其方面唾涕者。

季龍太子邃有二子在襄國，澄語邃曰：「小阿彌比當得疾，可往看之。」邃即馳信往視，則果已得病。太醫殷騰及外國道士自言能療之，澄告弟子法牙曰：「正使聖人復出，不愈此疾，况此等乎。」後三日果死。邃將爲逆，謂内竪曰：「和尚神通，倘發吾謀。明日來者，當先除之。」澄月望將入覲季龍，謂弟子僧慧曰：「昨夜天神呼我曰：『明日若入，還勿過人。』我倘有所過，汝當止我。」澄常入，必過邃，邃知澄入，要候甚苦。澄將上南臺，僧慧引衣，澄曰：「事不得止。」坐未安便起，邃固留不住，所謀遂差。還寺歎曰：「太子作亂，其形將成，欲言難言，欲忍難忍。」乃因事從容箴季龍，季龍終不能解，俄而事發，方悟澄言。

後郭黑略將兵征長安北山羌，墮羌伏中。時澄在堂上坐，慘然改容曰：「郭公今在厄。」乃唱云：「衆僧咒願。」〔五〕澄又自咒願，須臾更曰：「若東南出者，活。餘向者則困。」復更咒願，有頃曰：「脱矣。」後月餘，黑略還，自説墜羌圍中，東南走，馬乏。正遇帳下人，推馬與之曰：「公乘此馬，小人乘公馬，濟與不濟，命也。」略得其馬，故獲免。推檢時日，正是澄咒願時也。

時天旱，季龍遣其太子詣臨漳西滏口祈雨，久而不降。乃令澄自行，即有白龍二頭降於祠所，其日大雨，方數千里。澄嘗遣弟子向西域市香，既行，澄告餘弟子曰：「掌中見買香弟子在某處，被劫垂死。」因燒香咒願，遥救護之。弟子後還，云某月某日某處爲賊所劫，垂當見殺，忽聞香氣，賊無故自驚曰「救兵已至」，棄之而走。黄河中舊不生黿，時有得者，以獻季龍。澄見而歎之曰：「桓温入河，其不久乎？」温字元子，後果如其言也。季龍嘗晝寢，夢見羣羊負魚，從東北來。寤以訪澄，澄曰：「不祥也，鮮卑其有中原乎。」後亦皆驗。澄嘗與季龍升中臺，澄忽驚曰：「變，變，幽州當火災。」乃取酒噀之，久而笑曰：「救已得矣。」季龍遣驗幽州，云爾日火從四門起，西南有黑雲來，驟雨滅之，雨亦頗有酒氣。

石宣將殺石韜，宣先到寺，與澄同坐，浮屠一鈴獨鳴。澄謂曰：「解鈴音乎？云胡子洛度。」宣變色曰：「是何言歟？」澄謬曰：「老胡爲道，不能山居無言，重茵美服，豈非洛度乎？」石韜後至，澄孰視良久。韜懼而問澄，澄曰：「怪公血臭，故相視。」季龍夢龍飛西南，自天而落，旦而問澄，澄曰：「禍將作矣。」宜父子慈和，深以慎之。」季龍引澄入東閤，與其后杜氏問訊之，澄曰：「脅下有賊。不出十日，自浮圖以西，此殿以東，當有血流。慎勿東也。」杜后曰：「和尚耄邪，何處有賊？」澄即易語云：「六情所受，皆悉是賊，老自應耄，但使少者不昏即好耳。」遂便寓言，不復彰的。後二日，宣果遣人害韜於佛寺中，欲因季龍臨喪殺之，季龍以澄先誡，故獲免。及宣被收，澄諫季龍曰：「皆陛下之子也，何爲重禍邪？陛下若含怒加慈者，尚有六十餘歲。如必誅之，宣當爲彗星，下掃鄴宮。」季龍不從。後月餘，有一妖馬，髦尾皆有燒狀，入中陽門，出顯陽門，東首東宮，皆不得入，走向東北，俄爾不見。澄聞而歎曰：「災其及矣！」季龍大享羣臣於太武前殿，澄吟曰：「殿乎，殿乎，棘子成林，將壞人衣。」季龍令發殿石下視之，有棘生焉。冉閔小字棘奴。

季龍造太武殿初成，圖畫自古賢聖、忠臣、孝子、烈士、貞女，皆變爲胡狀，旬餘，頭悉縮入肩中，惟冠髻髣髴微出。季龍大惡之，秘而不言也。澄對之流涕，乃自啓塋墓於鄴西紫陌。還寺獨語曰：「得三年乎？」自答：「不得。」又曰：「得二年、一年、百日、一月乎？」自答：「不得。」遂無復言。謂弟子法祚曰：「戊申歲禍亂漸萌，己酉石氏當滅，吾及其未亂，先從化矣。」卒於鄴宮寺。葬後郭門吏報石季龍云：「見師攜一履西去。」〔六〕後有沙門從雍州來，稱見澄西入關。季龍發其墓而視之〔七〕，唯見一履與一石〔八〕，以上亦見御覽六百九十七，因校補。而無尸。季龍惡之曰：「石者，朕也。葬我而去，吾將死矣。」因而寢疾〔九〕。明年，季龍死，遂大亂。依晉書藝術傳録。

麻襦

麻襦者，不知何許人也，莫得其姓名。石季龍時，在魏縣市中乞丐，恒着麻襦布裳，故時人謂之「麻襦」。言語卓越，狀如狂者，乞得米穀不食，輒散置大路，云飴天馬。趙興太守籍狀收送詣季龍。先是佛圖澄謂季龍曰：「國東二百里某月日當送一非常人，勿殺之也。」如期果至。季龍與共語，了無異言，惟道「陛下當終一柱殿下」。季龍不解，送以詣澄。麻襦謂澄曰：「昔在光和中會，奄至今日。西戎受玄命，絕曆終有期，金離消於壤，邊荒不能遵。驅除靈期迹，莫已已之懿。裔苗葉繁，其來方積，休期於何期，永以歎之。」澄曰：「天迴運極，否將不支，九木水爲難，無可以術寧，玄哲雖存世，莫能基，必莫能，基必頹。久遊閻浮利，擾擾多此患，行登陵雲宇，會於虛游閒。」其所言，人莫能曉。季龍遣驛馬送還本縣。既出城，請步，云：「我當有所過，君至合口橋見待。」使人如言而馳，至橋，麻襦已先至。後慕容儁投季龍尸於漳水，倚橋柱不流，時人以爲「一柱殿下」即謂此也。及元帝嗣位江左，以爲天馬之應云。同上。

單道開

單道開，敦煌人也。常衣麤褐，或贈以繒服，皆不著。不畏寒暑，晝夜不卧，恒服細石子，一吞數枚，日一服，或多或少。好山居，而山樹諸神見異形試之，初無懼色。

季龍時，從西平來，一日行七百里。其一沙彌年十四，行亦及之。至秦州，表送到鄴。季龍令佛圖澄與語，不能屈也。初止鄴城西沙門法綝祠中，後徙臨漳昭德寺。於房内造重閣，高八九尺，於上編菅爲禪室，常坐其中。季龍資給甚厚，道開皆以施人。人或來諮問者，道開都不答。日服鎮守藥數丸，大如梧子，藥有松蜜、薑桂、茯苓之氣，時復飲茶蘇一二升而已。自云能療目疾，就療者頗驗，視其行動，狀若有神。佛圖澄曰：「此道士觀國興衰，若去者，當有大亂。」及季龍末，道開南渡許昌。尋而鄴中大亂。

升平三年至京師。後至南海，入羅浮山，獨處茅茨，蕭然物外。年百餘歲，卒於山舍。敕弟子以尸置石穴中，弟子乃移入石室。陳郡袁弘爲南郡太守，與弟穎叔及沙門支法防共登羅浮山，至石室口，見道開形骸如生，香火瓦器猶存。弘曰：「法師業行殊羣，正當如蟬蜕耳。」乃爲之贊云。同上。

素和明

宜陽公素和明〔一〇〕。廣韻。

校勘記

〔一〕又使人將其弟子盡行　「弟子」，原作「子弟」，據晉書卷九四隱逸楊軻傳乙正。

〔二〕光色曜日　「日」，晉書卷九五藝術佛圖澄傳同，高僧傳卷九、法苑珠林卷七六作「目」。

〔三〕從弟岳　「從」字原無，據晉書卷九五藝術佛圖澄傳補。

〔四〕下逮衆隸　「下」字原無，據晉書卷九五藝術佛圖澄傳補。

〔五〕衆僧咒願　「僧」，原作「生」，據晉書卷九五藝術佛圖澄傳改。

〔六〕葬後至西去　見御覽卷六九七引，晉書卷九五藝術佛圖澄傳無。

〔七〕季龍發其墓而視之　「發其墓」，御覽卷六九七引同，晉書卷九五藝術佛圖澄傳作「掘」。

〔八〕唯見一履與一石　御覽卷六九七引同，晉書卷九五藝術佛圖澄傳作「唯有一石」。

〔九〕因而寢疾　此事亦見偏霸部石虎傳。「寢疾」，偏霸部同，晉書卷九五藝術佛圖澄傳作「遇疾」。

〔一〇〕宜陽公素和明　見廣韻卷四暮韻「素」字注引。

十六國春秋輯補卷二十三

前燕録一

慕容廆

慕容廆字弈落瓌〔一〕，昌黎棘城鮮卑人也。昔高辛氏遊於海濱，留少子厭越以君一作「居」。北夷〔二〕，邑於紫蒙之野〔三〕，世居遼左，號曰東胡。其後雄昌，與匈奴争盛〔四〕，控弦之士二十餘萬，風俗官號與匈奴略同。秦、西漢之際爲匈奴所敗〔五〕，分保鮮卑山，因復以山爲號也。曾祖莫護跋，魏初率其諸部落入居遼西，從司馬宣王討公孫淵有功〔六〕，拜率義王，始建國於棘城之北〔七〕。時一作「見」。燕代少年多冠步摇冠〔八〕，跋意甚好之，乃斂髮襲冠，諸部因呼之爲步摇，其後音譌爲慕容，遂以慕容爲氏焉〔九〕。祖木延，左賢王，從毌丘儉征高麗有功，加號大都督〔一〇〕。父涉歸，以全柳城之勳，進拜鮮卑單于，遷邑於遼東北，於是漸變胡風，遵循華俗〔一一〕。自云慕二儀之德，繼三光之容，遂以慕容爲姓〔一二〕。此段亦見《廣韻及御覽四十五與六百八十四。

廆幼而魁岸，美姿貌，身長八尺，雄傑有大度。晉安北將軍張華雅有知人之鑒，廆童丱時往謁之，華一見歎異，二字一作「奇之」。謂廆曰：「君後必爲命世之器，匡難濟時者也。」因以所服冠簪遺之，以結殷勤而別〔一三〕。此節亦見御覽四百四十四。涉歸卒，弟耐篡立，將謀殺廆，廆亡潛於遼東徐郁家以避禍〔一四〕。太康五年〔一五〕，國人殺耐，迎廆立之。

初，涉歸有憾於宇文鮮卑，廆將修先君之怨，表請討之。武帝弗許，廆怒，入寇遼西，殺略甚衆。帝遣幽州諸軍討廆，戰於肥如，廆衆大敗。自後復掠昌黎，每歲不絕。又率衆東伐扶餘，扶餘王依慮自殺，廆夷其國城，驅萬餘人而歸。東夷校尉何龕遣督護賈沈將迎立依慮之子爲王，廆遣其將孫丁率騎邀之。沈力戰斬丁，遂復扶餘之國。

廆謀於其衆曰：「吾先公以來，世奉中國，且華裔理殊，强弱固別，豈能與晉競乎？何爲不和以害吾百姓邪！」乃遣使來降。帝嘉之，拜爲鮮卑都督。廆致敬於東夷府，巾衣詣門，抗士大夫之禮。何龕嚴兵引見，廆乃改服戎衣而入。人問其故，廆曰：「主人不以禮，賓復何爲哉？」龕聞而慙之，彌加敬憚。時東胡宇文、鮮卑段部以廆威德日廣，懼有吞并之計，因爲寇掠，往來不絶。廆卑辭厚幣以撫之。

太康十年，廆又遷於徒河之青山。廆以大棘城即顓頊之墟也，元康四年，定都大棘城，所謂紫蒙之邑也〔一六〕。乃教以農桑，法制同於上國。永寧中，燕垂大水，廆開倉振給，幽方獲濟。天子聞而嘉之，褒賜命服。

太安初，宇文莫圭遣弟屈雲寇邊城。雲别帥大素延攻掠諸部〔一七〕，廆親擊敗之。素延怒，率衆十萬圍棘城。衆咸懼，人無距志，廆曰：「素延雖犬羊蟻聚，然軍無法制，已在吾計中矣。諸君但爲力戰〔一八〕，無所憂也。」乃躬貫甲胄，馳出擊之。素延大敗，追奔百里，俘斬萬餘人。

永嘉初，廆自稱鮮卑大單于。遼東太守龐本以私憾殺東夷校尉李臻，附塞鮮卑素連、木津等託爲臻報讎，實欲因而爲亂，遂攻陷諸縣，殺掠士庶。太守袁謙頻戰失利，校尉封釋懼而請和。連歲寇掠，百姓失業，流亡歸附者日月相繼。廆子翰言於廆曰：「求諸侯莫如勤王，自古有爲之君靡不杖此以成事業者也。今連、津跋扈，王師覆敗，蒼生屠膾，豈甚此乎！豎子外以龐本爲名，内實幸而爲寇。封使君以誅本請和，而毒害滋深。遼東傾没，垂已二周，中原兵亂，州師屢敗，勤王杖義，今其時也。單于宜明九伐之威，救倒懸之命，數連、津之罪，合義兵以誅之。上則興復遼邦，下則并吞二部，忠義彰於本朝，私利歸於我國，此則鴻漸之始也，終可以得志於諸侯。」廆從之。是日，率騎討連、津，大敗斬之。二部悉降，徙之棘城，立遼東郡而歸。

懷帝蒙塵於平陽，永嘉六年〔一九〕，王沈子浚承制，以廆爲散騎常侍〔二〇〕、冠軍將軍、前鋒大都督、大單于，廆皆讓不受。建興中，愍帝遣使拜廆鎮軍將軍、昌黎遼東二郡公〔二一〕。建武初，元帝承制，拜廆假節、散騎常侍、都督遼左雜夷流人諸軍事、龍驤將軍、大單于、昌黎公，廆讓而不受。征虜將軍魯昌説廆曰：「今兩京傾没，天子蒙塵，琅邪承制江東，實人命所係。明公雄據海朔，跨總一方，而諸部猶怙衆稱兵，未遵道化者，蓋以官非王命，又自以爲强。今宜通使琅邪，勸承大統。然後敷宣帝命，以伐有罪，誰敢不從！」廆善之，乃遣其長史王濟浮海勸進。及帝即尊位，遣謁者陶遼重申前命，授廆將軍、單于，廆固辭公封。

時二京傾覆，幽冀淪陷，廆刑政修明，虛懷引納，流亡士庶多襁負歸之。廆乃立郡以統流人，冀州人爲冀陽郡，豫州人爲成周郡，青州人爲營丘郡，并州人爲唐國郡。於是擢一作「推」。舉賢才，官方授任〔二二〕，委以庶政。以河東裴嶷、代郡魯昌、北平陽耽爲謀主〔二三〕，北海逢羨、廣平游邃、北平西方虔、渤海封抽、西河宋奭、河東裴開爲股肱，渤海封奕、平原宋該、安定皇甫岌、蘭陵繆愷以文章才儁，任居樞要，會稽朱左車、太山胡毋翼、魯國孔纂以宿德清望，請爲賓友〔二四〕。平原劉讚儒學該通，引爲東庠祭酒，其世子皝率國胄束脩受業焉。劉讚字彦真，平原人也。經學博通，爲世純儒，貞清非禮不動。慕容廆重其德學，使太子晃師事之〔二五〕。依初學記十八、御覽四百四引補。廆覽政之暇，親臨聽之。於是路有頌聲，禮讓興矣。

時平州刺史、東夷校尉崔毖自以南州士望，意存懷集，而流亡者莫有赴之。毖意廆拘留，乃陰結高句驪及宇文、段國等，謀滅廆以分其地。太興初，三國伐廆。廆曰：「彼信崔毖虚説，邀一時之利，烏合而來耳。既無統一，莫相歸服，吾今破之必矣。然彼軍初合，其鋒甚鋭，幸我速戰，若逆擊之，落其計矣。靖以待之，必懷疑貳，迭相猜防，一則疑吾與毖譎而覆之，二則自疑三國之中與吾有韓魏之謀者。待其人情阻惑，然後取之必矣。」於是三國攻棘城，廆閉門不戰。遣使送牛酒以犒宇文，大言於衆曰：「崔毖昨有使至。」於是二國果疑宇文同於廆也，引兵而歸。宇文悉獨官曰：「二國雖歸，吾當獨兼其國，何用人爲。」盡衆逼城，連營三十里。廆簡鋭士配皝，推鋒於前，翰領精騎爲奇兵，從傍出，直衝其營，廆方陣而進。悉獨官自恃其衆，不設備，見廆軍之至，方率兵距之。前鋒始交，翰已入其營，縱火焚之，其衆皆震擾，不知所爲，遂大敗，悉獨官僅以身免，盡俘其衆。於其營候獲皇帝玉璽三紐，遣長史裴嶷送於建鄴。崔毖懼廆之仇己也，使兄子燾僞賀廆。會三國使亦至請和，曰：「非我本意也，崔平州教我耳。」廆將燾示以攻圍之處，臨之以兵，曰：「汝叔父教三國滅我，何以詐來賀我乎？」燾懼，首服。廆乃遣燾歸説毖曰：「降者上策，走者下策也。」以兵隨之。毖與數十騎棄家室奔於高句麗，廆悉降其衆，徙燾及高瞻等於棘城，待以賓禮。明年，高句麗寇遼東，廆遣衆擊敗之。高麗王乙弗利六字見廣韻。求盟，乃還〔二六〕。

太興三年〔二七〕，裴嶷至自建鄴，帝遣使者拜廆監平州諸軍事、安北將軍、平州刺史，增邑二千户。

太興四年，晉遣謁者拜廆使持節〔二八〕、都督幽平東夷諸軍事、車騎將軍、平州牧，進封遼東郡公，邑一萬户，常侍、單于並如故，丹書鐵券，承制海東，命備官司，置平州守宰。

段末波初統其國而不修備，廆遣皝襲之，入令支，收其名馬寶物而還。

石勒遣使通和，廆距之，送其使於建鄴。勒怒，遣宇文乞得龜擊廆，廆遣皝距之。以裴嶷爲右部都督，率索頭爲右翼，命其少子仁自平郭趣伯林爲左翼，攻乞得龜，剋之。悉虜其衆，乘勝拔其國城，收其資用億計，徙其人數萬户以歸。先是，海出大龜枯死於平墩，遼東送之，侍郎王宏以爲宇文乞得龜滅亡之徵也〔二九〕。此節依御覽九百三十一引補。

成帝即位，咸和元年〔三〇〕，加廆侍中，位特進。咸和五年，又加開府儀同三司，固辭不受。

廆嘗從容言曰：「獄者，人命之所懸也，不可以不慎。賢人君子，國家之基也，不可以不敬。稼穡者，國之本也，不可以不急。酒色便佞，亂德之甚也，不可以不戒。」乃著家令數千言以申其旨。

遣使與太尉陶侃箋曰：

明公使君轂下：振德曜威，撫寧方夏，勞心文武，士馬無恙，欽高仰止，注情彌久。王塗嶮遠，隔以燕越，每瞻江湄，延首遐外。

天降艱難，禍害屢臻，舊都不守〔三一〕，奄爲虜庭，使皇輿遷幸，假勢吴楚。大晉啓基，祚流萬世，天命未改，玄象著明，是以義烈之士，深懷憤踴。猥以功薄，受國殊寵，上不能掃除羣羯，下不能身赴國難，仍縱賊臣，屢逼京輦。王敦唱禍於前，蘇峻肆毒於後，凶暴過於董卓，惡逆甚於傕、汜，普天率土，誰不同忿！深怪文武之士，過荷朝榮，不能滅中原之寇，刷天下之恥。

君侯植根江陽，發曜荆衡，杖葉公之權，有包胥之志，而令白公、伍員殆得極其暴，竊爲丘明恥之。區區楚國子重之徒，猶恥君弱、羣臣不及先大夫，厲己戒衆，以服陳鄭。越之種蠡，尚能弼佐勾踐，取威黄池。況今吴土英賢比肩，而不輔翼聖主，陵江北伐，以義聲之直，討逆暴之羯，檄命舊都之士，招懷存本之人，豈不若因風振落，頓坂走輪哉！且孫氏之初，以長沙之衆，摧破董卓，志匡漢室，雖中遇寇害，雅志不遂，原其誠心，乃忽身命。及權據揚越，外杖周張，内馮顧陸，距魏赤壁，剋取襄陽。自兹以降，世主相襲，咸能侵逼徐豫，令魏朝旰食。不知今之江表，爲賢儁匿智，藏其勇略邪？將吕蒙、凌統高蹤曠世哉？況今凶羯虐暴，中州人士，逼迫勢促，其顛沛之危，甚於累卵。假號之强，衆心所去，敵有釁矣，易可震蕩。王朗、袁術雖自詐僞，皆基淺根微，禍不旋踵，此皆君侯之所聞見者矣。

王司徒清虚寡欲，善於全己，昔曹參亦崇此道，著畫一之稱也。庾公居元舅之尊，處申伯之任，超然高蹈，明智之權。廆於寇難之際，受大晉累世之恩，自憾絶域，無益聖朝，徒係心萬里，望風懷憤。今海内之望，足爲楚漢輕重者，惟在君侯。若戮力盡心，悉五州之衆，據兖豫之郊，使向義之士倒戈釋甲，則羯寇必滅，國恥必除。廆在一方，敢不竭命。孤軍輕進，不足使勒畏首畏尾，則懷舊之士欲爲内應，無由自發故也。故遠陳寫，言不宣盡。

廆使者遭風没海。其後廆更寫前箋，並齎其東夷校尉封抽、行遼東相韓矯等三十餘人疏上侃府曰：

自古有國有家，鮮不極盛而衰。自大晉龍興，剋平㟝會，神武之略，邁蹤前史。惠皇之末，后黨構難，禍結京畿，釁成公族。遂使羯寇乘虚，傾覆諸夏，舊都淪滅，山陵毁掘，人神悲悼，幽明發憤。昔獫狁之强，匈奴之盛，未有如今日羯寇之暴，跨躡華裔，盗稱尊號者也。

天祚有晉，挺授英傑。車騎將軍慕容廆自弱冠莅國，忠於王室，明允恭肅，志在立勳。屬海内分崩，皇輿遷幸，元皇中興，初唱大業，肅祖繼統，蕩平江外。廆雖限以山海，隔以羯寇，翹首引領，係心京師，常假寤寐，欲憂國忘身。貢篚相尋，連舟載路，戎不稅駕，動成義舉。今羯寇滔天，怙其醜類，樹基趙魏，跨略燕齊。廆雖率義衆，誅討大逆，然管仲相齊，猶曰寵不足以御下，况廆輔翼王室，有匡霸之功，而位卑爵輕，九命未加，非所以寵異藩翰，敦獎殊勳者也。

方今詔命隔絶，王路嶮遠，貢使往來，動彌年載。今燕之舊壤，北周沙漠，東盡樂浪，西暨代山，南極冀方，而悉爲虜庭，非復國家之域。將佐等以爲宜遠遵周室，近準漢初，進封廆爲燕王，行大將軍事。上以總統諸部，下以割損賊境，使冀州之人，望風向化。廆得祇承詔命，率合諸國，奉辭夷逆，以成桓文之功，苟利社稷，專之可也。而廆固執謙光，守節彌高，每詔所加，讓動積年，非將佐等所能敦逼。今區區所陳，不欲苟相崇重，而愚情至心，實爲國計。

侃報抽等書，其略曰：「車騎將軍憂國忘身，貢篚載路，羯賊求和，執使送之，西討段國，北伐塞外，遠綏索頭，荒服款獻，惟北部未賓，屢遣征伐。又知東方官號，高下齊班，進無統攝之權，退無等差之降，欲進車騎爲燕王，一二具之。夫功成進爵，古之成制也。車騎雖不能爲官摧勒，然忠義竭誠。今騰牋上聽，可不、遲速，當任天臺也。」朝議未定，廆卒，乃止。

咸和八年夏五月，廆薨於文德殿〔三二〕，時年六十五，在位四十九年，葬於青山〔三三〕。晉遣使者策贈車騎大將軍、開府儀同三司，謚曰襄公〔三四〕。皝爲燕王，追謚武宣王。及儁僭號，一作「稱尊」。追尊武宣皇帝，廟號高祖〔三五〕。

裴嶷

裴嶷字文冀，河東聞喜人也。父昶，司隸校尉。嶷清方有幹略，累遷至中書侍郎，轉給事黄門郎、滎陽太守。屬天下亂，嶷兄武先爲玄菟太守，嶷遂求爲昌黎太守。至郡，久之，武卒，嶷被徵，乃將武子開送喪俱南。既達遼西，道路梗塞，乃與開投廆。時諸流寓之士見廆草創，並懷去就，嶷首定名分，爲羣士啓行。廆甚悦，以嶷爲長史，委以軍國之謀。

及悉獨官寇逼城下，外内騷動，廆問策於嶷，嶷曰：「悉獨官雖擁大衆，軍無號令，衆無部陣。若簡精兵，乘其無備，則成擒耳。」廆從之，遂陷寇營。廆威德於此甚振，將遣使獻捷於建鄴，妙簡行人，令嶷將命。

初，朝廷以廆僻在荒遠，猶以邊裔之豪處之。嶷既使至，盛言廆威略，又知四海英賢並爲其用，舉朝改觀焉。嶷將還，帝試留嶷以觀之，嶷辭曰：「臣世荷朝恩，濯纓華省，因事遠寄，投迹荒遐。今遭開泰，得覩朝廷，復賜恩詔，即留京輦，於臣之私，誠爲厚幸。顧以皇居播遷，山陵幽辱，慕容龍驤將軍越在遐表，乃心王室，慷慨之誠，義感天地，方掃平中壤，奉迎皇輿，故遣使臣，萬里表誠。今若留臣，必謂國家遺其僻陋，孤其丹心，使懷義懈怠。是以微臣區區亡身爲國，貪還反命耳。」帝曰：「卿言是也。」乃遣嶷還。廆後謂羣僚曰：「裴長史名重中朝，而降屈於此，豈非天以授孤也。」出爲遼東相，轉爲樂浪太守。

高瞻

高瞻字子前，渤海蓨人也〔三六〕。少而英爽有俊才，身長八尺二寸。光熙中，調補尚書郎。屬永嘉之亂，還鄉里，乃與父老議曰：「今皇綱不振，兵革雲擾，此郡沃壤，憑固河海，若兵荒歲儉，必爲寇庭，非謂圖安之所。王彭祖先在幽薊，據燕代之資，兵强國富，可以託也。諸君以爲何如？」衆咸善之。乃與叔父隱率數千家北徙幽州。既而以王浚政令無恒，乃依崔毖，隨毖如遼東。

毖之與三國謀伐廆也，瞻固諫以爲不可，毖不從。及毖奔敗，瞻隨衆降於廆。廆署爲將軍，瞻稱疾不起。廆敬其姿器，數臨候之，撫其心曰：「君之疾在此，不在餘也。今天子播越，四海分崩，蒼生紛擾，莫知所係。孤思與諸君匡復帝室，翦鯨豕於二京，迎天子於吴會。廓清八表，侔勳古烈，此孤之心也，孤之願也。君中州大族，冠冕之餘，宜痛心疾首，枕戈待旦。奈何以華夷之異，有懷介然。且大禹出於西羌，文王生於東夷，但問志略何如耳，豈以殊俗不可降心乎！」瞻仍辭疾篤，廆深不平之。瞻又與宋該有隙，該陰勸廆除之。瞻聞其言，彌不自安，遂以憂死。次子商別有傳〔三七〕。

校勘記

〔一〕弈落瓌　纂録同，載記、偏霸部作「弈洛瓌」。

〔二〕昔高辛氏至北夷　偏霸部同，廣韻卷四暮韻「慕」字引惟「君」作「居」，餘同。載記此句作：「其先有熊氏之苗裔，世居北夷。」

〔三〕紫蒙之野　「蒙」，原作「濛」，據載記改，偏霸部下文亦作「紫蒙之邑」。

〔四〕其後雄昌與匈奴争盛　御覽卷四五「鮮卑山」引同，載記作「其後與匈奴並盛」。

〔五〕秦西漢之際爲匈奴所敗　「西漢」，廣韻卷四暮韻「慕」字引同，載記、偏霸部、御覽卷四五引作「漢」。「匈奴」，原作「西匈奴」，據載記、偏霸部，御覽卷四五、卷一二一、卷六八四引，廣韻卷四暮韻「慕」字引改。

〔六〕從司馬宣王討公孫淵有功　偏霸部無「有功」二字，載記作「從宣帝伐公孫氏有功」。

〔七〕棘城　載記同，偏霸部作「大棘城」。

〔八〕時燕代少年多冠步摇冠　「時」，載記同，偏霸部作「見」。「少年」，見偏霸部，載記無。

〔九〕其後音譌爲慕容遂以慕容爲氏焉　御覽卷六八四引同，載記、偏霸部並作「其後音譌遂爲慕容焉」。

〔一〇〕從毌丘儉征高麗有功加號大都督　見偏霸部，載記無。「毌丘儉」，原作「毋邱儉」，今改。

〔一一〕於是漸變胡風遵循華俗　載記作「於是漸慕諸夏之風矣」，偏霸部作「於是漸變胡風」，廣韻卷四暮韻「慕」字引作「遵循華俗」。

〔一二〕自云慕二儀至爲姓　偏霸部同，載記此句在前，且「自云」作「或云」。廣韻卷四暮韻「慕」字引亦作「自云」。

〔一三〕華一見歎異至而别　「一見歎異」，載記作「甚歎異」，偏霸部、御覽卷四四四引作「一見奇之」。「後」，偏霸部同，載記作「至長」，御覽卷四四四引作「長」。「冠簪」，御覽卷四四四引同，載記作「簪幘」。

〔一四〕廆亡潛於遼東徐郁家以避禍　載記作「廆亡潛以避禍」，偏霸部作「廆亡潛於遼東徐郁家」。

〔一五〕太康五年　纂録同，偏霸部作「太康元年」，載記無。按，通鑑卷八一事在太康六年。

〔一六〕定都大棘城所謂紫蒙之邑也　偏霸部同，載記作「乃移居之」。「紫蒙」，原作「紫濛」，據偏霸部改。

〔一七〕攻略諸部　「部」，原作「郡」，據載記改。

〔一八〕諸君但爲力戰　「君」，原作「軍」，據載記改。

〔一九〕永嘉六年　見偏霸部，載記無。

〔二〇〕王沈子浚　纂録同，偏霸部作「王沈」，載記作「王浚」。纂録校云：「一作『王沈』，一作『王浚』，因定如此。」

〔二一〕昌黎遼東二郡公　「郡」，載記作「國」。

〔二二〕擢舉賢才官方授任　偏霸部同，載記作「推舉賢才」。

〔二三〕陽耽　原作「楊耽」，據載記改。

〔二四〕宿德清望請爲賓友　偏霸部同，載記作「舊德清重引爲賓友」。

〔二五〕劉讚字彦真至師事之　見初學記卷一八師「彦真沈静玄覽純和」條、御覽卷四〇四引，載記無。

〔二六〕高麗王乙弗利求盟乃還　此句載記無。「高麗王乙弗利」見廣韻卷五質韻「乙」字。通鑑卷九一晉紀太興二年云：「高句麗數寇遼東，廆遣慕容翰、慕容仁伐之。高句麗王乙弗利逆來求盟，翰、仁乃還。」湯球蓋據此補完全句。

〔二七〕太興三年　載記、偏霸部無。通鑑卷九一事在太興三年。

〔二八〕太興四年晉遣謁者拜廆　偏霸部同，載記作「尋加」。

〔二九〕先是海出至之徵也　見御覽卷九三一引，載記無。「平墩」，魏書卷一〇三慕容廆傳作「平郭」。「王宏」，御覽卷九三一引作「王弘」。「宇文乞得龜」，御覽卷九三一引誤作「宇文允得龜」。

〔三〇〕咸和元年　見偏霸部，載記無。

〔三一〕舊都不守　「不守」二字原無，據載記補。

〔三二〕咸和八年夏五月廆薨於文德殿　見偏霸部，載記無。

〔三三〕葬於青山　見偏霸部，載記無。

〔三四〕謚曰襄公　載記作「謚曰襄」，偏霸部作「謚襄公」。

〔三五〕皝爲燕王至高祖　偏霸部惟「僭號」作「稱尊」，餘同。載記作「及僭號僞謚武宣皇帝」。

〔三六〕蓨　原作「修」，據載記改。

〔三七〕高商小傳附輯補卷二六慕容儁元璽元年，内言有兄開。按，載記所附高瞻小傳未言瞻有子，屠本卷三一高瞻傳後附長子開、開弟商。通鑑卷九九永和七年云「使昌黎太守高開討準、放，開，瞻之子也」，蓋屠本所據。

十六國春秋輯補卷二十四

前燕録二

慕容皝

慕容皝字元真，廆第三一作「二」。子也〔一〕，小字萬年〔二〕。龍顔版齒，身長七尺八寸，雄毅善權略，博學多材藝〔三〕。此句一作「尚經學善天文」。廆爲遼東公，立爲世子。晉建武元年，拜爲冠軍一作「振武」。將軍〔四〕。永昌初，拜左賢王，封望平侯〔五〕，率衆征討，累有功。太寧末，拜平北將軍，進封朝鮮公。

廆卒，咸和八年六月，即遼東公位〔六〕，以平北將軍行平州刺史，督攝部内。尋而宇文乞得龜爲其别部逸豆歸所逐，奔死於外，皝率騎討之。逸豆歸懼而請和，遂築榆陰、安晉二城而還。

初，皝庶兄建威翰驍武有雄才，素爲皝所忌，母弟征虜仁、廣武昭並有寵於廆，皝亦不平之。及廆卒，並懼不自容。至此，翰出奔段遼，仁勸昭舉兵廢皝。皝殺昭，遣使按檢仁之虚實，遇仁於險瀆。仁知事發，殺皝使，東歸平郭。皝遣其弟建武幼、司馬佟壽等討之〔七〕。仁盡衆距戰，幼等大敗，皆没於仁。襄平令王冰、將軍孫機以遼東叛於皝，東夷校尉封抽、護軍乙逸、遼東相韓矯、玄菟太守高詡等棄城奔還。仁於是盡有遼左之地，自稱車騎將軍、平州刺史、遼東公。宇文歸、段遼及鮮卑諸部並爲之援。

甲午。皝元年〔八〕咸和九年。皝遣其司馬封奕攻鮮卑木堤於白狼，揚威淑虞攻烏丸悉羅侯於平堈，皆斬之。材官劉佩攻乙連，不剋。段遼遂寇徒河，皝將張萌逆擊敗之。遼弟蘭與翰寇柳城，都尉石琮擊敗之。旬餘，蘭、翰復圍柳城，皝遣寧遠慕容汗及封奕等救之。皝戒汗曰：「賊衆氣鋭，難與争鋒。宜顧萬全，慎勿輕進，必須兵集陣整，然後擊之。」汗性驍鋭，遣千餘騎爲前鋒而進，封奕止之，汗不從，爲蘭所敗，死者大半。蘭復攻柳城，爲飛梯、地道圍守二旬，石琮躬勒將士出擊，敗之，斬首千五百級，蘭乃遁歸。

八月〔九〕，成帝遣謁者徐孟、閭丘幸等持節拜皝鎮軍大將軍、平州刺史、大單于、遼東公，持節、都督、承制封拜，一如廆故事。

皝自征遼東，剋襄平。仁所署居就令劉程以城降，新昌人張衡執縣宰以降。于是斬仁所置守宰，分徙遼東大姓於棘城，置和陽、武次、西樂三縣而歸。

乙未。皝二原誤「三」。年〔一〇〕咸康元年。七月，立子儁爲世子〔一一〕。遣封奕襲宇文別部涉奕于，大獲而還。涉奕于追戰於渾水〔一二〕，又敗之。

丙申。三年皝將乘海討其弟仁，襲其不意。羣下咸諫，以爲淩道危阻，宜從陸路。皝曰：「舊海水無淩，自仁反以來，三凍皆成。昔漢光武因滹沱之冰以濟大業，天其或者欲吾乘此而剋之乎。吾計決矣，有沮謀者斬。」二月，皝親率三軍從昌黎踐淩而進。仁不虞皝之至也，軍去平郭七里，候騎乃告，仁狼狽出戰，皝擒仁，賜死〔一三〕。此段亦見御覽六十。

立藉田於朝陽門東，置官司以主之。

段遼遣其將李咏夜襲武興，遇雨引還。都尉張萌追擊，擒詠。段蘭擁衆數萬屯於曲水亭，將攻柳城。宇文歸入寇安晉，爲蘭聲援。皝以步騎五萬擊之，師次柳城。蘭、歸皆遁。遣封奕率輕騎追擊，敗之。收其軍實，館穀二旬而還。謂諸將曰：「二虜恥無功而歸，必復重至。宜於柳城左右設伏以待之。」遣封奕率騎潛於馬兜山諸道。俄而遼騎果至，奕夾擊，大敗之，斬其將榮保，遣兼長史劉斌、郎中令陽景送徐孟等歸於京師。使其世子儁伐段遼諸城，封奕攻宇文別部，皆大捷而歸。

立納諫之木，以開讜言之路。

丁酉。四年〔一四〕晉咸康三年。徙昌黎郡，築好城於乙連東，使將軍蘭勃戍之，以逼乙連。又城曲水，以爲勃援。乙連饑甚，段遼輸之粟，蘭勃要擊獲之。遼遣將屈雲攻興國，與皝將慕容遵大戰於五官水上。雲敗，斬之，盡俘其衆。

以左司馬封奕爲左長史〔一五〕。九月〔一六〕，奕等以皝任重位輕，宜稱燕王，於是上議〔一七〕。皝以咸康三年十月僭即燕王位於文德殿〔一八〕，大赦其境内。改備羣司〔一九〕，以封奕爲相國〔二〇〕，韓壽爲司馬，裴開、陽鶩、王寓、李洪、杜羣、宋該、劉瞻、石琮、皇甫真、陽協、宋晃、平熙、張泓等並爲列卿將帥。起文昌殿〔二一〕，乘金根車，駕六馬，出入稱警蹕。追尊先公爲武宣王，先妣爲王后〔二二〕。立其妻夫人段氏爲王后〔二三〕，世子儁爲太子，皆如魏武、晉文輔政故事。

是歲，棘城黑石谷有大石自立而行〔二四〕。

皝以段遼屢爲邊患，遣將軍宋回稱藩於石季龍，請師討遼。

戊戌。五年　季龍總衆而至，皝率諸軍攻遼令支以北諸城，遼遣其將段蘭來距，大戰，敗之。斬級數千，掠五千餘户而歸。季龍至徐無，遼奔密雲山。季龍進入令支，怒皝之不會師也，進軍擊之，至於棘城，戎卒數十萬，四面進攻，郡縣諸部叛應季龍者三十六城。相持旬餘，左右勸皝降，皝曰：「孤方取天下，何乃降人乎！」遣子恪等率騎二千晨出擊之，季龍諸軍驚擾，棄甲而遁。恪乘勝追之，斬獲三萬餘級，築戍凡城而還。段遼遣使詐降於季龍，請兵應接，季龍遣其將麻秋率衆迎遼，恪伏精騎七千於密雲山，大敗之，獲其司馬陽裕、將軍鮮于亮，擁段遼及其部衆以歸。

帝又遣使進皝爲征北大將軍、幽州牧，領平州刺史，加散騎常侍，增邑萬户，持節、都督、單于、公如故。

己亥。六年　皝前軍帥慕容評敗季龍將石成等於遼西，斬其將呼延晃、張支，掠千餘户以歸。段遼謀叛，皝誅之。季龍又使石成入攻凡城，不剋，進陷廣城〔二五〕。其年，皝伐高句麗，王釗乞盟而還。

庚子。七年〔二六〕　釗遣其世子朝於皝。

初，段遼之敗也，建威翰奔於宇文歸。自以威名夙振，終不保全，乃陽狂恣酒，被髪歌呼。歸信而不禁，故得周游自任，至於山川形便，攻戰要路，莫不練之。皝遣商人王車陰使察翰，翰見車無言，撫膺而已。車還以白，皝曰：「翰欲來也。」乃遣車遺翰弓矢，翰乃竊歸駿馬，攜其二子而還。

䟫雖稱燕王〔二七〕，未有朝命，乃遣其長史劉祥獻捷京師，兼言權假之意，並請大舉討平中原。又聞庾亮薨，弟冰、翼繼爲將相，乃表曰：

臣究觀前代昏明之主，若能親賢並建，則政致升平；若親黨后族，必有傾辱之禍。是以周之申伯，號稱賢舅，以其身藩於外，不握朝權。降及秦昭，足爲令主，委信二舅，幾至亂國。逮於漢武，推重田蚡，萬機之要，無不決之，及蚡死後，切齒追恨。成帝闇弱，不能自立，内惑豔妻，外恣五舅，卒令王莽坐取帝位。每覽斯事，孰不痛惋。設使舅氏賢若穰侯、王鳳，則但聞有二臣，不聞有二主。若其不才，則有竇憲、梁冀之禍。凡此成敗，亦既然矣。苟能易軌，可無覆墜。

陛下命世天挺，當隆晉道，而遭國多難，殷憂備嬰，追述往事，至今焚灼。迹其所由，實因故司空亮居元舅之尊，勢業之重，執政裁下，輕侮邊將，故令蘇峻、祖約不勝其忿，遂至敗國。至令太后發憤，一旦升遐，若社稷不靈，人神無助，豺狼之心，當可極邪。前事不忘，後事之表，而中書監、左將軍冰等，内執樞機，外擁上將，昆弟並列，人臣莫疇。陛下深敦渭陽，冰等自宜引領。臣常謂世主若欲崇顯舅氏，何不封以藩國，豐其禄賜，限其勢利，使上無偏優，下無私論。如此，榮辱何從而生，噂𠴲何辭而起！往者惟亮一人，宿有名望，尚致世變，況今居之者素無聞焉！且人情易惑，難以户告，縱令陛下無私於彼，天下之人誰謂不私乎！

臣與冰等名位殊班，出處懸邈，又國之戚昵，理應降悦，以適事會。臣獨矯抗此言者，上爲陛下，退爲冰計，疾苟容之臣，坐鑒得失，顛而不扶，焉用彼相。昔徐福陳霍氏之戒，宣帝不從，至令忠臣更爲逆族，良由察之不審，防之無漸。臣今所陳，可謂防漸矣。但恐陛下不明臣之忠，不用臣之計，事過之日，更處焦爛之後耳。昔王章、劉向每上封事，未嘗不指斥王氏，故令二子或死或刑。谷永、張禹依違不對，故容身苟免，取譏於世。臣被髮殊俗，位爲上將，夙夜惟憂，罔知所報，惟知外殄寇讎，内盡忠規，陳力輸誠，以答國恩。臣若不言，誰當言者！

又與冰書曰：

君以椒房之親，舅氏之昵，總據樞機，出内王命，兼擁列將州司之位，昆弟網羅，顯布畿甸。自秦漢以來，隆赫之極，豈有若此者乎。以吾觀之，若功就事舉，必享申伯之名，如或不立，將不免梁竇之迹矣。

每覩史傳，未嘗不寵恣母族，使執權亂朝，先有殊世之榮，尋有負乘之累，所謂愛之適足以爲害。吾常忿歷代之主，不盡防萌終寵之術，何不業以一土之封，令藩國相承，如周之齊陳？如此則永保南面之尊，復何黜辱之憂乎。竇武、何進好善虚己，賢士歸心，雖爲閹豎所危，天下嗟痛，猶有能履以不驕，圖國忘身故也。

方今四海有倒懸之急，中夏逋僭逆之寇，家有漉血之怨，人有復讎之憾，寧得安枕逍遥，雅談卒歲邪！吾雖寡德，過蒙先帝列將之授，以數郡之人，尚欲并吞强虜，是以自頃迄今，交鋒接刃，一時務農，三時用武，而猶師徒不頓，倉有餘粟，敵人日畏，我境日廣，況乃王者之威，堂堂之勢，豈可同年而語哉！

冰見表及書甚懼，以其絶遠，非所能制，遂與何充等奏聽皝稱燕王。此段載記原在前。按此事自在庾亮死後，故移於此。

皝將圖石氏，從容謂諸將曰：「石季龍自以安樂諸城守防嚴重，薊城南北必不設備〔二八〕。今若詭路，出其不意，冀之北土盡可破也。」於是率騎二萬出蠮螉塞，長驅至於薊城，進渡武遂津，入於高陽，所過焚燒積聚，掠徙幽冀三萬餘户。

辛丑。八年〔二九〕晉咸康七年。皝以柳城之北，龍山之南，所謂福德之地也，使陽裕、唐柱等可營制規模，築龍城，構宮室宗廟〔三〇〕。改柳城爲龍城縣。此節亦見御覽百六十二。七月，晉成帝使兼大鴻臚郭希一作「悕」。持節拜皝侍中〔三一〕、大都督河北諸軍事、大將軍、燕王，其餘官皆如故，封諸功臣百餘人。

壬寅。九年〔三二〕晉咸康八年，原誤「七年」。皝遷都龍城。

率勁卒四萬入自南陝，以伐宇文、高句麗。又使翰及子垂爲前鋒，遣長史王寓等勒衆萬五千，從北道而進〔三三〕。高句麗王釗謂皝軍之從北路也，乃使其弟武統精鋭五萬距北道，躬率弱卒以防南陝。翰與釗戰於木底，大敗之，乘勝遂入丸都，釗單馬而遁。皝掘釗父乙弗利「乙弗」二字依廣韻引補〔三四〕。墓，載其尸並其母妻珍寶，掠男女五萬餘口，焚其宫室，毁丸都而歸。

校勘記

〔一〕 廆第三子也　〔三〕，載記同，偏霸部作「二」。

〔二〕 小字萬年　見偏霸部，載記無。

〔三〕 雄毅善權略博學多材藝　偏霸部同，載記作「雄毅多權略尚經學善天文」。

〔四〕晉建武元年拜爲冠軍將軍　載記「元年」作「初」，偏霸部「冠軍」作「振武」。

〔五〕望平侯　原作「平望侯」，據載記乙正。

〔六〕咸和八年六月即遼東公位　偏霸部同，載記但作「嗣位」。「遼東公」，「東」字原無，據偏霸部補。

〔七〕佟壽　原作「佟燾」，據載記改。

〔八〕皝元年　載記作「咸和九年」。

〔九〕八月　偏霸部同，載記作「是歲」。

〔一〇〕皝二年　纂録作「三年」，偏霸部作「二年」，載記作「咸康初」。

〔一一〕七月立子儁爲世子　見偏霸部，載記無。

〔一二〕涉奕于追戰於渾水　載記「涉奕于」下有「率騎」二字。

〔一三〕皝將乘海至賜死　此節以御覽卷六〇引文合載記之文。「皝」，御覽引皆作「晃」。「其弟」、「襲其不意」，見御覽引，載記無。「淩道」，御覽引同，載記作「海道」。「三凍皆成」，御覽引同，載記作「凍合者三矣」。「二月」，見御覽引，載記無。「親率」，御覽引同，載記作「乃率」。「皝擒仁賜死」，御覽引同，載記作「爲皝所擒殺仁而還」。餘同載記。

〔一四〕四年　見偏霸部，載記無。

〔一五〕以左司馬封奕爲左長史　見偏霸部，載記無。

〔一六〕九月　見偏霸部，載記無。

〔一七〕於是上議　見偏霸部，載記無。

〔一八〕十月僭即燕王位於文德殿　偏霸部同，載記作「僭即王位」。

〔一九〕改備羣司　纂録同，偏霸部「羣」作「郡」，疑誤，載記無此句。

〔二〇〕相國　偏霸部同，載記作「國相」。

〔二一〕文昌殿　原作「文昌廟」，據載記、偏霸部改。

〔二二〕追尊先公爲武宣王先妣爲王后　見偏霸部，載記無。

〔二三〕其妻夫人段氏　載記作「其妻段氏」，偏霸部作「夫人段氏」。

〔二四〕是歲棘城黑石谷有大石自立而行　見偏霸部，載記無。

〔二五〕進陷廣城　此下事載記在後。參本卷校勘記〔二七〕。

〔二六〕七年　載記作「明年」，即皝七年。

〔二七〕皝雖稱燕王　按，此句以下及上表、與庾冰書，至「遂與何充等奏聽皝稱燕王」，載記原在「進陷廣城」之下。湯球繫陷廣城事於皝六年，即咸康五年，而庾亮卒於咸康六年正月，湯球因移此諸事於後。參下文原注。

〔二八〕薊城南北　屠本卷二五同，載記作「城之南北」。通鑑卷九六亦作「薊城南北」。

〔二九〕八年　見偏霸部，載記無。

〔三〇〕皝以柳城至宗廟　御覽卷一六二引無「皝以」、「使陽裕唐柱等」、「宗廟」，餘同。載記作：「使陽裕、唐柱等築龍城，構宮廟。」

〔三一〕七月晉成帝使兼大鴻臚郭希　「七月」，載記無，見偏霸部。「晉成帝」，載記作「成帝」，偏霸部作「晉」。「兼大鴻臚郭希」，載記同，偏霸部作「鴻臚郭悕」。

〔三二〕九年　纂録同，偏霸部作「九月」，載記作「咸康七年」，即皝八年。

〔三三〕北道　載記作「北置」，下同。

〔三四〕見廣韻卷五質韻「乙」字。

十六國春秋輯補卷二十五

前燕録三

慕容皝

癸卯。十年〔一〕晉康帝建元元年。剑遣使稱臣於皝，貢其方物，乃歸其父尸。

宇文歸遣其相國莫淺渾伐皝〔二〕。諸將請戰，皝不許。渾以皝爲憚之，荒酒縱獵，不復設備。皝曰：「渾奢怠已甚，今則可一戰矣。」遣翰率騎擊之，渾大敗，僅以身免，盡俘其衆。

躬巡郡縣，勸課農桑〔三〕。起龍城宫闕。

甲辰。十一年　又率騎二萬親伐宇文歸，以翰及垂爲前鋒。歸使其驍將涉奕于盡衆距翰。皝馳遣謂翰曰：「奕于雄悍，宜小避之，待虜勢驕，然後取也。」翰曰：「歸之精鋭盡於此，今若剋之，則歸可不勞兵而滅。奕于徒有虚名，其實易與耳。不宜縱敵挫吾鋭氣。」於是前戰，斬奕于，盡俘其衆，歸遠遁漠北。皝開地千餘里，徙其部人五萬餘落於昌黎，改涉奕于城爲威德城〔四〕。行飲至之禮，論功行賞各有差。

乙巳。十二年　以牧牛給貧家，田於苑中，公收其八，二分入私。有牛而無地者，亦田苑中，公收其七，三分入私。䤟記室參軍封裕諫曰：

臣聞聖王之宰國也，薄賦而藏於百姓，分之以三等之田，十一而稅之；寒者衣之，饑者食之，使家給人足。雖水旱而不爲災者，何也？高選農官，務盡勸課，人治周田百畝，亦不假牛力；力田者受旌顯之賞，惰農者有不齒之罰。又量事置官，量官置人，使官必稱須，人不虚位，度歲入多少，裁而禄之。供百僚之外，藏之太倉，三年之耕，餘一年之粟。以斯而積，公用於何不足，水旱其如百姓何！雖務農之令屢發，二千石令長莫有志勤在公、鋭盡地利者，故漢祖知其如此，以墾田不實，徵殺二千石以十數，是以明章之際，號次升平。

自永嘉喪亂，百姓流亡，中原蕭條，千里無煙，饑寒流殞，相繼溝壑。先王以神武聖略，保全一方，威以殄姦，德以懷遠，故九州之人，塞表殊類，襁負萬里，若赤子之歸慈父，流人之多舊土十倍有餘，人殷地狹，故無田者十有四焉。殿下以英聖之資，克廣先業，南摧强趙，東滅句麗，開境三千，户增十萬，繼武闡廣之功，有高西伯。宜省諸苑，以業流人。人至而無資産者，賜之以牧牛。人既殿下之人，牛豈失乎？善藏者藏於百姓，若斯而已矣。邇者深副樂土之望，中國之人皆將壺飧奉迎，石季龍誰與居乎！且魏晉道消之世，猶削百姓不至於七八，特官給牛田者官得六分，百姓得四分，私牛而官田者與官中分，百姓安之，人皆悦樂。臣猶曰非明主之道，而況增乎！且水旱之厄，堯湯所不免，王者宜濬治溝澮，循鄭、白、西門、史起溉灌之法，旱則決溝爲雨，水則入於溝瀆，上無雲漢之憂，下無昏墊之患。

句麗、百濟及宇文、段部之人，皆兵勢所徙，非如中國慕義而至，咸有思歸之心。今户垂十萬，狹湊都城，恐方將爲國家深害，宜分其兄弟宗屬，徙於西境諸城，撫之以恩，檢之以法，使不得散在居人，知國之虚實。

今中原未平，資畜宜廣，官司猥多，遊食不少。一夫不耕，歲受其饑，必取於耕者而食之，一人食一人之力，遊食數萬，損亦如之，安可以家給人足，治致升平！殿下降覽古今之事多矣，政之巨患莫甚於斯。其有經略出世，才稱時求者，自可隨須置之列位。非此已往，其耕而食，蠶而衣，亦天之道也。

殿下聖世寬明，思言若渴，故人盡芻蕘，有犯無隱。前者參軍王憲、大夫劉明並竭忠獻款，以貢至言，雖頗有逆鱗，意在無責。主者奏以妖言犯上，致之於法，殿下慈弘苞納，恕其大辟，猶削黜禁錮，不齒於朝。其言是也，殿下固宜納之；如其非也，宜亮其狂狷。罪諫臣而求直言，亦猶北行詣越，豈有得邪！右長史宋該等阿媚苟容，輕劾諫士，已無骨鯁，嫉人有之，掩蔽耳目，不忠之甚。

四業者國之所資，教學者有國盛事，習戰務農，尤其本也，百工商賈，猶其末耳，宜量軍國所須，置其員數，已外歸之於農，教之戰法。學者三年無成，亦宜還之於農，豈可徒充大員，以塞聰儁之路。

臣之所言，當也，願速施行。非也，登加罪戮，使天下知朝廷從善如流，罰惡不淹。王憲、劉明，忠臣也，願宥忤鱗之愆，收其藥石之效。

皝乃令曰：「覽封記室之諫，孤實懼焉。君以黎元爲國，黎元以穀爲命，然則農者國之本也。而二千石令長不遵孟春之令，惰農勿勸，宜以尤不開闢者措之刑法，肅厲屬城，主者明詳推檢，具狀以聞。苑囿悉可罷之，以給百姓無田業者。貧者全無資産，不能自存，各賜牧牛一頭。若私有餘力，樂取官牛墾官田者，其依魏晉舊法。溝洫溉灌，有益官私，主者量造，務盡水陸之勢。中州未平，兵難不息，勳誠既多，官僚不可以減也，待剋平凶醜，徐更議之。百工商賈數，四佐與列將速定大員，餘者還農。學生不任訓教者，亦除員録。夫人臣關言於人主，至難也。妖妄不經之事皆應蕩然不問，擇其善者而從之。王憲、劉明雖其罪應禁黜，亦猶孤之無大量也，可悉復本官，仍居諫司。封生蹇蹇，深得王臣之體，詩不云乎，『無言不酬』，其賜錢五萬，明宣内外，有欲陳孤過者，不拘貴賤，勿有所諱。」

夏四月〔五〕，黑龍一白龍一見於龍山，皝親率羣僚觀之，去龍二百餘步，祭之以太牢。二龍交首嬉翔，解角而去。皝大悦，還宮殿，赦其境内，號新宮曰和龍，立龍翔佛寺於山上。此節亦見御覽九百二十九。

賜其大臣子弟爲官學生者號高門生〔六〕，立東庠於舊宮，以行鄉射之禮，每月臨觀，考試優劣。皝雅好文籍，勤於講授，學徒甚盛，至千餘人。親造太上章以代急就，又著典誡十五篇，並以教冑子。

慕容恪攻高句麗南蘇，克之，置戍而還。

丙午。十三年〔七〕晉永和二年。載記誤作「三年」。遣其世子儁與恪率騎萬七千東襲夫餘，剋之，虜其王及部衆五萬餘口以還。

丁未。十四年〔八〕皝親臨東庠，考試學生。其通經秀異者，擢充近侍。十月，饗羣僚於承乾殿。右長史宋諺當作「該」。性貪，賜布百疋，令自負而歸以愧其心〔九〕。以久旱，丐百姓田租。罷成周、冀陽、營丘等郡。以渤海人爲興集縣，河間人爲寧集縣〔一〇〕，廣平、魏郡人爲興平縣，東萊、北海人爲育黎縣，吴人爲吴縣，悉隸燕國。

遼東内史宋該舉侍郎韓偏爲孝廉。皝下令曰〔一一〕：「夫孝廉者，道德沈敏，貢之王庭。偏往助叛徒，迷固之罪，至王威臨討，憑城醜詈，此則勃逆之甚，奈何舉之？剖符朝臣，何所取信。該下吏，可正四歲刑。偏行財祈進，虧亂王典，可免官，禁錮終身。」御覽六百五十一。

戊申。十五年〔一二〕皝嘗畋於西鄙，將濟河，見一父老，服朱衣，乘白馬，舉手麾皝曰：「此非獵所，王其還也。」秘之不言，遂濟河，連日大獲。八月，皝因見白兔〔一三〕，馳射之，馬倒被傷，乃説所見。輦而還宫，引太子儁屬以後事，謂曰：「今中原未平，方須經建大事，委賢任哲，此其時也。恪智勇兼濟，力堪任重，汝其委之，以成吾志。」〔一四〕以永和四年九月薨於承乾殿〔一五〕，在位十五年，時年五十二。冬十月，葬龍山，謚文明王〔一六〕。儁僭號，追尊曰文明皇帝〔一七〕，廟號太祖，陵曰龍平〔一八〕。

慕容翰

慕容翰字元邕，廆之庶長子也。性雄豪，多權略，猿臂工射，膂力過人。廆甚奇之，委以折衝之任，行師征伐，所在有功，威聲大振，爲遠近所憚。作鎮遼東，高句麗不敢爲寇。善撫接，愛儒學，自士大夫至於卒伍，莫不樂而從之。

及奔段遼，深爲遼所敬愛。柳城之敗，段蘭欲乘勝深入，翰慮成本國之害，詭説於蘭，蘭遂不進。後石季龍征遼，皝親將三軍略令支以北，遼議欲追之，翰知皝躬自總戎，戰必克勝，乃謂遼曰：「今石氏向至，方對大敵，不宜復以小小爲事。燕王自來，士馬精鋭。兵者凶器，戰有危慮，若其失利，何以南御乎？」蘭怒曰：「吾前聽卿誑説，致成今患，不復入卿計中矣。」乃率衆追皝，蘭果大敗。翰處仇國，因事立忠，皆此類也。

及遼奔走，翰又北投宇文歸。既而奔還本國〔一九〕，歸乃遣勁騎百餘追之，翰謂追者曰：「吾既思戀而歸，理無反面。吾之弧矢，汝曹知否〔二〇〕？無爲相逼自取死也。吾處汝國久矣，誓不殺汝〔二一〕，可百步豎刀，吾射中者，汝宜便返，不中者，可來前也。」諸騎解刀豎之，翰一發便中刀鐶，追騎乃散。此篇亦見御覽七百四十四。

既至，皝甚加恩禮。建元二年，從皝討宇文歸，臨陣爲流矢所中，臥病積時。後疾漸愈，於其家中偶騎馬自試，或有人告翰私習騎，疑爲非常。皝素忌之，遂賜死焉。翰臨死謂使者曰：「翰懷疑外奔，罪不容誅，不能以骸骨委賊庭，故歸罪有司。天慈曲愍，不肆之市朝，今日之死，翰之生也。但逆胡跨據神州，中原未靖，翰常剋心自誓，志吞醜虜，上成先王遺旨，下謝山海之責。不圖此心不遂，没有餘憾，命也奈何！」遂仰藥而死。

陽裕

陽裕字士倫，右北平無終人也。少孤，兄弟皆早亡，單煢獨立，雖宗族無能識者，惟叔父耽幼而奇之，曰：「此兒非惟吾門之標秀，乃佐時之良器也。」刺史和演辟爲主簿。王浚領州，轉治中從事，忌而不能任。

石勒既剋薊城，問棗嵩曰：「幽州人士，誰最可者？」嵩曰：「燕國劉翰，德素長者。北平陽裕，幹事之才。」勒曰：「若如君言，王公何以不任？」嵩曰：「王公由不能任，所以爲明公擒也。」勒方任之，裕乃微服潛遁。

時鮮卑單于段疾陸眷爲晉驃騎大將軍、遼西公，雅好人物，虚心延裕。裕謂友人成泮曰：「仲尼喜佛肸之召，以匏瓜自喻，伊尹亦稱何事非君，何使非民。聖賢尚如此，況吾曹乎？眷今召我，豈徒然哉！」泮曰：「今華夏分崩，九州幅裂，軌迹所及，易水而已。欲偃蹇考槃，以待通者，俟河之清也。人壽幾何？古人以爲白駒之嘆。少游有云，郡掾足以蔭後，況國相乎！卿追蹤伊孔，抑亦知機其神也。」裕乃應之。拜郎中令、中軍將軍，處上卿位。歷事段氏五主，甚見尊重。

段遼與皝相攻，裕諫曰：「臣聞親仁善鄰，國之寶也。慕容與國世爲婚姻，且皝令德之主，不宜連兵搆怨，凋殘百姓。臣恐禍害之興，將由於此。願兩追前失，通款如初，使國家有泰山之安，蒼生蒙息肩之惠。」遼不從。出爲燕郡太守。石季龍剋令支，裕以郡降，拜北平太守，徵爲尚書左丞。

段遼之請迎於季龍也，裕以左丞相「相」字疑衍。領征東麻秋司馬。秋敗，裕爲軍人所執，將詣皝。皝素聞裕名，即命釋其囚，拜郎中令，遷大將軍左司馬。東破高句麗，北滅宇文歸，皆豫其謀，皝甚器重之。及遷都和龍，裕雅有巧思，皝所制城池宮閤，皆裕之規模。

裕雖仕皝日近，寵秩在舊人之右，性謙恭清儉，剛簡慈篤，雖歷居朝端，若布衣之士。士大夫流亡羈絶者，莫不經營收葬，存恤孤遺，士無賢不肖皆傾身待之，是以所在推仰。

初范陽盧諶每稱之曰：「吾及晉之清平，歷觀朝士多矣。忠清簡毅，篤信義烈如陽士倫者，實亦未幾。」及死，（姚）〔銚〕甚悼之，時年六十一〔一一〕。

校勘記

〔一〕十年　載記作「明年」，謂晉咸康八年。

〔二〕相國　載記作「國相」。

〔三〕勸課農桑　「勸」，原作「勤」，據載記改。

〔四〕涉奕于城　「奕」字原無，據載記補。

〔五〕夏四月　見偏霸部，載記無。

〔六〕官學生　「官」，原作「宮」，據載記改。

〔七〕十三年　載記作「三年」，謂晉永和三年。

〔八〕十四年　見偏霸部，載記無。

〔九〕十月至以愧其心　見偏霸部，載記無。

〔一〇〕寧集縣　原作「寧邱縣」，據載記改。

〔一一〕 皝下令曰　屠本卷三一宋該傳同，而御覽卷六五一引作「慕容儁令曰」，則本非皝時事。

〔一二〕 十五年　見偏霸部，載記無。

〔一三〕 八月皝因見白兔　偏霸部同，載記作「後見白兔」。

〔一四〕 謂曰至以成吾志　見偏霸部，載記無。

〔一五〕 九月薨於承乾殿　見偏霸部，載記無。

〔一六〕 冬十月葬龍山謚文明王　見偏霸部，載記無。

〔一七〕 追尊曰文明皇帝　「追尊曰」，偏霸部同，載記作「追謚」。

〔一八〕 廟號太祖陵曰龍平　見偏霸部，載記無。

〔一九〕 奔還本國　御覽卷七四四引同，載記作「逃」。

〔二〇〕 吾之弧矢汝曹知否　御覽卷七四四引同，載記「弧矢」作「弓矢」，「知否」作「足知」。

〔二一〕 誓不殺汝　「誓」，御覽卷七四四引同，載記作「恨」。

〔二二〕 時年六十一　「六十一」，屠本卷三一陽裕傳同，載記作「六十二」。

十六國春秋輯補卷二十六

前燕録四

慕容儁

慕容儁字宣英，皝之第二子也，小字賀賴跋〔一〕。十三月而生，有神光之異〔二〕。初，廆常言：「吾積福累仁，子孫當有中原。」既而生儁，廆曰：「此兒骨相不恒，吾家得之矣。」及長，身長八尺二寸，姿貌魁偉，博觀圖書，有文章幹略〔三〕。善屬文，雅長辭賦，至於器物車室，皆著銘讚以爲勸戒〔四〕。皝之八年，晉遣使者拜皝爲燕王〔五〕，拜儁爲假節、安北將軍、東夷校尉、左賢王、燕王世子。十一年，進拜使持節、鎮東將軍〔六〕。

十五年，永和四年。皝薨，僭即燕王位，赦其境内。

己酉。元年晉永和五年。春正月，依春秋列國故事稱元年〔七〕。是時石季龍死。五月，聞趙魏大亂，乃嚴兵將爲進取之計〔八〕。此事亦見通鑑考異。以慕容恪爲輔國將軍，慕容評爲輔弼將軍，陽騖爲輔義將軍，慕容垂爲前鋒都督、建鋒將軍，簡精卒二十餘萬以待期。

七月〔九〕，晉穆帝使謁者陳沈拜儁爲使持節、侍中、大都督、都督河北諸軍事、幽冀并平四州牧、大將軍、大單于、燕王，承制封拜，一如廆、皝故事。

庚戌。二年〔一〇〕儁率諸軍南伐〔一一〕，出自盧龍，次於無終。石季龍幽州刺史王午棄城走，留其將王他守薊。儁攻陷其城，斬他，因而都之。徙廣寧、上谷人於徐無，代郡人於凡城而還。

辛亥。三年　冉閔殺石祗，僭稱大號，遣其使人常煒聘於儁。儁引之觀下，使其記室封裕詰之曰：「冉閔養息常才，負恩篡逆，有何祥應而僭稱大號？」煒曰：「天之所興，其致不同，狼烏紀於三王，麟龍表於漢魏。寡君應天敘曆，能無祥乎！且用兵殺罰，哲王盛典，湯武親行誅放，而仲尼美之。魏武養於宦官，莫知所出，衆不盈旅，遂能終成大功。暴胡酷亂，蒼生屠膾，寡君奮劒而誅除之，黎元獲濟，可謂功格皇天，勳侔高祖。恭承乾命，有何不可？」裕曰：「石祗去歲使張舉請救，云璽在襄國，其言信不？又聞閔鑄金爲己象，壞而不成，奈何言有天命？」煒曰：「誅胡之日，在鄴者略無所遺，璽何從而向襄國，此求救之辭耳。天之神璽，實在寡君。且妖孽之徒，欲假奇眩衆，或改作萬端，以神其事。寡君今已握乾符，類上帝，四海懸諸掌，大業集於身，何所求慮而取信此乎？鑄形之事，所未聞也。」儁既鋭信舉言，又欣於閔鑄形之不成也，必欲審之，乃積薪置火於其側，命裕等以意喻之。煒神色自若，抗言曰：「結髮已來，尚不欺庸人，況千乘乎！巧詐虚言以救死者，使臣所不爲也。直道受戮，死自分耳。益薪速火，君之大惠。」左右勸儁殺之，儁曰：「古者兵交，使在其間，此亦人臣常事。」遂赦之。

夏五月〔一二〕，廣義將軍、岷山公黄紙上表，儁曰：「吾名號未異於前，何宜便爾？自今但可白紙稱疏。」此節依初學記二十一、御覽六百五引補。

秋八月〔一三〕，遣慕容恪略地中山，慕容評攻王午於魯口。恪次唐城，冉閔將白同、中山太守侯龕固守不下。恪留其將慕容彪攻之，進討常山。評次安南，王午遣其將鄭生距評，評逆擊，斬之。侯龕踰城出降，恪進剋中山，斬白同。儁軍令嚴明，諸將無所犯。閔章武太守賈堅率郡兵邀評，戰於高城，擒堅於陣，斬首三千餘級。庫傉官偉自上黨來降〔一四〕。

十二月〔一五〕，丁零翟鼠及冉閔將劉準等率其所部降於儁，封鼠歸義王，拜準左司馬。

是歲，儁觀兵近郊，見甘棠於道周，從者不識。儁曰：「唏！此詩所謂『甘棠於道』。甘者味之主也，木者春之行也，五德屬仁，五行主土，春以施生，味以養物，色又赤者，言將有赫赫之慶於中土。吾謂國家之盛，此其徵也。傳曰：『升高能賦，可以爲大夫。』羣司亦各書其志，吾將覽焉。」於是内外臣僚並上甘棠頌。此段依御覽五百八十八引補。

元璽元年晉永和八年。壬子。正月，司南車成，儁大悦，告於溦廟〔一六〕。

鮮卑段勤初附於儁，其後復叛。四月〔一七〕，遣輔國恪及相國封奕討冉閔於安喜〔一八〕，慕容垂討段勤於繹幕，儁如中山，爲二軍聲勢。閔懼，奔於常山，恪追及於泒水。閔威名素振，衆咸憚之。恪謂諸將曰：「閔師老卒疲，實爲難用，加其勇而無謀，一夫之敵耳，雖有甲兵，不足擊也。吾今分軍爲三部，掎角以待之。閔性輕鋭，又以吾軍勢非其敵，必出萬死衝吾中軍。吾今貫甲厚陣以俟其至，諸軍但厲卒從旁，須其戰合，夾而擊之，蔑不克矣。」此段亦見御覽二百八十六。戰於魏昌廉臺，閔師大敗〔一九〕，斬首七千餘級。擒閔送之，斬於龍城。

恪參軍高開被創而卒，儁召見其弟商〔二〇〕。高商，渤海人也，剛毅嚴重，好學有事幹，爲范陽太守。聞兄開戰没，悲哭歐血，病不能起，扶杖乃行。儁召見商，泣謂左右曰：「自古友于之篤未有如商者也。」拜爲昌黎太守。商泣曰：「臣兄亡於此郡，臣故不忍爲之。」儁愍而授遼西。御覽四百八十七。

恪屯軍滹沱，閔將蘇亥遣其將金光率騎數千襲恪，恪逆擊斬之。亥大懼，奔於并州。恪進據常山，段勤懼而請降，遂進攻鄴。閔大將軍蔣幹輔閔子智固守鄴城〔二一〕，儁又遣輔弼評等帥騎一萬會攻鄴〔二二〕。

是時鷰巢於儁正陽殿之西椒，生三雛，項上有竪毛。凡城獻異鳥，五色成章。儁謂羣僚曰：「是何祥也？」咸稱：「鷰者，燕鳥也。首有毛冠者，言大燕龍興，冠通天章甫之象也。巢正陽西椒者，言至尊臨軒朝萬國之徵也。三子者，數應三統之驗也。神鳥五色，言聖朝將繼五行之籙以御四海者也。」儁覽之大悦。既而蔣幹率鋭卒五千出城挑戰，慕容評等擊敗之，斬首四千餘級，幹單騎還鄴。鄴北郡縣悉降〔二三〕。相國奕等二百一十人勸儁稱尊號〔二四〕。儁令曰〔二五〕：「吾本幽漠射獵之鄉，被髮左衽之俗，歷數之籙，寧有分邪！卿等苟相褒舉，以覬非望，非常之事〔二六〕，實匪寡德之所宜聞也。」

慕容恪、封奕討王午於魯口，降之。八月，克鄴。輔弼評等送閔后董氏、太子智、太尉申鍾並乘輿服物及六璽，送於中山〔二七〕。先是，蔣幹以傳國璽送於建鄴，儁欲神其事業，言曆運在己，乃詐云閔妻得之以獻，賜閔妻號曰「奉璽君」〔二八〕。封冉智爲海濱侯，以輔弼評爲司州刺史，鎮鄴〔二九〕。

十月，輔國恪等五百五人奉皇帝璽〔三〇〕，因以永和八年十一月僭即皇帝位於正陽前殿〔三一〕，大赦境内。建元年曰元璽〔三二〕，署置百官。以封奕爲太尉，慕容恪爲侍中，陽鶩爲尚書令，皇甫真爲尚書左僕射，張希爲尚書右僕射，宋活爲中書監〔三三〕，韓恒爲中書令，其餘封授各有差。

豫州刺史張悕，字文祖，清河武城人也。悕少孤貧，隨母長於舅氏，令其牧牛。幼而好學，事母以孝聞，每日必於牧暇採樵二束、菜二本，一以供母，一以雇人書。晝則折木葉學書，夜則誦所書者。御覽六百十一。

時晉遣使詣儁，儁謂使者曰：「汝還白汝天子，我承人乏，爲中國所推，已爲帝矣。」〔三四〕庚午，書曰：「追崇祖考，古人之令典，追尊武宣王爲高祖武宣皇帝，文明王爲太祖文明皇帝。」〔三五〕初，石季龍使人探策於三字一作「採藥下」。華山〔三六〕，得玉版，此句亦見初學記五。文曰：「歲在申酉，不絶如綫。歲在壬子，真人乃見。」及此，燕人咸以儁之應也。改司州爲中州，置司隸校尉官。

癸丑。二年 正月，立后可足渾氏爲皇后，世子曄爲皇太子〔三七〕。羣下言：「大燕受命，上承光紀黑精之君，運曆傳屬，代金行之后，宜行夏之時，服周之冕，旗幟尚黑，牲牡尚玄。」儁從之。其從行文武、諸藩使人及登號之日者，悉增位三級。泒河之師，守鄴之軍，下及戰士，賜各有差。臨陣戰亡者，將士加贈二等，士卒復其子孫。殿中舊人皆隨才擢敘。

晉寧朔將軍榮胡以彭城、魯郡叛降於儁。

常山人李犢聚衆數千，反於普壁壘，儁遣慕容恪率衆討降之。

初，冉閔既敗，王午自號安國王。午既死，呂護復襲其號，保於魯口。恪進討走之，遣前軍悦綰追及於野王，悉降其衆。

甲寅。三年　姚襄以梁國降於儁。以慕容評爲都督秦雍益梁江揚荊徐兗豫十州河南諸軍事，權鎮於洛水；慕容强爲前鋒都督，都督荊徐二州緣淮諸軍事，進據河南。

乙卯。四年　儁自和龍至薊城。幽冀之人以爲東遷，互相驚擾，所在屯結。其下請討之，儁曰：「羣小以朕東巡，故相惑耳。今朕既至，尋當自定。然不虞之備亦不可不爲。」於是令内外戒嚴。

苻生河内太守王會、黎陽太守韓高以郡歸儁。晉蘭陵太守孫黑、濟北太守高柱、建興太守高瓮各以郡叛歸於儁。初，儁車騎大將軍范陽公劉寧屯據蓟城，降於苻氏，至此，率户二千詣薊歸罪，拜後將軍。高句麗王釗遣使謝恩，貢其方物。儁以釗爲營州諸軍事、征東大將軍、營州刺史，封樂浪公，王如故。

儁給事黄門侍郎申胤上言曰：

夫名尊禮重，先王之制，冠冕之式，代或不同。漢以蕭曹之功，有殊羣辟，故劒履上殿，入朝不趨。世無其功，則禮宜闕也。至於東宫，體此爲儀，魏晉因循，制不納舄。今皇儲過謙，準同百僚，禮卑逼下，有違朝式。太子有統天之重，而與諸王齊冠遠游，非所以辨章貴賤也。祭饗朝慶，宜正服衮衣九文，冠冕九旒。

又仲冬長至，太陰數終，黄鐘産氣，綿微於下，此月閉關息旅，后不省方。禮記曰：「是月也，事欲静，君子齋戒，去聲色。」唯周官有天子之南郊從八能之説，或以有事至靈，非朝饗之節，故有樂作之理。王者慎微，禮從其重，前來二至闕鼓，不宜有設，今之鏗鎗，蓋以常儀。二至之禮，事殊餘節，猥動金聲，驚越神氣，施之宣養，實爲未盡。

又朝服雖是古禮，絳褠始於秦漢，迄於今代，遂相仍準，朔望正旦，乃具衮舄。禮，諸侯旅見天子，不得終事者三，雨沾服失容，其在一焉。今或朝日天雨，未有定儀。禮貴適時，不在過恭。近以地溼不得納舄，而以衮襈改履。案言稱朝服，所以服之而朝，一體之間，上下二制，或廢或存，有乖禮意。大燕受命，侔蹤虞夏，諸所施行，宜損益定之，以爲皇代永制。

儁曰：「其劍舄不趨，事下太常參議。太子服衮冕，冠九旒，超級逼上，未可行也。冠服何容一施一廢，皆可詳定。」

下書曰：「周禮冠冕體制，君臣略同，中世以來，亦無常體。今特制燕平上冠，悉賜廷尉以下，使瞻冠思事，刑斷詳平。諸侯冠悉顏裏，屈竹錦纏作公字〔三八〕，以代梁處，施之金瑱，令僕、尚書置瑱而已，中秘監令別施珠瑱，庶能敬慎威儀，示民軌則。」「下書」一節依御覽六百八十四及初學記二十六補。

初，段蘭之子龕因冉閔之亂，擁衆東屯廣固，自號齊王，稱藩於建鄴，遺書抗中表之儀，非儁正位。儁遣慕容恪、慕容塵討之。恪既濟河，龕弟羆驍勇有智計，言於龕曰：「慕容恪善用兵，加其衆旅既盛，恐不可抗也。若頓兵城下，雖復請降，懼終不聽。王但固守，羆請率精鋭距之。若其戰捷，王可馳來追擊，使虜匹馬無反。如其敗也，遽出請降，不失千户侯也。」龕弗從。羆固請行，龕怒殺之。

丙辰。五年　龕率衆三萬來距恪。恪遇龕於濟水之南，與戰，大敗之，遂斬其弟欽，盡俘其衆。恪進圍廣固，諸將勸恪宜急攻之，恪曰：「軍勢有宜緩以剋敵，有宜急而取之。若彼我勢均，且有强援，慮背腹之患者，須急攻之，以速大利。如其我强彼弱，外無寇援，力足制之者，當羈縻守之，以待其弊。兵法十圍五攻，此之謂也。龕恩結賊黨，衆未離心，濟南之戰，非不鋭也，但其用之無術，以致敗耳。今憑固天險，上下同心，攻守勢倍，軍之常法。若其促攻，不過數旬，剋之必矣，但恐傷吾士衆。自有事已來，卒不獲寧，吾每思之，不覺忘寢，亦何宜輕殘人命乎！當持久以取耳。」諸將皆曰：「非所及也。」乃築室反耕，嚴固圍壘。此段亦見御覽三百十八。龕所署徐州刺史王騰、索頭單于薛雲降於恪。段龕之被圍也，遣使詣建鄴請救。穆帝遣北中郎將荀羨赴之，憚虜强，遷延不敢進，攻破陽都，斬王騰以歸。恪遂剋廣固，以龕爲伏順將軍，徙鮮卑胡羯三千餘户於薊，留慕容塵鎮廣固，恪振旅而歸。

儁太子曄死，僞謚獻懷。

校勘記

〔一〕小字賀賴跋　見偏霸部，載記無。

〔二〕十三月而生有神光之異　見偏霸部，載記無。

〔三〕有文章幹略　「章」，載記作「武」。

〔四〕善屬文至以爲勸戒　見偏霸部，載記無。「器物」，纂録同，偏霸部作「器服」。

〔五〕皝之八年晉遣使者拜皝爲燕王　偏霸部無「爲」字，餘同，載記作「皝爲燕王」。

〔六〕十一年進拜使持節鎮東將軍　見偏霸部，載記無。

〔七〕十五年至稱元年　偏霸部無「十五年」，餘同。載記作：「皝死，永和五年僭即燕王位，依春秋列國故事稱元年，赦于境内。」按，「十五年」蓋湯球依例補，與輯補前卷亦合。

〔八〕五月至進取之計　偏霸部「趙魏大亂」作「趙亂」，餘同。載記作：「趙魏大亂，儁將圖兼併之計。」

〔九〕七月　見偏霸部，載記無。

〔一〇〕二年　載記作「明年」。

〔一一〕儁率諸軍南伐　「諸」，載記作「三」。

〔一二〕夏五月　初學記卷二一紙「黄書白疏」條、御覽卷六〇五引無，見屠本卷二六。

〔一三〕秋八月　載記無，見屠本卷二六。

〔一四〕庫傉官偉自上黨來降　見屠本卷二六、通鑑卷九九，載記、偏霸部無。「庫傉官偉」，原作「庫禄官偉」，據屠本、通鑑改。

〔一五〕十二月　屠本卷二六同，載記作「是歲」。

〔一六〕元璽元年至鮡廟　見偏霸部，載記無。

〔一七〕四月　見偏霸部，載記無。

〔一八〕輔國恪　偏霸部同，載記作「慕容恪」。

〔一九〕戰於魏昌廉臺閔師大敗　偏霸部同，載記作「及戰敗之」。

〔二〇〕恪參軍高開至其弟商　此句御覽卷四八七引無，屠本卷二六及通鑑卷九九有「恪參軍高開」、「高開被創而卒」等語。蓋湯球補此句以啓下文。

〔二一〕閔大將軍蔣幹輔閔子智固守鄴城　見偏霸部，載記作「閔將蔣幹閉城距守」。「蔣幹」，原作「蔣榦」，據載記、纂録、偏霸部改，下同。

〔二二〕輔弼評　偏霸部同，載記作「慕容評」。

〔二三〕鄴北郡縣悉降　見偏霸部，載記無。

〔二四〕相國奕等二百一十人　偏霸部「相國」作「輔國」，餘同；載記但作「羣臣」。按，纂録作「輔國恪相國奕」，有校云：「原作『輔國奕』，係中脱三字。」

〔二五〕儁令曰　載記作「儁答曰」，偏霸部作「令曰」。

〔二六〕非常之事　見偏霸部，載記無。

〔二七〕八月至送於中山　偏霸部同，載記作：「尋而慕容評攻克鄴城，送冉閔妻子僚屬及其文物于中山。」

〔二八〕賜閔妻號曰　載記作「賜號曰」，偏霸部作「賜閔妻號」。

〔二九〕封冉智至鎮鄴　見偏霸部，載記無。

〔三〇〕十月至皇帝璽　見偏霸部，載記無。「五百五人」，纂録同，偏霸部作「三百五人」。

〔三一〕因以永和八年至正陽前殿　「十一月」、「於正陽前殿」，見偏霸部，載記無。

〔三二〕建元年曰元璽　載記無「年」字，偏霸部作「改年」。

〔三三〕宋活爲中書監　「宋活」，原作「宋恬」，據載記、屠本卷二六改。

〔三四〕時晉遣使至已爲帝矣　偏霸部同，載記語小異，且在追尊事之後。

〔三五〕庚午至文明皇帝　「古人之令典」以前，見偏霸部，載記無。「追尊」以下，載記「武宣王」作「廆」，「文明王」作「皝」，餘同；偏霸部「追尊武宣王」作「武宣王尊爲」，且脱「高祖」之「祖」字。又按，載記追尊事在前。

〔三六〕探策於華山　「探策於」，載記同，初學記卷五華山「玉版金液」條作「採藥上」。

〔三七〕二年正月至皇太子　載記無「二年正月」，「后」作「其妻」。偏霸部無「世子曄爲皇太子」，餘同。按，載記此事在下文「殿中舊人皆隨才擢敘」下，輯補蓋襲屠本卷二七。

〔三八〕屈竹錦纏作公字　「錦」，原作「綿」，據御覽卷六八四引改。

十六國春秋輯補卷二十七

前燕録五

慕容儁

光壽元年（晉升平元年。）丁巳。正月〔一〕，復立次子中山王爲皇太子〔二〕，赦其境内，改年曰光壽〔三〕。

遣其撫軍慕容垂、中軍慕容虔與護軍平熙等率步騎八萬討丁零敕勒於塞北，大破之，俘斬十餘萬級，獲馬十三萬匹，牛羊億餘萬。

初，廆有駿馬曰赭白，有奇相逸力。石虎之伐棘城也，皝將出避難，欲乘之，馬悲鳴蹀齧，人莫能近。皝曰：「此馬見異先朝，孤常仗之濟難，今不欲出者，蓋先君之旨也〔四〕。」乃止。虎尋奔退，皝益奇之。至是，年四十九歲矣，而駿逸不虧，儁比之鮑氏驄，命鑄銅以圖其象，親爲銘贊，鐫頌（二字一作「儁勒」）。其旁〔五〕，置之薊城東掖門。是歲〔六〕，象成而馬死。

匈奴單于賀賴頭率部落三萬五千降於儁，拜寧西將軍、雲中郡公，處之於代郡平舒城。

晉太山太守諸葛攸伐其東郡，儁遣慕容恪距戰，王師敗績。北中郎將謝萬先據梁、宋，懼而遁歸。恪進兵入寇河南，汝、潁、譙、沛皆陷，置守宰而還。

十一月〔七〕，儁自薊城遷於鄴。十二月，入鄴宮〔八〕，大赦其境内，繕修宫殿，復銅雀臺。

廷尉監常煒上言：「大燕雖革命創制，至於朝廷銓謨，亦多因循魏晉。唯祖父不殯葬者，獨不聽官身清朝，斯王教之首，不刊之式。然禮貴適時，世或損益，是以高祖制三章之法而秦人安之。自頃中州喪亂，連兵積年，或遇傾城之敗，覆軍之禍，坑師沈卒，往往而然。孤孫煢子，十室而九。兼三方岳峙，父子異邦，存亡吉凶，杳成天外。或便假一時，或依嬴博之制，孝子糜身無補，順孫心喪靡及。雖招魂虛葬以敘罔極之情，又禮無招葬之文，令不此載。若斯之流，抱琳琅而無申，懷英才而不齒，誠可痛也。恐非明揚側陋，務盡時珍之道。吴起、二陳之疇，終將無所展其才幹，漢祖何由免於平城之圍？郅支之首何以懸於漢闕？謹案戊辰詔書，蕩清瑕穢，與天下更始，以明惟新之慶。五六年間，尋相違伐，於則天之體，臣竊未安。」儁曰：「煒宿德碩儒，練明刑法，覽其所陳，良足採也。今六合未寧，喪亂未已，又正當收奇拔異之秋，未可才行兼舉。且除此條，聽大同更議。」使昌黎、遼東二郡營起廆廟，范陽、燕郡構皝廟，以其護軍平熙領將作大匠，監造二廟焉。

苻堅平州刺史劉特率户五千降于儁。

河間李黑聚衆千餘，攻略州郡，殺棗强令衛顔，長樂太守傅顔討斬之。

以吴王垂爲東夷校尉、平州刺史，鎮遼東〔九〕。

戊午。二年　三月〔一〇〕，常山寺大樹自拔〔一一〕，根下得璧七十二〔一二〕、一作「二十七」，一作「七十」。珪七十三，此二句亦見御覽三十九及北堂書鈔、初學記五〔一三〕。光色精奇，有異常玉。儁以爲嶽神之命，遣其尚書郎段勤以太牢祀之。五月，遼西獲黑兔〔一四〕。

初，冉閔之僭號也，石季龍將李歷、張平、高昌等並率其所部稱藩於儁，遣子入侍。既而投款建鄴，結援苻堅，並受爵位，羈縻自固。雖貢使不絶，而誠節未盡。吕護之走野王也，遣弟奉表謝罪於儁，拜寧南將軍、河内太守。又上黨馮鴦自稱太守，附於張平，平屢言之，儁以平故，赦其罪，以爲京兆太守。護、鴦亦陰通京師。張平跨有新興、雁門、西河、太原、上黨、上郡之地，壘壁三百餘，胡晉十餘萬户，遂拜置征、鎮，爲鼎峙之勢。儁遣其司徒慕容評討平，領軍慕輿根討鴦，司空陽騖討昌，撫軍慕容臧攻歷。并州壘壁降者百餘所，以尚書右僕射悦綰爲安西將軍、領護匈奴中郎將、并州刺史以撫之。平所署征西諸葛驤、鎮北蘇象、寧東喬庶、鎮南石賢等率壘壁百三十八降於儁〔一五〕，儁大悦，皆復其官爵。既而平率衆三千奔於平陽，鴦奔於野王，歷走滎陽，昌奔邵陵，悉降其衆。

儁於是復圖入寇，兼欲經略關西，乃令州郡校閲見丁，精覈隱漏。率户留一丁，餘悉發之，欲使步卒滿一百五十萬，期明年大集，將進臨洛陽，爲三方節度。武邑劉貴上書極諫，陳百姓凋弊，召兵非法，恐人不堪命，有土崩之禍，並陳時政不便於時者十有三事。儁覽而悦之，付公卿博議，事多納用，乃改爲三五占兵，寬戎備一周，悉令明年季冬赴集鄴都。

是歲，晉將荀羨攻山荏，拔之，斬儁太山太守賈堅。儁青州刺史慕容塵遣司馬悦明救之，羨師敗績，復陷山荏。

三年己未。儁立小學於顯賢里以教胄子。封其子泓爲濟北王，沖爲中山王。讌羣臣於蒲池，酒酣賦詩，因談經史，語及周太子晉，潸然流涕，顧謂羣臣曰：「昔魏武追痛倉舒，孫權悼登無已，孤常謂二主緣愛稱奇，無大雅之體。自暐亡以來，孤鬢髮中白，始知二主有以而然。卿等言暐定何如也？孤今悼之，得無貽怪將來乎？」其司徒左長史李績對曰：「獻懷之在東宫，臣爲中庶子，既忝近侍，聖質志業，臣實不敢不知。臣聞道備無愆，其唯聖人乎。先太子大德有八，未見闕也。」儁曰：「卿言亦以過矣，然試言之。」績曰：「至孝自天，性與道合，此其一也。聰敏慧悟，機思若流，此其二也。湛毅好斷，理詣無幽，此其三也。疾諛亮物，雅悦直言，此其四也。好學愛賢，不恥下問，此其五也。英姿邁古，藝業超時，此其六也。虚襟恭讓，尊師重道，此其七也。輕財好施，勤恤民隱，此其八也。」儁泣曰：「卿雖褒譽，然此兒若在，吾死無憂也。吾既不能追蹤唐虞，官天下以禪有德，近模三王，以世傳授，景茂幼沖，器藝未舉，卿以爲何如？」績曰：「皇太子天資岐嶷，聖敬日躋，而八德闕然，二闕未補，雅好遊田，娛心絲竹，所以爲損耳。」儁顧謂暐曰：「伯陽之言，藥石之惠，汝宜戒之。」因問高年疾苦孤寡不能自存者，賜穀帛有差。

三月〔一六〕，儁夜夢石虎齧其臂〔一七〕，一作「嚙」。覺，遂痛〔一八〕，寤而惡之。命發其墓，剖棺出尸，蹋而罵之曰：「死胡安敢夢生天子！」遣其御史中尉楊約，數其殘酷之罪，鞭其尸而投之漳水〔一九〕。此節亦見御覽四百。

諸葛攸又率水陸二萬討儁，入自石門，屯於河渚。攸部將匡超進據碻磝，蕭館屯於新柵，又遣督護徐冏率水軍三千泛舟上下〔二〇〕，爲東西聲勢。儁遣慕容評、傅顏等統步騎五萬戰於東阿，王師敗績。

塞北七國、賀蘭、涉勒等皆降。

十二月〔二一〕，儁寢疾，謂大司馬恪曰〔二二〕：「吾所患惙頓〔二三〕，當恐不濟。修短命也，復何所恨！但二寇未除，景茂沖幼，慮其未堪家國多難〔二四〕。吾欲遠追宋宣，以社稷屬汝。」恪曰：「太子雖幼，天縱聰聖，必能勝殘致治〔二五〕，二字一作「去暴」，一作「刑措」。不可以亂正統也。」儁怒曰：「兄弟之間豈虚飾乎？」恪曰：「陛下若以臣堪荷天下之任者，寧不能輔少主也。」儁曰：「若汝行周公之事，吾復何憂！李績清方忠亮，堪任大事，汝善遇之。」

是時兵集鄴城，盜賊互起，每夜攻劫，晨昏斷行。於是寬常賦，設奇禁，賊盜有相告者，賜奉車都尉，捕誅賊首木穀和等百餘人，乃止。

庚申。四年晉升平四年。正月，儁薨於應福前殿〔二六〕。時年五十三〔二七〕，一作「四十二」。在位十一年。僞謚景昭皇帝，廟號烈祖，墓號龍陵。儁雅好文籍，自初即位至末年，講論不倦。覽政之暇，唯與侍臣錯綜義理，凡所著述四十餘篇。性嚴重，愼威儀，未曾以慢服臨朝，雖閑居宴處，亦無懈怠之色云。

韓恒

韓恒字景山，安平灌津人也。父默，以學行顯名。恒年十歲，能屬文，日誦書三與身齊〔二八〕。師事同郡張載，載奇之曰：「王佐才也。」身長八尺一寸，博覽經籍，無所不通。以上亦見御覽六百十六。

永嘉之亂，避地遼東。廆既逐崔毖，復徙昌黎，召見，嘉之，拜參軍事。咸和中，宋該等建議以廆立功一隅，勤誠王室，位卑任重，不足以鎮華夷，宜表請大將軍、燕王之號。廆納之，命郡僚博議，咸以宜如該爲議。恒駁曰：「自羣胡乘間，人嬰荼毒，諸夏蕭條，無復綱紀。明公忠武篤誠，憂勤社稷，抗節孤危之中，建功萬里之外，終古勤王之義，未之有也。夫立功者患信義不著，不患名位不高，故桓文有寧復一匡之功，亦不先求禮命以令諸侯。宜繕甲兵，候機會，除羣凶，靖四海，功成之後，九錫自至。且要君以求寵爵者，非爲臣之義也。」廆不平之，出爲新昌令。

皝爲鎮軍，復參軍事，遷營丘太守，政化大行。儁爲大將軍，徵拜諮議參軍，加揚烈將軍。儁僭位，將定五行次，衆論紛紜。恒時疾在龍城，儁召恒以決之。恒未至而羣臣議以燕宜承晉爲水德。既而恒至，言於儁曰：「趙有中原，非唯人事，天所命也。天實與之，而人奪之，臣竊謂不可。且大燕王迹始自震方，於易，震爲青龍。受命之初，有龍見於都邑城，龍爲木德，幽契之符也。」儁初雖難改，後從恒議。儁秘書監清河聶熊聞恒言，乃歎曰：「不有君子，國何以興，其韓令君之謂乎！」後與李産俱傅東宮，從太子暐入朝，儁顧謂左右曰：「此二傅一代偉人，未易繼也。」其見重如此。

李産

李産字子喬，范陽人也。少剛厲有志格。永嘉之亂，同郡祖逖擁部衆於南土，力能自固，産遂往依之。逖素好從横，弟約有大志，産微知其旨，乃率子弟十數人間行還鄉里。仕於石氏，爲本郡太守。

及慕容儁南征，前鋒達郡界，郡人皆勸産降，産曰：「夫受人之禄，當同負安危。今若舍此節以圖存，義士將謂我何！」衆潰，始詣軍請降。儁嘲之曰：「卿受石氏寵任，衣錦本鄉，何故不能立功於時而反委質乎。烈士處身於世，固當如是邪？」産泣曰：「誠知天命有歸，非微臣所抗。然犬馬爲主，豈忘自效，但以孤窮勢蹙，致力無術，黽俛歸死，實非誠款。」儁嘉其慷慨，顧謂左右曰：「此真長者也。」乃擢用之，歷任尚書。性剛正，好直言，每至進見，未曾不論朝政之得失，同輩咸憚焉，儁亦敬其儒雅。前後固辭年老，不堪理劇，轉拜太子太保。謂子績曰：「以吾之才而致於此，始者之願亦已過矣，不可復以西夕之年取笑於來今也。」固辭而歸，死於家。子績。

績字伯陽，少以風節知名，清辯有辭理。弱冠爲郡功曹。時石季龍親征段遼，師次范陽，百姓饑儉，軍供有闕。季龍大怒，太守惶怖避匿。績進曰：「郡帶北裔，與寇接壤，疆埸之間，人懷危慮。聞輿駕親戎，將除殘賊，雖嬰兒白首，咸思效命，非唯爲國，亦自求寧，雖身膏草野，猶甘爲之，敢有私吝而闕軍實！但比年災儉，家有菜色，困弊力屈，無所取濟，逋廢之罪，情在可矜。」季龍見績年少有壯節，嘉而恕之，於是太守獲免。

刺史王午辟爲主簿。儁之南征也，隨午奔魯口。鄧恒謂午曰：「績鄉里在北，父已降燕。今雖在此，終不爲用，方爲人患。」午曰：「績於喪亂之中捐家立義，情節之重，有侔古烈，若懷嫌害之，必駭衆望。」恒乃止。午恐績終爲恒所害，乃資遣之。及到，儁責其背親後至，答曰：「臣聞豫讓報智伯仇，稱於前史，既官身所在，何事非君。陛下方弘唐虞之化，臣實未謂歸順之晚也。」儁曰：「此亦事主之一節耳。」累遷太子中庶子。及暐立，慕容恪欲以績爲尚書右僕射，暐憾績往言，不許。恪屢請，乃謂恪曰：「萬機之事委之叔父，伯陽一人，暐請獨裁。」績遂憂死。

侯青

將作大匠、屯騎校尉、朝那侯青，武邑人也〔二九〕。機巧有算略，驍勇善騎射，所在先登陷陣，儁擬之張飛。御覽四百三十六。

庫官泥

岷山桓公庫官泥〔三〇〕。此見廣韻，姑附於此。

校勘記

〔一〕光壽元年正月　偏霸部「光壽」誤「光臺」，餘同。載記作「升平元年」。

〔二〕中山王　載記作「暐」，偏霸部作「中山王暐」。

〔三〕改年曰光壽　載記作「改元曰光壽」，偏霸部作「改年」。

〔四〕蓋先君之旨也　「旨也」，偏霸部同，載記作「意乎」。

〔五〕鐫頌其旁　「頌」，偏霸部同，載記作「勒」。

〔六〕是歲　載記同，偏霸部作「是月」。

〔七〕十一月　見偏霸部，載記無。

〔八〕十二月入鄴宮　纂録同，偏霸部脱「十」字，載記無此節。

〔九〕以吴王垂至鎮遼東　見偏霸部，載記無。

〔一〇〕二年三月　見偏霸部，載記無。

〔一一〕常山寺　載記無「寺」字，見偏霸部、御覽卷三九引、初學記卷五恒山「趙符燕玉」條引。

〔一二〕璧七十二　御覽卷三九引同，初學記卷五恒山「趙符燕玉」條引作「璧七十」，偏霸部作「璧七十三」而未言珪，疑有脱句。

〔一三〕按，原注未具書鈔卷數，纂録「得璧二十七」下校語有「書鈔亦引作」云云，而實未見書鈔有此條。白氏六帖卷二恒山「燕璧」條引前燕録此事，湯球或誤記書名。

〔一四〕五月遼西獲黑兔　見偏霸部，載記無。

〔一五〕壘壁百三十八　「百」字原無，據載記補。屠本卷二七亦有「百」字。

〔一六〕三月　見偏霸部，載記無。

〔一七〕鬣其臂　「臂」，載記同，偏霸部作「髀」。

〔一八〕覺遂痛　見御覽卷四〇〇引，載記、偏霸部無。

〔一九〕鞭其尸而投之漳水　御覽卷四〇〇引無「而」字，偏霸部無「其尸」，載記此句作「鞭之棄于漳水」。

〔二〇〕徐冏　原作「徐商」，據載記改。屠本卷二七亦作「徐冏」。

〔二一〕十二月　偏霸部同，載記作「俄而」。

〔二二〕大司馬恪　偏霸部同，載記作「慕容恪」。

〔二三〕吾所患惙頓　偏霸部同，載記作「吾所疾惙然」。

〔二四〕慮其未堪家國多難　偏霸部同，載記無「家國」二字。

〔二五〕勝殘致治　「致治」，偏霸部同，纂録作「去暴」，載記作「刑措」。

〔二六〕四年正月儁薨於應福前殿　偏霸部同，載記作「升平四年儁死」。

〔二七〕五十三　偏霸部同，載記作「四十二」。

〔二八〕恒年十歲至身齊　宋本御覽卷六一六引無「日誦書三與身齊」，鮑本有。載記惟作「恒少能屬文」。

〔二九〕朝那侯青武邑人也　按，御覽卷四三六引文如此，既言「武邑人也」，上文「朝那侯青」疑有脱訛。

〔三〇〕庫官泥　廣韻卷四暮韻「庫」字作「庫傉官泥」。

十六國春秋輯補卷二十八

前燕録六

慕容暐

慕容暐字景茂，儁之第三子也。元璽三年封中山王〔一〕，尋立爲皇太子。及儁薨，羣臣欲立慕容恪，恪辭曰：「國有儲君，非吾節也。」於是立暐。光壽四年〔二〕，晉升平四年。僭即皇帝位，大赦境内，改元曰建熙。

庚申。建熙元年〔三〕晉升平四年。立其母可足渾氏爲皇太后。以太原王恪爲太宰〔四〕、録尚書，行周公事，專掌百揆〔五〕；上庸王評爲太傅〔六〕，副贊朝政；慕輿根爲太師；司空陽鶩爲太保〔七〕；吴王垂爲河南大都督十州諸軍事〔八〕、征南將軍、兖州牧、荆州刺史，領護南蠻校尉，鎮梁國；孫希爲安西將軍、并州刺史；傅顔爲護軍將軍。其餘拜授各有差。

暐既庸弱，事皆委之於恪。慕輿根自恃勳舊，驕傲有無上之心，忌恪之總朝權，將伺隙爲亂，乃言於恪曰：「今主上幼沖，母后干政，殿下宜慮楊駿、諸葛元遜之變，思有以自全。且定天下者，殿下之功也，兄亡弟及，先王之成制，過山陵之後，可廢主上爲一國王，殿下踐尊位，以建大燕無窮之慶。」恪曰：「公醉乎？何言之悖也！昔曹臧、吴札並於家難之際，猶曰爲君非吾節，況今儲君嗣統，四海無虞，宰輔受遺，奈何更有私議！公忘先帝之言乎？」根大懼，陳謝而退。恪以告慕容垂，垂勸恪誅之。恪曰：「今新遭大凶，二虜伺隙，山陵未建而宰輔自相誅滅，恐乖遠近之望，且可容忍之。」根與左衛慕輿干潛謀誅恪及評，因而篡位。入白可足渾氏及暐曰：「太宰、太傅將謀爲亂，臣請率禁兵誅之以安社稷。」可足渾氏將從之，暐曰：「二公國之親穆，先帝所託，終應無此，未必非太師將爲亂也。」於是使其侍中皇甫真、護軍傅顔收根等於禁中，斬之。大赦境内。遣傅顔率騎二萬觀兵河南，臨淮而還，軍威甚盛。

辛酉。二年　初，儁所署寧南將軍呂護據野王，陰通京師，穆帝以護爲前將軍、冀州刺史。儁死，謀引王師襲鄴，事覺，暐使慕容恪等率衆五萬討之。將軍傅顔言於恪曰：「護窮寇假合，王師既臨，則上下喪氣，曾不敢闚兵中路，展其螗蜋之心。此則士卒攝魂，敗亡之驗也。殿下前以廣固天險，守易攻難，故爲長久之策。今賊形便不與往同，宜急攻之，以省千金之費。」恪曰：「護老賊，經變多矣，觀其爲備之道，未易卒圖。一作「平」。今圍一作「圈」。之窮城，樵採路絶，内無蓄積，外無强援，不過十旬，其弊必矣，何必遽殘士卒之命而趣一時之利哉！吾嚴濬圍壘，休養將卒，以重官美貨，間而離之。事淹勢窮，其釁易動，我則未勞，而寇已弊。此謂兵不血刃，坐以制勝也。」遂列長圍守之。護遣其將張興率勁卒七千出戰，傅顔擊斬之。自三月至八月，凡經六月而野王潰〔九〕。護南奔於晉，悉降其衆。此段亦見御覽三百十八。尋復叛歸於暐，暐待之如初。

壬戌。三年晉哀隆和元年。遣傅顔、吕護率衆據河陰，顔北襲敕勒，大獲而還。護攻洛陽，中流矢死。將軍段崇收軍北渡，屯於野王。

癸亥。四年晉興寧元年。正月，暐南郊〔一〇〕。

暐遣其寧東慕容忠攻陷滎陽，又遣鎮南慕容塵寇長平。時晉冠軍將軍陳祐戍洛陽，遣使請救。帝遣桓温援之。

十月，太尉弈迎神主於和龍。初，暐委政太宰恪，專受經於博士王歡，助教尚鋒、秘書郎杜詮並以明經講論左右。至是通諸經，祀孔子於東堂，以歡爲國子祭酒，鋒國子博士，詮散騎侍郎，其執經、侍講皆有拜授〔一一〕。

甲子。五年（一二）晉興寧二年。原作「興寧初」，此從帝紀。暐復使慕容評寇許昌、懸瓠、陳城（一三），並陷之，遂略汝南諸郡，徙萬餘户於幽冀。暐豫州刺史孫興上疏，請步卒五千先圖洛陽，暐納之。遣其太宰司馬悦希軍於盟津，孫興分戍成皋，以爲之聲援。尋而陳祐率衆奔陸渾，河南諸壘悉陷於希。

乙丑。六年　慕容恪攻陷金墉，害揚威將軍沈勁。以其左中郎將慕容筑爲假節（一四）、征虜將軍、洛州刺史，鎮金墉。慕容垂爲都督荆揚洛徐兖豫雍益涼秦等十州諸軍事、征南大將軍、荆州牧，配兵一萬，鎮魯陽。

丙寅。七年晉海西太和元年。　時暐境内多水旱，慕容恪、慕容評並稽首歸政，請遜位還第，曰：「臣以朽闇，器非經國，過荷先帝拔擢之恩，又蒙陛下殊常之遇，猥以輕才，竊位宰録，不能上諧陰陽，下釐庶政，致使水旱愆和，彝倫失序，轅弱任重，夕惕唯憂。臣聞王者則天建國，辨方正位，司必量才，官惟德舉。台輔之重，參理三光，苟非其人，則靈曜爲虧。尸禄貽殃，負乘招悔，由來常道，未之或差。以姬旦之勳聖，猶近則二公不悦，遠則管蔡流言，況臣等寵緣戚末，榮非才授，而可久點天官，塵蔽賢路。是以中年拜表，披陳丹款。聖恩齒舊，未忍遐棄，奄冉偷榮，愆責彌厚。自待罪鼎司，歲餘辰紀；忝冒宰衡，七載於茲。

雖乃心經略，而思不周務，至令二方干紀，跋扈未庭，同文之詠，有慙盛漢，深乖先帝託付之規，甚違陛下垂拱之義。臣雖不敏，竊聞君子之言，敢忘虞丘避賢之美，輒循兩疏知止之分。謹送太宰、大司馬、太傅、司徒章綬，惟垂昭許。」暐曰：「朕以不天，早傾乾覆，先帝所託，唯在二公。二公懿親碩德，勳高魯衛，翼贊王室，輔導朕躬，宣慈惠和，坐以待旦，虔誠夕惕，美亦至矣。故能外掃羣凶，内清九土，四海晏如，政和時洽。雖宗廟社稷之靈，抑亦公之力也。今關右有未賓之氐，江吴有遺燼之虜，方賴謀猷，混寧六合，豈宜虚己謙沖，以違委任之重！王其割二疏獨善之小，以成公旦補衮之大。」恪、評等固請致政，暐曰：「夫建德者必以終美爲名，佐命者則以功成爲效〔一五〕。公與先帝開構洪基，膺天明命，將廓夷羣醜，紹復隆周之迹。災眚横流，乾光墜曜，朕以眇躬，猥荷大業，不能上成先帝遺志，致使二虜遊魂，所以功未成也，豈宜沖退？且古之王者，不以天下爲榮，憂四海若荷擔，然後仁讓之風行，則比屋而可封。今道化未純，鯨鯢未殄，宗社之重，非唯朕身，公所憂也。當思所以寧濟兆庶，靖難敦風，垂美將來，侔蹤周漢，不宜崇飾常節，以違至公。」遂斷其讓表，恪、評等乃止。

五月，暐下書曰：「朕以寡德，莅政多違，亢陽三時，光陰錯緒，農植之時而零雨莫降。

其令有司徹樂，太官以菜食常供祭奠。」既而澍雨大降。此節依御覽十一引補。

暐鐘律郎郭欽奏議〔一六〕，以暐承石季龍水爲木德，暐從之。

太和元年，暐遣撫軍慕容厲攻晉太山太守諸葛攸。攸奔於淮南，厲悉陷兖州諸郡，置守宰而還。

丁卯。八年〔一七〕慕容恪有疾，深慮暐政不在己，慕容評性多猜忌，大司馬之位不能允授人望，乃召暐兄樂安王臧謂之曰：「今勁秦跋扈，强吴未賓，二寇並懷進取，但患事之無由耳。夫安危在得人，國興在賢輔。若能推才任忠，和同宗盟，則四海不足圖，二虜豈能爲難哉？吾以常才受先帝顧託之重，每欲掃平關隴，蕩一甌吴，庶嗣成先帝遺志，謝憂責於當年。而疾固彌留，恐此志不遂，所以没有餘恨也。吴王天資英傑，經略超時，司馬職統兵權，不可以失人，吾終之後，必以授之。若以親疏次第，不以授汝，當以授沖。汝等雖才識明敏，然未堪多難，國家安危，實在於此，不可昧利忘憂，以致大悔也。」又以告評。月餘，太宰恪卒〔一八〕，其國中皆痛惜之。

慕容恪字玄恭，皝之第四子也。幼而謹厚，沈深有大度。母高氏無寵，皝未之奇也。年十五，身長八尺七寸，容貌魁傑，雄毅嚴重，每所言及，輒經綸世務，皝始異焉，乃授之以兵。數從皝征伐，臨機多奇策。使鎮遼東，甚有威惠，高句麗憚之，不敢爲寇。皝使恪與儁俱伐夫餘，儁居中指授而已，恪身當矢石，推鋒而進，所嚮輒潰。

皝將終，謂儁曰：「今中原未一，方建大事，恪智勇俱濟，汝其委之。」及儁嗣位，彌加親任。累戰有大功，封太原王，拜侍中、假節、大都督、録尚書。儁寢疾，引恪與慕容評屬以後事。及暐之世，總攝朝權。初，建鄴聞儁死，曰：「中原可圖矣。」桓温曰：「慕容恪尚存，所憂方爲大耳。」慕輿根之就誅也，内外危懼。恪容止如常，神色自若，出入往還，一人步從。或有諫之者，恪曰：「人情懷懼，且當自安以靖之。吾復不安，則衆何瞻仰哉！」於是人心稍定。恪虚襟待物，諮詢善道，量才處任，使人不踰位，朝廷謹肅。進止有常度，雖執權政，每事必諮之於評。罷朝歸第，則盡心色養，手不釋卷。其百寮有過，未嘗顯之，自是庶僚化德，稀有犯者。恪之圍洛陽也，秦中大震，苻堅親將以備潼關，軍迴乃定。恪爲將不尚威嚴，專以恩信御物，務於大略，不必小令勞衆。軍士有犯法，密縱舍之，捕斬賊首以令軍。營内不整似可犯，而防禦甚嚴，終無喪敗。臨終，暐親臨問以後事，恪曰：「臣聞報恩莫大於薦士，版築猶可，而況國之懿藩。吴王文武兼才，管蕭之亞，陛下若任之以政，國其少安。不然，臣恐二寇必事闚闟之計。」言終而死〔一九〕。

先是，晉南陽督護趙弘以宛降於暐，暐遣其南中郎將趙盤自魯陽戍宛。至此，晉右將軍桓豁攻宛，拔之，趙盤退奔魯陽。豁遣輕騎追盤，及於雉城，大戰敗之，執盤，戍宛而歸。

十二月，太尉陽騖卒〔二〇〕。

陽騖字士秋，右北平無終人也。父耽，仕廆，官至東夷校尉。騖母李氏，博學有母儀，慕容皝常升堂拜敬〔二一〕。以上亦見御覽四百三十一。騖少清素好學，器識沈遠。起家爲平州別駕，屢獻安時强國之術，事多納用，廆甚奇之。皝即王位，遷左長史，東西征伐，參謀幃幄。皝臨終謂儁曰：「陽士秋忠幹貞固，可託付大事，汝善待之。」儁之將圖中原也，騖制勝之功亞於慕容恪。暐既嗣僞位，申以師傅之禮，親遇日隆。及爲太尉，慨然而歎曰：「昔常林、徐邈先代名臣，猶以鼎足任重，而終辭三事。以吾虛薄，何德以堪之！」固求罷職，言甚懇至，暐優答不許。騖清貞謙謹，老而彌篤，既以宿望舊齒，自慕容恪已下莫不畢拜。性尤儉約，一作「清儉」。好施無倦，位爲台保，爵封郡公〔二二〕，常乘敝車瘠牛〔二三〕，一作「馬」。及卒，無殮財。末段亦見御覽四百三十一。

戊辰。九年〔二四〕苻堅將苻廋據陝城降於暐。時有圖書云：「燕馬當飲渭水。」堅恐暐乘釁入關，大懼，乃盡精鋭以備華陰。暐羣下議欲遣兵救廋，因圖關右。慕容評素無經略，又受苻堅間貨，沮議曰：「秦雖有難，未易可圖，朝廷雖明，豈如先帝，吾等經略又非太宰之匹，終不能平秦也。但可閉關息旅，保寧疆埸足矣。」暐魏尹慕容德上疏曰：「先帝應天順時，受命革代，方以文德懷遠，以一六合，神功未就，奄忽升遐。昔周文既没，武王嗣興，伏惟陛下則天比德，揆聖齊功，方闡崇乾基，纂成先志。逆氐僭據關隴，號同王者，惡積禍盈，自相疑戮，釁起蕭牆，勢分四國，投誠請援，旬日相尋，豈非凶運將終，數歸有道。兼弱攻昧，取亂侮亡，機之上也。今秦土四分，可謂弱矣，時來運集，天贊我也。天與不取，反受其殃，吴越之鑒，我之師也。宜應天人之會，建牧野之旗。命皇甫真引并冀之衆，往取蒲阪；臣垂引許洛之兵，馳解謏圍；太傅總京都武旅，爲二軍後繼。飛檄三輔，仁聲先路，獲城即侯，微功必賞，此則鬱概待時之雄，抱志未申之傑，必嶽峙灞上，雲屯隴下。天羅既張，内外勢合，區區僭豎，不走則降，大同之舉，今其時也。願陛下獨斷聖慮，無訪佞人。」暐覽表大悦，將從之。評固執不許，乃止。苻謏知評、暐之無遠略，恐救師弗至，乃牋於慕容垂、皇甫真曰：「苻堅、王猛皆人傑也，謀爲燕患，爲日久矣。今若乘機不赴，恐燕之君臣將有甬東之悔。」垂得書，私於皇甫真曰：「方爲人患者必在於秦，主上富於春秋，未能留心政事，觀太傅度略，豈能抗苻堅、王猛乎？」真曰：「然。繞朝有云，謀之不從可如何！」

暐僕射悦綰言於暐曰：「太宰政尚寬和，百姓多有隱附。傳曰，唯有德者可以寬臨衆，其次莫如猛。今諸軍營户，三分共貫，風教陵敝，威綱不舉。宜悉罷軍封，以實天府之饒，肅明法令，以清四海。」暐納之。綰既定制，朝野震驚，出户二十餘萬。慕容評大不平，尋賊綰，殺之。

時有司奏中山浦陰劉洛，縣差充役，弟興私代，背軍逃歸。州以本名捕斬，興詣郡列，稱逃是興身，請求代洛死。洛又因陳己實正名，宜從憲辟。兄弟争命，詳刑有疑。暐曰：「洛應征輒留，興冒名逃役，俱應極法。但兄弟競死，情義可嘉，宜特原之。」〔二五〕御覽四百十六。

十二月，有神降於鄴，自稱湘女，有聲，與人相接，數日而去〔二六〕。

己巳。十年　四月，立貴妃可朱渾氏爲皇后〔二七〕。

六月〔二八〕，晉大司馬桓温、江州刺史桓沖、豫州刺史袁真率衆五萬來伐暐〔二九〕，前兗州刺史孫元起兵應之。温部將檀玄攻湖陸，執暐寧東慕容忠。暐遣其將慕容厲與温戰於黄墟，厲師大敗，單馬奔還。高平太守徐翻以郡歸順。温前鋒朱序又破暐將傅顔於林渚，温軍大振，遂至枋頭。暐懼，謀奔和龍。慕容垂曰：「不然。臣請擊之，若戰不捷，走未晚也。」乃以垂爲使持節、南討大都督，慕容德爲征南將軍，率衆五萬距温，使其散騎侍郎樂嵩乞師於苻堅。堅遣將軍苟池率衆二萬，出自洛陽，師於潁川，外爲赴援，内實觀隙，有兼并之志矣。慕容德屯於石門，絶温糧漕。豫州刺史李邦率州兵五千斷温饋運。温頻戰不利，糧運復絶，及聞堅師之至，乃焚舟棄甲而退。德率勁騎四千先温至襄邑東，伏於澗中，與垂前後夾擊王師，垂大敗之〔三〇〕，斬獲三萬餘級〔三一〕。苟池聞温班師，邀擊於譙，温衆又敗，死者萬計。温奔還淮南〔三二〕。

垂既敗温有大功〔三三〕，威德彌振。太傅評大不平之〔三四〕。垂又言其將孫蓋等摧鋒陷鋭，宜論功超授，評寢而不録。垂數以爲言，頗與評廷争。太后可足渾氏素惡垂〔三五〕，毁其戰功，遂與評謀殺垂。垂懼，十二月，垂出奔秦〔三六〕。

先是，暐使其黄門侍郎梁琛聘於堅。琛還，言於評曰：「秦揚兵講武，運粟陝東，以琛觀之，無久和之理。兼吴王西奔，必有觀釁之計，深宜備之。」評曰：「不然。秦豈可受吾叛臣而不懷和好哉？」琛曰：「鄰國相并，有自來矣。況今並稱大號，理無俱存。堅機明好斷，納善如流。王猛有王佐之才，鋭於進取。觀其君臣相得，自謂千載一時。桓温不足爲慮，終爲人患者，其爲王猛乎！」暐、評不以爲虞。皇甫真又陳其事曰：「苻堅雖聘使相尋，託輔車爲諭，然抗均鄰敵，勢同戰國。明其甘於取利，無慕善之心，終不能守信存和，以崇久要也。頃來行人累續，兼師出洛州，夷險要害，具之耳目。觀虛實以措奸圖，聽風塵而伺國隙者，寇之常也。又吳王外奔，爲之謀主，伍員之禍，不可不慮。洛陽、并州、壺關諸城，並宜增兵益守，以防未兆。」暐召評而謀之，評曰：「秦國小力弱，杖我爲援，且苻堅庶幾善道，終不納叛臣之言。不宜輕自擾懼，以動寇心也。」暐從之。

俄而堅遣其將王猛率衆伐暐，攻慕容筑於金墉。

校勘記

〔一〕元璽三年　見偏霸部，載記無。

〔二〕光壽四年　見偏霸部，載記作「升平四年」。

〔三〕建熙元年　見偏霸部，載記無。

〔四〕太原王恪　偏霸部同，載記作「慕容恪」。

〔五〕專掌百揆　纂録同，偏霸部作「專百揆」，載記無此句。

〔六〕上庸王評　偏霸部同，載記作「慕容評」。

〔七〕司空陽騖爲太保　見偏霸部，載記無。

〔八〕吴王垂爲河南大都督十州諸軍事　「吴王垂」，偏霸部同，載記作「慕容垂」。「十州諸軍事」，見偏霸部，載記無。

〔九〕凡經六月　見御覽卷三一八引，載記無。

〔一〇〕四年正月暐南郊　見偏霸部，載記無。

〔一一〕十月至皆有拜授　見偏霸部，載記無。偏霸部「王歡」、「歡」作「王勸」、「勸」。

〔一二〕五年　載記作「興寧初」。

〔一三〕陳城　載記同，晉書卷八哀帝紀、通鑑卷一〇一作「陳郡」。

〔一四〕左中郎將　原作「左右中郎」，據載記、通鑑卷一〇一改。

〔一五〕佐命者則以功成爲效　「佐」，原作「位」，據載記改。

〔一六〕鐘律郎　「鐘」，原作「鎮」，據載記改。

〔一七〕八年　見偏霸部，載記無。

〔一八〕月餘太宰恪卒　載記作「月餘而死」，偏霸部無此上恪有疾諸事，但作「太宰恪卒」。

〔一九〕慕容恪字玄恭至言終而死　慕容恪小傳，載記附後，湯球移於恪卒事下。

〔二〇〕十二月太尉陽騖卒　載記、偏霸部皆無，見屠本卷二八及通鑑卷一〇一。按，載記以陽騖小傳附後，湯球蓋依慕容恪例移於編年中，因補陽騖卒之事以啓小傳。

〔二一〕騖母李氏至拜敬　載記無此節，御覽卷四三一引「陽騖」誤作「楊騖」，「慕容歆」作「慕容晃」。

〔二二〕好施無倦位爲台保爵封郡公　見御覽卷四三一引，載記無。

〔二三〕常乘敝車瘠牛　「牛」，御覽卷四三一引同，載記作「馬」。

〔二四〕九年　見偏霸部，載記無。

〔二五〕時有司奏至宜特原之　此節據御覽卷四一六引補，載記、偏霸部無。御覽引「浦陰」後有「民」字，「充役」作「充征」，「詣郡列」作「詣郡自列」。

〔二六〕十二月至數日而去　見偏霸部，載記無。

〔二七〕十年至皇后　見偏霸部，載記無。

〔二八〕六月　見偏霸部，載記無。

〔二九〕來伐暐　載記作「伐暐」，偏霸部作「來伐」。

〔三〇〕與垂前後夾擊王師垂大敗之　載記「垂大敗之」作「大敗」，與上「王師」連讀。偏霸部無戰事詳情，僅云「吴王垂大敗之」。湯球强爲綴合，有失原意。

〔三一〕斬獲三萬餘級　偏霸部同，載記作「死者三萬餘人」。

〔三二〕温奔還淮南　見偏霸部，載記無。

〔三三〕垂既敗温有大功　載記作「垂既有大功」，偏霸部作「垂既敗温」。

〔三四〕太傅評大不平之　纂録同，偏霸部「平」作「使」，疑爲「使」字之誤。載記作「慕容評素不平之」。

〔三五〕太后可足渾氏　「太后」，見偏霸部，載記無。

〔三六〕十二月垂出奔秦　偏霸部同，載記作「奔于苻堅」。

十六國春秋輯補卷二十九

前燕録七

慕容暐

庚午。建熙十一年　遣慕容臧率衆救筑。臧次滎陽，猛部將梁成、洛州刺史鄧羌與臧戰於石門，臧師敗績，死者萬餘，遂相持於石門。筑以救兵不至，以金墉降於猛。案十六國春秋云：去年十二月，猛受筑降。而燕書少帝紀自云此年正月拔洛，故附於此〔一〕。梁成又敗慕容臧，斬首三千餘級，獲其將軍楊璩〔二〕，臧遂城新樂而還。

桓温之敗也，歸罪於豫州刺史袁真。真怒，以壽陽降暐，暐遣其大鴻臚温統署真爲使持節、散騎常侍、都督淮南諸軍事、征南大將軍、領護南蠻校尉、揚州刺史，封宣城公。未至而真、統俱卒，真黨朱輔立真子瑾爲建威將軍、豫州刺史，以固壽陽。

時外則王師及苻堅交侵，兵革不息；内則暐母亂政，評等貪冒，政以賄成，官非才舉，羣下切齒焉。其尚書左丞申紹上疏曰：

臣聞漢宣有言：「與朕共治天下者，其唯良二千石乎！」是以特重此選，必妙盡英才，莫不拔自貢士，歷資内外，用能仁感猛獸，惠致羣祥。今者守宰或擢自匹夫兵將之間，或以寵戚，藉緣時會，非但無聞於州閭，亦不經於朝廷。又無考績，黜陟幽明，貪惰爲惡，無刑戮之懼，清勤奉法，無爵賞之勸。百姓窮弊，侵賕無已，兵士逋逃，乃相招爲賊盜，風頽化替，莫相糾攝。且吏多則政煩，由來常患。今之見户，不過漢之一大郡，而備置百官，加之新立軍號，兼重有過往時。虚假名位，廢棄農業，公私驅擾，人無聊生。宜并官省職，務勸農桑。秦吴二虜，僻僭一時，尚能任道捐情，肅諧僞部，况大燕累聖重光，君臨四海，而可以美政或虧，取陵奸寇哉！鄰之有善，衆之所望，我之不修，彼之願也。

秦吴狡猾，地居形勝，非唯守境而已，乃有吞噬之心。中州豐實，户兼二寇，弓馬之勁，秦晉所憚，雲騎風馳，國之常也。而比赴敵後機，兵不速濟者，何也？皆由賦法靡恒，役之非道。郡縣守宰每於差調之際〔三〕，無不舍越殷强，首先貧弱，行留俱窘，資贍無所，人懷嗟怨，遂致奔亡，進闕供國之饒，退離蠶桑之要。兵豈在多，貴於用命。宜嚴制軍科，務先饒復，習兵教戰，使偏伍有常。從戎之外，足營私業，父兄有陟岵之觀，子弟懷孔邇之顧，雖赴水火，何所不從！

節儉約費，先王格謨，去華敦樸，哲后恒憲。故周公戒成王以啬財爲本，漢文以皂幃變俗，孝景宫人弗過千餘，魏武寵賜不盈十萬，薄葬不墳，儉以率下，所以割肌膚之惠，全百姓之力。謹案後宫四千有餘，僮侍厮養通兼十倍，日費之重，價盈萬金，綺縠羅紈，歲增常調，戎器弗營，奢玩是務。今帑藏虛竭，軍士無襜褕之賫，宰相侯王迭以侈麗相尚，風靡之化，積習成俗，卧薪之諭，未足甚焉。宜罷浮華非要之役，峻明婚姻喪葬之條，禁絶奢靡浮煩之事，出傾宫之女，均商農之賦。公卿以下以四海爲家，信賞必罰，綱維肅舉，則温、猛之首可以懸之白旗，秦、吴二主可以禮之歸命，豈唯不復侵寇而已哉！陛下若不遠追漢宗弋綈之模，近崇先帝補衣之美，臣恐頹風敝俗亦革變靡途，中興之歌無以軫之弦咏。

又拓宇兼并〔四〕，不在一城之地，控制戎夷者，懷之以德。今魯陽、上郡，重山之外，雲陰之北，四百有餘，而未可以羈服塞表，爲平寇之基，徒孤危託落，令善附内駭。宜攝就并豫，以臨二河，通接漕穀，擬之丘陵，重晉陽之戍，增南藩之兵，戰守之備，銜以千金之餌，蓄力待時，可一舉而滅。如其虔劉送死，俟之境而斷之，可令匹馬不反。非唯絶二賊闚闟，乃是戡殄之要，惟陛下覽焉。」暐不納。

六月，苻堅又使輔國將軍王猛、鎮南將軍楊安率衆六萬來伐〔五〕。猛攻壺關，安攻晉陽。暐使太傅評、下邳王厲等率中外精卒三一作「四」。十餘萬距秦師於潞川〔六〕。猛、安進師潞川。州郡盜賊大起，鄴中多怪異非常。暐憂懼不知所爲，乃召其使而問曰：「秦衆何如？大師既出，猛等能戰否？」或對曰：「秦國小兵弱，豈王師之敵，景略常才，又非太傅之匹，不足憂也。」黄門侍郎梁琛、中書侍郎樂嵩進曰：「不然。兵書之義，計敵能鬥，當以算取之。若冀敵不鬥，非萬全之道也。慶鄭有云：『秦衆雖少，戰士倍我。』衆之多少，非可問也。且秦行師千里，固戰是求，何不戰之有乎！」暐不悦。

猛與評等相持。評以猛懸軍遠入，利在速戰，議以持久制之。猛乃遣其裨將郭慶以鋭卒五千夜從間道出評營後〔七〕，起火於高山，因燒其輜重，火見鄴中。評性貪鄙，障固山泉，賣樵鬻水，積錢絹如丘陵，三軍莫有鬥志。此節亦見御覽三百十二及三百三十四。暐遣其侍中蘭伊讓評曰：「王，高祖之子也，宜以宗廟社稷爲憂，奈何不務撫養勳勞，專以聚斂爲心乎！府藏之珍貨，朕豈與王愛之！若寇軍冒進，王持錢帛安所置也！皮之不存，毛將安傅！錢帛可散之三軍，以平寇凱旋爲先也。」評懼。十月〔八〕，評與猛戰於潞川，評師敗績，死者五萬餘人，評等單騎遁還。猛乘勝追奔〔九〕，遂長驅至鄴。十一月，苻堅復率衆十萬會猛來攻，鄴城外亂〔一〇〕。

先是，慕容桓以衆萬餘屯於沙亭，爲評等後繼。聞評敗，引屯內黃。堅遣將鄧羌攻信都，桓率鮮卑五千退保和龍。散騎侍郎徐蔚等率扶餘、高句麗及上黨質民子弟五百餘人〔一一〕，夜開城北門引納秦師〔一二〕。暐與太傅評、左衛將軍孟高等數十騎出奔於昌黎〔一三〕。堅遣將軍郭慶帥騎五千追之〔一四〕，及暐於高陽。秦將巨虎執暐〔一五〕，將縛之，暐曰：「汝何小人，而敢縛天子！」虎曰：「我梁山巨虎，受詔縛賊，何謂天子邪？」一作「也」。遂執暐送於堅。堅詰問其奔狀，暐曰：「狐死首丘，欲歸死於先人陵墓耳。」堅哀而釋之，令還宮率文武出降。郭慶遂追評、桓於和龍，桓殺其鎮東慕容亮而并其衆，攻其遼東太守韓稠於平州〔一六〕。郭慶遣將軍朱嶷擊桓，執而送之。

堅入鄴宮，昇正陽殿〔一七〕。徙暐及王公已下并諸鮮卑四萬餘户於長安，封暐新興侯，邑五千户，尋拜尚書〔一八〕。堅征臺城〔一九〕，一作「壽春」。以暐爲平南將軍、別部都督。淮南之敗，隨堅還長安。既而吴王垂攻苻丕於鄴，中山王沖起兵關中，暐謀殺堅以應之，事發，爲堅所誅。時年三十五歲。及德僭稱尊號，僞謚幽皇帝。

始廆以武帝太康六年稱公，至暐四世。暐在位下原衍「二」字。十一年，以海西公太和五年滅，通廆、皝凡八十五年。

皇甫真

皇甫真字楚季，安定朝那人也。弱冠，以高才，廆拜爲遼東國侍郎。皝嗣位，遷平州别駕。時内難連年，百姓勞悴，真議欲寬減歲賦，休息力役。不合旨，免官。後以破麻秋之功，拜奉車都尉，守遼東、營丘二郡太守，皆有善政。及儁僭位，入爲典書令。後從慕容評攻拔鄴都，珍貨充溢，真一無所取，唯存恤人物，收圖籍而已。儁臨終，與慕容恪俱受顧託。

慕輿根將謀爲亂，真陰察知之，乃言於恪，請除之。恪未忍顯其事。俄而根謀發伏誅，恪謝真曰：「不從君言，幾成禍敗。」吕護之叛，恪謀於朝曰：「遠人不服，修文德以來之。今護宜以恩詔降乎，抑宜以兵戈取也？」真曰：「護九年之間三背王命，揆其姦心，凶勃未已。明公方飲馬湘江，勒銘劒閣，況護蕞爾近畿而不梟戮，宜以兵算取之，不可復以文檄喻也。」悋從之。以真爲冠軍將軍、別部都督。師還，拜鎮西將軍、并州刺史，領護匈奴中郎將〔二〇〕。徵還，拜侍中、光禄大夫，累遷太尉、侍中。

苻堅密謀兼并，欲觀釁隙，乃遣其西戎主簿郭辯潛結匈奴左賢王曹轂，令轂遣使詣鄴，辯因從之。真兄典仕苻堅爲散騎常侍，從子奮、覆並顯關西。辯既至鄴，歷造公卿，言於真曰：「辯家爲秦所誅，故寄命曹王，貴兄常侍及奮、覆兄弟並相知在素。」真怒曰：「臣無境外之交，斯言何以及我！君似姦人，得無因緣假託乎！」乃白暐請窮詰之，暐、評不許。辯還謂堅曰：「燕朝無綱紀，實可圖之。鑒機識變，唯皇甫真耳。」堅曰：「以六州之地，豈無智識士一人哉！真亦秦人而燕用之，固知關西多君子矣。」

真性清儉寡欲，不營産業，飲酒至石餘不亂，雅好屬文，凡著詩賦四十餘篇。王猛入鄴，真望馬首拜之。明日更見，語乃卿猛。猛曰：「昨拜今卿，何恭慢之相違也？」真答曰：「卿昨爲賊，朝是國士，吾拜賊而卿國士，何所怪也？」猛大嘉之，謂權翼曰：「皇甫真故大器也。」從堅入關，爲奉車都尉，數歲而死。

校勘記

〔一〕按，通鑑卷一〇二太和四年考異云，十六國春秋前秦録王猛攻慕容筑於金墉及筑降在建熙十年十一、十二月，燕書少帝紀則在十二月及十一年正月，考異據燕書獻莊紀及王猛遺書以證十六國春秋前秦録非是。輯補前燕録從燕書少帝紀，以「遣慕容臧率衆救筑」以下事入建熙十一年；輯補前秦録則依考異所引，參卷三三前秦録苻堅建元五年末原注。

〔二〕楊璩　原作「楊據」，據載記改。屠本卷二九亦作「楊璩」。

〔三〕郡縣守宰　「郡」，原作「羣」，據載記改。

〔四〕又拓宇兼并　「宇」，原作「守」，據載記改。

〔五〕六月至來伐　「六月」、「輔國將軍」、「鎮南將軍」、「六萬」，見偏霸部，載記無。

〔六〕暐使太傅評至潞川　「太傅評」，偏霸部同，載記作「慕容評」。「下邳王厲」，見偏霸部，載記無。「三十餘萬」，偏霸部同，載記作「四十餘萬」。「秦師於潞川」，偏霸部同，載記作「之」。

〔七〕猛乃遣其至評營後　「裨將」，御覽卷三一二引同，載記作「將」。「以鋭卒」，御覽卷三一二引同，載記作「率騎」。「出評營後」，見御覽卷三一二引，載記無。按，御覽卷三一二引未言出十六國春秋何録，而與晉書苻堅載記幾同，湯球以補前燕録，未宜。

〔八〕十月　見偏霸部，載記無。

〔九〕乘勝追奔　見偏霸部，載記無。

〔一〇〕十一月至外亂　「十一月」，纂録同，偏霸部誤「十月」，載記無。「來攻」，偏霸部同，載記作「攻暐」。「鄴城外亂」，原誤「鄭城外亂」，據纂録、偏霸部改，載記無此句，纂録、偏霸部上又多「拔」字，疑誤。

〔一一〕質民子弟　偏霸部同，載記作「質子」。

〔一二〕夜開城北門引納秦師　「城北門」，偏霸部同，載記作「城門」。「引納秦師」，偏霸部同，載記作「以納堅軍」。

〔一三〕太傅評左衛將軍孟高等　偏霸部同，載記作「評等」。

〔一四〕將軍郭慶帥騎五千追之　偏霸部同，載記作「郭慶追」。

〔一五〕巨虎　偏霸部同，載記避諱作「巨武」，下不具校。

〔一六〕平州　載記作「平川」。

〔一七〕堅入鄴宮昇正陽殿　見偏霸部，載記無。

〔一八〕邑五千户尋拜尚書　見偏霸部，載記無。

〔一九〕臺城　偏霸部同，載記作「壽春」。

〔二〇〕領護匈奴中郎將　「領」，原作「鎮」，據載記改。

十六國春秋輯補卷三十

前燕録八

吐谷渾〔一〕

吐谷渾，慕容廆之庶長兄也，其父涉歸分部落一千七百家以封長庶子吐谷渾，分馬以給之〔二〕。及涉歸卒，廆嗣位，而二部馬鬥，廆怒，遣使讓渾曰〔三〕：「先公分建有別，奈何不相遠離，而令馬有鬥傷〔四〕？」吐谷渾曰：「馬爲畜耳，飲食水草〔五〕，鬥其常性，何故怒及於人。兄弟至親，而鬥起於馬〔六〕，乖別甚易，當去汝於萬里之外矣。」於是遂行，西移八千里〔七〕。廆後悔之，遣其長史乙那樓馮及父時耆舊追渾，謝之〔八〕。吐谷渾曰：「先公稱卜筮之言，當有二子克昌，祚流後裔。我卑庶也，理無並大，今因馬而別，殆天所啓乎！諸君試驅馬令東，馬若還東，我當相隨去矣。」樓馮遣從者二千騎，乃擁迴渾馬，馬東行數百步，輒悲鳴西奔，衝突山谷〔九〕，如是者十餘輩〔一〇〕。一作「日」。樓馮跪而言曰：「此非人事也。」遂止。吐谷渾謂其部落曰：「我兄弟俱當享國，廆及曾玄，纔百餘年耳。我玄孫已後，庶其昌乎。」於是西附陰山，面黄河。晉永嘉之亂，南遷隴右〔一一〕。鮮卑謂兄爲阿干，廆追以孔懷之思〔一二〕，作吐谷渾阿干之歌〔一三〕，歲暮窮思，常歌之。及儁、垂僭號，以爲輦後大曲〔一四〕。以上亦見御覽五百七十。

其後子孫據有西零已西甘松之界，極乎白蘭數千里。甘松山東北有西王母樗蒲山，大有神驗，江水出焉〔一五〕。四句依御覽五十引補。然有城郭而不居，隨逐水草，廬帳爲屋，以肉酪爲糧。其官置長史、司馬、將軍，頗識文字。其男子通服長裙，帽或戴羃羅。婦人以金花爲首飾，辮髮縈後，綴以珠貝。其婚姻，富家厚出聘財，竊女而去。父卒，妻其羣母，兄亡，妻其諸嫂。喪服制，葬訖而除。國無常税，調用不足輒斂富室商人，取足而止。殺人及盗馬者罪至死，他犯則徵物以贖。地宜大麥，而多蔓青，頗有菽粟。出蜀馬、氂牛。西北雜種謂之爲阿柴虜，或號爲野虜焉。

吐谷渾年七十二卒，有子六十人，長曰吐延，嗣。

吐延年少有大志〔一六〕，身長七尺八寸，雄姿魁傑，羌虜憚之，號曰項羽。性俶儻不羣，嘗慷慨謂其羣下曰：「大丈夫生不在中國，當高皇、光武之世〔一七〕，與韓、彭、吴、鄧並驅中原，定天下，決雌雄，使名垂竹帛，而潛竄窮山，隔閉殊俗，不聞禮教於上京，不得策名於天府，生與麋鹿同羣，死作氈裘之鬼，雖偷視日月，獨不愧於心乎！」負其智勇，猜忍不恤下〔一八〕。爲帛城羌酋姜聰所刺殺〔一九〕。以上亦見御覽四百八十二引前燕録。劍猶在其身，謂其將紇拔泥曰：「豎子刺吾，吾之過也，上負先公，下愧士女。所以控制諸羌者，以吾故也。吾死之後，善相葉延，速保白蘭。」言終而卒，在位十三年，有子十二人，長子葉延嗣。

葉延年十歲，其父爲羌酋姜聰所害，每旦常縛草人，號曰姜聰〔二〇〕，哭而射之，中之則號天而泣，不中則瞋目大呼，要中乃止〔二一〕。其母謂之曰：「姜聰，諸將已屠膾之矣，汝何爲如此？」葉延泣曰：「誠知射草人無益於先公〔二二〕，一作「先讐」。所以申罔極之心耳。」〔二三〕以上亦見御覽四百八十二引前燕録。性至孝，母病，五日不食，葉延亦不食。

長而沈毅，好問天地造化、帝王年歷。司馬薄洛鄰曰：「臣等不學，實未審三皇何父之子，五帝誰母所生。」延曰：「自羲皇以來，符命玄象，昭言著見，而卿等面牆，何其鄙哉！語曰『夏蟲不知冬冰』，良不虛也。」又曰：「禮云公孫之子得以王父字爲氏，吾始祖自昌黎光宅於此，今以吐谷渾爲氏，尊祖之義也。」在位二十三年卒，年三十三。有子四人，長子辟奚嗣。

辟奚性仁厚慈惠。初聞苻堅之盛，遣使獻馬五十匹，金銀五百斤。堅大悦，拜爲安遠將軍。

時辟奚三弟皆專恣，長史鍾惡地恐爲國害，謂司馬乞宿雲曰：「昔鄭莊公、秦昭王以一弟之寵，宗祀幾傾，況今三孽並驕，必爲社稷之患。吾與公忝當元輔，若獲保首領以没於地，先君有問，其將何辭！吾今誅之矣。」宿雲請白辟奚，惡地曰：「吾王無斷，不可以告。」於是因羣下入覲，執三弟而誅之。辟奚自投於牀，惡地等奔而扶之曰：「臣昨夢先王告臣云：『三弟將爲逆亂，汝速除之。』臣謹奉先王之命矣。」辟奚素友愛，因恍惚成疾，謂世子視連曰：「吾禍滅同生，何以見之於地下！國事大小，汝宜攝之。吾餘年殘命，寄食而已。」遂以憂卒，在位二十五年，時年四十二。有子六人，視連嗣。上吐谷渾依晉書四夷傳録。

成公都

成公都，晉興元吴人也〔二四〕。都驍猛有勇力，陽虜之戰，年十八，横矛大呼，賊不敢當。

獨步當時，擬之方叔，論者咸曰：「當求之於古，造次無其比也。」御覽四百三十六。

王歡

王歡〔二五〕，一作「觀」，一作「勸」。字君厚，樂陵人也。安貧樂道，專精耽學，不營産業，常丐食誦詩，雖家無斗儲，意怡如也。其妻患之，或焚毁其書而求改嫁，歡笑而謂之曰：「卿不聞朱買臣妻邪？」時聞者多哂之，歡守志彌固，遂爲通儒。至慕容暐襲僞號，署爲國子博士，親就受經。遷祭酒。及暐爲苻堅所滅，歡死於長安。依晉書儒林傳録。

公孫鳳

公孫鳳字子鸞，上谷人也。隱於昌黎之九城山谷，冬衣單布，寢土牀，夏則并食於器，停令臭敗，然後食之。彈琴吟詠，陶然自得，咸異之，莫能測也。慕容暐以安車徵至鄴，及見暐，不言不拜，衣食舉動如在九城。賓客造請，尠得與言。數年病卒。依晉書隱逸傳録。

公孫永

公孫永字子陽，襄平人也。少而好學恬虚，隱於平郭南山，不娶妻妾，非身所墾植，則不衣食之。吟咏岩間，欣然自得。年餘九十，操尚不虧。與公孫鳳俱被慕容暐徵至鄴，及見暐，不拜，王公以下造之，皆不與言。雖經隆冬盛暑，端然自若。一歲餘，詐狂，暐送之平郭。後苻堅又將備禮徵之，難其年耆路遠，乃遣使者致問，未至而永亡，堅深悼之，謚曰崇虚先生。依晉書隱逸傳録。

黄泓

黄泓字始長，魏郡斥丘人也。父沈，善天文秘術。泓從父受業，精妙踰深，兼博覽經史，尤明禮、易。性忠勤，非禮不動。永嘉之亂，與渤海高瞻避地幽州，説瞻曰：「王浚昏暴，終必無成，宜思去就，以圖久安。慕容廆法政修明，虚懷引納，且讖言真人出東北，儻或是乎？宜相與歸之，同建事業。」瞻不從。泓乃率宗族歸廆，廆待以客禮，引爲參軍。軍國之務，動輒訪之。泓止説成敗，事皆如言。廆常曰：「黄參軍，我之仲翔也。」

及眺嗣位，遷左常侍，領史官，甚重之。石季龍攻眺，眺將走遼東，泓曰：「賊有敗氣，無可憂也。不過二日，必當奔潰。宜嚴勒士馬，爲追擊之備。」眺曰：「今寇盛如此，卿言必走，孤未可信。」泓曰：「殿下言盛者，人事耳，臣言必走者，天時也，胡足爲疑。」及期，季龍果退，眺益奇之。

及慕容儁即王位，遷從事中郎。儁聞冉閔亂，將圖中原，訪之於泓。泓勸行，儁從之。及儁僭號，署爲進謀將軍、太史令、關内侯，尋加奉車都尉、西海太守、領太史令、開陽亭侯，又封平舒縣五等伯，常從左右，諮決大事。靈臺令許敦害其寵，諂事慕容評，設異議以毁之。乃以泓爲太史靈臺諸署統，加給事中。泓待敦彌厚，不以毁己易心。

慕容暐敗，以老歸家，歎曰：「燕必中興，其在吴王。恨吾年邁不見耳。」年九十七卒，卒後三年僞吴王慕容垂興焉。依晉書藝術傳録。

氾昭

氾昭字嗣先，燉煌人。辟州主簿，志在理枉申滯。人有於夜中報昭黄金者，昭責而遣之。御覽八百一十引前燕録，疑誤。屠本附前涼録。

校勘記

〔一〕此傳據晉書卷九七四夷吐谷渾傳。按，輯補分晉書四夷吐谷渾傳於前燕、西秦二録，視連、視羆、大孩、樹洛干事見西秦録末。

〔二〕封長庶子吐谷渾分馬以給之　御覽卷五七〇引同，晉書吐谷渾傳作「隸之」。

〔三〕遣使讓渾　見御覽卷五七〇引，晉書吐谷渾傳無。

〔四〕而令馬有鬥傷　御覽卷五七〇引同，晉書吐谷渾傳作「而令馬鬥」。

〔五〕飲食水草　見御覽卷五七〇引，晉書吐谷渾傳無。

〔六〕兄弟至親而鬥起於馬　見御覽卷五七〇引，晉書吐谷渾傳無。

〔七〕西移八千里　見御覽卷五七〇引，晉書吐谷渾傳無。

〔八〕遣其長史至謝之　「乙那樓馮」，晉書吐谷渾傳作「史那樓馮」，御覽卷五七〇引作「乙那樓」。「追渾謝之」，御覽卷五七〇引同，晉書吐谷渾傳作「追還之」。

〔九〕乃擁迴至山谷　御覽卷五七〇引同，晉書吐谷渾傳作「擁馬東出數百步輒悲鳴西走」。

〔一〇〕十餘輩　晉書吐谷渾傳同，御覽卷五七〇引作「十餘」，而接「曰此非人事」，原注誤「曰」爲「日」。

〔一一〕吐谷渾謂其部落至南遷隴右　此節晉書吐谷渾傳在下，且無「面黄河」三字，「晉永嘉之亂南遷隴右」作「屬永嘉之亂始度隴而西」。御覽卷五七〇引在此作「遂附陰山面黄河」云云。

〔一二〕龐追以孔懷之思　御覽卷五七〇引無「追」字，晉書吐谷渾傳作「龐追思之」。

〔一三〕吐谷渾阿干之歌　御覽卷五七〇引無「之」字，晉書吐谷渾傳作「阿干之歌」。

〔一四〕及儁垂僭號以爲輦後大曲　見御覽卷五七〇引，晉書吐谷渾傳無。

〔一五〕甘松山東北至江水出焉　見御覽卷五〇引，晉書吐谷渾傳無。

〔一六〕年少有大志　見御覽卷四八二引，晉書吐谷渾傳無。

〔一七〕高皇光武　御覽卷四八二引同，晉書吐谷渾傳作「高光」。

〔一八〕負其智勇猜忍不恤下　御覽卷四八二引同，晉書吐谷渾傳作「性酷忍而負其智不能恤下」。

〔一九〕帛城羌酋　御覽卷四八二引同，晉書吐谷渾傳作「羌酋」。「帛城」下原有「老」字，諸書皆無，删。

〔二〇〕每旦常縛草人號曰姜聰　御覽卷四八二引同，晉書吐谷渾傳作「每旦縛草爲姜聰之象」。

〔二一〕要中乃止　見御覽卷四八二引，晉書吐谷渾傳無。

〔二二〕無益於先公　御覽卷四八二引同，晉書吐谷渾傳作「不益於先讐」。

〔二三〕罔極之心　「心」，御覽卷四八二引同，晉書吐谷渾傳作「志」。

〔二四〕晉興元昊　御覽卷四三六引「元昊」作「玄昊」。按，此郡縣名無考，或有字誤。

〔二五〕王歡　輯補前燕録慕容暐傳作「王勸」，參卷二八校勘記〔一二〕。

中國史學基本典籍叢刊

十六國春秋輯補

中

〔北魏〕崔鴻撰
〔清〕湯球輯補
聶溦萌
羅新　點校
華喆

中華書局

十六國春秋輯補卷三十一

前秦録一

苻洪

苻洪字廣世，略陽臨渭氐人也。其先蓋有扈氏之苗裔，子孫强盛，世爲西戎酋長。一作「世爲氐酋」。其後家池中生蒲，長五丈，節如竹形，時咸異之，謂之「蒲家」，因以爲氐焉〔一〕。父懷歸，爲部落小帥。母姜氏因寢産洪，驚悸而寤〔二〕。此二句亦見御覽四百六十五。先是，隴右大雨霖，百姓苦之，謡曰：「雨若不止，洪水必起。」故因名之曰洪。年十二，父卒，代爲部帥〔三〕。好施一作「好學」。多權略〔四〕，驍武善騎射。

屬永嘉一作「劉氏」。之亂，乃散千金，招延俊傑，訪安危變通之術，戎晉襁負奔之〔五〕。宗人蒲光、蒲突遂推洪爲盟主。劉聰遣使拜平遠將軍，不受，自稱護氐都尉、秦州刺史、略陽公〔六〕。劉曜僭號長安，光等逼洪歸曜，拜率義侯。羣氐推爲首，劉曜以洪爲氐王。及曜敗於洛陽，洪率部人西保隴山。石虎將軍攻上邽，洪詣虎降〔七〕。虎大悦，親出迎之〔八〕，拜冠軍將軍、監六夷諸軍事，委以西方之事，封涇陽伯〔九〕。趙建平四年，石生起兵於關中，洪遂西結張駿，自稱晉北平將軍、雍州刺史〔一〇〕。石虎之滅石生也，洪率户二萬下隴，東如馮翊。虎拜洪護氐校尉，進爵爲侯〔一一〕。

洪説虎宜徙關中豪傑及羌戎内實京師，虎從之，徙秦雍州民羌十餘萬於關東〔一二〕，遷洪爲龍驤將軍、流民都督，處於枋頭。從征段遼〔一三〕，累有戰功，進封西平郡公，其部曲賜爵關内侯者二千餘人，以洪爲關内領侯將。冉閔言於虎曰：「苻洪雄果，其諸子並非常才，宜密除之。」虎待之愈厚。佛圖澄言苻氏有王氣，虎陰欲殺之，洪稱疾不朝。太寧元年，進位侍中、車騎大將軍、開府儀同三司、雍州刺史，進封本國略陽郡公〔一四〕。及石遵即位，閔又以爲言，遵乃去洪都督，餘如前。洪怨之，乃遣使降晉。後石鑒殺遵，所在兵起，洪有衆十餘萬。

永和六年，帝以洪爲征北大將軍、都督河北諸軍事、冀州刺史、廣川郡公。時姚弋仲亦圖據關中，恐洪先之，遣子襄率衆五萬來伐洪，洪逆擊敗之〔一五〕。於是安定梁楞等並關西民望説洪曰：「今胡運已終，中原喪亂。明公神武自天，必繼踪周漢，宜稱尊號，以副四海之望。」〔一六〕洪亦以讖文有「草付應王」，又其孫堅之生〔一七〕，背有「艸付」字，遂改姓苻氏，自稱大將軍、大單于、三秦王。洪謂博士胡文曰：「孤率衆十萬，居形勝之地，冉閔、慕容儁可指辰而殄，姚襄父子克之在吾數中，孤取天下，有易於漢祖矣。」

初，趙將軍麻秋西鎮枹罕，聞冉閔之亂，率衆歸鄴。洪使子龍驤雄逆擊，獲之〔一八〕，以秋爲軍師將軍。秋說洪西都長安，洪深然之。已而秋因讌酖洪，將并其衆，世子健收而斬秋。洪將死，謂健曰：「所以未入關者，言中州可指辰而定。今見困豎子，中原非汝兄弟所能辦。關中周漢舊都，形勝之國〔一九〕，吾亡後便可鼓行而西。」言終而薨，年六十六。健僭位，僞謚惠武帝。

苻健

苻健字建業，洪第三子也。初，母羌氏夢感大羆而孕之。健生之夜，洪夢族曾氏王蒲健謂之曰：「是兒興家門，可以吾名字之。」於是名羆，字世健。後避石虎外祖張羆之名故改焉〔二〇〕。及長，勇果便弓馬，好施善事人，甚爲石虎父子所親愛。虎雖外禮苻氏，心實忌之，乃陰殺其諸兄，而不害健也。及洪死，健嗣位，去秦王之號，稱晉爵，遣使告喪於京師，且聽王命。

時京兆杜洪竊據長安，自稱晉征北將軍、雍州刺史，戎夏多歸之。健密圖關中，懼洪知之，乃僞受石祗官，繕宫室於枋頭，課所部種麥，示無西意，有知而不種者，健殺之以狥。至晉永和六年〔二一〕，自稱晉征西大將軍、都督關西諸軍事〔二二〕、雍州刺史，於是盡衆西行。至盟津，起浮橋以濟〔二三〕，遣其弟雄率步騎五千入潼關，兄子菁自軹關入河東。健執菁手曰：「事若不捷，汝死河北，我死河南，比及黄泉，無相見也。」濟訖，焚橋，自統大衆繼雄而進。杜洪遣其將張先要健於潼關，健逆擊破之。健雖戰勝，猶修牋於洪，並送名馬珍寶，請至長安上尊號。洪曰：「幣重言甘，誘我也。」乃盡召關中之衆來距。健筮之，遇泰之臨，健曰：「『小往大來，吉亨。』昔往東而小，今還西而大，吉孰大焉！」是時衆星夾河西流，占者以爲百姓還西之象。健遂進軍，次赤水，遣雄略地渭北，又敗張先於陰槃，擒之，諸城盡陷。菁所至，三輔堡壁悉降〔二四〕，三輔略定。健引兵至長安，洪奔司竹。

十一月，健入都長安〔二五〕，遣使獻捷京師，并脩好於桓温。於是健軍師將軍、左長史賈玄碩等依諸葛亮、劉備故事〔二六〕，表健爲侍中、大都督關中諸軍事、大單于、秦王。健怒曰：「我官位輕重，非若等所知。」既而潛使諷玄碩等使上尊號。玄碩等乃上尊號，健僞讓再三，乃從之〔二七〕。

辛亥。皇始元年〔二八〕晉永和七年。僭即天王位於南郊〔二九〕，僭稱天王、大單于，大赦境内死罪，改晉永和七年爲皇始元年〔三〇〕。追尊父洪爲太祖武惠皇帝〔三一〕，繕宗廟社稷，置百官於長安。立妻强氏爲天王皇后，子萇爲天王皇太子，靚爲平原公，生爲淮南公〔三二〕，弟雄爲丞相、都督中外諸軍事、車騎大將軍、領雍州刺史、東海公〔三三〕，其餘封授各有差。

初，杜洪之奔也，招晉梁州刺史司馬勳，至是，勳率步騎三萬自漢中入秦川〔三四〕。健拒之五丈原，勳敗還〔三五〕。此節亦見御覽五十七引。

是歲野蠶成繭，野禾被原，百姓採野繭而衣，收野粟而食，關西家給人足。

壬子。二年　正月，丞相雄等固請：「宜依漢晉，兼皇王之美，不可過自謙沖，同趙之初號。」健從之〔三六〕。以永和八年僭即皇帝位於太極前殿〔三七〕，大赦〔三八〕，諸公進爵爲王，以大單于授其子萇。立五等之封，以次進之〔三九〕。

杜洪屯宜秋，爲其將張琚所殺，琚自立爲秦王，置百官。健率步騎二萬攻張琚於宜秋〔四〇〕，斬其首。還登石安原而歎曰：「美哉斯原也！」悵然有終焉之志〔四一〕。此節依御覽五十七引校補。健至自宜秋，遣雄、菁率衆掠關東，并援石季龍豫州刺史張遇於許昌，與晉鎮西將軍謝尚戰於潁水之上，王師敗績。雄乘勝逐北，至於壘門，殺傷大半，遂虜遇及其衆歸於長安，拜遇司空。以楊羣爲豫州刺史〔四二〕，鎮許昌。雄攻王擢於隴上，擢奔涼州，雄退屯隴東〔四三〕。

癸丑。三年　正月，下書曰：「其自公卿已下歲舉賢良方正、孝廉清才、多略博學、秀才異行各一人。或獻書規諫，或面陳朕過，其悉以聞，勿拘貴賤。」〔四四〕

張重華拜王擢爲征東大將軍，使與其將張弘、宋修連兵伐雄。雄與菁率衆擊敗之，獲弘、修送長安。

初，張遇自許昌來降，健納遇後母韓氏爲昭儀，每於衆中謂遇曰：「卿，吾子也。」遇慚恨，引關中諸將欲以雍州歸順，乃與健中黄門劉晃謀夜襲健，事覺，遇害。於是孔特起池陽，劉珍、夏侯顯起鄠，喬景起雍，胡陽赤起司竹，呼延毒起霸城，衆數萬人，並遣使詣征西桓温、中軍殷浩請救。

雄遣菁掠上洛郡，於豐陽縣立荆州，以引南金奇貨、弓竿漆蠟，通關市，來遠商，於是國用充足而異賄盈積矣。

甲寅。四年〔四五〕晉永和十年。

温率衆四萬趨長安，遣別將入淅川，攻上洛，執健荆州刺史郭敬，而遣司馬勳掠西鄙。健遣其子萇率雄、菁等衆五萬，距温於堯柳城愁思堆。温轉戰而前，次於灞上，萇等退營城南。健以羸兵六千固守長安小城〔四六〕，遣精鋭三萬爲游軍以距温。三輔郡縣多降於温。健別遣丞相雄領騎七千與桓沖戰於白鹿原，晉師敗績〔四七〕。此節亦見御覽五十七。又破司馬勳於子午谷。初，健聞温之來伐也，芟麥清野以待之，故温掠無所得，軍人大飢〔四八〕。此節亦見御覽八百三十八。至是，徙關中三千餘户而歸，及至潼關，又爲萇等所敗。司馬勳奔還漢中。

丞相東海王雄卒，贈相國，進封魏王，謚敬武王〔四九〕。雄字元才，洪之季子也。少善兵書而多謀略，好施下士，便弓馬，有政術。趙建武中以功拜龍驤將軍，雄貌醜，頭大而足短，軍中稱爲「大頭龍驤」，征伐皆有殊績。此節亦略見御覽二百七十。健僭位，爲佐命元勳，權侔人主，而謙恭奉法。健甚重之，常曰：「元才，吾之姬旦也。」及卒，健哭之歐血，曰：「天不欲吾定四海邪？何奪元才之速也！」子堅〔五〇〕。據纂録本則小傳自附於此，而載記附大傳後，今取補足。

其年，西虜乞没軍邪遣子入侍，健於是置來賓館於平朔門以懷遠人。起靈臺於杜門。與百姓約法三章，薄賦卑宫，垂心政事，優禮耆老，修尚儒學，而關右稱來蘇焉。

乙卯。五年〔五一〕新平有長人見，語百姓張靖曰：「苻氏應天受命，今當太平，外面者歸中而安泰。」問姓名，弗答，俄而不見。新平令以聞，健以爲妖，下靖獄。會大雨霖，河渭溢，蒲津監寇登得一履於河中，長七尺三寸，人跡稱之，指長尺餘，文深一寸。健歎曰：「覆載之內，何所不有，此節亦見御覽一百六十四。張靖所見，定不虛也。」赦之。

蝗蟲大起，自華澤至隴山，食百草無遺。牛馬相噉毛，猛獸及狼食人，行路斷絶。健自蠲百姓租稅，減膳徹懸，素服避正殿。

初，桓温之入關也，其太子萇與温戰，爲流矢所中死。四月，立其子淮南王生爲皇太子〔五二〕。六月〔五三〕，健寢疾，菁勒兵入東宮，將殺苻生自立。時生侍健疾，菁以健爲死，迴攻東掖門。健聞變，升端門陳兵，衆皆舍杖逃散，執菁殺之。數日，引太師魚遵、丞相雷弱兒、太傅毛貴、司空王墮等，屬以後事，受遺輔政〔五四〕。乙酉，薨於太極前殿，時年四一作〔三〕。十九〔五五〕，在位四當作「五」。年。葬原陵，僞謚明皇帝，廟號世宗。永興初，追尊曰景明皇帝，廟號高祖〔五六〕。

校勘記

〔一〕其先蓋至爲氏焉　「子孫强盛」，見偏霸部，載記無。「世爲西戎酋長」，載記同，偏霸部作「世为氏酋」。「其後」，偏霸部同，載記作「始其」。「節如竹形」，偏霸部同，載記作「五節如竹形」。「異之」，見偏霸部，載記無。

〔二〕母姜氏因寢産洪驚悸而寤　御覽卷四六五引同，偏霸部作「母姜氏寢産洪」，載記無。

〔三〕年十二父卒代爲部帥　見偏霸部，載記無。

〔四〕好施多權略　「施」，載記同，偏霸部作「學」。

〔五〕屬永嘉至奔之　「永嘉」，載記同，偏霸部作「劉氏」。「招延俊傑」，偏霸部同，載記作「招英傑之士」。「戎晉襁負奔之」，見偏霸部，載記無。

〔六〕劉聰遣使至略陽公　見偏霸部，載記無。

〔七〕羣氏推爲首至洪詣虎降　偏霸部「保」作「堡」，餘同。載記作：「曜敗，洪西保隴山。石季龍將攻上邽，洪又請降。」

〔八〕虎大悦親出迎之　載記作「虎大悦」，偏霸部作「虎跣出迎之」。

〔九〕拜冠軍將軍至封涇陽伯　載記作：「拜冠軍將軍，委以西方之事。」偏霸部作：「拜冠軍將軍、監六夷諸軍事、涇陽伯。」

〔一〇〕趙建平四年至雍州刺史　見偏霸部，載記無。

〔一一〕洪率户至進爵爲侯　見偏霸部，載記無。

〔一二〕徙秦雍州民羌十餘萬於關東　纂録同，偏霸部「十餘萬」後有「户」字，餘同，載記無。

〔一三〕從征段遼　見偏霸部，載記無。

〔一四〕佛圖澄至略陽郡公　見偏霸部，載記無。

〔一五〕時姚弋仲至逆擊敗之　見偏霸部，載記無。

〔一六〕於是至四海之望　偏霸部同，載記作「時有説洪稱尊號者」。

〔一七〕又其孫堅之生　見偏霸部，載記無。

〔一八〕初趙將軍麻秋至獲之　偏霸部同，載記作：「初，季龍以麻秋鎮枹罕，冉閔之亂，秋歸鄴，洪使子雄擊而獲之。」

〔一九〕關中周漢舊都形勝之國　偏霸部同，載記作「關中形勝」。

〔二〇〕健生之夜至故改焉　偏霸部「蒲健」作「蒲建」，餘同，載記無。

〔二一〕晉永和六年　偏霸部同，載記作「既而」。

〔二二〕都督關西諸軍事　載記作「都督關中諸軍事」，偏霸部作「開府都督關西諸軍事」。

〔二三〕至盟津起浮橋以濟　偏霸部同，載記作「起浮橋於盟津以濟」。

〔二四〕三輔堡壁悉降　見偏霸部，載記作「無不降者」。

〔二五〕十一月健入都長安　見偏霸部，載記作「健入而都之」。

〔二六〕於是健至故事　「左長史」、「依諸葛亮劉備故事」，並見偏霸部，載記無。

〔二七〕玄碩等乃上尊號至乃從之　見偏霸部，載記無。

〔二八〕皇始元年　偏霸部同，載記作「永和七年」。

〔二九〕僭即天王位於南郊　見偏霸部，載記無。

〔三〇〕改晉永和七年爲皇始元年　偏霸部同，載記作「建元皇始」。

〔三一〕追尊父洪爲太祖武惠皇帝　見偏霸部，載記無。

〔三二〕靚爲平原公生爲淮南公　見偏霸部，載記無。「平原公」，原作「平元公」，據偏霸部改。

〔三三〕東海公　見偏霸部，載記無。

〔三四〕自漢中　見御覽卷五七引，載記無。

〔三五〕健拒之五丈原勳敗還　御覽卷五七引同，載記作「健敗之五丈原」。

〔三六〕是歲野蠶成繭至健從之　見偏霸部，載記無。

〔三七〕以永和八年　載記但作「八年」。

〔三八〕大赦　見偏霸部，載記無。

〔三九〕立五等之封以次進之　見偏霸部，載記無。

〔四〇〕攻張琚於宜秋　「於宜秋」，見御覽卷五七引，載記無。

〔四一〕還登石安原至之志　見御覽卷五七引，載記無。

〔四二〕以楊羣爲豫州刺史　載記無「以楊羣爲」四字，似以張遇爲豫州刺史。屠本、通鑑卷九九並云「以右衛將軍楊羣爲」，是。

〔四三〕雄退屯隴東　「退」，載記無，屠本作「還」。

〔四四〕三年正月至勿拘貴賤　偏霸部「其自」作「其令」、「悉以」作「速以」，餘同，載記無。

〔四五〕四年　偏霸部同，載記作「十年」，謂晉永和十年。

〔四六〕固守長安小城　「固」，原作「因」，按載記、通鑑卷九九並作「固」，據改。

〔四七〕健別遣至敗績　「丞相雄」，御覽卷五七引作「丞相苻雄」，載記作「雄」。「晉師」，御覽卷五七引同，載記作「王師」。

〔四八〕故温掠無所得軍人大飢　御覽卷八三八引同，載記作「故温衆大飢」。

〔四九〕丞相至謚敬武王　見偏霸部，載記無。

〔五〇〕雄字元才至子堅　苻雄小傳，偏霸部即接在雄卒封贈事後，載記在卷末。偏霸部小傳簡略，湯球以載記小傳及御覽引文補之。「趙建武中」至「大頭龍驤」，載記小傳無，合偏霸部、御覽卷三六四、三八二引之文。「征伐皆有殊績」，見御覽卷三六四引，載記小傳無。「甚重之」，見偏霸部，載記小傳無。又，原注云「此節亦略見御覽二百七十」，實無。

〔五一〕五年　見偏霸部，載記無。

〔五二〕四月立其子淮南王生爲皇太子　偏霸部無「其子」，餘同，載記作「至是立其子生爲太子」。「四月」，原作「六月」，與後文「六月」重出，據纂録、偏霸部改。

〔五三〕六月　見偏霸部，載記無。

〔五四〕引太師至輔政　見偏霸部，載記無。「王墮」，原從纂録、偏霸部作「王隨」，載記其人名皆作「墮」，今改從「墮」。

〔五五〕乙酉薨於太極前殿時年四十九　偏霸部同，載記作「健死時年三十九」。

〔五六〕葬原陵至高祖　偏霸部同，載記但云：「僞謚明皇帝，廟號世宗，後改曰高祖。」

十六國春秋輯補卷三十二

前秦録二

苻生

苻生字長生，健第三子也。幼而驍果麤暴，昏酒無賴〔一〕，祖洪甚惡之。生無一目，爲兒童時，年七歲〔二〕，洪戲之，以上亦見御覽三百六十六。問侍者曰：「吾聞瞎兒一淚，信乎？」侍者曰：「然。」生怒，引佩刀自刺出血，曰：「此亦一淚也。」洪大驚，鞭之。生曰：「性耐刀槊，不堪鞭捶。」洪曰：「汝爲爾不已，吾將以汝爲奴。」生曰：「可不如石勒也。」洪懼，跣而掩其口，謂健曰：「此兒狂悖，宜早除之，不然，長大必破人家。」健將殺之，雄止之曰：「兒長成自當修改，何至便可如此！」健乃止。及長，力舉千鈞，雄勇好殺，手格猛獸，走及奔馬，擊刺騎射，冠絶一時。桓温之來伐也，生單馬入陣，搴旗斬將者前後十數。萇既死，健以讖言三羊五眼應符，故立爲太子。皇始五年〔三〕，健卒，僭即皇帝位，大赦境内，改年壽光。羣臣奏先帝晏駕甫爾，不宜改號，生怒，不從，窮推議主〔四〕。時永和十一原誤「二」。年也〔五〕。

乙卯。壽光元年　七月，殺右僕射段純〔六〕。

尊其母强氏爲皇太后，立妻梁氏爲皇后。以太子門大夫趙韶爲僕射，太子舍人趙誨爲中護軍，著作佐郎董榮爲尚書，並以佞倖進也〔七〕。以吕婆樓爲侍中、左大將軍苻安領太尉，苻柳爲征東大將軍、并州牧，鎮蒲坂，苻䛕爲鎮東大將軍、豫州牧，鎮陜城。自餘封授有差。

初，生將强懷與桓温戰没，其子延未及封而健死。會生出游，懷妻樊氏於道上書，論懷忠烈，請封其子。生怒，射而殺之。

九月〔八〕，僞中書監胡文、中書令王魚言於生曰：「比頻有客星孛於大角，熒惑入於東井。大角爲帝座，東井秦之分野，不出三年，國有大喪，大臣戮死。願陛下遠追周文，修德以禳之，惠和羣臣，以成康哉之美。」生曰：「皇后與朕對臨天下，亦足以塞大喪之變。毛太傅、梁車騎、梁僕射受遺輔政，可謂大臣也。」於是殺皇后梁氏，誅太傅、録尚書毛貴〔九〕，后之舅。車騎、尚書令梁楞，左僕射梁安。后，安之女孫〔一〇〕。未幾，又誅侍中、丞相雷弱兒，及其九子二十七孫，諸羌悉叛。弱兒，南安羌酋也，剛鯁好直言，見生嬖臣趙韶、董榮亂政，每大言於朝，故榮等譖而誅之。生雖在諒闇，游飲自若，荒耽淫虐，殺戮無道，常彎弓露刃以見朝臣，錘鉗鋸鑿備置左右。未幾，后妃、公卿以下至於僕隸，誅五百餘人〔一一〕。

丙辰。二年　正月，嬖臣右僕射董榮言於生曰：「日蝕之災，應以貴臣應之。」生曰：「唯有大司馬。」「國之懿戚，不可。其在王司空。」生從之〔一二〕，誅司空王墮以應日蝕之災。

王墮字安生〔一三〕，京兆霸城人也，博學有雄才，明天文圖緯。苻洪征梁犢，以墮爲司馬，謂洪曰：「讖言苻氏應王，公其人也。」洪深然之。及爲宰相，著匪躬之稱，健常歎曰：「天下羣官皆如王令君者，陰陽曷不和乎！」甚敬重之。性剛愎疾惡〔一四〕，雅好直言，疾董榮、强國如仇讎，每於朝見之際，略不與言。人謂之曰：「董尚書貴幸一時，公宜降意。」墮曰：「董龍是何鷄狗，而令國士與之言乎！」榮聞而慚恨，故遂説生誅之。及刑，榮謂墮曰：「君今復敢數董龍作鷄狗乎？」墮瞋目而叱之。龍，榮之小字也〔一五〕。此節亦見御覽四百二十八。

壬戌〔一六〕，饗羣臣於太極前殿，飲酣樂奏，生親歌以和之。命其尚書令辛牢典勸，既而生怒曰：「何不强酒？猶有坐者！」引弓矢射牢而殺之。於是百僚大懼，無不引滿昏醉，汙服失冠，蓬頭僵仆，生以爲樂。

生聞張祚見殺，玄靚幼沖，命其征東苻柳參軍閻負、梁殊使涼州，以書喻之。負、殊至姑臧，玄靚年幼，不見殊等。其涼州牧張瓘謂負、殊曰：「孤之本朝，世執忠節，遠宗大晉。臣無境外之交，君等何爲而至？」負、殊曰：「晉王以鄰藩義好，有自來矣。雖擁阻山河，然風通道會，不欲使羊、陸二公獨美於前。主上以欽明紹統，八表宅心，光被四海，格於天地。晉王思與張王齊曜大明，交玉帛之好，兼與君公同金蘭之契，是以不遠而來，有何怪乎！」瓘曰：「羊、陸一時之事，亦非純臣之義也。本朝六世重光，固忠不貳，若與苻征東交玉帛之好者，便是上違先公純誠雅志，下乖河右遵奉之情。」負、殊曰：「昔微子去殷，項伯歸漢，雖背君違親，前史美其先覺。亡晉之餘，遠逃江會，天命去之，故尊先王翻然改圖，北面二趙，蓋神算無方，鑒機而作。君公若欲稱制河西，衆旅非秦之敵，如欲宗歸遺晉，深乖先君雅旨。孰若遠蹤竇融附漢之規，近述先王歸趙之事，垂祚無窮，永享遐祉乎？」瓘曰：「中州無信，好食誓言，往與石氏通好，旋見寇襲。中國之風，誠在昔日，不足復論通和之事也。」負、殊曰：「三王異政，五帝殊風，趙多奸詐，秦以信義，豈可同年而語哉！張先、楊初皆擅兵一方，不供王貢，先帝命將擒之，宥其難恕之罪，加以爵封之榮。今上道合二儀，慈弘山海，信符陰陽，御物無際，不可以二趙相況也。」瓘曰：「秦若兵强化盛，自可先取江南，天下自然盡爲秦有，何辱征東之命？」負、殊曰：「先帝以大聖神武，開構鴻基，强燕納款，八州順軌。主上欽明，道必隆世〔一七〕，慨徽號擁於河西，正朔未加吴會，以吴必須兵，涼可以義，故遣行人先申大好。如君公不能蹈機而發者，正可緩江南數年之命，迴師西旆，恐涼州不可保也。」瓘曰：「我跨據三州，帶甲十萬，西包崑域，東阻大河，伐人有餘，而況自固，秦何能爲患！」負、殊曰：「貴州險塞，孰若崤函？五郡之衆，何如秦雍？張琚、杜洪因趙之成資，據天阻之固，策三秦之鋭，藉陸海之饒，勁士風集，驍騎如雲，自謂天下可平，關中可固。先帝神矛一指，望旗冰解，人詠來蘇，不覺易主。燕雖虎視關東〔一八〕，猶以地勢之義，逆順之理，北面稱藩，貢不踰月，致肅慎楛矢，通九夷之珍。單于屈膝，名王内附，控弦之士百有餘萬，鼓行而濟西河者，君公何以抗之？盍追遵先王臣趙故事，世享大美，爲秦之西藩。」瓘曰：「然秦之德義加於天下，江南何以不賓？」負、殊曰：「文身之俗，負阻江山，道污先叛，化盛後賓，自古而然，豈但今也？故詩曰『蠢爾蠻荆，大邦爲仇』，言其不可以德義懷也。」瓘曰：「秦據漢舊都，地兼將相，文武輔臣領袖一時者誰也？」負、殊曰：「皇室懿藩，忠若公旦者，則大司馬、武都王安，征東大將軍、晉王柳；文武兼才，神器秀拔，入可允釐百工，出能折衝萬里者，衛大將軍、廣平王黄眉，後將軍、清河王法，龍驤將軍、東海王堅之兄弟；其耆年碩德，德侔尚父者，則太師、録尚書事、廣甯公魚遵；其清素剛嚴，骨鯁貞亮，則左光禄大夫强平，金紫光禄程肱、牛夷；博學强識，探賾索幽，則中書監胡文，中書令王魚，黄門侍郎李柔；雄毅厚重，權智無方，則左衛將軍李威，右衛將軍苻雅；才識明達，令行禁止，則特進、領御史中丞梁平老，特進、光禄大夫强汪，侍中、尚書吕婆樓；文史富贍，鬱爲文宗，則尚書右僕射董榮，秘書監王颺，著作郎梁讜；驍勇多權略，攻必取，戰必勝，關張之流，萬人之敵者，則前將軍、新興王飛，建節將軍鄧羌，立忠將軍彭越，安遠將軍范俱難，建武將軍徐盛；常伯納言，卿校牧守，則人皆文武，莫非才賢；其餘懷經世之才，藴佐時之略，守南山之操，遂而不奪者，王猛、朱彤之倫相望於巖谷。濟濟多士，焉可罄言！姚襄、張平一時之傑，各擁衆數萬，狼顧偏方，皆委忠獻款，請爲臣妾。小不事大，春秋所誅，惟君公圖之。」瓘笑曰：「此事決之主上，非身所了。」負、殊曰：「涼王雖天縱英睿，然尚幼沖。君公居伊霍之任，安危所繫，見機之義，實在君公。」瓘新輔政，河西所在兵起，懼秦師之至，乃言於玄靚，遣使稱藩，生因其所稱而授之。

慕容儁遣將慕輿長卿等率衆七千入自軹關，攻幽州刺史張哲於裴氏堡。晉將軍劉度等帥衆四千攻青州刺史袁朗於盧氏。生遣其前將軍苻飛距晉，建節將軍鄧羌距燕。飛未至而度退。羌及長卿戰於堡南，大敗之，獲長卿及甲首二千七百餘級。

姚襄率衆萬餘，攻平陽太守苻産於匈奴堡。苻柳救之，爲襄所敗，引還蒲坂。襄攻堡，剋之，殺苻産，盡坑其衆，遣使從生假道，將還隴西。生將許之，苻堅諫曰：「姚襄，人傑也，今還隴西，必爲深害，不如誘以厚利，伺隙而擊之。」生乃止。遣使拜襄官爵，襄不受，斬其使者，焚所送章策，寇掠河東。生怒，命其大將軍張平討之。襄乃卑辭厚幣與平結爲兄弟，平更與襄通和。

生發三輔人營渭橋，金紫光禄大夫程肱以妨農害時，上疏極諫。生怒，殺之。

長安大風，發屋拔樹，行人顛頓，宫中奔擾，或稱賊至，宫門晝閉，五日乃止。生推告賊者，殺之，刳而出其心。左光禄大夫强平諫生曰：「元正盛曉〔一九〕，一作「旦」。日有蝕之，正陽神朔，昏風大起，兼水旱不時，獸災未息，此皆由陛下不勉强於政治〔二〇〕，乖和氣所致也。願陛下務養元元，平章百姓，棄纖介之嫌，含山嶽之過，致祭宗廟，愛禮公卿，去秋霜之威，垂三春之澤，則奸回寢止，妖祲自消，乾靈祇佑皇家，永保無窮之美矣。」生大怒，以爲妖言，鑿其頂而殺之。此段亦見御覽四百九十二及八百七十六。平之囚也，僞衛將軍苻黄眉、前將軍苻飛、建節鄧羌侍讌禁中，叩頭固諫，以太后爲言。平即生母强氏之弟也。生既弗許，强氏憂恨而死。

生下書曰：「朕受皇天之命，承祖宗之業，君臨萬邦，子育百姓，嗣統已來，有何不善，而謗讟之音扇滿天下！殺不過千，而謂刑虐，行者比肩，未足爲稀，方當峻刑極罰，復如朕何！」時猛獸及狼大暴，晝則斷道，夜則發屋，惟害人而不食六畜。自生立一年，獸殺七百餘人，百姓苦之，皆聚而邑居。爲害滋甚，遂廢農桑，内外兇懼。羣臣奏請禳災，生曰：「野獸饑則食人，飽當自止，終不能累年爲害也。天豈不子愛羣生，而年年降罰，正以百姓犯罪不已，將助朕專殺而施刑教故耳。但勿犯罪，何爲怨天而尤人哉！」生如阿房，遇兄與妹俱行者，逼令爲非禮，不從，生怒殺之。又讌羣臣於咸陽故城，有後至者，皆斬之。嘗使太醫令程延合安胎藥，問人參好惡並藥分多少，延曰：「雖小小不具，自可堪用。」生以爲譏其目，鑿延出目，然後斬之。

丁巳。三年〔一二〕有司奏：「太白犯東井。東井，秦之分也，太白罰星，必有暴兵起於京師。」生曰：「星入井者，必將渴耳，何所怪乎？」

四月〔一三〕，姚襄遣姚蘭、王欽盧等招動鄜城、定陽、北地、芹川諸羌胡，皆應之，有衆二萬七千，進據黄落。生遣廣平王黄眉、東海王堅、建節將軍鄧羌等率步騎萬五千以討之。襄深溝高壘，固守不戰。鄧羌説黄眉曰：「傷弓之鳥，落於虚發。襄頻爲晉將桓温、張平所敗，鋭氣喪矣，今謀固壘不戰，是窮寇也。襄性剛狠，易以剛動，若長驅鼓行，直壓其壘，襄必忿而出師，可一戰擒也。」黄眉從之，遣羌率騎三千軍於襄壘門。襄果怒，盡鋭出戰，羌僞不勝，引騎而退，襄追之至於三原〔二三〕，一作「平原」。羌迴騎距襄。俄而黄眉、堅至，大戰，獲襄。襄有駿馬，日行千里，是戰也，馬倒而擒〔二四〕。斬之，盡俘其衆，此段亦見御覽三百十一。黄眉等振旅而歸。黄眉雖有大功，生不加旌賞，每於衆中辱之。黄眉怒，謀殺生自立，事發，伏誅，其王公親戚多有死者。

初，生夢大魚食蒲，又長安謡曰：「東海大魚化爲龍，男便爲王女爲公，問在何所洛門東。」東海，苻堅封也，時爲龍驤將軍，第在洛門之東。生不知是堅，是月〔二五〕，生以謡夢之故，誅其侍中、太師、録尚書事魚遵，此節亦見御覽四百六十五。及其七子十孫。

時又謡曰：「百里望空城，鬱鬱何青青，瞎兒不知法，仰不見天星。」於是悉壞諸空城以禳之。金紫光禄大夫牛夷懼不免禍，請出鎮上洛。生曰：「卿恭肅篤敬，宜左右朕躬，豈有外鎮之理。」改授中軍。夷懼，歸而自殺。

初，生少凶暴嗜酒，健臨死，恐其不能保全家業，誡之曰：「酋帥大臣，若不從汝命，可漸除之。」〔二六〕及即僞位，荒暴日滋，殘虐彌甚，躭湎於酒，無復晝夜。羣臣朔望漏盡請見，生曰：「日盡午，一作「乎」。須待讌訖。」〔二七〕朝謁罕有見者，或至日暮而不出，百僚饑弊；或至申酉間方出，臨朝酒一作「輒」。怒色厲，惟行一作「多有」。殺戮〔二八〕。動連月昏醉，弗堪省覽〔二九〕，文奏因之遂寢。納奸佞之言，賞罰失中。左右或言：「陛下聖明宰世，天下惟歌太平。」生曰：「媚於我也。」引而斬之。或言：「陛下刑罰微過。」曰：「汝謗我也。」亦斬之。所幸妻妾小有忤旨，便殺之，流其尸於渭水。又遣宮人與男子裸交於殿前，引羣臣臨而觀之〔三〇〕；或生剥牛羊驢馬，活爓鷄豚鵝鴨〔三一〕，三五十爲羣，放之殿中；或生剥死囚面皮，令其歌舞，觀以爲嬉樂〔三二〕。宗室勳舊，親戚忠良，殺害略盡。王公在位者，悉以疾告歸，人情危駭，道路以目。朝士奔走草野，皆曰「從虎口出」，左右得度一日，如過十年〔三三〕。既自有目疾，其所諱者不足不具、少無缺傷、殘毀偏隻之言皆不得道，左右忤旨而死者不可勝紀。至於截脛刳胎、拉脅鋸頸殺者動有千數。

太史令康權言於生曰：「昨夜三月並出，孛星入於太微，遂入於東井，兼自去月上旬沈一作「久」。陰不雨〔三四〕，句亦見御覽八百七十九。迄至於今，將有下人謀上之禍，深願陛下修德以消之。」生怒，以爲妖言，撲而殺之。

生夜對侍婢曰：「阿法兄弟亦不可信，明當除之。」是夜，清河王苻法夢神告之曰：「旦將禍集汝門，爲先覺者可以免之。」寤而心悸。會侍婢來告，乃與特進梁平老、强汪等率壯士數百人潛入雲龍門，東海王堅與吕婆樓率麾下三百餘人鼓噪繼進，宿衛將士皆舍杖歸堅。生猶昏寐未寤，堅衆既至，生驚問左右曰：「此輩何等人？」〔三五〕引生置於别室，廢之爲越王，俄而殺之。生臨死猶飲酒數斗，昏醉無所知矣。時年二十三，在位二年，僞謚厲王。封子馗爲越侯〔三六〕。

校勘記

〔一〕幼而驍果麤暴昏酒無賴　「驍果麤暴昏酒」，御覽卷三六六引同，偏霸部作「麄暴昬酒」，載記無。

〔二〕年七歲　見偏霸部、御覽卷三六六引，載記無。

〔三〕皇始五年　見偏霸部，載記無。

〔四〕羣臣奏至窮推議主　見偏霸部，載記無。

〔五〕永和十一年　「一」，載記作「二」。

〔六〕壽光元年七月殺右僕射段純　見偏霸部，載記無。

〔七〕以太子門至佞倖進也　見偏霸部，載記無。

〔八〕九月　見偏霸部，載記無。

〔九〕於是殺皇后至毛貴　偏霸部同，載記作「於是殺其妻梁氏及太傅毛貴」。

〔一〇〕后安之女孫　見偏霸部，載記無。

〔一一〕未幾至誅五百餘人　見偏霸部，載記無。

〔一二〕二年至生從之　見偏霸部，載記無。

〔一三〕王墮字安生　「安生」，原作「安石」，載記、御覽卷四二八引並作「安生」，據改。

〔一四〕性剛愎疾惡　「愎」，御覽卷四二八引同，載記作「峻」。

〔一五〕王墮字安生至榮之小字也　王墮小傳，載記附於卷末，湯球移此。

〔一六〕壬戌　見偏霸部，載記無。

〔一七〕道必隆世　原作「道隆必世」，據載記乙正。

〔一八〕燕雖虎視關東　「關東」，原作「關中」，據載記改。

〔一九〕元正盛曉　「曉」，御覽卷八七六引同，載記、御覽卷四九二引並作「旦」。

〔二〇〕不勉强於政治　「勉强」，原作「克强」，載記、御覽卷四九二引並作「勉强」，據改。「政治」，御覽卷四九二引同，載記作「政事」。

〔二一〕三年　見偏霸部，載記無。

〔二二〕四月　見偏霸部，載記無。

〔二三〕襄追之至於之原　「三原」，載記、纂録、偏霸部、御覽卷三一一引並同，屠本卷四一苻黄眉傳作「平原」。

〔二四〕獲襄至馬倒而擒　見偏霸部，載記無。

〔二五〕是月　見偏霸部，載記無。

〔二六〕可漸除之　「可」字原無，據載記補。

〔二七〕漏盡請見至須待讌訖　見偏霸部，載記無。「日盡午」，纂録同，下校「一作『乎』」，偏霸部作「知盡乎」。

〔二八〕或至日暮至惟行殺戮　偏霸部「惟行」作「多有」，餘同。載記作：「或至暮方出，臨朝輒怒，惟行殺戮。」

〔二九〕弗堪省覽　見偏霸部，載記無。

〔三〇〕引羣臣臨而觀之　見偏霸部，載記無。

〔三一〕活燗鷄豚鵝鴨　「燗」，原作「潤」，據載記、纂録改，偏霸部作「爛」。「鷄豚鵝鴨」，屠本卷三五、魏書卷九五苻健傳同，偏霸部作「鷄鴨」，載記作「鷄豚鵝」。

〔三二〕觀以爲嬉樂　「觀」，偏霸部同，載記作「引羣臣觀之」。

〔三三〕朝士奔走至如過十年　偏霸部「走」作「逃」，載記無。

〔三四〕沈陰不雨　「沈」，載記同，御覽卷八七九引作「久」。

〔三五〕生驚問左右曰此輩何等人　見偏霸部，載記無。

〔三六〕封子尲爲越侯　見偏霸部，載記無。

十六國春秋輯補卷三十三

前秦録三

苻堅

苻堅字永固，一名文玉，健弟雄之子也〔一〕。趙建武中〔二〕，祖洪從石季龍徙鄴，家於永貴里。其母苟氏嘗游漳水，祈子於西門豹祠，歸而夜夢與神交，因而有孕。十二月而生堅焉，有神光之異自天燭一作「屬」。其庭〔三〕。背有赤文，隱起成字，曰「艸付臣又土王咸陽」，秘而莫之傳也。姿貌魁傑〔四〕，臂垂過膝，目有紫光，祖洪奇而愛之，名曰堅頭。

年七歲，聰敏好施，舉止不踰規矩，每侍洪側，輒量洪舉措，取與不失機候。洪因而謂健曰〔五〕：「此兒姿貌瓌偉，質性過人，頭大鎮重，身長任大，足短安下〔六〕，非常相也。」趙右光禄大夫、司隸校尉高平徐統有知人之鑒〔七〕，遇堅於路，異之，執其手曰：「苻郎，此官之御街，小兒敢戲於此，不畏司隸縛邪？」堅曰：「司隸縛罪人，不縛小兒戲也。」統顧謂左右曰：「此兒有霸王之相。」左右怪之，統曰：「非爾所及也。」後復遇之，統下車屏人，密謂之曰：「苻郎骨相不恒，後當大貴，但僕不及見，如何？」堅曰：「若如公言，不敢忘德。」八歲，請師就家學。洪曰：「尚小未可，吾年十三方欲求師，時人猶以爲速成〔八〕，汝戎狄異類，世知飲酒，今乃求學邪！」欣而許之。

健之入關也，次於曲沃〔九〕。夢天神遣使者朱衣赤冠，命拜堅爲龍驤將軍。健翌日旦而爲壇於曲沃拜堅〔一〇〕。健泣謂堅曰：「先王一作「汝祖」。昔受此號，汝父次爲之，今若復爲神明所授，可不勉之！」〔一一〕堅揮劍捶馬，志氣感厲，士卒莫不憚服焉。性至孝，有器度〔一二〕，博學多才藝，年十一便有經略大志〔一三〕。堅要結英豪，以圖緯世之宜。王猛、吕婆樓、强汪、梁平老等皆有王佐之才，堅並傾身禮之，以爲股肱羽翼〔一四〕。此節亦見御覽四百七十四。太原薛讚、略陽權翼見而驚曰：「非常人也！」

及生嗣僞位，讚、翼説堅曰：「今主上昏虐，天下離心。有德者昌，無德受殃，天之道也。神器業重，不可令他人取之，願君王行湯武之事，以順天人之心。」堅深然之，納爲謀主。生既殘虐無度，梁平老等亟以爲言，堅遂弑生，以僞位讓其兄法。法自以庶孽不敢當，堅及母苟氏並慮衆心未服，難居大位，羣僚固請，乃從之。

丁巳。永興元年晉升平元年。六月，去皇帝之號，僭稱大秦天王〔一五〕，即位太極殿〔一六〕，誅生佞倖臣董龍、趙韶等二十餘人，赦其境内，改壽光三年爲永興元年〔一七〕。追尊謚父雄爲文桓皇帝，尊母苟氏爲皇太后，妻苟氏爲皇后，世子宏爲皇太子〔一八〕，兄清河王法爲使持節〔一九〕、侍中、都督中外諸軍事、丞相、録尚書、東海公〔二〇〕，以從祖永安公苻侯爲太尉〔二一〕，從兄苻柳爲車騎大將軍、尚書令。諸王皆貶爵爲公〔二二〕，封弟融爲陽平公，雙河南公，子丕爲長樂公，暉爲平原公，熙爲廣平公，叡鉅鹿公。李威爲衛將軍、尚書左僕射，梁平老爲右僕射，强汪爲領軍將軍，仇騰爲尚書，領選，席寶爲丞相長史、行太子詹事，吕婆樓爲司隸校尉，王猛、薛讚爲中書令、侍郎〔二三〕，權翼爲給事黄門侍郎〔二四〕，與猛、讚並掌機密。追復魚遵、雷弱兒、毛貴、王墮、梁楞、梁安、段純、辛牢等諸公卿爲生所誅者，悉復本官〔二五〕，以禮改葬之，其子孫皆隨才擢授。

十月，丞相東海公法以疑忌賜死，苟太后之意也〔二六〕。初，堅母以法長而賢，又得衆心，懼終爲變，至此遣殺之。堅性友愛〔二七〕，與法決於東堂，慟哭嘔血。贈以本官〔二八〕，謚曰哀，封其子陽爲東海公，敷爲清河公。於是修廢職，繼絶世，禮神祇，課農桑，立學校，鰥寡孤獨高年不自存者，賜穀帛有差，其殊才異行、孝友忠義、德業可稱者，令所在以聞。

戊午。二年〔二九〕其將張平以并州叛，堅率衆討之，以其建節將軍鄧羌爲前鋒，率騎五千據汾上，堅至銅壁。平盡衆拒戰，爲羌所敗，獲其養子蚝，送之。平懼，乃降於堅。堅赦其罪，署爲右將軍，蚝武賁中郎將、加廣武將軍，徙其所部三千餘户於長安。張蚝本姓弓，上黨泫氏人也。膂力過人，能卻曳牛走，張平愛而子之。淫於平妾，知而責之，蚝慚，割陰以自誓，遂爲閹人。堅甚寵之，常侍左右，終爲名將，所在有殊功，世稱鄧羌、張蚝皆萬人敵也。御覽三百八十六及二百七十五。

四月，堅如雍，祀五時。六月，如河東，祀后土。

八月〔三〇〕，自臨晉登龍門，顧謂其羣臣曰：「美哉山河之固！婁敬有言，『關中四塞之國』，真不虚也。」權翼、薛讚對曰：「臣聞夏殷之都，非不險也，周秦之衆，非不多也，終於身竄南巢，首懸白旗，軀殘於犬戎，國分於項籍者，何也？德之不修故耳。吴起有言：『在德不在險。』深願陛下追蹤唐虞，懷遠以德，山河之固，不足恃也。」堅大悦。至韓原，觀晉魏顆鬼結草抗秦軍之處，賦詩而歸〔三一〕，乃還長安。賜爲父後者爵一級，鰥寡高年穀帛有差，丐所過田租之半。

是秋，大旱。堅減膳徹懸，金玉綺繡皆散之戎士，後宫悉去羅紈，衣不曳地。開山澤之利，公私共之，偃甲息兵，與境内休息。

王猛親寵愈密，朝政莫不由之。特進樊世，氐豪也，有大勳於苻氏，負氣倨傲，衆辱猛曰：「吾輩與先帝共興事業，而不預時權，君無汗馬之勞，何敢專管大任？是爲我耕稼而君食之乎！」猛曰：「方當使君爲宰夫，安直耕稼而已。」世大怒曰：「要當懸汝頭於長安城門，不爾者，終不處於世也。」猛言之於堅，堅怒曰：「必須殺此老氐，然後百寮可整。」俄而世入言事，堅謂猛曰：「吾欲以楊璧尚主，璧何如人也？」世勃然曰：「楊璧，臣之婿也，婚已久定，陛下安得令之尚主乎！」猛讓世曰：「陛下帝有海内，而君敢競婚，是爲二天子，安有上下！」世怒起，將擊猛，左右止之，世遂醜言大罵，堅由此發怒，命斬之於西廐。諸氐紛紜，競陳猛短，堅恚甚慢罵，或有鞭撻於殿庭者。權翼進曰：「陛下宏達大度，善馭英豪，神武卓犖，録功捨過，有漢祖之風。然慢易之言，所宜除之。」堅笑曰：「朕之過也。」自是公卿以下無不憚猛焉。

己未。甘露元年　正月〔三〕，堅起明堂，繕南北郊，郊祀其祖洪以配天，宗祀其伯健於明堂以配上帝。親耕藉田，其妻苟氏親蠶於近郊。

堅南游霸陵，顧謂羣臣曰：「漢祖起自布衣，廓平四海，佐命功臣孰爲首乎？」權翼進曰：「漢書以蕭曹爲功臣之冠。」堅曰：「漢祖與項羽爭天下，困於京索之間，身被七十餘創，通中六七，父母妻子爲楚所囚。平城之下，七日不火食。賴陳平之謀，太上、妻子克全，免匈奴之禍，二相何得獨高也！雖有人狗之喻，豈黄中之言乎！」於是酣酒極歡，命羣臣賦詩。

六月，甘露降，乃大赦〔三三〕，復改元曰甘露。

八月，堅下書曰：「咸陽内史猛，言彰出納，所在著績，有卧龍之才，宜入贊百揆，絲綸王言，可徵拜侍中、中書令，領京兆尹。」〔三四〕其特進强德，健妻之弟也，昏酒豪横，爲百姓之患。猛捕而殺之，陳尸於市。其中丞鄧羌，性鯁直不撓，與猛協規齊志，數旬之間，貴戚强豪誅死者二十有餘人，於是百寮肅整〔三五〕，豪右屏氣，路不拾遺，風化大行。堅歎曰：「吾今始知天下之有法也，天子之爲尊也。」

以猛爲吏部尚書，遷太子詹事。十一月，以猛爲司隸，侍中、領選如故。猛上疏曰：「伏思陽平公融明德懿親，光禄西河任羣忠貞淑慎，處士朱彤博識聰辯，並宜左右彌綸，暉贊九棘。愚臣庸鄙，請避賢路。」堅曰：「機務俟才，允屬明哲，朝野所望，豈容致辭！所舉融等，尋别銓敘。」於是以融爲侍中、中書監，兼右僕射；任羣爲光禄大夫，領太子家令；朱彤爲中書侍郎，領太子庶子〔三六〕。

於是遣使巡察四方及戎夷種落，州郡有高年孤寡不能自存，長吏刑罰失中爲百姓所苦，清修疾惡、勸課農桑、有便於俗，篤學至孝、義烈力田者，皆令具條以聞。

庚申。二年　時匈奴左賢王衛辰遣使降於堅，遂請田内地，堅許之。雲中護軍賈雍遣其司馬徐斌率騎襲之，因縱兵掠奪。堅怒曰：「朕方修魏絳和戎之術，不可以小利忘大信。昔荆吴之戰，事興蠶婦，澆瓜之惠，梁宋息兵。夫怨不在大，事不在小，擾邊動衆，非國之利，所獲資産，其悉以歸之。」免雍官，以白衣領護軍，遣使修和，示之信義。辰於是入居塞内，貢獻相尋。烏丸獨孤、鮮卑没奕干率衆數萬又降於堅。堅初欲處之塞内，苻融以「匈奴爲患，其興自古，比虜馬不敢南首者，畏威故也。今處之於内地，見其弱矣，方當闚兵郡縣，爲北邊之害，不如徙之塞外，以存荒服之義」。堅從之。

辛酉。三年　九月〔三七〕，鳳凰集於東闕〔三八〕，大赦其境内，百寮進位一級。歌之曰：「鳳凰於飛，其羽翼翼，淵哉聖后〔三九〕，饗齡萬億。」歌依御覽四百六十五引補。初，堅之將爲赦也，與尚書左僕射猛、右僕射融密議於露堂〔四〇〕，悉屏左右，堅自爲赦文，猛、融供進紙筆〔四一〕。有一大蒼蠅入自牖間，鳴聲甚大，集於筆端，驅而復來堅所，聽之〔四二〕，一作「堅惡之」。久而乃去〔四三〕。俄而長安街巷市里民相告曰：「官今大赦。」有司以聞。堅驚謂融、猛曰：「禁中無耳屬之理，事何從而泄也？」於是敕内外窮推之〔四四〕，咸言有一小人衣黑衣，大呼於市曰：「官今大赦。」須臾不見。堅歎曰：「其向者蒼蠅乎？聲狀非常，吾固惡之。此段亦見御覽六百五十二。諺曰：『欲人勿知，莫若勿爲。』聲無細而弗聞，事未形而必彰者，其此之謂也。」

堅廣修學官，召郡國學生通一經以上充之，公卿以下子孫并遣受業。其有學爲通儒，才堪幹事，清修廉直，孝悌力田者，皆旌表之。於是人思勸勵，號稱多士，盜賊止息，請託路絶，田疇修闢，帑藏充盈，典章法物，靡不悉備。

壬戌。四年晉哀隆和元年。堅親臨太學，考學生經義優劣，品而第之。問難五經，博士多不能對。堅謂博士王實曰〔四五〕：「朕一月三臨太學，黜陟幽明，躬親獎勵，罔敢勌違，庶幾周孔微言不由朕而墜，漢之二武，其可追乎！」實對曰：「自劉石擾覆華畿，二都鞠爲茂草，儒生罕有或存，墳籍滅而莫紀，經綸學廢，奄若秦皇。陛下神武撥亂，道隆虞夏，開庠序之美，弘儒教之風，化盛隆周，垂馨千祀，漢之二武，焉足論哉！」自是每月一臨太學，諸生競勸焉。

七月，黄龍見於成紀。梁山崩。

癸亥。五年晉興寧元年。白虎見天水。

甲子。六年　遣鴻臚拜張天錫爲大將軍、涼州牧、西平公〔四六〕。屠各張罔聚衆數千，自稱大單于，寇掠郡縣。堅以其尚書鄧羌爲建節將軍，帥衆七千討平之。

時商人趙掇、丁妃、鄒瓫等皆家累千金〔四七〕，車服之盛，擬則王侯，堅之諸公競引之爲國貳卿。黄門侍郎程憲言於堅曰：「趙掇等皆商販醜豎，市郭小人，車馬衣服，僭同王者，官齊君子，爲藩國列卿，傷風敗俗，有塵聖化，宜肅明典法，使清濁顯分。」堅於是推檢引掇等爲列卿者，降其爵。乃下制：「非命士已上，不得乘車馬於都城百里之内。金銀錦繡，工商皂隸婦女不得服之，犯者棄市。」

乙丑。建元元年〔四八〕晉興寧三年。堅又改元爲建元。

正月，雍州秀才段鏗對策上第，拜吏部郎中。孝廉通經者十餘人，皆拜令、長〔四九〕。慕容暐遣其太宰慕容恪攻拔洛陽，略地至於崤澠。堅懼其入關，親屯陝城以備之。匈奴右賢王曹轂、左賢王衛辰舉兵叛，率衆二萬攻其杏城已南郡縣，屯於馬蘭山。索虜烏延等亦叛堅而通於辰、轂〔五〇〕。堅率中外精鋭以討之，以其前將軍楊安、鎮軍毛盛等爲前鋒都督，䜴遣弟活距戰於同川〔五一〕，安大敗之，斬活并四千餘級，䜴懼而降。堅徙其酋豪六千餘户於長安。進擊烏延，斬之。鄧羌討衛辰，擒之於木根山。堅自驄馬城如朔方，巡撫夷狄，以衛辰爲夏陽公以統其衆。䜴尋死，分其部落，貳城已西二萬餘落封其長子璽爲駱川侯，貳城已東二萬餘落封其小子寅爲力川侯，故號東、西曹。

丙寅。二年晉帝奕太和元年。秦、雍二州地震裂，水泉湧出，金象生毛，長安大風震電，壞屋殺人。堅懼而愈修德政焉。此節亦見御覽八百八十。

使王猛、楊安等率衆二萬，寇荆州北鄙諸郡，掠漢陽萬餘户而還。

丁卯。三年　羌斂岐叛堅，自稱益州刺史，率部落四千餘家西依張天錫叛將李儼。堅遣王猛與隴西太守姜衡、南安太守邵羌討斂岐於略陽。張天錫率步騎三萬擊李儼，攻其大夏、武始二郡，剋之。天錫將掌據又敗儼諸軍於葵谷。儼懼，遣兄子純謝罪於堅，仍請救。尋而猛攻略陽〔五二〕，斂岐奔白馬。堅遣楊安與建威王撫率衆會猛以救儼〔五三〕。猛遣邵羌追斂岐〔五四〕，使王撫守侯和，姜衡守白石。猛與楊安救枹罕，及天錫將楊遹戰於枹罕東，猛不利。邵羌擒斂岐於白馬，送之長安。天錫遂引師而歸。儼猶憑城未出，猛乃服白乘輿，從數十人，請與相見。儼開門延之，未及設備，而將士續入，遂虜儼而還。堅以其將軍彭越爲平西將軍、涼州刺史，鎮枹罕。以儼爲光禄勳、歸安侯。

是歲，苻雙據上邽，苻柳據蒲坂叛於堅，苻庾據陜城，苻武據安定並應之，將共伐長安。堅遣使喻之，各齧梨以爲信，皆不受堅命，阻兵自守。

戊辰。四年　堅遣後禁將軍楊成世、左將軍毛嵩等討雙、武，王猛、鄧羌攻蒲坂，楊安、張蚝攻陜城。成世、毛嵩爲雙、武所敗，堅又遣其武衛王鑒、寧朔吕光等率中外精鋭以討之，左衛苻雅、左禁竇衡率羽林騎七千繼發。雙、武乘勝至於榆眉，鑒等擊敗之，斬獲萬五千人。武棄安定，隨雙奔上邽，鑒等攻之。苻柳出挑戰，猛閉壘不應。柳以猛爲憚己，留其世子良守蒲坂，率衆二萬，將攻長安。長安去蒲坂百餘里，鄧羌率勁騎七千夜襲敗之，柳引軍還，猛又盡衆邀擊，悉俘其卒，柳與數百騎入於蒲坂。鑒等攻上邽，剋之，斬雙、武。猛又尋破蒲坂，斬柳及其妻子，傳首長安。猛屯蒲坂，遣鄧羌與王鑒等攻陷陜城，克之，送庾於長安，殺之。

池陽民惑其婦言而欲殺母，遂車載母，辭詣親家，入南山。母曰：「汝詣親家，何至是也？」兒曰：「老婢何言！」遂下母於谿谷之間，脱衣將殺之。初，婦謂其夫曰：「不可不得中衣來也。」兒不欲手脱，背坐厲聲令母自脱。母泣曰：「我生汝養汝，至於今日，汝信婦言枉殺我，可不乞我此衣？」〔五五〕兒怒曰：「老婢復何言！」母呼曰：「天神山神，當見此否？」言未卒聲，見所持刀忽貫其頂而殺，投於山穴。母乘車卻歸，昏而反家。婦謂其夫還，逆問曰：「得中衣來不？」母馳告鄰里，收其婦送官。郡縣以聞，堅驚曰：「宇宙之內乃有此事，將非怪乎！」於是轘而殺之。此段依御覽六百四十五引補，姑從屠本附此。時有司奏人有盜其母之錢而逃者，請投之四裔。太后聞而怒曰：「三千之罪，莫大於不孝，當棄之市朝，奈何投之方外乎！方外豈有無父母之鄉乎！」於是轘而殺之。御覽六百四十五。

己巳。五年晉太和四年。　六月〔五六〕，晉大司馬桓温伐燕慕容暐〔五七〕，次於枋頭，燕師屢敗，遣散騎侍郎樂嵩來乞師於一無「於」字。堅〔五八〕，請賂秦以三字一作「割」。虎牢以西之地〔五九〕。堅亦欲與暐連横，八月〔六〇〕，乃遣將軍苟池、洛州刺史鄧羌帥步騎二萬救燕〔六一〕。温敗〔六二〕，引歸，池乃還。

是月，京兆尹王攸上書獻十略：一曰君道宜明，二曰臣尚忠敬，三曰子貴孝養，四曰民生在勤，五曰教無偏黨，六曰養民在惠，七曰延聘耆賢，八曰懲惡顯善，九曰伐叛討逆，十曰易簡弘大。堅納之，以攸爲諫議大夫〔六三〕。

十一月，燕車騎吴王垂避害來奔〔六四〕，王猛言於堅曰：「慕容垂，燕之戚屬，世雄東夏，寬仁惠下，恩結士庶，燕趙之閒咸有奉戴之意。觀其才略，權智無方，兼其諸子明毅有幹藝，人之傑也。蛟龍猛獸，非可馴之物，不如除之。」堅曰：「吾方以義致英豪，建不世之功，且其初至，吾告之至誠，今而害之，人將謂我何？」

桓温既走，慕容暐悔割河滄一作「武牢」。之地以賂秦〔六五〕，乃遣使謂堅曰：「頃者割地，行人失辭。有國有家，分災救患，理之常也。」堅大怒，遣王猛與建威梁成、平老之子。鄧羌率步騎三萬伐燕〔六六〕，署慕容垂爲冠軍將軍，以爲鄉導，攻暐洛州刺史慕容紀〔六七〕載記作「筑」，下同。於洛陽。暐遣其將慕容臧率精卒十萬，將解紀圍。猛使梁成等以精鋭萬人卷甲赴之，大破臧於滎陽。猛遺慕容紀書〔六八〕，紀懼而請降，十二月〔六九〕，猛陳師而受之，留鄧羌鎮金墉，猛振旅而歸。此段亦見通鑑，考異引十六國秦春秋如此，而云燕書少帝紀：「此年十二月，王猛攻洛。明年正月，拔洛。」屠本偏不從此而從彼，何也〔七〇〕？

校勘記

〔一〕健弟雄之子也　「健弟」，見偏霸部，載記無。

〔二〕趙建武中　見偏霸部，載記無。

〔三〕有神光之異自天燭其庭　載記無「之異」二字，偏霸部「燭其」作「屬」。

〔四〕秘而莫之傳也姿貌魁傑　見偏霸部，載記無。

〔五〕洪因而謂健曰　偏霸部同，載記作「洪每曰」。

〔六〕頭大至安下　見偏霸部，載記無。「頭大鎮重」，纂録同，偏霸部無「鎮」字。

〔七〕趙右光禄大夫司隸校尉　見偏霸部，載記無。

〔八〕尚小至以爲速成　見偏霸部，載記無。

〔九〕次於曲沃　見偏霸部，載記無。

〔一〇〕健翌日旦而爲壇於曲沃拜堅　載記作：「健翌日爲壇於曲沃以授之。」偏霸部作：「旦而爲壇於曲沃拜堅。」

〔一一〕先王至勉之　「先王」，偏霸部同，載記作「汝祖」。「汝父次爲之」，見偏霸部，載記無。「若」，偏霸部同，注曰「若，汝也」，載記作「汝」。

〔一二〕有器度　見偏霸部，載記無。

〔一三〕年十一便有經略大志　偏霸部同，載記作「有經濟大志」。

〔一四〕堅並傾身禮之以爲股肱羽翼　見御覽卷四七四引，載記作「以爲羽翼」。

〔一五〕永興元年至大秦天王　偏霸部同，載記作「以升平元年僭稱大秦天王」。

〔一六〕即位太極殿　見偏霸部，載記無。

〔一七〕改壽光三年爲永興元年　偏霸部同，載記作「改元曰永興」。

〔一八〕世子　偏霸部同，載記作「子」。

〔一九〕清河王　見偏霸部，載記無。

〔二〇〕東海公　見偏霸部，載記無。

〔二一〕永安公苻侯　偏霸部同，載記作「侯」。

〔二二〕諸王皆貶爵爲公　見偏霸部，載記無。

〔二三〕中書令侍郎　偏霸部同，載記、通鑑卷一〇〇並作「中書侍郎」，又下文云，甘露元年八月王猛徵拜中書令，此處「令」字疑衍。

〔二四〕給事黄門侍郎　原作「給事中黄門侍郎」。纂録、偏霸部作「黄門郎」，載記、通鑑卷一〇〇並作「給事黄門侍郎」，輯補衍「中」字，今删。

〔二五〕諸公卿爲生所誅者悉復　見偏霸部，載記無。

〔二六〕十月至之意也　見偏霸部，載記無。

〔二七〕堅性友愛　「友愛」，偏霸部同，載記作「仁友」。

〔二八〕贈以本官　「贈」，原作「賜」，據載記改。

〔二九〕二年　見偏霸部，載記無。

〔三〇〕四月至八月　見偏霸部，載記無。

〔三一〕至韓原至賦詩而歸　見偏霸部，載記無。

〔三二〕甘露元年正月　見偏霸部，載記無。

〔三三〕六月甘露降乃大赦　偏霸部同，載記作「大赦」。

〔三四〕八月至領京兆尹　偏霸部「言彰出納」作「聲彰出納」，餘同。載記作：「以王猛爲侍中、中書令、京兆尹。」「言彰出納」，纂録亦作「聲彰出納」，「聲」下校云「一作『吉』」。

〔三五〕於是百寮肅整　「肅整」，偏霸部同，載記作「震肅」。

〔三六〕以猛爲吏部至領太子庶子　此節見偏霸部，載記無。偏霸部「伏思」作「伏見」，「銓敍」作「銓授」，「兼右僕射」作「右僕射」。

〔三七〕三年九月　偏霸部同，載記作「堅僭位五年」。

〔三八〕鳳凰集於東闕　「東闕」，載記、御覽卷四六五引同，偏霸部作「東閣」。

〔三九〕淵哉聖后　「哉」，原作「武」，據御覽卷四六五、卷九一五引改。

〔四〇〕尚書左僕射猛右僕射融　偏霸部無「尚書」二字，餘同，載記作「王猛苻融」。

〔四一〕猛融供進紙筆　「紙筆」，偏霸部同，載記作「紙墨」。

〔四二〕驅而復來堅所聽之　「堅所聽之」，載記無，纂録、偏霸部作「堅惡之」，纂録校云「一作『堅所聽之』」。

〔四三〕久而乃去　見偏霸部，載記無。

〔四四〕於是敕内外窮推之　「内外」，屠本卷三六同，載記、纂録、偏霸部、御覽卷六五二引並作「外」。

〔四五〕堅謂博士王實曰　「王實」，載記作「王寔」，下同。

〔四六〕七月黄龍至西平公　見偏霸部，載記無。

〔四七〕時商人趙掇丁妃鄒瓫等皆家累千金　「鄒瓫」，屠本卷三六同，載記作「鄒瓮」。

〔四八〕建元元年　偏霸部同，載記作「興寧三年」。

〔四九〕正月至皆拜令長　見偏霸部，載記無。

〔五〇〕索虜烏延等亦叛堅而通於辰穀　「索虜」，原作「索慮」，據載記改。

〔五一〕穀遣弟活距戰於同川　「同川」，屠本卷三六同，載記作「同官川」。

〔五二〕攻略陽　載記作「攻破略陽」。

〔五三〕堅遣楊安　「堅」字原無，據載記補。

〔五四〕猛遣邵羌追斂岐　「邵羌」，原作「鄧羌」，據載記改。

〔五五〕可不乞我此衣　「可不」，御覽卷六四五引作「不可不」。

〔五六〕五年六月　偏霸部同，載記作「太和四年」。

〔五七〕燕慕容暐　偏霸部作「燕」，載記作「慕容暐」。

〔五八〕遣散騎侍郎樂嵩來乞師　偏霸部同，載記作「遣使乞師」。「樂嵩」，原作「藥嵩」，據偏霸部、晉書卷一一一慕容暐載記、通鑑卷一〇二改。

〔五九〕請賂秦以虎牢以西之地　「賂秦以」，偏霸部同，載記作「割」。

〔六〇〕八月　見偏霸部，載記無。

〔六一〕將軍苟池洛州刺史鄧羌　載記作「其將苟池等」，偏霸部作「將軍苟也洛州刺史邵羌」。按，據前後文及晉書卷一一一慕容暐載記、通鑑卷一〇二等，「苟池」、「鄧羌」是。

〔六二〕温敗　偏霸部同，載記作「王師尋敗」。

〔六三〕是月至諫議大夫　見偏霸部，載記無。「京兆尹」，纂録同，偏霸部作「京兆民」。「討逆」，纂録同，偏霸部作「柔服」。

〔六四〕十一月至來奔　偏霸部無「避害」，餘同，載記作：「是時慕容垂避害奔於堅。」

〔六五〕慕容暐悔割河滄之地以賂秦　「河滄」，纂録同，偏霸部作「河洛」，載記作「武牢」。「以賂秦」，見偏霸部，載記無。

〔六六〕伐燕　見偏霸部，載記無。

〔六七〕慕容紀　通鑑卷一〇二考異引十六國秦春秋同，載記作「慕容筑」。下同。

〔六八〕猛遺慕容紀書　見通鑑卷一〇二考異引十六國秦春秋，載記無。

〔六九〕十二月　見通鑑卷一〇二考異引十六國秦春秋，載記無。

〔七〇〕屠本卷三六以王猛攻洛在十二月，受降在明年一月，是棄十六國秦春秋而從燕書少帝紀。按通鑑考異述取捨之由云：「今按獻莊紀云，慕容令之奔還鄴，建熙元年二月也，時王猛猶在洛。又猛遺紀書云：『去年桓温起師。』故從燕書。」

十六國春秋輯補卷三十四

前秦録四

苻堅

庚午。建元六年〔一〕晉太和五年。又令輔國王猛帥鎮南楊安、虎牙將軍張蚝、建節鄧羌等十將〔二〕，率步騎六萬伐暐，討平燕冀〔三〕。堅親送猛於霸東，謂曰：「今授卿精兵，委以重任，便可從壺關、上黨出潞川，此捷濟之機，所謂『疾雷不及掩耳』。吾當躬自率衆以繼卿後，於鄴相見。已敕運漕相繼，但憂賊，不煩後慮也。」猛曰：「臣庸劣孤生，操無豪介，蒙陛下恩榮，内侍帷幄，出總戎旅，藉宗廟之靈，禀陛下神算，殘胡不足平也。願不煩鑾軫冒霜露，臣雖不武，望克不淹時，但願速敕有司部置鮮卑之所。」堅大悦。

於是進師。楊安攻晉陽。八月〔四〕，猛攻壺關，執暐上黨太守慕容越，所經郡縣皆降於猛。猛留屯騎校尉苟萇戍壺關，會楊安攻晉陽。爲地道，遣張蚝率壯士數百人入其城中，大呼斬關，猛遂入晉陽〔五〕，執暐并州刺史慕容莊。暐遣太傅上庸王評率衆四十餘萬以救二城〔六〕，評憚猛不敢進，屯於潞川。猛留毛當戍晉陽，進師次潞川〔七〕，與評相持。遣將軍徐成覘燕軍，期以日中，及昏而返，猛將斬之。鄧羌固請曰：「成，羌郡將也，羌郡太守。願與效戰以贖罪。」猛弗許。羌怒，還營嚴鼓勒兵將攻猛，猛赦之。羌詣猛謝，猛執其手曰：「吾試將軍耳。將軍於郡將尚爾，況國家乎！」〔八〕此段依通鑑約補，因贊有此事，知通鑑亦係本此書也。徐成嵩之叔也。純直亮素爲王猛所知，長不滿六尺，醜極當時〔九〕。御覽三百八十二。乃遣裨將一作「游擊」。郭慶以鋭卒五千〔一〇〕，夜從間道出評營後，傍山起火，燒其輜重。火見鄴中，暐懼，遣使讓評，催之速戰。猛覘知評賣水鬻薪，不撫將士，有可乘之會〔一一〕，大笑謂楊安等曰：「慕容評真奴才！雖億萬之衆，尚不足爲慮，況數十萬乎！今破之必矣！」〔一二〕評又求戰，甲戌，乃陳於渭一作「潞」。原〔一三〕。猛誓衆曰：「王景略受國厚恩，任兼内外，今與諸君深入賊地，宜各勉進，不可退也。願戮力行間，以報恩顧，受爵明君之朝，慶觴父母之室，不亦美乎！」衆皆勇奮，破釜棄糧，大呼競進。猛望評師之衆也，惡之，謂鄧羌曰：「今日之事，非將軍莫可以捷也。成敗之機，在斯一舉，將軍其勉之！」羌曰：「若以司隸見與者，公無以爲憂。」猛曰：「此非吾之所及也，必以安定太守、大郡萬户侯相處。」〔一四〕羌不悦而退。俄而兵交，猛召之，羌寢而弗應。猛乃馳就許之，羌於是大飲帳中，與張蚝、徐成等跨馬運矛，馳入評軍，出入數四，傍若無人，搴旗斬將，殺傷甚衆。戰及日中，評衆大敗，俘斬五萬有餘，此段亦見御覽三百十二、三百三十四及二百五十。乘勝追擊，又降斬十萬。於是進師圍鄴。猛之未至鄴也，劫盜公行，及猛之至，遠近帖然〔一五〕。

堅聞之，十一月〔一六〕，留李威輔其太子宏守長安，以苻融鎮洛陽，躬率精鋭十萬向鄴。七日而至於安陽，過故宅〔一七〕，引諸耆老語及祖父舊事，泫然流涕，乃停信宿。猛潛如安陽迎堅，堅謂之曰：「昔亞夫不出軍迎漢文，將軍何以臨敵而背衆乎？」猛曰：「臣每覽亞夫之事，常謂前却人主，以此而爲名將，竊未多之。臣奉陛下神算，擊垂亡之虜，若摧枯拉朽，何足慮也！監國沖幼，鑾駕遠臨，脱有不虞，其如宗廟何！」

戊寅〔一八〕，堅遂攻鄴，陷之。慕容暐出奔，將軍郭慶執暐於高陽，送之。辛巳，堅入鄴宮，大赦〔一九〕。閲其圖籍〔二〇〕，凡郡百五十七，縣一千五百七十九，户二百四十五萬八千九百六十九，口九百九十八萬七千九百三十五。諸州郡牧守及六夷渠帥盡降於堅。郭慶窮追餘燼，慕容評奔於高句麗，慶追至遼海，句麗縛評送之。堅散暐宫人、珍寶以賜將士，論功封賞各有差。以王猛爲使持節、都督關東六州諸軍事、車騎大將軍、開府儀同三司、冀州牧，鎮鄴，封清河郡侯，以燕太宰恪、太傅評之第盡賜之，加美妾五人、上女妓十人、中女妓三十八人。猛辭，堅曰：「昔魏絳和戎，猶有金石絲竹之賞；山甫翼周，實受四牡之錫。卿功超二子，任過管葛，安得辭也？其敬受之，無逆朕命。」以鄧羌爲散騎常侍、安定太守、真定郡侯，邑三千户，賞潞川之功〔二一〕。以郭慶爲持節、都督幽州諸軍事、揚武將軍、幽州刺史，鎮薊。

堅自鄴如枋頭，讌諸父老，改枋頭爲永昌縣，復之終世。堅至自永昌，行飲至之禮，歌勞止之詩，以饗其羣臣。赦慕容暐及其王公已下，皆徙於長安，封賞各有差。既遣猛處分六州，便宜從事，猛上書辭，堅遣侍中梁讜喻旨〔二二〕。

梁讜字伯言，博學有儁才，與弟熙俱以文藻清麗，見重一時。時人爲之語曰：「關東堂堂，二申兩房；未若二梁，瓌文琦章。」〔二三〕御覽四百九十五。

七年〔二四〕晉簡文咸安元年。辛未。堅行禮於辟雍，祀先師孔子，其太子及公侯卿大夫之元子，皆束脩釋奠焉。高平蘇通、長樂劉祥並以碩學耆德，尤精二禮，堅以通爲禮記祭酒，居於東庠；祥爲儀禮祭酒，處於西序，堅每月朔旦率百僚親臨講論〔二五〕。此節依御覽二百三十六引補。

徙關東豪傑及諸雜夷十萬户於關中，處烏丸雜類於馮翊、北地，丁零翟斌於新安，徙陳留、東阿萬户以實青州。諸因亂流移、避仇遠徙，欲還舊業者，悉聽之。

晉叛臣袁瑾固守壽春，爲大司馬桓温所圍，遣使請救於堅。堅遣王鑒、張蚝率步騎二萬救之。鑒據洛澗，蚝屯八公山，桓温遣諸將夜襲鑒、蚝，敗之，鑒、蚝屯慎城。

初，仇池氐楊世以地降於堅，堅署爲平南將軍、秦州刺史、仇池公，既而歸順於晉。世死，子纂代立，遂受天子爵命而絶於堅。世弟統驍武得衆，起兵武都，與纂分争，堅遣其將苻雅、楊安與益州刺史王統率步騎七萬，先取仇池，進圍寧益。雅等次於鷲陜，纂率衆五萬距雅，晉梁州刺史楊亮遣督護郭寶率騎千餘救之，戰於陜中，爲雅等所敗，纂收衆奔還。雅進攻仇池，楊統帥武都之衆降於雅。纂將硕密降於雅〔二六〕，請爲内應。纂懼，面縛出降，雅釋其縛，送之長安。以楊統爲平遠將軍、南秦州刺史，加楊安都督，鎮仇池。

先是，王猛獲張天錫將燉煌陰據及甲士五千，堅既平六州〔二七〕，西擒楊纂，欲以德懷遠，且誇威河右，至是悉送所獲還涼州。天錫懼而遣使謝罪稱藩，堅大悦，即署天錫爲使持節、散騎常侍、都督河右諸軍事、驃騎大將軍、開府儀同三司、涼州刺史、西域都護、西平公。

吐谷渾辟奚以楊纂既降，懼而遣使送馬五千匹、金銀五百斤。堅拜辟奚安遠將軍、漒川侯。

七月，堅如洛陽，下書曰：「『士死知己』，猶來格謨，故喬公一言，魏祖追慟。趙司隸高平徐統，往在鄴都，識朕於童稚，每思其殷勤之言，勿敢忘也。可召其子孫詣行所。」〔二八〕

堅如鄴，狩於西山，親馳射獸，游獵旬餘，昏一作「樂」。而忘返〔二九〕。伶人王洛叩馬諫曰：「臣聞千金之子，坐不垂堂，萬乘之主，行不履危。故文帝馳車，袁公止轡，孝武好田，相如獻規。陛下爲百姓父母，蒼生所繫，何可盤於游田，以玷聖德？若禍起須臾，變生不測者，其如宗廟何！其如太后何！」堅曰：「善哉！昔文公悟愆於虞人，朕聞罪於王洛。吾過也。」乃止〔三〇〕。此段亦見御覽四百五十四及書鈔百、初學記十八。自是遂不復獵。堅聞桓温廢海西公也，謂羣臣曰：「温前敗灞上，後敗枋頭，十五年間，再傾國師。六十歲公舉動如此，不能思愆免退以謝百姓，方廢君以自悦，將如四海何！諺云『怒其室而作色於父』者，其桓温之謂乎！」

壬申。八年〔三一〕，堅以境内旱，課百姓區種。懼歲不登，省節穀帛之費，太官、後宫減常度二等，百寮之秩以次降之。復魏晉士籍，使役有常。其諸非正道典學〔三二〕，一皆禁之。

堅臨太學，考學生經義，上第擢敘者八十二人〔三三〕。自永嘉之亂，庠序無聞，及堅之僭，頗留心儒學，王猛整齊風俗，政理稱舉，學校漸興。滅燕、趙後〔三四〕，關隴清晏，百姓豐樂，自長安至於諸州，皆夾道樹槐柳，二十里一亭，四十里一驛，旅行者取給於途，工商貿販於道。此段亦見初學記二十四。王猛化洽六州，人移風變〔三五〕，百姓歌之曰：「長安大街，夾樹楊槐。下走朱輪〔三六〕，上有鸞棲。英彥雲集，誨我民一作「萌」。黎。」〔三七〕此節亦見御覽四百六十五。

是歲，時有大風從西南來，俄而晦冥，恒星皆見，三句亦見御覽八百七十九。又有赤星見於西南。太史令魏延言於堅曰：「於占，西南國亡，明年必當平蜀漢。」堅大悅，命秦梁密嚴戎備。

五月，以高平徐攀爲瑯琊太守。攀，統之少子，以舊恩拔之也〔三八〕。

六月，冀州牧王猛入爲丞相、中書監、司隸校尉〔三九〕。以苻融爲鎮東大將軍，代猛爲冀州牧。融將發，堅祖於灞東，奏樂賦詩。堅母苟氏以融少子，甚愛之，比發，三至灞上，其夕又竊如融所，内外莫知。是夜，堅寢於前殿，魏延上言：「天市南門屏内后妃星失明，左右閽寺不見，后妃移動之象。」堅推問知之，驚曰：「天道與人何其不遠！」遂重星官。王猛至長安，加都督中外諸軍事。猛辭讓再三，堅不許。猛固辭丞相，改授司徒，又固辭不拜，乃停司徒之授〔四〇〕。

癸酉。九年晉孝武寧康元年。四月〔四一〕，天鼓鳴，有彗星出於箕尾，長十餘丈，或名蚩尤旗，經太微，掃東井，自夏及秋冬不滅。太史令張猛言於堅曰〔四二〕：「尾，燕之分野；東井，秦之分野〔四三〕。彗起尾箕而掃東井，災深禍大，此十年之後燕滅秦之象，二十年之後，當爲代所滅。慕容暐父子兄弟，亡虜也，而布列朝廷，貴盛莫二，宜除渠帥，以寧皇秦。若旦誅鮮卑不夕滅客彗者，臣請就妖言之戮。」〔四四〕堅不納，更以暐爲尚書，垂爲京兆尹，沖爲平陽太守。苻融聞之，上疏於堅曰：「臣聞東胡在燕，歷數彌久，逮於石亂，遂據華夏，跨有六州，南面稱帝。陛下爰命六師，大舉征討，勞卒頻年，勤而後獲，本非慕義懷德，歸化而來〔四五〕。今父子兄弟列官滿朝，執權履職，勢傾勞舊，陛下親而幸之。臣愚以爲猛獸不可養，狼子野心。比年星異，災起於燕，願少留意，以思天戒。臣據可言之地，不容嘿已。詩曰『兄弟急難』，『朋友好合』，劉向以肺腑之親，尚能極言，況於臣乎。」堅報之曰：「汝爲德未充而懷是非，立善未稱而名過其實。詩云『德輶如毛，民鮮克舉』，君子處高，戒懼傾敗，可不務乎！今四海事曠，兆庶未寧，黎元應撫，夷狄應和，方將混六合以一家，同有形於赤子，汝其息之，勿懷耿介。夫天道助順，修德則禳災，苟求諸己，何懼外患焉。」

晉梁州刺史楊亮遣子廣襲仇池〔四六〕，與堅將楊安戰，廣敗績，晉沮水諸戍皆委城奔潰。亮懼而退守磐險，安遂進寇漢川。堅遣王統、朱肜率卒二萬爲前鋒寇蜀，前禁將軍毛當、鷹揚將軍徐成率步騎三萬入自劍閣。楊亮率巴獠萬餘拒之，戰於青谷，王師不利，亮奔固西城。肜乘勝陷漢中，徐成又攻二劍，克之，楊安進據梓潼。晉奮威將軍、西蠻校尉周虓降於肜。揚武將軍、益州刺史周仲孫勒兵距肜等於綿竹，聞堅將毛當將至成都，仲孫率騎五千奔於南中。安、當進兵，遂陷益州，於是西南夷邛、莋、夜郎等皆歸之。堅以安爲右大將軍、益州牧，鎮成都；毛當爲鎮西將軍、梁州刺史，鎮漢中；姚萇爲寧州刺史，領西蠻校尉；王統爲南秦州刺史，鎮仇池。

十年甲戌。三月，侍中、太尉李威卒。威字伯龍，漢陽人，苟太后姑子，少與苻雄結刎頸之交。苻生屢欲誅堅，賴威以免，堅深德之，事威如父。誅苻生及法，皆威與太后潛決大謀，遂有辟陽之寵。雅重王猛，勸堅以國事任之。堅常謂猛曰：「李公知卿，猶鮑叔之於夷吾，罕虎之於子產。」猛兄事之〔四七〕。

夏四月，堅下書曰：「巴夷嶮逆，寇亂益州，招引吴軍，爲唇齒之勢。特進、鎮軍將軍、護羌校尉鄧羌可帥甲士五萬，星夜一作「言」。赴討。」〔四八〕

五月〔四九〕，蜀人張育、楊光等起兵二萬〔五〇〕，與巴獠音老。相應，以叛於堅。晉益州刺史竺瑶、威遠將軍桓石虔率衆三萬人據墊音店。江〔五一〕。張育乃自號蜀王，遣使稱藩於晉〔五二〕，與巴獠酋帥張重、尹萬等五萬餘人進圍成都。尋而育與萬争權，舉兵相持，堅遣鄧羌與楊安擊敗之，育、光退屯綿竹。八月，鄧羌敗晉師於涪西〔五三〕，安又敗張重、尹萬於成都南，重死之，及首級二萬三千。鄧羌復擊張育、楊光於綿竹，皆斬之，益州平〔五四〕。羌勒銘於岷山而還。十二月，羌至自成都，堅引見東堂，謂之曰：「將軍之先仲華遇漢世祖於前，將軍復逢朕於後，何鄧氏之多幸！」羌曰：「臣常謂光武之遇仲華，非獨仲華之遭光武。」堅笑曰：「將軍蓋以自況，非直將軍之幸，亦朕之遇賢。」〔五五〕桓石虔敗姚萇於墊江，萇退據五城，石虔與竺瑶移屯巴東。

時有人於堅光明殿大呼謂堅曰：「甲申乙酉，魚羊食人，悲哉無復遺。」堅命執之，俄而不見。秘書監朱彤等因請誅鮮卑，堅不從。

乙亥。十一年　正月〔五六〕，遣使巡行四方，觀風俗，問政道，明黜陟，恤孤獨不能自存者。以安車蒲輪徵隱士樂陵王勸一作「忻」，似即王歡。爲國子祭酒〔五七〕。堅雅好文學，英儒畢集，純博之精莫如勸也。終於太子少傅〔五八〕。

五月，王猛寢疾。堅親祈南北郊、宗廟、社稷，分遣侍臣禱河嶽諸神，無不周備。以猛疾病未一作「少」。瘳，堅大赦殊死已下〔五九〕。此亦見初學記二十，御覽六百五十二。

七月，堅臨省疾，問以後事。猛曰：「晉僻陋吴越，乃正朔相承。臣死之後，願不以晉爲圖。鮮卑、羌虜，我之仇讎，終爲大患，宜漸除之，以便社稷。」言終而卒，時年五十一〔六〇〕。堅哭之慟，謂太子宏曰：「天不欲使吾平一六合，何奪吾景略之速也！」贈侍中、丞相，餘如故，謚武侯，朝野巷哭三日。

堅置聽訟觀於未央之南，禁老莊、圖讖之學，中外四禁、二衛、四軍長上將士，皆令修學。課後宫，置典學，立内司，以授於掖庭，選閹人及女隸有聰識者，置博士以授經。又置左右鎮郎及拂蓋郎〔六一〕，堅以乞活夏默爲左鎮郎，胡人護磨那爲右鎮郎，奄人申香爲拂蓋郎。默等身長一丈八尺，並多力善射，三人每食飯一石，肉三十斤〔六二〕。此節依初學記二十六引補。

校勘記

〔一〕建元六年　偏霸部作「六年」，載記作「太和五年」。

〔二〕又令輔國至十將　「輔國」、「鎮南」、「虎牙將軍」、「建節」，並見偏霸部，載記無。

〔三〕討平燕冀　見偏霸部，載記無。

〔四〕八月　見偏霸部，載記無。

〔五〕猛遂入晉陽　「猛」，載記作「猛安」。

〔六〕上庸王評　偏霸部同，載記作「慕容評」。

〔七〕進師次潞川　載記作「進師」，屠本卷三六作「師次潞川」，通鑑卷一〇二作「進兵潞川」。

〔八〕遣將軍徐成至況國家乎　載記無此節，湯球據通鑑卷一〇二約補。

〔九〕徐成至醜極當時　見御覽卷三八二引，載記、編霸部無。

〔一〇〕乃遣裨將郭慶以鋭卒五千　「裨將」，御覽卷三一二引同，載記作「游擊」。「郭慶」，原作「郭慶之」，據御覽卷三一二引、載記改。按後文又云以郭慶鎮薊。

〔一一〕有可乘之會　見御覽卷三一二引，載記無。

〔一二〕大笑謂楊安等至今破之必矣　見偏霸部，載記無。

〔一三〕甲戌乃陳於渭原　「甲戌」，見偏霸部，載記無。「渭原」，載記、偏霸部同，御覽卷三一二引作「潞原」。

〔一四〕必以安定太守大郡萬户侯相處　「安定」，載記同，御覽卷三一二引作「本郡」。「大郡」，載記、御覽卷三一二引皆無。

〔一五〕猛之未至遠近帖然　見偏霸部，載記無。

〔一六〕十一月　見偏霸部，載記無。

〔一七〕過故宅　「故宅」，偏霸部同，載記作「舊閭」。

〔一八〕戊寅　見偏霸部，載記無。

〔一九〕辛巳堅入鄴宮大赦　「辛巳」、「大赦」，並見偏霸部，載記無。

〔二〇〕閱其圖籍　「圖籍」，偏霸部同，載記作「名籍」。

〔二一〕封清河郡侯至賞潞川之功　見偏霸部，載記無。

〔二二〕既遣猛至梁讜喻旨　事詳載記後附王猛小傳，通鑑卷一〇三及屠本卷三六事在明年十一月。

〔二三〕梁讜字伯言至瓌文琦章　御覽卷四九五引「琦章」作「綺章」，餘同。「關東」，原作「關中」，據御覽卷四九五引改。

〔二四〕七年　見御覽卷二三六引，載記無。

〔二五〕高平蘇通至親臨講論　見御覽卷二三六引，載記無。

〔二六〕纂將碩　屠本卷三六同，載記作「纂將楊他遺子碩」。

〔二七〕平六州　載記作「東平六州」。

〔二八〕七月至詣行所　載記無，偏霸部「格謨」作「格模」，餘同。

〔二九〕堅如鄴至忘返　「堅如鄴」，御覽卷四五四引同，載記作「堅嘗如鄴」。「親馳射獸游獵」，見御覽卷四五四引，載記無。「昏」，御覽卷四五四引同，載記作「樂」。

〔三〇〕乃止　見書鈔卷一〇〇及初學記卷一八諷諫「當車扣馬」條引，載記無。

〔三一〕八年　見偏霸部，載記無。

〔三二〕其諸非正道典學　「其」，屠本卷三七同，載記作「聞」。

〔三三〕上第擢敘者八十二人　「八十二」，載記作「八十三」。

〔三四〕滅燕趙後　見初學記卷二四道路「藩竹樹槐」條引，載記無。

〔三五〕王猛化洽六州人移風變　見御覽卷四六五引，載記無。

〔三六〕下走朱輪　「走」，原作「有」，據載記、御覽卷四六五引改。

〔三七〕誨我民黎　「民」，載記作「萌」，御覽卷四六五引作「人」。

〔三八〕五月至拔之也　見偏霸部，載記無。「琅琊」，偏霸部作「琅邪」。

〔三九〕六月至司隷校尉　偏霸部同，載記作「乃以王猛爲丞相」。

〔四〇〕猛固辭丞相至司徒之授　見偏霸部，載記無。

〔四一〕九年四月　纂録同，偏霸部作「四月」，載記作「其後」。

〔四二〕太史令張猛言於堅曰　「張猛」，偏霸部同，載記作「張孟」。

〔四三〕尾燕之分野東井秦之分野　見偏霸部，載記無。

〔四四〕災深禍大至妖言之戮　偏霸部同，載記作：「『此燕滅秦之象。』因勸堅誅慕容暐及其子弟。」「代」，纂録同，偏霸部作「岱」。

〔四五〕歸化而來　屠本卷三七同，載記無「來」字，「而」字屬下。

〔四六〕晉梁州刺史楊亮遣子廣襲仇池　「梁州」，原作「涼州」，據載記改。

〔四七〕十年至猛兄事之　見偏霸部，載記無。

〔四八〕夏四月至星夜赴討　見偏霸部，載記無。「星夜」，纂録同，偏霸部作「星言」。

〔四九〕五月　見偏霸部，載記無。

〔五〇〕二萬　見偏霸部，載記無。

〔五一〕率衆二萬入據墊江　「二萬」，纂録同，載記、偏霸部作「三萬」。

〔五二〕稱藩於晉　偏霸部同，載記作「歸順」。

〔五三〕八月鄧羌敗晉師於涪西　見偏霸部，載記無。

〔五四〕皆斬之益州平　偏霸部同，載記作「皆害之」。

〔五五〕羌勒銘至亦朕之遇賢　見偏霸部，載記無。

〔五六〕十一年正月　見偏霸部，載記無。

〔五七〕樂陵王勸爲國子祭酒　「王勸」，載記同，偏霸部作「王忻」。按晉書卷九二儒林王歡傳，歡樂陵人，爲慕容暐國子祭酒，「及暐爲苻堅所滅，歡死於長安。」

〔五八〕堅雅好文學至太子少傅　偏霸部「勸」作「忻」，餘同，載記無。

〔五九〕五月至大赦殊死已下　見偏霸部，載記後附王猛小傳、御覽卷六五二引、初學記卷二〇赦「呂蒙病王猛疾」條引略同。「未」，載記、御覽卷六五二引、初學記引同，偏霸部作「少」。

〔六〇〕七月至時年五十一　偏霸部「臣死」作「臣没」，餘同，載記僅作「及王猛卒」。「五十一」，原作「五十七」，據偏霸部、載記後附王猛小傳改。

〔六一〕又置左右鎮郎及拂蓋郎　載記、偏霸部無。初學記卷一九長人「巨霸枕股申香拂蓋」條引三十國春秋：「置左右鎮郎及拂蓋郎，申香爲拂蓋郎，長一丈九尺。」

〔六二〕堅以乞活夏默至肉三十斤　見初學記卷二六飯敘事、御覽卷八五〇引、廣記卷二三五引，載記無。

十六國春秋輯補卷三十五

前秦録五

苻堅

丙子。建元十二年晉太元元年。　正月癸巳，高陸民穿井得龜，大三尺六寸，背文象八卦，堅命太卜穿池養之，食之以粟〔一〕。此節亦見事類賦注二十六，依補。

堅每曰：「自王丞相薨後，鬢髮中白。」此二句見御覽三百七十四，屠本作此二月詔文，故姑附此。

四月，堅下書曰：「涼州刺史張天錫，雖稱藩受位，而臣道未純。可遣武衛苟萇〔二〕、左將軍毛盛、中書令梁熙、步兵校尉姚萇等率步騎十三萬，伐張天錫於姑臧。」遣尚書郎閻負、梁殊銜命軍前，下書徵天錫。堅嚴飾鹵簿，親餞萇等於城西，賞行將各有差。軍司段鏗謂周虓曰：「以此衆戰，誰能敵之！」虓曰：「戎狄以來，未之有也。」〔三〕此節依通鑑考異引補。又遣其秦州刺史苟池、河州刺史李辯、涼州刺史王統率三州之衆繼之。

閻負等到涼州，天錫自以晉之列藩，志在保境，命斬之。遣將軍馬建出距萇等。俄而梁熙、王統等自清石津攻其將梁濟於河會城，陷之。苟萇濟自石城津，與梁熙等會攻纏縮城，又陷之。馬建懼，自楊川退還清塞。天錫又遣將軍掌據率衆三萬，與馬建陣於洪池。苟萇遣姚萇以甲卒三千挑戰，諸將勸據擊之以挫其鋒，據不從。天錫乃率中軍三萬次金昌。萇、熙聞天錫來逼，急攻據、建，建降於萇，遂攻據，害之，及其軍司席仂。萇進軍入清塞，乘高列陣。天錫又遣司兵趙充哲爲前鋒，率勁勇五萬來拒〔四〕，與萇等戰於赤岸，涼師大潰〔五〕。天錫懼，率騎數千奔還姑臧〔六〕，致牋請降於萇〔七〕。甲午，大軍至姑臧〔八〕，天錫乘素車白馬，面縛舁櫬〔九〕，降於軍門。萇釋縛焚櫬，送之於長安。諸郡縣悉降，涼州平〔一〇〕。

九月〔一一〕，堅以梁熙爲持節、西中郎將、涼州刺史，領護西羌校尉，鎮姑臧。徙豪右七千餘户於關中，五品税百姓金銀一萬三千斤以賞軍士，餘皆安堵如故。封天錫重光縣之東寧鄉二百户，號歸義侯，拜比部尚書，遷右僕射〔一二〕。初，萇等將征天錫，堅爲其立第於長安，至是而居之。

堅既平涼州，又遣其安北將軍、幽州刺史苻洛爲北討大都督，率幽州兵十萬討代王涉翼犍。又遣後將軍俱難與鄧羌等率步騎二十萬，東出和龍，西出上郡，與洛會於涉翼犍庭。翼犍戰敗，遁於弱水，苻洛逐之，勢窘迫，退還陰山。其子翼珪〔一三〕疑即實君。縛父請降，洛等振旅而還，封賞有差。以翼犍下似脱「長庶子窋咄」五字〔一四〕。荒俗，未參仁義，令入太學習禮。以翼珪執父不孝，遷之於蜀。散其部落於漢鄣故地〔一五〕，立尉、監行事，官僚領押，課之治業營生，三五取丁，優復三年無税租。其渠帥歲終令朝獻，出入往來爲之制限。堅嘗之太學，召涉翼犍疑作「窋咄」，下同。問曰：「中國以學養性而人壽考，漠北噉牛羊而人不壽，何也？」翼犍不能答。又問：「卿種人有堪將者，可召爲國家用。」對曰：「漠北人能捕六畜，善馳走，逐水草而已，何堪爲將！」又問：「好學否？」對曰：「若不好學，陛下用教臣何爲？」堅善其答。

丁丑。十三年〔一六〕堅以關中水旱不時，議依鄭白故事，發其王侯以下及豪强富民僮隸三萬人〔一七〕，開涇水上源，鑿山起堤，通渠引瀆，以漑岡鹵之田。及春而成，民賴其利。以上亦見御覽七十五。以涼州新附，復租賦一年。爲父後者賜爵一級，孝悌力田爵二級，孤寡高年穀帛有差，女子百户牛酒，大酺三日。

前涼晉昌太守陰毓卒，郡人思其政化，縗絰送喪至武威者千餘人。御覽二百六十一、三十六〔一八〕，依類當附涼事末。

太史奏：「有星見於外國之分，當有聖人入輔中國，得之者昌。」堅聞西域有鳩摩羅什，襄陽有釋道安，並遣求之〔一九〕。

戊寅。十四年　遣其尚書令苻丕率司馬慕容暐、苟萇等步騎七萬寇襄陽，使楊安將樊、鄧之衆爲前鋒，屯騎校尉石越率精騎一萬出魯陽關，慕容垂與姚萇出自南鄉，苟池等與强弩王顯將勁卒四萬從武當繼進，大會漢陽。師次沔北，晉南中郎將朱序以丕軍無舟檝，不以爲虞，石越遂游馬以渡。序大懼，固守中城，越攻陷外郛，獲船百餘艘以濟軍。丕率諸將進攻中城，遣苟池、石越、毛當以衆五萬屯於江陵。晉車騎將軍桓沖擁衆七萬爲序聲援，憚池等，不敢進，保據上明。兗州刺史彭超遣使上言於堅曰：「晉沛郡太守戴逯以卒數千戍彭城〔二〇〕，臣請率精鋭五萬攻之，願更遣重將討淮南諸城。」堅於是又遣其後將軍俱難率右將軍毛當、後禁毛盛、陵江邵保等步騎七萬，寇淮陰、盱眙，揚武彭超寇彭城，梁州刺史韋鐘寇魏興，攻太守吉挹於西城〔二一〕。晉將軍毛武生率衆五萬距之，與俱難等相持於淮南。

先是，梁熙遣使西域，稱揚堅之威德，並以綵繒繪畫賜諸國王，於是朝獻者十有餘國。大宛獻天馬千里駒，皆汗血，朱鬛五色，鳳膺麟身，及諸珍異五百餘種。堅曰：「吾思漢文之返千里馬，咨嗟美詠。今所獻馬，其悉返之，庶克念前王，髣髴古人矣。」乃命羣臣作止馬詩而遣之，示無欲也。其下以爲盛德之事，遠同漢文，於是獻詩者四百餘人。

是時苻丕久圍襄陽，御史中丞李柔劾丕以師老無功，請徵下廷尉。堅曰：「丕等費廣無成，實宜貶戮，但師已淹時，不可虛然中返。其特原之，令以功成贖罪。」因遣其黄門郎韋華持節切讓丕等，仍賜以劒曰：「來春不捷者，汝可自裁，不足復持面見吾也。」初，丕之寇襄陽也，將急攻之，苟萇諫曰：「今以十倍之衆，積粟如山，但徙荆楚人納於許洛，絶其糧運，使外援不接，糧盡無人，不攻自潰，何爲促攻以傷將士之命？」丕從之。及堅讓至，衆咸疑懼，莫知所爲。征南主簿河東王施進曰：「以大將軍英秀，諸將勇鋭，以攻小城，何異洪鑪燎羽毛，所以緩攻，欲以計制之。若決一旦之機，可指日而定，今破襄陽，上明自遁，復何所疑！願請一旬之期，以展三軍之勢，如其不捷，施請爲戮首。」丕於是促圍攻之。堅將親率衆助丕等，使苻融將關東甲卒會於壽春，梁熙統河西之衆以繼中軍，融、熙並上言以爲未可興師，乃止。

是歲，天鼓鳴。句依御覽八百七十四引補。

己卯。十五年〔二三〕晉太元四年。晉兖州刺史謝玄率衆數萬次於泗汭，將救彭城。苻丕陷襄陽，執南中郎將朱序，送於長安，堅署爲度支尚書。以其中壘梁成爲南中郎將、都督荊揚州諸軍事、荊州刺史，領護南蠻校尉，配兵一萬，鎮襄陽，以征南府器杖給之。

彭超之圍彭城也，置輜重於留城，至是晉將謝玄遣將軍何謙之、高衡率衆萬餘聲趣留城，超引軍赴之。戴逯率彭城之衆奔於謝玄，超據彭城，分兵下邳〔二三〕。二句依通鑑考異引補。超留其治中徐褒守彭城，而復寇盱眙。俱難既陷淮陰，留邵保戍之，與超會師而南。

晉將毛武生救魏興，遣前鋒督護趙福、將軍袁虞等水軍一萬〔二四〕，泝江而上，堅南巴校尉姜宇遣將張紹、仇生等水陸五千距之，戰於南縣，王師敗績。尋而韋鐘攻陷魏興，執太守吉挹。

毛當與王顯自襄陽而東，會攻淮南。彭超陷盱眙，獲晉建威將軍高密內史毛璪之，遂攻晉幽州刺史田洛於三阿，去廣陵百里。京都大震，臨江列戍。孝武帝遣征虜將軍謝石率水軍次於涂中，右衛將軍毛安之、游擊將軍河間王曇之次於堂邑，謝玄自廣陵救三阿。毛當、毛盛馳襲安之，王師敗績。玄率衆三萬次於白馬塘，俱難遣其將都顏率騎逆玄，戰於塘西，玄大敗之，斬顏。玄進兵至三阿，與難、超戰，超等又敗，退保盱眙。玄進次石梁，與田洛攻盱眙，難、超出戰復敗，退屯淮陰。玄遣將軍何謙之、督護諸葛侃率舟師乘潮而上，焚淮橋，又與難等合戰，謙之斬其將邵保，難、超退師淮北。難歸罪彭超，斬其司馬柳渾。堅聞之，大怒，檻車徵超下獄，超自殺，難免爲庶人。

七月〔二五〕，堅以毛當爲平南將軍、徐州刺史，鎮彭城；毛盛爲平東將軍、兖州刺史，鎮胡陸；王顯爲平吴校尉、揚州刺史，戍下邳。此節亦見通鑑考異。賞堂邑之功也。

庚辰。十六年　苻堅起教武堂於渭城，命太學生明陰陽兵法教爲將士。朱彤諫曰：「虎將之士，受教學生，强幹之術，乃弱本之方。夫養將之法，譬之養馬，秣以高櫪，習以戰馭，長鞭策後，金勒制前，折旋規矩，任之進退。」此節依御覽三百五十九引補。

又以苻洛爲散騎常侍、持節、都督益寧西南夷諸軍事、征南大將軍、益州牧，領護西夷校尉，鎮成都，命從伊闕自襄陽遡漢而上。洛，健之兄子也，雄勇多力，而猛氣絶人，堅深忌之，故常爲邊牧。洛有征伐之功而未賞，及是遷也，恚怒，謀於衆曰：「孤於帝室至親也，主上不能以將相任孤，常擯孤於外，既投之西裔，復不聽過京師，此必有伏計，令梁成沈孤於漢水矣。爲宜束手就命？爲追晉陽之事以匡社稷邪？諸君意如何？」其治中平顏一作「規」。安陳祥瑞〔二六〕，勸洛舉兵，洛因攘袂大言曰：「孤計決矣，沮謀者斬！」於是自稱大將軍、大都督、秦王，署置官司，以平顏爲輔國將軍、幽州刺史，爲其謀主。分遣使者徵兵於鮮卑、烏丸、高句麗、百濟及薛一作「新」。羅〔二七〕、休忍等諸國，並不從。洛懼而欲止，平顏曰：「且宜聲言受詔，盡幽并之兵出自中山、常山，陽平公必郊迎於路，因而執之，進據冀州，總關東之衆以圖秦雍，可使百姓不覺易主而大業定矣。」洛從之，乃率衆七萬發和龍，將圖長安。於是關中騷動，盜賊並起。堅遣使數之曰：「天下未一家，兄弟匪他，何爲而反？可還和龍，當以幽州永爲世封。」洛謂使者曰：「汝還白東海王，幽州褊阨，不足容萬乘，須還王咸陽，以承高祖之業。若能候駕潼關者，位爲上公，爵歸本國。」堅大怒，遣其左將軍竇衝及呂光率步騎四萬討之，右將軍都貴馳傳詣鄴，率冀州兵三萬爲前鋒，以苻融爲大都督，授之節度。使石越率騎一萬，自東萊出石逕，襲和龍，海行四百餘里。苻重亦盡薊城之衆會洛兵於中山〔二八〕，有衆十萬。衝等與洛戰於中山，大敗之，執洛及其將蘭殊，送於長安。呂光追斬苻重於幽州，石越克和龍，斬平顏及其黨與百餘人。堅赦蘭殊，署爲將軍，徙洛於涼州。徵苻融爲車騎大將軍，領宗正，録尚書事。

洛既平，堅以關東地廣人殷，思所以鎮静之，引其羣臣於東堂議曰：「凡我族類，支胤彌繁，今欲分三原、九嵕、武都、汧、雍十五萬户於諸方要鎮，不忘舊德，爲磐石之宗，於諸君之意如何？」皆曰：「此有周所以祚隆八百，社稷之利也。」於是分四帥子弟三千户以配苻丕鎮鄴，如世封諸侯，爲新券主。堅送丕於灞上，流涕而別，諸戎子弟離其父兄者，皆悲號哀慟，酸感行人，識者以爲喪亂流離之象。於是分幽州置平州，以石越爲平州刺史，領護鮮卑中郎將，鎮龍城；大鴻臚韓胤領護赤沙中郎將，移烏丸府於代郡之平城；中書令梁讜爲安遠將軍、幽州刺史，鎮薊城；毛興爲鎮西將軍、河州刺史，鎮枹罕；王騰爲鷹揚將軍、并州刺史，領護匈奴中郎將，鎮晉陽；二州各配支户三千；苻暉爲鎮東大將軍、豫州牧，鎮洛陽；苻叡爲安東將軍、雍州刺史，鎮蒲坂。

先是，高陸人穿井得龜〔二九〕，及此而死，藏其骨於太廟。其夜廟丞高虜夢龜謂之曰：「我本出將歸江南，遭時不遇，隕命秦庭。」又有人夢中謂虜曰：「龜三千六百歲而終，終必妖興，亡國之徵也。」此節亦見事類賦注二十八。

堅自平諸國之後，國内殷實，遂示人以侈。建元十年正月〔三〇〕，懸珠簾於正殿，二句亦見御覽八百二。以朝羣臣。宫宇車乘、器物服御悉以璣珠琅玕、奇寶珍怪飾之。尚書郎裴元略諫曰〔三一〕：「臣聞堯舜茅茨，周卑宫室，故致治和平，慶隆八百。始皇窮極奢麗，嗣不及孫。願陛下則采椽之不琢，鄙瓊室而不居，敷純風於天下，流休範於無窮，賤金玉，珍穀帛，勤恤民隱，勸課農桑，捐無用之器，棄難得之貨，敦至道以厲薄俗，修文德以懷遠人。然後一軌九州，同風天下，刑措既登，告成東嶽，踪軒皇以齊美，哂二漢之徙一作「徒」。封〔三二〕，臣之願也。」堅大悦，命去珠簾，以元略爲諫議大夫。

辛巳。十七年　鄯善王〔三三〕、車師前部王來朝，大宛獻汗血馬，肅慎貢楛矢，天竺國獻火浣布，此句亦見御覽八百二十。羌抑摩獻羊六角二口、四角八口〔三四〕。此節御覽九百二引作十六國春秋後録，姑依屠本附此。新羅遣使貢其方物，在百濟東，去長安九千八百里，其人食麥〔三五〕。此節依御覽八百三十八引補。康居、于竇及海東諸國，凡六十有二王，皆遣使貢其方物。

自正月不雨，至於六月，徹樂減膳，出宫女，以迎和氣〔三六〕。

初，堅母少寡，將軍李威有辟陽之寵，史官載之。八月〔三七〕，堅收起居注及著作所録而觀之，見苟太后、李威之事〔三八〕，慚怒，乃焚其書而大檢史官，將加其罪。著作郎趙泉、車敬已死〔三九〕，乃止。著作郎董朏音斐，一作「斐」，一作「裴」，此又誤也。雖皆書時事，然十不留一〔四〇〕。

荆州刺史都貴遣其司馬閻振、中兵參軍吴仲等，率衆二萬寇竟陵，留輜重於管城〔四一〕，水陸輕進。桓沖遣南平太守桓石虔、竟陵太守郭銓等水陸二萬距之，相持月餘，戰於激水，振等大敗，退保管城。石虔乘勝攻破之，斬振及仲，俘斬萬七千，貴走襄陽〔四二〕。都貴原引作「鹿緼」，屠本作「陸績」，皆以字音、字形相近而誤。字處默，西平人也。身長八尺，腰大十圍，清辨善談論，雄武便弓馬，孝友貞亮，聲高一時〔四三〕。御覽三百七十七。

校勘記

〔一〕建元十二年至食之以粟　此節雜用偏霸部、事類賦注卷二八引前燕録之文。「背文象八卦」及「穿池養之」從事類賦注引，餘皆同偏霸部。事亦見載記後文，「建元十二年正月癸巳」作「先是」，「三尺六寸」作「三尺」，餘略同。

〔二〕四月至苟萇　「可」字以上，見偏霸部，載記無。

〔三〕軍司段鏗至未之有也　見通鑑卷一〇四，考異云「今從十六國春秋」，載記無此節。

〔四〕率勁勇五萬來拒　「來拒」，見偏霸部，載記無。

〔五〕涼師大潰　偏霸部同，載記作「哲大敗」。

〔六〕率騎數千奔還姑臧　偏霸部同，載記作「而奔還」。

〔七〕致牋請降於萇　載記作「致牋請降」，偏霸部作「牋降於萇」。

〔八〕甲午大軍至姑臧　偏霸部同，載記作「萇至姑臧」。

〔九〕面縛舁櫬　「舁」，偏霸部同，載記作「輿」。

〔一〇〕涼州平　見偏霸部，載記無。

〔一一〕九月　見偏霸部，載記無。

〔一二〕拜比部尚書遷右僕射　見偏霸部，載記無。

〔一三〕其子翼珪　「翼珪」，載記作「翼圭」。按，載記謂翼圭縛父請降，苻堅遷之於蜀；魏書卷一五寔君傳謂寔君害諸皇子及昭成，苻堅轘之。

〔一四〕載記謂苻堅令翼犍入太學習禮；南齊書卷五七魏虜傳謂苻堅禽什翼犍還長安，教之書學；魏書卷一五窟咄傳謂窟咄被徙長安，苻堅禮之，教以書學。諸書抵牾，蓋非脱誤所致。

〔一五〕漢鄣故地　載記作「漢鄣邊故地」。

〔一六〕十三年　御覽卷七五引作「十二年」。

〔一七〕豪强富民　御覽卷七五引同，載記作「豪望富室」。

〔一八〕按御覽卷三六無此條。

〔一九〕太史奏至並遣求之　偏霸部「入」作「之」，餘同，載記無。

〔二〇〕晉沛郡太守戴遂以卒數千戍彭城　「戴遂」，原作「戴逯」，據載記及通鑑卷一〇四改，下同。

〔二一〕攻太守吉挹於西城　「攻」字原無，據載記補。

〔二二〕十五年　載記作「太元四年」。

〔二三〕超據彭城分兵下邳　載記無，通鑑卷一〇四考異云：「而十六國秦春秋云：『超據彭城。』又云：『超分兵下邳，留徐褒守彭城。』」

〔二四〕水軍一萬　「一萬」，原作「二萬」，載記、屠本卷三七並作「一萬」，據改。

〔二五〕七月　載記無。通鑑卷一〇四考異引十六國秦春秋云：「至七月，以毛當爲徐州刺史，鎮彭城，王顯爲揚州，戍下邳。」

〔二六〕其治中平顏妄陳祥瑞　「平顏」，載記同，屠本卷三七、通鑑卷一〇四作「平規」。

〔二七〕百濟及薛羅　「薛羅」，載記同，屠本卷三七、通鑑卷一〇四作「新羅」。

〔二八〕會洛兵於中山　「兵」，屠本卷三七同，載記作「次」。

〔二九〕高陸人穿井得龜　載記此句後有「大三尺，背有八卦文，堅命太卜池養之，食以粟」，輯補繫於建元十年。

〔三〇〕建元十年正月　見御覽卷八〇二引，載記無。

〔三一〕尚書郎裴元略諫曰　「尚書郎」，原作「尚書」，據載記補「郎」字。

〔三二〕哂二漢之徙封　「徙封」，載記同，屠本卷三七作「徒封」。

〔三三〕鄯善王　「鄯」，原作「鄯」，據載記改。

〔三四〕羌抑摩獻羊六角二口四角八口　載記無此句。御覽卷九〇二：「崔鴻十六國春秋後録曰：『羌抑摩獻羊六角二口、四角八口。』」「十六國春秋後録」當有脱字，疑其文本不在前秦録中。

〔三五〕新羅遣使至其人食麥　御覽卷八三八引「新羅」下有「王」字，載記無此節。

〔三六〕自正月不雨至以迎和氣　見偏霸部，載記無。

〔三七〕八月　見偏霸部，載記無。

〔三八〕見苟太后李威之事　偏霸部同，載記作「見其事」。

〔三九〕著作郎趙泉車敬已死　載記「車敬」下有「等」字。

〔四〇〕著作郎董朏至十不留一　見偏霸部，載記無。「董朏」，偏霸部同，屠本卷三七作「董裴」，注云「一作『斐』」。「皆書」，偏霸部作「更書」。

〔四一〕留輜重於管城　「管城」，原作「菅城」，據載記改，下同。

〔四二〕貴走襄陽　載記、偏霸部並無。屠本卷三七謂「貴以輕騎走保襄陽」，語實出晉書卷七四桓石虔傳。桓石虔傳敘事與此略同，然「都貴」作「梁成」。

〔四三〕都貴字處默至聲高一時　載記無，御覽卷三七七引「都貴」作「鹿緼」、「大」作「帶」、「清辨善談論」作「清辯善論」，餘同。

十六國春秋輯補卷三十六

前秦録六

苻堅

壬午。建元十八年〔一〕晉太元七年。堅饗羣臣於前殿，樂奏賦詩。秦州别駕姜平子詩有「丁」字〔二〕，直而不曲。堅問其故，平子曰：「臣丁至剛，不可以屈，且曲下者不正之物，未足獻也。」堅笑曰：「名不虚行。」因擢爲上第。

堅兄法子東海公陽與王猛子散騎侍郎皮謀反，事洩。堅問反狀，陽曰：「禮云，父母之仇，不同天地。臣父哀公死不以罪，齊襄復九世之仇，而况臣也！」皮曰：「臣父丞相有佐命之勳，而臣不免貧餒，所以圖富也。」堅流涕謂陽曰：「哀公之薨，事不在朕，卿寧不知之？」讓皮曰：「丞相臨終，托卿以十具牛爲田，不聞爲卿求位。知子莫若父，何斯言之徵也！」皆赦不誅，徙陽於高昌，皮於朔方之北。

三月，徙鄴銅駝、銅馬、飛廉、翁仲於長安〔三〕。

是月，大風吹壞長安西門，拔宮中大樹，倒根於上。此節依御覽八百七十六引補。

苻融以位忝宗正，不能肅遏奸萌，上疏請待罪私藩，堅不許。將以融爲司徒，融固辭。堅銳意荆揚，將謀入寇，乃改授融征南大將軍、開府儀同三司。

新平郡獻玉器。初，堅即僞位，新平人王雕一作「彫」。陳説圖讖〔四〕，堅大悦，以雕爲太史令。嘗言於堅曰：「謹案讖云：『古月之末亂中州，洪水大起健西流，惟有雄子定八州。』此即三祖、陛下之聖諱也。又曰：『當有草付臣又土，滅東燕，破白虜，氐在中，華在表。』案圖讖之文，陛下當滅燕，平六州。願徙汧隴諸氐於京師，三秦大户置之於邊地，以應圖讖之言。」堅訪之王猛，猛以雕爲左道惑衆，勸堅誅之。雕臨刑上疏曰：「臣以趙建武四年，從京兆劉湛學。臣師劉湛明於圖記〔五〕，謂臣曰：『新平地古顓頊之墟，里名曰雞閭。記云，此里應出帝王寶器，其名曰延壽寶鼎。顓頊有云，河上先生爲吾隱之於咸陽西北，吾之孫有草付臣又土應之。』湛又云：『吾嘗齋於室中，夜有流星大如半月，落於此地，斯蓋是乎！』願陛下誌之，以上亦略見御覽一百六十四。平七州之後，出於壬午之年。」至是而新平人得之以獻，器銘篆書，文題云：「法，一爲天王，二爲王后，三爲三公，四爲諸侯，五爲伯子男，六爲卿大夫，七爲元士。」自此以下，考載文記，列帝王名臣，自天子三后〔六〕，内外次序，上應天文，象紫宫布列，依玉牒版辭，不違帝王之數。從上元人皇起，至中元，窮於下元，天地一變，盡三元而止。堅以雕言有徵，追贈光禄大夫。

幽州蝗，廣袤千里，堅遣其散騎常侍劉蘭持節爲使者，發青冀幽并百姓討之。

以苻朗爲使持節、都督青徐兗三州諸軍事、鎮東將軍、青州刺史，以諫議大夫裴元略爲陵江將軍、西夷校尉、巴西梓潼二郡太守，密授規模，令與王撫備舟師於蜀，將以入寇。

車師前部王彌寘、鄯善王休密馱朝於堅，堅賜以朝服，引見西堂。寘等觀其宫宇壯麗，儀衛嚴肅，甚懼，因請年年貢獻。堅以西域路遥，不許，令三年一貢，九年一朝，以爲永制。寘等請曰：「大宛諸國雖通貢獻，然誠節未純，請乞依漢置都護故事，若王師出關，請爲鄉導。」堅於是以驍騎吕光爲持節、都督西討諸軍事，與陵江將軍姜飛、輕騎將軍彭晃等配兵七萬，以討定西域。苻融以虚耗中國，投兵萬里之外，得其人不可以役，得其地不可耕，固諫以爲不可。堅曰：「二漢力不能制匈奴，猶出師西域。今匈奴既平，易若摧朽，雖勞師遠役，可傳檄而定。化被昆山，垂芳千載，不亦美哉！」朝臣又屢諫，皆不納。

晉將軍朱綽焚踐沔北屯田，掠六百餘户而還。

十月，堅引羣臣於太極殿會議伐晉，曰〔七〕：「吾統承大業垂三十載〔八〕，芟夷逋穢，四方略定，惟東南一隅未賓王化。吾每思天下未一，未嘗不臨食輟餔，今欲起天下兵以討之，略計其兵杖精卒，可得九十七萬，吾將躬先啓行，薄伐南裔。此行也，朕與陽平公之任，非諸將之事〔九〕。於諸卿意何如？」秘書監朱彤曰：「陛下應天順時，恭行天罰，嘯咤則五嶽摧覆，呼吸則江海絶流，若一舉百萬，必有征無戰。晉主自當銜璧輿櫬，啓顙軍門，若迷而弗悟，必逃死江海，猛將追之，即可賜命南巢。中州之人，還之桑梓，然後迴駕岱宗，告成封禪，起白雲於中壇，受萬歲於中嶽，爾則終古一時，書契未有。」堅大悦曰：「吾之志也。」左僕射權翼進曰：「臣以爲晉未可伐。夫以紂之無道，天下離心，八百諸侯不謀而至，武王猶曰彼有人焉，迴師止旆，三仁誅放，然後奮戈牧野。今晉道雖微，未聞喪德，君臣和睦，上下同心，謝安、桓沖，江左偉才，可謂晉有人焉。臣聞師克在和，今晉和矣，未可圖也。」堅默然久之，曰：「諸君各言其志。」太子左衛率石越對曰：「吴人恃險偏隅，不賓王命，陛下親御六師，問罪衡越，誠合人神四海之望。但今歲鎮星守斗牛，福德在吴，懸象無差，弗可犯也。且晉中宗，藩王耳，夷夏之情，咸共推之，遺愛猶在於人。昌明，其孫也，國有長江之險，朝無昏政一作「貳」。之釁〔一〇〕。臣愚以爲利用修德，未宜動師。孔子曰：『遠人不服，修文德以來之。』願保境養民〔一一〕，一作「兵」。伺其虛隙。」堅曰：「吾聞武王伐紂，逆歲犯星，天道幽遠，未可知也。昔夫差威陵上國，而爲句踐所滅。仲謀澤洽全吴，孫皓因三代之業，龍驤一呼，君臣面縛，雖有長江，其能固乎！以吾之衆旅，投鞭於江，足斷其流。」越曰：「臣聞紂爲無道，天下患之，夫差淫虐，孫皓昏暴，衆叛親離，所以敗也。今晉雖無德，未有斯罪，深願厲兵積粟，以待天時。」羣臣各有異同，庭議者久之，堅曰：「所謂築室於道，沮計萬端。吾當内斷於心矣。」此節亦略見於御覽三百五十九。

羣臣出後，獨留苻融議之。堅曰：「自古大事，定策者一兩人而已。羣議紛紜，徒亂人意，吾當與汝決之。」融曰：「歲鎮在斗牛，吴越之福，不可以伐一也。晉主休明，朝臣用命，不可以伐二也。我數戰，兵疲將倦，有憚敵之意，不可以伐三也。諸言不可者，策之上也，願陛下納之。」堅作色曰：「汝復如此，天下之事，吾當誰與言之！今有衆百萬，資仗如山，吾雖未稱令主，亦不爲闇劣。以累捷之威，擊垂亡之寇，何不克之有乎！吾終不以賊遺子孫，爲宗廟社稷之憂也。」融泣曰：「晉之不可伐昭然，虛勞大舉，必無功而反。臣之所憂，非此而已。陛下寵育鮮卑、羌、羯，布諸畿甸，舊人族類，斥徙遐方。今傾國而去，如有風塵之變者，其如宗廟何！監國以弱卒數萬留守京師，鮮卑、羌、羯攢聚如林，此皆國之賊也，我之仇也。臣恐非但徒返而已，亦未必萬全。臣智識愚淺，誠不足采，王景略一時奇士，陛下每擬之孔明，其臨終之言不可忘也。」堅不納。

游於東苑，命沙門道安同輦。權翼諫曰：「臣聞天子法駕，侍中陪乘，清道而行，進止有度。三代末主，或虧大倫，適一時之情，書惡來世，故班姬辭輦，垂美無窮。道安毁形賤士，不宜參穢神輿。」堅作色曰：「安公道冥至境，德爲時尊，朕舉天下之重，未足以易之，非公與輦之榮，此乃朕之顯也。」命翼扶安升輦，顧謂安曰：「朕將與公南游吴越，整六師而巡狩，謁虞陵於疑嶺，瞻禹穴於會稽，泛長江，臨滄海，不亦樂乎！」安曰：「陛下應天御世，居中土而制四維，逍遥順時，以適聖躬，動則鳴鑾清道，止則神棲無爲，端拱而化，與堯舜比隆，何爲身勞於馳騎，口倦於經略，櫛風沐雨，蒙塵野次乎？且東南區區，地下氣癘，虞舜游而不返，大禹適而不歸，何足以上勞神駕，下困蒼生？詩云：『惠此中國，以綏四方。』苟文德足以懷遠，可不煩寸兵而坐賓百越。」堅曰：「非爲地不廣人不足也，但思混一六合，以濟蒼生。天生蒸庶，樹之君者，所以除煩去亂，安得憚勞！朕既大運所鐘，將簡天心以行天罰。高辛有熊泉之役，唐堯有丹水之師，此皆著之前典，昭之後王，誠如公言，帝王無省方之文乎？且朕此行也，以義舉耳，使流度衣冠之胄，還其墟墳，復其桑梓，止爲靖難銓才，不欲窮兵極武。」安曰：「若鑾駕必欲親動，猶不願遠涉江淮，可暫幸洛陽，明授勝略，馳紙檄於丹陽，開其改迷之路。如其不庭，伐之可也。」堅不納。先是，羣臣以堅信重道安，謂安曰：「主上欲有事於東南，公何不爲蒼生致一言也！」故安因此而諫。

苻融及尚書原紹、石越等上書面諫，前後數十，堅終不從。堅少子中山公詵有寵於堅，又諫曰：「臣聞季良在隨，楚人憚之；宮奇在虞，晉不闚兵，國有人焉故也。及謀之不用，而亡不淹歲，前車之覆軌，後車之明鑒。陽平公國之謀主，而陛下違之；晉有謝安、桓沖，而陛下伐之。是行也，臣竊惑焉。」堅曰：「國有元龜，可以決大謀，朝有公卿，可以定進否。孺子言焉，將爲戮也。」

所司奏劉蘭討蝗幽州，經秋冬不滅，請徵下廷尉詔獄。堅曰：「災降自天，殆非人力所能除也。此自朕之政違所致，蘭何罪焉！」

癸未。十九年〔一二〕呂光發長安，堅送於建章宮，謂光曰：「西域荒俗，非禮義之邦。羈縻之道，服而赦之，示以中國之威，導以王化之法，勿極武窮兵，過深殘掠。」加鄯善王休密馱使持節、散騎常侍、都督西域諸軍事、寧西將軍，車師前部王彌寘使持節、平西將軍、西域都護，率其國兵爲光鄉導。

是年，益州西南夷、海東諸國皆遣使貢其方物。

堅南游霸上，從容謂羣臣曰：「軒轅，大聖也，其仁如天，其智若神，猶隨不順者從而征之，居無常所，以兵爲衛，故能日月所照，風雨所至，莫不率從。今天下垂平，惟東南未殄，朕忝荷大業，巨責攸歸，豈敢優游卒歲，不建大同之業！每思桓温之寇也，江東不可不滅。今有勁卒百萬，文武如林，鼓行而摧遺晉，若商風之隕秋籜，朝廷内外皆言不可，吾實未解所由。晉武若信朝士之言而不征吴者，天下何由一軌！吾計決矣，不復與諸卿議也。」太子宏進曰：「吴今得歲，不可伐也。且晉主無罪，人爲之用，謝安、桓沖兄弟，皆一方之儁才，君臣戮力，阻險長江，未可圖也。但可厲兵積粟，以待暴主，一舉而滅之。今若動而無功，則威名損於外，資財竭於内，是故聖王之行師也，内斷必誠，然後用之。彼若憑長江以固守，徙江北百姓於江南，增城清野，杜門不戰，我已疲矣，彼未引弓。土下氣癘，不可久留，陛下將若之何？」堅曰：「往年車騎滅燕，亦犯歲而捷之，天道幽遠，非汝所知也。昔始皇之滅六國，其王豈皆暴乎？且吾内斷於心久矣，舉必克之，何爲無功！吾方命蠻夷以攻其内，精甲勁兵以攻其外，内外如此，安有不克！」道安曰：「太子之言是也，願陛下納之。」堅弗從。

冠軍將軍慕容垂言於堅曰：「陛下德侔軒唐，功高湯武，威澤被於八表，遠夷重譯而歸。司馬昌明因餘燼之資，敢距王命，是而不誅，法將安措！孫氏跨僭江東，終併於晉，其勢然也。臣聞小不敵大，弱不御强，況大秦之應符，陛下之聖武，强兵百萬，韓白盈朝，而令其偷魂假號，以賊虜遺子孫哉！詩云：『築室於道謀，是用不潰於成。』陛下内斷神謀足矣，不煩廣訪朝臣以亂聖慮。昔晉武之平吴也，言可者張杜數賢而已，若採羣臣之言，豈能建不世之功！諺云憑天俟時，時已至矣，其可已乎！」堅大悦曰：「與吾定天下者，其惟卿乎！」賜帛五百匹。

彗星掃東井。自堅之建元十七年四月，長安有水影，遠觀若水，視地則見人，至是則止。堅惡之。上林竹死，洛陽地陷。此句亦見御覽八百八十。

秦陷襄陽〔一三〕。晉車騎將軍桓沖率衆十萬伐堅，遂攻襄陽。遣其前將軍劉波、冠軍桓石虔、振威桓石民攻沔北諸城；輔國楊亮伐蜀，攻拔五城〔一四〕，進攻涪城；龍驤胡彬攻下蔡；鷹揚郭銓攻武當；沖别將攻萬歲城，拔之。堅大怒，遣其子征南鉅鹿公叡及冠軍慕容垂、左衛毛當等率步騎五萬救襄陽，揚武張崇救武當，後將軍張蚝、步兵校尉姚萇救涪城。叡次新野，垂次鄧城。王師敗張崇於武當，掠二千餘户而歸。叡遣垂及驍騎石越爲前鋒，次於沔水。垂、越夜命三軍人持十炬火，繫炬於樹枝上，光照十數里中。沖懼，退還上明。此段亦略見御覽二百八十六。張蚝出斜谷，楊亮亦引兵退歸。

堅下書曰：「吴人敢恃江山，屢寇王境，宜時進討，以清宇内。便可戒嚴，速修戎備〔一五〕。悉發諸州公私馬。民則十丁遣一兵，居門在灼然者〔一六〕，爲崇文義從。良家子年二十以下，武藝驍勇，富室材雄者，皆拜羽林郎。」又下書：「朕將登會稽，復禹績，伐國存君，義同三王〔一七〕。期克捷之日，以司馬昌明爲尚書左僕射〔一八〕，謝安爲吏部尚書，桓沖爲侍郎〔一九〕，勢還不遠，可並爲起第以待之。」〔二〇〕良家子至者三萬餘騎，其秦州主簿金城趙盛之爲建威將軍、少年都統。八月戊午，遣征南大將軍陽平公融、騎從一作「驃騎」。張蚝、撫軍大將軍高陽公苻方〔二一〕、衛軍梁成、平南慕容暐、冠軍慕容垂率步騎二十五萬爲前鋒。甲子〔二二〕，堅發長安，戎長戎卒六十餘萬〔二三〕，騎二十七萬，前後千里，旌鼓相望。九月〔二四〕，堅至項城，涼州之兵始達咸陽，蜀漢之軍順流而下，幽冀之衆至於彭城，東西萬里，水陸齊進。運漕萬艘，自河入石門，達於汝潁。

融等攻陷壽春，執晉平虜將軍徐元喜、安豐太守王先。垂攻陷項城〔二五〕，害晉將軍王太丘。梁成與其揚州刺史王顯、弋陽太守王詠等率衆五萬屯於洛澗，栅淮以遏東軍，成頻敗王師。晉遣都督謝石、徐州刺史謝玄、豫州刺史桓伊、輔國謝琰等水陸七萬，相繼距融，去洛澗二十五里，憚成不進。龍驤將軍胡彬先保硤石，爲融所逼，糧盡，詐揚沙以示融軍，潛遣使告石等曰：「今賊盛糧盡，恐不見大軍。」融軍人獲而送之。融乃馳使白堅曰：「賊少易俘，但懼其越逸，宜速進衆軍，掎禽賊帥。」堅大悦，恐石等遁也，捨大軍於項城，以輕騎八千兼道赴之，令軍人曰：「敢言吾至壽春者拔舌。」故石等弗知。晉龍驤將軍劉牢之率勁卒五千，夜襲梁成壘，克之，斬成及王顯、王詠等十將，士卒死者萬五千。謝石等以既敗梁成，水陸繼進。堅與苻融登城而望晉師，見部陣齊整，將士精鋭，又望八公山上草木皆類人形〔二六〕，顧謂融曰：「此亦勍敵也，何謂少乎！」憮然有懼色。此節亦見御覽三百八十八。初，朝廷聞堅入寇，會稽王道子以威儀鼓吹求助於鐘山之神，奉以相國之號。及堅之見草木狀人，若有力焉。

堅遣其尚書朱序説石等以衆盛，欲脅而降之。序詭謂石曰：「若秦百萬之衆皆至，則莫可敵也。及其衆軍未集，宜在速戰。若挫其前鋒，可以得志。」石聞堅在壽春也，懼，謀不戰以疲之。謝琰勸從序言，遣使請戰，許之。時張蚝敗謝石於肥南，謝玄、謝琰勒卒數萬陣以待之。蚝乃退，列陣逼肥水。王師不得渡，遣使謂融曰：「君懸軍深入，列陣逼水，此持久之計，豈欲戰者乎？若小退師，令將士周旋，僕與君公緩轡而觀之，不亦美乎！」融於是麾軍卻陣，欲因其濟水，覆而取之。軍遂奔退，制之不可止。融馳騎略陣，馬倒被殺，軍遂大敗。王師乘勝追擊，至於青岡，死者相枕。堅爲流矢所中，單騎遁走，還於淮北。饑甚，民有進壺飧豚髀者，堅食之，大悅，此節亦見御覽三百九十四。曰：「昔公孫豆粥何以加也！」命賜帛十四、綿十斤。辭曰：「臣聞白龍厭天池之樂而見困豫且，陛下目所睹在也，耳所聞也。今蒙塵之難，豈自天乎！且妄施不爲惠，妄受不爲忠，陛下臣之父母也，安有子養而求報哉！」弗顧而退。堅大慚，顧謂其夫人張氏曰：「朕若用朝臣之言，豈見今日之事邪？當何面目復臨天下乎！」潸然流涕而去。聞風聲鶴唳，皆謂晉師之至。其僕射張天錫、尚書朱序及徐元喜等皆歸順。初，諺言「堅不出項」，羣臣勸堅停項，爲六軍聲鎮，堅不從，故敗。

諸軍悉潰，惟慕容垂一軍獨全，堅以千餘騎赴之。垂子寶勸垂殺堅，垂不從，乃以兵屬堅。初，慕容暐屯鄖城，姜成等守漳口，晉隨郡太守夏侯澄攻姜成，斬之，暐棄其衆奔還。堅收離集散，比至洛陽，衆十餘萬，百官威儀軍容粗備。未及關而垂有貳志，説堅請巡撫燕岱，并求拜墓，堅許之。權翼固諫以爲不可，堅不從。尋懼垂爲變，悔之，遣驍騎石越率卒三千戍鄴，驃騎張蚝率羽林五千戍并州，留兵四千配鎮軍毛當戍洛陽。

堅至自淮南，次於長安東之行宮，哭苻融而後入。告罪於其太廟，赦殊死已下，文武增位一級，厲兵課農，存卹孤老，諸士卒不返者皆復其家終世。贈融大司馬，謚曰哀公。

衛軍從事中郎丁零翟斌反於河南，長樂公苻丕遣慕容垂及苻飛龍討之。垂南結丁零，殺飛龍，盡坑其衆。豫州牧平原公苻暉遣毛當擊翟斌，爲斌所敗，當死之。

校勘記

〔一〕建元十八年　載記作「太元七年」，偏霸部作「八年」，前脱「十」字。

〔二〕秦州別駕姜平子詩有丁字　載記「姜平子」上有「天水」。

〔三〕三月至長安　見偏霸部，載記無。

〔四〕新平人王雕　載記作「新平王彫」，御覽卷一六四引作「新平人王雕」。

〔五〕臣師劉湛　見御覽卷一六四引，載記無。

〔六〕自天子三后　「三」，屠本同，載記作「王」。

〔七〕十月至伐晉曰　載記作「堅引羣臣會議曰」，偏霸部作「十月堅引羣臣於太極殿議曰」。

〔八〕吾統承大業垂三十載　「三十載」，屠本卷三八、通鑑卷一〇四同，載記作「二十載」。按晉書卷一二三慕容垂載記苻堅書有「君臨萬邦，三十年矣」。

〔九〕此行也至非諸將之事　見偏霸部，載記無。

〔一〇〕昏政之釁　載記作「昏貳之釁」，御覽卷三五九引作「昏政之臣」。

〔一一〕保境養民　「民」，御覽卷三五九引同，載記作「兵」。

〔一二〕十九年　載記作「明年」。

〔一三〕秦陷襄陽　載記無。

〔一四〕攻拔五城　「五城」，屠本卷三八同，載記作「伍城」。

〔一五〕堅下書曰至速修戎備　見偏霸部，載記作「堅下書」。

〔一六〕居門在灼然者　「居」，纂録同，偏霸部作「若」，載記無。

〔一七〕朕將登會稽至義同三王　見偏霸部，載記無。

〔一八〕司馬昌明　偏霸部同，載記作「帝」。

〔一九〕桓沖爲侍郎　「侍郎」，纂録同，載記、偏霸部並作「侍中」。

〔二〇〕可並爲起第以待之　偏霸部無「以待之」，載記作「並立第以待之」。

〔二一〕八月戊午至高陽公苻方　偏霸部同，載記作：「遣征南苻融、驃騎張蚝、撫軍苻方。」

〔二二〕甲子　見偏霸部，載記無。

〔二三〕戎長　見纂録，載記、偏霸部皆無。

〔二四〕九月　見偏霸部，載記無。

〔二五〕項城　載記同，當作「鄖城」，説詳中華本校勘記。

〔二六〕又望八公山上草木皆類人形　「望」，載記作「北望」。

十六國春秋輯補卷三十七

前秦録七

苻堅

甲申。建元二十年　垂子農亡奔列人，招集羣盜，衆至萬數千。丕遣石越擊之，爲農所敗，越死之。垂引丁零、烏丸之衆二十餘萬，爲飛梯地道以攻鄴城。慕容暐弟燕故濟北王泓先爲北地長史，聞垂攻鄴，亡命奔關東，收諸馬牧鮮卑，衆至數千，還屯華陰。慕容暐乃潛使諸弟及宗人起兵於外。堅遣將軍强永廣韻引作「將軍强求」〔一〕。率騎擊之，爲泓所敗，泓衆遂盛，自稱使持節、大都督陝西諸軍事、大將軍、雍州牧、濟北王，推叔父垂爲丞相、都督陝東諸軍事、領大司馬、冀州牧、吴王。

堅謂權翼曰：「吾不從卿言，使鮮卑至是。關東之地，吾不復與之争，將若泓何？」翼曰：「寇不可長。慕容垂正可據山東爲亂，不暇近逼。今暐及宗族種類盡在京師，鮮卑之衆布於畿甸，實社稷之先憂〔二〕，宜遣重將討之。」堅乃以廣平公苻熙爲使持節、都督雍州雜戎諸軍事、鎮東大將軍、雍州刺史，鎮蒲坂。徵苻叡爲都督中外諸軍事、衛大將軍、司隸校尉、録尚書事，配兵五萬，以左將軍竇衝爲長史，龍驤姚萇爲司馬，討泓於華陽〔三〕。一作「華澤」。平陽太守慕容沖起兵河東，有衆二萬，進攻蒲坂，堅命竇衝討之。苻叡勇果輕敵，不恤士衆。泓聞其至也，懼，率衆將奔關東。叡馳兵要之，姚萇諫曰：「鮮卑有思歸之心，宜驅令出關，不可遏也。」叡弗從，戰於華澤，叡敗績，被殺。此節亦見御覽三百十四、通典百六十二。堅大怒，萇懼誅，遂叛。竇衝擊慕容沖於河東，大破之，沖率騎八千奔於泓軍。

泓衆至十餘萬，遣使謂堅曰：「秦爲無道，滅我社稷，今天誘其衷，使秦師傾敗，將欲興復大燕。吴王已定關東，可速資備大駕，奉送家兄皇帝並宗室功臣之家。泓當率關中燕人，翼衛皇帝還返鄴都，與秦以虎牢爲界，分王天下，永爲鄰好，不復爲秦之患也。鉅鹿公輕戇鋭進，爲亂兵所害，非泓之意。」堅大怒，召慕容暐責之曰：「卿父子干紀僭亂，乖逆人神，朕應天行罰，盡兵勢而得卿。卿非改迷歸善，而合宗蒙宥，兄弟布列上將、納言，雖曰破滅，其實若歸。奈何因王師小敗，便猖悖若此！垂爲長蛇於關東，泓、沖稱兵内侮。泓書如此，卿欲去者，朕當相資。卿之宗族，可謂人面獸心，殆不可以國士期也。」暐叩頭流血，涕泣陳謝。堅久之曰：「書云，父子兄弟無相及也。卿之忠誠，實簡朕心，此自三豎之罪，非卿之過。」復其位而待之如初。命暐以書招諭垂及泓、沖，使息兵還長安，恕其反叛之罪。而暐密遣使者謂泓曰：「今秦數已終，長安怪異特甚，當不復能久立。吾既籠中之人，必無還理。昔不能保守宗廟，致令傾喪若斯，吾罪人也，不足復顧吾之存亡。社稷不輕，勉建大業，以興復爲務。可以吳王爲相國，中山王爲太宰、領大司馬，汝可爲大將軍、領司徒，承制封拜，聽吾死問，汝便即尊位。」泓於是進向長安，改年曰燕興。

是時鬼夜哭，三旬而止。

堅率步騎二萬討姚萇於北地，次於趙氏塢，使護軍楊璧游騎三千，斷其奔路，右軍徐成〔四〕、左軍竇衝、鎮軍毛盛等屢戰敗之，仍斷其運水之路。馮翊游欽因淮南之敗，聚衆數千保據頻陽，遣軍運水及粟以饋姚萇，楊璧盡獲之。萇軍渴甚，遣其弟鎮北尹買率勁卒二萬決堰。竇衝率衆敗其軍於鸛雀渠〔五〕，斬尹買及首級萬三千。萇衆危懼，人有渴死者。俄而降雨於萇營，營中水三尺，周營百步之外，寸餘而已，於是萇軍大振。堅方食，去案怒曰：「天其無心，何故降澤賊營！」萇又東引慕容泓爲援。

泓謀臣高蓋、宿勤崇等以泓德望後沖，且持法苛峻，乃殺泓，立沖爲皇太弟，承制行事，自相署置。

姚萇留其弟征虜緒守楊渠川大營，率衆七萬來攻堅。堅遣楊璧等擊之，爲萇所敗，獲楊璧、毛盛、徐成及前軍齊午等數十人，皆禮而遣之。

苻暉率洛陽、陝城之衆七萬歸於長安。益州刺史王廣遣將軍王蚝率蜀漢之衆來赴難。堅聞慕容沖去長安二百餘里，引師而歸，使撫軍苻方戍驪山，拜平原公苻暉使持節〔六〕、散騎常侍、都督中外諸軍事、車騎大將軍、司隸校尉、録尚書，配兵五萬距沖，河間公苻琳爲中軍大將軍，爲暉後繼。沖乃命婦人各將一囊盛塵，皆令騎牛，服文采衣，執持長槊於陣後爲衆〔七〕，揭竿爲旗，揚土爲塵，督厲其衆。沖晨攻暉營於鄭西，暉出距戰，兵刃交接，昌言：「班隊何在！」於是奔競而進，皆毀囊揚塵，埃霧連天，鼓噪莫測多少，暉衆大潰〔八〕，此節亦詳見於御覽三十七。暉師敗績。堅又以尚書姜宇爲前將軍，與苻琳率衆三萬擊沖於灞上，爲沖所敗，宇死之。姜宇字子居，天水冀北人也。少孤貧，爲河北陳不識家牧羊，年十五，身長七尺九寸，聰惠美風儀。每夜專讀書，睡則懸頭於屋梁，達旦而止。不識奇之，將妻以女，其妻弗聽。不識乃置酒引宇，令女潛觀之，問女曰：「姜宇文士才明，吾欲以汝妻之。汝母難宇家之牧人，汝意云何？」女曰：「觀宇之姿，豈復爲人牧羊也！」遂妻之。宇後歷位京兆尹、御史中丞〔九〕。御覽四百四十四，又八百三十三〔一〇〕。琳中流矢。苻琳字永瑶，堅之第五子也。有文武才藝，引弓五百斤，射洞犁耳。至於山水文詠，皆綺藻清麗〔一一〕。御覽七百四十四。

沖遂據阿房城。初，堅之滅燕，二十五年〔一二〕，當作「太和五年」，稱晉年也。「二十」乃「太和」之誤。沖姊爲清河公主，年十四，有殊色，堅納之，寵冠後庭。沖年十二，亦有龍陽之姿，一作「美」。堅又幸之。姊弟專寵，宫人莫進。長安中歌之曰：「一雌復一雄，雙飛入紫宫。」咸懼爲亂。王猛切諫，堅乃出沖。此節亦見御覽五百七十，又三百八十。長安又謡曰：「鳳皇鳳皇止阿房。」堅以鳳皇非梧桐不棲，非竹實不食，乃植桐竹十萬株於阿房以待之〔一三〕。沖小字鳳皇，至是，卒爲堅賊，此句亦見御覽五百七十。入止阿房城焉。

晉西中郎將桓石虔進據魯陽，遣河南太守高茂北戍洛陽。晉冠軍謝玄次於下邳。徐州刺史趙遷棄彭城奔還，玄前鋒張願追遷，及於碭山，轉戰而免。玄進據彭城。

時驍騎將軍吕光討平西域三十六國〔一四〕，上疏曰：「唯龜兹據三十六國之中，制彼王侯之命。入其國城，天驥龍麟，腰裹丹髦，萬計盈厩，雖伯樂更生，衛賜復出，不能辨也。」〔一五〕此節依御覽八百九十五、事類賦注二十一引補。所獲珍寶以萬萬計。堅下書以光爲使持節、散騎常侍、都督玉門以西諸軍事、安西將軍、西域校尉，進封順鄉侯，增邑一千户。

劉牢之伐兖州。堅刺史張崇棄鄄城，奔於慕容垂。牢之遣將軍劉襲追崇，戰於河南，斬其東平太守楊光而退。牢之遂據鄄城。

慕容沖進逼長安，堅登城觀之，嘆曰：「此虜從何出也，其强若斯！」大言責沖曰：「爾輩羣奴正可牧牛羊，何爲送死！」沖曰：「奴則奴矣，既厭一作「厄」。奴苦，復欲取爾相一作「見」。代。」此節亦見類聚三十五。堅遣使送錦袍一領遺沖，使者稱有詔曰〔一六〕：「古人兵交，使在其間。卿遠來草創，得無勞乎？今送一袍，以明本懷。朕於卿恩分如何，而於一朝忽爲此變！」此節亦見御覽四百七十八。沖命詹事答之，亦稱：「皇太弟有令：孤今心在天下，豈顧一袍小惠！苟能知命，便可君臣束手，早送皇帝，自當寬貸苻氏，以酬曩好，終不使既往之施獨美於前」。堅大怒曰：「吾不用王景略、陽平公之言，使白虜敢至於此！」

長樂公苻丕在鄴〔一七〕，糧竭，馬又無草，削松木而食之。會丁零叛慕容垂，垂引師去鄴，始具西問，知苻叡等喪敗，長安危逼。乃遣其陽平太守邵興率騎一千，將北引重合侯苻謨、高邑侯苻亮、阜城侯苻定於常山，固安侯苻鑒、中山太守王兗於中山，以爲己援。垂遣張崇要興，獲之於襄國南。又遣其參軍封孚西引張蚝、并州刺史王騰於晉陽，蚝、騰以衆寡不赴。丕進退路窮，乃謀於羣寮。司馬楊膺唱歸順之計，丕猶未從。會晉遣濟北太守丁匡據碻磝，濟陽太守郭滿據滑臺，將軍顏肱、劉襲次於河北。丕遣將軍桑據距之，爲王師所敗。襲等進攻黎陽，克之。丕懼，乃遣從弟就與參軍焦逵求救於謝玄。丕書稱假途求糧，還赴國難，須軍援既接，以鄴與之。若西路不通，長安陷没，請率所領保守鄴城。乃羈縻一方，文降而已。逵與參軍姜讓密謂楊膺曰：「今禍難如此，京師阻隔，吉凶莫審，密邇寇仇，三軍罄絶，傾危之甚，朝不及夕。觀公豪氣不除，非救世之主，既不能竭盡誠款，速致糧援，方設兩端，必無成也。今日之殆，疾於轉機，不容虚設，徒成反覆。宜正書爲表，以結殷勤。若王師之至，必當致身，如其不從，可逼縛與之，苟不義服，一人力耳。千古人行權，寧濟爲功，況君侯累葉載德，顯祖初著名於晉朝，今復建崇勳，使功業相繼，千載一時，不可失也。」膺素輕丕，自以力能逼之，乃改書而遣逵等，并遣濟南毛蜀、毛鮮等分房爲任於晉。

堅遣鴻臚郝稚徵處士王嘉於到獸山。既至，堅每日召嘉與道安於外殿，動静諮問之。慕容暐入見東堂，稽首謝曰：「弟沖不識義方，孤背國恩，臣罪應萬死。陛下垂天地之容，臣蒙更生之惠。臣二子昨婚，明當三日，愚欲暫屈鑾駕，幸臣私第。」堅許之。暐出，嘉曰：

「椎蘆作籧[一八]，不成文章，會天大雨，不得殺羊。」堅與羣臣莫之能解。是夜大雨，晨不果出。初，暐之遣諸弟起兵於外也，堅防守甚嚴，謀應之而無因。時鮮卑在城者猶有千餘人，暐乃密結鮮卑之衆，謀伏兵請堅，因而殺之。令其豪帥悉羅騰、屈突鐵侯者等潛告之曰：「官今使侯外鎮，聽舊人悉隨，可於某日會集某處。」鮮卑信之。北部人突賢與其妹别，妹爲左將軍竇衝小妻，聞以告衝，請留其兄。衝馳入白堅，堅大驚，召騰問之，騰具首服。堅乃誅暐父子及其宗族，城内鮮卑無少長及婦女皆殺之。

慕容垂復圍鄴城。焦逵既至，朝廷果欲徵丕任子，然後出師。逵固陳丕款誠無貳，并宣楊膺之意，乃遣劉牢之等率衆二萬，水陸運漕救鄴。

校勘記

〔一〕見廣韻卷三養韻「强」字。

〔二〕實社稷之先憂「先」，載記作「元」。

〔三〕華陽　偏霸部同，載記作「華澤」。按，御覽卷三一四引、通典卷一六二皆云「慕容泓起兵於華澤」，又后文有「戰於華澤」，通鑑卷一〇五胡注謂「華澤即華陰之澤也」，疑「華陽」誤。

〔四〕右軍徐成　「右軍」，原作「右將軍」，據載記改。

〔五〕敗其軍於鸛雀渠　「鸛雀渠」，原作「鶴雀渠」，據載記改。

〔六〕平原公　見御覽卷三七引，載記無。

〔七〕各將至於陣後　御覽卷三七引同，載記作「乘牛馬」。

〔八〕兵刃交接至暉衆大潰　御覽卷三七引同，載記作「沖揚塵鼓譟」。

〔九〕姜宇字子居至御史中丞　載記無此節，見御覽卷四四四引，亦略見於御覽卷八三三引。「冀北」，御覽卷八三三引同，卷四四四引無「北」字。

〔一〇〕「八百三十三」，原誤「八百三十五」，今改。

〔一一〕苻琳字永瑶至綺藻清麗　見御覽卷七四四引，載記無。「洞」，屠本卷四一苻琳傳同，御覽卷七四四引作「銅」。

〔一二〕二十五年　載記無，御覽卷五七〇引作「苻堅二十五年」。

〔一三〕乃植桐竹十萬株　「十萬」，載記、御覽卷九六二引皆作「數十萬」。

〔一四〕驍騎將軍　見御覽卷八九五引，載記無。

〔一五〕上疏曰至不能辨也　見御覽卷八九五引、事類賦注卷二一引，載記無。事類賦注引無「制彼王侯之命」一句。「腰裹」，御覽引作「腰褭」，事類賦注引作「騕褭」。「伯樂」，御覽、事類賦注引作

「伯益」。

〔一六〕使者稱有詔曰　載記作「稱詔曰」，御覽卷四七八引作「使者稱有詔」。

〔一七〕長樂公　見偏霸部，載記無。

〔一八〕椎蘆作籧　「籧」，載記、御覽卷七六六引作「蘧蒢」，魏書卷九五苻健傳作「籧篨」。

十六國春秋輯補卷三十八

前秦録八

苻堅

乙酉。建元二十一年　時長安大饑，人相食，諸將歸而吐肉以飴妻子。慕容沖僭稱尊號於阿房，改年更始。堅與沖戰，各有勝負。常爲沖所圍，殿中上將軍鄧邁、左中郎將鄧綏、尚書郎鄧瓊相謂曰：「吾門世荷榮寵，先君建殊功於國家，不可不立忠效節，以成先君之志。不死君難者，非丈夫也。」於是與毛萇樂等蒙獸皮奮矛而擊沖軍〔一〕。沖軍潰，堅獲免，嘉其忠勇，並拜五校，加三品將軍，賜爵關内侯。沖又遣其尚書令高蓋率衆夜襲長安，攻陷南門，入於南城。左將軍竇衝、前禁將軍李辯等擊敗之，斬首千八百級，分其尸而食之。堅尋敗沖於城西，追奔至於阿房城。諸將請乘勝入城，堅懼爲沖所獲，乃擊金以止軍。

是時劉牢之至枋頭。征東參軍徐義、宦人孟豐告苻丕，楊膺、姜讓等謀反，丕收膺、讓，戮之。牢之以丕自相屠戮，盤桓不進。

苻暉屢爲沖所敗，堅讓之曰：「汝，吾之子也。擁大衆，屢爲白虜小兒所摧，何用生爲！」暉憤恚自殺。關中堡壁三十餘所，推平遠將軍馮翊趙敖爲統主，相率結盟，遣兵糧助堅。左將軍苟池、右將軍俱石子率騎五千，與沖爭麥，戰於驪山，爲沖所敗，池死之，石子奔鄴。堅大怒，復遣領軍楊定率左右精騎一千五百擊沖，大敗之，俘掠鮮卑萬餘而還。堅怒，悉坑之。定果勇善戰，沖深憚之，遂穿馬陷以自固。

劉牢之至鄴，慕容垂北如新城。鄴中饑甚，多奔中山〔二〕。幽、冀人相食。初，關東謡曰：「幽州㲋，丕當滅〔三〕。若不滅，百姓絶。」㲋，垂之本名，與丕相持經年，百姓死幾絶。

先是，姚萇攻新平。新平太守苟輔將降之〔四〕，郡人遼西太守馮傑、蓮勺令馮羽等諫曰〔五〕：「天下喪亂，忠臣乃見。昔田單守一城而存齊，今秦之所有，猶連州累鎮，郡國百城。臣子之於君父，盡心焉，盡力焉，死而後已，豈宜貳哉！」輔大悦，於是憑城固守。萇爲土山地道，輔亦爲之，或戰山峰，萇衆死者萬有餘人。輔乃詐降，萇將入，覺之，引衆而退。輔馳出擊之，斬獲萬計。至是糧竭矢盡，外救不至，萇遣吏謂輔曰：「吾方以義取天下，豈仇忠臣乎？卿但率見衆男女還長安，吾須此城置鎮。」輔以爲然，率男女萬五千口出城，萇圍而坑之，男女無遺。初，石季龍末，清河崔悦爲新平相，爲郡人所殺。悦子液後仕堅爲尚書郎，自表父仇不同天地，請還冀州。堅愍之，禁錮新平人，缺其城角以恥之。新平酋望深以爲慚，故相率距萇，以立忠義。

時有羣鳥數萬，翔鳴於長安城上，其聲甚悲，占者以爲鬬羽，不終年有甲兵入城之象。沖率衆登城，堅身貫甲冑，督戰距之，飛矢滿身，血流被體。時雖兵寇危逼，馮翊諸堡壁猶有負糧冒難而至者，多爲賊所殺。堅謂之曰：「聞來者率不善達，誠是忠臣赴難之義。當今寇難殷繁，非一人之力所能濟也。庶明靈有照，禍極災返，義保誠順，爲國自愛，蓄糧厲甲，端聽師期，不可徒喪無成，相隨獸口。」三輔人爲沖所略者，咸遣使告堅，請放火以爲內應。堅曰：「哀諸卿忠誠之意也，何復已已。但時運圮喪，恐無益於國，空使諸卿坐自夷滅，吾所不忍也。且吾精兵若虎，利器如霜，而衄於烏合疲鈍之賊，豈非天也！宜善思之。」衆固請曰：「臣等不愛性命，投身爲國，若上天有靈，單誠或冀一濟，没無遺恨矣。」堅遣騎七百應之，而沖營放火者爲風焰所燒，其能免者十有一二。堅深痛之，身爲設祭而招之曰：「有忠有靈，來就此庭。歸汝先父，勿爲妖形。」歔欷流涕，悲不自勝。衆咸相謂曰：

「至尊慈恩如此，吾等有死無移。」沖毒暴關中，人皆流散，道路斷絶，千里無烟。堅以甘松護軍仇騰爲馮翊太守，加輔國將軍，與破虜將軍蜀人蘭犢慰勉馮翊諸縣之衆。衆咸曰：「與陛下同死共生，誓無有貳。」

先是〔六〕，每夜有人周城大呼曰：「楊定健兒應屬我，宫殿臺觀應坐我，父子同出不共汝。」旦尋而不見人跡。長安城中有書曰古符傳賈録〔七〕，載「帝出五將久長得」。先是又謡曰：「堅入五將山久長得。」〔八〕堅大信之，此節亦見御覽四十四。留太子宏守長安，謂之曰〔九〕：「脱如謡言〔一〇〕，天或導予。今留汝兼總戎政，勿與賊争利，吾當出隴收兵運糧以給汝。天其或者正訓予也。」於是遣衛將軍楊定擊沖於城西，爲沖所擒。堅彌懼，付宏以後事，自將張夫人及中山公詵率騎數百出如五將山〔一一〕。宣告州郡，期以孟冬救長安。此節亦見御覽四十四。

六月〔一二〕，太子宏尋將母妻宗室男女數千騎出奔〔一三〕，百寮逃散。慕容沖入據長安，縱兵大掠，死者不可勝計。

初，秦之未亂也，關中土然，無火而烟氣大起，方數十里中，月餘不滅。此節亦見開元占經四引。堅每臨聽訟觀，令百姓有怨者舉烟於城北，觀而録之。長安爲之語曰：「欲得必存當舉烟。」時關中又爲謡曰〔一四〕：「長鞘馬鞭擊左股，太歲南行當避一作「復」。虜。」〔一五〕秦人呼鮮卑爲白虜。慕容垂之起於關東，歲在癸未。此節亦見初學記二十二，御覽三百五十九。堅之分氐户於諸鎮也，趙整因侍，援琴而歌曰：「阿得脂，阿得脂，博勞舊父是仇綏，尾長翼短不能飛，遠徙種人留鮮卑，一旦緩急語阿誰？」堅笑而不納。至是，整言驗矣。

堅至五將山，姚萇遣將軍吴忠圍之。堅衆奔散，獨侍御十數人而已。神色自若，坐而待之，召宰人進食。俄而忠至，執堅以歸新平縣，此節亦見御覽四十四。幽之於別室。萇求傳國璽於堅曰：「萇次膺符曆，可以爲惠。」堅瞋目叱之曰：「小羌乃敢干逼天子，豈以傳國璽授汝羌乎！圖緯符命，何所依據？五胡次序，無汝羌名！違天不祥，其能久乎！璽已送晉，不可得也。」萇又遣尹緯説堅〔一六〕，求爲堯舜禪代之事，堅責緯曰：「禪代者，聖賢之事。姚萇叛賊，奈何擬之古人！」因問緯曰：「卿於朕朝作何官？」對曰：「尚書令史。」堅嘆曰：「卿宰相才也，王景略之流，而朕不知卿，亡也不亦宜乎。」〔一七〕堅既不許萇以禪代，罵而求死。

八月〔一八〕，乃縊堅於新平佛寺中，時年四十八。張夫人及中山公詵等皆自殺。三軍莫不哀慟。萇欲匿殺堅之名，乃謚爲莊烈天王〔一九〕。是歲，太元十年也。

宏之奔也〔二〇〕，歸其南秦州刺史楊璧於下辯。璧距之，乃奔武都氐豪張熙，假道歸晉。朝廷處宏於江州，宏歷位輔國將軍。桓玄篡位，以宏爲涼一作「梁」。州刺史〔二一〕。義熙初，以謀叛被誅。

初，堅强盛之時，國有童謡云：「河水清復清，苻詔死新城。」堅聞而惡之。每征伐，戒軍候云：「地有名新者避之。」時又童謡云：「阿堅連牽三十年，若後欲敗當在江淮間。」堅在位二十七年，因壽春之敗，其國大亂，後二年，竟死於新平佛寺，咸應謡言矣。長樂公丕稱尊號〔二二〕，僞追謚堅曰世祖宣昭皇帝。

王猛

王猛字景略，北海劇人也，家於魏郡。少貧賤，以鬻畚爲業。嘗貨畚於洛陽，乃有一人貴買其畚，而云無直，自言「家去此無遠，可隨我取直」。猛利其貴而從之，行不覺遠，忽至深山，見一老父鬚髮皓然〔二三〕，踞胡床而坐，左右十許人，有一人引猛進拜之。老父曰：「王公何緣拜也！」乃十倍償畚直，遣人送猛出山〔二四〕。顧視，乃嵩高山也。此節亦見御覽三十九。

猛瓌姿儁偉，博學好兵書，謹重嚴毅，氣度雄遠，細事不干其慮。自不參其神契，略不與交通，是以浮華之士咸輕而笑之。猛悠然自得，不以屑意。少游於鄴都，時人罕能識也，惟徐統見而奇之，召爲功曹，遁而不應，遂隱於華陰〔二五〕。懷佐世之志，希龍顔之主，斂翼待時，候風雲而後動。桓温入關，猛被褐而詣之，一面談當世之事，捫蝨而言，旁若無人。此節亦見初學記五。温察而異之，問曰：「吾奉天子之命，率鋭師十萬，杖義討逆，爲百姓除殘賊，而三秦豪傑未有至者，何也？」猛曰：「公不遠數千里，深入寇境，長安咫尺而不渡灞水，百姓未見公心故也，所以不至。」温默然無以酬之。温之將還，賜猛車馬，拜高官督護，請與俱南。猛還山諮師，師曰：「卿與桓温豈並世哉！在此自可富貴，何爲遠乎！」猛乃止。

苻堅將有大志，聞猛名，遣吕婆樓招之。一見便若平生，語及廢興大事，異符同契，若玄德之遇孔明也。及堅僭位，以猛爲中書侍郎。時始平多枋頭西歸之人，豪右縱横，劫盜充斥，乃轉猛爲始平令。猛下車，明法峻刑，澄察善惡，禁勒强豪。鞭殺一吏，百姓上書訟之，有司劾奏，檻車徵下廷尉詔獄。堅親問之曰：「爲政之體，德化爲先。莅任未幾而殺戮無數，何其酷也！」猛曰：「臣聞宰寧國以禮，治亂邦以法。陛下不以臣不才，任臣以劇邑，謹爲明君揃除凶猾。始殺一姦，餘尚萬數，若以臣不能窮殘盡暴，肅清軌法者，敢不甘心鼎鑊，以謝孤負。酷政之刑，臣實未敢受之。」堅謂羣臣曰：「王景略固是夷吾、子産之儔也。」於是赦之。

遷尚書左丞、咸陽内史、京兆尹。未幾，除吏部尚書、太子詹事，又遷尚書左僕射、輔國將軍，司隸校尉，加騎都尉，居中宿衛。時猛年三十六，歲中五遷，權傾内外，宗戚舊臣皆害其寵。尚書仇騰、丞相長史席寶數譖毁之，堅大怒，黜騰爲甘松護軍，寶白衣領長史，爾後上下咸服，莫有敢言。頃之，遷尚書令、太子太傅，加散騎常侍。猛頻表累讓，堅竟不許。又轉司徒、録尚書事，餘如故。猛辭以無功，不拜。

後率諸軍討慕容暐，軍禁嚴明，師無私犯。猛之未至鄴也，劫盗公行，及猛之至，遠近帖然，燕人安之。軍還，以功進封清河郡侯，賜以美妾五人，上女妓十二人，中妓三十八人，馬百匹，車十乘。猛上疏固辭不受。

時既留鎮冀州，堅遣猛於六州之内聽以便宜從事，簡召英儁以補關東守宰，授訖言臺除正。居數月，上疏曰：「臣前所以朝聞夕拜，不顧艱虞者，正以方難未夷，軍機權速，庶竭命戎行，甘馳驅之役，敷宣皇威，盡筋骨之效，故僶俛從事，叨據負乘，可謂恭王命於濟時，候太平於今日。今聖德格於皇天，威靈被於八表，弘化已熙，六合清泰，竊敢披貢丹誠〔二六〕，請避賢路。設官分職，各有司存，豈應孤任愚臣，以速傾敗！東夏之事，非臣區區所能康理，願徙授親賢，濟臣顛墜。若以臣有鷹犬微勤，未忍捐棄者，乞待罪一州，效盡力命。徐方始賓，淮汝防重，六州處分，府選便宜，輒以悉停。督任弗可虛曠，深願時降神規。」堅不許，遣其侍中梁讜詣鄴喻旨，猛乃視事如前。

俄入爲丞相、中書監、尚書令、太子太傅、司隸校尉，持節、常侍、將軍、侯如故，稍加都督中外諸軍事，猛表讓久之。堅曰：「卿昔螭蟠布衣，朕龍潛弱冠，屬世事紛紜，厲王之際〔二七〕，顛覆厥德。朕奇卿於暫見，擬卿爲卧龍，卿亦異朕於一言，迴考槃之雅志，豈不精契神交，千載之會！雖傅巖入夢，姜公悟兆，古今一時，亦不殊也。自卿輔政，幾將二紀，内釐百揆，外蕩羣凶，天下向定，彝倫攸敍。朕且欲從容於上，望卿勞心於下，弘濟之務，非卿而誰！」遂不許。其後數年，復授司徒。猛復上疏曰：「臣聞乾象盈虛，惟后則之；位稱以才，官非則曠。鄭武翼周，仍世載詠；王叔昧寵，政替身亡。斯則取成敗之殷鑒，爲臣之炯戒。竊惟鼎宰崇重，參路太階，宜妙盡時賢，對揚休命。魏祖以文和爲公，貽笑孫后；千秋一言致相，匈奴吲之。臣何庸猬，而應斯舉！不但取嗤鄰遠，實令爲虜輕秦。昔東野窮駁，顏子知其將弊。陛下不復料度臣之才力，私懼敗亡是及。且上虧憲典，臣何顏處之！雖陛下私臣，其如天下何！願迴日月之鑒，矜臣後悔，使上無過授之謗，臣蒙覆燾之恩。」堅竟不從，猛乃受命，軍國内外萬機之務，事無巨細，莫不歸之。

猛宰政公平，流放尸素，拔幽滯，顯賢才，外修兵革，内崇儒學，勸課農桑，教以廉恥，無罪而不刑，無才而不任，庶績咸熙，百揆時敘。於是兵強國富，垂及升平，猛之力也。堅常從容謂猛曰：「卿夙夜匪懈，憂勤萬機，若文王得太公，吾將優游以卒歲。」猛曰：「不圖陛下知臣之過，臣何足以擬古人！」堅曰：「以吾觀之，太公豈能過也！」常敕其太子宏、長樂公丕等曰：「汝事王公，如事我也。」其見重如此。

廣平麻思流寄關右，因母亡歸葬，請還冀州。猛謂思曰：「便可速裝，是暮已符卿發遣。」及始出關，郡縣已被符管攝。其令行禁整，事無留滯，皆此類也。性剛明清肅，於善惡尤分。微時一餐之惠，睚眦之忿，靡不報焉，時論頗以此少之。

其年寢疾，堅親祈南北郊、宗廟、社稷，分遣侍臣禱河嶽諸祀，靡不周備。猛疾未瘳，乃大赦其境内殊死已下。猛疾甚，因上疏謝恩，并言時政，多所弘益。堅覽之流涕，悲慟左右。及疾篤，堅親臨省病，問以後事。猛曰：「晉雖僻陋吴越，乃正朔相承。親仁善鄰，國之寶也。臣没之後，願不以晉爲圖。鮮卑、羌虜，我之仇也，終爲人患，宜漸除之，以便社稷。」言終而死，時年五十一。堅哭之慟，比斂三臨，謂太子宏曰：「天不欲吾平一六合邪？何奪吾景略之速也！」贈侍中、丞相，餘如故。給東園温明秘器，帛三千匹，穀萬石。謁者僕射監護喪事，葬禮一依漢大將軍故事。謚曰武侯，朝野巷哭三日。

崔鴻曰：「鄧羌請郡將以撓法，徇私也；勒兵欲攻王猛，無上也；臨戰豫求司隸，邀君也。有此三者，罪孰大焉！猛能容其所短，收其所長，若馴猛虎，馭悍馬，以成大功。詩曰：『采葑采菲，無以下體。』猛之謂矣。」〔二八〕此贊依通鑑採補。

苻融

苻融字博休，堅之季弟也。少而岐嶷夙成，魁偉美姿度。健之世封安樂王，融上疏固辭，健深奇之，曰：「且成吾兒箕山之操。」乃止。苻生愛其器貌，常侍左右。未弱冠便有台輔之望，長而令譽彌高，爲朝野所屬。

堅僭號，拜侍中，尋除中軍將軍。融聰辨明慧，下筆成章，至於談玄論道，雖道安無以出之。耳聞則誦，過目不忘，時人擬之王粲。嘗著浮圖賦，壯麗清贍，世咸珍之。未有升高不賦，臨喪不誄，朱肜、趙整等推其妙速。旅力雄勇，騎射擊刺，百夫之敵也；銓綜内外，刑政修理，進才理滯，王景略之流也。尤善斷獄，奸無所容，故爲堅所委任。

後爲司隸校尉。京兆人董豐游學三年而返，過宿妻家。是夜妻爲盜所殺，妻兄疑豐殺之，送豐有司。豐不堪楚掠，誣引殺妻。融察而異之，問曰：「汝行往還，頗有怪異及卜筮否？」豐曰：「初將發，夜夢乘馬南渡水，反而北渡，復自北而南，馬停水中，鞭策不去。俯而視之，見兩日在於水下，馬左白而濕，右黑而燥。寤而心悸，竊以爲不祥。還之夜，復夢如初。問之筮者，筮者云：『憂獄訟，遠三枕，避三沐。』既至，妻爲具沐，夜授豐枕。豐記筮者之言，皆不從之。妻乃自沐，枕枕而寢。」融曰：「吾知之矣。周易坎爲水，馬爲離，夢乘馬南渡，旋北而南者，從坎之離。三爻同變，變而成離。離爲中女，坎爲中男。兩日，二夫之象。坎爲執法吏。吏詰其夫，婦人被流血而死。坎二陰一陽，離二陽一陰，相承易位。離下坎上〔二九〕，既濟，文王遇之囚牖里，有禮而生，無禮而死。馬左而濕，濕，水也，左水右馬，馮字也。兩日，昌字也。其馮昌殺之乎！」於是推檢，獲昌而詰之，昌具首服，曰：「與其妻謀殺董豐，期以新沐枕枕爲驗，是以誤中婦人。」

在冀州，有老母遇劫於路，母揚聲唱盜，行人爲母逐之。既擒，劫者反誣行人爲盜。

時日垂暮，母及路人莫知孰是，乃俱送之。融見而笑曰：「此易知耳，可二人並走，先出鳳陽門者非盜。」既而還入，融正色謂後當作「先」。出者曰：「汝真是盜，何以誣人！」其發奸摘伏，皆此類也。所在盜賊止息，路不拾遺。堅及朝臣雅皆歎服，州郡疑獄莫不折之於融。融觀形察色，無不盡其情狀。雖鎮關東，朝之大事靡不馳馹與融議之。

性至孝，初留冀州，遣使參問其母動止，或日有再三〔三〇〕。堅以爲煩，月聽一使。後上疏請還侍養，堅遣使慰喻不許。久之，徵拜侍中、中書監、都督中外諸軍事、車騎大將軍、司隸校尉、太子太傅，領宗正，録尚書事。俄轉司徒，融苦讓不受。

融爲將善謀略，好施愛士，專方征伐，必有殊功。堅既有意荊揚，時慕容垂、姚萇等常説堅以平吴封禪之事。堅謂江東可平，寢不暇旦。融每諫曰：「知足不辱，知止不殆，窮兵極武，未有不亡。且國家戎族也，正朔會不歸人。江東雖不絶如綖，然天之所相，終不可滅。」堅曰：「帝王曆數豈有常哉，惟德之所授耳！汝所以不如吾者，正病此不達變通大運。劉禪何非漢之遺祚，然終爲中國之所并。吾將任汝以天下之事，奈何事事折吾，沮壞大謀！汝尚如此，況於衆乎！」堅之將入寇也，融又切諫曰：「陛下聽信鮮卑、羌虜諂諛之言，採納良家少年利口之説，臣恐非但無成，亦大事去矣。垂、萇皆我之仇敵，思聞風塵之變，冀因之以逞其凶德。少年等皆富足子弟，希關軍旅，苟説佞諂之言，以會陛下之意，不足採也。」堅弗納。及淮南之敗，垂、萇之叛，堅悼恨彌深。

苻朗

苻朗字元達，堅之從兄子也。性弘達，神氣爽邁，幼懷遠操，不屑時榮。堅嘗目之曰：「吾家千里駒也。」徵拜鎮東將軍、青州刺史，封樂安男〔三一〕，不得已起而就官。及爲方伯，有若素士，耽翫經籍，手不釋卷，每談虚語玄，不覺日之將夕，登涉山水，不知老之將至。在任甚有稱績。

後晉遣淮陰太守高素伐青州，朗遣使詣謝玄於彭城求降。玄表朗許之，詔加員外散騎侍郎。既至揚州，風流邁於一時，超然自得，志陵萬物，所與晤言，不過一二人而已。驃騎長史王忱，江東之儁秀，聞而詣之，朗稱疾不見。沙門釋法汰問朗曰：「見王吏部兄弟未？」朗曰：「吏部爲誰？非人面而狗心，狗面而人心者乎？」王忱醜而才慧，國寶美貌而才劣於弟，故朗云然。汰悵然自失。其忤物侮人，皆此類也。

謝安常設讌請之，朝士盈坐，並几褥壺席。朗每事欲誇之，唾則令小兒跪而張口，既唾而含出，頃復如之，坐者以爲不及之遠也。善識味，鹹酢及肉皆别所由。會稽王司馬道子爲朗設盛饌，極江左精餚，食訖，問曰：「關中之食孰若此？」答曰：「皆好，惟鹽味小生耳。」既問宰夫，皆如其言。或人殺鷄以食之，既進，朗曰：「此鷄棲恒半露。」檢之，皆驗。又食鵝肉，知黑白之處。人不信，記而試，無毫釐之差。時人咸以爲知味。

後數年，王國寶譖而殺之。王忱將爲荆州刺史，待殺朗而後發。臨刑，志色自若，爲詩曰：「四大起何因？聚散無窮已。既過一生中，又入一死理。冥心乘和暢，未覺有終始。如何箕山夫，奄焉處東市。曠此百年期，遠同嵇叔子。命也歸自天，委化任冥紀。」著苻子數十篇行於世，亦老莊之流也。

校勘記

〔一〕於是與毛萇樂等　「毛萇樂」，載記作「毛長樂」。

〔二〕鄴中饑甚多奔中山　載記「鄴中飢甚」與「多奔中山」間有：「丕率鄴城之衆就晉穀于枋頭。牢之入屯鄴城。慕容垂軍人飢甚。」輯補似誤脱去。

〔三〕丕當滅　「丕」，屠本卷三八同，載記作「生」。

〔四〕新平太守苟輔　「苟輔」，原作「荀輔」，據載記改。

〔五〕蓮勺令馮羽　「馮羽」，屠本卷三八、通鑑卷一〇五太元九年同，載記作「馮翊」。

〔六〕先是　見纂録，載記、偏霸部無。

〔七〕長安城中有書　「長安」，見御覽卷四四引，載記、纂録無。

〔八〕堅入五將山久長得　載記、纂録、御覽卷四四引並無「久」字，屠本卷三八有。

〔九〕留太子宏守長安謂之曰　纂録同，載記作「告其太子宏曰」。

〔一〇〕脱如謡言　「謡言」，屠本卷三八、魏書卷九五苻健傳同，載記作「此言」。

〔一一〕自將至五將山　偏霸部同，載記作：「將中山公詵、張夫人率騎數百出如五將。」

〔一二〕六月　見偏霸部，載記無。

〔一三〕太子宏　原作「子宏」，據偏霸部改。

〔一四〕時關中又爲謡曰　「時關中」，見御覽卷三五九引，載記無。

〔一五〕太歲南行當避虜　「避」，初學記卷二二鞭「楚令秦謡」條、御覽卷三五九引同，載記作「復」。

〔一六〕萇又遣尹緯説堅　「尹緯」，載記同，偏霸部作「尹偉」。

〔一七〕因問緯曰至不亦宜乎　偏霸部「緯」作「偉」，載記無此節。

〔一八〕八月　見偏霸部，載記無。

〔一九〕三軍至莊烈天王　見偏霸部，載記無。「莊烈」，纂録同，偏霸部作「莊列」。

〔二〇〕宏之奔也　「宏」，原作「弘」，據載記改，下同。

〔二一〕以宏爲涼州刺史　「涼州」，載記同，偏霸部、魏書卷九五苻健傳並作「梁州」，是。

〔二二〕長樂公丕稱尊號　載記作「丕僭號」，偏霸部作「長樂公稱尊號」。

〔二三〕見一老父鬚髮皓然　「老父」，御覽卷三九引同，載記作「父老」。下同。

〔二四〕遣人送猛出山　御覽卷三九引同，載記作「遣人送之猛既出」。

〔二五〕遂隱於華陰　「華陰」，載記作「華陰山」，初學記卷五華山「捫蝨持狗」條引作「華山」。

〔二六〕批亶丹誠　「批」字原無，據載記補。

〔二七〕厲王之際　「厲王」，載記作「厲士」，李慈銘越縵堂讀史札記云：「『厲士』當作『厲王』，謂苻生也。」

〔二八〕崔鴻曰至猛之謂矣　見通鑑卷一〇二太和五年條，載記無。

〔二九〕離下坎上　原作「離上坎下」，據載記改。

〔三〇〕或日有再三　「日」，原作「月」，據載記改。

〔三一〕樂安男　原作「安樂男」，據載記改。

十六國春秋輯補卷三十九

前秦録九

苻丕

苻丕字永叙〔一〕，堅之長庶子也。少而聰慧好學，博綜經史。堅與之言將略，嘉之，命鄧羌教以兵法。文武才榦亞於苻融，爲將善收士卒，時出鎮於鄴〔二〕，東夏安之。

堅敗歸長安，丕爲慕容垂所逼，自鄴奔於枋頭。堅之死也，建元二十一年〔三〕，丕復入鄴城，將收兵趙魏，西赴長安。會幽州刺史王永、平州刺史苻沖帥幽并人衆擊慕容垂〔四〕，頻爲垂將帶方太守平規等所敗〔五〕，乃遣昌黎太守宋敞焚燒和龍、薊城宫室，率衆三萬進屯壺關，遣使招丕。丕乃去鄴，率男女六萬餘口進如潞川。驃騎將軍張蚝〔六〕、并州刺史王騰迎之，入據晉陽，始知長安不守，堅爲姚萇所殺〔七〕，乃舉哀於晉陽，三軍縞素。王永留苻沖守壺關，率騎一萬會丕，勸稱尊號。丕從之，乃以太元十年僭即皇帝位於晉陽南，立堅行廟，大赦境内，改建元二十一年爲太安一作「太平」。元年〔八〕。

九月〔九〕，置百官。以張蚝爲侍中、司空，封上黨郡公；王永爲使持節、侍中、都督中外諸軍事、車騎大將軍、尚書令，進封清河郡公〔一〇〕；王騰爲散騎常侍、中軍大將軍、司隸校尉、陽平郡公；苻沖爲左光禄大夫、尚書左僕射、西平王；俱石子爲衛將軍、濮陽公；楊輔爲尚書右僕射、濟陽公；王亮爲護軍將軍、彭城公；强益耳、梁暢爲侍中，徐義爲吏部尚書，並封縣公。自餘封授各有差。

是月〔一一〕，安西呂光自西域還師，至於宜禾，堅梁州刺史梁熙謀閉境距之。高昌太守楊翰言於熙曰：「呂光新定西國，兵强氣鋭，其鋒不可當也。度其事意，必有異圖。且今關中擾亂，京師存亡未知，自河已西，迄於流沙，地方萬里，帶甲十萬，鼎峙之勢，實在今日。若光出流沙，其勢難測。高梧谷口水險之要，宜先守之而奪其水。彼既窮渴，自然投戈。如其以遠不守，伊吾之關亦可距也。若度二要，雖有子房之策，難爲計矣。地有所必争，真此機也。」熙弗從。美水令犍爲張統説熙曰：「主上傾國南討，覆敗而還。慕容垂擅兵河北，泓、沖寇逼京師，丁零雜虜，跋扈關洛，州郡姦豪，所在風扇，王綱弛絶，人懷利己。今呂光迴師，將軍何以抗也？」熙曰：「誠深憂之，未知計之所出。」統曰：「光雄果勇毅，明略絶人，今以蕩西域之威，擁歸師之鋭，鋒若猛火之盛於原，弗可敵也。將軍世受殊恩，忠誠夙著，立勳王室，宜在於今。行唐公洛，上之從弟，勇冠一時。爲將軍計者，莫若奉爲盟主，以攝衆望，推忠義以總率羣豪，則光無異心也。資其精鋭，東兼毛興，連王統、楊璧，集四州之衆，掃凶逆於諸夏，寧帝室於關中，此桓文之舉也。」熙又不從。殺洛於西海，以子胤爲鷹揚將軍，率衆五萬距光於酒泉。燉煌太守姚静、晉昌太守李純以郡降光。胤及光戰於安彌，爲光所敗。武威太守彭濟執熙迎光，光殺之。建威、西郡太守索泮，奮威、督洪池已南諸軍事、酒泉太守宋皓等，並爲光所殺。

堅尚書令、魏昌公苻纂自關中來奔，拜太尉，進封東海王。以中山太守王兗爲平東將軍、平州刺史。阜城侯苻定爲征東將軍、冀州牧，高城侯苻紹爲鎮東將軍、督冀州諸軍事，重合侯苻謨爲征西將軍、幽州牧，高邑侯苻亮爲鎮北大將軍、督幽并二州諸軍事，並進爵郡公。定、紹據信都，謨、亮先據常山，慕容垂之圍鄴城也，並降於垂，聞丕稱尊號，遣使謝罪。王兗固守博陵，與垂相持。左將軍竇衝、秦州刺史王統、河州刺史毛興、益州刺史王廣、南秦州刺史楊璧、衛將軍楊定並據隴右，遣使招丕，請討姚萇。丕大悦，以定爲驃騎大將軍、雍州牧，衝爲征西大將軍、梁州牧，統鎮西大將軍，興車騎大將軍，璧征南大將軍，並開府儀同三司，加散騎常侍，廣安西將軍，皆進位州牧。

於是王永宣檄州郡曰：「大行皇帝棄背萬國，四海無主。征東大將軍、長樂公，先帝元子，聖武自天，受命荆南，威鎮衡海，分陝東都，道被夷夏，仁澤光於宇宙，德聲侔於下武。永與司空蚝等謹順天人之望，以季秋吉辰奉公紹承大統，銜哀即事，棲谷總戎，枕戈待旦，志雪大恥。慕容垂爲封豕於關東，泓、沖繼凶於京邑，致乘輿播越，宗社淪傾。羌賊姚萇，我之牧士，乘釁滔天，親行大逆，有生之巨賊也。永累葉受恩，世荷將相，不與驪山之戎、滎澤之狄共戴皇天，同履后土。諸牧伯公侯或宛沛宗臣，或四七勳舊，豈忍捨破國之醜豎，縱殺君之逆賊乎！主上龍飛九五，實協天心，靈祥休瑞，史不輟書，投戈效義之士三十餘萬，少康、光武之功可旬朔而成。今以衛將軍俱石子爲前軍師，司空張蚝爲中軍都督。武將猛士，風烈雷震，志殄元兇，義無他顧。永謹奉乘輿，恭行天罰。君臣終始之義，在三忘軀之誠，戮力同之，以建晉鄭之美。」

先是，慕容驎攻王兖於博陵。至是，糧竭矢盡，郡功曹張猗踰城聚衆應驎。兖臨城數之曰：「卿，秦之人也。吾，卿之君也。起衆應賊，號稱義兵，何名實相違之甚！卿兄往合鄉宗，親逐城主，天地不容，爲世大戮。身滅未幾，卿復續之。卿見爲吾吏，親尋干戈，競爲戎首，爲爾君者，不亦難乎！今人何取卿一切之功，寧能忘卿不忠不孝之事！古人云，求忠臣必出孝子之門，卿母在城，不能顧之，何忠義之可望！惡不絶世，卿之謂也。不圖中州禮義之邦，而卿門風若斯。卿去老母如脱屣，吾復何論哉！」既而城陷，兖及固安侯苻鑒並爲驎所殺。

丙戌。二年　正月〔一二〕，丕復以王永爲司徒、録尚書事，徐義爲尚書令，加右光禄大夫。慕容垂僭稱尊號。

二月，慕容沖左將軍韓延殺沖，立段隨爲燕王，改年昌平〔一三〕。

初，王廣還自成都也，奔其兄秦州刺史統。及長安不守，廣攻河州牧毛興於枹罕。興遣建節將軍、臨清伯衛平率其宗人千七百夜襲廣軍，大敗之。王統復遣兵助廣，興於是嬰城固守。既而襲王廣，敗之。廣亡奔秦州，爲隴西鮮卑匹蘭所執，送詣姚萇。興既敗王廣，謀伐王統於上邽，枹罕諸氐皆窘於兵革而疲不堪命，乃殺興，推衛平爲使持節、安西將軍、河州刺史，遣使請命。

五月，丕以呂光爲車騎大將軍、梁州牧、酒泉公〔一四〕。

是月，姚萇僭稱尊號〔一五〕。

刁雲殺慕容忠，乃推慕容永爲使持節、大都督中外諸軍事、大將軍、大單于、雍秦梁涼四州牧、録尚書事、河東王，稱藩於垂。征東苻定、鎮東苻紹、征北苻謨、鎮北苻亮皆降於慕容垂。

丕又進王永爲左丞相，苻纂爲大司馬，張蚝爲太尉，王騰爲驃騎大將軍、儀同三司，徐義爲司空，苻沖爲車騎大將軍、尚書令、儀同三司，俱石子爲衛大將軍、尚書左僕射，領官皆如故。

永又檄州郡曰：「昔夏有窮夷之難，少康起焉，王莽毒殺平帝，世祖重光漢道，百六之運，何代無之？天降喪亂，羌胡猾夏，先帝晏駕賊庭，京師鞠爲戎穴，神州蕭條，生靈涂炭。天未亡秦，社稷有奉。主上聖德恢弘，道侔光武，所在宅心，天人歸屬，必當隆中興之功，復配天之美。姚萇殘虐，慕容垂凶暴，所過滅户夷烟，毁發丘墓，毒徧存亡，痛纏幽顯，雖黄巾之害於九州，赤眉之暴於四海，方之未爲甚也。今素秋將及，行師令辰，公侯牧守，壘主鄉豪，或戮力國家，乃心王室，各率所統，以孟冬上旬會大駕於臨晉。」於是天水姜延、馮翊寇明、河東王昭、新平張晏、京兆杜敏、扶風馬朗〔一六〕、建忠高平牧官都尉王敏等咸承檄起兵，各有衆數萬，遣使應丕，皆就拜將軍、郡守，封列侯。冠軍鄧景擁衆五千據彭池〔一七〕，與竇衛爲首尾，擊萇平涼太守金熙。安定北部都尉鮮卑没奕干率鄯善王胡員吒、護羌中郎將梁苟奴等，與萇左將軍姚方成、鎮遠强京戰於孫丘谷，大敗之。

枹罕諸氐以衛平年老，不可以成事業，議廢之，而憚其宗强，連日不決。氐有啖青者，謂諸將曰：「大事宜定，東討姚萇，不可沈吟猶豫。一旦事發，反爲人害。諸君但請衛公會集衆將，青爲諸君決之。」衆以爲然。於是大饗諸將，青抽劍而前曰：「今天下大亂，豺狼塞路，吾曹今日可謂休戚是同，非賢明之主莫可濟艱難也。衛公朽耄，不足以成大事，宜反初服，以避賢路。狄道長苻登雖王室疏屬，而志略雄明，請共立之，以赴大駕。諸軍若有不同者，便下異議。」乃奮劍攘袂，將斬貳己者，衆皆從之，莫敢仰視。於是推登爲使持節、都督隴右、雍河二州牧，率衆五萬東下隴右，據南安，馳使於丕請命〔一八〕。

八月〔一九〕，丕以登爲征南一作「西」。大將軍〔二〇〕、開府儀同三司、南安王，持節及州牧都督因其所稱而授之〔二一〕。又以徐義爲右丞相。

丕留王騰守晉陽，楊輔戍壺關，率衆四萬進據平陽。王統以秦州降姚萇。慕容永以丕至平陽，恐不自固，乃遣使求假道還東，丕弗許。

九月，丕下書曰：「鮮卑慕容永，我之騎將，首亂京畿，禍傾社稷，其遺丞相王永及苻纂帥禁衛虎旅覆而取一作「攻」。之〔二二〕。」以俱石子爲前鋒都督。十月〔二三〕，與慕容永戰於襄陵，王永大敗，永及石子皆死之。

初，苻纂之奔丕也，部下壯士三千餘人，丕猜而忌之。及永之敗，懼爲纂所殺，率騎數千南奔東垣。晉揚威將軍馮該自陝要擊，斬之，送丕首於江東〔二四〕。執其太子寧、長樂王壽送於京師，朝廷赦而不誅，歸之於苻宏。徐義爲慕容永所獲，械埋其足，將殺之。義誦觀世音經，至夜中，土開械脱，於重禁之中若有人導之者，遂奔楊佺期，佺期以爲洛陽令。苻纂及弟師奴率丕餘衆數萬，奔據杏城。苻登稱尊號，僞謚丕爲哀平皇帝。丕之臣佐皆没慕容永，永乃進據上黨之長子，僭稱大號，改元曰中興。丕在位二年而敗。

索泮

索泮字德林，敦煌人也，世爲冠族。泮少時游俠，及長變節好學，有佐世才器。張天錫輔政，以泮爲冠軍記室參軍。天錫即位，拜司兵，歷位禁中録事，執法御掾，州府肅然，郡縣改迹。遷羽林左監，有勤幹之稱。出爲中壘將軍、西郡、武威太守、典戎校尉。政務寛和，戎夏懷其惠，天錫甚敬之。後從天錫歸仕於秦〔二五〕，苻堅見而歎曰：「涼州信多君子。」既而以泮河西德望，拜别駕，尋遷建威將軍、西郡太守〔二六〕。

呂光既剋姑臧，泮固郡不降，光攻而獲之。光曰：「孤既平西域，將赴難京師，梁熙無狀，絶孤歸路，此朝廷之罪人，卿何意阻郡固迷，自同元惡！」泮厲色責光曰：「將軍受詔討叛胡，可受詔亂涼州邪？寡君何罪，而將軍害之？泮但苦力寡，不能固守以報君父之讎，豈如逆氐彭濟望風反叛！主滅臣死，禮之常也。」乃就刑於市，神色不變。

其弟菱〔二七〕，有儁才，仕張天錫爲執法中郎、冗從右監。苻堅世至伏波將軍、典農都尉。與泮俱被害。

校勘記

〔一〕苻丕字永敘　「永敘」，偏霸部、魏書卷九五苻健傳同，載記作「永叔」。

〔二〕爲將善收士卒時出鎮於鄴　「時」，偏霸部同，載記作「情」。

〔三〕建元二十一年　見偏霸部，載記無。

〔四〕帥幽并人衆擊慕容垂　見偏霸部，載記無。

〔五〕帶方太守平規　屠本卷三九作「帶方太守平視」，載記作「平規」，偏霸部作「帶方」。

〔六〕將軍　見偏霸部，載記無。

〔七〕始知至所殺　偏霸部同，載記作「始知堅死問」。

〔八〕改建元二十一年爲太安元年　偏霸部「太安」作「太平」，餘同，載記作「改元曰太安」。

〔九〕九月　見偏霸部，載記無。

〔一〇〕清河郡公　載記作「清河公」。

〔一一〕是月　偏霸部同，載記作「是時」。

〔一二〕二年正月　見偏霸部，載記無。

〔一三〕慕容垂僭稱尊號至改年昌平　見偏霸部，載記無。

〔一四〕五月至酒泉公　見纂録、偏霸部，載記無。「五月」，纂録同；偏霸部作「正月」而繫於二年二月之後，顯誤；通鑑卷一〇六事在四、六月間。「車騎大將軍」，屠本卷三九、通鑑同，纂録、偏霸部作「車騎將軍」。「梁州」，偏霸部同，纂録、屠本、通鑑作「涼州」。

〔一五〕是月姚萇僭稱尊號　見偏霸部，載記無。

〔一六〕扶風馬朗　「馬朗」，屠本卷三九、通鑑卷一〇六同，載記作「馬郎」。

〔一七〕擁衆五千據彭池　「彭池」，原作「彭城」，據載記改。

〔一八〕於是推登至請命　偏霸部「都督」作「督」，餘同。載記作：「於是推登爲帥，遣使于丕請命。」

〔一九〕八月　見偏霸部，載記無。

〔二〇〕征南大將軍　「南」，偏霸部同，載記、魏書卷九五苻健傳作「西」。

〔二一〕州牧都督　屠本卷三九、通鑑卷一〇六同，載記作「州郡督」，偏霸部作「雍州牧」。

〔二二〕九月至取之　偏霸部同，載記作「遣王永及苻纂攻之」。

〔二三〕十月　見偏霸部，載記無。

〔二四〕斬之送丕首於江東　偏霸部同，載記作「敗之斬丕首」。

〔二五〕後從天錫歸仕於秦　見屠本卷四二索泮傳，載記無。

〔二六〕尋還建威將軍西郡太守　見屠本卷四二索泮傳，載記無。按，載記上文苻丕傳内有「建威、西郡太守索泮」。

〔二七〕其弟菱　「菱」，原作「淩」，據載記改。

十六國春秋輯補卷四十

前秦録十

苻登

苻登字文高，丕之族子〔一〕，堅之族孫也。父敞，健之世爲太尉司馬、隴東太守、建節將軍，後爲苻生所殺。堅即僞位，追贈右將軍、涼州刺史，以登兄同成嗣。毛興之鎮上邽，以爲長史。登少而雄勇有壯氣，麤險不修細行，故堅弗之奇也。長而折節謹厚，頗覽書傳。建元元年〔二〕，初拜殿中一作「上」。將軍〔三〕，稍遷羽林監、揚武將軍、長安令，坐事黜爲狄道長。

及關中亂，去縣歸毛興。同成言于興，請登爲司馬，常在營部。登度量不羣，好爲奇略，同成常謂之曰：「汝聞不在其位，不謀其政，無數干時，將爲博識者不許。吾非疾汝，恐或不喜人妄豫耳，自是可止。汝後得意，自可專意。」時人聞同成言，多以爲疾登而抑蔽之。登乃屏迹不妄交游。興有事則召之，戲謂之曰：「小司馬可坐評事。」登言輒析理中，興内服焉，然敬憚而不能委任。姚萇作亂，遣其弟碩德率衆伐毛興〔四〕，相持久之。

太平即太安。二年〔五〕，興將死，告同成曰：「與卿累年共擊逆羌，事終不克，何恨之深！可以後事付卿小弟司馬，殄碩德者，必此人也。卿可換攝司馬事。」

登既代衛平，遂專統征伐。登既克南安，夷夏歸之者三萬餘户，遂進攻碩德於秦州，萇自往救之。十月〔六〕，六句依通鑑約補。與姚萇戰于胡奴坂，大破之〔七〕。登攻姚萇，冬大雷震萇營，殺七人，萇軍大敗〔八〕。四句依御覽八百七十六引補。啖青射萇中之。萇走保上邽，碩德代統其衆〔九〕。三句亦依通鑑補。是時歲旱衆饑，道殣相望，登每戰殺賊，名爲「熟食」，謂軍人曰：「汝等朝戰，暮便飽肉，何憂于饑！」士衆從之，噉死人肉，輒飽健能鬬。姚萇聞之，急召碩德曰：「汝不來，必爲苻登所食盡。」碩德于是下隴奔萇。

及丕敗，十一月〔一〇〕，丕尚書寇遺奉丕子渤海王懿、濟北王昶自杏城奔登。登乃具丕死問，于是爲丕發喪行服，三軍縞素。登請立懿爲主，衆咸曰：「渤海王雖先帝之子，然年在幼沖，未堪多難。國亂而立長君，春秋之義也。三虜跨僭，寇旅殷强，豺狼梟獍，舉目而是，自古厄運之極，莫甚于斯。大王挺劒西州，鳳翔秦隴，偏師暫接，姚萇奔潰，一戰之功，可謂光格天地。宜龍驤虎奮，拯拔舊京，以社稷宗廟爲先，不可顧曹臧、吴札一介微節，以失圖運之機，不建中興之業也。」于是以太元十一年爲壇于隴東〔一一〕，僭即皇帝位，大赦境内，改太平即太安。二年爲太初元年〔一二〕。

十二月〔一三〕，立堅神主于軍中，載以輜軿，羽葆青蓋，車建黄旗，武賁之士三百人以衛之，將戰必告，凡欲所爲，啓主而後行。繕甲募兵〔一四〕，將引師而東，乃告堅神主曰：「維曾孫皇帝臣登，以太皇帝之靈恭踐寶位〔一五〕。昔五將之難，賊羌肆害于聖躬，實登之罪也。今收合義旅，衆餘五萬，精甲勁兵，足以立功，年穀豐穰，足以資贍。即日星言一作「星夜」。電邁〔一六〕，直造賊庭，奮不顧命，隕越爲期，庶上報皇帝酷冤，下雪人民大恥〔一七〕。惟帝之靈，降監厥誠。」因歔欷流涕，將士莫不悲慟，皆刻鉾鎧爲「死休」字，示以戰死爲志。每戰以長矟鉤刃爲方圓大陣，知有厚薄，從中分配，故人自爲戰，所向無前。以上七句亦見通典一百五十九。

初，長安之將敗也，苻堅中壘將軍徐嵩、屯騎校尉胡空各聚衆五千，據險築堡以自固，而受姚萇官爵。及萇之害堅，嵩等以王禮葬堅於二堡之閒。至是，各率衆降登。拜嵩鎮軍將軍、雍州刺史，空輔國將軍、京兆尹。登復改葬堅以天子之禮。

丁亥。二年　又僭立其妻毛氏爲皇后，弟懿爲皇太弟。遣使拜苻纂爲使持節、侍中、都督中外諸軍事、太師，領大司馬，進封魯王，纂弟師奴爲撫軍大將軍、并州刺史〔一八〕、朔方公。纂怒，謂使者曰：「渤海王，世祖之孫，先帝之子，南安王何由不立而自尊乎？」纂長史王旅諫曰：「南安已立，理無中改。賊虜未平，不可宗室之中自爲仇敵，願大王遠蹤光武推聖公之義，梟二虜之後，徐更圖之。」纂乃受命。於是二縣虜帥彭沛穀、屠各董成、張龍世、新平羌雷惡地等盡應之，有衆十餘萬。纂遣師奴攻上郡羌酋金大黑、金洛生，大黑等逆戰，大敗之，斬首五千八百。登以竇衝爲車騎大將軍、南秦州牧，楊定爲大將軍、益州牧，楊璧爲司空、梁州牧。

苻纂敗姚碩德於涇陽，姚萇自陰密距纂。纂退屯敷陸，竇衝攻萇汧、雍二城，剋之，斬其將軍姚元平、張略等。又與萇戰於汧東，爲萇所敗。登次於瓦亭。萇攻彭沛穀堡，陷之，沛穀奔杏城，萇還陰密〔一九〕。登征虜、馮翊太守蘭櫝率衆二萬自頻陽入於和寧，與苻纂首尾，將圖長安。師奴勸其兄纂稱尊號，纂不從，乃殺纂，自立爲秦公，蘭櫝絶之，皆爲姚萇所敗。

九月〔二〇〕，登進據胡空堡，戎夏歸之者十有餘萬。姚萇遣其將軍姚方成攻陷徐嵩堡，嵩被殺，悉坑戎士。姚萇掘堅屍，鞭撻無數，裸剥衣裳，附之以棘，坎土埋之〔二一〕。

戊子。三年〔二二〕 登率衆下隴，次朝那，姚萇據武都相持，累戰互有勝負。登軍中大饑，收葚以供兵士。

立其子崇爲皇太子，弁爲南安王，尚爲北海王。

姚萇退還安定，登就食新平，留其大軍於胡空堡，率騎萬餘圍萇營，四面大哭，哀聲動人。萇惡之，乃命三軍哭以應登，登乃引退。萇以登頻戰輒勝，謂堅神將所助〔二三〕，亦於軍中立堅神主，請曰：「往年新平之禍，非萇之罪。臣兄襄從陝北渡，假路求西，狐死首丘，欲暫見鄉里。陛下與苻眉要路距擊，不遂而没。襄敕臣行殺，非臣之罪。苻登陛下末族，尚欲復讎，臣爲兄報恥，於情理何負！昔陛下假臣龍驤之號，謂臣曰：『朕以龍驤建業，卿其勉之！』明詔昭然，言猶在耳。陛下過世爲神，豈假手於苻登而圖臣，忘前征時言邪！今爲陛下立神象，可歸依於此〔二四〕，勿計臣過，聽臣至誠。」

己丑。四年 正月〔二五〕，登進師攻萇，既而升樓謂萇曰：「自古及今，安有殺君而反立神象請福，望有益乎！」大呼曰：「殺君賊姚萇出來，吾與汝決之，何爲枉害無辜！」萇懼而不應。萇自立堅神象，戰未有利，軍中每夜驚恐，乃嚴鼓斬象首以送登。

登將軍竇洛、竇于等謀反發覺，出奔於萇。登進討彭池不剋，攻彌姐營及繁川諸堡，皆剋之。萇連戰屢敗，乃遣其中軍姚崇襲大界，登引師要之，大敗崇於安丘，俘斬二萬五千。進攻萇將吴忠、唐匡於平涼，剋之，以尚書苻碩原爲前禁將軍、滅羌校尉，戍平涼。登進據苟頭原以逼安定。萇率騎三萬夜襲大界營，陷之，殺登妻毛氏及其子弁、尚，擒名將數十人，驅掠男女五萬餘口而去。

苻登妻毛氏，毛興之女也〔二六〕，壯勇善騎射。登留毛氏及輜重於大界營〔二七〕，爲姚萇所襲，營壘既陷，猶彎弓跨馬，率壯士數百與萇交戰，殺賊七百餘人〔二八〕，衆寡不敵，爲萇所執。毛有姿色，萇將納之，毛駡曰：「天子皇后，安可爲賊羌所辱，何不速殺我！」因仰天大哭曰：「姚萇無道，前害天子，今辱皇后。皇天后土，寧不鑒昭！」萇怒，殺之。此依御覽四百三十九引及晉書列女傳補。

登收合餘兵，退據胡空堡，遣使齎書加竇衝大司馬、驃騎將軍、前鋒大都督、都督隴東諸軍事，楊定左丞相、上大將軍、都督中外諸軍事，楊璧大將軍、都督隴右諸軍事。遣衝率見衆爲先驅，自繁川趣長安。登率衆從新平逕據新豐之千户固。使定率隴上諸軍爲其後繼，璧留守仇池。又命其并州刺史楊政、冀州刺史楊楷率所統大會長安。萇遣其將軍王破虜略地秦州，楊定及破虜戰於清水之格奴坂，大敗之。登攻張龍世於鴦泉堡，姚萇救之，登引退。萇密遣其將任瓫、宗度詐爲内應，遣使招登，許開門納之。登以爲然。雷惡地馳謂登曰：「姚萇多計略，善御人，必爲奸變，願深宜詳思。」登乃止。萇聞惡地之詣登也，謂諸將曰：「此羌多奸智，今其詣登，事必無成。」登聞萇懸門待之，大驚，謂左右曰：「雷征東其殆聖乎！微此公，幾爲豎子所誤。」

庚寅。五年　萇攻陷新羅堡。萇扶風太守齊益男奔登。登將軍路柴、强武等並以衆降於萇。登攻萇將張業生於隴東，萇救之，不剋而退。登將軍魏揭飛攻姚當成於杏城，爲萇所殺。

馮翊郭質起兵廣鄉以應登，宣檄三輔曰：「義感君子，利動小人。吾等生逢先帝堯舜之化，累世受恩，非常伯納言之子，即卿校牧守之胤，而可坐視豺狼，忍害君父！裸尸薦棘，痛結幽泉，山陵無松隧之兆，靈主無清廟之頌，賊臣莫大之甚，自古所未聞。雖茹荼之苦，銜蓼之辛，何以諭之！姚萇窮凶肆害，毒被人神，於圖讖曆數萬無一分，而敢妄竊重名，厚顔瞬息，日月固所不照，二儀實亦不育。皇天雖欲絶之，亦將假手於忠節。凡百君子，皆夙漸神化，有懷義方，含恥而存，孰若蹈道而没乎！」衆咸然之。唯鄭縣人苟曜不從，聚衆數千應姚萇。登以質爲平東將軍〔二九〕、馮翊太守。質遣部將伐曜，大敗而歸。質乃東引楊楷以爲聲援，又與曜戰於鄭東，爲曜所敗，遂當作「曜」。歸於萇，萇以爲將軍，質走洛陽〔三〇〕，衆皆潰散。通鑑作質走洛陽。

辛卯。六年　三月〔三一〕，登自雍攻萇安東原作「長安」，一作「爲萇將」，屠本作「萇安東」。金温於范氏堡〔三二〕，剋之。遂渡渭水，攻萇京兆太守韋范於段氏堡，不剋，進據曲牢。苟曜有衆一萬，據逆方堡密應登。登去曲牢繁川〔三三〕，次於馬頭原，萇率騎來拒，大戰敗之，斬其尚書吴忠。

七月〔三四〕，登進攻新安〔三五〕。一作「新平」。萇率衆救之，登乃引退。復攻安定，爲萇所敗，據路承堡。

壬辰。七年　是時萇疾病，見苻堅爲祟。登聞之，秣馬厲兵，告堅神主曰：「曾孫登自受任執戈，幾將一紀，未嘗不上天錫佑，皇鑒垂矜，所在必剋，賊旅冰摧。今太皇帝之靈降災疚於逆羌〔三六〕，以形類推之，醜虜必將不振。登當因其隕弊，順行天誅，拯復梓宫，謝罪清廟。」於是大赦境内，百寮進位二等。與萇將姚崇争麥於清水，累爲崇所敗，進逼安定，去城九十餘里。萇疾小瘳，率衆拒登，登去營逆萇，萇遣其將姚熙隆別攻登營，登懼，退還。萇夜引軍過登營三十餘里以躡登後。旦而候人告曰：「賊諸營已空，不知所向。」登驚曰：「此爲何人，去令我不知，來令我不覺，謂其將死，忽然復來，朕與此羌同世，何其厄哉！」遂罷師還雍。

以竇衝爲右丞相。

癸巳。八年〔三七〕 衝叛，自稱秦王，建年號。登攻之於野人堡，衝請救於姚萇，萇遣其太子興攻胡空堡以救之。登引兵還赴胡空堡，衝遂與萇連和。

十二月，姚萇薨。

甲午。九年 登聞萇死〔三八〕，喜曰：「姚興小兒，吾將折杖以笞之。」於是大赦，盡衆而東，攻屠各姚奴、帛蒲二堡，剋之。

四月〔三九〕，登自甘泉向關中，興追登不及數十里，登從六陌趣廢橋，興將軍尹緯據廢橋以待之。登争水不得，衆渴死者十二三。登與緯大戰，爲緯所敗，其夜衆潰，登單馬奔雍。

初，登之東也，留其弟司徒廣守雍，太子崇守胡空堡。廣、崇聞登敗，棄城出奔〔四〇〕，衆散。登至無所歸，乃奔平涼，收集遺衆入馬毛山。

七月〔四一〕，興率衆攻登於馬毛〔四二〕，登遣子汝陰王宗質於隴西鮮卑乞伏乾歸〔四三〕，結婚請援，乾歸遣騎二萬救登。登引軍出迎，與興戰於山南，爲興所敗，死之。時年五十二，在位九年〔四四〕。

子崇奔於湟中，復僭稱尊號，改元延初。僞謚登爲高皇帝，廟號太宗。

十月，崇爲乾歸所逐，奔於楊定，與崇帥衆二萬攻乾歸，爲乾歸所敗，崇、定皆死之〔四五〕。

始苻健爲穆帝永和七年僭立，皇始元年歲在辛亥〔四六〕，至登五世，是歲在甲午〔四七〕，凡四十有四歲，以孝武帝太元十九年滅。

徐嵩

徐嵩字元高，盛之子也。少以清白著稱。苻堅時舉賢良，爲郎中。稍遷長安令，貴戚子弟犯法者，嵩一皆考竟，請託路絶。堅甚奇之，謂其叔父成曰：「人爲長吏，故當應爾。此年少落落有端貳之才。」遷守始平郡，甚有威惠。

及壘陷，姚方成執而數之。嵩厲色謂方成曰：「汝姚萇罪應萬死，主上止黄眉之斬而宥之，叨據内外，位爲列將，無犬馬識養之誠，首爲大逆。汝曹羌輩豈可以人理期也！何不速殺我，早見先帝，取姚萇於地下。」方成怒，三斬嵩，漆其首爲便器。登哭之哀慟，贈車騎大將軍、儀同三司，謚曰忠武。

校勘記

〔一〕丕之族子　見偏霸部，載記無。

〔二〕建元元年　見偏霸部，載記無。

〔三〕初拜殿中將軍　偏霸部作「初拜殿中將」，載記作「拜殿上將軍」。

〔四〕遣其弟碩德　「其弟」，原作「其子」，據載記改。

〔五〕太平二年　見偏霸部，載記無。按苻丕年號載記作「太安」，偏霸部作「太平」。

〔六〕登既克南安至十月　載記無此節。通鑑卷一〇六太元十一年：「秦南安王登既克南安，夷、夏歸之者三萬餘户，遂進攻姚碩德于秦州，後秦主姚萇自往救之。」事在十月。輯補據此約補。

〔七〕與姚萇戰于胡奴坂大破之　纂録同，偏霸部「胡奴坂」作「胡奴埿」，載記無此句。

〔八〕登攻姚萇至萇軍大敗　御覽卷八七六引「震萇營」作「姚萇營」，餘同。載記無此節。

〔九〕 啖青射萇至代統其衆　載記無此節。通鑑卷一〇六太元十一年：「將軍啖青射萇，中之。萇創重，走保上邽，姚碩德代之統衆。」輯補據此約補。

〔一〇〕 十一月　見偏霸部，載記無。

〔一一〕 爲壇于隴東　見偏霸部，載記無。

〔一二〕 改太平二年爲太初元年　偏霸部同，載記作「改元曰太初」。

〔一三〕 十二月　見偏霸部，載記無。

〔一四〕 繕甲募兵　「募」，載記、屠本卷四〇作「纂」。

〔一五〕 以太皇帝之靈恭踐寶位　「太皇帝」，原作「大皇帝」，據載記、屠本卷四〇改。

〔一六〕 星言電邁　「言」，載記、偏霸部同，纂録作「夜」。

〔一七〕 下雪人民大恥　「人民」，纂録同，偏霸部作「民人」，載記作「臣子」。

〔一八〕 并州刺史　載記、屠本卷四〇、通鑑卷一〇七皆作「并州牧」。

〔一九〕 萇還陰密　「還」，屠本卷四〇、通鑑卷一〇七同，載記作「遷」。

〔二〇〕 九月　見偏霸部，載記無。

〔二一〕 姚萇掘堅屍至坎土埋之　見偏霸部，載記無。

〔二二〕 三年　見偏霸部，載記無。

〔二三〕謂堅神將所助　纂録同，偏霸部「將」作「像」，餘同，載記作「謂堅有神驗」。

〔二四〕可歸依於此　「依」，載記、偏霸部並作「休」。

〔二五〕四年正月　見偏霸部，載記無。

〔二六〕毛興之女也　御覽卷四三九引同，晉書卷九六列女傳作「不知何許人」。

〔二七〕登留毛氏及輜重於大界營　見屠本卷四二登后毛氏傳，晉書卷九六列女傳、御覽卷四三九引無。

〔二八〕殺賊七百餘人　御覽卷四三九引同，晉書卷九六列女傳作「殺傷甚衆」。

〔二九〕平東將軍　「平東」，原作「東平」，據載記乙正。

〔三〇〕質走洛陽　載記無「走洛陽」三字，通鑑卷一〇七：「郭質及苟曜戰於鄭東，質敗，奔洛陽。」

〔三一〕六年三月　見偏霸部，載記無。

〔三二〕攻萇安東　屠本卷四〇作「攻萇安東將軍」，纂録、偏霸部作「攻長安」，纂録下校「該作攻萇安東」，載記作「攻萇將」。

〔三三〕登去曲牢繁川　「繁川」，原作「繁州」，據載記改。

〔三四〕七月　見偏霸部，載記無。

〔三五〕登進攻新安　「新安」，纂録同，載記、偏霸部、通鑑卷一〇七皆作「新平」，是。

〔三六〕今太皇帝之靈　「太皇帝」，原作「大皇帝」，據載記改。

〔三七〕八年　見偏霸部，載記無。

〔三八〕十二月姚萇薨九年登聞萇死　偏霸部同，載記作「至是萇死登聞之」。

〔三九〕四月　見偏霸部，載記無。

〔四〇〕棄城出奔　「棄城」，見偏霸部，載記無。

〔四一〕七月　見偏霸部，載記無。

〔四二〕興率衆攻登於馬毛　載記作「興率衆攻之」，偏霸部作「興攻登于馬毛」。

〔四三〕登遣子汝陰王宗　「遣」，原作「遺」，據載記、偏霸部改。「子汝陰王宗」，偏霸部作「子崇」，疑誤，登太子名崇。

〔四四〕死之時年五十二在位九年　偏霸部作「死之時年五十二」，載記作：「登被殺。在位九年，時年五十二。」

〔四五〕十月至皆死之　偏霸部同，載記作：「崇爲乾歸所逐，崇、定皆死。」

〔四六〕皇始元年歲在辛亥　見偏霸部，載記無。

〔四七〕是歲在甲午　偏霸部「歲」字重出，載記無此句。

十六國春秋輯補卷四十一

前秦録十一

堅夫人張氏

苻堅妾張氏，不知何許人，明辯有才識。堅將入寇江左〔一〕，羣臣切諫不從。張氏進曰：「妾聞天地之生萬物，聖王之馭天下，莫不順其性而暢之。故黄帝服牛乘馬，因其性也；禹鑿龍門，決洪河，因水之勢也；后稷之播殖百穀，因地之氣也；湯武之滅夏商，因人之欲也。是以有因成，無因敗。今朝臣上下皆言不可，陛下復何所因也？書曰：『天聰明自我民聰明。』天猶若此，況於人主乎！妾聞人君有伐國之志者，必上觀乾象，下採衆祥。天道崇遠，非妾所知，以人事言之，未見其可。諺言：『雞夜鳴者，不利行師，犬羣嗥者，宮室必空，兵動馬驚，兵敗不歸。』秋冬已來，每夜羣犬大嗥，衆雞夜鳴，伏聞廐馬驚逸，武庫兵器有聲，吉凶之理，誠非微妾所論，願陛下詳而思之。」堅曰：「軍旅之事，非婦人所豫也。」遂興兵，張氏請從。堅果大敗於壽春，及堅死〔二〕，張氏乃自殺。依晉書列女傳録。

張忠

處士張忠字巨和〔三〕，中山人也。永嘉之亂，隱於泰山。巖棲谷飲〔四〕，恬静寡欲，清虚服氣，飡芝餌石，修導養之法。冬則緼袍，夏則帶索，端拱若尸。無琴書之適，不修經典，勸教但以至道虚無爲宗。其居也，依崇巖幽谷，鑿地爲窟室，弟子亦以窟居，去忠六十餘步，五日一朝。其教也，以形不以言，弟子受業，觀形而退。立道壇於窟上，每旦朝拜之。食用瓦器，鑿石爲釜，容六斗四升〔五〕。泰山人於今法之〔六〕。以上亦散見於初學記五、北堂書鈔百六十、御覽五十及七百五十七。左右居人饋之衣食，一無所受。好事少年頗或問以水旱之祥，忠曰：「天不言而四時行焉，萬物生焉。陰陽之事非窮山野老所能知之。」其遺諸外物，皆此類也。年在期頤，而視聽無爽。

苻堅遣使徵之。使者至，忠沐浴而起，謂弟子曰：「吾餘年無幾，不可以逆時主之意。」浴訖就車。及至長安，堅賜以衣冠，辭曰：「年朽髮落，不堪衣冠，請以野服入覲。」從之。及見，堅謂之曰：「先生考槃山林，研精道素，獨善之美有餘，兼濟之功未也。故遠屈先生，將任齊尚父。」忠曰：「昔因喪亂，避地泰山，與鳥獸爲侶，以全朝夕之命。屬堯舜之世，思一奉聖顔，年衰志謝，不堪展效，尚父之況，非敢竊擬。山棲之性，情存巖岫，乞還餘齒，歸死岱宗。」堅以安車送之。行達華山，歎曰：「我東嶽道士，没於西嶽，命也，奈何！」行五十里，及關而死。使者馳驛白之，堅遣黄門郎韋華持節策弔，祀以太牢，褒賜命服，謚曰安道先生。依晉書隱逸傳録。

石垣

石垣字洪孫，自云北海劇人。居無定所，不娶妻妾，不營産業，食不求美，衣必麄敝，或有遺其衣服，受而施人。人有喪葬，杖策弔之，路無遠近，時有寒暑，必在其中，或同日共時，咸皆見焉。又能闇中取物，如晝無差。姚萇之亂，莫知所終。同上。

孟欽

術士孟欽〔七〕，洛陽人也，有左慈、劉根之術，百姓惑而赴之。苻堅召至長安，惡其惑衆，命苻融誅之。俄而欽至，融留之，遂大讌會羣寮，酒酣，目左右將執欽〔八〕。欽化爲旋風，飛出第外。以上亦約見御覽九。頃之，有告在城東者。融遣騎追之，垂及，忽然已遠，或有兵衆拒戰，或前有谿澗，騎不得過，遂不知所在。堅末年，復見於青州，苻朗尋之，入於海島。依晉書藝術傳録。

僧涉

僧涉一作「沙公」。者〔九〕，西域人也，不知何姓。少爲沙門，苻堅時入長安。虚静服氣，不食五穀，日行五百里，言未然之事，驗若指掌。能以秘祝下神龍，每旱，堅常使之咒龍〔一〇〕，俄而龍便下鉢中，天輒大雨，以上亦約見御覽十一。堅及羣臣親就鉢中觀之。卒於長安。後大旱移時，堅歎曰：「涉公在此〔一一〕，豈憂此乎！」同上。

趙整〔一二〕

趙整字文業，一名正，略陽清水人，或云濟陰人。年十八，爲堅著作郎，後遷爲黄門侍郎，武威太守。爲人無鬚而瘦，有妻妾而無兒，時人謂爲閹。然而情度敏達，學兼内外，性好幾諫，無所迴避。建元中，慕容垂夫人段氏得幸於堅，堅與之同輦游於後庭。整作歌以諷之云〔一三〕：「不見雀來入燕室，但見浮雲蔽白日。」堅改容謝之，命夫人下輦。

堅宴羣臣於釣臺〔一四〕，一作「堅與羣臣飲酒」。以秘書監朱彤爲酒正。堅曰：「今日之飲，當以落地二字一作「極醉」。爲限。」〔一五〕此節亦見御覽四百九十七。秘書侍郎整以堅頗好酒，因爲酒德之歌〔一六〕，乃歌曰：「地列酒泉，天垂酒池，杜康妙識，儀狄先知。紂喪殷邦，桀傾夏國，由此言之，前危後則。」又歌曰〔一七〕：「穫黍西秦，採麥東齊，春封夏發，鼻納心迷。」此節亦見御覽八百四十二。堅大悦，命整書之以爲酒戒，自是每宴羣臣，禮飲而已。

堅後分氐户於諸鎮，以四帥子弟三千户配長樂公丕鎮鄴，親送丕於灞上，流涕而别。諸戎子弟離其父兄者，皆悲泣號慟，酸感行人。整因侍宴，援琴而歌曰：「阿得脂，阿得脂，博勞舊父是仇綏〔一八〕，尾長翼短不能飛，遠徙種人留鮮卑，一旦緩急語阿誰？」〔一九〕一作「當語誰」。堅笑而不納。上段亦散見堅傳。

堅末年好色〔二〇〕，寵惑鮮卑，惰於政治，整又援琴而歌曰：「昔聞孟津河，千里作一曲，此水自本清〔二一〕，一作「此河本是清」。是誰亂使濁？」堅動容曰：「是朕也。」又歌曰：「北園有棗樹〔二二〕，或作「一樹」。布葉垂重陰，外雖多一作「饒」。棘刺〔二三〕，内實有赤心。」此節亦見御覽五百七十七。堅笑曰：「將非趙文業邪！」其調戲機捷，皆此類也。

整博聞强記，能屬文，好直言，上書及面陳前後五十餘事。官至秘書侍郎。後因關中佛法之盛，願欲出家，堅惜弗許。及堅死，方遂其志，更名道整，因作頌曰：「我生何以晚，泥洹一何旦。歸命釋迦文，今來受大道。」〔二四〕後遁迹商洛山，專精經律〔二五〕。晉雍州刺史郄恢欽其風尚，逼其同游。終於襄陽，時年六十餘矣。屠本有此傳，不知何據。因内多引見於御覽，則十六國春秋本有此傳可知。且御覽所引亦不見於晉書載記，則載記或有此小傳，而後脱落歟？姑録之以俟考。

王嘉

王嘉字子年，隴西安陽人也。輕舉止，醜形貌，外若不足，而聰睿内明，滑稽好語笑。不食五穀，不衣美麗，清虚服氣，不與世人交游，隱於東陽谷，鑿崖穴居。弟子受業者數百人，亦皆穴處。

石季龍之末，棄其徒衆，至長安，潛於終南山〔二六〕，結菴廬而止。以上亦散見數句於初學記五。門人聞而復隨之，乃遷於倒獸山。苻堅累徵不起，公侯已下咸躬往參詣，好尚之士無不師宗之。問其當世事者，皆隨問而對。好爲譬喻，狀若戲調。言未然之事，辭如讖記，當時尟能曉之，事過皆驗。

堅將南征，遣使者問之，嘉曰：「金剛火强。」乃乘使者馬，正衣冠，徐徐東行數百步而策馬馳反，脱衣服，棄冠履而歸，下馬踞牀，一無所言。使者還告，堅不悟，復遣問之曰：「吾世祚云何？」嘉曰：「未央。」咸以爲吉。明年癸未，敗於淮南，所謂「未年而有殃」也。人候之者，至心則見之，不至心則隱形不見。衣服在架，履杖猶存，或欲取其衣者，終不及，企而取之，衣架踰高。而屋亦不大，履杖諸物亦如之。

姚萇之入長安，禮嘉如苻堅故事，逼以自隨，每事諮之。萇既與苻登相持，問嘉曰：「吾得殺苻登定天下不？」嘉曰：「略得之。」萇怒曰：「得當云得，何略之有！」遂斬之。先是，釋道安謂嘉曰：「世故方殷，可以行矣。」嘉答曰：「卿其先行，吾負債未果去。」俄而道安亡，至是而嘉戮死，所謂負債者也。苻登聞嘉死，設壇哭之，贈太師，謚曰文。及萇死，萇子興字子略方殺登，「略得」之謂也。嘉之死日，人有隴上見之。其所造牽三歌讖，事過皆驗，累世傳之。又著拾遺録十卷，其記事多詭怪，今行於世。依晉書藝術傳録。

韋逞母宋氏

韋逞母宋氏，不知何郡人也，家世以儒學稱。宋氏幼喪母，其父躬自養之。及長，授以周官音義，謂之曰：「吾家世學周官，傳業相繼，此又周公所制，經記典誥，百官品物，備於此矣。吾今無男可傳，汝可受之，勿令絶世。」屬天下喪亂，宋氏諷誦不輟。

其後爲石季龍徙之於山東，宋氏與夫在徙中，推鹿車，背父所授書〔二七〕，到冀州，依膠東富人程安壽，壽養護之。逞時年少，宋氏晝則樵採，夜則教逞，然紡績無廢。壽每歎曰：「學家多士大夫，得無是乎！」逞遂學成名立，仕苻堅爲太常。堅嘗幸其太學，問博士經典，乃憫禮樂遺闕。時博士盧壺對曰：「廢學既久，書傳零落，比年綴撰，正經粗集，唯周官禮注未有其師。竊見太常韋逞母宋氏世學家女，傳其父業，得周官音義，今年八十，視聽無闕，自非此母無可以傳授後生。」於是就宋氏家立講堂，置生員百二十人，隔絳紗幔而受業，號宋氏爲宣文君，賜侍婢十人。周官學復行於世，時稱韋氏宋母焉。依晉書列女傳録。

竇滔妻蘇氏

竇滔妻蘇氏，始平人，彭城令蘇道賢之女也〔二八〕，名蕙，字若蘭。有才學〔二九〕，善屬文。滔苻堅時爲秦州刺史，被徙流沙，蘇氏思之，織錦爲迴文旋圖詩以贈滔，以贖夫罪〔三〇〕。宛轉循環以讀之，詞甚凄惋，凡八百四十字，文多不録。依晉書列女傳及御覽五百二十引録。

校勘記

〔一〕堅將入寇江左　「江左」，原作「江右」，據晉書卷九六列女傳改。

〔二〕及堅死　見屠本卷四一堅夫人張氏傳，晉書卷九六列女傳無。

〔三〕處士　見書鈔卷一六〇、初學記卷五泰山「鑿石釜探玉策」條、御覽卷七五七引，晉書卷九四隱逸傳無。

〔四〕巖棲谷飲　見書鈔卷一六〇、初學記卷五泰山「鑿石釜探玉策」條引，晉書卷九四隱逸傳無。

〔五〕容六斗四升　見御覽卷七五七引，晉書卷九四隱逸傳無。

〔六〕泰山人於今法之　見書鈔卷一六〇、初學記卷五泰山「鑿石釜探玉策」條引，晉書卷九四隱逸傳無。

〔七〕術士孟欽　晉書卷九五藝術傳無「術士」，御覽卷九引作「術士蓋欽」。

〔八〕將執欽　御覽卷九引同，晉書卷九五藝術傳作「收欽」。

〔九〕僧涉　晉書卷九五藝術傳同，御覽卷一一引作「沙公」。

〔一〇〕堅常使之咒龍　御覽卷一一引同，晉書卷九五藝術傳、屠本卷四二僧涉公傳後有「請雨」。

〔一一〕涉公在此　「在此」，晉書卷九五藝術傳、屠本卷四二僧涉公傳作「若在」。

〔一二〕按此傳以屠本卷四二趙整傳爲本補入，參傳末原注。

〔一三〕作歌以諷之　「諷」，原作「調」，據屠本卷四二趙整傳改。

〔一四〕堅宴羣臣於釣臺　御覽卷四九七引同，屠本卷四二趙整傳作「堅與羣臣飲酒」。

〔一五〕堅曰至爲限　御覽卷四九七引同，屠本卷四二趙整傳作「令人以極醉爲限」。

〔一六〕秘書侍郎至酒德之歌　御覽卷八四二引同，屠本卷四二作「整乃作酒德歌曰」。

〔一七〕又歌曰　屠本卷四二趙整傳作「又云」。

〔一八〕博勞舊父是仇綏　「舊父」，屠本卷四二趙整傳、晉書卷一一四苻堅載記下同，御覽卷九二三引晉書、通鑑卷一〇四作「舅父」。

〔一九〕語阿誰　屠本卷四二趙整傳、晉書卷一一四苻堅載記下同，通鑑卷一〇四作「當語誰」。

〔二〇〕堅末年好色　見御覽卷五七七引，屠本卷四二趙整傳無。

〔二一〕此水自本清　御覽卷五七七引作「此水本清白」，屠本卷四二趙整傳作「此河本是清」。

〔二二〕北園有棗樹　「棗樹」，御覽卷五七七引同，初學記卷二八棗「東鄰伐樹北園垂陰」條、類聚卷八七引、屠本卷四二趙整傳作「一樹」。

〔二三〕外雖多棘刺　「多」，御覽卷五七七引、初學記卷二八棗「東鄰伐樹北園垂陰」條、類聚卷八七引同，屠本卷四二趙整傳作「饒」。

〔二四〕今來受大道　「受」，屠本卷四二趙整傳作「授」。

〔二五〕專精經律　原作「專經精律」，據屠本卷四二趙整傳乙正。

〔二六〕潛於終南山　「潛於」，載記作「潛隱於」，初學記卷五終南山「匿綺潛嘉」條引作「潛隱」。

〔二七〕背父所授書　晉書卷九六列女傳作「背負父所授書」。

〔二八〕彭城令蘇道賢之女也　御覽卷五二〇引作「彭城令蘇道之女」，屠本卷四二竇滔妻蘇氏傳作「陳留令蘇道賢之第三女也」，晉書卷九六列女傳無此句。按，文苑英華卷八三四武后蘇氏織錦迴文記謂：「前秦苻堅時秦州刺史扶風竇滔妻蘇氏，陳留令武功蘇道質第三女也。」宋桑世昌回文類聚卷一、明董斯張廣博物志卷二三引此記皆同，明朱荃宰文通卷二三引此記「蘇道質」作「蘇道賢」。

〔二九〕有才學　見御覽卷五二〇引，晉書卷九六列女傳無。

〔三〇〕以贖夫罪　見御覽卷五二〇引，晉書卷九六列女傳無。

十六國春秋輯補卷四十二

後燕録一

慕容垂

慕容垂字道明，皝之第五子也。小字阿六敦，母蘭淑儀〔一〕。垂少岐嶷有器度，身長七尺七一作「四」。寸〔二〕，手垂過膝。皝甚寵之，常目而謂諸弟曰：「此兒闊達好奇，終能破人家，或能成人家。」故名霸，字道業，恩遇踰於世子儁，故儁弗能平之。以滅宇文之功，封都鄉侯。石季龍來伐，既還，猶有兼并之志，遣將鄧恒率衆數萬屯於樂安，營攻取之備。垂戍徒河，與恒相持，恒憚而不侵。垂少好畋游，因獵墜馬，傷前二齒〔三〕。慕容儁僭即王位，因改名䅟，外以慕郤䅟爲名，内實惡而改之。尋以讖記之文，乃去夬，以「垂」爲名焉。石季龍之死也，趙魏亂，垂謂儁曰：「時來易失，赴機在速。兼弱攻昧，及其時矣。」儁以新遭大喪，不許。慕輿根言於儁曰：「王子之言，千載一時，不可失也。」儁乃從之。以垂爲前鋒都督。儁既剋幽州，將坑降卒。垂諫曰：「弔伐之義，先代常典。方今平中原，宜綏懷以德，坑戮之刑，不可爲王師之先聲。」儁從之。及儁僭稱尊號，封垂吴王，徙鎮信都，以侍中、右禁將軍録留臺事，大收東北之利。又爲征南將軍、荆兖二州牧，有聲於梁楚之南。再爲司隸，僞王公已下莫不屏迹。時慕容暐嗣僞位，慕容恪爲太宰。恪甚重垂，常謂暐曰：「吴王將相之才十倍於臣，先帝以長幼之次，以臣先之。臣死之後，願陛下委政吴王，可謂親賢兼舉。」建熙十年，以車騎大將軍敗桓温於枋頭〔四〕，威名大震。太傅、上庸王評深忌惡之〔五〕，乃謀誅垂。垂懼禍及己，遂與世子令一作「全」。出奔於秦苻堅〔六〕。

自恪卒後，堅密有圖暐之謀，憚垂威名而未發。及聞垂至，堅大悦，郊迎執手，禮之甚重。堅相王猛惡垂雄略，勸堅殺之。堅不從，以爲冠軍將軍，封賓都侯，食華陰之五百户。王猛伐洛陽，引令爲參軍。將發，謂慕容垂曰：「吾將遂清東夏，或爲東山之别。見物思人，卿將何以爲信？」垂以佩刀遺之〔七〕。此節依御覽四百七十八引補。猛乃令人詭傳垂語於令曰：「吾已東還，汝可爲計也。」令信之，乃奔暐。猛表令叛狀，垂懼而東奔，及藍田，爲追騎所獲。堅引見東堂，慰勉之曰：「卿家國失和，委身投朕。賢子志不忘本，猶懷首丘。書不云乎：『父父子子，無相及也。』卿何爲過懼而狼狽若斯也！」於是復垂爵位，恩待如初。

及堅擒暐，垂隨堅入鄴，收集諸子，對之悲慟，見其故吏，有不悦之色。前郎中令高弼私於垂曰：「大王以命世之姿，遭无妄之運，迍邅棲伏，艱亦至矣。天啓嘉會，靈命蹔遷，此乃鴻漸之始，龍變之初，深願仁慈有以慰之。且夫高世之略必懷遺俗之規，方當網漏吞舟，以弘苞養之義，收納舊臣之胄，以成爲山之功。奈何以一怒捐之？竊爲大王不取。」垂深納之。垂在堅朝，歷位京兆尹，進封泉州侯，所在征伐，皆有大功。

苻堅之敗於淮南也，垂軍獨全，堅以千餘騎奔垂。垂世子寶言於垂曰：「家國傾喪，皇綱廢弛，至尊明令著之圖籙，當隆中興之業，建少康之功。但時來之運未至，故韜光俟奮耳。今天厭亂德，凶衆土崩，可謂乾啓神機，授之於我。千載一時，今其會也，宜恭承皇天之意，因而取之。且夫立大功者不顧小節，行大仁者不念小惠。秦既蕩覆二京，竊辱神器，仇恥之深，莫甚於此。願不以意氣微恩而忘社稷之重。五木之祥，今其至矣。」垂曰：「汝言是也。然彼以悉心投命，奈何害之！苟天所棄，圖之多便。且縱令北還，更待其釁，既不負宿心，可以義取天下。」垂弟德進曰：「夫鄰國相吞，有自來矣。秦强而並燕，秦弱而圖之。此爲報仇雪辱，豈所謂負宿心也。昔鄧祁侯不納三甥之言〔八〕，終爲楚所滅，吴王夫差違子胥之諫，取禍句踐。前事之不忘，後世之師表也。願不棄湯武之成蹤，追韓信之敗迹，乘彼土崩，恭行天罰，斬逆氐，復宗祀，建中興，繼洪烈，天下大機，弗宜失也。若釋數萬之衆，授干將之柄，是卻天時而待後害，非至計也。語曰：『當斷不斷，反受其亂。』願兄無疑。」垂曰：「吾昔爲太傅所不容，投身於秦主，又爲王猛所譖，復見昭亮，國士之禮每深，報德之分未一。如使秦運必窮，曆數歸我者，授首之便，何慮無之。關西之地，會非吾有。自當有以擾之者，吾可端拱而定關東。君子不怙亂，不爲禍先，且可觀之。」乃以兵屬堅。初，寶在長安，與韓黄、李根等因讌樗蒲，寶危坐整容，誓之曰：「世云樗蒲有神，豈虚也哉！若富貴可期，頻得三盧。」於是三擲盡盧，寶拜而受賜，故云五木之祥。

堅至澠池，垂言於堅曰：「王師不利，北境之民或因此輕動，請奉詔輯寧朔裔。且龍鄴舊都，陵廟所在，乞過展拜，以申罔極〔九〕，因張國威刑，以安戎狄。」堅許之。權翼諫曰：「垂爪牙名將，所謂今之韓白，且世豪東夏，志不爲人下。頃以避禍歸誠，非慕德而至也〔一〇〕，一作「非慕義而來」。恐冠軍之號不飽其志，列地百里未滿其心〔一一〕。且垂猶鷹也，飢則附人，飽便高颺，遇風塵之會，必有淩霄之志。惟宜急其羈絆，不可任其所欲。」堅曰：「卿言是也。但朕已許之。匹夫猶重信，況萬乘之主乎！」翼曰：「陛下重小信而輕忽社稷，臣見其往不見其還。關東之變，垂其首乎。」〔一二〕堅不從。遣其將李蠻、閔亮、尹國率衆三千送垂，自涼馬臺結草筏而渡。至安陽，修箋於長樂公丕〔一三〕。堅又遣石越戍鄴，張蚝戍并州。

時堅子丕先在鄴，及垂至，丕館之於鄴西。垂具説淮南敗狀，會堅將苻暉告丁零翟斌聚衆四千謀逼洛陽〔一四〕，丕謂垂曰：「翟斌兄弟因王師小失，敢肆凶悖，子母之軍，恐難爲敵，非冠軍英略，莫可以滅也。欲相煩一行，可乎？」垂曰：「下官殿下之鷹犬，敢不惟命是聽？」於是大賜金帛，一無所受，惟請舊田園，丕許之。配垂兵二千，遣廣武將軍苻飛龍率氐騎一千爲垂之副〔一五〕。丕戒飛龍曰：「卿王室肺腑，年秩雖卑，其實帥也。垂爲三軍之統，卿爲謀垂之主，用兵制勝之權，防微杜貳之略，委之於卿，卿其勉之。」垂請入鄴城拜廟，丕不許。乃潛服而入，亭吏禁之，垂怒，斬吏燒亭而去。此節亦見御覽一百九十四。石越言於丕曰：「垂之在燕，破國亂家，及投命聖朝，蒙超常之遇，忽敢輕侮方鎮，殺吏焚亭，反形已露，終爲亂階。將老兵疲，可襲而取之矣。」丕曰：「淮南之敗，衆散親離，而垂侍衛聖躬，誠不可忘。」越曰：「垂既不忠於燕，其肯盡力於我乎！且其亡虜也，主上寵同功舊，不能銘澤誓忠，而首謀爲亂，今不擊之，必爲後害。」丕不從。越退而告人曰：「公父子好存小仁，不顧天下大計，吾屬終當爲鮮卑虜矣。」

垂至安陽，聞丕與飛龍謀，因激怒其衆曰：「吾盡忠於苻氏，而彼專欲圖吾父子。吾雖欲已，得乎？」乃停河内募兵，旬日間，有衆八千。苻暉告急，簡書相尋。垂方圖飛龍，停河内不進。夜襲飛龍，悉誅氐兵。命左右殺飛龍，以書遺秦王堅，言其故。而慕容鳳等亦各帥部曲歸翟斌，會苻暉遣毛當討斌，鳳擊破斬之〔一六〕。此段別本及載記皆略，因依通鑑約補。

鳳字道翔，宜都王桓之子。桓好宮室，鳳年八歲，左右抱之隨桓周行殿觀，桓問之曰：「此第好否？」鳳笑曰：「此本石家諸王故第，今王修之，何足爲好？」鳳因言曰〔一七〕：「今王之膳，兼列百品，而外有糟糠之民，非是小兒所可同大王之味也。」桓彌加歎賞。以上依御覽八百四十八引補。秦滅燕，桓阻兵遼東，爲秦所殺，鳳泣血不言。年十一，告其母曰：「昔張良養士以擊秦王，復君之仇也。先王之事，豈可一日忘之！」以上依御覽四百八十二引補。

垂召募遠近，衆至三萬，濟河焚橋，令曰：「吾本外假秦聲，内規興復。亂法者軍有常刑，奉命者賞不踰日。天下既定，封爵有差，不相負也。」翟斌聞垂之將濟河也，遣使推垂爲盟主。垂拒之曰：「吾父子寄命秦朝，危而獲濟，荷主上不世之恩，蒙更生之惠，雖曰君臣，義深父子，豈可因其少隙，便懷二三。吾本救豫州，不赴君等，何爲斯議而及於我！」垂進欲據洛陽，故見苻暉以臣節，退又未審斌之誠款，故以此言拒之。垂至洛陽，暉閉關門距守，不與垂交通。斌又遣長史河南郭通説垂，乃許之。斌率衆會垂，勸稱尊號，垂曰：

「新興侯，國之正統，孤之君也。若以諸君之力，得平關東，當以大義喻秦，奉迎反正。誣一作「無」。上自尊〔一八〕，非孤心也。」謀於衆曰：「洛陽四面受敵，北阻大河，至於控馭燕趙，非形勝之便，不如北取鄴都，據之以制天下。」衆咸以爲然。乃引師而東，遣建威將軍王騰起浮橋於石門。

初，垂之發鄴中，子農及兄子楷、紹，弟子宙，爲苻丕所留。及誅飛龍，遣田生密告農等，使起兵趙魏以相應，於是農、宙奔列人。農乃詣烏桓説張驤，使趙秋説屠各畢聰及烏丸劉大等來援〔一九〕。趙秋字子武，汲郡朝歌人也。少而輕財好施，鄰人李玄度母死，家貧無以葬，秋謂其兄曰：「赴死救不足，仁之本也。」家有二牛，以一與之，玄度得以葬。他年，秋夜行見一老母，遺秋金一餅曰：「子能葬我，是以相報。子五十以後當富貴不可言。勿忘玄度也。」〔二〇〕依御覽四百七十七及五百五十五引補〔二一〕。楷、紹奔辟陽，衆咸應之。農西招庫傉官偉於上黨，東引乞特歸於東阿，各率衆數萬赴之，衆至十餘萬。丕遣石越討農，皆勸農逆擊之。農曰：「我無兵仗，彼有鋭鉀。音甲。不如待暮，一戰而定之。」〔二二〕此節依御覽三百五十五引補。爲農所敗，斬越於陣。

垂引兵至滎陽，羣下固請上尊號〔二三〕。乃以太元八年自稱大將軍、大都督、燕王，承制行事〔二四〕，令稱統府。府置四佐，王公已下稱臣。凡所封拜，一如王者。以翟斌爲建義大將軍，封河南王；翟檀爲柱國大將軍，封弘農王；弟德爲車騎大將軍，范陽王；兄子楷爲征西大將軍，太原王；鳳爲建策將軍〔二五〕。衆至二十餘萬，濟自石門，長驅一作「驅」。攻鄴〔二六〕，農、楷、紹、宙等率衆會垂。

校勘記

〔一〕小字阿六敦母蘭淑儀　見偏霸部，載記無。

〔二〕七尺七寸　「七寸」，載記、偏霸部同，屠本卷四三作「四寸」。

〔三〕傷前二齒　偏霸部同，載記作「折齒」。

〔四〕建熙十年以車騎大將軍　見偏霸部，載記無。

〔五〕太傅上庸王　見偏霸部，載記無。

〔六〕遂與世子令出奔於秦苻堅　「令」，載記作「全」，通鑑及考異此人名皆作「令」。輯補皆作「令」，下不具校。

〔七〕將發至以佩刀遺之　見御覽卷四七八引，載記無。

〔八〕鄧祁侯　「祁」，原作「析」，據載記改。

〔九〕垂言於堅曰至以申罔極　偏霸部同，載記無。按載記云「垂請至鄴展拜陵墓，因張國威刑，以安戎狄」，即此節之約文，而湯球又存載記語於下，重複。

〔一〇〕非慕德而至也　載記無「也」字，偏霸部作「非慕義也」。

〔一一〕恐冠軍至未滿其心　偏霸部同，載記作：「列土千城未可以滿其志，冠軍之號豈足以稱其心。」

〔一二〕堅曰卿言至垂其首乎　見偏霸部，載記無。

〔一三〕自涼馬臺至長樂公丕　見偏霸部，載記無。

〔一四〕聚衆四千謀逼洛陽　「四千」，見偏霸部，載記無。

〔一五〕廣武將軍　見偏霸部，載記無。

〔一六〕垂至安陽至鳳擊破斬之　「苻暉告急」至「停河内不進」及「悉誅氐兵命左右殺飛龍」見偏霸部，餘略見通鑑卷一〇五孝武帝太元八年。載記較偏霸部更略。

〔一七〕何足爲好鳳因言曰　屠本卷五〇慕容鳳傳同，御覽卷八四八引詳於此，「何足爲好」作「室無常人何煩過好」，下有「桓大奇之每食必與之同案」，「鳳因言曰」作「鳳辭曰」。

〔一八〕誣上自尊　「誣」，偏霸部同，載記作「無」。

〔一九〕農乃詣烏桓至劉大等來援　載記、偏霸部無，事見通鑑卷一〇五孝武帝太元九年。

〔二〇〕趙秋字子武至玄度也　載記、偏霸部無，見御覽卷四七七、五五五引。「赴死救不足」，御覽卷五五五引同，卷四七七引作「起死生救不足」。

〔二一〕「四百七十七」，原誤「四百七十一」，今改。

〔二二〕皆勸農逆擊之至一戰而定之　載記、偏霸部無，見御覽卷三五五引。「農」，御覽誤作「豊」。

〔二三〕羣下固請上尊號　載記、偏霸部皆無此句。

〔二四〕承制行事　載記此下有「建元曰燕元」，湯球據偏霸部移於下卷。

〔二五〕鳳爲建策將軍　載記、偏霸部皆無此句，見通鑑卷一〇五孝武帝太元九年。

〔二六〕長馳攻鄴　「馳」，纂録同，載記、偏霸部作「驅」。

十六國春秋輯補卷四十三

後燕録二

慕容垂

甲申。燕元元年晉太元九年。 正月，朝羣寮於清陽宮。以暐在長安，依晉愍帝在平陽，中宗稱王改年建武故事，改秦建元二十年爲燕元元年〔一〕。服色朝儀皆如舊章〔二〕，立太子寶爲燕王太子，封功臣爲公侯伯子男者百餘人。

苻丕乃遣侍郎姜讓謂垂曰：「往歲大駕失據，君保衛鑾輿，勤王誠義，邁蹤前烈。宜述修前規，終忠貞之節，奈何棄崇山之功，爲此過舉！過貴能改，先賢之嘉事也。深宜詳思，悟猶未晚。」垂謂讓曰：「孤受主上不世之恩，故欲安全長樂公，使盡衆赴京師，然後修復國家之業，與秦永爲鄰好。何故闇於機運，不以鄴見歸也？大義滅親，況於意氣之顧！公若迷而不返者，孤亦欲窮兵勢耳。今事已然，恐單馬乞命不可得也。」讓厲色責垂曰：「將軍不容於家國，投命於聖朝。燕之尺土，將軍豈有分乎！主上與將軍風殊類别，臭味不同，奇將軍於一見，託將軍以斷金，寵踰宗舊，任齊懿藩，自古君臣名契之重，豈甚此邪！方付將軍以六尺之孤，萬里之命，奈何王師小敗，便有二圖！夫師起無名，終則弗成，天之所廢，人不能支。將軍起無名之師，而欲興天所廢，竊未見其可。長樂公，主上之元子，聲德邁於唐衛，居陝東之任，爲朝廷維城，其可束手輸將軍以百城之地！大夫死王事，國君死社稷，將軍欲裂冠毁冕，拔本塞源者，自可任將軍兵勢，何復多云。但念將軍以七十之年，懸首白旗，高世之忠，忽爲逆鬼，竊爲將軍痛之。」垂默然。左右勸垂殺之，垂曰：「古者兵交，使在其間，犬各吠非其主，何所問也！」乃遣讓歸。

垂上表於苻堅曰：「臣才非古人，致禍起蕭牆，身嬰時難，歸命聖朝。陛下恩深周漢，猥叨微顧之遇，位爲列將，爵忝通侯，誓在戮力輸誠，常懼不及。去夏桓沖送死，一擬雲消，迴討鄖城，俘馘萬計，斯誠陛下神算之奇，頗亦愚臣忘死之效。方將飲馬桂洲，懸旌閩會，不圖天助亂德，大駕班師。陛下單馬奔臣，臣奉衛匪貳，豈陛下聖明，鑒臣丹心，皇天后土，實亦知之。臣奉詔北巡，受制長樂。然丕外失衆心，内多猜忌，令臣野次外庭，不聽謁廟。丁零逆竪寇逼豫州，丕迫臣單赴，限以師程，惟給敝兵二千，盡無兵杖。復令飛龍潛爲刺客，及至洛陽，平原公暉復不信納。臣竊惟進無淮陰功高之慮，退無李廣失利之愆，懼有青蠅，交亂白黑。丁零夷夏以臣忠而見疑，乃推臣爲盟主。臣受託善始，不遂令終，泣望西京，揮涕即邁。軍次石門，所在雲赴，雖復周武之會於孟津，漢祖之集於垓下，不期之衆，實有甚焉。欲令長樂公盡衆赴難，以禮發遣，而丕固守匹夫之志，不達變通之理。臣息農收集故營，以備不虞，而石越傾鄴城之衆，輕相掩襲，兵陣未交，越已隕首。臣既單車懸軫，歸者如雲，斯實天符，非臣之力。且鄴者臣國舊都，應即惠及，然後西面受制，永守東藩，上成陛下遇臣之意，下全愚臣感報之誠。今進師圍鄴，並喻丕以天時人事。而丕不察機運，杜門自守，時出挑戰，鋒戈屢交，恒恐飛矢誤中，以傷陛下天性之念。臣之此誠，未簡神聽，輒遏兵止鋭，不敢窮攻。夫運有推移，去來常事，惟陛下察之。」

堅報曰：「朕以不德，忝承靈命，君臨萬邦，三十年矣。遐方幽裔，莫不來庭，惟東南一隅，敢違王命。朕爰奮六師，恭行天罰，而玄機不弔，王師敗績。賴卿忠誠之至，輔翼朕躬，社稷之不隕，卿之力也。詩云：『中心藏之，何日忘之。』方任卿以元相，爵卿以郡侯，庶弘濟艱難，敬酬勳烈，何圖伯夷忽毁冰操，柳惠倏爲淫夫！覽表惋然，有慚朝士。卿既不容於本朝，匹馬而投命，朕則寵卿以將位，禮卿以上賓，任同舊臣，爵齊勳輔，歃血斷金，披心相付。謂卿食椹懷音，保之偕老。豈意畜水覆舟，養獸反害，悔之噬臍，將何所及！誕言駭衆，誇擬非常，周武之事，豈卿庸人所可論哉！失籠之鳥，非羅所羈；脱網之鯨，豈罟所制！翹陸任懷，何煩聞也。念卿垂老，老而爲賊，生爲叛臣，死爲逆鬼，侏張幽顯，布毒存亡，中原士女，何痛如之！朕之歷運興衰，豈復由卿！但長樂、平原以未立之年，遇卿於兩都，慮其經略未稱朕心，所恨者此焉而已。」

垂攻拔鄴郛，丕固守中城。垂塹而圍之，分遣老弱於魏郡、肥鄉，築新興城以置輜重。垂遣范陽王德擊秦枋頭，取之。東胡王晏據館陶，爲鄴中聲援，夷夏不從燕者尚衆。太原王楷與陳留王紹擊之，楷謂紹曰：「今大業始爾，人心未洽。唯宜綏之以德，不可震之以威。」乃屯於辟陽。紹帥騎數百往説王晏，晏降。於是民夷降者數十萬口。楷留其老弱，置守宰以撫之，發其丁壯十餘萬與晏詣鄴。垂大悦，曰：「卿兄弟才兼文武，足以繼武王矣。」垂以鄴城猶固，會僚佐議之。右司馬封衡請引漳水以灌之，從之。封衡字百華，中書監裕之子也，輕財好施。年十餘歲，見一老父荷儋於路，引歸，問之父曰：「宣子一飯，著名春秋。宜給宅一區、奴一口，供贍以終其年。」裕高其志而從之。依初學記二十四引補。垂行圍，因飲於華林園，秦人密出兵掩之，矢下如雨，垂幾不得出。冠軍隆將騎衝之，垂僅而得免〔三〕。

慕容麟拔常山，中山翟斌恃功驕縱，邀求無厭，又以鄴城久不下，潛有貳心。太子寶請除之，垂曰：「河南之盟不可負也。若其爲難，罪由於斌。今事未有形而殺之，人必謂我忌其功能。吾方收攬豪傑以隆大業，不可示人以狹，失天下之望。藉彼有謀，吾以智防之，無能爲也。」〔四〕以上數節依通鑑約補。

斌潛諷丁零及西人，請斌爲尚書令。垂訪之羣僚，其安東將軍封衡厲色曰：「馬能千里，不免羈絆，明畜生不可以人御也。斌戎狄小人，遭時際會，兄弟封王，自驩兜以來，未有此福。忽履盈忘止，復有斯求，魂爽錯亂，必死不出年也。」垂猶隱忍容之，令曰：「翟王之功宜居上輔，但臺既未建，此官不可便置。待六合廓清，更當議之。」斌怒，密應苻丕，潛使丁零決防潰水。事泄，垂誅之。斌兄子真率其部衆北走邯鄲，引兵向鄴，欲與丕爲內外之勢。垂令其太子寶、冠軍慕容隆擊破之。真自邯鄲北走，又使慕容楷率騎追之，戰於下邑，爲真所敗。真遂屯於承營。垂謂諸將曰：「苻丕窮寇，必死守不降。丁零叛擾，乃我心腹之患。吾欲遷師新城，開其逸路，進以謝秦王疇昔之恩，退以嚴擊真之備。」於是引師去鄴，北屯新城。慕容農進攻翟嵩於黄泥，破之。垂謂其范陽王德曰：「苻丕吾縱之不能去，方引晉師規固鄴都，不可置也。」進師又攻鄴，開其西奔之路。

乙酉。二年　垂將有北都中山之意，農率衆數萬迎之。羣僚聞慕容暐爲苻堅所殺，勸垂僭位。垂以慕容沖稱號關中，不許。

垂攻鄴久不下，將北詣冀州，乃命趙王屯信都，樂浪王溫屯中山，召遼西王農還鄴，於是遠近以燕爲不振，頗懷去就。農至高邑，遣從事眭邃近出，違期不還。長史張攀請討之，農不應。假邃高陽太守，參佐家在趙北者，悉假署遣歸。退謂攀曰：「君所見殊誤，當今豈可自相魚肉！俟吾北還，邃等當迎於道左耳。」溫在中山，兵力甚弱，撫舊招新，勸課農桑，民歸附者相繼，壁壘爭送軍糧，倉庫充溢。翟真夜襲中山，溫擊破之。乃遣兵運糧以餉垂，且營中山宮室〔五〕。此段依通鑑約補。

晉龍驤將軍劉牢之率衆救苻丕，至鄴，垂逆戰，敗績，遂徹鄴圍，退屯新城。垂自新城北走，牢之追垂，連戰皆敗，疾趨二百里至五橋澤。爭燕輜重。垂與牢之又戰於五橋澤，晉大敗。車騎德及隆引兵要牢之於五丈橋，牢之單馬走，馳馬跳五丈澗，會苻丕救至而免〔六〕。此節亦見初學記七、書鈔百五十九、御覽七十三及通鑑，因依校補。

鄴中飢甚，丕帥衆就晉穀於枋頭。牢之入屯鄴城，兵復少振，尋坐軍敗徵還。丕還鄴。燕秦相持經年，幽冀人相食，邑落蕭條，垂以桑椹爲軍糧。北趣中山，使農先驅，眭邃等皆來迎，上下如初〔七〕。此節依通鑑約補。

翟真去承營，徙屯行唐，真司馬鮮于乞殺真，盡誅翟氏，自立爲趙王。營人攻殺乞，迎立真從弟成爲主，真子遼奔黎陽。

高句驪寇遼東，垂平北慕容佐遣司馬郝景率衆救之，爲高句驪所敗，遼東、玄菟遂没。

建節將軍徐巖叛於武邑，驅掠四千餘人，北走幽州。垂馳敕其將平規曰：「但固守勿戰，北破丁零，吾當自討之。」規違命距戰，爲巖所敗。巖乘勝入薊，掠千餘户而去，所過寇暴，遂據令支。

翟成長史鮮于得斬成而降，垂入行唐，悉坑其衆。

八原誤作「三」。月〔八〕，苻丕棄鄴，奔於并州。以魯陽王和爲南中郎將，鎮鄴〔九〕。

慕容農攻剋令支，斬徐巖兄弟，進伐高句驪，復遼東、玄菟二郡。還至龍城，繕修陵廟，垂以農爲幽州牧，留鎮之。農法制寬簡，清刑獄，省賦役，勸農桑，居民富贍，四方流民至者數萬〔一〇〕。末九句依通鑑約補。

十二月〔一一〕，原誤作「年」。垂定都於中山。垂北如中山，謂諸將曰：「樂浪王温招流散，實倉廪，外給軍糧，内修宫室，雖蕭何何以加之！」乃定都焉〔一二〕。末九句亦依通鑑約補。

校勘記

〔一〕燕元元年正月至爲燕元元年　見偏霸部，載記無。偏霸部起首無「燕元」二字，又無「二十年」。

〔二〕服色朝儀皆如舊章　載記、偏霸部皆無，見屠本卷四四，又見通鑑卷一〇五。

〔三〕范陽王德擊秦枋頭至垂僅而得免　封衡小傳見初學記卷二四宅「推貧贍老」條引，餘見通鑑卷一〇五。

〔四〕慕容麟拔常山至無能爲也　此節載記、偏霸部皆無，見通鑑卷一〇五。

〔五〕垂攻鄴久不下至中山宫室　此節載記、偏霸部皆無，見通鑑卷一〇六。

〔六〕晉龍驤將軍至救至而免　此節以他書引文及通鑑補載記。「疾趨二百里至五橋澤争燕輜重」，載記無，見通鑑卷一〇六。「晉大敗」，初學記卷七橋「萬里五丈」條引、御覽卷七三引同，載記作「王師敗績」。「車騎」，載記無，見初學記、御覽引。「單馬走」，載記無，見通鑑卷一〇六。

〔七〕鄴中飢甚至上下如初　此節載記、偏霸部皆無，見通鑑卷一〇六。

〔八〕八月　載記無，偏霸部作「三月」，通鑑卷一〇六繫此事於八月。

〔九〕以魯陽王和爲南中郎將鎮鄴　見偏霸部，載記無。

〔一〇〕繕修陵廟至至者數萬　載記、偏霸部無，見通鑑卷一〇六。

〔一一〕十二月　載記無，偏霸部作「十二年」，通鑑卷一〇六作「十二月」。

〔一二〕垂北如中山至乃定都焉　載記、偏霸部無，見通鑑卷一〇六。

十六國春秋輯補卷四十四

後燕録三

慕容垂

丙戌。建興元年　正月〔一〕，董統上言於垂曰：「臣聞陛下之奇有六焉。厥初之奇，金光耀室。」〔二〕依初學記二十七引補。羣僚勸垂正尊號，具典儀，修郊燎之禮，垂從之。辛卯，以太元十一年僭即皇帝位於南郊〔三〕。大赦其境内，改元曰建興。置百官，繕宗廟社稷。立子寶爲皇太子，以其左長史庫傉官偉、右長史段崇、龍驤張崇，中山尹封衡爲吏部尚書，慕容德爲侍中、都督中外諸軍事、領司隸校尉，撫軍慕容麟爲衛大將軍，其餘拜授有差。

追尊母蘭氏爲文昭皇后，欲遷文明段后，以蘭氏配饗太祖，詔百官議之，皆以爲當然。博士劉詳、董謐以爲堯母爲帝嚳妃，位第三，不以貴陵姜嫄，明聖王之道以至公爲先，文昭后宜立别廟。垂怒逼之，詳、謐曰：「上所欲爲，無問於臣。臣案經奉禮，不敢有貳。」垂乃不復問諸儒。卒遷段后，以蘭后代之。又以景昭可足渾后傾覆社稷，追廢之。尊烈祖昭儀段氏爲景德皇后，配享烈祖〔四〕。此段載記稍略，依通鑑補。

遣其征西慕容楷、衛軍慕容麟、鎮南慕容紹、征虜慕容宙等攻苻堅冀州牧苻定、鎮東苻紹、幽州牧苻謨、鎮北苻亮。楷與定等書，喻以禍福，苻定、苻紹等悉降。垂下書封紹等爲侯，以酬秦王之惠，且擬三恪〔五〕。末四句依御覽一百九十八引補。

崔鴻曰：齊桓公命諸侯無以妾爲妻。夫之於妻，猶不可以妾代之，況子而易其母乎！春秋所稱母以子貴者，君母既没，得以妾母爲小君也。至於享祀宗廟，則成風終不得配莊公也。君父之所爲，臣子必習而效之，猶形聲之於影響也。寶之逼殺其母，由垂爲之漸也。堯、舜之讓，猶爲之、噲之禍，況違禮而縱私者乎！昔文姜得罪於桓公，春秋不之廢。可足渾氏雖有罪於前朝，然小君之禮成矣。垂以私憾廢之，又立兄妾之無子者，皆非禮也〔六〕。此評依通鑑引補。

丁亥。二年　垂太子洗馬太原温詳奔晉，爲濟北太守。温詳屯東阿，垂觀兵河上〔七〕，分兵擊之，詳奔彭城，其衆皆降垂。以太原王楷爲兖州刺史，鎮之。初，垂在長安，秦王堅嘗與之交手語。秦宦人亢從僕射光祚言於堅曰：「陛下頗疑慕容垂乎？垂非久爲人下者。」及燕取鄴，祚先奔入晉，晉以爲河北郡守，至是來歸。垂見祚流涕曰：「秦主知我理深，吾事之亦盡。淮南之敗，吾效忠節，但爲公猜忌，懼死而負之。每思疇昔之願，未嘗不中宵忘寢。」祚亦歔欷。垂賜祚金帛，祚辭，垂曰：「卿復疑邪？」祚曰：「臣昔者惟知忠於所事，不意陛下至今懷之，臣敢逃死。」垂曰：「此卿之忠，固吾之所求也，前言戲之耳。」待之彌厚〔八〕。此節略見御覽三百八十七，因依通鑑補足。

垂留其太子寶守中山，率諸將南攻翟遼，以楷爲前鋒都督。遼之部衆皆燕趙人也，咸曰：「太原王之子，吾之父母。」相率歸附。遼懼，遣使請降。垂至黎陽，遼肉袒謝罪，垂厚撫之。

劉顯庫仁子。地廣兵强，雄於北方。會其兄弟乖爭，魏張衮言魏王珪曰：「顯志在并吞，今不乘其内潰而取之，必爲後患。請與燕攻之。」珪乃遣使乞師於燕。會柔然獻馬於燕而顯掠之，垂怒，遣兵會魏擊顯，大破之，顯奔西燕。垂立其弟爲烏桓王以撫其衆，徙八萬餘落於中山。

翟遼復叛。

戊子。三年　翟遼遣使謝罪，垂以其反覆，斬之。遼乃自稱魏王，徙屯滑臺。上劉顯、翟遼二事依通鑑約補〔九〕。

垂爲其太子寶起承華觀，以寶録尚書，政事巨細皆委之，垂總大綱而已。立其夫人段氏爲皇后，又以寶領侍中、大單于、驃騎大將軍、幽州牧。

垂皇后段氏字元妃，右光禄大夫段儀之女也。后少而婉惠有節操，嘗謂其妹季妃曰：「我終不能爲庸人妻。」季妃曰：「妹亦不爲庸人之婦。」鄰人聞而笑之。内黄人張定善相，見儀二女，大驚曰：「君家大興當由二女。」儀深異之。至年二十餘而不嫁，儀子倫謂儀曰〔一〇〕：「張定何知而拒求者？」儀曰：「吾女輩志行不凡，故且躊躕以擇良配。」垂稱燕王，納元妃爲繼室，遂有殊寵。范陽王德亦聘季妃。姊妹俱爲垂、德皇后，卒如其志。依御覽百四十二補。

魏王珪密有圖燕之志，遣九原公儀奉使中山，還言於珪曰：「燕主衰老，太子闇弱，范陽王自負材氣，非少主臣。燕主既没，内難必作，於是乃可圖也。今則未可。」珪善之。此節依通鑑約補〔一一〕。

己丑。四年　遼西王農在龍城五年，庶務修舉，表請代還，垂乃召農還爲侍中、司隸校尉，而以高陽王隆代之。農建留臺龍城，使隆録留臺尚書事。隆因農舊規，修而廣之，遼碣遂安〔一二〕。此節載記略，依通鑑補足。

時慕容暐及諸宗室爲苻堅所害者，並招魂葬之。

清河太守賀耕聚衆定陵以叛，南應翟遼，慕容農討斬之，毁定陵城。進師入鄴，以鄴城廣難固，築鳳陽門大道之東爲隔城。

其尚書郎婁會上疏曰：「三年之喪，天下之達制。兵荒殺禮，遂以一切取士。人心奔競，苟求榮進，至乃身冒縗絰，以赴時役，豈必殉忠於國家，亦昧利於其間也。聖王設教，不以顛沛而虧其道，不以喪亂而變其化，故能杜豪競之門〔一三〕，塞奔波之路。陛下鍾百王之季，廓中興之業，天下漸平，兵革方偃，宜蠲蕩瑕穢，率由舊章。吏遭大喪，聽終三年之禮，則四方知化，人斯服禮。」垂不從。

庚寅。五年

辛卯。六年　初，燕遣趙王麟會魏兵伐賀訥，破之。歸，言於垂曰：「臣觀拓跋珪舉動，終爲國患，不如攝之還朝，使其弟監國事。」垂不從。至是，珪遣觚獻見於燕。垂衰老，子弟用事，留觚以求良馬。珪弗與，遂與燕絶。此節依通鑑約補。

翟遼死，子釗代立。攻逼鄴城，慕容農擊走之。

壬辰。七年　垂引師伐釗於滑臺，次於黎陽津，釗於南岸拒守。諸將惡其兵精，咸諫不宜濟河。垂笑曰：「豎子何能爲，吾今爲卿等殺之。」遂徙營就西津，爲牛皮船百餘艘，載疑兵列杖泝流而上。釗先以大衆備黎陽，見垂向西津，乃棄營西距。垂潛遣其桂林王慕容鎮率驍騎慕容國於黎陽津夜濟〔一四〕，壁於河南。釗聞而奔還，士衆疲渴，走歸滑臺，釗攜妻子率數百騎北趣白鹿山。垂遣農追擊之〔一五〕，盡擒其衆。此節亦見御覽二百八十六。釗單騎奔長子。釗所統七郡户三萬八千皆安堵如故。徙徐州流人七千餘户於黎陽。

癸巳。八年　於是議征長子。諸將咸諫，以慕容永未有釁，連歲征役，士卒疲怠，請俟他年。垂將從之，及聞慕容德之策，詳德傳。笑曰：「吾計決矣。且吾投老，扣囊底智，足以剋之，不復留逆賊以累子孫也。」乃發步騎七萬，遣其丹陽王慕容瓚、龍驤張崇攻永弟支於晉陽。永遣其將刁雲、慕容鍾率衆五萬屯潞川。

甲午。九年　垂遣慕容楷出自滏口，慕容農入自壺關，垂頓於鄴之西南，月餘不進。永謂垂詭道伐之，乃攝諸軍還杜太行軹關。垂進師入自天井關，至於臺壁。永率精兵五萬來拒，阻河曲以自固，馳使請戰。垂列陣於臺壁之南，農、楷分爲二翼，慕容國伏千兵於深澗，與永大戰。垂引軍僞退，永追奔數里，國發伏兵馳斷其後。楷、農夾擊之，永師大敗，斬首八千餘級，永奔還長子。慕容瓚攻剋晉陽。垂進圍長子，永將賈韜等潛爲內應。

垂進軍入城，永奔北門，爲前驅所獲，於是數而戮之，並其所署公卿刁雲等三十餘人。永所統新舊八郡户七萬六千八百及乘輿服御、伎樂、珍寶悉獲之，於是品物具矣。

使慕容農略地河内，攻廩丘、陽城，皆剋之。太山、琅邪諸郡皆委城奔潰。農進師臨海，置守宰而還。垂告捷於龍城之廟。

乙未。十年　魏侵逼附塞諸郡。五月〔一六〕，遣其太子寶及農與慕容麟等率衆八萬伐魏，慕容德、慕容紹以步騎一萬八千爲寶後繼。散騎常侍高湖諫曰：「魏與燕世爲婚姻，結好久矣。間以求馬不獲而留其弟，曲在於我，奈何遽擊之？涉珪沈勇有謀，幼歷艱難，兵精馬强，未易輕也。太子年少氣壯，必小魏而易之，萬一不如所欲，傷威損重，願陛下圖之。」垂怒，免湖官。湖，泰之子也。魏聞寶將至，張衮言於珪曰：「燕狃於屢勝，有輕我心。宜羸形以驕之，乃可剋也。」珪從之，悉徙部落畜産於河西千餘里以避之。燕軍至五原，降魏別部三萬餘家，收穄田百萬餘斛。進軍臨河，造船爲濟具。九月，魏進軍臨河〔一七〕。此段載記略，依通鑑約補。寶懼，不敢濟，引師還，次於參合〔一八〕。忽有大風黑氣，狀若隄防，或高或下，臨覆軍上。沙門支曇猛言於寶曰：「風氣暴逆，魏軍將至之候。宜遣兵禦之。」寶笑而不納。猛固以爲言，乃遣麟率騎三萬爲後殿，以禦非常。麟以曇言爲虚，縱騎遊獵。俄而黄霧四塞，日月晦冥。是夜，魏師大至，三軍奔潰。以上亦略見御覽八百七十六。寶與德等數千騎奔免，士衆還者十一二，紹死之。初，寶至幽州，所乘車軸無故自折，術士靳安以爲大凶，固勸寶還。寶怒不從，故及於敗。

寶恨參合之敗，屢言魏有可乘之機，慕容德亦曰：「魏人狃於參合之役，有陵太子之心，宜及聖略，摧其鋭志。」垂從之。

丙申。十一年　三月〔一九〕，垂留德守中山，自率大衆出參合，鑿山開道，次於獵嶺。遣寶與農出天門，征北慕容隆、征西慕容盛踰青山，襲魏陳留公泥通作「虔」〔二〇〕。於平城，陷之，收其衆三萬餘人而還。

垂至參合，見往年戰處，積骸如山，設祭弔之。死者父兄各皆號哭〔二一〕，軍中哀慟。垂慚憤嘔血，因而寢疾，乘馬輿而進，過平城北三十里，疾篤，築燕昌城而還。寶等至雲中，聞垂疾，皆引歸。及垂至於平城，或有叛者奔告魏曰：「垂病已亡，輿尸在軍。」魏又聞參合大哭，以爲信然，乃進兵追之，知平城已陷而退，還館陰山。垂至上谷之沮陽，以太元二十一年夏四月薨〔二二〕，時年七十一，凡在位十三年。遺令曰：「方今禍難尚殷，喪禮一從簡易，朝終夕殯，事訖成服，三日之後，釋服從政。强寇伺隙，秘勿發喪，至京然後舉哀行服。」寶等遵行之。僞謚武成皇帝〔一三〕，廟號世祖，墓曰宣平陵。

校勘記

〔一〕建興元年正月　見偏霸部，載記無。

〔二〕董統上言至金光耀室　見初學記卷二七金「鳴山耀室」條，載記、偏霸部無。

〔三〕辛卯至南郊　「辛卯」，見偏霸部，載記無。「僭即皇帝位於南郊」，偏霸部同，載記作「僭即位」。

〔四〕追尊母蘭氏至配享烈祖　此節見通鑑卷一〇六，載記稍略。按，下文所補「崔鴻曰」即論此事。

〔五〕苻定苻紹至三恪　「苻定苻紹等悉降」，御覽卷一九八引無「悉」字，載記作「定等悉降」。「垂下書」以下見御覽卷一九八引，載記無。

〔六〕崔鴻曰至皆非禮也　見通鑑卷一〇六，載記無。

〔七〕垂觀兵河上　「河」原誤作「阿」，此句湯球依通鑑補，今據通鑑改。

〔八〕二年至待之彌厚　載記無，事詳通鑑卷一〇六太元十一年、卷一〇七太元十二年。「祚先奔入晉」至「祚亦歔欷」一節亦見御覽卷三八七引，而「祚先奔入晉」作「秦宦人光祚先入晉」，無「但爲公猜忌懼死而負之」，「疇昔之願」作「疇昔之顧」。

〔九〕刘顯、翟遼事見通鑑卷一〇七。

〔一〇〕儀子倫　「倫」，御覽卷一四二引作「麟」。

〔一一〕事見通鑑卷一〇七。

〔一二〕遼西王農在龍城至遼碣遂安　此節事見通鑑卷一〇七，載記僅作：「建留臺於龍城，以高陽王慕容隆録留臺尚書事。」按，「農建留臺」之「農」字衍誤，而屠本卷四五同誤。

〔一三〕故能杜豪競之門　「故能」二字原無，依載記補。

〔一四〕桂林王慕容鎮率驍騎慕容國　載記無「率」字，「驍騎」作「驃騎」。御覽卷二八六引無「慕容國」。

〔一五〕垂遣農追擊之　載記作「農追擊」，御覽卷二八六引作「垂遣追擊」。

〔一六〕十年魏侵逼附塞諸郡五月　「十年」、「五月」見偏霸部，載記無。「魏侵逼附塞諸郡」見通鑑卷一〇八，載記無，通鑑「諸郡」作「諸部」。

〔一七〕散騎常侍高湖至魏進軍臨河　載記此節作：「魏聞寶將至，徙往河西。寶進師臨河。」偏霸部作：「魏聞寶將至，徙于河西。寶臨河。」事見通鑑卷一〇八。

〔一八〕引師還次於參合　偏霸部同，載記作「還次參合」。

〔一九〕十一年三月　見偏霸部，載記無。

〔二〇〕原注疑脱「鑑」字。通鑑卷一〇八太元二十一年條載此事作「陳留公虔」。

〔二一〕死者父兄各皆號哭　「各皆」，偏霸部同，載記作「一時」。

〔二二〕夏四月　載記、偏霸部並無，通鑑事在是年四月。

〔二三〕僞謚武成皇帝　「武成」，偏霸部同，載記作「成武」。

十六國春秋輯補卷四十五

後燕録四

慕容寶

慕容寶字道祐，一作「祐」。垂之第四子也。元璽元一作「四」。年生於信都〔一〕。少輕果無志操，好人佞一作「從」。己〔二〕。苻堅時爲太子洗馬、萬年令。堅淮肥之役，以寶爲陵江將軍。及爲太子，砥礪自修，敦崇儒學，工談論，善屬文。曲事垂左右小臣以求美譽，垂之朝士翕然稱之，垂亦以爲克保家業，甚賢之。

段后元妃謂一作「諫」。垂曰：「太子資一作「姿」。質雍容，柔而不斷，承平則爲仁明之主，處難則非濟世之雄。陛下託之以大業，妾未見克昌之美。遼西、垂第三子農。高陽垂之中子隆。二王，陛下兒一作「嗣」。之賢者，宜擇一以樹之。趙王麟姦詐負氣，常有輕太子之心，陛下一旦不諱，必有難作。此陛下之家事，宜深圖之。」垂不納。寶及麟聞之，深以爲恨。其後元妃又言之，垂謂曰：「汝欲使二字一作「謂」。我爲晉獻公乎？」元妃泣而退，告季妃曰：「太子不令，羣下所知，而主上比吾爲驪戎之女，何其苦哉！主上百年之後，太子必亡社稷。范陽王有非常器度，若燕祚未終，其在王乎！」〔三〕此段依別本録，而以晉書列女傳補足，蓋別本不無删節也。載記則因已採爲列女傳故不録。

建興十一年即晉太元二十一年也。四月〔四〕，垂死，其年寶僭即皇帝位〔五〕，尊段氏爲太后〔六〕，大赦境内，改元爲永康。

丙申。永康元年　五月辛亥，以范陽王德爲都督冀兖青徐荆豫六州諸軍事、車騎大將軍、冀州牧，鎮鄴；遼西王農爲都督并雍益梁秦涼六州諸軍事、并州牧，鎮晉陽〔七〕。甲寅〔八〕，以其太尉庫官偉爲太師，左光禄大夫段崇爲太保，其餘拜授各有差。

乙丑，寶遣將軍趙王麟逼段后曰：「后常謂主上不能嗣守大統，今竟能不？一作「何如」。宜早自裁以全段氏。」后一作「元妃」。怒曰：「汝兄弟上一作「尚」。逼殺母，安能一作「豈能」。保守社稷？吾豈惜死，念國滅不久耳。」遂自殺。寶議以元妃謀廢嫡統，無母后之道，不宜成喪，羣下咸以爲然。中書令眭邃大言於朝曰：「子無廢母之義，漢之安思閻后親廢順帝，猶配饗安皇，先后言虛實未可知，宜依閻后故事。」寶從之〔九〕。此段依別本録，而以晉書列女傳補足。

六月癸酉，魏擊廣寧，太守劉亢泥死之，徙其部曲於平城。上谷太守、開封公詳棄郡走〔一〇〕。

丁亥〔一一〕，遵垂遺令，校閲户口，罷諸軍營分蔭之户〔一二〕，分屬郡縣，定士族舊籍，明其官儀。而法峻政嚴，上下離德，百姓思亂者十室而九焉。

參合之敗，平視舉兵魯口以叛，諸將討之，不剋。垂自擊之，渡河而走，垂引還。時視猶保高唐，寶詔高陽王隆討之。秋七月，隆遣建威將軍進等追斬視於濟北〔一三〕。

遼西王農悉將部曲數萬口之并州。并州歲旱，民不得供其食，又分監諸胡，由是民夷俱怨，潛召魏軍〔一四〕。

初，垂以寶冢嗣未建，每憂之。寶庶子清河公會多才藝，有雄略，垂深奇之。及寶之北伐，使會代攝宫事，總録，禮遇一同太子，所以見定旨也。垂之伐魏，以龍城舊都，宗廟所在，復使會鎮幽州，委以東北之重，高選寮屬以崇威望。臨死顧命，以會爲寶嗣。而寶寵愛少子濮陽公策，意不在會。寶庶長子長樂公盛自以同生年長，恥會先之，乃盛稱策宜爲儲貳，而非毁會焉。寶大悦，乃訪其當作「於」。趙王麟、高陽王隆，麟等咸希旨贊成之。寶遂與麟等定計，八月乙亥，立策母妃段氏爲皇后，濮陽王策一作「榮」，蓋因「策」或寫作「筞」而誤。

爲皇太子〔一五〕，盛、會進爵爲王。策字道符，年少美姿貌〔一六〕，而惷弱不慧。

己亥，魏大舉來伐，别遣封真等襲幽州，圍薊〔一七〕。

九月，章武王宙奉垂及成哀段后元妃喪，葬於龍城宣平陵。寶詔宙悉徙高陽王隆參佐、部曲、家屬還中山〔一八〕。

魏伐并州，臨晉陽，寶遣遼西王農及驃騎李農逆戰〔一九〕，敗績，還於晉陽。司馬慕容一作「興」。嵩閉門距之，農大懼，率騎數千奔歸中山。行及潞川，爲魏追兵所及，餘騎盡没，農被創，單馬遁還。魏遂取并州，建臺省〔二〇〕。

寶在中山，聞魏兵將至〔二一〕，引羣臣於東堂議之。中山尹苻謨曰：「魏軍强盛，千里轉鬭，乘勝而來，勇氣兼倍，若逸之使騎入平原〔二二〕，形勢彌盛，殆難爲敵，宜杜險距之。」中書令眭邃曰：「魏軍多騎，師行一作「往來」。剽鋭，馬上齎糧，不過旬日。宜令郡縣聚民千家爲一堡，深溝高壘，清野待之，至無所掠，資食無出，不過六旬，自然窮退。」尚書封懿曰：「今魏師十萬，天下之勍敵也。百姓雖欲營聚，不足自固，是則聚糧集兵以資强寇，且動衆心，示之以弱。阻關距戰，計之上也。」慕容麟曰：「魏今乘勝氣鋭，其鋒不可當，宜自完守設備，待其弊而乘之。」於是修城積粟，爲持久之備，悉以軍事委麟〔二三〕。

魏使于栗磾潛自晉陽，開韓信故道，自井陘趨中山，進攻常山，拔之，郡縣皆降。命拓跋儀攻鄴，王建攻信都。珪進攻中山，不剋，謂諸將曰：「中山城固，急攻則傷士，久圍則費糧，不如先取信都，然後圖之。」乃引兵而南〔二四〕，此節依通鑑約補。進據博陵魯口。諸將望風奔退，郡縣悉降於魏。

丁酉。二年　正月，寶聞魏攻信都，悉出珍寶及宫人，募羣盜以擊之，營於滹沱水北。亦依通鑑補。魏使修和，寶聞魏有内難，時魏没根降燕，根兄子醜提懼誅，還國作亂。不許〔二五〕。乃盡衆出距，步卒十二萬，騎三萬七千，次於曲陽柏津。魏軍進至新梁，寶憚魏師之鋭，乃遣征北隆潛師夜濟，襲魏營，因風縱火。魏軍大亂，珪棄營走。既而燕兵無故自相斫射，珪望見之，乃擊鼓收衆，多布火炬於營外，縱兵衝之，敗績而還〔二六〕。此節原略，依通鑑補足。魏軍方軌而至，對營相持，上下洶懼，三軍奪氣。農、麟勸寶還中山，乃引歸。魏軍追擊之，寶、農等棄大軍，率騎三萬奔還。時大風雪，凍死者相枕於道。寶恐爲魏軍所及，命去袍杖戎器，寸刃無返。

二月〔二七〕，魏軍進攻中山，屯於芳林園。其夜尚書慕容一作「輿」。皓謀殺寶，立趙王麟〔二八〕。皓妻兄蘇泥告之，寶使慕容隆收皓，皓與同謀數十人斬關奔魏，麟懼不自安。魏圍中山既久，城中將士皆思出戰，隆曰：「涉珪雖獲小利，然頓兵經年，士馬死傷大半，人心思歸，諸部離解。若因我之鋭，乘彼之衰，往無不克。如持重不決，將卒氣喪，事久變生，雖欲用之，不可得也。」寶然之，而麟每沮其議，隆成列而罷者數四，衆大忿恨〔二九〕。麟以兵劫左衛將軍、北地王精，謀率禁旅弒寶。精以義距之，麟怒殺精，出奔丁零。

初，寶聞魏之來伐也，使慕容會率幽并之衆赴中山。會表求赴難而無行意，遣將軍庫傉官偉、餘崇將兵五千爲前鋒。偉頓龍城近百日，會不發。寶怒，切責之，會不得已，以治行簡練爲名，復留月餘。偉使輕軍前行通道，且張聲勢，諸將皆畏避不欲行。餘崇奮曰：「今巨寇滔天，京都危逼，匹夫猶思致命以救君父，諸君荷國寵任，而更惜生乎！若社稷傾覆，臣節不立，死有餘辱。諸君安居於此，崇請當之。」偉給步騎五百人。崇至漁陽，遇魏兵，擊卻之，衆心稍振，會乃上道。至是達薊城〔三〇〕。

麟既叛，寶恐其逆奪會軍，將遣兵迎之。麟侍郎段平子自丁零奔還，說麟招集丁零，軍衆甚盛，謀襲會軍，東據龍城。寶與其太子策及農、隆等萬餘騎迎一作「就」。清河王會於薊〔三一〕，以開封公慕容詳守中山。會傾身誘納，繕甲厲兵，步騎二萬，列陣而進，迎寶薊南。寶分其兵給農、隆，遣西河公庫傉官驥率衆三千助守中山。會以策爲太子，有恨色。寶以告農、隆，俱曰：「會一年少，專任方事，習驕所致，豈有他也。臣當以禮責之。」幽平之士皆懷會威德，不樂去之，咸請曰：「清河王天資神武，權略過人，臣等與之誓同生死，感王恩澤，皆勇氣自倍。願陛下與皇太子、諸王止駕薊宮，使王統臣等進解京師之圍，然後奉迎車駕。」寶左右皆害其勇略，譖而不許，衆咸有怨言。左右勸寶殺會，侍御史仇尼歸聞而告會曰：「左右密謀如是，主上將從之。大王所恃唯父母也，父已異圖；所仗者兵也，兵已去手，進退路窮，恐無自全之理。盍誅二王，廢太子，大王自處東宮，兼領將相，以匡社稷。」會不從。寶謂農、隆曰：「觀會爲變，事當必然，宜早殺之。不爾，恐成大禍。」農曰：「寇賊内侮，中州紛亂，會鎮撫舊都，安衆寧境，及京師有難，萬里星赴，威名之重，可以振服戎狄。又逆跡未彰，宜且隱忍。今社稷之危若綴旒然，復内相誅戮，有損威望。」寶曰：「會逆心已成，而王等仁慈，不欲去之，恐一旦釁發，必先害諸父，然後及吾。事敗之後，當思朕言。」農等固諫，乃止。會聞之彌懼，奔於廣都黄榆谷。會遣仇尼歸等率壯士貳千餘人分襲農、隆〔三二〕，隆是夜見殺，農中重創。既而會歸於寶，寶意在誅會，誘而安之，潛使左衛慕容騰斬會〔三三〕，不能傷。會復奔其衆，於是勒兵攻寶。寶率百數騎馳如龍城，會率衆追之，遣使請誅左右佞臣，並求太子，寶弗許。會圍龍城，侍衛郎高雲夜率敢死士百餘人襲會，敗之。衆悉逃散，單馬奔還中山，乃踰圍而入，爲慕容詳所殺。

五月〔三四〕，詳遂僭稱尊號，置百官，改年號。荒酒奢淫，殺戮無度，誅其王公以下五百餘人，内外震局，莫敢忤視。城中大饑，公卿餓死者數十人。九月〔三五〕，趙王麟率丁零之衆入中山，殺詳及其親黨三百餘人，麟復僭稱尊號。中山饑甚，麟率三萬餘人出據新市。甲子晦，後魏道武帝進軍討之。太史令晁崇奏曰：「昔紂以甲子亡，兵家忌之，不可出。」帝曰：「紂以甲子日亡，周武不以甲子勝乎？」崇無以對。帝遂進軍新市，麟退阻泒水，依漸洳澤以自固。甲戌，帝臨其營，與魏師戰於義臺塢，大破之。麟軍敗績而奔〔三六〕。此節原略，依御覽二百九十五、通典百五十六引補。魏師遂入中山，麟乃奔鄴。

寶遣御史中丞兼鴻臚魯遂持節授司徒、范陽王德丞相、冀州牧，承制南夏，封公侯牧守〔三七〕。

戊戌。三年〔三八〕，慕容德遣侍郎李延勸寶南伐，寶大悦。慕容盛切諫，以爲兵疲師老，魏新平中原，宜養兵觀釁，更俟他年。寶將從之。撫軍慕容騰進曰〔三九〕：「今衆旅已集，宜乘新定之機以成進取之功。人可使由之，而難與圖始，惟當獨決聖慮，不足廣採異同以沮亂軍議也。」寶曰：「吾計決矣，敢諫者斬！」二月〔四〇〕，寶發龍城，以慕容騰爲前軍，大司馬慕容農爲中軍，寶爲後軍，步騎三萬，將南伐〔四一〕，次於乙連。長上段速骨、宋赤眉因衆軍之憚遠役也，殺司空、樂浪王温〔四二〕，逼立高陽王崇。寶單騎奔農，仍引軍討速骨。衆咸憚征幸亂，投杖奔走。騰衆亦潰，寶、農馳還龍城。蘭汗潛與速骨通謀，速骨進師攻城，農爲蘭汗所譎，潛出赴賊，爲速骨所殺。衆皆奔散，寶又與慕容盛、慕容騰等南奔。尚書蘭汗殺速骨等十餘人〔四三〕，奉太子策承制，大赦〔四四〕，遣使迎寶還於薊城。寶欲北還，盛等咸以汗之忠款虚實未明，今單馬而還，汗有貳志者，悔之無及，宜就范陽王德〔四五〕。寶從之，乃自薊而南。四月，寶至鄴，鄴中遺民固請留之，寶不從。南至黎陽城西〔四六〕，聞范陽王德稱制，懼而退。遣慕容騰招集散兵於鉅鹿，慕容盛結豪傑於冀州，段儀、段温收部曲於内黄，衆皆響會，剋期將集。乃還龍城，次於廣都。而汗又遣左將軍蘇超迎寶，具申款誠，忠節無差〔四七〕。寶以汗垂之季舅，盛又汗之婿也，必謂忠款無貳，於是命發。汗遣弟難率五百騎迎寶，至龍城，汗引寶入於外邸，弑之〔四八〕。時年四十四，在位三年，即隆安三當作「二」。年也。

汗又殺其太子策及王公卿士百餘人。汗自稱大都督、大將軍、大單于、昌黎王，年號青龍。七月，長樂公盛襲誅汗〔四九〕。盛即位，僞謚寶惠愍皇帝，廟號烈宗〔五〇〕。一作「祖」。

初，皝之遷於龍城也，植松爲社主。及秦滅燕，大風吹拔之。後數年，廢社處忽有桑二根生焉。先是，遼川無桑，及廆一作「槐」。通於晉，求種江南，平州之桑悉一作「息」。由吳來一作「由晃始」。也〔五一〕。以上亦見藝文類聚八十八，御覽九百五十五，事類賦注二十五。廆終而垂以吳王中興，寶之將敗，大風又拔其一。

校勘記

〔一〕元璽元年生於信都　見偏霸部，載記無。「元年」，屠本卷四六同，纂録、偏霸部作「四年」。

〔二〕好人佞己　「佞」，載記、偏霸部同，纂録作「從」。

〔三〕段后元妃謂垂曰至其在王乎　此節載記無，偏霸部較略，湯球據晉書卷九六列女段后元妃傳補。「段后元妃」，偏霸部作「段后」，晉書列女傳作「元妃」。按，段氏名元妃。「謂垂曰」，偏霸部、晉書列女傳同，纂録作「諫垂曰」。「資質」，纂録同，偏霸部、晉書列女傳作「姿質」。「兒」，偏霸部、晉書列女傳同，纂録作「嗣」。「欲使」，晉書列女傳同，偏霸部作「謂」。

〔四〕建興十一年四月　見偏霸部，載記無。

〔五〕僭即皇帝位　偏霸部同，載記作「嗣僞位」。

〔六〕尊段氏爲太后　載記、偏霸部皆無，見屠本卷四六。

〔七〕永康元年至鎮晉陽　見屠本卷四六、通鑑卷一〇八，載記無。按，本卷多見通鑑中事，原注雖云「依通鑑補」，蓋皆參據屠本卷四六。以下僅説明史源而不涉文字校勘時，不再一一列出屠本。

〔八〕甲寅　見通鑑卷一〇八，載記無。按屠本卷四六、通鑑卷一〇八「甲寅」皆在下文，非庫官偉、段崇拜官時間。

〔九〕乙丑寶遣至寶從之　此節以晉書卷九六列女段后元妃傳補偏霸部，惟首句「乙丑」別見於通鑑卷一〇八。「寶遣將軍趙王麟逼段后曰」，偏霸部同，晉書列女傳作「遣麟逼元妃曰」。「能不」，偏霸部同，晉書列女傳作「何如」。「后怒曰」，偏霸部同，晉書列女傳作「元妃怒曰」。「上」，纂録同，偏霸部、晉書列女傳作「尚」。「安能」，晉書列女傳同，偏霸部作「豈能」。「不久耳」，見晉書列女傳，偏霸部無。「寶議」以下，見晉書列女傳，偏霸部無。「眭邃」，原誤「睦邃」，據魏書卷九五慕容垂傳、通鑑卷一〇八改。

〔一〇〕六月癸酉至棄郡走　見通鑑卷一〇八，載記無。

〔一一〕丁亥　載記無，見屠本卷四六。按通鑑卷一〇八之「丁亥」非指此事，屠本誤讀通鑑。

〔一二〕分蔭之户　載記無，通鑑卷一〇八作「封蔭之户」。

〔一三〕參合之敗至斬視於濟北　載記無，事見通鑑卷一〇八。「平視」，屠本卷四六、卷五二平視傳同，通鑑卷一〇八作「平規」，是。

〔一四〕遼西王農至潛召魏軍　載記無，事見通鑑卷一〇八。

〔一五〕八月至皇太子　「八月乙亥」，通鑑卷一〇八同，偏霸部作「八月」，載記無。「策母妃」，載記作「策母」，偏霸部作「妃」。「濮陽王」，見偏霸部，載記無。「策」，載記同，偏霸部作「榮」。

〔一六〕年少美姿貌　「少」，載記作「十一」。

〔一七〕己亥至圍薊　載記無，事見通鑑卷一〇八。

〔一八〕九月至家屬還中山　載記無，事見通鑑卷一〇八。「參佐」，原誤「參伍」，據通鑑改。

〔一九〕魏伐并州至李農逆戰　載記作「魏伐并州驃騎李農逆戰」，餘見屠本卷四六及通鑑卷一〇八。「遼西王農及驃騎李農」，通鑑、魏書卷二太祖道武帝紀並作「遼西王農」，載記誤爲「驃騎李農」，而屠本云「寶遣遼西王農及驃騎將軍李農逆戰」。

〔二〇〕司馬慕容嵩至建臺省　「慕容嵩」，載記、屠本卷四六、通鑑卷一〇八皆作「慕輿嵩」。「農大懼」，載記、通鑑無，見屠本。「農被創」，載記無，見通鑑、屠本。「魏遂取并州建臺省」，載記無，見通鑑、屠本。

〔二一〕寶在中山聞魏兵將至　載記無，見屠本卷四六。

〔二二〕若逸之使騎入平原　屠本卷四六同，載記作「若逸騎平原」。

〔二三〕悉以軍事委麟　載記無，屠本卷四六、通鑑卷一〇八作「軍事動静悉以委麟」。

〔二四〕魏使于栗磾至引兵而南　見通鑑卷一〇八，載記但作「魏攻中山不克」。

〔二五〕二年至不許　偏霸部云：「二年正月魏使修和，寶不許。」載記云：「寶聞魏有内難。」餘皆據通鑑卷一〇九補。湯球原注之事亦詳通鑑卷一〇九。

〔二六〕乃遣征北隆至敗績而還　載記作：「乃遣征北隆夜襲魏軍，敗績而還。」據通鑑卷一〇九補。

〔二七〕二月　見偏霸部，載記無。

〔二八〕其夜至趙王麟　「慕容皓」，載記、偏霸部同，通鑑卷一〇九作「慕輿皓」。「趙王麟」，偏霸部同，載記作「慕容麟」。

〔二九〕魏圍中山既久至衆大忿恨　載記無，見通鑑卷一〇九。

〔三〇〕會表求赴難至至是達薊城　載記無，見通鑑卷一〇九。

〔三一〕迎清河王會於薊　偏霸部「迎」作「就」，載記無「清河王」三字。

〔三二〕壯士貳千餘人　「千」，載記、通鑑卷一〇九皆作「十」。

〔三三〕潛使左衛慕容騰斬會　「慕容騰」，載記、通鑑卷一〇九作「慕輿騰」。偏霸部下文作「慕容騰」。

〔三四〕五月　見偏霸部，載記無。

〔三五〕九月　見偏霸部，載記無。

〔三六〕中山饑甚至敗績而奔　此節載記作：「中山飢甚，麟出據新市，與魏師戰於義臺，麟軍敗績。」餘皆見御覽卷二九五引、通典卷一五六。「泒水」，原誤「派水」，今據御覽卷二九五引改。

〔三七〕寶遣御史中丞至公侯牧守　見偏霸部，載記無。

〔三八〕三年　見偏霸部，載記無。

〔三九〕撫軍慕容騰進曰　「慕容騰」，偏霸部同，載記作「慕輿騰」。下同。

〔四〇〕二月　見偏霸部，載記無。

〔四一〕將南伐　見偏霸部，載記無。

〔四二〕樂浪王温　載記、偏霸部作「樂浪王宙」，通鑑卷一〇九作「樂浪威王宙」。按，後燕有樂浪王温，卒於晉太元十四年，通鑑敘其亡云樂浪悼王温。

〔四三〕尚書蘭汗殺速骨等十餘人　見偏霸部，載記僅「蘭汗」。

〔四四〕大赦　見偏霸部，載記無。

〔四五〕宜就范陽王德　見偏霸部，載記無。

〔四六〕四月至城西　見偏霸部，載記作「至黎陽」。

〔四七〕乃還龍城至忠節無差　見偏霸部，載記作：「會蘭汗遣左將軍蘇超迎寶。」

〔四八〕於是命發至弒之　偏霸部「汗引寶入」作「難引寶入」，餘同。載記略作：「汗引寶入於外邸，弒之。」

〔四九〕年號青龍七月長樂公盛襲誅汗　見偏霸部，載記無。

〔五〇〕列宗　載記同，偏霸部誤作「列宗」。

〔五一〕平州之桑悉由吴來也　「吴來」，載記、御覽卷九五五引、事類賦卷二五注引同，類聚卷八八引作「晃始」。

十六國春秋輯補卷四十六

後燕録五

慕容盛

慕容盛字道運，寶之庶長子也。秦建元十年生於長安〔一〕。少沈敏，多謀略。二十年〔二〕，苻堅誅慕容氏，盛潛東奔於沖。及沖稱尊號，有自得之志，賞罰不均，政令不明。盛年十二，謂叔父柔曰：「今中山王智不先衆，才不出下，恩未施人，先自驕大，以盛觀之，鮮不覆敗。」俄而沖爲段木延所殺，盛隨慕容永東如長子，謂柔曰：「今崎嶇於鋒刃之間，在疑忌之際，愚則爲人所猜，智則危甚巢幕，當如鴻鵠高飛，一舉萬里，不可坐待罟綱也。」於是與柔及弟會間行東歸於慕容垂。行至西樂〔三〕，遇盜陜中，盛曰：「我六尺之軀，入水不溺，在火不焦，汝欲當吾鋒乎？試竪爾手中箭百步，我若中之，宜慎爾命，如其不中，當束身相授。」盜乃竪箭，盛一發中之。盜曰：「郎貴人之子，故相試耳。」資而遣之。歲餘，永誅儁之子孫〔四〕，男女無遺云。此節亦見御覽三百四十九及七百四十四。盛既至，垂問以西事，畫地成圖。垂笑謂之曰〔五〕：「昔魏武撫明帝之首，遂乃侯之，祖之愛孫，有由來矣。」於是封長樂公。驍勇剛毅，有伯父全之風烈。

寶即僞位，建興六年，領北中郎將，鎮薊〔六〕，進爵爲王。寶自龍城南伐，盛留統後事。及段速骨作亂，馳出迎衛。寶幾爲速骨所獲，賴盛以免。盛屢進奇策於寶，寶不能從，是以屢敗。寶既如龍城，盛留在後。及寶爲蘭汗所殺，盛馳進赴哀，將軍張真固諫以爲不可。盛曰：「我今投命，告以哀窮。汗性愚近，必顧念婚姻，不忍害我。旬月之間，足展吾志。」遂入赴喪。汗妻乙氏泣涕請盛，汗亦哀之，遣其子穆迎盛，舍之宫内，親敬如舊。汗兄提、弟難勸汗殺盛，汗不從。慕容奇，汗之外孫也，汗亦宥之。奇入見盛，遂相與謀。盛遣奇起兵於外，衆至數千。汗遣蘭提討奇。提驕很淫荒，事汗無禮，盛因間之於汗曰：「奇，小兒也，未能辦此，必内有應之者。提素驕，不可委以大衆。」汗因發怒，收提誅之，遣其撫軍仇尼慕率衆討奇。汗兄弟見提之誅，莫不危懼，皆阻兵背汗，襲攻慕軍。汗大懼，遣其子穆率衆討之。穆謂汗曰：「慕容盛，我之仇也。奇今起逆，盛必應之。兼内有蕭牆之難，不宜養心腹之疾。」汗將誅盛，引見察之。盛妻以告，於是僞稱疾篤，不復出入，汗乃止。有李旱、衛雙、劉志、張豪、張真者，皆盛之舊昵，蘭穆引爲腹心。旱等屢入見盛，潛結大謀。會穆討蘭難等斬之，大饗將士，汗、穆皆醉。盛夜因如厠，袒而踰牆，入於東宫，與李旱等誅穆，衆皆踴呼，進攻汗，斬之。汗二子魯公和、陳公揚分屯令支、白狼，遣李旱、張真襲誅之。於是内外怗然，士女咸悦。

戊戌。建平元年　七月，告成宗廟，大赦，改青龍元年爲建平元年。盛謙挹自卑，不稱尊號，其年以長樂王稱制，諸王貶爵爲公〔七〕。文武各復舊位。

初，慕容奇聚衆於建安，將討蘭汗，百姓翕然從之。汗遣兄子全討奇，奇擊滅之，進屯乙連。盛既誅汗，命奇罷兵，奇遂與丁零嚴生、烏丸王龍謀阻兵叛盛，引軍至横溝，去龍城十里。盛出兵擊敗之，執奇而還，斬龍、生等百餘人。

東陽公慕容根等九十八人上尊號，盛不許〔八〕。

八月，暴風拔闕前七大樹，其月步兵校尉馬勒謀反伏誅。此節依御覽八百七十六引補。

十月，根等又請，盛許之。丙子，僭即皇帝位〔九〕，大赦殊死已下，追尊伯考獻莊太子全爲獻莊皇帝，尊寶后段氏爲皇太后，全妃丁氏爲獻莊皇后，謚太子策爲獻哀太子。

幽州刺史慕容豪、尚書左僕射張通、昌黎尹張順謀叛，盛皆誅之。

己亥。長樂元年正月，朝羣臣於承乾殿，大赦，改建平元當作「二」。年爲長樂元年〔一〇〕。有犯罪者十日一自決之，無撾箠之罰，而獄情多實。

高句驪王安遣使貢方物。有雀素身緑首，集於端門，棲翔東園，二旬而去，改東園爲白雀園。

盛聽詩歌及周公之事，顧謂羣臣曰：「周公之輔成王，不能以至誠感上下，誅兄弟以杜流言，猶擅美於經傳，歌德於管絃。至於我之太宰桓王，承百王之季，主在可奪之年，二寇闚闟，難過往日，臨朝輔政，羣情緝穆，經略外敷，辟境千里，以禮讓維宗親，德刑制羣后，敦睦雍熙，時無二論。勳道之茂，豈可與周公同日而言乎！而燕詠闕而不述，非所謂也。」乃命中書更爲燕頌以述恪之功焉。

又引中書令常忠、尚書陽璆、秘書監郎敷於東堂，問曰：「古來君子皆謂周公忠聖，豈不謬哉！」璆曰：「周公居攝政之重，而能達君臣之名，及流言之謗，致烈風以悟主，道契神靈，義光萬代，故累葉稱其高，後王無以奪其美。」盛曰：「常令以爲何如？」忠曰：「昔武王疾篤，周公有請命之誠，流言之際，義感天地，楚撻伯禽以訓就王德。周公爲臣之忠，聖達之美，詩書以來未之有也。」盛曰：「異哉二君之言！朕見周公之詐，未見其忠聖也。昔武王得九齡之夢，白文王，文王曰：『我百，爾九十，吾與爾三焉。』及文王之終，已驗武王之壽矣。武王之算未盡而求代其死，是非詐乎！若惑於天命，是不聖也。據攝天位而丹誠不見，致兄弟之間有干戈之事。夫文王之化自近而遠，故曰刑于寡妻，至于兄弟。周公親違聖父之典〔二〕，而蹈嫌疑之蹤，戮罰同氣以逞私忿，何忠之有乎！但時無直筆之史，後儒承其謬談故也。」忠曰：「啓金縢而返風，亦足以明其不詐。遭二叔流言之變，而能大義滅親，終安宗國，復子明辟，輔成大業，以致太平，制禮作樂，流慶無窮，亦不可謂非至德也。」盛曰：「卿徒因成文而未原大理，朕今相爲論之。昔周自后稷積德累仁，至於文武，文武以大聖應期，遂有天下，生靈仰其德，四海歸其仁。成王雖幼統洪業，而卜世脩長，加吕、召、毛、畢爲之師傅，若無周公攝政，王道足以成也。周公無故以安危爲己任，專臨朝之權，闕北面之禮。管蔡忠存王室，以爲周公代主非人臣之道，故言公將不利於孺子。周公當明大順之節，陳誠義以曉羣疑，而乃阻兵都邑，擅行誅戮，不臣之罪彰於海内，方貽王鴟鴞之詩，歸非於主，是何謂乎！又周公舉事，稱告二公，二公足明周公之無罪而坐觀成王之疑，此則二公之心亦有猜於周公也。但以疏不間親，故寄言於管蔡，可謂忠不見於當時，仁不及於兄弟。知羣望之有歸，天命之不在己，然後返政成王，以爲忠耳。大風拔木之徵，乃皇天祐存周道，不忘文武之德，是以赦周公之始愆，欲成周室之大美。考周公之心，原周公之行，乃天下之罪人，何至德之謂也！周公復位，二公所以杜口不言其本心者，以明管蔡之忠也。」

又謂常忠曰：「伊尹、周公孰賢忠？」忠曰：「伊尹非有周公之親而功濟一代，太甲亂德，放於桐宮，思愆改善，然後復之。使主無怨言，臣無流謗，道存社稷，美溢古今。臣謂伊尹之勳有高周旦。」盛曰：「伊尹以舊臣之重，顯阿衡之任，太甲嗣位，君道未洽，不能竭忠輔導，而放黜桐宮，事同夷羿，何周公之可擬乎！」郎敷曰：「伊尹處人臣之位，不能匡制其君，恐成湯之道墜而莫就，是以居之桐宮，與小人從事，使知稼穡之艱難，然後返之天位，此其忠也。」盛曰：「伊尹能廢而立之，何不能輔之以至於善乎？若太甲性同桀紂，則三載之間未應便成賢后。如其性本休明，義心易發，當務盡匡規之理以弼成君德，安有人臣幽主而據其位哉！且臣之事君，惟力是視，奈何挾智藏仁以成君惡！夫太甲之事，朕已鑒之矣。太甲，至賢之主也，以伊尹歷奉三朝，績無異稱，將失顯祖委授之功，故匿其日月之明，受伊尹之黜，所以濟其忠貞之美。夫非常之人，然後能立非常之事，非常人之所見也，亦猶太伯之三讓，人無得而稱焉。」敷曰：「太伯三以天下讓，至仲尼而後顯其至德。太甲受謗於天下，遭陛下乃申其美。」因而談讌賦詩，賜金帛各有差。

盛據遼東〔一二〕，遼西太守李朗在郡十年，威制境内，盛疑之，累徵不赴。以母在龍城，未敢顯叛，乃陰引後魏軍，將爲自安之計，因上表請發兵以距寇。盛曰：「此必詐也。」召其使而詰之，果驗，盡滅其族，遣輔國將軍李旱率騎討之。師次建安，召旱旋師。朗聞其家被誅也，擁二千餘户以自固〔一三〕。及聞旱中路而還，謂有内變，不復爲備，留其子養守令支，躬迎魏師於北平。旱候知之，襲剋令支，遣裨將廣威孟廣平率騎追朗〔一四〕，及於無終，斬之。初，盛之追旱還也，羣臣莫知其故。旱既斬朗，盛謂羣臣曰：「前以追旱還者，政爲此耳。朗新爲叛逆，必忌官威，一則鳩合同類，劫害良善，二則亡竄山澤，未可卒平，故非意而還，以盈怠其志，卒然掩之，必剋之理也。」羣臣皆曰：「非所及也。」此節亦見御覽二百八十六。

李旱自遼西還，聞盛殺其將衛雙，懼，棄軍奔走。既而歸罪，復其爵位。盛謂侍中孫勍曰：「旱總三軍之任，荷專征之重，不能仗節死綏，無故逃亡，考之軍正，不赦之罪也。然當先帝之避難，衆情離貳，骨肉忘其親，股肱失忠節，旱以刑餘之體，效力盡命，忠款之至，精貫白日。朕故録其忘身之功，免其丘山之罪耳。」

庚子。二年　正月，大赦，盛去皇帝之號，稱庶民天王〔一五〕。魏襲幽州，執刺史盧溥而去。遣孟廣平援之，無及。盛率衆三萬伐高驪，襲其新城、南蘇，皆剋之，散其積聚，徙其五千餘户於遼西。盛引見百僚於東堂，考詳器藝，超拔者十有二人。命百司舉文武之士才堪佐世者各一人。立其子遼西公定爲太子，大赦殊死已下。讌其羣臣於新昌殿。盛曰：「諸卿各言其志，朕將覽之。」七兵尚書丁信年十五，盛之舅子也，進曰：「在上不驕，高而不危，臣之願也。」盛笑曰：「丁尚書年少，安得長者之言乎！」盛以威嚴馭下，驕暴少親，多所猜疑，故信言及之。

辛丑。三年〔一六〕　盛討庫莫奚，大虜獲而還。八月〔一七〕，左一作「右」。將軍慕容國與殿中將軍秦輿〔一八〕、段讚等謀率禁兵襲盛，事覺，誅之，死者五百餘人。前將軍思悔侯段璣、輿子興、贊子泰等，因衆心阻動，潛一作「夜」。於禁中鼓譟大呼〔一九〕。盛聞變，率左右出戰，衆皆披潰。俄而有一賊從闇中擊盛，傷足〔二〇〕，遂取輦升前殿，申約禁衛，召叔父河間公熙屬以後事。熙未至而盛薨，時年二十九，在位三年。僞謚昭武皇帝，墓號興平陵，廟號中宗。

盛幼而羈賤流漂，長則遭家多難，夷險安危，備嘗之矣。懲寶闇而不斷，遂峻極威刑，纖介之嫌，莫不裁之於未萌，防之於未兆。於是上下震局，人不自安，雖忠誠親戚亦皆離貳，舊臣靡不夷滅，安忍無親，所以卒於不免。按：末段似係讚文。

是歲，隆安五年也。

校勘記

〔一〕秦建元十年生於長安　見偏霸部，載記無。

〔二〕二十年　見偏霸部，載記無。

〔三〕行至西樂　見御覽卷三四九引，載記無。

〔四〕僞之子孫　載記「僞」下有「垂」字。

〔五〕垂笑謂之曰　偏霸部同，載記無「謂之」。

〔六〕建興六年領北中郎將鎮薊　見偏霸部，載記無。

〔七〕建平元年七月至貶爵爲公　此節合偏霸部與載記之文。偏霸部「改青龍元年」下無「爲建平元年」，「以長樂王稱制」上無「其年」，餘同。載記作：「盛謙揖自卑，不稱尊號，其年以長樂王稱制，赦其境内，改元曰建平，諸王降爵爲公。」

〔八〕東陽公慕容根至盛不許　見偏霸部，載記無。

〔九〕十月至僭即皇帝位　偏霸部同，載記但作「盛於是僭即尊位」。

〔一〇〕正月至長樂元年　偏霸部同，載記但作「改年爲長樂」。

〔一一〕親違聖父之典　「違」，原作「遺」，據載記改。

〔一二〕盛據遼東　見御覽卷二八六引，載記無。

〔一三〕擁二千餘户以自固　「二」，御覽卷二八六引同，載記作「三」。

〔一四〕裨將廣威孟廣平　載記作「廣威孟廣平」，御覽卷二八六引作「裨將」。

〔一五〕二年正月至庶民天王　偏霸部同，載記作：「盛去皇帝之號，稱庶人大王。」

〔一六〕三年　見偏霸部，載記無。

〔一七〕八月　見偏霸部，載記無。

〔一八〕左將軍　載記同，偏霸部作「右將軍」。

〔一九〕因衆心阻動潛於禁中鼓譟大呼　偏霸部同，載記「阻動」作「動摇」，「潛」作「夜」。

〔二〇〕擊盛傷足　偏霸部同，載記作「擊傷盛」。

十六國春秋輯補卷四十七

後燕録六

慕容熙

慕容熙字道文，一名長生〔一〕，垂之少子也。燕元二年生於常山，一作「長生」。建興八年，封河間王。永康初，隨寶奔龍城，拜司隸校尉〔二〕。段速骨之難，諸王多被害，熙素爲高陽王崇所親愛〔三〕，故得免焉。蘭汗之篡也，以熙爲遼東公，備宗祀之義。盛初即位，降爵爲公。長樂元年〔四〕，拜都督中外諸軍事、驃騎大將軍、尚書左僕射，領中領軍、昌黎尹〔五〕。從征高句驪、契丹，皆勇冠諸將。盛曰：「叔父雄果英壯，有世祖之風，但弘略不如耳。」

及盛薨，其太后丁氏以國多難，宜立長君。羣望皆在平原公元，而丁氏意在於熙，遂廢太子定，迎熙入宮。羣臣勸進，熙以讓元，元固以讓熙，熙遂僭即皇帝位〔六〕。誅其大臣段璣、秦興等，並夷三族。元以嫌疑賜死。元字道光，寶之第四子也。大赦殊死已下，改長樂三年爲光始元年〔七〕，改北燕臺爲大單于臺，置左右輔，位次尚書。

壬寅。二年　初，熙烝於丁氏，故爲所立。及寵幸苻貴人，丁氏怨恚呪詛，與兄子七兵尚書信謀廢熙。熙聞之，大怒，逼丁氏令自殺，葬以后禮，誅丁信。

熙狩於北原，石城令高和殺司隸校尉張顯，閉門距熙。熙率騎馳返，和衆皆投杖，熙入誅之。

癸卯。三年　正月〔八〕，熙引見州郡及單于八部耆舊於東宫與言，問以民所一作「間」。疾苦〔九〕，司隸部民劉瓚對問稱旨，拜帶方太守〔一〇〕。

是春，大治宫室。至四月，立苻貴人爲昭儀〔一一〕。五月〔一二〕，大築龍騰苑，廣袤十餘里，役徒二萬人。又起景雲一作「靈」。山於苑内〔一三〕，基廣五百步，峰高十七丈。此節亦見御覽一百九十六。又起逍遥宫、甘露殿，連房數百，觀閣相交，鑿天河渠，引水入宫。又爲其昭儀苻氏鑿曲光海、清涼池。季夏盛暑，士卒不得休息，暍死者大半。熙游於南山，止大柳樹下，若有人呼曰：「大王且止。」熙惡之，伐其樹，乃有長蛇丈餘，從樹中而出。

甲辰。四年　二月，昭儀苻氏卒〔一四〕，立其貴嬪苻氏爲皇后，赦殊死已下。

熙北襲契丹，大破之。

昭儀苻氏死，僞謚愍皇后。贈苻謨太宰，謚文獻公。二苻並美而豔，好微行游讌，熙弗之禁也。請謁必從，刑賞大政無不由之。初，昭儀有疾，龍城人王温稱能療之，未幾而卒。熙忿其妄也，立於公車門支解温而焚之。九月，苻后遊畋〔一五〕，熙從之，北登白鹿山，東過青嶺，南臨滄海，冬十一月乃還〔一六〕，百姓苦之，士卒爲狼虎所害及凍死者五千餘人矣。

乙巳。　五年　高句驪寇燕郡，殺略百餘人。熙伐高句驪，以苻后從，爲衝車地道以攻遼東。熙曰：「待剗平寇城，朕當與后乘輦而入。」不聽將士先登，於是城内嚴備，攻之不能下。會大雨雪，士卒多死，乃引歸。

十月〔一七〕，擬鄴之鳳陽門作弘光門，累級三層。

丙午。　六年　熙與苻氏襲契丹，憚其衆盛，將還，苻氏弗聽，遂棄其輜重，輕襲高句驪，周行三千餘里，士馬俱疲，凍死者屬路。攻木底城，不剋而還。

盡殺寶諸子。博陵公虔、上黨公昭也。　大城肥如及宿軍。　以仇尼倪爲鎮東大將軍、營州刺史，鎮宿軍；上庸公懿評孫也。　爲鎮西大將軍〔一八〕、幽州刺史，鎮令支；尚書劉本爲鎮南大將軍、冀州刺史，鎮肥如。

丁未。建始元年正月，大赦天下，改元。三月，太史丞梁延年夢月化爲五白龍，夢中占之曰：「月，臣也；龍，君也。月化爲龍，當有臣爲君。」寤而告人曰：「國祚其將盡乎！」〔一九〕

是月〔二〇〕，爲苻后起承華殿，高承光一倍。負土於北門，土與穀同價。典軍杜静載棺詣闕，上書極諫。熙大怒，斬之。苻后嘗季夏思凍魚膾，仲冬須生地黄，皆下有司切責，不得，加以大辟。其虐也如此。四月，苻后崩〔二一〕，熙悲號躃踊，若喪考妣，擁其尸而撫之曰：「體已就冷，命遂斷矣！」於是僵仆絶息〔二二〕，久而乃蘇。大斂既訖，復啓其棺而與交接。服斬縗，食粥。制百僚於宫内設位哭臨〔二三〕，令沙門素服。使有司按校一作「檢」。哭者，有淚以爲忠孝，無淚則加罪〔二四〕，於是羣臣震懼，莫不含辛以爲淚焉。此節亦見御覽三百八十七。高陽王慕容隆妃張氏，熙之嫂也，美姿容，有巧思。熙將以爲苻氏之殉，欲以罪殺之，乃毁其襚韡，中有弊氈，遂賜死。三女叩頭求哀，熙弗許。制公卿以下至於百姓，率户營墓，費殫府藏。周輪數里，下錮三泉，内則圖畫尚書八座之象。熙曰：「善爲之，朕將隨后入此陵。」識者以爲不祥。其右僕射韋璆等並懼爲殉，沐浴而待死焉。號苻氏墓曰徽平陵。熙被髮徒跣，步從苻氏喪。輀車高大，毁北門而出。長老竊相謂曰：「慕容氏自毁其門，將不久也。」

中衛一作「衛中」。將軍馮跋、左衛將軍張興，先皆坐事亡奔，以熙政之虐也，與跋從兄萬泥等三十二人結盟〔二五〕，推夕陽公慕容雲爲主〔二六〕，發尚方徒五千餘人分屯四門，入宫授甲〔二七〕，閉門距守。中黄門趙洛生奔告熙，熙曰：「此鼠盜耳，朕還當誅之。」乃收髮貫甲，馳還赴難。夜至龍城，攻北門不剋，遂敗走入龍騰苑，左右潰散〔二八〕。熙微服逃於林中，爲人所執，送雲，數而弑之〔二九〕，及其諸子，同殯城北。時年二十三，在位六當作「七」。年。雲葬之於苻氏墓，徽平陵〔三〇〕，僞謚曰昭文皇帝。

垂以孝武太元八當作「九」。年僭立，至熙四世，凡二十四年，以安帝義熙二當作「三」。年滅。初，童謡曰：「一束藁，兩頭然，秃頭小兒來滅燕。」藁字上有草，下有禾，兩頭然則禾草俱盡而成高字。雲父名拔，小字秃頭，三子，而雲季也。熙竟爲雲所滅，如謡言焉。

慕容雲

慕容雲字子雨，寶之養子也。祖父和，高句驪之支庶〔三一〕，自云高陽氏之苗裔，故以高爲氏焉。雲沈深有局量，厚重希言，時人咸以爲愚，唯馮跋奇其志度而友之。寶之爲太子，雲以武藝給事侍東宫〔三二〕。永康初，拜侍御史〔三三〕。襲敗慕容會軍，寶子之，賜姓慕容氏，封夕陽公。以疾去官〔三四〕。

及燕之葬苻后也，馮跋詣雲，告之以大謀。雲懼曰：「吾嬰疾歷年，卿等所知，願更圖之。」跋逼曰：「慕容氏世衰，河間虐暴，惑妖淫之女而逆亂天常，百姓不堪其害，思亂者十室而九焉，此天亡之時也。公自高氏名家，何能爲他養子！機運難邀，千歲一時，公焉得辭也！」扶之而出。雲曰：「吾疾苦日久，廢絶世務。卿今興建大事，謬見推逼。所以徘徊，非爲身也，實惟否德不足以濟元元故耳。」跋等强之。

四月〔三五〕，雲遂即天王位，復姓高氏，大赦境内殊死以下，改建始元年爲正始元年，國仍號大燕〔三六〕。以馮跋爲侍中、都督中外諸軍事、征北大將軍、開府儀同三司、録尚書事、武邑公，封伯、子、男、鄉亭侯者五十餘人，士卒賜穀帛有差。熙之羣臣復其爵位。

戊辰。二年〔三七〕　立妻李氏爲天王后，子彭爲太子。越騎校尉慕輿良謀叛，雲誅之。以慕容歸爲遼東公，主燕之宗社〔三八〕。一作「祀」。

己酉。三年　秋八月，太白入月中。冬十月戊辰，以上依開元占經十二引補校。雲臨東堂，幸臣離一作「雜」。班、桃一作「姚」。仁懷劒執紙而入，稱有所啓，抽劒擊雲，雲以几距班，桃仁進而弑之〔三九〕。立馮跋爲主。跋即位〔四〇〕，遷雲尸於東宮〔四一〕，僞謚爲惠懿皇帝。

始垂以丙戌之歲建號中山，至馮跋之歲，歲在己酉，二十四年〔四二〕。雲自以無功德而爲豪傑所推，常内懷懼，故寵養壯士以爲腹心。離班、桃仁等並專典禁衛，委之以爪牙之任，賞賜月至數千萬，衣食卧起皆與之同，終以此致敗云。

校勘記

〔一〕一名長生　見偏霸部，載記無。

〔二〕燕元二年至司隸校尉　偏霸部同，載記僅云「初封河間王」。「常山」，纂録、編霸部同，纂録校云「一作『長生』」。

〔三〕高陽王崇　「崇」，原作「隆」，據載記改。屠本卷四八亦作「崇」。按，段速骨之亂以前慕容隆已爲慕容會黨所殺，此作「隆」誤。

〔四〕長樂元年　見偏霸部，載記無。

〔五〕領中領軍昌黎尹　載記作「領中領軍」，偏霸部作「領昌黎尹」。

〔六〕皇帝位　偏霸部同，載記作「尊位」。按通鑑卷一一二作「天王位」。

〔七〕改長樂三年爲光始元年　偏霸部同，載記作「改元曰光始」。

〔八〕三年正月　偏霸部作「二年正月」，載記作「於是」。按屠本卷四八事在三年。

〔九〕與言問以民所疾苦　「與言」，見纂録，載記、偏霸部無。「問以民所疾苦」，偏霸部同，纂録「民所」作「民間」，載記此句作「問以疾苦」。

〔一〇〕司隸部民至帶方太守　見偏霸部，載記無。

〔一一〕是春至昭儀　見偏霸部，載記無。

〔一二〕五月　見偏霸部，載記無。

〔一三〕又起景雲山於苑内　「景雲山」，偏霸部、載記同，御覽卷一九六引作「景靈山」。

〔一四〕四年二月昭儀苻氏卒　見偏霸部，載記無。

〔一五〕九月苻后遊畋　偏霸部同，載記作「其后好游田」。

〔一六〕冬十一月乃還　見偏霸部，載記無。

〔一七〕十月　見偏霸部，載記無。

〔一八〕鎮西大將軍　載記作「鎮西將軍」。

〔一九〕建始元年至將盡乎　見偏霸部，載記無。

〔二〇〕是月　纂録同，偏霸部作「是日」，載記無。

〔二一〕四月苻后崩　偏霸部同，載記作「苻氏死」。

〔二二〕僵仆絶息　「絶息」，偏霸部同，載記作「氣絶」。

〔二三〕制百僚於宫内設位哭臨　「設位」，見偏霸部，載記無。

〔二四〕無淚則加罪　偏霸部同，載記作「無則罪之」。

〔二五〕與跋從兄萬泥等三十二人結盟　「三十二人」，偏霸部同，載記作「二十二人」。

〔二六〕夕陽公慕容雲　偏霸部同，載記作「慕容雲」。

〔二七〕分屯四門入宫授甲　見偏霸部，載記無。

〔二八〕左右潰散　見偏霸部，載記無。

〔二九〕送雲數而弒之　偏霸部同，載記作「雲得而弒之」。

〔三〇〕苻氏墓徽平陵　載記作「苻氏墓」，偏霸部作「徽平陵」。

〔三一〕祖父和高句驪之支庶　「高和」二字原誤倒，據載記乙正。

〔三二〕給事侍東宫　載記同，偏霸部無「事」字，疑是。

〔三三〕永康初拜侍御史　「永康初」，見偏霸部，載記無。「侍御史」，載記、偏霸部皆作「侍御郎」。

〔三四〕以疾去官　見偏霸部，載記無。

〔三五〕四月　見偏霸部，載記無。

〔三六〕改建始元年爲正始元年國仍號大燕　偏霸部同，載記作：「改元曰正始，國號大燕。」

〔三七〕二年　見偏霸部，載記無。

〔三八〕以慕容歸爲遼東公主燕之宗社　纂録同，偏霸部「宗社」作「宗祀」，餘同。載記無此句。

〔三九〕三年至進而弑之　「三年」至「冬十月戊辰」，見開元占經卷一二「月与五星相犯蝕四」條引，偏霸部僅「三年冬十月」，載記無此節。「離班」，載記、偏霸部同，開元占經引作「雜班」。「桃仁」，載記、偏霸部同，開元占經引作「姚仁」。

〔四〇〕立馮跋爲主跋即位　見偏霸部，載記無。

〔四一〕東宮　原作「東堂」，蓋涉上誤，據載記改。屠本卷四九亦作「東宮」。

〔四二〕始垂以丙戌至二十四年　纂録同，偏霸部「至馮跋之歲」作「馮跋即位之歲」，餘同。載記無此節。按，本卷慕容熙傳已據載記云慕容垂至熙四世，凡二十四年而滅。此則以慕容垂稱帝爲始，至慕容雲爲馮跋所殺，亦二十四年。

十六國春秋輯補卷四十八

後燕録七

慕容鳳

慕容垂段后

趙秋

封衡以上原輯並闕。

王高

魏郡王高家貧，徒有四壁〔一〕。

高秦末飢亂，夫妻晝則傭耕，夜則伐草燒磚〔二〕。

高父母兄弟喪盡十有五人，飢食藜藿，寒衣草衣〔三〕。以上三節俱見初學記十八。

末那樓雷

襄城公末那樓雷。廣韻〔四〕。

慕容白曜

遣慕容白曜伐宋無鹽城，剋之，將盡以其人爲軍實。副將酈音歷。範曰：「齊四履之地，號爲東秦，不遠爲經略，恐未可定也。今皇威始被，民無霑澤，連城有懷貳之將，比邑有拒守之夫，宜先信義，示之軌物，然後民心可懷，二州可定。」白曜從之。進次肥城，白曜將攻之，範曰：「肥城雖小，攻則淹日，得之無益軍聲，失之有損威勢，且無鹽之卒死者塗炭，成敗之機，足爲鑒矣。若飛書告喻，可不攻自伏，縱其不降，亦當逃散。」白曜乃以書曉之，肥城果潰也。御覽二百七十九。案：後燕不及宋，此自係誤引，姑附於末以俟考。

校勘記

〔一〕魏郡王高家貧徒有四壁　見初學記卷一八貧「一瓢四壁」條。

〔二〕高秦末飢亂至伐草燒磚　見初學記卷一八貧「夜耕晝傭」條。

〔三〕高父母至寒衣草衣　見初學記卷一八貧「歠菽食藜」條。

〔四〕廣韻卷五末韻「末」字注：「又虜三字姓，後燕録襄城公末那樓雷。」

十六國春秋輯補卷四十九

後秦録一

姚弋仲

姚弋仲，南安赤亭羌人也。其先有虞氏之苗裔，昔夏禹封舜少子於西戎〔一〕，世爲羌長〔二〕。其後燒當雄於洮罕之間。當七世孫填虞，漢中元末寇擾西州，爲揚虚侯馬武所敗，徙出塞。虞九世孫遷那，率種人内附，漢朝嘉之，假冠軍將軍、西羌校尉、歸順王，處之於南安之赤亭。那玄孫柯迴，爲魏一作「魏假」。征一作「鎮」。西將軍〔三〕、綏戎校尉、西羌都督。柯迴生弋仲，少而聰猛，英果雄毅〔四〕，不營産業，唯以收恤爲務，衆皆畏而親之。永嘉之亂，東徙榆眉，戎夏襁負隨之者數萬。自稱雍州刺史、護羌校尉〔五〕、扶風公。劉曜之平陳安也，以弋仲爲平西將軍，封平襄公，邑之於隴上。

及石季龍剋上邽，弋仲説之曰：「明公握兵十萬，功高一時，正是行權立策之日。隴上多豪，秦風猛勁，道隆後服，道洿先叛，宜徙隴上豪强，虚其心腹，以實畿甸。」季龍納之，啓勒以弋仲行安西將軍、六夷左都督。後晉豫州刺史祖約奔於勒，勒禮待之。弋仲上疏曰：「祖約殘賊晉朝，逼殺太后，不忠於主，而陛下寵之。臣恐姦亂之萌，此其始矣。」勒善之，後竟誅約。勒既死，季龍執權，思弋仲之言，遂徙秦雍豪傑於關東。弋仲率步衆數萬遷於清河〔六〕，拜奮武將軍、西羌大都督，封襄平縣公。

及石虎廢石弘自立，弋仲稱疾不賀。虎累召之，乃赴，正色謂季龍曰：「奈何把臂受託而反奪之乎！」季龍憚其强正而不之責〔七〕。遷持節、十郡六夷大都督、冠軍大將軍。性清儉鯁直，不修威儀，屢獻讜言，無所迴避。季龍甚重之，朝之大議，靡不參決，公卿亦憚而推下之。武城左尉，季龍寵姬之弟也，曾擾其部。弋仲執尉，數以迫脅之狀，命左右斬之。尉叩頭流血，左右諫，乃止。其剛直不迴，皆此類也。

太寧元年〔八〕，梁犢敗李農於滎陽。石虎大懼，馳召弋仲。弋仲率其步衆八千餘人屯於南郊，輕騎至鄴。時季龍病，不時見弋仲，引入領軍省，賜其所食之食〔九〕。一作「賜以御食」。弋仲怒不食，曰：「國家有賊，召我擊之，官當見我問方略以破賊，而食我，我豈來覓食邪〔一〇〕！我不知上存亡，若一見，雖死無恨。」左右言之，乃引見。此節亦見御覽八百四十八，因補足。弋仲數季龍曰：「兒死來愁邪？乃至於疾！兒小時不能使好人輔相，至令相殺，兒自有過，責其下人太甚，故反耳。汝病久，所立兒小，若不差，天下必亂，當宜憂此，不煩憂賊也。犢等因思歸之心，共爲姦賊，所行殘賊，此成擒耳。老羌請效死前鋒，使一舉而了。」弋仲性狷且俗，無尊卑皆汝之。季龍恕而不責，於坐授使持節、侍中、征西大將軍，賜以鎧馬。弋仲曰：「汝看老羌堪破賊以不！」於是貫鉀跨馬於庭中，策馬南馳，不辭而出。遂滅梁犢。以功加劒履上殿，入朝不趨，進封西平郡公。

冉閔之亂，弋仲率衆討閔，次於混橋。石祗僭尊號於襄國，以弋仲爲右丞相，待以殊禮。祗與閔相攻，弋仲遣其子襄救祗，戒襄曰：「汝才十倍於閔，若不梟擒，不須復見我也。」襄擊閔於常盧澤，大破之而歸。弋仲怒襄之不擒閔也，杖之一百。

弋仲部曲馬何羅博學有文才，張豺之輔石世也，背弋仲歸豺，豺以爲尚書郎，豺敗，復歸，咸勸殺之。弋仲曰：「今正是招才納奇之日，當收其力用，不足害也。」以爲參軍。其寬恕如此。

石祗爲劉顯所殺，弋仲乃與燕連和〔一一〕。

弋仲有子四十二人，常戒諸子曰：「吾本以晉室大亂，石氏待吾厚，故欲討其賊臣，以報其德。今石氏已滅，中原無主。自古以來未有戎狄作天子者，我死之後，汝便歸晉家，當竭盡臣節，無爲不義之事。」乃使使降晉。晉永和七年，拜弋仲使持節、六夷大都督、都督江北一作「江淮」。諸軍事〔一二〕、車騎大將軍、儀同三司、大單于，封高陵郡公。八年，薨，時年七十三。子襄之入關也，爲苻生所敗，弋仲屍柩爲生所得〔一三〕，生以王禮葬之於天水冀縣。萇稱尊號，追謚曰景元皇帝，廟號始祖，墓曰高陵，置園邑五百家。

姚襄

姚襄字景國，弋仲之第五子也。年十七，身長八尺五寸，臂垂過膝，雄武多才藝，能明察，善撫納，士衆愛敬之，咸請爲嗣。弋仲以襄非適〔一四〕，一作「長」。不許，百姓固請者日有千數，乃授之以兵。

石祇僭號，以襄爲使持節、驃騎將軍〔一五〕、護烏丸校尉、豫州刺史、新昌公。晉永和七年，遣使拜襄持節、平北將軍、并州刺史、即丘縣公。

弋仲薨，襄秘不發喪，率户六萬南攻陽平、元城、發干，皆破之，殺掠三千餘家，屯於碻磝津。以太原王亮爲長史，天水尹赤爲司馬，略陽伏子成爲左部帥，南安斂岐爲右部帥，略陽王黑那爲前部帥，强白爲後部帥，太原薛讚、略陽權翼爲參軍。南至滎陽，始發喪行服。與秦將高昌、李歷戰於麻田〔一六〕，馬中流矢死，賴其弟萇以免。晉處襄於譙城，遣五弟爲任。單騎渡淮，見豫州刺史謝尚於壽春，尚命去仗衛，幅巾以待之，一面交款，便若平生。襄少有高名，雄武冠世，好學博通，雅善談論，英濟之稱，著於南夏。

永和九年〔一七〕，中軍將軍、揚州刺史殷浩憚其威名，乃囚襄諸弟〔一八〕，頻遣刺客殺襄。刺客皆推誠告實，襄待之若舊。浩潛遣將軍魏憬率五千餘人襲襄，襄乃斬憬而并其衆。浩愈惡之，乃使將軍劉啓守譙，遷襄於梁國蠡臺，表授梁國内史。襄遣權翼詣浩，浩曰：「姚平北每舉動自由，豈所望也！」翼曰：「將軍輕納姦言，自生疑貳。愚謂猜嫌之由，不在於彼。」浩曰：「姚君縱放小人，盜竊吾馬。王臣之體，固若是乎！」翼曰：「將軍謂姚平北以威武自强，終爲難保，校兵練衆，將懲不恪。取馬者，欲以自衛耳。」浩曰：「何至是也！」浩遣謝萬討襄，襄逆擊破之，浩甚怒。會聞關中有變，浩率衆北伐。襄乃要擊浩於山桑，大敗之，斬獲萬計，收其資仗，使兄益守山桑壘，復如淮南。浩遣劉啓、王彬之伐山桑。襄自淮南擊滅之，鼓行濟淮，屯於盱眙。招掠流人，衆至七萬，分置守宰，勸課農桑。遣使建鄴，罪狀殷浩，并自陳謝。

永和十年〔一九〕，流人郭斆等千餘人執晉堂邑内史劉仕降於襄。朝廷大震，以吏部尚書周閔爲中軍將軍，沿江備守。襄將佐皆北人，咸勸襄北還，襄方軌北引。

永和十一年〔二〇〕，自稱大將軍、大單于。進攻外黄，爲晉邊將冠軍將軍高季所敗〔二一〕。襄收散卒而勤撫恤之，於是復振，乃據許昌，將如河東，以圖關右。

永和十二年〔二二〕，自許遂攻洛陽，踰月不剋。其長史王亮諫襄曰：「公英略蓋天下，士衆思効力命，不可損威勞衆，守此孤城。宜還河北，以弘遠略。」襄曰：「洛陽雖小，山河四塞之固，亦是用武之地。吾欲先據洛陽，然後開建大業。」俄而亮卒，襄哭之甚慟，曰：「天將不欲成吾事乎？何王亮舍我去也！」

晉征西大將軍桓温自江陵伐襄。温至伊水，襄徹圍拒之〔二三〕，戰於伊水北，爲温所敗。襄奔還洛陽〔二四〕，率麾下數千騎奔於北山。其夜，百姓棄妻子隨襄者五千餘人，屯據陽鄉，赴者又四千餘户。襄前後敗喪數矣，衆知襄所在，輒扶老攜幼奔馳而赴之。時或傳襄創重不濟，温軍所得士女莫不北望揮涕。其得物情如此。先是，弘農楊亮歸襄，襄待以客禮，後奔桓温。温問襄於亮，亮曰：「神明器宇，孫策之儔，而雄武過之。」其見重如此。

升平元年〔二五〕，襄尋徙北屈〔二六〕，一作「尋從北山」，似誤。將圖關中。進屯杏城，遣其從兄輔國將軍姚蘭略地鄜城，使其兄益及將軍王欽盧招集北地戎夏，歸附者五萬餘户。苻生遣其將苻飛龍一無「龍」字，載記同。拒戰〔二七〕，蘭敗，爲飛龍所執。襄率衆西引，進據黄落〔二八〕。生又遣苻堅、鄧羌等要之。襄將戰，沙門智通固諫襄宜厲兵收衆，更思後舉。襄曰：「二雄不俱立，冀天不棄德，以濟黎元，吾計決矣！」會羌師來逼，襄怒，遂長驅而進，與苻堅戰於三原〔二九〕。襄敗，爲堅所殺，時年二十七。是歲，晉升平元年也。苻生以公禮葬之。萇僭尊號，追謚魏武王，封襄孫延定爲東城侯。

校勘記

〔一〕昔夏禹封舜少子於西戎　「昔夏」，見偏霸部，載記無。

〔二〕世爲羌長　「羌長」，偏霸部同，載記作「酋長」。

〔三〕爲魏征西將軍　「爲魏」，載記、纂録同，偏霸部作「魏假」。「征西將軍」，纂録同，載記作「鎮西將軍」，偏霸部無。

〔四〕少而聰猛英果雄毅　偏霸部同，載記作「少英毅」。

〔五〕護羌校尉　偏霸部同，載記作「護西羌校尉」。

〔六〕弋仲率步衆數萬遷於清河　「步衆」，載記作「部衆」，下太寧元年條同。「數萬」，原作「四萬」，據載記改。

〔七〕季龍憚其强正而不之責　「之」，原作「知」，據載記改。

〔八〕太寧元年　載記作「季龍末」。偏霸部云：「太寧元年，拜侍中、征西大將軍。」按，此謂石趙之年號太寧。

〔九〕賜其所食之食　載記同，御覽卷八四八引作「賜以御食」。

〔一〇〕國家有賊至我豈來覓食邪　御覽卷八四八引無「豈」字，餘同，載記但作：「召我擊賊，豈來覓食邪。」

〔一一〕石祗爲劉顯所殺弋仲乃與燕連和　見偏霸部，載記無。

〔一二〕都督江北諸軍事　「江北」，偏霸部同，載記作「江淮」。按，通鑑卷九九作「江淮」，而胡注云「恐當作『江北』」。

〔一三〕弋仲屍柩爲生所得　「屍柩」，偏霸部同，載記作「之柩」。

〔一四〕以襄非適　載記無此四字，偏霸部作「以襄非長」。纂録校云「一作『適』」。

〔一五〕驃騎將軍　原作「驃騎大將軍」，據載記、偏霸部改。按通鑑卷九九亦無「大」字。

〔一六〕與秦將高昌李歷戰於麻田　「秦將」，見屠本卷五四，載記無。按通鑑卷九九有此二字。

〔一七〕永和九年　載記、偏霸部無，見屠本卷五四。

〔一八〕乃因襄諸弟　「因」，屠本卷五四、通鑑卷九九同，載記作「因」。

〔一九〕永和十年　載記、偏霸部無，見屠本卷五四。

〔二〇〕永和十一年　載記、偏霸部無，見屠本卷五四。

〔二一〕冠軍將軍高季　載記、偏霸部無，見屠本卷五四、通鑑卷一〇〇、晉書卷八穆帝紀。

〔二二〕永和十二年　載記、偏霸部無，見屠本卷五四。

〔二三〕溫至伊水襄徹圍拒之　見偏霸部，載記無。

〔二四〕襄奔還洛陽　見偏霸部，載記無。

〔二五〕升平元年　載記、偏霸部無，見屠本卷五四。

〔二六〕尋徙北屈　載記同，偏霸部作「尋從北山」。按晉書卷一四地理志，北屈縣在平陽郡，漢屬河東，前云襄「將如河東，以圖關右」，此即是也。作「尋從北山」誤。

〔二七〕苻生遣其將苻飛龍拒戰　「苻飛龍」，纂録同，載記、偏霸部作「苻飛」，下同。按通鑑卷一〇〇作「苻飛龍」。

〔二八〕進據黄落　載記、偏霸部無，見屠本卷五四、通鑑卷一〇〇、晉書卷一一二苻生載記。

〔二九〕與苻堅戰於三原　「與苻堅」，見偏霸部，載記無。

十六國春秋輯補卷五十

後秦録二

姚萇

姚萇字景茂，弋仲之第二十四子也。少聰哲，多權略，廓落任率，不事一作「修」。行業〔一〕，諸兄皆奇之。隨襄征伐，每參大謀。襄之寇洛陽也，夢萇服袞衣升御座，諸酋長皆侍立，旦謂將佐曰：「吾夢如此，此兒志度不恒，或能大起吾族。」此節亦略見御覽六百九十。襄與李歷戰之敗於麻田也〔二〕，馬中流矢死，萇下馬以授襄。襄曰：「汝何以自免？」萇曰：「但令兄濟，此豎子安敢害萇！」會救至，俱免。此節亦見初學記十七、御覽四百十六〔三〕。

兄襄爲苻堅所殺〔四〕，萇率諸弟降於苻生。苻堅以萇爲揚武將軍，歷左衛將軍，隴東、汲郡、河東、武都、武威、巴西、扶風太守，寧、幽、兗三州刺史，復爲揚武將軍、步兵校尉，封益都侯。爲堅將，累有大功。別本作：「堅以萇爲揚武將軍、步兵校尉。潞川之戰，累有殊功，遷左衛將軍，累授幽州刺史。」〔五〕初，萇隨楊安伐蜀，嘗晝寢水旁，上有神光焕然，左右咸異之。進至梓潼嶺，見一神人謂之曰：「君蚤還秦，秦無主，其在君乎！」萇請其姓氏，曰：「張惡子也。」言訖不見。至據秦稱帝，即其地立張相公廟祠之〔六〕。屠本下有此段，不知何據，姑依補之以俟考。及苻堅寇晉，以萇爲龍驤將軍，督益梁二州諸軍事，謂萇曰：「朕本以龍驤建業，龍驤之號未曾假人，今特以相授，山南之事，一以委卿。」堅左將軍竇衝進曰：「王者無戲言。此將不祥之徵也，惟陛下察之。」堅默然。堅既敗於淮南，歸長安。

甲申。白雀元年〔七〕晉太元九年。慕容泓起兵叛堅。堅遣子叡討之，以萇爲叡司馬。既而爲泓所敗，叡死之。萇遣龍驤長史趙都、參軍姜協詣堅謝罪〔八〕，堅怒殺之。萇懼，奔於渭北，遂如馬牧。西州豪族尹詳、趙曜、王欽盧、牛雙、狄廣、張乾等歸者五萬餘家〔九〕，咸推萇爲盟主。萇將拒之，天水尹緯説萇曰：「今百六之數既臻，秦亡之兆已見。以將軍威靈命世，必能匡濟時艱，故豪傑驅馳，咸同推仰。明公宜降心從議，以副羣望，不可坐視沈溺而不拯救之。」萇乃從緯議，以太元九年自稱大將軍、大單于、萬年秦王，大赦境内，改元，年號白雀〔一〇〕，稱制行事。以天水尹詳、南安龐演爲左右長史，南安姚晃、尹緯爲左右司馬，天水狄伯支、焦虔、梁希、龐魏、任謙爲從事中郎，姜訓、閻遵爲掾屬，王據、焦世、蔣秀、尹延年、牛雙、張乾爲參軍，王欽盧、姚方成、王破虜、楊難、尹嵩、裴騎、趙曜、狄廣、党删等爲帥。

時慕容沖與苻堅相攻，衆甚盛。萇將西上，恐沖遏之，乃遣使通和，以子崇爲質於沖，進屯北地，厲兵積粟，以觀時變。苻堅先徙晉人李詳等數千户於敷陸，至是降於萇。北地、新平、安定羌胡降者十餘萬户。堅率諸將攻之，不能剋。萇聞慕容沖攻長安，議進趨之計。羣下咸曰：「宜先據咸陽，以制天下。」萇曰：「燕因懷舊之士而起兵，若功成事捷，咸有東歸之思，安能久固秦川？吾欲移兵嶺北，廣收資實，須秦弊燕迴，然後垂拱取之，兵不血刃，坐定天下。此卞莊得二虎之義也。」堅寧朔將軍宋方率騎三千，從雲中將赴長安。萇自貳縣要破之。方單馬奔免，其司馬田晃率衆降萇。

乙酉。二年〔一一〕萇遣諸將攻新平，剋之，因略地至安定，嶺北諸城盡降之。時苻堅爲慕容沖所逼，走入五將山。六月〔一二〕，沖入長安，堅司隸校尉權翼、尚書趙遷、大鴻臚皇甫覆、光禄大夫薛讃、扶風太守段鏗等文武數百人來奔。萇聞苻堅在五將山〔一三〕，遣驍騎將軍吴忠率騎圍之。萇自故縣如新平〔一四〕，俄而忠執堅送之。萇將求禪代，堅不許〔一五〕。慕容沖遣其車騎大將軍、尚書令高蓋來伐〔一六〕，戰於新平南，大破之。蓋率麾下數千人來降，拜散騎常侍。

丙戌。建初元年〔一七〕晉太元十一年。沖既率衆東下，長安空虚，盧水郝奴稱帝於長安，渭北盡應之。扶風王驎有衆數千，堡據馬嵬，奴遣弟多攻驎。萇伐驎，破之，驎走漢中。執多而進攻奴，降之。

以太元十一年萇僭即皇帝位於長安。大赦，改元曰建初，國號大秦，改長安曰常安，追尊考弋仲爲景元皇帝，妣曰德皇后〔一八〕，立妻蛇氏爲皇后。萇后蛇氏，南安人〔一九〕。依廣韻引補。子興爲皇太子。置百官。自謂以火德承苻氏木行，服色如漢氏承周故事。徙安定五千餘户於長安，以弟征虜緒爲司隸校尉，鎮長安。

秋七月〔二〇〕，萇如安定，擊平涼胡金熙、鮮卑没奕干，大破之。遂如秦州，與苻堅秦州刺史王統相持。天水屠各、略陽羌胡應萇者二萬餘户，統懼，乃降。因饗將士於上邽。南安人古成詵進曰：「臣州人殷地險，儁傑如林，用武之國也。王秦州不能收拔賢才，三分鼎足，而坐玩珠玉，以至於此。陛下宜散秦州金帛以施六軍，旌賢表善以副鄙州之望。」萇善之，擢爲尚書郎。拜弟碩德都督隴右諸軍事、征西將軍、秦州刺史，領護東羌校尉，鎮上邽。

萇還安定，修德政，布惠化，省非急之費，以救時弊。閭閻之士有毫介之善者，皆顯異之。

萇復如秦州，爲苻登所敗，語在登傳。

丁亥。二年　徙秦州三萬户於安定〔二一〕。七一作「八」。月〔二二〕，以太子興鎮長安，而與登相拒。登馮翊太守蘭犢與苻師奴離貳，慕容永攻之，犢遣使請救。萇將赴救，尚書令姚旻、左僕射尹緯等言於萇曰：「苻登近在瓦亭，陛下未宜輕舉。」萇曰：「登遲重少決，每失時機，聞吾自行，正當廣集兵資，必不能輕軍深入。兩月之間，足可刓此三竪，吾事畢矣。」遂師次於渥源。師奴率衆來距，大戰，敗之，盡俘其衆。又擒蘭犢，收其士馬。萇乃掘苻堅尸，鞭撻無數，裸剥衣裳，荐之以棘，坎土而埋之。此節別本附苻登傳。

戊子。三年　慕容永征西將軍王宣率衆降萇。

初，關西雄傑以苻氏既終，萇雄略命世，天下之事可一旦而定。萇既與苻登相持積年，數爲登所敗，遠近咸懷去就之計，唯征虜齊難、冠軍徐洛生、輔國劉郭單、冠威彌姐婆觸、龍驤趙惡地、鎮北梁國兒等守忠不貳，並留子弟守營，供繼軍糧，身將精卒〔二三〕，隨萇征伐。時諸營既多，故號萇軍爲大營，大營之號自此始也。

時天大雪，萇下書深自責罰，散後宮文綺珍寶以供戎事，身食一味，妻不重綵，將帥死王事者加秩二等，士卒戰没皆有褒贈。立太學，禮先賢之後。

己丑。四年〔二四〕敦煌索盧曜請刺苻登。萇曰：「卿以身殉難，將爲誰乎？」曜曰：「臣死之後，深以友人隴西辛遲仰託。」萇遣之。事發，爲登所殺，萇以遲爲騎都尉。登進逼安定，諸將勸萇決戰，萇曰：「與窮寇競勝，兵家之下，吾將以計取之。」於是留其尚書令姚旻守安定，夜襲登輜重於大界，剋之。諸將或欲因登駭亂以擊之，萇曰：「登衆雖亂，怒氣猶盛，未可輕也。」遂止。萇以安定地狹，且逼苻登，使姚碩德鎮安定，徙安定千餘家於陰密，遣弟征南靖鎮之。

立社稷於長安。百姓年七十有德行者，拜爲中大夫，歲賜牛酒。

尹緯、姚晃謂古成詵曰：「苻登窮寇，歷年未滅，姦雄鴟峙，所在糾扇，夷夏皆貳，將若之何？」詵曰：「主上權略無方，信賞必罰，賢能之士，咸懷樂推，豈慮大業不成，氐賊不滅乎！」緯曰：「登窮寇未滅，姦雄所在扇合，吾等寧無懼乎？」詵曰：「三秦天府之國，主上十分已有其八。今所在可慮者，苻登、楊定、雷惡地耳，自餘瑣瑣，焉足論哉！然惡地地狹衆寡，不足爲憂。苻登借烏合犬羊，偷存假息，料其智勇，非至尊之匹。霸王之起，必有驅除，然後克定大業。昔漢魏之興也，皆有十餘年乃能一同於海内，五、六年閒未爲久也。主上神略内明，英武外發，可謂無敵於天下耳，取登有餘力。願布德行仁，招賢納士，厲兵秣馬，以候天機。如其鴻業不成者，詵請腰斬以謝明公。」緯言之於萇，萇大悦，賜詵爵關内侯。

雷惡地率衆降萇，拜爲鎮東將軍。

庚寅。五年　登將魏褐飛自稱大將軍〔二五〕、衝天王，率氐胡數萬人攻安北姚當於杏城〔二六〕。雷惡地叛應褐飛〔二七〕，攻鎮東姚漢得於李潤。萇議將討之，羣臣咸曰：「陛下不憂六十里苻登，乃憂六百里褐飛？」萇曰：「登非可卒殄，吾城亦非登所能卒圖。惡地多智，非常人也，南引褐飛，東結董成，甘言美説，以成姦謀，若得杏城、李潤，惡地據之，控制遠近，相爲羽翼，長安東北非復吾有。」於是潛軍赴之。萇時衆不滿二千，褐飛、惡地衆至數萬，氐胡赴之者首尾不絶。萇每見一軍至，輒有喜色。羣下怪而問之，萇曰：「今同惡相濟，皆來會集，吾得乘勝席卷，一舉而覆其巢穴，東北無復餘也。」褐飛等以萇兵少，盡衆來攻。萇固壘不戰，示之以弱，潛遣子崇率騎數百，出其不意，以乘其後。褐飛兵擾亂，萇遣鎮遠王超、平遠譚亮率步騎擊之，褐飛衆大潰，斬褐飛及首級萬餘。惡地請降，萇待之如初。此段亦見御覽二百九十三。惡地每謂人曰：「吾自言智勇所施，足爲一時之傑。校數諸雄，如吾之徒皆應跨據一方，獸嘯千里。遇姚公，智力摧屈，是吾分也。」惡地猛毅清肅，不可干以非義，嶺北諸豪皆敬憚之。萇命其將當城於營處一栅孔中蒔樹一根，以旌戰功。歲餘問之，城曰：「營所甚小，已廣之矣。」萇曰：「少來鬥戰，無如此快。以千六百人破三萬衆，國之事業，由此克舉。小乃爲奇，大何足貴。」

貳城胡曹寅、王達獻馬三千匹，以寅爲鎮北將軍、并州刺史，達鎮遠將軍、金城太守。萇性簡率，羣下有過，或面加罵辱。太常權翼言於萇曰：「陛下弘達自任，不修小節，駕馭羣雄，包羅儁異，棄嫌録善，有高祖之量。然輕慢之風，所宜除也。」萇曰：「吾之性也。吾於舜之美，未有片焉，漢祖之短，已收其一。若不聞讜言，安知過也！」南羌竇鴦率户五千來降，拜安西將軍。

萇下書曰：「有復私仇者，皆誅之。將吏亡滅者，各隨所親以立後，賑給長育之。」

辛卯。六年〔二八〕萇與苻登相持〔二九〕，鎮東苟一作「荀」。曜據逆萬堡〔三〇〕，密引苻登。萇與登戰，敗於馬頭原，收衆復戰。姚碩德謂諸將曰：「上慎於輕戰，每欲以計取之，今戰既失利而更逼賊者，必有由也。」萇聞而謂碩德曰：「登用兵遲緩，不知虛實，今輕兵直進，逕據吾東，必苻曜豎子與之連結也。事久變成，其禍難測，所以速戰者，欲使豎子謀之未就，好之未深，散敗其事耳。」進戰，果大敗之。此段亦見御覽二百九十三。登退屯於郿。

登將金槌以新平降萇，萇輕將數百騎入槌營。羣下諫之，萇曰：「槌既去苻登，復欲圖我，將安所歸？且懷德初附，推款委質，吾復以不信待之，何以御物乎？」羣氏果有異謀，槌不從而止。

萇如陰密攻登，敕其太子興曰：「苻曜好姦變，將爲國害，聞吾還北，必來見汝，汝便執之。」苻曜果見興於長安，興遣尹緯讓而誅之。

萇大敗登於安定東〔三一〕，一作「於長安」。置酒高會，諸將咸曰：「若值魏武王，不令此賊至今，陛下將牢太過耳。」萇笑曰：「吾不如亡兄有四：身長八尺五寸，臂垂過膝，人望而畏之，一也；當十萬之衆，與天下爭衡，望麾而進，前無橫陣，二也；温古知今，講論道藝，駕馭英雄，收羅儁異，三也；董率大衆，履險若夷，上下咸允，人盡死力，四也。所以得建立功業、策任羣賢者，正望算略中一片耳。」羣臣咸稱萬歲。

壬辰。七年〔三二〕萇下書令留臺諸鎮各置學官，勿有所廢，考試優劣，隨才擢敘。

苻登驃騎將軍没奕干率户六千降，拜使持節、車騎將軍、高平公。

三月〔三三〕，萇寢疾，遣鎮東姚碩德鎮李潤〔三四〕，尹緯守長安，召其太子興詣行在所〔三五〕。一作「詣行營」。征南姚方成言於興曰：「今寇賊未滅，上復寢疾，王統、苻胤等皆有部曲，終爲人害，宜盡除之。」興於是誅苻胤、王統、王廣、徐成、毛盛，乃赴召。興至，萇怒曰：「王統兄弟是吾州里，無他遠志，徐成等昔在秦朝，並爲名將，天下小定，吾方任之，奈何輒便誅害，令人喪氣！」

萇下書，兵吏從征伐，户在大營者，世世復其家，無所豫。

癸巳。八年〔三六〕　苻登與竇衝相持，萇議擊之，尹緯言於萇曰：「太子純厚之稱著於遐邇，將領英略未爲遠近所知，宜遣太子親行，可以漸廣威武，防闚窬之原。」萇從之，戒興曰：「賊徒知汝轉近，必相驅入堡，聚而掩之，無不剋矣。」比至胡空堡，衝圍自解。登聞興向胡空堡，引還。興因襲平涼，大獲而歸，咸如萇策。使興還鎮長安。

萇下書，除妖謗之言及姦穢〔三七〕，有相劾舉者，皆以其罪罪之。

晉平遠將軍、護氐校尉楊佛嵩率胡蜀三千餘户降於萇，晉將楊佺期、趙睦追之。遣姚崇赴救，大敗晉師，斬趙睦。以佛嵩爲鎮東將軍。

十月〔三八〕，萇如長安，至於新支堡，疾篤，輿疾而進。夢苻堅將天官使者、鬼兵數百突入營中，萇懼，走入宮，宮人迎萇，刺鬼誤中萇陰，鬼相謂曰：「正中死處。」拔矛，出血石餘。寤而驚悸，遂患陰腫，醫刺之出血，如夢。萇遂狂言，或稱：「臣萇，殺陛下者兄襄，非臣之罪，願不枉臣。」十二月〔三九〕，至長安，召太尉姚旻、尚書左僕射尹緯、右僕射姚晃、尚書狄伯支等入，受遺輔政。萇曰：「吾氣力轉微，將不能復臨天下，卿等善相吾子。」〔四〇〕謂興曰：「有毁此諸人者，慎勿受之。汝撫骨肉以仁，接大臣以禮，待物以信，遇黔首以恩，四者既備，吾無憂矣。」庚子，薨於永安宮〔四一〕。以太元十八年死，時年六十四，在位八年，僞謚武昭皇帝，廟號太祖，墓稱原陵〔四二〕。

校勘記

〔一〕不事行業　「事」，纂録同，載記、偏霸部作「修」。

〔二〕襄與李歷戰之敗於麻田也　載記作「襄之敗於麻田也」，初學記卷一七友悌「姚萇授馬」條引作「襄與李歷戰」。

〔三〕「四百十六」，原誤「四百十十」，今改。

〔四〕兄襄爲苻堅所殺　偏霸部同，載記作「及襄死」。

〔五〕按原注「別本」即纂録。

〔六〕進至梓潼嶺至祠之　載記無此節，原注云據屠本補。按屠本此節在卷五五姚萇傳之末，輯補蓋以事在萇仕前秦時而移於此。原注云「不知何據」，按其事見太平廣記卷三一二「陷河神」條引王氏見聞。

〔七〕白雀元年　見偏霸部，載記無。

〔八〕參軍姜協　見偏霸部，載記無。

〔九〕歸者五萬餘家　偏霸部同，載記作「率五萬餘家」。

〔一〇〕改元年號白雀　偏霸部作「改元」，載記作「年號白雀」。

〔一一〕二年　見偏霸部，載記無。

〔一二〕六月　見偏霸部，載記無。

〔一三〕萇聞苻堅在五將山　見偏霸部，載記無。

〔一四〕萇自故縣如新平　偏霸部同，載記無「自故縣」三字。

〔一五〕萇將求禪代堅不許　見偏霸部，載記無。

〔一六〕車騎大將軍尚書令高蓋來伐　「尚書令」，見偏霸部，載記無。載記「來伐」上又有「率衆五萬」。

〔一七〕建初元年　見偏霸部，載記無。

〔一八〕追尊考弋仲爲景元皇帝妣曰德皇后　見偏霸部，載記無。「弋仲爲」，纂録同，偏霸部作「仲」。

〔一九〕萇后蛇氏南安人　載記無，廣韻卷二麻韻「蛇」字：「後秦録：姚萇后蛇氏也，南安人。」

〔二〇〕秋七月　見偏霸部，載記無。

〔二一〕二年徙秦州三萬户於安定　見偏霸部，載記無。

〔二二〕七月　偏霸部同，纂録下校「一作『八月』」，載記無。

〔二三〕身將精卒　「身」，原作「良」，據載記改。

〔二四〕四年　見偏霸部，載記無。

〔二五〕登將魏褐飛　「登將」二字見御覽卷二九三引，載記無。

〔二六〕攻安北姚當於杏城　「姚當」，御覽卷二九三引同，載記作「姚當城」。下文隨載記作「當城」。按晉書卷一一五苻登載記、通鑑卷一〇七作「姚當成」。

〔二七〕叛應褐飛　御覽卷二九三引同，載記作「應之」。

〔二八〕六年　見偏霸部，載記無。

〔二九〕萇與苻登相持　見御覽卷二九三引，載記無。

〔三〇〕鎮東苟曜據逆萬堡　「苟曜」，載記同，御覽卷二九三引作「荀曜」。

〔三一〕安定東　載記同，偏霸部作「長安」。

〔三二〕七年　見偏霸部，載記無。

〔三三〕三月　見偏霸部，載記無。

〔三四〕鎮東姚碩德　「鎮東」，載記無，見偏霸部。

〔三五〕行在所　偏霸部同，載記作「行營」。

〔三六〕八年　見偏霸部，載記無。

〔三七〕除妖謗之言及姦穢　載記「姦穢」前有「赦前」二字。

〔三八〕十月　見偏霸部，載記無。

〔三九〕十二月　見偏霸部，載記無。

〔四〇〕萇曰至善相吾子　見偏霸部，載記無。

〔四一〕庚子薨於永安宮　見偏霸部，載記無。

〔四二〕墓稱原陵　「原陵」，載記同，偏霸部作「元陵」。

十六國春秋輯補卷五十一

後秦録三

姚興

姚興字子略，萇之太一作「少」，載記作「長」。子也〔一〕。苻堅時爲太子舍人。萇之在馬牧，興自長安冒難奔萇，萇立爲皇太子。萇出征討，常留統後事。及鎮長安，甚有威惠，與其中舍人梁喜、洗馬范勗等講論經籍，不以兵難廢業，時人咸化之。

萇薨，興秘不發喪，以其叔父緒鎮安定，碩德鎮陰密，弟崇守長安。碩德將佐言於碩德曰：「公威名宿重，部曲最强，今喪代之際，朝廷必相猜忌，非永安之道也。宜奔秦州，觀望事勢。」碩德曰：「太子志度寬明，必無疑阻。今苻登未滅而自尋干戈，所謂追二袁之蹤，授首與人。吾死而已，終不若斯。」及至，興優禮而遣之。

甲午。皇初元年〔二〕晉太元十九年。興自稱大將軍，以尹緯爲長史，狄伯支爲司馬。率衆伐苻登。咸陽太守劉忌奴據避世堡以叛，興襲忌奴，擒之。苻登自六陌向廢橋，始平太守姚詳據馬嵬堡以距登。登衆甚盛，興慮詳不能遏，乃自將精騎以迫登，遣尹緯領步卒赴詳。緯用詳計，據廢橋以抗登，登因急攻緯〔三〕。緯將出戰，興馳遣狄伯支謂緯曰：「兵法不戰而制人者，蓋爲此也。苻登窮寇，特宜持重，不可輕戰。」緯曰：「先帝登遐，人情擾懼，今不因思奮之力，梟殄逆竪，大事去矣！緯敢以死争。」遂與登戰，大破之。登衆渴死十二三，其夜大潰，此節亦見御覽三百三十二。登奔雍。

興乃發喪行服，以太元十九年僭即皇帝位於槐里，大赦境内，改元曰皇初。遂如安定。

先是，苻登使弟廣守雍，子崇屯胡空堡，聞登敗，各棄守走。登無所投據，遂奔平涼，率其餘衆入馬毛山。七月〔四〕，興自安定如涇陽，與苻登戰於山南，斬登，散其部衆歸復農業。徙陰密三萬户於長安。分大營户爲四，置四軍以領之。

安南强熙、鎮遠楊多叛，推竇衝爲盟主，所在擾亂。興率諸將討之，軍次武功，多兄子良國殺多而降。衝弟彰武與衝離貳，衝奔强熙。熙聞興將至，率户二千奔秦州。竇衝走汧川，汧川氐仇高執送之。衡從弟統率其衆降於興。

乙未。二年　以叔父征虜緒爲晉王，征西將軍碩德爲隴西王，弟崇爲齊公，顯爲常山公〔五〕，征南靖等及功臣尹緯、齊難、楊佛嵩等並爲公侯，其餘封爵各有差。

鮮卑薛勃於貳城爲魏軍所伐，遣使請救，使姚崇赴救。魏師既還，薛勃復叛，崇伐而執之，大收其士馬而還。

興追尊其庶母孫氏爲皇太后，配饗太廟。

丙申。三年　楊盛保仇池，遣使請命，拜使持節、鎮南將軍、仇池公。

鮮卑越質詰歸率户二萬叛乞伏乾歸，降於興。興處之於成紀，拜使持節、鎮西將軍、平襄公。

姚碩德討平涼胡金豹於洛城，尅之。初，上邽姜乳據本縣以叛，自稱秦州刺史，碩德進討之，乳率衆降。以碩德爲秦州牧，領護東羌校尉，鎮上邽，徵乳爲尚書。强熙及略陽豪族權千城率衆三萬圍上邽，碩德擊破之。熙南奔仇池，遂假道歸晉。碩德西討千城，千城降。

興令郡國各歲貢清行孝廉一人。

慕容永既爲慕容垂所滅，河東太守柳恭等各阻兵自守。興遣姚緒討之，恭等依河距守，緒不得濟。鎮東薛强先據楊氏壁，引緒從龍門濟河，遂入蒲坂，恭勢屈請降。徙新平、安定新户六千於蒲坂，以緒爲并冀二州牧，鎮蒲坂〔六〕。

丁酉。四年〔七〕興母蛇氏死，興哀毁過禮，不親庶政。羣臣議請依漢魏故事，既葬即吉。興尚書郎李嵩上疏曰：「三王異制，五帝殊禮。孝治天下，先王之高事也。宜遵聖性，以光道訓。既葬之後，應素服臨朝，率先天下仁孝之舉也。」尹緯駁曰：「帝王喪制，漢魏爲準。嵩矯常越禮，愆於軌度，請付有司，以專擅論。既葬即吉，乞依前議。」興曰：「嵩忠臣孝子，有何咎乎！尹僕射棄先王之典，而欲遵漢魏之權制，豈所望於朝賢哉！其一依嵩議。」

鮮卑薛勃叛奔嶺北，上郡、貳川雜胡皆應之，遂圍安遠將軍姚詳於金城。遣姚崇、尹緯討之。勃自三交趣金城，崇列營掎之，而租運不繼，三軍大飢。緯言於崇曰：「輔國彌姐高地、建節杜成等皆諸部之豪，位班三品，督運稽留，令三軍乏絶，宜明置刑書，以懲不肅。」遂斬之。諸部大震，租入者五十餘萬。興率步騎二萬親討之。勃懼，棄其衆奔於高平公没奕干，干執而送之。

泫氏男姚買得欲因興葬母蛇氏殺興，會有告之者，興未之信，遣李嵩詐往。買得具以告嵩，嵩還以聞，興乃賜買得死，誅其黨與。

興下書禁百姓造錦繡及淫祀。

興率衆寇湖城，晉弘農太守陶仲山、華山太守董遇皆降於興。遂如陝城，進寇上洛，陷之。二月，當作「十二月」，抑或係五年事，俟考。遣齊公崇伐洛陽〔八〕。晉河南太守夏侯宗之固守金墉。崇攻之不剋，乃陷柏谷，徙流人西河嚴彦、河東裴岐、韓襲等二萬餘户而還。

興下書令士卒戰亡者，守宰所在埋藏之，求其近親爲之立後。

武都氐屠飛〔九〕、啖鐵等殺隴東太守姚迴，略三千餘家，據方山以叛。興遣姚紹等討之，斬飛、鐵。遣狄伯支迎流人曹會、牛壽萬餘户於漢中。

興留心政事，包容廣納，一言之善，咸見禮異。京兆杜瑾、馮翊吉默、始平周寶等上陳時事，皆擢處美官。天水姜龕、東平淳于岐、馮翊郭高等皆耆儒碩德，經明行修，各門徒數百，教授長安，諸生自遠而至者萬數千人。興每於聽政之暇，引龕等於東堂，講論道藝，錯綜名理。涼州胡辯者，河西大儒也〔一〇〕，前秦建元末東徙洛陽，隨講受弟子千有餘人〔一一〕，關中後進多赴之請業。興敕關尉曰：「諸生諮訪道藝，修己厲身，往來出入，勿拘常限。」於是學者咸勸，儒風盛焉。此節亦見御覽百六十三。給事黄門侍郎古成詵、中書侍郎王尚、尚書郎馬岱等以文章雅正，參管機密。詵風韻秀舉，確然不羣，每以天下是非爲己任。時京兆韋高慕阮籍之爲人，居母喪彈琴飲酒，詵聞而泣曰：「吾當私刃斬之，以崇風教！」遂持劍求高。高懼逃匿，終身不敢見詵。

戊戌。五年

己亥。弘始元年〔一二〕興遣將鎮東楊佛嵩攻洛陽〔一三〕。班命郡國，百姓因荒自賣爲奴婢者，悉免爲良人。興以日月薄蝕，災眚屢見，降號稱王，下書令羣公卿士將牧守宰各降一級。於是其太尉姚旻等五十三人上疏諫曰：「伏惟陛下勳格皇天，功濟四海，威靈震於殊域，聲教暨於遐方，雖成湯之隆殷基，武王之崇周業，未足比喻。方當廓清江吴，告成中岳，豈宜過垂沖損，違皇天之眷命乎！」興曰：「殷湯夏禹，德冠百王，然猶順守謙沖，未居崇極，況朕寡昧，安可以處之哉！」

九月〔一四〕，乃遣旻告於社稷宗廟，大赦，改元弘始。賜孤獨鰥寡粟帛有差，年七十已上加衣杖。始平太守周班、槐里令李彰皆以黷貨誅。於是郡國肅然矣。

冬十月，剋洛陽〔一五〕，自淮漢已北諸城多請降送任。以東平公紹爲都督山東諸軍事、豫州牧，鎮洛陽〔一六〕。

興下書，聽祖父母昆弟得相容隱。

姚緒、姚碩德以興降號，固讓王爵，興弗許。

京兆韋華、譙郡夏侯軌、始平龐眺等率襄陽流人一萬叛晉，奔於興。興引見東堂，謂華曰：「晉自南遷，承平已久，今政化風俗何如？」華曰：「晉主雖有南面之尊，無總御之實，宰輔執政，政出多門，權去公家，遂成習俗。刑網峻急，風俗奢宕，自桓温、謝安已後，未見寬猛之中。」興大悦，拜華中書令。

興如河東。時姚緒鎮河東，興待以家人之禮。

下書封其先朝舊臣姚驢磑、趙惡地、王平、馬萬載、黄世等子爲五等子男。

命百僚舉殊才異行之士，刑政有不便於時者皆除之。兵部郎金城邊熙上陳軍令煩苛，宜遵簡約。興覽而善之，乃依孫吴誓衆之法以損益之。

興立律學於長安，召郡縣散吏以授之，其通明者還之郡縣，論決刑獄。若州郡縣所不能決者，讞之廷尉。興常臨諮議堂聽決疑獄。於時號無冤滯。

姚緒、姚碩德固讓王爵，許之。緒、碩德威權日盛，興恐姦佞小人阻惑之，乃簡清正君子爲之輔佐。

興以司隸校尉郭撫、扶風太守强超、長安令魚佩、槐里令彭明、倉部郎王年等清勤貞白，下書褒美，增撫邑一百户，賜超爵關内侯，佩等進位一級。永寧伯郭撫，字仲安，金城人也。初爲吏部尚書，與郎姚範清心虚求，搜揚俊乂，内外稱之，以擬魏之崔、毛。「永寧」下依御覽二百十四引補〔一七〕。

庚子。二年　使碩德率隴右諸軍伐乞伏乾歸。興潛軍赴之。乾歸敗走，降其部衆三萬六千，收鎧馬六萬匹，軍無私掠，百姓懷之。興進如枹罕，班賜王公已下，徧於卒伍。興之西也，没奕干密欲乘虚襲安定，長史皇甫序切諫，乃止。干自恨失言，陰欲殺序。乞伏乾歸以窮蹙來降。拜鎮遠將軍、河州刺史、歸義侯，復以其部衆配之。

興下書，將帥遭大喪，非在疆埸嶮要之所，皆聽奔赴，及朞乃從王役。臨戎遭喪，聽假百日。若身爲邊將，家有大變，交代未至敢輙去者，以擅去官罪罪之。

遣晉將軍劉嵩等二百三十七人歸於建鄴。

魏人襲没奕干，干棄其部衆，率數千騎與赫連勃勃奔於秦州。興見勃勃，奇之，寵踰勳舊，邕因諫，詳見勃勃傳〔一八〕。濟南公姚邕，字子和，興之弟也。尤善音樂，皆能度其盈虚，增其曲調，世咸傳之，號濟南新調〔一九〕。御覽五百六十四明引姚興傳。

魏師進次瓦亭，長安大震，諸城閉門固守。後魏平陽太守貳塵八字亦見廣韻〔二〇〕。入侵河東。興於是練兵講武，大閱於城西，榦勇壯異者召入殿中。引見羣臣於東堂，大議伐魏。羣臣咸諫以爲不可，興不從。司隸姚顯進曰：「陛下天下之鎮，不宜親行，可使諸將分討，授以廟勝之策。」興曰：「王者正以廓土靖亂爲務，吾焉得而辭之。」

辛丑。三年

壬寅。四年〔二一〕

興立其子泓爲皇太子，大赦境内，賜男子爲父後者爵一級。遣姚平、狄伯支等率步騎四萬伐魏。

五月，遣大將軍隴西王碩德、姚穆率步騎六萬伐吕隆於涼州〔二二〕。平等軍次河東，興遣其光遠党娥、立節雷星、建忠王多等率杏城及嶺北突騎自和寧赴援，越騎校尉唐方、積弩姚良國率關中勁卒爲平後繼，姚緒統河東見兵爲前軍節度，姚紹率洛東之兵，姚詳率朔方見騎，並集平望，以會於興。使没弈干權鎮上邽，中軍廣陵公欽權鎮洛陽，姚顯及尚書令姚晃輔其太子泓，入直西宫。

先是，吐蕃傉檀據西平，沮渠蒙遜據張掖，李暠據敦煌，各制方域，共相侵伐〔二三〕。碩德從金城濟河，直趣廣武，逕蒼松至隆姑臧城下。隆遣弟輔國超、龍驤邈等率衆拒碩德。碩德大破之，生擒邈〔二四〕，俘斬一萬。隆將呂他等率衆二萬五千，以東苑來降。傉檀、蒙遜、李暠等各修表奉獻〔二五〕。

興率戎卒四萬七千自長安赴姚平。平攻魏乾城，陷之，遂據柴壁。魏軍大至，攻平，截汾水以守之。興至蒲坂，憚而不進。

時碩德攻呂隆，撫納夷夏，分置守宰，節糧積粟，爲持久之計。隆懼，九月，奉表請降。興答報嘉美，以隆爲鎮西將軍、涼州刺史、建康公〔二六〕。碩德軍令齊整，秋毫無犯，祭先賢，禮儒哲，西土悦之。

姚平糧絶矢盡，將麾下三十騎赴汾水而死。狄伯支等十將四萬餘人皆爲魏所擒〔二七〕。興下書，軍士戰没者皆厚加褒贈。魏軍乘勝進攻蒲坂，姚緒固守不戰，魏乃引還。

興徙河西豪右萬餘户於長安。

晉輔國將軍袁虔之、寧朔將軍劉壽、冠軍將軍高長慶、龍驤將軍郭恭等貳於桓玄，懼而奔興。興臨東堂引見，謂虔之等曰：「桓玄雖名晉臣，其實晉賊。其才度定何如父也，能辦成大事以不？」虔之曰：「玄藉世資，雄據荆楚，屬晉朝失政，遂偷竊宰衡。安忍無親，多忌好殺，位不才授，爵以愛加，無公平之度，不如其父遠矣。今既握朝權，必行篡奪，既非命世之才，正可爲他人驅除耳。此天以機便授之陛下，願速加經略，廓清吴楚。」興大悦，以虔之爲大司農，餘皆有拜授。虔之固讓，請疆埸自效，改授假節、寧南將軍、廣州刺史。

校勘記

〔一〕萇之太子也　「太子」，偏霸部同，纂録校云「一作『少子』」，載記作「長子」。

〔二〕皇初元年　見偏霸部，載記無。

〔三〕登因急攻緯　「因」，載記同，御覽卷三三二引作「困」。按下文云「苻登窮寇」，疑作「困」是。

〔四〕七月　見偏霸部，載記無。

〔五〕二年至常山公　偏霸部無「征虜」，餘同。載記作：「封征虜緒爲晉王，征西碩德爲隴西王。」

〔六〕以緒爲并冀二州牧鎮蒲坂　見偏霸部，載記無。

〔七〕四年　見偏霸部，載記無。

〔八〕二月遣齊公崇伐洛陽　偏霸部同，載記作「遣姚崇寇洛陽」。

〔九〕武都氐屠飛　「氐」，原作「民」，據載記改。

〔一〇〕河西大儒也　見御覽卷六一三引，載記無。

〔一一〕前秦建元至千有餘人　「前秦建元末」，御覽卷六一三引同，載記作「苻堅之末」，「隨講受弟子」，御覽卷六一三引同，載記無「隨」字。

〔一二〕弘始元年　見偏霸部，載記無。按，魏書卷六七崔鴻傳云：「太祖天興二年，姚興改號，鴻以爲改在元年。」湯球從魏書之説，以己亥歲爲弘始元年，即魏天興二年，以下繫年皆非崔書之舊。

〔一三〕攻洛陽　載記「攻」下有「陷」字。按通鑑卷一一一，是年十月陷洛陽，在改元後。

〔一四〕九月　見偏霸部，載記無。

〔一五〕冬十月尅洛陽　見偏霸部，載記作「洛陽既陷」。

〔一六〕以東平公紹至鎮洛陽　見偏霸部，載記無。

〔一七〕「二百十四」，原誤「二百四十」，今改。

〔一八〕興見勃勃至勃勃傳　載記無，蓋湯球自爲以啓下文。

〔一九〕濟南公姚邕至濟南新調　載記無，御覽卷五六四引後秦録姚興傳「尤善」作「尤喜」，「增其」作「增改」，餘同。

〔二〇〕見廣韻卷四至韻「貳」字。

〔二一〕四年　見偏霸部，載記無。

〔二二〕五月至於涼州　偏霸部無「姚穆」，餘同，載記作：「姚碩德、姚穆率步騎六萬伐呂隆。」

〔二三〕先是至共相侵伐　偏霸部同。載記此節在碩德破逸之下，且「吐蕃傉檀」作「秃髮利鹿孤」，「各制方域共相侵伐」作「與呂隆相持」。

〔二四〕碩德從金城至生擒逸　偏霸部「姑臧城下」作「城下」，餘同。載記此節但作：「碩德至姑臧，大敗呂隆之衆。」

〔二五〕傉檀蒙遜李暠等各修表奉獻　偏霸部同，載記作「至是皆遣使降」。

〔二六〕九月至建康公　見偏霸部，載記但作「遂降」。

〔二七〕十將四萬餘人　「十」，原作「卒」，據載記改。

十六國春秋輯補卷五十二

後秦録四

姚興

癸卯。弘始五年 興立其昭儀張氏爲皇后，封子懿、上庸。弼、廣平。洸、陳留。宣、長樂。諶、博陵。愔、南陽。璞、平原。質、范陽。逵、清河。裕、隴西。國兒章武。皆爲公。遣其兼大鴻臚梁斐，以新平張構爲副，拜秃髮傉檀車騎將軍、廣武公，沮渠蒙遜鎮西將軍、沙州刺史、西海侯，李玄盛安西將軍、高昌侯。

興遣鎮遠趙曜率衆二萬，西屯金城，建節王松怱率騎助吕隆等守姑臧。松怱至魏安，爲傉檀弟文真所圍，衆潰，執松怱送於傉檀。傉檀大怒，送松怱還長安，歸罪文真，深自陳謝。

興下書，録馬嵬戰時將吏，盡擢敘之，其堡户給復二十年。

興性儉約，車馬無金玉之飾，自下化之，莫不敦尚清素。然興性好遊田，頗損農要，京兆杜延以左僕射齊難無匡輔之益〔一〕，著豐草詩以箴之，難具以聞〔二〕。馮翊相雲一作「靈」，廣韻亦引作「雲」。作德獵賦以諷焉〔三〕。興皆覽而善之，賜以金帛，然終不能改也。此節亦見御覽八百三十一。

晉順陽太守彭泉以郡降興。興遣楊佛嵩率騎五千，與其荆州刺史趙曜迎之，遂寇陷南鄉，擒建威將軍劉嵩，略地至於梁國而歸。

又遣其兼散騎常侍席確詣涼州，徵呂隆弟超入侍，隆遣之。呂隆懼禿髮傉檀之逼，表請内徙。興遣齊難及鎮西姚詰、鎮遠乞伏乾歸、鎮遠趙曜等步騎四萬迎隆於河西。難至姑臧，以其司馬王尚行涼州刺史，配兵三千鎮姑臧，以將軍閻松爲倉松太守，郭將爲番禾太守，分戍二城。徙隆及其宗室僚屬於長安。沮渠蒙遜遣弟挐貢其方物〔四〕。王尚綏撫遺黎，導以信義，百姓懷其惠化，翕然歸之。

甲辰。六年　北部鮮卑並遣使貢款。

桓玄遣使來聘，請辛恭靖、何澹之。興留恭靖而遣澹之，謂曰：「桓玄不推計曆運，將圖篡逆，天未亡晉，必將有義舉，以吾觀之，終當傾覆。卿今馳往，必逢其敗，相見之期，遲不云遠。」初，恭靖至長安，引見興而不拜。興曰：「朕將任卿以東南之事。」靖曰：「我寧爲國家鬼，不爲羌賊臣。」興怒，幽之别室。至是，恭靖亦踰牆遁歸。

興遣其將姚碩德、姚斂成、姚壽都等率衆三萬，伐楊盛於仇池。壽都等入自宕昌，斂成從下辯而進。盛遣其弟壽距斂成，從子斌距壽都。壽都逆擊擒之，盡俘其衆。楊壽等懼，率衆請降。碩德還師。

晉汝南太守趙策委守奔於興。

十一月，鳩摩羅什至長安〔五〕。

乙巳。七年　正月。興如逍遥園，引諸沙門於澄玄堂聽鳩摩羅什演説佛經〔六〕。羅什通辯夏言，尋覽舊經，多有乖謬，不與胡本相應。興與羅什及沙門僧略、僧遷、道樹、僧叡、道恒、僧肇、曇順等八百餘人更出大品，羅什持胡本，興執舊經，以相考校，其新文異舊者，皆會於理義，續出諸經并諸論三百餘卷。今之新經，皆羅什所譯。興既託意於佛道，公卿以下莫不欽附，沙門自遠而至者五千餘人。起浮圖於永貴里，立波若臺於中宫，沙門坐禪者恒有千數。州郡化之，事佛者十室而九矣。

使姚碩德及冠軍徐洛生等伐仇池，又遣建武趙琨自宕昌而進，遣其將斂俱寇漢中。

時劉裕誅桓玄，迎復安帝。玄衛將軍新安王桓謙、臨原王桓怡、雍州刺史桓蔚、左衛將軍桓謐、中書令桓胤、將軍何澹之等奔於興。

劉裕遣大參軍衡凱之詣姚顯，請通和，顯遣吉默報之，自是聘使不絕。晉求南鄉諸郡，興許之，羣臣咸諫，以爲不可。興曰：「天下之善一也。劉裕拔萃起微，匡輔晉室，吾何惜數郡而不成其美乎！」遂割南鄉、順陽、新野、舞陰等十二郡歸於晉。

姚碩德等頻敗楊盛。盛懼，請降，遣子難當及僚佐子弟數十人爲質，碩德等引還。署盛爲使持節、散騎常侍、都督益寧州諸軍事、征南大將軍、開府、益州牧、武都侯。

斂俱陷城固，徙漢中流人郭陶等三千餘家於關中。

丙午。八年　班告境内及在朝文武，立名不得犯叔父緒及碩德之名，以彰殊禮。興謙恭孝友，每見緒及碩德，如家人之禮，整服傾悚，言則稱字；車馬服玩，必先二叔，然後服其次者；朝之大政，必諮之而後行。

太史令郭黁言於興曰：「戊亥之歲，當有孤寇起於西北，宜慎其鋒。起兵如流沙，死者如亂麻，戎馬悠悠會隴頭，鮮卑烏丸居不安，國朝疲於奔命矣。」時所在有泉水涌出，傳云飲則愈病，後多無驗。屢有妖人稱神女，戮之乃止。

興大閱，自杜鄠至於羊牧。

興以姚碩德來朝，大赦其境内。及碩德歸於秦州，興送之，及雍乃還。

禿髮傉檀獻興馬三千匹、羊三萬頭。興以爲忠於己，乃署傉檀爲涼州刺史，徵涼州刺史王尚還長安。涼州人申屠英等二百餘人遣主簿胡威詣興，請留尚。興弗許，引威見之。威流涕謂興曰：「臣州奉國五年，王威不接，銜膽栖冰，孤城獨守者，仰恃陛下威靈，俯杖良牧惠化。忽違天人之心，以華土資狄。若傉檀才望應代，臣豈敢言！竊聞乃以臣等貿馬三千匹、羊三萬頭，如所傳實者，是爲棄人貴畜。苟以馬供軍國，直煩尚書一符，三千餘家户輸一匹，朝下夕辦，何故以一方委此獯狁〔七〕？昔漢武傾天下之資力，開建河西，隔絶諸戎，以斷匈奴右臂，所以終能屠大宛王毋寡。今陛下方布政玉門，化流西域，奈何以五郡之地，資之獯狁，忠誠華族，棄之荒裔〔八〕！豈惟臣州士民墜於塗炭，恐方爲聖朝旰食之憂。」〔九〕興悔之〔一〇〕，遣西平車普馳止王尚，復遣使諭傉檀。會傉檀已至姑臧，普先以狀告之，傉檀逼遣王尚〔一一〕，遂入姑臧。

尚既至長安，坐匿吕氏宫人，擅殺逃人薄禾等，禁止南臺。涼州别駕宗敞、治中張穆、主簿邊憲、胡威等上疏理尚曰：

臣州荒裔，鄰帶寇讐，居泰無垂拱之安，運否罹傾覆之難。自張氏頹基，德風絶而莫扇，呂數將終，梟鴟以之翻翔，羣生嬰罔極之痛，西夏有焚如之禍。幸皇鑒降眷，純風遠被。刺史王尚，受任垂滅之州，策成難全之地，一作「際」。輕身率下，恭儉節用，勞逸豐約，與衆同之，勸課農桑，時無廢業。然後振王威以掃不庭，迴天戈以蕩氛穢，則羣逆冰摧，不俟朱陽之耀，若秋霜隕籜，豈待勁風之威！何定遠之足高，營平之獨美！經始甫爾，會朝算改授，使希世之功不終於必成，易失之機踐之而莫展。當其時而明其事者，誰不慨然！

既遠役遐方，劬勞於外，雖效未酬恩，而在公無闕。自至京師，一旬於今，出車之命莫逮，萋菲之責惟深。以取呂氏宮人裴氏及殺逃人薄禾等，爲南臺所禁。天鑒玄鏡，蹔免囹圄，譏繩之文，未離簡墨。裴氏年垂知命，首髮二毛，嫠居本家，不在尚室，年邁姿陋，何用送爲！邊藩要捍，衆力是寄，禾等私逃，罪應憲墨，以殺止殺，安邊之義也。假若以不送裴氏爲罪者，正關奚官之一女子耳，論勳則功重，言瑕則過微。而執憲吹毛求疵，忘勞記過，斯先哲所以悲憤於當年，微臣所以仰天而泣血。且尚之奉國，歷事二朝，能否効於既往，優劣簡在聖心，就有微過，功足相補。宜弘罔極之施，以彰覆載之恩。臣等生自西州，無翰飛之翼，久沈僞政，絶進趣之途。及皇化既沾，投竿之心冥發，遂策名委質，位忝吏端。主辱臣憂，故重藺披款，惟陛下亮之。

興覽之，大悦，謂其黄門侍郎姚文祖曰：「卿知宗敞乎？」文祖曰：「與臣州里，西方之英儁。」興曰：「有表理王尚，文義甚佳，當王尚研思耳。」文祖曰：「尚在南臺禁止不與賓客交通，敞寓於楊桓，非尚明矣。」興曰：「若爾，桓爲措思乎？」文祖曰：「西方評敞甚重，優於楊桓。敞昔與吕超周旋，陛下試可問之。」興因謂超曰：「宗敞文才何如，可是誰輩？」超曰：「敞在西土，時論甚美，方敞魏之陳徐、晉之潘陸。」即以表示超，曰：「涼州小地，寧有此才乎？」超曰：「臣以敞餘文比之，未足爲多。琅琳出於崑嶺，明珠生於海濱，若必以地求人，則文命大夏之棄夫，姬昌東夷之擯士。但當問其文彩何如，不可以區宇格物。」興悦，赦尚之罪，以爲尚書。

時乞伏乾歸來朝，其鎮州地震生毛〔一二〕。此依御覽八百八十引補。

丁未。九年〔一三〕晉義熙二今作「三」。年平北將軍梁州督護苻宣入漢中，興梁州別駕吕營、漢中徐逸、席難起兵應宣，求救於楊盛。盛遣軍臨濜口，南梁州刺史王敏退守武興。楊盛復通於晉。

興以太子泓録尚書事。

燕王慕容超遣使稱蕃〔一四〕。超司徒北地王鍾、右僕射濟陽王凝、高都公始皆來奔。

華山郡地湧沸，廣袤百餘步，燒生物皆熟，歷五月乃止。

戊申。十年〔一五〕赫連勃勃殺高平公没奕干，收其衆以叛。

先是，魏主拓拔珪送馬千匹求婚於興，興許之。以魏別立后，遂絶婚，故有柴壁之戰。至是，復與魏通和，貢馬千匹〔一六〕。魏放狄伯支、姚伯禽、唐小方、姚良國、康宦還長安。皆復其爵位。

時禿髮傉檀、沮渠蒙遜迭相攻擊。傉檀遂東招河州刺史西羌彭奚念，奚念阻河以叛。

蜀譙縱遣使稱藩〔一七〕，此句別本作十一年事。請桓謙，欲令順流東伐劉裕。興以問謙，謙請行，遂許之。

使中軍姚弼、後軍斂成、鎮遠乞伏乾歸等率步騎三萬伐傉檀，左僕射齊難等率騎二萬討勃勃。吏部尚書尹昭諫曰：「傉檀恃遠，輕敢違逆。宜詔蒙遜及李玄盛，使自相攻擊，待其弊也，然後取之，此卞莊之舉也。」興不從。勃勃退保河曲。弼濟自金城，弼部將姜紀言於弼曰：「今王師聲討勃勃，傉檀猶豫，未爲嚴防，請給輕騎五千，掩其城門，則山澤之人皆爲吾有，孤城獨立，坐可剋也。」弼不從，進拔昌松，長驅至姑臧。傉檀嬰城固守，出其兵擊弼。弼敗，退據西苑。興又遣衞大將軍姚顯率騎二萬，爲諸軍節度。至高平，聞弼敗績，兼道赴之，撫慰河外，率衆而還。傉檀遣使人徐宿詣興謝罪。齊難爲勃勃所擒。

己酉。十一年　興遣平北姚沖、征虜狄伯支、輔國斂曼嵬、鎮東楊佛嵩率騎四萬討勃勃。沖次於嶺北，欲迴師襲長安，伯支不從乃止。懼其謀泄，遂鴆殺伯支。

時王師伐譙縱，大敗之，縱遣使乞師於興。興遣平西姚賞、南涼州刺史王敏率衆二萬救之。王師引還。縱遣使拜師稱藩〔一八〕，仍貢其方物。興遣其兼司徒韋華持節策拜縱爲大都督、相國、蜀王，加九錫，備物典策一如魏晉故事，承制封拜悉如王者之儀。

興自平涼如朝那，聞沖謀逆，以其弟中最少，雄武絶人，猶欲隱忍容之。斂成泣謂興曰：「沖凶險不仁，每侍左右，臣寢不安席，願早爲之所。」興曰：「沖何能爲也，但輕害名將，吾欲明其罪於四海。」乃下書賜沖死，葬以庶人之禮。

晉河間王子國璠、章武王子叔道來奔。興謂之曰：「劉裕匡復晉室，卿等何故來也？」國璠等曰：「裕與不逞之徒削弱王室，宗門能自脩立者，莫不害之。是避之來，實非誠款，所以避死耳。」興嘉之。以國璠爲建義將軍、揚州刺史，叔道爲平南將軍、兖州刺史，賜以甲第。

興如貳城，將討赫連勃勃，遣安遠姚詳及斂曼嵬、鎮軍彭白狼分督租運。諸軍未集，而勃勃騎大至，興欲留步軍，輕如嵬營，衆咸惶懼。羣臣固以爲不可，興弗納。尚書郎韋宗希旨勸興行，蘭臺侍御史姜楞越次而進曰：「韋宗傾險不忠，沮敗國計，宜先腰斬，以謝天下。脱車駕動軫，六軍駭懼，人無守志，取危之道也。宜遣單使，以徵詳等。」興默然。右僕射韋華等諫曰：「若車騎輕動，必不戰自潰，嵬營亦未必可至，惟陛下圖之。」興乃遣左將軍姚文宗率禁兵距戰，中壘齊莫統氐兵以繼之。文宗與莫皆勇果兼人，以死力戰，勃勃乃退。留禁兵五千配姚詳守貳城，興還長安。

譙縱遣其侍中譙良、太常楊軌朝於興，請大舉以寇江東。遣其荆州刺史桓謙、梁州刺史譙道福率衆二萬，東寇江陵。興乃遣前將軍苟林率騎會之。謙屯支江，林屯江津。謙，江左貴族，部曲偏於荆楚，晉之將士皆有叛心。荆州刺史劉道規大懼，嬰城固守。雍州刺史魯宗之率襄陽之衆救之，道規乃留宗之守江陵，率軍逆戰。謙等舟師大盛，兼列步騎以待之，大戰支江。謙敗績，乘輕舸奔就苟林，晉人獲而斬之。苟林懼而引歸。

興以國用不足，增關津之稅，鹽竹山木皆有賦焉。羣臣咸諫，以爲天殖品物，以養羣生，王者子育萬邦，不宜節約以奪其利。興曰：「能踰關梁通利於山水者，皆富豪之家。吾損有餘以裨不足，有何不可？」乃遂行之。

興從朝門游於文武苑，及昏而還，將自平朔門入。前驅既至，城門校尉王滿聰被甲持杖，閉門距之，曰：「今已昏闇，奸良不辨，有死而已，門不可開。」興乃迴，從朝門而入。旦而召滿聰，謂之曰：「卿社稷之臣也，朕有嘉焉。」於是進位二等〔一九〕。此節亦見御覽一百八十二。

庚戌。十二年　乞伏乾歸以衆叛，攻陷金城，執太守任蘭。蘭厲色責乾歸以背恩違義，乾歸怒而囚之，蘭遂不食而死。

赫連勃勃遣其將胡金纂將萬餘騎攻平涼。興如貳城，因救平涼，纂衆大潰，生擒纂。勃勃遣兄子提攻陷定陽〔二〇〕，執北中郎將姚廣都。興將曹熾、曹雲、王肆佛等各將數千户避勃勃内徙。興處佛於湟山澤，熾、雲於陳倉。勃勃寇隴右，攻白崖堡，破之，遂趣清水。略陽太守姚壽都委守奔秦州〔二一〕，勃勃又收其衆而歸。興自安定追之，至壽渠川，不及而還。

校勘記

〔一〕京兆杜延以左僕射齊難無匡輔之益　「杜延」，御覽卷八三一引同，載記作「杜挻」。「左僕射」，御覽引同，載記作「僕射」。

〔二〕難具以聞　見御覽卷八三一引，載記無。

〔三〕馮翊相雲　「相雲」，載記同，御覽卷八三一引作「相靈」。廣韻卷四漾韻「相」字：「後秦録有馮翊相雲作德獵賦。」

〔四〕沮渠蒙遜遣弟挐貢其方物　「挐」，屠本卷五七同，載記作「如子」，殿本考證云「一本作『拏』」。按晉書卷一二九沮渠蒙遜載記、通鑑卷一一二、一一三並作「挐」。

〔五〕十一月鳩摩羅什至長安　見偏霸部，載記無。按，偏霸部此條在弘始四年九月吕隆降後。高僧傳卷二鳩摩羅什傳云：「九月，隆上表請降，方得迎什入關，以其年十二月二十日至於長安。」則鳩摩羅什至長安在隆降之年。又按，屠本卷五七繫年同此，參見下條校勘記。

〔六〕七年至演説佛經　載記無「七年正月」，偏霸部無「於澄玄堂」，「聽鳩摩羅什演説佛經」作「聽什説佛經」。按，晉書卷九五藝術鳩摩羅什傳云：「姚興遣姚碩德西伐破吕隆，乃迎羅什，待以國師之禮，仍使入西明閣及逍遥園，譯出衆經。」屠本卷五七合晉書藝術傳、載記、偏霸部之文，遂使鳩摩羅什至長安與逍遥園講經相連，在弘始六年十一月及七年正月。

〔七〕何故以一方委此玁狁　「玁狁」，屠本卷五七同，載記作「姦胡」。

〔八〕棄之荒裔　「荒裔」，屠本卷五七同，載記作「虐虜」。

〔九〕豈惟臣州至旰食之憂　屠本卷五七同，載記作：「非但臣州里塗炭，懼方爲聖朝旰食之憂。」

〔一〇〕興悔之　「悔之」，屠本卷五七同，載記作「乃」。

〔一一〕傉檀逼遣王尚　「逼遣」，載記作「懼脅遣」，屠本卷五七、通鑑卷一一四作「遽逼遣」。

〔一二〕時乞伏乾歸來朝其鎮州地震生毛　載記無此節，御覽卷八八〇引作：「後秦姚興時，乞伏乾歸鎮州地震生毛。」按，屠本卷五七此年云「冬十一月，乞伏乾歸來朝」，事亦見通鑑卷一一四。

〔一三〕九年　見偏霸部，載記作「晉義熙二年」。按湯球繫此於丁未年下，實義熙三年，是以原注云「今作『三』」。

〔一四〕燕王慕容超遣使稱蕃　見偏霸部，載記無。

〔一五〕十年　見偏霸部，載記無。

〔一六〕貢馬千匹　見偏霸部，載記無。

〔一七〕蜀譙縱遣使稱藩　載記、偏霸部並有此句，而偏霸部上云「十一年」。按，通鑑卷一一四此事及下文後秦與秃髮傉檀、赫連勃勃相攻，皆在義熙四年戊申歲。

〔一八〕縱遣使拜師稱藩　載記無「稱藩」。按，偏霸部云「十一年，蜀譙縱遣使稱藩」，輯補已合之於十年文中，參上條校勘記，然此處「稱藩」似亦據此補。

〔一九〕謂之曰至進位二等　御覽卷一八二引同，載記但作「進位二等」。

〔二〇〕勃勃遣兄子提攻陷定陽　「兄子提」，原作「元子」，據載記改。按赫連勃勃載記亦云「勃勃兄子左將軍羅提」。

〔二一〕略陽太守姚壽都　「略陽」，原作「洛陽」，據載記改。

十六國春秋輯補卷五十三

後秦録五

姚興

辛亥。弘始十三年　初，天水人姜紀，吕氏之叛臣，阿諂奸詐，好間人之親戚。興子弼有寵於興，紀遂傾心附之。弼時爲雍州刺史鎮安定，與密謀還朝，令傾心事常山公顯，樹黨左右。至是，興以弼爲尚書令、侍中、大將軍。既居將相，虚襟引納，收結朝士，勢傾東宫，遂有奪嫡之謀矣。

興以勃勃、乾歸作亂西北，傉檀、蒙遜擅兵河右，疇咨將帥之臣，欲鎮撫二方。隴東太守郭播言於興曰：「嶺北二州，鎮户皆數萬，若得文武之才以綏撫之，足以靖塞奸略。」興曰：「吾每思得廉頗、李牧鎮撫四方，使便宜行事，然任非其人，恒致負敗。卿試舉之。」播曰：「清潔善撫邊，則平陸子王元始；雄武多奇略，則建威王焕；賞罰必行，臨敵不顧，則奮武彭蚝。」興曰：「蚝令行禁止則有之，非綏邊之才也。始、煥年少，吾未知其爲人。」播曰：「廣平公弼才兼文武，宜鎮督一方，願陛下遠鑒前車，近悟後轍。」興不從。以其太常索稜爲太尉，領隴西内史，綏誘乾歸，政績既美。乾歸感而歸之。太史令任猗言於興曰：「白氣出於北方，東西竟天，五百里當有破軍流血。」乞伏乾歸遣使送所掠守宰，謝罪請降。興以勃勃之難，權宜許之，假乾歸及其子熾盤官爵。

姚詳時鎮杏城，爲赫連勃勃所逼，糧盡委守，南奔大蘇，勃勃要之，兵散，爲勃勃所執。時遣衛大將軍顯迎詳，詳敗，遂屯杏城，因令顯都督安定、嶺北二鎮事。

潁川太守姚平都自許昌來朝，言於興曰：「劉裕敢懷奸計，屯聚芍陂，有擾邊之志，宜遣燒之，以散其衆謀。」興曰：「裕之輕弱，安敢闚吾疆埸，苟有奸心，其在子孫乎！」召其尚書楊佛嵩，謂之曰：「吴兒不自知，乃有非分之意，待至孟冬，當遣卿率精騎三萬，焚其積聚。」嵩曰：「陛下若任臣以此役者，當從肥口濟淮，直趣壽春，舉大衆以屯城，縱輕騎以掠野，使淮南蕭條，兵粟俱了，令吴兒俯仰迴惶，神爽飛越。」興大悦。

時西胡梁國兒於平涼作壽冢，每將妻妾入冢飲讌，酒酣，升靈牀而歌。時人或譏之，國兒不以爲意。前後征伐屢有大功，興以爲鎮北將軍，封平輿男，年八十餘乃死。

時客星入東井。

壬子。十四年　所在地震，前後一百五十六。興公卿有司抗表請罪，興曰：「災譴之來，咎在元首，近代或歸罪三公，非也〔一〕。二字一作「甚無謂也」。朕當考躬省己，思宋景之義。公等何愆，宜悉冠履復位。」〔二〕以上亦見御覽八百八十。

仇池公楊盛叛擾祁山。遣建威趙琨率騎五千爲前鋒，立節楊伯壽統步卒繼之，前將軍姚恢、左將軍姚文宗入自鷩峽，鎮西秦州刺史姚嵩入羊頭峽，右衛胡翼度從陰密出自汧城討盛。興將輕騎五千自雍赴之，與諸將軍會於隴口。天水太守王松怱言於嵩曰：「先皇神略無方，威武冠世，冠軍徐洛生猛毅兼人，佐命英輔，再入仇池，無功而還，非楊盛智勇能全，直是地勢然也。今以趙琨之衆、使君之威，準之先朝，實未見成功。使君具悉形便，何不表聞？」嵩不從。盛率衆與琨相持，伯壽畏愞弗進，琨衆寡不敵，爲盛所敗。興斬伯壽而還。嵩乃具陳松怱之言，興善之。

乾歸爲其下人所殺，子熾磐新立，羣下咸勸興取之。興曰：「乾歸先已返善，吾方當懷撫。因喪伐之，非朕本志也。」

以楊佛嵩都督嶺北討虜諸軍事、安遠將軍、雍州刺史，率嶺北見兵以討赫連勃勃。嵩發數日，興謂羣臣曰：「佛嵩驍勇果鋭，每臨敵對寇，不可制抑，吾常節之，配兵不過五千，今衆旅既多，遇賊必敗。今去已遠，追之不及，吾深憂之。」其下咸以爲不然。佛嵩果爲勃勃所執，絶亢而死。

癸丑。十五年　興立昭儀齊氏爲皇后。又下書，以其故丞相姚緒、太宰姚碩德、太傅姚旻、大司馬姚崇、司徒尹緯等二十四人配饗於萇廟。

興以大臣屢喪，令所司更詳臨赴之制。所司白興依故事東堂發哀，興不從，每大臣死，皆親臨之。

夏四月，太尉索稜以隴西降西秦熾磐〔三〕。索稜字孟則，燉煌人，好學博聞，姚萇甚重之，委以機密，文章詔檄皆稜之文也。後爲平原太守，以德化民，民畏而愛之，歌曰：「懿矣明守，素績允釐，剖符作宰，實獲我心。」依御覽二百六十一引補。

興以姚顯爲太尉，尋卒〔四〕。太尉文成公姚顯，字子章，興之弟也。清秀明發，文武兼才，爲令、録十餘年無粃政。機務之暇，賓客如雲，謙虚傳受，待士以布衣之禮，或昏夜静處，與賢士談論政事。依御覽四百七十五引補。

甲寅。十六年〔五〕　姚文宗有寵於姚泓，姚弼深疾之，誣文宗有怨言，以侍御史廉桃生爲證。興怒，賜文宗死。是後羣臣累足，莫敢言弼之短。

時貳縣羌叛興，興遣後將軍斂成、鎮軍彭白狼、北中郎將姚洛都討之。斂成爲羌所敗，甚懼，詣趙興太守姚穆歸罪。穆欲送殺之，成怒，奔赫連勃勃。

興遣姚紹與姚弼率禁衛諸軍鎮撫嶺北。遼東侯彌姐亭地率其部人南居陰密，劫掠百姓。弼收亭地送之，殺其衆七百餘人，徙二千餘户於鄭城。

弼寵愛日隆，所欲施行，無不信納。乃以嬖人尹沖爲給事黄門侍郎，唐盛爲治書侍御史，左右機要，皆其黨人，漸欲廣樹爪牙，彌縫其闕。右僕射梁喜、侍中任謙、京兆尹尹昭承閒言於興曰：「父子之際，人罕得而言，然君臣亦猶父子，臣等理不容默。並后匹嫡，未始不傾國亂家。廣平公弼奸凶無狀，潛有陵奪之心，陛下寵之不道，假其威權，傾險無賴之徒莫不鱗湊其側。市巷諷議，皆言陛下欲有廢立之志。誠如此者，臣等有死而已，不敢奉詔。」興曰：「安有此乎！」昭等曰：「若無廢立之事，陛下愛弼，適所以禍之。願去其左右，減其威權，非但弼有泰山之安，宗廟社稷亦有磐石之固矣。」興默然。

五月，興寢疾於内〔六〕。妖賊李弘反於貳原，貳原氐仇常起兵應弘。興輿疾討之，斬常，執弘而還，徙常部人五百餘户於許昌。

興疾篤，其太子泓以兵屯東華門，侍疾於諮議堂。尚書令、廣平公弼潛謀爲亂〔七〕，招集數千人，被甲持兵，伏於其第〔八〕。撫軍姚紹及侍中任謙、右僕射梁喜、冠軍姚讚、京兆尹尹昭、輔國斂曼嵬並典禁兵，宿衛於內。姚裕遣使告姚懿於蒲坂，并密信諸藩，論弼逆狀。懿流涕以告將士曰：「上今寢疾，臣子所宜冠履不整，而廣平公弼擁兵私第，不以忠於儲宮，正是孤狗義亡身之日。諸君皆忠烈之士，亦當同孤狗斯舉也。」將士無不奮怒攘袂曰：「惟殿下所爲，死生不敢貳。」於是盡赦囚徒，散布帛數萬匹以賜其將士，建牙誓衆，將赴長安。鎮東豫州牧姚洸起兵洛陽，平西姚諶起兵於雍，將以赴泓之難。

興疾損，一作「瘳」。升前殿，朝其羣臣，百官咸會〔九〕。征虜劉羌泣謂興曰：「陛下寢疾數旬，奈何忽有斯事！」興曰：「朕過庭無訓，使諸子交惡不穆，含恥胡顏，愧於四海〔一〇〕。卿等各陳所懷，以安社稷。」尹昭曰：「廣平公弼恃寵不虔，阻兵懷貳，自宜寘之刑書，以明憲典。陛下若含忍未便加法者，且可削奪威權，使散居藩國，以紓鬩鬩之禍，全天性之恩。」興謂梁喜曰：「卿以爲何如？」喜曰：「臣之愚見，如昭所陳。」興以弼文武兼才，未忍致法，免其尚書令，以將軍、公就第。懿等聞興疾瘳，各罷兵還鎮。懿、恢及弟諶等皆抗表罪弼，請致之刑法，興弗許。

時魏遣使聘於興，且請婚。會平陽太守姚成都來朝，興謂之曰：「卿久處東藩，與魏鄰接，應悉彼事形。今來求婚，吾已許之，終能分災共患，遠相接援以不？」成都曰：「魏自柴壁剋捷已來，戎甲未曾損失，士馬桓桓，師旅充盛。今脩和親，兼婚姻之好，豈但分災共患而已，實亦永安之福也。」興大悦，遣其吏部郎嚴康報聘，并致方物。

時姚懿、姚洸、姚宣、姚諶來朝，使姚裕言於興曰：「懿等今悉在外，欲有所陳。」興曰：「汝等正欲道弼事耳，吾已知之。」裕曰：「弼苟有可論，陛下所宜垂聽，若懿等言違大義，便當肆之刑辟，奈何拒之？」於是引見諮議堂。宣流涕曰：「先帝以大聖起基，陛下以神武定業，方隆七百之祚，爲萬世之美，安可使弼謀傾社稷！宜委之有司，肅明刑憲。臣等敢以死請。」興曰：「吾自處之，非汝等所憂。」

先是〔一〕，大司農竇温、司徒左長史王弼皆有密表勸興廢立，興雖不從，亦不以爲責。撫軍東曹屬姜虬上疏曰：「廣平公弼懷奸積年，謀禍有歲。傾陷羣竪，爲之畫足，釁成逆著，取嗤戎裔。文武之化，刑于寡妻，聖朝之亂，起自愛子。今雖欲含忍其瑕，掩蔽其罪，而逆黨猶繁，扇惑不已，弼之亂心，其可革邪！宜斥散凶徒，以絶禍始。」興以虬表示梁喜，曰：「天下之人，莫不以吾兒爲口實，將何以處之？」喜曰：「信如虬言，陛下宜早裁決。」興默然。太子詹事王周亦虛襟引士，樹黨東宮。弼惡之，每規陷害周。周抗志確然，不爲之屈。興嘉其守正，以周爲中書監。

興如三原，顧謂羣臣曰：「古人有言，關東出相，關西出將，三秦饒儁異，汝潁多奇士。吾應天明命，跨據中原，自流沙已東，淮漢已北，未嘗不傾己招求，冀匡不逮〔二〕。然明不照下，弗感懸魚，至於智效一官，行著一善，吾歷級而進之，不使有後門之歎。卿等宜明揚仄陋，助吾舉之。」梁喜對曰：「奉旨求賢，弗曾休倦，未見儒亮大才，王佐之器，可謂世之乏賢。」興曰：「自古霸王之起也，莫不將則韓吳，相兼蕭鄧，終不採將於往賢，求相於後哲。卿自識拔不明，求之不至，奈何厚誣四海乎！」羣臣咸悅。

校勘記

〔一〕非也　御覽卷八八〇引同，載記作「甚無謂也」。

〔二〕朕當至復位　御覽卷八八〇引同，載記作「公等其悉冠履復位」。

〔三〕夏四月至熾磐　載記、御覽卷一二六一引皆無此句，見屠本卷五八。通鑑事在義熙九年二月。

〔四〕興以姚顯爲太尉尋卒　載記、御覽卷四七五引皆無此句，蓋湯球自爲以啓姚顯小傳。

〔五〕十六年　見偏霸部，載記無。

〔六〕五月興寢疾於内　纂録同，偏霸部「寢疾於内」作「疾於内寢」，餘同。載記僅「興寢疾」。

〔七〕尚書令廣平公弼　偏霸部同，載記作「姚弼」。

〔八〕被甲持兵伏於其第　載記作「被甲伏於其第」，偏霸部作「持兵於第」。

〔九〕興疾損至百官咸會　偏霸部無「朝其羣臣」，載記作「興疾瘳朝其羣臣」。

〔一〇〕使諸子至四海　載記無「不穆」、「含恥胡顔」，偏霸部「使諸子交惡不穆」作「諸子交惡」。

〔一一〕先是　原作「先以」，據載記改。

〔一二〕冀匡不逮　「冀」，原作「翼」，據載記改。

十六國春秋輯補卷五十四

後秦録六

姚興

乙卯。弘始十七年　晉荊州刺史司馬休之據江陵，雍州刺史魯宗之據襄陽，與劉裕相攻，遣使求援。興遣姚成王〔一〕、司馬國璠率騎八千赴之。

弼恨姚宣之毁己，遂譖宣於興。會宣司馬權丕至長安，興責丕以無匡輔之益，將戮之。丕性傾巧，誣宣罪狀，興大怒，遂收宣於杏城，下獄，而使弼將三萬人鎮秦州。尹昭言於興曰：「廣平公與皇太子不平，握强兵於外，陛下一旦不諱，恐社稷必危。小不忍以致大亂者，陛下之謂也。」興弗納。赫連勃勃攻杏城，興又遣弼救之，至冠泉而杏城陷。興如北地，弼次於三樹，遣弼及斂曼嵬向新平，興還長安。

姚成王至於南陽，司馬休之等爲劉裕所敗，引歸。休之、宗之等遂與譙王文思、新蔡王道賜、寧朔將軍梁州刺史馬敬、輔國將軍竟陵太守魯軌、寧朔將軍南陽太守魯範奔於興。

勃勃遣其將赫連建率衆寇貳縣，數千騎入平涼。姚恢與建戰於五井，平涼太守姚周都爲建所獲，遂入新平。姚弼討之，戰於龍尾堡，大破之，擒建，送於長安。初，勃勃攻彭雙方於石堡，方力戰距守，積年不能剋。至是，聞建敗，引歸。

休之等至長安，興謂之曰：「劉裕崇奉晉帝，豈便有闕乎？」休之曰：「臣前下都，琅邪王德文泣謂臣曰：劉裕供御主上克薄奇一作「苛」。深。以事勢推之，社稷之憂方未可測。」興將以休之爲荆州刺史，任以東南之事，休之固辭，請與魯宗之等擾動襄陽、淮漢。乃以休之爲鎮南將軍、揚州刺史，宗之等並有拜授。休之將行，侍御史唐盛言於興曰：「符命所記，司馬氏應復河洛，休之既得濯鱗南翔，恐非復池中之物。可以崇禮，不宜放之。」興曰：「司馬氏脱如所記，留之適足爲患。」遂遣之。

揚武安鄉侯康宦驅略白鹿原氏胡數百家奔上洛，太守宋林距之。商洛人黄金等起義兵以犄宦。宦乃率衆歸罪，興赦之，復其爵位。

時白虹貫日，有術人言於興曰：「將有不祥之事，終當自消。」

十二月，興藥動。一作「疾重」。廣平公弼告病一作「稱疾」。不朝〔二〕，集兵於第。興聞之，怒甚，收其黨殿中侍御史唐盛、孫玄等殺之。泓言於興曰：「臣誠不肖，不能訓諧於弟，致弼搆造是非，仰慚天日。陛下若以臣爲社稷之憂，除臣而國寧，亦家之福也。若垂天性之恩，不忍加臣刑戮者，乞聽臣守藩。」興慘然改容，召姚讚、梁喜、尹昭、斂曼嵬於諮議堂，密謀收弼。時姚紹屯兵雍城，馳遣告之，數日不決。弼黨兇懼，興慮其爲變，乃收弼，囚之中曹，窮責黨與，將殺之。泓流涕固請之，乃止。興謂梁喜曰：「泓天心和平，性少猜忌，必能容養羣賢，保全吾子。」於是皆赦弼黨。

靈臺令張泉又言於興曰：「熒惑入東井，旬紀而返，未餘月復來守心，王者惡之。宜脩仁虚己，以答天譴。」興納之。

丙辰。十八年　正旦，興朝羣臣於太極前殿，沙門賀僧慟泣不能自勝，衆咸怪焉。賀僧者，莫知其所從來也，言事皆有效驗，興甚神禮之，嘗與隱士數人預於讌會。

興如華陰，以泓監國，入居西宮。

二月，原作「十二月」，「十」字疑衍。興因疾甚〔三〕，還長安。泓欲出迎，其宫臣曰：「今主上疾篤，奸臣在側，廣平公每希覬非常，變故難測。今殿下若出，進則不得見主上，退則有弼等之禍，安所歸乎！自宜深抑情禮，以寧宗社。」泓從之，乃拜迎於黃龍門樽下。弼黨見興升輿，咸懷危懼。尹沖等先謀欲因泓出迎害之，尚書姚沙彌曰：「若太子有備，不來迎侍，當奉乘輿直趣公第，宿衛者聞上在此，自當來奔，誰與太子守乎！吾等以廣平公之故，陷身逆節。今以乘輿南幸，自當是仗義之理，匪但救廣平之禍，足可以申雪前愆。」沖等不從，欲隨興入殿中作亂，復未知興之存亡，疑而不發。興命泓録尚書事，使姚紹、胡翼度典兵禁中，防制內外，遣斂曼嵬收廣平公弼第中甲杖，內一作「還」。之武庫〔四〕。

興疾轉篤。興妹僞南安長公主問疾，不應。興少子耕兒出告其兄愔曰：「上已崩矣，宜速決計。」於是愔與其屬一作「弼黨」。率甲士攻端門〔五〕。殿中上將軍斂曼高一作「嵬」。勒兵拒戰〔六〕，右衛胡翼度率禁兵閉四門。愔等遣壯士登門，緣屋而入，及於馬道。泓時侍疾於諮議堂，遣斂曼嵬率殿中兵登武庫距戰，太子右衛率姚和都率東宮兵入屯馬道南。愔等既不得入〔七〕，一作「進」。遂燒端門。興力疾臨前殿，賜弼死。禁兵見興，喜躍，貫甲赴賊，賊衆駭擾。和都勒東宮兵自後擊之，愔等奔潰，逃於驪山。愔黨呂隆奔雍，尹沖等奔於京師。興引紹及讚、梁喜、尹昭、斂曼嵬入內寢，受遺輔政。丁未，薨於前殿〔八〕。義熙十二年，興死，時年五十一〔九〕，「一」或作「二」。在位二十二年。僞謚文桓皇帝，廟號高祖，墓曰偶陵。

尹緯

尹緯字景亮，天水人也。少有大志，不營産業，身長八尺，腰帶十圍，魁梧有爽氣。每覽書傳至宰相立勳之際，常輟書而歎。苻堅以尹赤之降姚襄，諸尹皆禁錮不仕。緯晚乃爲吏部令史，風志豪邁，郎皆憚之。秦末年，妖星見於東井，緯知秦一作「堅」。將滅〔一〇〕，心喜甚，踴躍向天再拜〔一一〕，此五句亦見御覽四百六十七。既而流涕長歎。友人略陽桓識怪而問之，緯曰：「天時如此，正是霸王龍飛之秋，吾徒杖策之日。然知己難遭，恐不得展吾才志，是以欣懼交懷。」

及姚萇奔馬牧，緯與尹詳、龐演等扇動羣豪，推萇爲盟主，遂爲佐命元功。萇既敗苻堅，遣緯説堅，求禪代之事。堅問緯曰：「卿於朕何官？」緯曰：「尚書令史。」堅歎曰：「宰相之才也，王景略之儔，而朕不知卿，亡也不亦宜乎！」

緯性剛簡清亮，慕張子布之爲人。馮翊段鏗性傾巧，萇愛其博識，引爲侍中，緯固諫，以爲不可，萇不從。緯屢衆中辱鏗，鏗心不平之。萇聞而謂緯曰：「卿性不好學，何爲憎學者！」緯曰：「臣不憎學，憎鏗學不正耳。」萇因曰：「卿好不自知，每比蕭何，真何如也！」

緯曰：「漢祖與蕭何俱起布衣，是以相貴，陛下起貴中，是以賤臣。」萇曰：「卿實不及，胡爲不知也！」緯曰：「陛下何如漢祖？」萇曰：「朕實不如漢祖，卿遠蕭何，故不如甚也。」緯曰：「漢祖所以勝陛下者，以能遠段鏗之徒故耳。」萇默然。乃出鏗爲北地太守。

萇死，緯與姚興滅苻登，成興之業，皆緯之力也。歷輔國將軍、司隸校尉、尚書左右僕射、清河侯。

緯友人隴西牛壽率漢中流人歸興，謂緯曰：「足下平生自謂：『時明也，才足以立功立事，道消也，則追二踈、朱雲，發其狂直，不能如胡廣之徒洿隆隨俗。』今遇其時矣，正是垂名竹素之日，可不勉歟！」緯曰：「吾之所庶幾如是，但未能委宰衡於夷吾，識韓信於羈旅，以斯爲愧耳。立功立事，竊謂未負昔言。」興聞而謂緯曰：「君之與壽言也，何其誕哉！立功立事，自謂何如古人？」緯曰：「臣實未愧古人。何則？遇時來之運，則輔翼太祖，建八百之基。及陛下龍飛之始，翦滅苻登，蕩清秦雍，生極端右，死饗廟庭，古之君子，正當爾耳。」興大悅。

及死，興甚悼之，贈司徒，謚曰忠成侯。

校勘記

〔一〕姚成王　原作「姚成都」，載記、魏書卷三七司馬休之傳、通鑑卷一一七並作「姚成王」，下「姚成王至於南陽」同。今並從諸書。

〔二〕十二月興藥動廣平公弼告病不朝　偏霸部「藥動」作「疾重」，餘同。載記作：「時興藥動，姚弼稱疾不朝。」

〔三〕二月興因疾甚　「二月」，偏霸部作「十二月」，載記無。「興因疾甚」，偏霸部作「興疾甚」，載記作「因疾篤」。

〔四〕收廣平公弼第中甲杖内之武庫　「廣平公弼」，偏霸部同，載記作「弼」。「内」，載記同，偏霸部作「還」。

〔五〕愔與其屬　載記同，偏霸部作「弼黨」。

〔六〕斂曼高　偏霸部同，下校云「一作『嵬』」，載記作「斂曼嵬」。

〔七〕愔等既不得入　「入」，偏霸部同，載記作「進」。

〔八〕丁未薨於前殿　見偏霸部，載記無。「前」字原無，據偏霸部補。

〔九〕時年五十一　「五十一」，載記同，偏霸部作「五十三」。

〔一〇〕緯知秦將滅　「秦」，御覽卷四六七引同，載記作「堅」。

〔一一〕心喜甚踴躍向天再拜　御覽卷四六七引無「甚」字，載記無「踴躍」二字。

十六國春秋輯補卷五十五

後秦録七

姚泓

姚泓字元子，興之長一作「太」。子也〔一〕。孝友寬和，而無經世之用，又多疾病，興將以爲嗣而疑焉，久之乃立爲太子。興每征伐巡遊，常留總後事，博學善談論，尤好詩詠。尚書王尚、黄門郎段章、尚書郎富允文以儒術侍講，胡義周、夏侯稚以文章游集。時尚書王敏、右丞郭播以刑政過寬，議欲峻制。泓曰：「人情挫辱，則壯厲之心生，政教煩苛，則苟免之行立。上之化下，如風靡草，君等參讚朝化，弘昭政軌，不務仁恕之道，惟欲嚴法酷刑，豈是安上馭下之理乎！」敏等遂止。泓嘗受經於太學博士淳于岐。岐病在家，泓以師者人之表範，傳先聖之訓，加在三之義，不可以不重，親詣省疾，拜於牀下〔二〕。自是，公侯見師傅皆拜焉。此節亦見初學記十八〔三〕。

興之如平涼也，留泓總後事〔四〕。馮翊人劉厥衆數千，據萬年以叛。泓遣鎮軍彭白狼率東宫禁兵討之，斬厥，赦其餘黨。諸將咸勸泓曰：「殿下神算電發，蕩平醜逆，宜露布表言，廣其首級，以慰遠近之情。」泓曰：「主上委吾後事，使式遏寇逆，吾綏御失和，以長奸寇，方當引咎責躬，歸罪行閒，安敢過自矜誕，以重罪責乎！」其右僕射韋華聞而謂河南太守慕容筑曰：「皇太子實有恭惠之德，社稷之福也。」其弟弼有奪嫡之謀，泓恩撫如初，未嘗見於色。姚紹每爲弼羽翼，泓亦推心宗事，弗以爲嫌。及僭位，任紹以兵權，紹亦感而歸誠，卒守其忠烈。其明識寬裕，皆此類也。

丙辰。永和元年　興既薨，秘不發喪。南陽公姚愔及大將軍尹元等謀爲亂，泓皆誅之。命其齊公姚恢殺安定太守呂超，恢久乃誅之，泓疑恢有陰謀，恢自是懷貳，陰聚兵甲焉。

泓發喪，以義熙十二年僭即帝位，大赦殊死已下，改元爲永和元年〔五〕。廬於諮議堂，既葬乃親庶政。内外百僚增位一級。令文武各盡直言，政有不便於時、事有光益宗廟者，極言勿有所諱。

初，興徙李閏羌三千家於安定，尋徙新支。至是，羌酋党容率所部叛還，遣撫軍姚讚討之，容降，徙其豪右數百户於長安，餘遣還李閏。

北地太守毛雍據趙氏塢以叛於泓，姚紹討擒之。姚宣時鎮李閏，未知雍敗，遣部將姚佛生等來衛長安，衆既發，宣參軍韋宗奸諂好亂，説宣曰：「主上初立，威化未著，勃勃强盛，侵害必深，本朝之難未可弭也。殿下居維城之任，宜深慮之。邢望地形險固，總三方之要，若能據之，虚心撫禦，非但剋固維城，亦霸王之業也。」宣乃率户三萬八千棄李閏，南保邢望。宣既南移，諸羌據李閏以叛，紹進討破之。宣詣紹歸罪，紹怒殺之。初，宣在邢望，泓遣姚佛生諭宣，佛生遂讚成宣計，紹數其罪，又戮之。

泓下書，士卒死王事，贈以爵位，永復其家。將封宫臣十六人五等子男，姚讚諫曰：「東宫文武，自當有守忠之誠，未有赫然之效，何受封之多乎？」泓曰：「懸爵於朝，所以懲勸來效，標明盛德。元子遭家不造，與宫臣同此百憂，獨享其福，得不愧於心乎！」讚默然。姚紹進曰：「陛下不忘報德，封之是也。古者敬其事，命之以始，可須來春，然後議之。」乃止。

并州、定陽、貳城胡數萬落叛泓，入於平陽，攻立義姚成都於匈奴堡，推匈奴曹弘爲大單于，所在殘掠。征東姚懿自蒲阪討弘，戰於平陽，大破之，執弘，送于長安，徙其豪右萬五千落於雍州。

仇池公楊盛攻陷祁山，執建節王總，遂逼秦川〔六〕。一作「州」。泓遣後將軍姚平救之，盛引退。姚嵩與平追盛，及於竹嶺，姚讚率隴西太守姚秦都、略陽太守王煥以禁兵赴之。讚至清水，嵩爲盛所敗，嵩及秦都、王煥皆戰死。讚至秦州，退還仇池。先是，天水冀縣石鼓鳴，聲聞數百里，野雉皆雊。秦州地震者三十二，殷殷有聲者八，山崩舍壞〔七〕，咸以爲不祥。及嵩將出，羣僚固諫止之。嵩曰：「若有不祥，此乃命也，安所逃乎！」不聽〔八〕，遂及於難。識者以爲秦州，泓之故鄉，將滅之徵也。此節亦見御覽八百八十。「山崩舍壞」，一引作「秦州地陷裂巖嶺崩墜人舍壞」。

赫連勃勃攻陷陰密，執秦州刺史姚軍都，坑將士五千餘人。軍都瞋目厲聲，數勃勃殘忍之罪，不爲之屈，勃勃怒而殺之。勃勃既剋陰密，進兵侵雍，嶺北雜户悉奔五將山。征北姚恢棄安定，率户五千奔新平。安定人胡儼、華韜等率衆距恢，恢單騎歸長安。立節彌姐成、建武裴岐爲儼所殺，鎮西姚諶委鎮東走。勃勃遂據雍，抄掠郿城。姚紹及征虜尹昭、鎮軍姚洽等率步騎五萬討勃勃，姚恢以精騎一萬繼之，軍次横水。勃勃退保安定，胡儼閉門距之，殺鮮卑數千人，據安定以降。紹進兵躡勃勃，戰於馬鞍坂，勃勃兵敗走〔九〕，追至朝那，不及而還。

楊盛遣兄子倦入寇長蛇。平陽氐苟渴聚衆千餘據五丈原以叛。遣鎮遠姚萬、恢武姚難討之，爲渴所敗。姚諶討渴，擒之。泓使輔國斂曼嵬、前將軍姚光兒討楊倦於陳倉，倦奔於散關。

勃勃遣兄子提南侵池陽〔一〇〕，車騎姚裕、前將軍彭白狼、建義蛇玄距卻之。

尋而晉太尉劉裕總大將一作「軍」。伐泓〔一一〕，次於彭城，遣冠軍將軍檀道濟、龍驤將軍王鎮惡入自淮肥，攻漆丘、項城，將軍沈林子自汴入河，攻倉垣。泓將王苟生以漆丘降鎮惡，徐州刺史姚掌以項城降道濟，晉師遂入潁口。所至多降服，惟新蔡太守董遵固守不降，道濟攻破之，縛遵而致諸軍門。遵厲色曰：「古之王者伐國，待士以禮，君奈何以不義行師，待國士以非禮乎！」道濟怒殺之。

姚紹聞晉師之至也，馳還長安〔一二〕，言於泓曰：「晉師已過許昌，豫州、安定孤遠，卒難救衛，宜遷諸鎮户内實京畿，可得精兵十萬，足以横行天下，假使二寇交侵，無能爲也〔一三〕。一作「無深害也」。如其不爾，晉侵豫州，勃勃寇安定者，將若之何！事機已至，宜在速決。」其左僕射梁喜曰：「齊公恢雄勇有威名，爲嶺北所憚，鎮人已與勃勃深仇，理應守死無貳，勃勃終不能棄安定遠寇京畿。若無安定，虜馬必及於鄠雍。今關中兵馬足距晉師，豈可未有憂危，先自削損也！」泓從之。吏部郎懿横密言於泓曰：「齊公恢於廣平之難有忠勳於國家〔一四〕，自陛下龍飛紹統，未有殊賞，以答其意。今外則致之死地，内則不豫朝權，安定人人自以孤危逼寇，欲思南遷者十室而九。若擁精兵四萬，鼓行而向京師，得不爲社稷之累乎！宜徵還朝廷，以慰其心。」泓曰：「恢若懷不逞之心，徵之適所以速禍耳。」又不從。

晉師至成皋，征南姚洸時鎮洛陽，馳使請救。泓遣越騎校尉閻生率騎三千以赴之，武衛姚益男將步卒一萬助守洛陽，又遣并州牧姚懿南屯陝津爲之聲援〔一五〕。洸部將趙玄説洸曰：「今寇逼已深，百姓駭懼，衆寡勢殊，難以應敵。宜攝諸戍兵士，固守金墉，以待京師之援，不可出戰，如戰不捷，大事去矣。金墉既固，師無損敗，吴寇終不敢越金墉而西。困之於堅城之下，可以坐制其弊。」時洸司馬姚禹潛通於道濟，主簿閻恢、楊虔等皆禹之黨，嫉玄忠誠，咸共毁之，固勸洸出戰，洸從之。乃遣玄率精兵千餘南守柏谷塢，廣武石無諱東戍鞏城，以距王師。玄泣謂洸曰：「玄受三帝重恩，所守止死耳。但明公不用忠臣之言，爲姦孽所誤，後必悔之，但無及耳。」會陽城及成皋、滎陽、虎牢諸城悉皆降於道濟〔一六〕，道濟等長驅而至。無諱至石關，奔還。玄與晉將毛德祖戰於柏谷，以衆寡而敗，被創十餘，據地大呼。玄司馬騫鑒冒刃抱玄而泣，玄曰：「吾創已重，君宜速去。」鑒曰：「若將軍不濟，當與俱死，去將安之！」皆死於陣。姚禹踰城奔於王師，道濟進至洛陽，洸懼，出降。時閻生至新安，益男至湖城，會洛陽已没，遂留屯不進。

泓母弟懿嶮薄〔一七〕，惑於信受。其司馬孫暢姦巧傾佞，好亂樂禍，勸懿襲長安，誅姚紹，廢泓而自立。懿納之，乃引兵至陜津，散穀以賜河北夷夏，欲虛損國儲，招引和戎諸羌，樹己私惠。懿左常侍張敞、侍郎左雅固諫懿曰：「殿下於母弟之親，居分陜之重，安危休戚，與國共之。漢有七國之難，實賴梁王。今吴寇内侵，四州傾没，西虜擾邊，秦涼覆敗，朝廷之危有同累卵，正是諸侯勤王之日。穀者，國之本也，而今散之，若朝廷問殿下者，將何辭以報！」懿怒，笞而殺之。泓聞之，召姚紹等密謀於朝堂。紹曰：「懿性識鄙近，從物推移，造成此事，惟當孫暢耳。但馳使徵暢，遣撫軍讚據陜城，臣向潼關爲諸軍節度。若暢奉詔而至者，臣當遣懿率河東見兵共平吴寇，如其逆釁已成，違距詔敕者，當明其罪於天下，聲鼓以擊之。」泓曰：「叔父之言，社稷之計也。」於是遣姚讚及冠軍司馬國璠、建義蛇玄屯陜津，武衛姚驢屯潼關。

懿遂舉兵僭號，傳檄州郡，欲運匈奴堡穀以給鎮人。寧東姚成都拒之，懿乃卑辭招誘，深自結託，送佩刀爲誓，成都送以呈泓。懿又遣驍騎王國率甲士數百攻成都，成都擒國囚之，遣讓懿曰：「明公以母弟之親，受推轂之寄，今社稷之危，若綴旒然，宜恭恪憂勤，匡輔王室，而更包藏奸宄，謀危宗廟，三祖之靈，豈安公乎！此鎮之糧，一方所寄，鎮人何功而欲給之！王國爲蛇畫足，國之罪人，已就囚執，聽詔而戮之。」成都方糾合義衆，以懲明公之罪，復須大兵悉集，當與明公會於河上。」乃宣告諸城，勉以忠義，厲兵秣馬，徵發義租。河東之兵無詣懿者，懿深患之。臨晉數千户叛應懿。姚紹濟自蒲津，擊臨晉叛户，大破之。懿等震懼。鎮人安定郭純、王奴等率衆圍懿。紹入於蒲坂，執懿囚之，誅孫暢等。

校勘記

〔一〕興之長子也　「長子」，載記同，偏霸部作「太子」。

〔二〕岐病至牀下　見初學記卷一八師「在三有四」條注引，亦略見御覽卷四〇四引。載記作：「岐病，泓親詣省疾，拜於牀下。」

〔三〕「十八」，原誤「十七」，今改。

〔四〕留泓總後事　見纂録，載記無。按，纂録姚泓傳較偏霸部多數事，此事纂録有，偏霸部無。

〔五〕改元爲永和元年　載記作「改元永和」，偏霸部作「改爲永和元年」。

〔六〕遂逼秦川　「秦川」，纂録同，載記作「秦州」。下文三見「秦州」，載記、纂録並同，作「秦州」是。按，此事纂録有，偏霸部無。

〔七〕山崩舍壞　御覽卷八八〇「地震」條引同，同卷「地陷」條又引作：「姚泓永和元年，秦州地陷裂，巖嶺崩墜，人舍壞。」

〔八〕不聽　見纂録，載記無。

〔九〕勃勃兵敗走　纂録同，載記作「敗之」。按，此事纂録有，偏霸部無。

〔一〇〕兄子提　「提」，原作「隄」，據載記改。

〔一一〕總大將伐泓　「將」，載記、纂録並作「軍」。

〔一二〕馳還長安　「馳」字見纂録，載記無。按，此事纂録有，偏霸部無。

〔一三〕無能爲也　纂録同，載記作「無深害也」。

〔一四〕有忠勳於國家　「國家」，纂録同，載記作「陛下」。

〔一五〕并州牧姚懿　載記此上有「征東」。

〔一六〕悉皆降於道濟　纂録同，載記作「悉降」。

〔一七〕泓母弟懿　纂録同，載記作「姚懿」。

十六國春秋輯補卷五十六

後秦録八

姚泓

丁巳。永和二年[一]時征北姚恢率安定鎮户三萬八千，焚燒室宇，以車爲方陣，自北雍州趣長安，自稱大都督、建義大將軍，移檄州郡，欲除君側之惡。揚威姜紀率衆奔之。建節彭完都聞恢將至，棄陰密，奔還長安。恢至新支，姜紀説恢曰：「國家重將在東，京師空虚，公可輕兵徑襲，事必剋矣。」恢不從，乃南攻郿城。鎮西姚諶爲恢所敗，恢軍勢彌盛，長安大震。泓見内外離叛，晉師漸逼，歲旦朝羣臣於其前殿，凄然流涕，羣臣皆泣[二]。泓馳使徵紹，遣姚裕及輔國胡翼度屯於灃西。扶風太守姚儁、安夷護軍姚墨蠡、建威姚娥都、揚威彭蚝皆懼而降恢。恢舅苟和時爲立節將軍，守忠不貳。泓召而謂之曰：「衆人咸懷去就，卿何能自安邪？」和曰：「若天縱妖賊，得肆其逆節者，舅甥之理，不待奔馳而加親。如其罪極逆銷，天盈其罰者，守忠執志，臣之體也。違親叛君，臣之所恥。」泓善其忠恕，加金章紫綬。

姚紹率輕騎先赴難，使姚洽、司馬國璠將步卒三萬赴長安。恢從曲牢進屯杜成，紹與恢相持於靈臺。姚讚聞恢漸逼，留寧朔尹雅爲弘農太守守潼關，率諸軍還長安。泓謝讚曰：「元子不能崇明德義，導率羣下，致禍起蕭牆，變自同氣，既上負祖宗，亦無顏見諸父。懿始構逆滅亡，恢復擁衆内叛，將若之何？」讚曰：「懿等所以敢稱兵内侮者，諒由臣等輕弱，無防遏之方故也。」因攘袂大泣曰：「臣與大將軍不滅此賊，終不持面復見陛下。」泓於是班賜軍士而遣之。恢衆見諸軍悉集，咸懼而思善，其將齊黄等棄恢而降。恢進軍逼紹，讚自後要擊，大破之，殺恢及其三弟。泓哭之悲慟，葬以公禮。

至是，王鎮惡至宜陽。毛德祖攻弘農太守尹雅於蠡吾城〔三〕，衆潰，德祖使騎追獲之，既而殺晉守者，奔固潼關。檀道濟、沈林子攻拔襄邑堡，建威薛帛奔河東。道濟自陝北渡河，攻蒲坂，使將軍苟卓攻匈奴堡，爲泓寧東姚成都所敗。泓遣姚驢救蒲坂，胡翼度據潼關。

泓乃進紹太宰、大將軍、大都督、都督中外諸軍事，假黄鉞，改封魯公，侍中、司隸、宗正、節、録並如故，朝之大政皆往決焉。紹固辭〔四〕，弗許。於是遣紹率武衛姚鸞等步騎五萬，距晉師於潼關。

姚驢與并州刺史尹昭爲表裏之勢，夾攻道濟，道濟深壁不戰。沈林子説道濟曰：「今蒲坂城堅池濬，非可卒剋，攻之傷衆，守之引日，不如棄之，先事潼關。潼關天限，形勝之地，鎮惡孤軍，勢危力寡，若使姚紹據之，則難圖矣。如剋潼關，紹可不戰而服。」道濟從之，乃棄蒲坂，南向潼關。姚讚率禁兵七千，自渭北而東，進據蒲津。

劉裕使沈田子及傅弘之率衆萬餘人入上洛，所在多委城鎮奔長安，田子等進及青泥。

姚紹方陣而前，以距道濟，道濟固壘不戰，紹乃攻其西營，不剋，遂以大衆逼之。道濟率王敬、沈林子等逆衝紹軍，將士驚散，引還定城。紹留姚鸞守險，絶道濟糧道。

時裕别將姚珍入自子午，竇霸入自洛谷，衆各數千人。泓遣姚萬距霸，姚强距珍。

姚鸞遣將尹雅與道濟司馬徐琰戰於潼關南，爲琰所獲，送之劉裕。裕以雅前叛，欲殺之，雅曰：「前活本在望外，今死寧不甘心！明公將以大義平天下，豈可使秦無守信之臣乎！」裕嘉而免之。

泓遣給事黄門侍郎姚和都屯於堯柳，以備田子。

姚紹謂諸將曰：「道濟等遠來送死，衆旅不多，嬰壘自固者，正欲曠日持久，以待繼援耳。吾欲分軍逕據閿鄉，以絶其糧運，不至一月，道濟之首可懸之麾下矣。濟等既没，裕計自阻。」諸將咸以爲然，其將胡翼度曰：「軍勢宜集，不可以分。若偏師不利，人心駭懼，胡可以戰？」紹乃止。薛帛據河曲以叛。紹分道置諸軍爲犄角之勢，遣輔國胡翼度據東原，武衛姚鸞營於大路，與晉軍相接。晉將沈林子簡其軍中精鋭朱達等，銜枚夜襲鸞營〔五〕，鸞衆潰。鸞戰死之〔六〕，士卒死者九千餘人。此節亦見御覽三百五十七。

姚讚屯於河上，遣恢武姚難運蒲坂穀以給其軍，至香城，爲王師所敗。時泓遣姚諶守堯柳，姚和都討薛帛於河東，聞王師要難，乃兼道赴救。未至而難敗，因破裕裨將於河曲，遂屯蒲坂。姚讚爲林子所敗，單馬奔定城。紹遣左長史姚洽及姚墨蠡等帥騎三千屯於河北之九原，欲絶道濟諸縣租輸。洽辭曰：「夫小敵之堅，大敵之擒。今兵衆單弱，而遠在河外，雖明公神武，然鞭短勢殊，恐無所及。」紹不聽。沈林子率衆八千要洽於河上，爲沈林子所敗，洽戰死，衆皆没焉。紹聞洽等敗，忿恚發病，託姚讚以後事，使姚難屯關西。紹嘔血而死。

泓以晉師之逼，遣使乞師於魏。魏遣司徒南平公拔拔嵩、正直將軍安平公乙旃眷進據河内，游擊將軍王洛生屯於河東，爲泓聲援。

七月〔七〕，劉裕次於陝城，遣沈林子率精兵萬餘越山開道，會沈田子等於青泥，將攻嶢柳。泓使姚裕率步騎八千距之，泓躬將大衆繼發。裕爲田子所敗，泓退次於灞上。關中郡縣多潛通於王師。

劉裕至潼關，遣將軍朱超石、徐猗之會薛帛於河北，以攻蒲坂。姚讚距裕於關西，姚難屯於香城。裕遣王鎮惡、王敬自秋社西渡渭，以逼難軍。鎮東姚璞及姚和都擊敗猗之等於蒲坂，猗之遇害。超石棄其衆，奔於潼關。姚讚遣司馬休之及司馬國璠自軹關向河内，引魏軍以躡裕後。姚難既爲鎮惡所逼，引師而西。時大霖雨，渭水泛溢，讚等不得北渡。鎮惡水陸兼進，追及姚難。泓自灞上還軍，次於石橋以援之。讚退屯鄭城。鎮北姚强率郡人數千，與姚難陣於涇上以距鎮惡。鎮惡遣毛德祖擊强，大敗之，强戰死，難遁還長安。

劉裕進據鄭城。泓使姚裕、尚書龐統屯兵宮中，姚洸屯於灃西，尚書姚白瓜徙四軍雜户入長安，將軍姚丕守渭橋〔八〕，胡翼度屯石積，姚讚屯灞東，泓軍於逍遥園。鎮惡夾渭進兵，破姚丕於渭橋。丕爲晉所敗〔九〕，泓自逍遥園赴之，逼水地狹，因丕之敗，遂相踐而退。

姚諶及前軍姚烈、左衛姚寶安、散騎王帛、建武姚進、揚威姚蚝、尚書右丞孫玄等皆死於陣，泓單馬還宮。鎮惡入自平朔門，泓與河間公裕等數百騎出奔於石橋〔一〇〕。大將軍、東平公讚聞泓之敗也〔一一〕，召將士告之，衆皆以刀一作「戈」。擊地，攘袂大哭。胡翼度先與劉裕陰通，是日棄一作「率」。衆奔裕。讚夜率諸軍赴難，將會泓於石橋，晉師已圍諸一作「青」。門〔一二〕，讚軍不得入，衆皆驚散。

泓計無所出，與河間公裕等謀欲詣裕請降〔一三〕。其子彭城公佛念〔一四〕，年十二〔一五〕，謂泓曰：「陛下今雖降晉，劉裕待人無禮〔一六〕，將逞其欲，終必不全，願自裁決。」泓憮然不答，佛念遂登宫牆自投而死。泓將妻子詣壘門而降。平原公璞、并州刺史尹昭以蒲坂降晉〔一七〕，東平公讚率宗室子弟百餘人亦降於裕〔一八〕。裕盡殺之，餘宗遷於江南。

九月，裕至長安〔一九〕。送泓於建康市而戮之，時年三十，在位二年。建康百里之内，草木皆燋死焉。

自姚萇白雀元年歲在甲申，至於是歲歲在丙辰，「丙辰」當作「丁巳」，原誤推上一年。載記作：「姚萇以孝武太元九年僭立，至泓三世，以安帝義熙十三年而滅。」凡三十有三歲〔二〇〕。

校勘記

〔一〕二年　見偏霸部，載記無。

〔二〕泓見内外離叛至皆泣　載記此節在姚恢叛前，此同纂録，偏霸部無此事。

〔三〕螽吾城　載記同。按，宋書卷四五王鎮惡傳載此事作「螽城」，通鑑卷一一八胡注云當作「螽城」。

〔四〕紹固辭　「固」，原作「因」，據載記改。

〔五〕晉將沈林子至夜襲鸞營　御覽卷三五七引「朱達」作「朱遠」，餘同。載記無「晉將」、「其軍中」、「朱達等」，「鸞營」作「之」。

〔六〕鸞戰死之　載記作「戰死」，御覽卷三五七引作「鸞死之」。

〔七〕七月　見偏霸部，載記無。

〔八〕將軍姚丕　「將軍」，載記無，見偏霸部。

〔九〕丕爲晉所敗　見偏霸部，載記無。

〔一〇〕河間公裕　偏霸部同，載記作「姚裕」。

〔一一〕大將軍東平公讚　偏霸部同，載記僅作「讚」。

〔一二〕讚夜率諸軍至已圍諸門　「赴難」，載記無，見偏霸部。「晉師已圍諸門」，載記作「王師已固諸門」，偏霸部作「晉人已固青門」，下注「一云『諸門』」。

〔一三〕與河間公裕等謀欲詣裕請降　偏霸部無「謀欲」，餘同。載記此句作「謀欲降於裕」。

〔一四〕彭城公佛念　偏霸部作「彭城公伏念」，載記作「佛念」。

〔一五〕年十二　「十二」，偏霸部同，載記作「十一」。

〔一六〕陛下今雖降晉劉裕待人無禮　偏霸部同，載記作「晉人」。

〔一七〕平原公璞至降晉　見偏霸部，載記無。

〔一八〕東平公讚　「東平公」，見偏霸部，載記無。

〔一九〕九月裕至長安　見偏霸部，載記無。

〔二〇〕自姚萇至凡三十有三歲　見偏霸部。載記文見原注引。按，魏書卷六七崔鴻傳云崔鴻十六國春秋於姚興弘始改元誤推上一年，參見卷五一校勘記〔一三〕。

十六國春秋輯補卷五十七

後秦録九

斂憲

輔國將軍斂憲。廣韻〔一〕。

鳩摩羅什

鳩摩羅什，天竺人也，世爲國相。父鳩摩羅炎，聰懿有大節，將嗣相位，乃辭避出家，東度葱嶺。龜兹王聞其名，郊迎之，請爲國師。王有妹，年二十，才悟明敏，諸國交娉，並不許，及見炎，心欲當之，王乃逼以妻焉。既而羅什在胎，其母慧解倍常。及年七歲，母遂與俱出家。

羅什從師受經，日誦千偈，偈有三十二字，凡三萬二千言，義亦自通。年十二，其母攜到沙勒，國王甚重之，遂停沙勒一年。博覽五明諸論及陰陽星算，莫不必盡，妙達吉凶，言若符契。爲性率達，不拘小檢，修行者頗共疑之。然羅什自得於心，未嘗介意，專以大乘爲化，諸學者皆共師焉。年二十，龜茲王迎之還國，廣説諸經，四遠學徒莫之能抗。

有頃，羅什母辭龜茲王往天竺，留羅什住，謂之曰：「方等深教，不可思議，傳之東方，惟爾之力。但於汝無利，其可如何？」什曰：「必使大化流傳，雖苦而無恨。」母至天竺，道成，進登第三果。西域諸國咸伏羅什神儁，每至講説，諸公皆長跪坐側，令羅什踐而登焉。

苻堅聞之，密有迎羅什之意。會太史奏云：「有星見外國分野，當有大智入輔中國。」堅曰：「朕聞西域有鳩摩羅什，將非此邪？」乃遣驍騎將軍吕光等率兵七萬，西伐龜茲，謂光曰：「若獲羅什，即驛送之。」光軍未至，羅什謂龜茲王帛純曰：「國運衰矣，當有勍敵從日下來，宜恭承之，勿抗其鋒。」純不從，出兵距戰，光遂破之，乃獲羅什。光見其年齒尚少，以凡人戲之，强妻以龜茲王女。羅什距而不受，辭甚苦至。光曰：「道士之操，不踰先父，何所固辭！」乃飲以醇酒，同閉密室。羅什被逼，遂妻之。光還，中路，置軍於山下，將士已休，羅什曰：「在此必狼狽，宜徙軍隴上。」光不納，至夜，果大雨，洪潦暴起，水深數丈，死者數千人。光密異之。

光欲留王西國，羅什謂光曰：「此凶亡之地，不宜淹留，中路自有福地可居。」光還至涼州，聞苻堅已爲姚萇所害，於是竊號河右。屬姑臧大風，羅什曰：「不祥之風，當有奸叛，然不勞自定也。」俄而有叛者，尋皆殄滅。

沮渠蒙遜先推建康太守段業爲主，光遣其子纂率衆討之。時論謂業等烏合，纂有威聲，勢必全剋。光以訪羅什，答曰：「此行未見其利。」既而纂敗於合黎，俄又郭馨起兵，纂棄大軍輕還，復爲馨所敗，僅以身免。

中書監張資病，光博營救療。有外國道人羅叉〔二〕，云能差資病。光喜，給賜甚重。羅什知叉誑詐，告資曰：「叉不能爲，益徒煩費耳。冥運雖隱，可以事試也。」乃以五色絲作繩結之，燒爲灰末，投水中，灰若出水還成繩者，病不可愈。」須臾，灰聚浮出，復爲繩。叉療果無效，少日，資亡。

頃之，光死，纂立。有豬生子，一身三頭，龍出東厢井中，於殿前蟠臥，比旦失之。纂以爲美瑞，號其殿爲龍翔殿。俄而有黑龍升於當陽九宮門，纂改九宮門爲龍興門。羅什曰：「比日潛龍出游，豕妖表異。龍者，陰類，出入有時，而今屢見，則爲災眚，必有下人謀上之變。宜剋己修德，以答天戒。」纂不納，後果爲呂超所殺。

羅什之在涼州積年，呂光父子既不能弘道，故蘊其深解，無所宣化。姚興遣姚碩德西伐，破呂隆，乃迎羅什，待以國師之禮。仍使入西明閣及逍遥園，譯出衆經。羅什多所暗誦，無不究其義旨，既覽舊經，多有紕繆。於是興使沙門僧叡、僧肇等八百餘人傳受其旨，更出經論凡三百餘卷。沙門慧叡，才識高明，常隨羅什傳寫。羅什每爲慧叡論西方辭體，商略同異，云：「天竺國俗甚重文制，其宫商體韻，以入管弦爲善。凡覲國王，必有讚德，經中偈頌，皆其式也。」羅什雅好大乘，志在敷演，常歎曰：「吾欲著作大乘阿毗曇，非迦旃子比也。今深識者既寡，將何所論！」惟爲姚興著實相論二卷，興奉之若神。嘗講經於草堂寺，興及朝臣大德沙門千有餘人，肅容觀聽。羅什忽下高坐，謂興曰：「有二小兒登吾肩，慾鄣須婦人。」興乃召宫女進之，一交而生二子焉。興嘗謂羅什曰：「大師聰明超悟，天下莫二，何可使法種少嗣！」遂以妓女十人，逼令受之，爾後不住僧坊，别立解舍。諸僧多效之，什乃聚針盈鉢，引諸僧謂之曰：「若能見效，食此者乃可畜室耳。」因舉匕進針，與常不别。諸僧愧服，乃止。

杯渡比丘在彭城，聞羅什在長安，乃歎曰：「吾與此子戲，别三百餘年，相見杳然未期，遲有遇於來生耳。」

羅什未終少日，覺四大不愈，乃口出三番神呪，令外國弟子誦之以自救。未及致力，轉覺危殆，於是力疾與衆僧告别，曰：「因法相遇，殊未盡心，方復後世，惻愴可言。」死於長安。姚興於逍遥園依外國法以火焚尸，薪滅形碎，惟舌不爛。此依晉書藝術傳録。

校勘記

〔一〕廣韻卷三琰韻「歛」字：「姚秦録有輔國將軍歛憲。」

〔二〕有外國道人羅叉　「羅叉」，原作「羅義」，據晉書卷九五藝術傳、高僧傳卷二鳩摩羅什傳改，下同。

十六國春秋輯補卷五十八

南燕録一

慕容德

慕容德字玄明，皝之少子也。皝每對宮人言：「婦人妊娠，夢日入懷，必生天子。」德母公孫夫人方娠，夢日入其臍中，「入」，一作「在」。獨喜而不言。此節亦見御覽三百九十八。晉咸康二年，晝寢而生德，左右以告，方寤而起。此亦見御覽三百六十一。皝曰：「此兒易生，似鄭莊公，長必有大德。」遂以「德」爲名。年十二而皝薨，哀毀過禮〔一〕。年十八〔二〕，身長八尺二寸，姿貌雄偉，額有日月兩角，足下有偃月重文〔三〕。博觀羣書，性清慎，多才藝。

慕容儁之僭立也，元璽初〔四〕，封爲梁公，歷幽州刺史、左衛將軍。及暐嗣位，建熙初，進號安北將軍〔五〕，改封范陽王，入爲魏尹〔六〕，加散騎常侍。俄而苻堅將苻雙據陝以叛，堅將苻柳起兵枹罕，將應之。德勸暐乘釁討堅，辭旨慷慨，識者言其有遠略。暐竟不能用。

太史令黄泓善相，謂德曰：「殿下相法當先爲人臣，然後爲人君。但恐下官入地，不見殿下昇天耳。」〔七〕此節依御覽七百三十引補。德兄垂甚壯之，因共論軍國大謀，言必切至。垂謂之曰：「汝器識長進，非復吴下阿蒙也。」枋頭之役，德以征南將軍與垂擊敗晉師。及垂奔苻堅，德坐免職。後遇暐敗，秦滅燕〔八〕，徙於長安。秦伐凉，德請征自効〔九〕。後苻堅以爲張掖太守，數歲免歸。

及堅伐晉〔一〇〕，以兵臨江，垂請德爲副〔一一〕，拜德爲奮威將軍。堅之敗也，堅與張夫人相失，慕容暐將護致之，德正色謂暐曰：「昔楚莊滅陳，納巫臣之諫而棄夏姬。此不祥之人，惑亂人主，戎事不邇女器，秦之敗師當由於此。宜掩目而過，奈何將衛之也！」暐不從，德馳馬而去之。還次滎陽，言於暐曰：「昔勾踐棲於會稽，終獲吴國。聖人相時而動，百舉百全。天將悔禍，故使秦師喪敗，宜乘其弊以復社稷。」暐不納，德乃隨垂如鄴。

及垂稱燕王，以德爲車騎大將軍，復封范陽王。建興元年，爲司隸校尉〔一二〕，居中鎮衛，參斷政事。八年，拜司徒〔一三〕。於時慕容永據長子，有衆十萬，垂議討之。羣臣咸以爲疑，德進曰：「昔三祖積德，遺訓在耳，故陛下龍飛，不謀而會，雖由聖武，亦緣舊愛，燕趙之士樂爲燕臣也。今永既建僞號，扇動華戎，致令羣豎縱横，逐鹿不息，宜先除之，以一衆聽。昔光武馳蘇茂之難，不顧百官之疲，夫豈不仁，機急故也。兵法有不得已而用之，陛下容得已乎！」垂笑謂其黨曰：「司徒議與吾同。二人同心，其利斷金，吾計決矣。」遂從之。垂臨薨，敕太子寶曰：「鄴是舊都，宜委范陽王。」〔一四〕永康元年〔一五〕，寶既嗣位，以德爲使持節、都督冀兗青徐荆豫六州諸軍事、特進、車騎大將軍、冀州牧，領南蠻校尉，鎮鄴，罷留臺，以都督專總南夏。

魏將拓拔章後燕「章」作「儀」。攻鄴〔一六〕，德遣南安王青等夜擊〔一七〕，敗之。魏師退次新城，青等請擊之。别駕韓諲進曰：「古人先決勝廟堂，然後攻戰。今魏不可擊者四，燕不宜動者三。魏懸軍遠入，利在野戰，一不可擊也。深入近畿，頓兵死地，二不可擊也。前鋒既敗，後陣方固，三不可擊也。彼衆我寡，四不可擊也。官軍自戰其地，一不宜動。動而不勝，衆心難固，二不宜動。城隍未修，敵來無備，三不宜動。此皆兵家所忌，不如深溝高壘，以逸待勞。彼千里饋糧，野無所掠，久則三軍靡資，攻則衆旅多弊，師老釁生，詳而圖之，可以捷矣。」德曰：「韓别駕之言，良、平之策也。」於是召青還師。魏又遣遼西公賀賴盧率騎與章圍鄴，德遣其參軍劉藻請救於姚興，且參母兄之問，而興師不至，衆大懼。德於是親饗戰士，厚加撫接，人感其恩，皆樂爲致死。會章、盧内相乖争，各引軍潛遁。章司馬丁建率衆來降，言章師老，可以敗之。德遣將追破章軍，人心始固。

時魏師入中山，慕容寶出奔於薊，一作：「及寶失中山，奔龍城。」慕容詳又僭號。會劉藻自姚興而至，興太史令高魯遣其甥王景暉隨藻送玉璽一紐，并圖讖秘文，曰：「有德者昌，無德者亡。德受天命，柔而復剛。」又有謡曰：「大風蓬勃揚塵埃，八井三刀卒起來。四海鼎沸中山頽，惟有德人據三臺。」於是德之羣臣議以慕容詳僭號中山，魏師盛於冀州，未審寶之存亡，因勸德即尊號。德不從。會慕容達自龍城奔鄴，稱寶猶存，羣議乃止。尋而寶以德爲丞相，領冀州牧，承制南夏。

德兄子麟自義臺來奔，因説德曰：「中山既没，魏必乘勝來攻鄴，雖糧儲素積，而城大難固，且人情沮動，不可以戰。及魏師未至，擁衆南渡，就魯陽王和，據滑臺而聚兵積穀，伺隙而動，計之上也。魏雖拔中山，勢不久留，不過驅掠而返。人不樂從，理自生變，然後振威以援之，魏則内外受敵，使戀舊之士有所依憑，廣開恩信，招集遺黎，可以一舉而取之。」先是，慕容和亦勸德南徙，於是許之。

戊戌。燕元年〔一八〕晉隆安二年。

正月，德率户四萬三千〔一九〕、車二萬七千乘，自鄴將徙於滑臺。及黎陽〔二〇〕，遇風船没，魏軍垂至，三軍危懼〔二一〕，議欲退保據黎陽。昏日流澌冰合〔二二〕，是夜渡黎陽津，濟師訖，冰亦尋消〔二三〕。旦，魏師至而冰泮，若有神焉。鄴令韓軌言於德曰：「昔光武渡呼沱，冰凘自合。今大王濟河，天橋自成，靈命所扶，徵兆已見。」德乃大悦〔二四〕。遂改黎陽津爲天橋津。此節依御覽六十八及七十一引校補。及德入滑臺，景星見於尾箕。漳水得白玉，狀若璽。於是趙王麟等九十八人上言：「今中土傾陷，龍都蕭條，趙魏遺黎，鵠企皇澤。願仰承俯順，以安宗廟，謹上皇帝尊號。」德許之，令曰：「今假順來議，且依燕元故事，稱元年，統符行帝制奏詔而已。」改永康三年爲元年〔二五〕。大赦境内殊死已下，置百官。以慕容麟爲司空，領尚書令；慕容法爲中軍將軍；慕輿拔爲尚書左僕射；丁通爲尚書右僕射。自餘封授各有差。初，河間有麟見，慕容麟以爲己瑞。及此，潛謀爲亂，事覺，賜死。其夏，魏將賀賴盧率衆附之。

至是，慕容寶自龍城南奔，至黎陽城西數里，伏於河西〔二六〕，遣其中黄門令趙思告北地王鍾曰：「上以去二月得丞相表，即自南征。段速骨作逆於乙連，今失據來此，呼丞相奉迎。」〔二七〕鍾本首議勸德稱尊號，聞而惡之，執思付獄，馳使白狀。德謂其下曰：「卿等前以社稷大計，勸吾攝政。吾亦以嗣帝奔亡，人神曠主，故權順羣議，以繫衆望。今天方悔禍，嗣帝得還，吾將具駕奉迎，謝罪行闕，然後角巾私第，卿等以爲何如？」其黄門侍郎張華進曰：「夫争奪之世，非雄才不振；縱横之時，豈懦夫能濟！陛下若蹈匹婦之仁，舍天授之業，威權一去，則身首不保，何退讓之有乎！」德曰：「吾以古人逆取順守，其道未足，所以中路徘徊，悵然未決耳。」慕輿護請馳問寶虚實，德流涕而遣之。乃率壯士數百，隨思而北，因謀殺寶。初，寶遣思之後，見採樵者〔二八〕，知德攝位稱帝〔二九〕，懼而北奔。護至無所見，執思而還。德以思閑習典故，將任之。思曰：「昔關羽見重曹公，猶不忘先主之恩。思雖刑餘賤隸，荷國寵靈，犬馬有心，而況人乎！乞還就上，以明微節。」德固留之，思怒曰：「周室衰微，晉鄭夾輔；漢有七國之難，實賴梁王。殿下親則叔父，位則上台，不能率先羣后以匡王室，而幸根本之傾爲趙倫之事。思雖無申胥哭秦之效，猶慕君賓不生莽世。」德怒，斬之。

晉南陽太守閭丘羡、寧朔將軍鄧啓方率衆二萬來伐，師次管城。德遣其中軍慕容法、撫軍慕容和等距之，王師敗績。德怒法不窮追晉師，斬其撫軍司馬斬瓌。

校勘記

〔一〕 䥫每對宫人言至哀毁過禮　見偏霸部，亦略見御覽卷三六一、三九八引。載記但云：「母公孫氏夢日入臍中，晝寢而生德。」

〔二〕年十八　偏霸部同，載記作「年未弱冠」。

〔三〕額有日月兩角足下有偃月重文　御覽卷七三〇引「額」下有「上」字。偏霸部有「上」字、無「足」字。載記作「額有日角偃月重文」。

〔四〕元璽初　見偏霸部，載記無。

〔五〕建熙初進號安北將軍　見偏霸部，載記無。

〔六〕入爲魏尹　「入爲」，偏霸部同，載記作「稍遷」。

〔七〕太史令至昇天耳　載記無此節。御覽卷七三〇引「太史令」作「太史公」，餘同。

〔八〕秦滅燕　見偏霸部，載記無。

〔九〕秦伐涼德請征自効　見偏霸部，載記無。

〔一〇〕伐晉　見偏霸部，載記無。

〔一一〕垂請德爲副　見偏霸部，載記無。

〔一二〕建興元年爲司隸校尉　見偏霸部，載記無。

〔一三〕八年拜司徒　偏霸部同，載記作「久之遷司徒」。

〔一四〕垂臨薨至范陽王　偏霸部「敕」作「謂」，餘同。載記作：「垂臨終，敕其子寶以鄴城委德。」

〔一五〕永康元年　見偏霸部，載記無。

〔一六〕拓拔章　「章」，載記同。本書卷四五後燕録慕容寶傳永康元年據通鑑卷一〇八太元二十一年約補云：「命拓跋儀攻鄴，王建攻信都。」

〔一七〕德遣南安王青等夜擊　「遣」，原作「遺」，據載記改。

〔一八〕燕元年　偏霸部作「元年」，載記作「隆安二年」。

〔一九〕正月德率户四萬三千　偏霸部同，載記無「正月」、「三千」。

〔二〇〕及黎陽　載記無，偏霸部作「黎陽」。

〔二一〕三軍危懼　偏霸部同，載記作「衆懼」。

〔二二〕昏日流澌冰合　「昏日」，偏霸部同，載記作「其夕」。「冰合」，偏霸部、御覽卷六八、七一引同，載記作「凍合」。

〔二三〕是夜至尋消　載記但作「是夜濟師」，偏霸部作「是夜濟訖冰亦尋消」。「渡黎陽津」，見御覽卷六八、七一「津」引。

〔二四〕鄴令韓軌至大悦　見御覽卷七一「津」引，亦略見卷六八引，載記、偏霸部無。

〔二五〕於是趙王麟等至爲元年　見偏霸部，惟「中土傾陷」作「中山傾陷」，無「稱元年」。載記作：「於是德依燕元故事，稱元年。」

〔二六〕至黎陽城西數里伏於河西　偏霸部同，載記作「至黎陽」。

〔二七〕告北地王鍾至奉迎　偏霸部同，載記作「召慕容鍾來迎」。

〔二八〕見採樵者　見偏霸部，載記無。

〔二九〕攝位稱帝　載記作「攝位」，偏霸部作「稱帝」。

十六國春秋輯補卷五十九

南燕録二

慕容德

己亥。二年　初，苻登既爲姚興所滅，登弟廣率所部落三千來降德〔一〕，拜冠軍將軍，處之乞活堡。會熒惑守東井，或言秦當復興者，至是復叛〔二〕，廣乃自稱秦王，敗德將慕容鍾。時德始都滑臺，介於晉魏之間，地無十城，衆不過數萬。及鍾喪師，反側之徒多歸於廣，德乃留撫軍、魯陽王和守滑臺〔三〕，德親率衆討廣，斬之。

初，寶之至黎陽也，和長史李辯勸和納之，和不從。辯懼謀洩，乃引晉師至管城，冀德親率師，於後作亂。會德不出，愈不自安。及德此行也，辯又勸和反，和不從。辯怒，殺和，以滑臺降於魏。時將士家悉在城内，德將攻之，韓范言於德曰：「魏師已入城，據國成資，客主之勢，翻然復異，人情既危，不可以戰。宜先據一方，爲關中之基，然後蓄力而圖之，計之上也。」德乃止。右衛將軍慕容雲斬李辯，率將士家累二萬餘人而出，三軍慶悦。德初議所都〔四〕，謀於衆曰：「苻廣雖平，而撫軍失據，進有强敵，退無所託，計將安出？」張華進曰：「彭城阻帶山川，楚之舊都，地險人殷，可攻而據之，以爲基本。」慕容鍾、慕輿護、封逞、韓誧等固勸攻滑臺。尚書潘聰曰〔五〕：「滑臺四通八達，非帝王之居。且北通大魏，西接强秦，此二國者，未可以高枕而待之。彭城土曠人稀，地平無險，晉之舊鎮，必距王師。又密邇江淮，水路通浚，秋夏霖潦，千里爲湖。且水戰國之所短，吴之所長，今雖剋之，非久安之計也。青齊沃壤，號曰『東秦』，地方二千里〔六〕，户餘十萬，四塞之固，負海之饒，可謂用武之國。三齊英傑，蓄志以待，孰不思得明主以立尺寸之功！廣固者，曹嶷之所營，山川險峻，足爲王者一作「帝王」。之都〔七〕。宜遣辯士馳説於前，大兵繼進於後。辟閭渾昔負國恩，必翻然向化。如其守迷不順，大軍臨之，自然瓦解。既據之後，閉關養鋭，伺隙而動，此亦二漢之有關中、河内也。」此節亦見御覽一百六十。德猶豫未決。沙門朗公素知占候，德因遣牙門蘇撫訪其所適。朗報曰〔八〕：「山棲絶俗之士，不應預聞朝議，但有待之累，非有託無以立，陛下今來，即朗之檀越〔九〕。敬覽三策，潘尚書之議可謂興邦之術矣。今歲初，長星起於奎婁，遂掃虚危，而虚危，齊之分野，除舊布新之象。宜先定舊魯，巡撫琅邪，待秋風戒節，然後北轉臨齊，天之道也。」撫又問以年世，朗以周易筮之曰：「燕衰庚戌。」撫曰：「幾何？」曰：「年則一紀，世則及子。」撫曰：「何其促乎？」朗曰：「卦兆然也，豈關人哉？」撫秘不敢言〔一〇〕。德大悦，從之。三月〔一一〕，德引師而南。五月，次薛城〔一二〕。兗州北鄙諸縣悉降，置守宰以撫之。存問高年，軍無私掠，百姓安之，牛酒屬路。

德遣使諭齊郡太守辟閭渾，渾不從，遣慕容鍾率步騎二萬擊之。德進據琅邪，徐兗之士附者十餘萬，自琅邪而北，迎者四萬餘人。德進寇莒城，守將任安委城而遁，以潘聰鎮莒城。鍾傳檄青州諸郡曰：「隆替有時，義列昔經；困難啓聖，事彰中籙。是以宣王龍飛於危周，光武鳳起於絶漢，斯蓋歷數大期，帝王之興廢也。自我永康多難，長鯨逸網，華夏四分，黎元五裂。逆賊辟閭渾父蔚，昔同段龕阻亂淄川，太宰東征，剿絶凶命。渾於覆巢之下，蒙卵之施，曾微犬馬識養之心，復襲凶父樂禍之志，盜據東秦，遠附吴越，割剥黎元，委輸南海。皇上應期，大命再集，矜彼營丘，暫阻王略，故七州之衆二十餘萬，巡省岱宗，問罪齊魯。昔韓信以裨將伐齊，有征無戰；耿弇以偏軍討步，剋不移朔。況以萬乘之師，掃一隅之寇，傾山碎卵，方之非易。孤以不才，忝荷先驅，都督一十二萬〔一三〕，皆烏丸突騎，三河猛士，奮劒與夕火争光，揮戈與秋月競色。以此攻城，何城不剋！以此衆戰，何敵不平！昔竇融以河西歸漢，榮被於後裔；彭寵盜逆漁陽，身死於奴隸。近則曹嶷跋扈，見擒於後趙；段龕干紀，取滅於前朝。此非古今之吉凶，已然之成敗乎？渾若先迷後悟，榮寵有加，如其敢抗王師，敗滅必無遺燼。稷下之雄，岱北之士，有能斬送渾者，賞同佐命，脱履機不發，必玉石俱摧。」渾聞德軍將至，徙八千餘家入廣固。諸郡皆承檄降於德。渾懼，將妻子奔於魏。德遣射聲校尉劉綱追斬於莒城。渾參軍張瑛常與渾作檄，辭多不遜，及此，德擒而讓之。瑛神色自若，徐對曰：「渾之有臣，猶韓信之有蒯通。通遇漢祖而蒙恕，臣遭陛下而嬰戮，比之古人，竊爲不幸。防風之誅，臣實甘之，但恐堯舜之化未宏於四海耳。」德初善其言，後竟殺之。八月〔一四〕，德遂入廣固。

校勘記

〔一〕登弟廣率所部落三千來降德　載記作「登弟廣率部落降於德」，偏霸部作「登弟廣率所部落三千來降」。

〔二〕至是復叛　見偏霸部，載記無。

〔三〕撫軍魯陽王和　偏霸部同，載記作「慕容和」。

〔四〕初議所都　見御覽卷一六〇引，載記無。

〔五〕尚書　見偏霸部及御覽卷一六〇引，載記無。

〔六〕地方二千里　偏霸部同，載記作「土方二千」，御覽卷一六〇引作「土方二千里」。

〔七〕山川險峻足爲王者之都　「險峻」，御覽卷一六〇引同，載記作「阻峻」。「王者」，御覽卷一六〇引同，載記作「帝王」。

〔八〕德因遣牙門蘇撫訪其所適朗報曰　纂録同，偏霸部「朗」作「朗公」，餘同。載記作「德訪其所適朗曰」。

〔九〕山棲絶俗至檀越　見偏霸部，載記無。

〔一〇〕撫又問至不敢言　見偏霸部，載記無。

〔一一〕三月　見偏霸部，載記無。

〔一二〕五月次薛城　見偏霸部，載記無。

〔一三〕都督一十二萬　載記「都督」下有「元戎」二字。

〔一四〕八月　見偏霸部，載記無。

十六國春秋輯補卷六十

南燕録三

慕容德

庚子。建平元年〔一〕晉隆安四年。德僭即皇帝位於南郊，大赦，改元爲建平元年。又曰：「漢宣憫吏民犯諱，故改名。朕今增一『備』字，以爲復名，庶開臣子避諱之路。」〔二〕設行廟於宫南，遣使奉策告成焉。進慕容鍾爲司徒，慕輿拔爲司空，封孚爲左僕射，慕輿護爲右僕射。遣其度支尚書封愷、中書侍郎封逞觀省風俗，所在大饗將士。於是敘賞有差〔三〕。以其妻段氏爲皇后。建立學宫，一作「官」。簡公卿已下子弟及二品士門二百人爲太學生。褒德任賢，新舊咸悦。十月，太極、端門並就，以公匠張剛爲材官將軍、尚方令〔四〕。時王蹪得古銅鐘四枚於山穴，獻之，列於太極前殿，賜蹪爵關内侯〔五〕。此節依北堂書鈔一百五十八引類補。

辛丑。二年　十月，徐州刺史潘聰、青州刺史鞠仲來朝，因讌其羣臣於延賢堂〔六〕，酒酣，德笑謂羣臣曰〔七〕：「朕雖寡薄，恭己南面而朝諸侯，在上不驕，夕惕於位，可稱自古何等主也？」鞠仲曰：「陛下中興之聖后，少康、光武之儔也。」德顧命左右賜仲帛千匹。仲疑以賜多辭讓〔八〕，德曰：「卿知調朕，朕不知戲一亦作「調」。卿乎？卿飾對非實，故亦以虛言相賞，賞不謬加，何足謝也！」韓範進曰：「臣聞天子無戲言，忠臣無妄對。今日之論，上下相欺，可謂君臣俱失。」德大悅，賜範絹五十匹。自是昌言競進，直士盈朝矣。

德母兄先在長安，遣平原人杜弘如長安問存否。弘曰：「臣至長安，若不奉太后動止，便即西如張掖，以死爲效。臣父雄年踰六十，未沾榮貴，乞本縣之禄，以申烏鳥之情。」張華進曰：「杜弘未行而求禄，要利情深，不可使也。」德曰：「吾方散所輕之財，招所重之死，況爲親尊而可吝乎！且弘爲君迎親，爲父求禄，雖外似要利，內實忠孝。」乃以雄爲平原令。弘至張掖，爲盜所殺，德聞而悲之，厚撫其妻子。

壬寅。三年　三月〔九〕，德如齊城，登營丘，望見晏嬰冢，顧謂左右曰：「禮，大夫不逼一作「近」。城葬。平仲古之一賢人，達禮者也，而生居近市，死葬近城，豈有意乎！」青州秀才晏謨對曰：「孔子稱臣先人平仲賢則賢矣，豈不知高其梁，豐其禮？蓋政在家門，故儉以矯世。存居湫隘，卒豈擇地而葬乎！所以不遠門者，猶冀悟平生意也。」遂以謨從至漢城，三月，「三」疑作「四」。以太牢祀漢城陽景王廟〔一〇〕。讌庶老於申池，遂北登社首山，東望鼎足，因目牛山而歎曰：「古無不死！」愴然有終焉之志。遂問謨以齊之山川丘陵、賢哲故事。謨歷對詳辯，畫地成圖。德深嘉之，拜尚書郎。立冶於商山，置鹽官於烏常澤，以廣軍國之資。

癸卯。建平四年　德故吏趙融自長安來，始具母兄凶問。德號慟吐血，因而寢疾。其司隸校尉慕容達因此謀反，遣牙門皇璆率衆攻端門，殿中帥侯赤眉開門應之。中黄門孫進扶德踰城，隱於進舍。段宏等聞宮中有變，勒兵屯四門。德入宮，誅赤眉等，達懼而奔魏。慕容法及魏師戰於濟北之摽榆谷，魏師敗績。

其尚書韓諱上疏曰：「二寇逋誅，國恥未雪，關西爲豺狼之藪，揚越爲鴟鴞之林，三京社稷，鞠爲丘墟，四祖園陵，蕪而不守，豈非義夫憤歎之日，烈士忘身之秋。而皇室多難，威略未振，是使長蛇弗剪，封豕假息。人懷憤慨，常謂一日之安不可以永久，終朝之逸無卒歲之憂。陛下中興大業，務在遵養，矜遷氓之失土，假長復而不役，愍黎庶之息肩，貴因循而不擾。斯可以保寧於營丘，難以經措於秦越。今羣凶僭逆，實繁有徒，據我三方，伺國瑕釁。深宜審量虛實，大校成敗，養兵厲甲，廣農積糧，進爲雪恥討寇之資，退爲山河萬全之固。而百姓因秦晉之弊，迭相蔭冒，或百室合户，或千丁共籍，依託城社，不懼燻燒，公避課役，擅爲姦宄，損風毀憲，法所不容。但檢令未宣，弗可加戮。今宜隱實黎氓，正其編貫，庶上增皇朝理物之明，下益軍國兵資之用。若蒙採納，冀裨山海，雖遇商鞅之刑，悦綰之害，所不辭也。」德納之，遣其車騎將軍慕容鎮率騎三千，緣邊嚴防，備百姓逃竄。以諱爲使持節、散騎常侍、行臺尚書，巡郡縣隱實，得蔭户五萬八千。諱公廉正直，所在野次，人不擾焉。

德大集諸生，親臨策試。既而饗讌，乘高遠矚，顧謂其尚書魯邃曰：「齊魯固多君子，當昔全盛之時，接、慎、巴生、淳于、鄒、田之徒，蔭脩檐，臨清沼，馳朱輪，佩長劍，恣飛馬之雄辭〔一一〕，奮談天之逸辯，指麾則紅紫成章，俛仰則丘陵生韻。至於今日，荒草頹墳，氣消煙滅，永言千載，能不依然！」邃答曰：「武王封比干之墓，漢祖祭信陵之墳，皆留心賢哲，每懷往事。陛下慈心二主，澤被九泉，若使彼而有知，寧不銜荷矣。」

先是，妖賊王始聚衆於太山萊蕪谷，自稱太平皇帝，置署公卿，號其父固爲太上皇，兄林爲征東將軍，弟秦爲征西將軍〔一二〕。慕容鎮討擒之，斬於都市。將刑焉，市人皆罵之曰：

「何爲妖妄，自貽族滅。」〔一三〕或問其父及兄弟今並何在〔一四〕，始答曰：「太上皇帝蒙塵於外，征東、征西爲亂兵所害。惟朕一身，雖獨存，復何聊賴。」〔一五〕其妻趙氏怒之曰：「君正一作「止」。坐此口過，以至於此，如何臨死猶有狂言。」〔一六〕始曰：「皇后！何不達天命〔一七〕，自古及今豈有不破之家〔一八〕，不亡之國邪？」行刑者以刀環築之，始仰視曰：「朕當崩即崩矣〔一九〕，終不改帝號。」德聞而哂之，謂左右曰：「熒惑之人，死猶狂語，何可不殺？」〔二〇〕此段亦見御覽三百九十一。

天鳴。引作南燕六年，蓋以建平四年並上燕元二年而計也。是年，桓玄廢其主自立，稱大楚。此節依御覽八百七十四引補。

先桓玄將行簒逆，誅不附已者。冀州刺史劉軌、襄城太守司馬休之、征虜將軍劉敬宣、廣陵相高雅之、江都長張誕並内不自安，皆奔於德。於是德中書侍郎韓範一作「諱」。上疏曰：「夫帝王之道，必崇經略。有其時無其人，則弘濟之功或闕；有其人無其時，則英武之志不申。至於能成王業者，惟人時合也。自晉國内難，七載於兹。桓玄逆簒，虐踰董卓，神怒人怨，其殃積矣，可乘之機，莫過此也。以陛下之神武，經而緯之，驅樂奮之卒，接厭亂之機，譬猶聲發響應，形動影隨，未足比其易也。且江淮南北户口無幾，公私戎馬不過數百，守備之事蓋亦微矣。若以步騎一萬，建雷霆之舉，卷甲長驅，指臨江會，必望旌草偃，壺漿屬路。跨地數千，衆踰十萬，可以西并强秦，北抗大魏。夫欲拓境開疆，保寧社稷，無過今也。如使後機失會，豪傑復起，梟除桓玄，布惟新之化，遐邇既寧，物無異望，非但建鄴難屠，江北亦不可冀。機過患生，憂必至矣。天與不取，悔將及焉。惟陛下覽之。」德曰：「自頃數纏百六，宏綱暫弛，遂令姦逆亂華，舊京墟穢，每尋否運，憤慨兼懷。昔少康以一旅之衆，復夏配天，況朕據三齊之地，藉五州之衆，教之以軍旅，訓之以禮讓，上下知義，人思自奮，繕甲待釁，爲日久矣。但欲先定中原，掃除逋孽，然後宣布淳風，經理九服，飲馬長江，懸旌隴坂。此志未遂，且韜戈耳。今者之事，王公其詳議之。」咸以桓玄新得志，未可圖，乃止。

於是講武於城西，步兵三十七萬，車一萬七千乘，鐵騎五萬三千，周亘山澤，旌旗彌漫，鉦鼓之聲，振動天地。德登高望之，顧謂劉軌、高雅之曰：「昔郤克忿齊，子胥怨楚，終能暢其剛烈，名流千載。卿等既知投身有道，當使無慚昔人也。」雅之等頓首答曰：「幸蒙陛下天覆之恩，大造之澤，存亡繼絶，實在聖時，雖則萬隕，何以上報！」

甲辰。五年二月，夜地震。在棲之鷄皆驚擾飛散。三月，德疾動經旬，幾於不振。會前尚書右丞曹默自冀州來奔，以白酒解之，乃瘳。以默爲御史中丞，封永熙侯〔二一〕。桓玄篡晉，昇太極殿，殿無故陷。旬月，宋高祖殺之〔二二〕。此節依御覽八百八十引補。德聞桓玄敗，以慕容鎮爲前鋒，慕容鍾爲大都督，配以步卒二萬，騎五千，剋期將發，而德寢疾，於是罷兵。

乙巳。六年　正月，兄子超自秦還〔二三〕。初，德迎其兄子超於長安，及是而至。九月，汝水竭。十一月，德疾篤〔二四〕。夜夢其父皝曰：「汝既無子，何不早立超爲太子。不爾，惡人生心。」寤而告其妻曰：「先帝神明所敕，觀此夢意，吾將死矣。」戊午，引見羣臣於東陽殿，議立超爲太子。俄而震起，百寮驚越，德亦不安，還宫〔二五〕。乃下書以超爲皇太子，大赦境内，子爲父後者人爵二級。其月當作「日」。疾甚，呼段后、公主及超，申以後事。執超手曰：「若得至曉，更見公卿顧託以汝，死無所恨。」數目視公主，欲有所言，竟遂不能。段后大言曰：「今日召董中書造詔立超。」開目頷之。是夕，薨於顯安宫〔二六〕。即義熙元年也，時年七十。乃夜爲十餘棺，分出四門，潛瘞山谷，竟莫知其尸之所在，虚葬於東陽陵〔二七〕。在位五年，僞謚獻武皇帝，廟號世宗〔二八〕。

校勘記

〔一〕建平元年　載記作「四年」，即隆安四年。

〔二〕又曰至避諱之路　見偏霸部，載記無。

〔三〕於是敘賞有差　見偏霸部，載記無。

〔四〕褒德任賢至尚方令　見偏霸部，載記無。

〔五〕時王瓚至關内侯　載記無。書鈔卷一五八引「王瓚」上有「銅官令」三字，「太極前殿」作「太極殿前」，「關内侯」作「關外侯」。

〔六〕二年十月至延賢堂　偏霸部同，載記但作「後因讌其羣臣」。「鞠仲」，纂録同，偏霸部作「鞫仲」，載記下文亦作「鞠仲」。

〔七〕德笑謂羣臣曰　纂録同，偏霸部作「德嘆謂羣臣曰」，載記作「笑而言曰」。

〔八〕仲疑以賜多辭讓　偏霸部作「仲疑多陳讓」，載記作「仲以賜多爲讓」。

〔九〕三年三月　偏霸部同，載記作「明年」。

〔一〇〕遂以謨從至至漢城陽景王廟　偏霸部作「三月以太牢祀漢城陽景王廟」，載記作「遂以謨從至漢城陽景王廟」。按，「漢城陽景王廟」即漢城陽景王之廟，於「從至漢城」後斷誤。

〔一一〕恣飛馬之雄辭　「飛」，殿本載記作「非」，通志卷一九二亦作「非」，是。

〔一二〕先是至征西將軍　「萊蕪谷」、「置署公卿」、王始父兄弟之名「固」、「林」、「秦」，皆見御覽卷三九一引，載記無。

〔一三〕將刑焉至自貽族滅　見御覽卷三九一引，載記無。

〔一四〕今並何在　御覽卷三九一引同，載記作「所在」。

〔一五〕惟朕一身雖獨存復何聊賴　御覽卷三九一引作「朕躬雖存復何聊賴」，載記作「惟朕一身獨無聊賴」。

〔一六〕其妻趙氏至狂言　御覽卷三九一引同，載記較略。

〔一七〕何不達天命　見御覽卷三九一引，載記無。

〔一八〕自古及今豈有不破之家　「及今」，見御覽卷三九一引，載記無。

〔一九〕朕當崩即崩矣　御覽卷三九一引作「朕當崩」，載記作「崩即崩矣」。

〔二〇〕謂左右曰至何可不殺　見御覽卷三九一引，載記無。

〔二一〕五年二月至永熙侯　見偏霸部，載記無。

〔二二〕桓玄篡晉至殺之　見御覽卷八八〇引，載記無。

〔二三〕六年正月兄子超自秦還　見偏霸部，載記無。

〔二四〕九月至疾篤　見偏霸部，載記無。

〔二五〕戊午至還宮　見偏霸部，載記無。

〔二六〕疾甚至薨於顯安宮　見偏霸部，載記但作「其月死」。

〔二七〕虛葬於東陽陵　見偏霸部，載記無。

〔二八〕廟號世宗　見偏霸部，載記無。

十六國春秋輯補卷六十一

南燕録四

慕容超

慕容超字祖明，德兄北海王納之子。秦滅燕，以納爲廣武太守，數歲去官，與母公孫太妃就弟德，家於張掖。德從苻堅南征，留金刀辭母而去〔一〕。及垂起兵山東，張掖太守苻昌收納及德之諸子〔二〕，皆誅之，公孫太妃以耄不合刑獲免，納妻段氏以懷姙未決，囚之於郡獄。獄掾呼延平，德之故吏也，嘗有死罪，德免之。至是，將公孫及段氏逃於羌中，而生超焉。年十歲而公孫氏卒，臨終授超以金刀，曰：「聞汝伯已中興於鄴都，吾朽病將没，相見理絶〔三〕。若天下太平，汝脱得東歸，可以此刀還汝叔也。」平又將超母子奔於呂光。及呂隆降於姚興，秦徙涼州民於長安，超因而東歸〔四〕。超母謂超曰：「吾母子得全濟者，呼延氏之力也。惠而不報，天不祐人〔五〕。平今雖死，吾欲爲汝納其女以答其厚恩。」於是娶之。超至長安〔六〕，自以諸父在東，恐爲姚氏所録，乃陽狂行乞。秦人賤之，惟姚紹見而異焉，勸興拘以爵位。召見與語，超深自晦匿，興大鄙之，謂紹曰：「諺云『妍皮不裹癡骨』，妄語耳。」由是得往來無禁。濟陰人宗正謙善卜相〔七〕，六字亦見廣韻。西至長安，賣術於路。超行而遇之，因就謙相，謙奇其姿貌〔八〕。德遣使迎之，超乃内斷於心〔九〕，不告母妻。辭母詣霸上，乃與謙俱歸。至諸關禁，自稱張伏生。二十日達梁父。建平六年四月〔一〇〕，至廣固，呈以金刀，具一作「且」。宣祖母臨終之言，德撫之號慟。

超身長八尺，腰帶九圍，精彩秀發，容止可觀。姿器魁傑，有類於德，德愛之〔一一〕，甚加禮遇。始名之曰超，封北海王，拜侍中、驃騎大將軍、司隸校尉，開府置佐吏。德無子，欲以超爲嗣，故爲超起第於萬春門内，朝夕觀之。超亦深達德旨，入則盡歡承奉，出則傾身下士，於是内外稱美焉。十一月〔一二〕，立爲太子。

及德死，己未〔一三〕，以義熙元年僭即皇帝位，大赦境内，改建平六年爲太上元年〔一四〕，尊德妻段氏爲皇太后。以慕容鍾都督中外諸軍、録尚書事，慕容法爲征南、都督徐兗揚南兗四州諸軍事，慕容鎮加開府儀同三司、尚書令，封孚爲太尉，鞠仲爲司空，潘聰爲左光禄大夫，封嵩爲尚書左僕射，自餘封拜各有差。後又以鍾爲青州牧，段宏爲徐州刺史，公孫五樓爲武衛將軍、領屯騎校尉，内參政事。封孚言於超曰：「臣聞五大不在邊，五細不在庭。鍾，國之宗臣，社稷所賴；宏，外戚懿望，親賢具瞻。正應參翼百揆，不宜遠鎮方外。今鍾等出藩，五樓内輔，臣竊未安。」超新即位，害鍾等權逼，以問五樓。五樓欲專斷朝政，不欲鍾等在内，屢有間言，孚説竟不行。鍾、宏俱有不平之色，相謂曰：「黄犬之皮恐當終補裘狐也。」五樓聞之，嫌隙漸遘。

丙午。二年　初，超自長安行至梁父，慕容法時爲兗州刺史，鎮南長史悦壽還，謂南海王法曰〔一五〕：「向見北海王子，天資弘雅，神爽高邁，始知天族多奇，玉林皆寶。」上七句亦見御覽八百四。法曰：「昔成方遂詐稱衛太子，人莫辨之，此復天族乎？」超聞而恚恨，形於言色。法亦怒，處之外館，由是結憾。及德死，法又不奔喪，超遣使讓焉。法常懼禍至，因此遂與慕容鍾、段宏等謀反。超知而徵之，鍾稱疾不赴，於是收其黨侍中慕容統、右衛慕容根、散騎常侍段封誅之，車裂僕射封嵩於東門之外。先是，超即位，太后告超曰：「左僕射封嵩數遣黄門令年裳語吾云：『帝非太后所生，如依故事，宜勒兵廢帝，立鍾爲主。』」超命執嵩斬之，嵩請與其母别，超曰：「汝尚知有母，何意間人之親？」五車裂之〔一六〕。依御覽六百四十五補。西中郎將封融奔於魏。

超尋遣慕容鎮等攻青州，慕容昱等攻徐州，慕容凝、韓範攻梁父。昱等攻莒城，拔之，徐州刺史段宏奔於魏。封融又集羣盜襲石塞城，殺鎮西大將軍餘鬱，青土振恐，人懷異議。慕容凝謀殺韓範，將襲廣固。範知而攻之，凝奔梁父。範并其衆，攻梁父，剋之，凝奔姚興，慕容法出奔於魏。慕容鎮剋青州，鍾殺其妻子，爲地道而出，單馬奔姚興。

於時超不恤政事，畋游是好，百姓苦之。其僕射韓讜切諫，不納。超議復肉刑、九等之選，乃下書於境内曰：「陽九數纏，永康多難。自北都傾陷，典章淪滅，律令法憲，靡有存者。綱理天下，此焉爲本，既不能導之以德，必須齊之以刑。且虞舜大聖，猶命咎繇作士，刑之不可以已也如是！先帝季興，大業草創，兵革尚繁，未遑修制。朕猥以不德，嗣承大統，撫御寡方，致蕭牆釁發，遂戎馬生郊，典儀寢廢。今四境無虞，所宜修定，尚書可召集公卿。至如不忠不孝若封嵩之輩，梟斬不足以痛之，宜致烹轘之法，亦可附之律條，納以大辟之科。肉刑者，乃先聖之經，不刊之典，漢文易之，輕重乖度。今犯罪彌多，死之者稍衆。肉刑之於化也，濟育既廣，懲慘尤深，光壽、建興中，二祖已議復之，未及而晏駕。其令博士已上參考舊事，依呂刑及漢、魏、晉律令，消息增損，議成燕律。五刑之屬三千，而罪莫大於不孝。孔子曰：『非聖人者無法，非孝者無親，此大亂之道也。』轘裂之刑，烹煮之戮，雖不在五品之例，然亦行之自古。渠彌之轘，著之春秋；哀公之烹，爰自中代。世宗都齊，亦愍刑罰失中，咨嗟寢食。王者之有刑糾，猶人之有左右手焉。故孔子曰：『刑罰不中，則人無所措手足。』是以蕭何定法令而受封，叔孫通以制儀爲奉常。立功立事，古之所重。其明議損益，以成一代準式。周漢有貢士之條，魏立九品之選，二者孰愈，亦可詳聞。」羣下議多不同，乃止。

丁未。三年〔一七〕超母妻既先在長安，爲姚興所拘，責超稱藩，求太樂諸伎，若不可，使送吴口千人。超下書遣羣臣詳議。左僕射段暉議曰：「太上囚楚，高祖不迴。今陛下嗣守社稷，不宜以私親之故而降統天之尊。又太樂諸伎皆是前世伶人，不可與彼，使移風易俗，宜掠吴口與之。」尚書張華曰：「若使侵掠吴邊，必成鄰怨。此既能往，彼亦能來，兵連禍結，非國之福也。昔孫權重黎庶之命，屈己以臣魏，惠施惜愛子之頭，捨志以尊齊。況陛下慈德在秦，方寸崩亂，宜暫降大號，以申至孝之情。權變之道，典謨所許。韓範智能迴物，辯足傾人，昔與姚興俱爲秦太子中舍人，可遣將命〔一八〕，降號修和。所謂屈於一人之下，伸於萬人之上也。」超大悦，曰：「張尚書得吾心矣。」七月，遣中書令韓範聘於秦〔一九〕。

及至長安，興謂範曰：「封愷前來，燕王與朕抗禮。及卿至也，款然而附。爲依春秋以小事大之義？非當專以孝敬爲母屈也？」範曰：「昔周爵五等，公侯異品，小大之禮，因而生焉。今陛下命世龍興，光宅西秦，本朝主上承祖父遺烈，定鼎東齊，中分天曜，南面稱帝〔二〇〕。通聘結好，義尚謙沖，便至矜誕，苟折行人，殊似吴晉爭盟，滕薛競長，恐傷大秦堂堂之盛，有損皇燕巍巍之美，彼我俱失，竊未安之。」興怒曰：「若如卿言，便是非爲大小而來。」範曰：「雖由大小之義，亦緣寡君純孝過於重華，願陛下體敬親之道，霈然垂愍。」興曰：「吾久不見賈生，自謂過之，今不及矣。」於是爲範設舊交之禮，申敘平生，謂範曰：「燕王在此，朕亦見之，風表乃可，於機辯未也。」範曰：「大辯若訥，聖人美之，況濔日龍潛鳳戢，和光同塵，若使負日月而行，則無繼天之業矣。」興笑曰：「可謂使乎延譽者也。」範承間逞説，姚興大悦，賜範千金，許以超母妻還之。

慕容凝自梁父奔於姚興，言於興曰：「燕王稱藩，本非推德，權爲母屈耳。古之帝王尚興師徵質，豈可虚還其母乎！母若一還，必不復臣也。宜先制其送伎，然後歸之。」興意乃變。八月，奉使兼員外散騎常侍韋宗還聘，贈以千金〔二一〕。超復遣其右僕射張華〔二二〕、給事中宗正元入長安聘秦，送太樂伎一百二十人於姚興。興大悦，延華入讌。酒酣樂作，興黄門侍郎尹雅謂華曰：「昔殷之將亡，樂師歸周，今皇秦道始，燕樂來庭。廢興之兆，見於此矣。」華曰：「自古帝王，爲道不同，權譎之理，會於成功。故老子曰：『將欲取之，必先與之。』今總章西入，必由余東歸，禍福之驗，此其兆乎！」興怒曰：「昔齊楚競辯，二國連師。卿小國之臣，何敢抗衡朝士！」華遜辭曰：「奉使之始，實願交歡上國，上國既遺小國之臣，辱及寡君社稷，臣亦何心，而不仰酬！」興善之，於是還超母妻。十月，華發長安。宗正元馳先反命，超大悦，遣征虜公孫五樓率騎三千迎於境上，超親率六宮迎於馬耳關〔二三〕。

校勘記

〔一〕秦滅燕至辭母而去　偏霸部同，載記稍略。

〔二〕張掖太守　見偏霸部，載記無。

〔三〕聞汝伯至相見理絶　見偏霸部，載記無。

〔四〕秦徙涼州民於長安超因而東歸　見偏霸部，載記作：「超又隨涼州人徙于長安。」

〔五〕惠而不報天不祐人　見偏霸部，載記無。

〔六〕超至長安　見偏霸部，載記無。

〔七〕宗正謙善卜相　偏霸部同，又見廣韻卷一冬韻「宗」字注。

〔八〕濟陰人宗正謙至謙奇其姿貌　見偏霸部，載記無。

〔九〕乃内斷於心　見偏霸部，載記無。

〔一〇〕辭母詣霸上至建平六年四月　見偏霸部，載記無。

〔一一〕姿器魁傑有類於德德愛之　見偏霸部，載記無。

〔一二〕十一月　偏霸部同，載記作「頃之」。

〔一三〕己未　見偏霸部，載記無。

〔一四〕改建平六年　偏霸部同，載記作「改元」。

〔一五〕南海王　見偏霸部，載記無。

〔一六〕超即位至五車裂之　見御覽卷六四五引，載記無。「年裳」，御覽卷六四五引作「牟裳」。

〔一七〕三年　見偏霸部，載記無。

〔一八〕可遣將命　「命」，原作「侖」，據載記改。

〔一九〕七月遣中書令韓範聘於秦　偏霸部同，載記作：「使範聘於興」。

〔二〇〕南面稱帝　「稱」，載記作「並」。

〔二一〕八月至贈以千金　見偏霸部，載記無。

〔二二〕超復遣其右僕射張華　「右僕射」，偏霸部同，載記作「僕射」。

〔二三〕十月至馬耳關　見偏霸部，載記無。「三千」，纂録同，偏霸部作「二千」。

十六國春秋輯補卷六十二

南燕録五

慕容超

戊申。太上四年晉義熙三年。今作「四」。正月〔一〕，大赦〔二〕，追尊其父北海穆王爲穆皇帝〔三〕，立其母段氏爲皇太后，居長樂宫〔四〕，妻呼延氏爲皇后。祀南郊，柴燎烟起而煙不出。靈臺令張光私謂於中書侍郎王景暉曰：「煙者，國之種。今火旺煙滅，國其亡乎？」〔五〕此節依開元占經一百引補。案：占經引作「太上五年」，「五」字疑誤。將登壇，有獸大如馬，狀類鼠而色赤，集於圜丘之側，俄而不知所在。須臾大風暴起，天地晝昏，其行宫羽儀皆壞裂。上四句亦見御覽八百七十六及八百七十九。超懼，密問其太史令成公綏，對曰：「陛下信用姦臣，誅戮賢良，賦斂繁多，事役殷苦所致也。」超懼而大赦，譴責公孫五樓等。俄而復之。是歲廣固地震，天齊水湧，井水溢，汝水竭，河濟凍合，而澠水不冰。

高麗使至，獻美女十人〔六〕，千里馬一匹。兗州民王蒲率衆二千來降，獻千里馬一匹，髭鬚去地九寸〔七〕。拜蒲長水校尉、廪丘公。此節依御覽八百九十五引補。

己酉。太上五年，超正旦朝羣臣於東陽殿，聞樂作，歎音佾不備，悔送伎於姚興，遂議入寇。其領軍韓謨諫曰：「先帝以舊京傾没，戢翼三齊，苟時運未可，上智輟謀。今陛下嗣守成規，宜閉關養士，以待賊釁，不可結怨南鄰，廣樹仇隙。」超曰：「我計已定，不與卿言。」於是遣其將斛穀提、公孫歸等率騎寇宿豫，陷之，執陽平太守劉千載、濟陰太守徐阮，大掠而去。簡男女二千五百，付太樂教之。

時公孫五樓爲侍中、尚書，領左衛將軍，專總朝政，兄歸爲冠軍、常山公，叔父頹爲武衛、興樂公。五樓宗親皆夾輔左右，王公内外無不憚之。超論宿豫之功，封斛穀提等並爲郡、縣公。慕容鎮諫曰：「臣聞懸賞待勳，非功不侯。今公孫歸結禍延兵，殘賊百姓，陛下封之。得無不可乎！夫忠言逆耳，非親不發。臣雖庸朽，忝國戚藩，輒盡愚款，惟陛下圖之。」超怒，不答，自是百僚杜口，莫敢開言。尚書都令史王儼諂事五樓，遷尚書郎，出爲濟南太守，入爲尚書左丞。時人爲之語曰：「欲得侯，事五樓。」

又遣公孫歸等率騎三千入寇濟南，執太守趙元，略男女千餘人而去。

二月，晉相劉裕率衆來伐。三月，晉師渡淮〔八〕。超引見羣臣於東陽殿，議距王師。公孫五樓曰：「吴兵輕果，所利在戰，初鋒勇鋭，不可争也。宜據大峴，使不得入，曠日延時，沮其鋭氣。可徐簡精騎二千，循山而南，絶其糧道，别敕段暉率兖州之軍，緣山東下，腹背擊之，上策也。各命守宰，依險自固，校其資儲之外，餘悉焚蕩，芟除粟苗，使敵無所資，堅壁清野，以待其釁，中策也。縱賊入峴，出城逆戰，下策也。」超曰：「京師殷盛，户口衆多，非可以一時入守。青苗布野，非可卒芟。設使芟苗守城，以全性命，朕所不能。今據五州之强，帶山河之固，戰車萬乘，鐵馬萬羣，縱令過峴，至於平地，徐以精騎踐之，此成擒也。」賀賴盧苦諫，不從，退謂五樓曰：「上不用吾計，亡無日矣。」慕容鎮曰：「若如聖旨，必須平原用馬爲便，宜出峴逆戰，戰而不勝，猶可退守。不宜縱敵入峴，自貽窘逼。昔成安君不守井陘之關，終屈於韓信；諸葛瞻不據束馬之險，卒擒於鄧艾。臣以爲天時不如地利，阻守大峴，策之上也。」超不從。鎮出，謂韓䜑曰：「主上既不能芟苗守險，又不肯徙人逃寇，酷似劉璋矣。今年國滅，吾必死之，卿等中華之士，復爲文身矣。」超聞而大怒，收鎮下獄。乃攝莒、梁父二戍，修城隍，簡士馬，畜鋭以待之。

其夏，王師次東莞，超遣其左軍段暉、輔國大將軍賀賴盧八字亦見廣韻〔九〕。等六將步騎五萬，進據臨朐。俄而王師度峴，超聞晉軍之盛〔一〇〕，懼，自率衆四萬距戰〔一一〕，就暉等於臨朐，謂公孫五樓曰：「宜進據川原〔一二〕，晉軍至而失水，亦不能戰矣。」五樓馳騎據之。劉裕前驅將軍孟龍符已至川原，五樓戰敗而返。裕遣諮議參軍檀韶率鋭卒攻破臨朐，超大懼，單騎奔段暉於城南。暉衆又戰敗，裕軍人斬暉。超又奔還廣固，徙郭内人民入保小城〔一三〕。晉攻陷大城，長圍列守〔一四〕。使其尚書郎張綱乞師於姚興。赦慕容鎮，進録尚書、都督中外諸軍事。引見羣臣，謝之曰：「朕嗣奉成業，不能委賢任善，而專固自由，覆水不收，悔將何及！智士逞謀，必在事危，忠臣立節，亦在臨難，諸君其勉思六奇，共濟艱運。」鎮進曰：「百姓之心，係於一人。陛下既躬率六軍，身先奔敗，羣臣解心，士庶喪氣，内外之情，不可復恃。如聞西秦自有内難，恐不暇分兵救人，正當更決一戰，以争天命。今散卒還者，猶有數萬，可悉出金帛、宫女，餌令一戰。天若相我，足以破賊。如其不濟，死尚爲美，不可閉門坐受圍擊。」司徒慕容惠曰：「不然。今晉軍乘勝，有陵人之氣，敗軍之將，何以禦之！秦雖與勃勃相持，不足爲患。且二國連横，勢成唇齒，今有寇難，秦必救我。但自古乞援，不遣大臣則不致重兵，是以趙隸三請，楚師不出；平原一使，援至從成。尚書令韓範德望具瞻，燕秦所重，宜遣乞援，以濟時艱。」於是遣範與王薄乞師於姚興。

未幾，裕師圍城，四面皆合。人有竊告裕軍曰：「若得張綱爲攻具者，城乃可得耳。」綱自長安歸，遂奔於裕。裕令綱周城大呼曰：「勃勃大破秦軍，無兵相救。」超怒，伏弩射之，乃退。右僕射張華、中丞封愷並爲裕軍所獲。裕令華、愷與超書，勸令早降。超乃遣裕書，請爲藩臣，以大峴爲界，并獻馬千匹，以通和好，裕弗許。江南繼兵相尋而至。尚書張俊自長安還，又降於裕，説裕曰：「今燕人所以固守者，外杖韓範，冀得秦援。範既時望，又與姚興舊昵，若勃勃敗後，秦必救燕。宜密信誘範，啗以重利，範來則燕人絶望，自然降矣。」裕從之，表範爲散騎常侍，遺範書以招之。時姚興乃遣其將姚强率步騎一萬，隨範就其將姚紹於洛陽，並兵來援。會赫連勃勃大破秦軍，興追强還長安。範歎曰：「天其滅燕乎！」會得裕書，遂降於裕。裕謂範曰：「卿欲立申包胥之功，何以虚還也？」範曰：「亡祖司空世荷燕寵，故泣血秦庭，冀匡禍難。屬西朝多故，丹誠無效，可謂天喪弊邑而賛明公。智者見機而作，敢不至乎！」翌日，裕將範循城，由是人情離駭，無復固志。裕謂範曰：「卿宜至城下，告以禍福。」範曰：「雖蒙殊寵，猶未忍謀燕。」裕嘉而不强。左右勸超誅範家，以止後叛。超知敗在旦夕，又其弟諱盡忠無貳，故不罪焉。

是歲東萊雨血，此句亦見御覽八百七十七。廣固城門鬼夜哭。

庚戌。太上六年　正月朔旦〔一五〕，超登天門，朝羣臣於城上，殺馬以饗將士，文武皆有遷授。超幸姬魏夫人從超登城，見王師之盛，握超手而相對泣。韓諄諫曰〔一六〕：「陛下遭百六之會，正是勉强之秋，而反對女子悲泣，何其鄙也！」超拭目謝之。其尚書令董鋭勸超出降，超大怒，繫之於獄。於是賀賴盧、公孫五樓爲地道出戰王師，不利。河間人玄文説裕曰：「昔趙攻曹嶷，望氣者以爲澠水帶城，非可攻拔，若塞五龍口，城必自陷，石季龍從之，而嶷請降。後慕容恪之圍段龕，亦如之，而龕降。降後無幾，又震開之，今舊基猶在，可塞之。」裕從其言。至是，城中男女患腳弱病者大半。超輦而升城，尚書悦壽言於超曰：「天地不仁，助寇爲虐，戰士尩病，日就凋隕，守困窮城，息望外援，天時人事，亦可知矣。苟歷運有終，堯舜降位，轉禍爲福，聖達以先。宜追許鄭之蹤，以存宗廟之重。」超歎曰：「廢興命也，吾能奮劍決死，不能銜璧而生。」於是張綱爲裕造衝車，覆以板屋，蒙之以皮，並設諸奇巧，城上火石弓矢無所施用；又爲飛樓、懸梯、木幔之屬，遥臨城上。超大怒，懸其母而支解之。城中出降者相繼。裕四面進攻，殺傷甚衆。十一月，尚書悦壽遂開門以納晉師〔一七〕。超與左右數十騎出奔，爲裕軍所執。裕數之以不降之狀，超神色自若，一無所言，惟以母託劉敬宣而已。送建康市斬之，時年二十六，在位六年。

裕忿廣固久不下，欲盡阬之，韓範諫曰：「晉室南遷，中原鼎沸，士民無援，强則附之，既爲君臣，必須爲之盡力。彼皆衣冠舊族，先帝遺民；今王師弔伐而盡阬之，恐西北之人無復來蘇之望矣。」裕改容謝之〔一八〕，然猶「裕忿」已下，因下文據通鑑補足。殺鮮卑王公已下三千餘人，以男女萬餘口爲軍賞〔一九〕。

始德以安帝隆安四年僭立，至超二世，凡一十一年，以義熙六年滅。別本作：「始德建平元年歲在己亥僭號居齊，至爲劉裕所滅，歲在己酉，凡一十一年。」校載記推上一年。原誤，見鴻傳〔二〇〕。

校勘記

〔一〕太上四年正月　見偏霸部，載記作「義熙三年」。按，輯補上文言義熙元年改元太上，太上四年當爲義熙四年，是以原注云「今作四」。

〔二〕大赦　見偏霸部，載記無。

〔三〕北海穆王　見偏霸部，載記無。

〔四〕居長樂宫　見偏霸部，載記無。

〔五〕柴燎至亡乎　見開元占經卷一〇〇引，載記無。

〔六〕獻美女十人　「美女」，原涉下誤作「千里」，據御覽卷八九五引改。

〔七〕獻千里馬一匹髭鬚去地九寸　「千里」，原涉上誤作「美女」，據御覽卷八九五引改。「髭鬚」，御覽卷八九五引作「羊鬚」。

〔八〕二月至渡淮　偏霸部同，載記作「劉裕率師將討之」。

〔九〕見廣韻卷四箇韻「賀」字。

〔一〇〕聞晉軍之盛　見偏霸部，載記無。

〔一一〕自率衆四萬距戰　見偏霸部，載記無。

〔一二〕宜進據川原　「川原」，載記作「川源」，下同。

〔一三〕徙郭内人民入保小城　「人民」，偏霸部作「民」，載記作「人」。

〔一四〕晉攻陷大城長圍列守　見偏霸部，載記無。

〔一五〕太上六年正月朔旦　偏霸部作「六年正月」，載記作「明年朔旦」。

〔一六〕韓諄　原作「韓謨」，據載記改。

〔一七〕十一月至晉師　「十一月尚書」，見偏霸部，載記無。「晉師」，偏霸部同，載記作「王師」。

〔一八〕裕忿廣固久不下至改容謝之　見通鑑卷一一五義熙六年，載記無。按，據下文「然猶」下原注，湯球以殺鮮卑王公事見於偏霸部，因據通鑑補此節。

〔一九〕殺鮮卑王公至軍賞　見偏霸部，載記無。

〔二〇〕偏霸部「凡一十一年」作「凡二十二年」，顯誤，餘同纂録，即原注所云「别本」。按，纂録作「己亥」、「己酉」，較載記「安帝隆安四年」、「義熙六年」皆推上一年，當爲崔鴻原書之誤，見魏書卷六七崔鴻傳云：「太宗永興二年，慕容超擒於廣固，鴻又以爲事在元年。」輯補正文不存鴻誤，從載記。

十六國春秋輯補卷六十三

南燕録六

慕容鍾

慕容鍾字道明，德從弟也。少有識量，喜怒不形於色，機神秀發，言語清辯。至於臨難對敵，智勇兼濟，累進奇策，德用之頗中。由是政無大小，皆以委之，遂爲佐命元勳。後公孫五樓規挾威權，慮鍾抑己，因勸超誅之，鍾遂謀反。事敗，奔於姚興。興拜始平太守，歸義侯。小傳見載記。

封孚

封孚字處道，渤海蓨人也。祖悛〔一〕，振威將軍。父放，慕容暐之世吏部尚書。孚幼而聰敏和裕，有士君子之稱。寶僭位，累遷吏部尚書。及蘭汗之篡，南奔辟閭渾，渾表爲渤海太守。德至莒城，孚出降。德曰：「朕平青州，不以爲慶，喜於得卿也。」常外總機事，內參密謀，雖位任崇重，謙虛博納，甚有大臣之體。及超嗣位，政出權嬖，多違舊章，軌憲日頹，殘虐滋甚，孚屢盡匡救，超不能納也。後臨軒謂孚曰：「朕於百王可方誰？」孚對曰：「桀紂之主。」超大慙怒，孚徐步而出，不爲改容。司空鞠仲失色，謂孚曰：「與天子言，何其亢厲，宜應還謝。」孚曰：「行年七十，墓木已拱，惟求死所耳。」竟不謝。以超三年死於家，時年七十一，文筆多傳於世。小傳見載記。

王鸞

濟南尹王鸞〔二〕，身長九尺，腰帶十圍，貫甲跨馬，不據鞍由蹬。慕容德見而奇其魁偉，賜之以食，一進斛餘。德驚曰：「所噉如此，非耕能飽。且才貌不凡，堪爲貴人，可以大縣試之。」〔三〕於是拜逢陵長。政理修明，大收民譽。御覽八百四十八。

泠平

有司奏沙門僧智夜入臨淄人泠平舍〔四〕，淫其寡嫂李氏，平與弟安國殺之。郡縣按平兄弟以殺人論，而平、安國各引手殺，讓生競死，義形急難。初學記十七、御覽四百十六。

段豐妻慕容氏

段豐妻慕容氏，德之女也。有才慧，善書史，能鼓琴。德既僭位，署爲平原公主。年十四，適於豐。豐爲人所譖，被殺，慕容氏寡歸，將改適僞壽光公餘熾。慕容氏謂侍婢曰：「我聞忠臣不事二君，貞女不更二夫。段氏既遭無辜，已不能同死，豈復有心於重行哉！今主上不顧禮義嫁我，若不從，則違嚴君之命矣。」於是剋日交禮。慕容氏姿容婉麗，服飾光華，熾覩之甚喜。經再宿，慕容氏僞辭以疾，熾亦不之逼。三日還第，沐浴置酒，言笑自若，至夕，密書其裙帶云：「死後當埋我於段氏墓側，若魂魄有知，當歸彼矣。」遂於浴室自縊而死。及葬，男女觀者數萬人，莫不歎息曰：「貞哉公主！」路經餘熾宅前，熾聞挽歌之聲，慟絶良久。依晉書列女傳録。

校勘記

〔一〕祖悛　「悛」，原作「俊」，據載記改。

〔二〕濟南尹王鸞　疑「王」字當爲小注，篡入正文。御覽卷八四八引作「濟南尹鸞」。屠本卷六五有王鸞傳，云「王鸞，濟南人也」，又注「一作『尹鸞』」。按，御覽卷三七七引三十國春秋有此事，而首云「燕徵其東萊太守王鸞」，或即屠本所據。

〔三〕可以大縣試之　「大」，御覽卷八四八引作「一」。

〔四〕有司奏至泠平舍　「僧智」，初學記卷一七友悌「孔融争死泠平讓生」條引同，御覽卷四一六引作「僧知」。「泠平」，初學記卷一七引同，御覽卷四一六引作「冷平」。

十六國春秋輯補卷六十四

夏録一

赫連勃勃

赫連勃勃字屈孑，朔方人〔一〕，匈奴左一作「右」。賢王去卑之後〔二〕，劉元海之族也。曾祖劉虎，前趙劉聰嘉平中以宗室封樓煩公〔三〕，拜安北將軍、監鮮卑諸軍事、丁零中郎將，雄據肆盧川。爲代王猗盧所敗，遂出塞表。祖父豹子招集種落，復爲諸部之雄。後趙石季龍建武中〔四〕，遣使就拜平北將軍、左賢王、丁零單于。父衛辰入居塞内，苻堅以爲西單于，督攝河西諸虜，屯於代來城。因秦末兵亂〔五〕，遂有朔方之地，控弦之士三萬八千。姚萇拜辰大將軍、河西王、大單于〔六〕。後魏師來伐，辰遣其子右地代一作「力俟提」。率騎二萬拒戰河東〔七〕，爲魏所敗。魏人遂乘勝濟河，攻剋代來，執辰殺之。勃勃，辰第三子〔八〕，乃奔於叱干部。叱干他斗伏送勃勃於魏。他斗伏兄子阿利先戍大洛川〔九〕，聞將送勃勃，馳諫曰：「烏雀投人，尚宜濟免，況勃勃國破家亡，歸命於我，縱不能容，猶宜任其所奔。今執而送之，深非仁者之舉。」他斗伏懼爲魏所責，弗從。阿利潛遣勁勇篡勃勃於路，送於姚興高平公没奕干，奕干妻之以女。

勃勃身長八尺五寸，腰帶十圍，性辯慧，美風儀。興見而奇之，深加禮敬。拜驍騎將軍，加奉車都尉，常參軍國大議，寵遇踰於勳舊。興弟邕言於興曰：「勃勃天性不仁，難以親近，陛下寵遇太甚，臣竊惑之。」興曰：「勃勃有濟世之才，吾方收其藝用，與之共平天下，有何不可！」乃以勃勃爲安遠將軍，封陽川侯，使助没奕干鎮高平。以三城、朔方雜夷及衛辰部衆三萬配之，使爲伐魏偵候。姚邕固諫以爲不可，興曰：「卿何以知其性氣？」邕曰：「勃勃奉上慢，御衆殘，貪暴無親，輕爲去就，寵之踰分，終爲邊害。」興乃止。頃之，以勃勃爲持節、安北將軍、五原公，配以三交五部鮮卑及雜虜二萬餘落〔一〇〕，鎮朔方。

時河西鮮卑杜崘獻馬八千匹於姚興，濟河至大城，勃勃留之。召其衆三萬餘人僞獵高平川，襲殺高平公没奕干而并其衆〔一一〕，衆至數萬。

丁未。龍昇元年〔一二〕晉義熙三年。原作「二」。當作「九」。自稱天王、大單于，大赦其境内，改弘始十年爲龍昇元年〔一三〕，署置百官。自以匈奴夏后氏之苗裔也，國稱大夏。以其大兄右地代爲丞相，封代公，次兄力俟提爲大將軍、魏公，叱干阿利爲御史大夫、梁公，弟阿利羅引爲征南將軍、司隸校尉，若門爲尚書令，叱以韃爲征西將軍、尚書左僕射，乙斗爲征北將軍、尚書右僕射，自餘以次授任。

其年，討鮮卑薛干等三部，破之，降衆萬數千。進討姚興三城已北諸戍，斬其將楊丕、姚石生等。諸將諫固險，不從，又復言於勃勃曰：「陛下將欲經營宇內，南取長安，宜先固根本，使人心有所憑係，然後大業可成。高平險固，山川沃饒，可以都也。」勃勃曰：「卿徒知其一，未知其二。吾大業草創，衆旅未多〔一四〕，姚興亦一時之雄，關中未可圖也。且其諸鎮用命，我若專固一城，彼必并力於我，衆非其敵，亡可立待。吾以雲騎風馳，出其不意，救前則擊其後，救後則擊其前，使彼疲於奔命，我則游食自若。不及十年，嶺北河東，盡我有也。待姚興死後，徐取長安，姚泓凡弱小兒，擒之方略已在吾計中矣。昔軒轅氏亦遷居無常二十餘年，豈獨我乎！」於是侵掠嶺北，嶺北諸城門不晝啓。興歎曰：「吾不用黄兒之言，以至於此。」黄兒，姚邕小字也。

勃勃初僭號，求婚於禿髮傉檀，傉檀弗許。勃勃怒，率騎二萬伐之，自楊非至於支陽三百餘里，大破之，殺傷萬餘人，驅掠二萬七千口，牛馬羊數十萬而還〔一五〕。傉檀率衆追之，其將焦朗謂傉檀曰：「勃勃天資雄鷙，御軍齊肅，未可輕也。今因抄掠之資，率思歸之士，人自爲戰，難與争鋒。不如從温圍北渡，趣萬斛堆，阻水結營，制其咽喉，百戰百勝之術也。」此節亦見御覽三百一十四。傉檀將賀連怒曰：「勃勃以死亡之餘，率烏合之衆，犯順結禍，幸有大功。今牛羊塞路〔一六〕，財寶若山，窘弊之餘，人懷貪競，不能督厲士衆以抗我也。我以大軍臨之，必土崩魚潰。今引軍避之，示敵以弱，我衆氣鋭，宜在速追。」傉檀曰：「吾追計決矣，敢諫者斬。」不從〔一七〕。勃勃聞而大喜，乃於陽武下峽鑿陵埋車以塞路。傉檀遣善射者射之，中勃勃左臂。勃勃乃勒衆逆擊，大敗之，殺傷萬計。此八句亦見御覽三百一十四。大破傉檀於百井〔一八〕，追奔八十餘里，殺衆數萬，斬其大將十餘人，以人頭爲京觀〔一九〕，號曰「髑髏臺」，此節亦見御覽一百七十七及三百十四。還於嶺北。

勃勃與姚興將張佛生戰於青石原，又敗之，俘斬五千七百人。

戊申。二年　興遣將齊難率衆二萬來伐，勃勃退如河曲。難以去勃勃既遠，縱兵掠野。勃勃潛軍覆之，俘獲七千餘人，收其戎馬兵杖。難引軍而退，勃勃復追擊於木城，拔之，擒難，俘其將士萬有三千，戎馬萬匹。嶺北夷夏降附者數萬計，勃勃於是拜置守宰以撫之。

己酉。三年　勃勃乃率騎二萬入高岡，及於五井，掠平涼雜胡七千餘户以配後軍，進屯依力川。

後秦姚興來伐〔二〇〕，至三城。勃勃候興諸軍未集，率騎擊之。興大懼，遣其將姚文宗距戰。勃勃僞退，設伏以待之。興遣其將姚榆生等追之，伏兵夾擊，皆擒之。此節亦見御覽三百二。興將軍王奚仲聚羌胡三千餘户於敕奇堡〔二一〕，勃勃進攻之。奚驍悍有膂力，短兵接戰，勃勃之衆多爲所傷。勃勃乃羈縻圍之〔二二〕，於是堰斷其水，堡人窘迫，執奚出降。勃勃謂奚曰：「卿忠臣也，朕方與卿共平天下。」奚曰：「若蒙大恩，速死爲惠。」乃與所親數十人自刎而死。此節亦見御覽三百三十二，而三百八十六及二百三十二引作後秦録〔二三〕。

勃勃又攻興將金洛生於黄石岡〔二四〕，彌姐豪地於我羅城，皆拔之，徙七千餘家於大城，以其丞相右地代領幽州牧以鎮之。

庚戌。四年　遣其尚書金纂率騎二萬攻平涼，姚興來救，纂爲興所敗，死之。勃勃兄子左將軍羅提率步騎一萬攻興將姚廣都於定陽，剋之，坑將士四千餘人，以女弱爲軍賞。拜廣都爲太常。勃勃又攻興將姚壽都於清水城，壽都奔上邽，徙其人萬六千家於大城。

是歲，齊難、姚廣都謀叛，皆誅之。

辛亥。五年　姚興將姚詳棄三城，南奔大蘇。勃勃遣其將平東鹿弈于要擊之，執詳，盡俘其衆。詳至，勃勃數而斬之。

壬子。六年　勃勃率騎三萬攻安定，與興將楊佛嵩戰於青石北原，敗之，降其衆四萬五千，獲戎馬二萬匹〔二五〕。進攻姚興將党智隆於東鄉，降之，署智隆光禄勳，徙其三千餘户於貳城。

姚興鎮北參軍王買德來奔。勃勃謂買德曰：「朕大禹之後，世居幽朔，祖宗重輝，常與漢魏爲敵國。中世不競，受制於人，逮朕不肖，不能紹隆先構，國破家亡，流離漂虜。今將應運而興復大禹之業，卿以爲何如？」買德曰：「自皇晉失統，神器南移，羣雄岳峙，人懷問鼎，況陛下奕葉載德，重光朔野，神武超於漢皇，聖略邁於魏祖，而不於天啓之機，建成大業乎！今秦政雖衰，藩鎮猶固，深願蓄力待時，詳而後舉。」勃勃善之，拜軍師中郎將。

癸丑。鳳翔元年　大赦其境内，改龍昇七年爲鳳翔元年〔二六〕。以叱干阿利領將作大匠，句亦見廣韻〔二七〕。發嶺北夷夏十萬人，於朔方水北、黑渠之南營起都城〔二八〕。勃勃下書曰〔二九〕：「古人制起城邑，或以山水，或以義立名。今都城已建，萬堵斯作，克成弗遠，宜立美名〔三〇〕。朕方統一天下，君臨萬邦，都城可以『統萬』爲名。」此節詳見御覽一百九十二及百六十四。阿利性尤工巧〔三一〕，然殘忍刻薄，乃蒸土築城，錐入一寸，即殺作者而并築之。勃勃以爲忠，故委以營繕之任。又造五兵之器，精鋭尤甚。既成呈之，工匠必有死者。射甲不入，即斬弓人，如其入也，便斬鎧匠。又造百鍊鋼刀，爲龍雀大鐶，號曰「大夏龍雀」，銘其背曰：「古之利器，吴楚湛盧。大夏龍雀，名冠神都。可以懷遠，可以柔邇。如風靡草，威服九區。」世甚珍之。復鑄銅爲大鼓及飛廉、翁仲、銅駝、龍虎之屬，皆以黄金飾之，列於宫殿之前。此節廣川書跋引作崔鴻十六國書〔三二〕。凡殺工匠數千，以是器物莫不精麗。

於是議討乞伏熾磐。王買德諫曰：「明王之行師也，軌物以德不以暴。且熾磐，我之與國，新遭大喪，今若伐之，豈所謂『乘理而動，上感靈和』之義乎！苟恃衆力，因人喪難，匹夫猶恥爲之，而況萬乘哉！」勃勃曰：「甚善。微卿，朕安聞此言！」

五月，雨魚於統萬，時興役尤甚〔三三〕。此節依御覽八百七十七引補。

其年，下書曰：「朕之皇祖，自北遷幽朔，姓改姒氏，音殊中國，故後從母氏爲劉氏。子而從母之姓，非禮也。古人氏族無常，或以因生爲氏，或以王父之名，朕將以義易之。帝王者係天爲子，是爲徽赫實與天連，今改姓曰赫連氏，庶協皇天之意，永享無疆大慶。係天之尊，不可令支庶同之，其非正統者，皆以鐵伐爲氏，庶朕宗族子孫剛鋭如鐵，皆堪伐人。」此段亦見御覽三百六十二。

甲寅。二年〔三四〕立其妻一作「夫人」。梁氏爲王后〔三五〕，立子璝爲太子，封子延陽平公，昌太原公，倫酒泉公，定平原公，滿河南公，安中山公。

校勘記

〔一〕朔方人　見偏霸部，載記無。

〔二〕匈奴左賢王去卑之後　「左賢王」，纂録同，偏霸部、載記作「右賢王」。纂録下校「一作『右』」。

〔三〕曾祖劉虎至樓煩公　「曾祖劉虎」，偏霸部作「曾祖父劉虎」，載記避唐諱作「曾祖武」。「前趙劉聰嘉平中」，載記作「劉聰世」，偏霸部作「前趙嘉平中」。

〔四〕後趙石季龍建武中　載記作「石季龍」，偏霸部作「後趙建武中」。

〔五〕因秦末兵亂　偏霸部同，載記作「及堅國亂」。

〔六〕姚萇至大單于　見偏霸部，載記無。

〔七〕辰遣其子右地代率騎二萬拒戰河東　偏霸部同。載記「右地代」作「力俟提」，無「率騎二萬」、「河東」。

〔八〕辰第三子　見偏霸部，載記無。

〔九〕他斗伏兄子阿利　「子」字原無，據載記補。

〔一〇〕雜虜　原作「雜屬」，據載記、偏霸部改。

〔一一〕高平公　見偏霸部，載記無。

〔一二〕龍昇元年　載記作「義熙三年」。是以原注謂「原作『二』」。

〔一三〕改弘始十年爲龍昇元年　偏霸部同，載記作「建元曰龍昇」。

〔一四〕衆旅未多　「旅」，原作「族」，據載記改。

〔一五〕牛馬羊數十萬而還　「數」，原作「四」，據載記、御覽卷三一四引改。

〔一六〕今牛羊塞路　「路」，原作「口」，據載記改。

〔一七〕不從　見御覽卷三一四引，載記無。按載記詳傉檀之語，御覽引則概言「不從」，而湯球兩存之，實重複。

〔一八〕大破傉檀於百井　見御覽卷一七七引，載記無。

〔一九〕以人頭爲京觀　「人頭」，見御覽卷一七七引，載記無。

〔二〇〕後秦　見御覽卷三〇二引，載記無。

〔二一〕王奚仲　御覽卷三六八引同，載記、御覽卷三三二引作「王奚」。

〔二二〕勃勃乃羈縻圍之　見御覽卷三六八引，載記無。

〔二三〕原注疑誤，御覽卷三三二未見引此節，卷三八六引作秦録，卷三三二不云何録。

〔二四〕黄石岡　屠本同，載記、通鑑卷一一五作「黄石固」。

〔二五〕獲戎馬二萬匹　「二萬」，原作「三萬」，據載記改。

〔二六〕改龍昇七年爲鳳翔元年　偏霸部同，載記作「改元爲鳳翔」。

〔二七〕廣韻卷五質部「叱」字注：「夏録有將作大匠叱干阿利。」

〔二八〕黑渠　偏霸部同，載記作「黑水」。

〔二九〕下書曰　御覽卷一六四、一九二引同，載記作「自言」。

〔三〇〕古人至美名　見御覽卷一九二引，載記無。「今都城已建」以下亦見御覽卷一六四引。

〔三一〕性尤工巧　「工」字原無，據載記補。

〔三二〕見廣川書跋卷六「銅鼓銘」條。

〔三三〕五月至尤甚　見御覽卷八七七引，載記無。按，偏霸部於真興元年亦云「五月，雨魚於統萬」，疑與此本爲一事。

〔三四〕二年　見偏霸部，載記無。

〔三五〕立其妻梁氏爲王后　「其妻」，載記同，偏霸部作「夫人」。

十六國春秋輯補卷六十五

夏録二

赫連勃勃

乙卯。鳳翔三年　攻姚興將姚逵於杏城，二旬剋之，執逵及其將姚大用、姚安和、姚利僕、尹敵等，坑戰士二萬人。

遣其御史中丞烏洛孤盟於沮渠蒙遜，曰：「自金晉數終，禍纏九服，趙魏爲長蛇之墟，秦隴爲豺狼之穴。二都神京，鞠爲茂草，蠢爾羣生，罔知憑賴。上天悔禍，運屬二家，封疆密邇，道會義親，宜敦和好，弘康世難。爰自終古，有國有家，非盟誓無以昭神祇之心，非斷金無以定終始之好，然晉楚之成，吴蜀之約，咸口血未乾而尋背之。今我二家，契殊曩日，言未發而有篤愛之心，音一交而懷傾蓋之願，息風塵之警，同克濟之誠，戮力矢心，共濟六合。若天下有事，則雙振義旗，區域既清，則並敦魯衛。夷險相赴，交易有無，爰及子孫，永崇斯好。」蒙遜遣其將沮渠漢平來盟。

丙辰。四年　勃勃聞姚泓將姚嵩與氐王楊盛相持，率騎四萬襲上邽，未至而嵩爲盛所殺。勃勃攻上邽，二旬剋之，殺泓秦州刺史姚平都及將士五千人，毀城而去。進攻陰密，又殺興將姚良子及將士萬餘人，以其子昌爲使持節、前將軍、雍州刺史，鎮陰密。泓將姚恢棄安定，奔於長安。安定人胡儼、華韜率户五萬據安定，降於勃勃。以儼爲侍中，韜爲尚書，留鎮東羌苟兒鎮之，配以鮮卑五千。進攻泓將姚諶於雍城，諶奔長安。勃勃進師次郿城，泓遣其將姚紹來距，勃勃退如安定。胡儼等襲殺苟兒，以城降泓。

勃勃引歸杏城，笑謂羣臣曰：「劉裕伐秦，水陸兼進，且裕有高世之略，姚泓豈能自固，吾驗以天時人事，必當剋之。又其兄弟内叛，安可以距人！裕既剋長安，利在速返，正可留子弟及諸將守關中。待裕發軫，吾取之若拾芥耳，不足復勞吾士馬。」於是秣馬厲兵，休養士卒。尋進據安定，姚泓嶺北鎮戍郡縣悉降勃勃，於是盡有嶺北之地。

九月，劉裕滅秦〔一〕，入於長安，遣使遺勃勃書，請通和好，約爲兄弟。勃勃命其中書侍郎皇甫徽爲文而陰誦之，召裕使前，口授舍人爲書，封以答裕。裕覽其文而奇之，使者又言勃勃容儀瓌偉，英武絶人，裕歎曰：「吾所不如也。」既而勃勃還統萬。

十二月，裕留子義真鎮長安而還。勃勃聞之大悦，遂圖進取之計〔二〕。謂王買德曰：「朕將進圖長安，卿試言取之方略。」買德曰：「劉裕滅秦，所謂以亂平亂，未有德政以濟蒼生。關中形勝之地，而以弱才小兒守之，非經遠之規也。狼狽而返者，欲速成篡事耳，無暇有意於中原。陛下以順代逆，義貫幽顯，百姓以君命望陛下義旗之至，以日爲歲矣。青泥、上洛，南師之衝要，宜置遊兵，斷其去來之路。然後杜潼關，塞崤陝，絶其水陸之道。陛下聲檄長安，申布恩澤，三輔父老皆壺漿以迎王師矣。義真獨坐空城，逃竄無所，一旬之閒，必面縛麾下。所謂兵不血刃，不戰而自定也。」勃勃善之。以太子璝都督前鋒諸軍事〔三〕，領撫軍大將軍，率騎二萬南伐長安，前將軍赫連昌屯兵潼關，以買德爲撫軍長史，南斷青泥，勃勃率大軍繼發。

丁巳。五年〔四〕　璝至渭陽，降者屬路。義真遣龍驤將軍沈田子率衆逆戰，璝擊敗之〔五〕，退屯劉回堡。田子與義真司馬王鎮惡不平，因鎮惡出城，遂殺之。義真又殺田子，於是悉召外軍入於城中，閉門拒守。關中郡縣悉降。璝夜襲長安，不剋。八月〔六〕，勃勃進據咸陽。長安樵採路絶，劉裕聞之大懼，乃召義真東鎮洛陽，以朱齡石爲雍州刺史守長安。義真大掠而東，至於灞上，百姓遂逐齡石，而迎勃勃入於長安。璝率衆三萬追擊義真，王師敗績，義真單馬而遁。買德獲晉寧朔將軍傅弘之、輔國將軍蒯恩、義真司馬毛修之於青泥，積人頭以爲京觀。於是勃勃大饗將士於長安，舉觴謂王買德曰：「卿往日之言，一周而果效，可謂算無遺策矣。雖宗廟社稷之靈，亦卿謀猷之力也。此觴所集，非卿而誰！」於是拜買德都官尚書，加冠軍將軍，封河陽侯。赫連昌攻齡石及龍驤將軍王敬於潼關之曹公故壘，剋之，執齡石及敬，送於長安。

戊午。昌武元年　正月〔七〕，羣臣乃勸進勃勃稱皇帝〔八〕。勃勃曰：「朕無撥亂之才，不能弘濟兆庶，自枕戈寢甲，十有二年，而四海未同，遺寇尚熾，不知何以謝責當年，垂之來葉。將明揚仄陋，以王位讓之，然後歸老朔方，琴書卒歲。皇帝之號，豈薄德所膺！」羣臣固請，乃許之。三月〔九〕，築壇於灞上，僭即皇帝位，大赦其境内，改鳳翔六年爲昌武元年〔一〇〕。

己未。真興元年　遣其將叱奴侯提率步騎二萬〔一一〕，攻晉并州刺史毛德祖於蒲坂，德祖奔於洛陽。以侯提爲并州刺史，鎮蒲坂。勃勃歸於長安，徵隱士京兆韋祖思。思至而恭，懼逭禍〔一二〕，二字一作「過禮」。勃勃怒曰：「吾以國士徵汝，汝奈何以非類處吾！汝昔不拜姚興，何獨拜我？我今未死，汝猶不以我爲帝王，吾死之後，汝輩弄筆，當置我何處！」〔一三〕一作「置吾何地」。遂殺之。此節亦見御覽四百九十二。

羣臣勸都長安，勃勃曰：「朕豈不知長安累帝舊都，有山河四塞之固。但荆吴僻遠，勢不能爲人之患，東魏與我同壤，境去北京裁數百餘里。若都長安，北京恐有不守之憂，朕在統萬，彼終不能濟河。諸卿適未見此耳。」其下咸曰：「非所及也。」乃於長安置南臺。冬十月，以太子璝領大將軍、雍州牧，録南臺尚書事，鎮長安〔一四〕。

十一月〔一五〕，勃勃田於三交，至緑蓮池而還〔一六〕。二句依初學記八引補。統萬所建宫殿苑囿大成，遂大赦其境内，改昌武二年爲真興元年〔一七〕。乃刻石都南，頌紀功德曰〔一八〕：

夫庸大德盛者，必建不刊之業，道積慶隆者，必享無窮之祚。昔在陶唐，數鍾厄運，我皇祖大禹以至聖之姿，當經綸之會，鑿龍門而闢伊闕，疏三江而決九河，夷一元之窮災，拯六合之沈溺，鴻績侔於天地，神功邁於造化。故二儀降祉，三靈叶贊，揖讓受終，光啓有夏，傳世二十，歷載四百，賢辟相承，哲王繼軌，徽猷冠於玄古，高範焕乎疇昔。而道無常夷，數或屯險，王桀不綱，網漏殷氏，用使金暉絶於中天，神轡輟於促路。

然純曜未渝，慶綿萬祀，龍飛漠南，鳳峙朔北。長轡遠馭，則西罩崐山之外，密網遐張，則東絙滄海之表。爰始逮今，二千餘載。雖三統迭制於崤函，五德革運於伊洛，秦雍成篡弒之墟，周豫爲争奪之藪，而幽朔謐爾，主有常尊於上，海代晏然，物無異望於下。故能控弦之衆百有餘萬，躍馬長驅，鼓行秦趙，使中原疲於奔命，諸夏不得高枕，爲日久矣。是以偏師蹔擬涇陽，摧隆周之鋒，赫斯一奮平陽，挫漢祖之鋭。霸王繼蹤，猶朝日之升扶桑，英豪接踵，若夕月之登濛汜，自開闢以來未始聞也。非夫卜世與乾坤比長，鴻基與山嶽齊固，孰能本支於千葉，重光於萬祀，履寒霜而踰榮，蒙重氛而彌耀者哉！

於是玄符告徵，大猷有會。我皇誕命世之期，應天縱之運，仰協時來，俯順時望，龍升北京，則義風蓋於九區，鳳翔天域，則威聲格於八表。屬姦雄鼎峙之秋，羣凶嶽立之際，昧旦臨朝，日旰忘膳，運籌命將，舉無遺策，親御六戎，則有征無戰。故僞秦以三世之資，喪魄於關隴，河源望旗而委質，北虜欽風而納款，德音著於柔服，威刑彰於伐叛。文教與武功並宣，俎豆與干戈俱運，五稔之閒，道風弘著，暨乎七載，而王猷允洽。

乃遠惟周文，啓經始之基，近詳山川，究形勝之地，遂營起都城，開建京邑。背名山而面洪流，左河津而右重塞，高隅隱日，崇墉際雲，石郭天池，周緜千里。其爲獨守之形，險絶之狀，固已遠邁於咸陽，超美於周洛。若乃廣五郊之義，尊七廟之制，崇左社之規，建右稷之禮，御太乙以繕明堂，模帝坐而營路寢。閶闔披霄而山亭，象魏排虛而嶽峙，華林靈沼，崇臺秘室，通房連閣，馳道苑園，可以蔭映萬邦，光覆四海，莫不鬱然並建，森然畢備，若紫微之帶皇穹，閬風之跨后土。

然宰司鼎臣，羣黎士庶，僉以爲重威之式，有闕前王。於是延王爾之奇工，命班輸之妙匠，搜文梓於鄧林，採繡石於恒嶽，九域貢以金銀，八方獻其瓌寶，親運神奇，參制規矩，營離宫於露寢之南，起別殿於永安之北。高構千尋，崇基萬仞，玄棟鏤棍，若騰虹之揚眉，飛簷舒咢，似翔鵬之矯翼。二序啓矣，而五時之座開，四隅陳設，而一御之位建。温宫膠葛，涼殿崢嶸，絡以隨珠，綷以金鏡。雖曦望互升於表，而終無晝夜之殊，陰陽迭更於外，而内無寒暑之别。故善目者不能爲其名，博辯者不能究其稱，斯蓋神明之所規模，非人工之所經制。若乃尋名以求類，迹狀以效真，據質以究名，形疑妙出，雖如來須彌之寶塔，帝釋忉利之神宫，尚未足以喻其麗，方其飾矣。

昔周宣考室而咏於詩人，閟宫有侐而頌聲是作，況乃太微肇制，清都啓建，軌一文昌，舊章唯始，咸秩百神，賓享萬國，羣生開其耳目，天下詠其來蘇，亦何得不播之管弦，刊之金石哉！乃樹銘都邑，敷讚碩美，俾皇風振於來葉，聖庸垂乎不朽。其辭曰：

於赫靈祚，配乾比隆。巍巍大禹，堂堂聖功。仁被蒼生，德格玄穹。帝錫玄珪，揖讓受終。哲王繼軌，光闡徽風。道無常夷，數或不競。金精南邁，天輝北映。靈祉踰昌，世業彌盛。惟祖惟父，克廣休命。如彼日月，連光接鏡。玄符瑞德，乾運有歸。誕鍾我后，應圖龍飛。落落神武，恢恢聖姿。名教内敷，羣妖外夷。化光四表，威截九圍。封畿之制，王者常經。乃延輸爾，肇建帝京。土苞上壤，地跨勝形。庶人子來，不日而成。崇臺霄峙，秀闕雲亭。千榭連隅，萬閣接屏。晃若晨曦，昭若列星。離宫既作，别宇云施。爰構崇明，仰準乾儀。懸甍風閲，飛軒雲垂。温室嵯峨，層城參差。楹雕虯虎，節鏤龍螭。瑩以寶璞，飾以珍奇。稱因褒著，名由實揚。偉哉皇室，盛矣厥章。義高靈臺，美隆未央。邁軌三五，貽則霸王。永世垂範，億載彌光。

其祕書監胡義周之辭也。

名其南門曰朝宋門，東門曰招魏門，西門曰服涼門，北門曰平朔門。此四句亦見御覽一百八十二。

庚申。二年　四月，追尊父衛辰曰桓皇帝，廟號太祖，母苻氏爲桓文皇太后。祖豹子曰宣皇帝，曾祖虎曰景皇帝，高祖訓兒曰元皇帝〔一九〕。

勃勃凶殘好殺，無順守之規，常居城上，置矛一作「弓」。劍於側〔二〇〕，有所嫌忿，便手自戮之。羣臣忤視者毁其目，笑者決其脣，諫者謂之誹謗，先截其舌而後斬之。夷夏囂然，人無生賴。此節亦見御覽四百九十二。

五月，雨魚於統萬〔二一〕。

辛酉。三年　十月，原作「二年十月」。起沖天臺於統萬南山，欲登之以望長安〔二二〕。此二句亦見御覽一百八十二。

壬戌。四年

癸亥。五年

甲子。六年　勃勃將廢太子璝爲秦王，以酒泉公倫爲太子。璝聞將廢己，率衆七萬北伐倫。倫率騎三萬拒之，戰於平城，爲璝所敗，倫死之。太原公昌率騎一萬襲殺璝，率衆八萬五千歸於統萬。勃勃大悦，立昌爲太子〔二三〕。

乙丑。七年六月，太廟基陷〔二四〕。此節依御覽八百八十引補。七月，勃勃寢疾甚，輦昇永和殿，召羣臣屬以後事。八月，二字亦見御覽八百八十。薨於永安殿，年四十五，謚武烈皇帝，葬嘉平陵，廟號世祖〔二五〕。勃勃在位十三年而宋受禪，以宋元嘉二年死。子昌嗣僞位。

校勘記

〔一〕九月劉裕滅秦　「九月」，見偏霸部，載記無。「秦」，偏霸部同，載記作「泓」。按，劉裕滅後秦當在明年丁巳年，此下劉裕南歸、勃勃據長安等事皆誤前一年。

〔二〕十二月至之計　「十二月」、「遂圖進取之計」，見偏霸部，載記無。

〔三〕以太子璝都督前鋒諸軍事　「太子」，偏霸部同，載記作「子」。

〔四〕五年　見偏霸部，載記無。

〔五〕璝擊敗之　偏霸部同，載記作「不利而」三字。

〔六〕八月　見偏霸部，載記無。

〔七〕正月　見偏霸部，載記無。

〔八〕勸進勃勃稱皇帝　載記作「勸進」，偏霸部作「勸勃勃稱皇帝」。

〔九〕三月　見偏霸部，載記無。

〔一〇〕改鳳翔六年爲昌武元年　偏霸部同，載記作「改元爲昌武」。

〔一一〕叱奴侯提　「叱」字原無，據載記補。

〔一二〕思至而恭懼逭禍　「思至」，御覽卷四九二引同，載記作「既至」。「逭禍」，御覽卷四九二引同，載記作「過禮」。

〔一三〕當置我何處　御覽卷四九二引同，載記作「當置吾何地」。

〔一四〕冬十月至鎮長安　「冬十月」、「太子」、「鎮長安」，見偏霸部，載記無。

〔一五〕十一月　見偏霸部，載記無。

〔一六〕勃勃田於三交至緑蓮池而還　見初學記卷八關内道「淥蓮池」條引，載記無。

〔一七〕統萬所建至真興元年　「所建宫殿苑囿」，纂録同，載記、偏霸部作「宫殿」。「大赦其境内」，載記無「大」字，偏霸部作「大赦」。「改昌武二年爲真興元年」，偏霸部同，載記作「又改元真興」。按據偏霸部文意，此上十月以太子璝鎮長安、十一月勃勃還統萬，皆在昌武元年，至昌武二年以統萬大成改元真興。

〔一八〕頌紀功德　「紀」，偏霸部同，載記作「其」。

〔一九〕四月至元皇帝　偏霸部同，唯「豹子」作「豹」。載記述追尊之序相反，由高祖及於父母。又魏書卷九五鐵弗劉虎傳，虎父一名訓兜，與此作「訓兒」，當有一訛。又按此及下文五月雨魚事，偏霸部俱在真興元年。

〔二〇〕置矛劒於側 「矛」，御覽卷四九二引同，載記作「弓」。

〔二一〕五月雨魚於統萬 見偏霸部，載記無。按偏霸部此事在真興元年。

〔二二〕三年十月至望長安 偏霸部「三年」作「二年」，載記無此事。按，偏霸部真興元年事輯補繫在二年，因改此爲三年。

〔二三〕六年至立昌爲太子 見偏霸部，載記無。「平城」，纂録同，偏霸部作「平」。

〔二四〕七年六月太廟基陷 見御覽卷八八〇引，載記無。

〔二五〕七月至世祖 見偏霸部，載記無。纂録無「八月」，偏霸部「七月勃勃寢疾甚」作「七月勃寢疾八月疾甚」，下文則無「八月」。御覽卷八八〇引但作：「其年八月勃勃死。」

十六國春秋輯補卷六十六

夏録三

赫連昌〔一〕

赫連昌，一名折，勃勃之第三子。身長八尺，魁岸美姿貌。

勃勃薨，赫連昌發二百里内民二萬五千人鑿嘉平陵，七千人繕清廟於契吴。初，昌父勃勃北遊契吴，昇高而歎曰：「美哉斯阜，臨廣澤而帶清流。吾行地多矣，未有若斯之美。」昌以勃勃平昔之意也，故立廟焉。葬勃勃於城西十五里，起行宫，模寫統萬宫殿，飾以金銀珠璣，葬訖焚之。殺駿馬四十匹〔二〕。此段依御覽五百五十五引補。

勃勃葬，即位於永安臺，大赦，改真興七年爲承光元年〔三〕。

丙寅。二年七月，杏城劉睹川有青石大如馬頭，浮在水上，逆流而行，人見而送之。羣臣咸賀，以爲石者沈，而浮，隱者出，逆流而行，荆吴入朝之象。昌原引作「勃」。大悦〔四〕。

此段亦見北堂書鈔。

丁卯。三年　五月，戰於黑渠，爲魏所敗。昌與數千騎奔還，魏追騎亦至。昌留河内公費連烏提守高平，徙諸城民七萬户於安定以都之。

十月，魏乘虛來伐。

戊辰。四年宋元嘉五年。二月，魏軍至安定，攻城〔五〕。三月，城潰，昌奔秦州。魏東平公鵜青追擒之〔六〕，送於魏。上二節，通鑑考異引十六國春秋鈔亦與此同，明云與魏書紀傳言安頡擒昌不同，而屠本偏捨此而録魏書，何哉！魏封昌秦王，尚始平公主。爲魏所殺。

赫連定〔七〕

赫連定，勃勃第五子。鳳翔二年，封平原公。雍州牧，鎮長安，率衆赴安定，進封平原王、大將軍，領司徒。昌爲魏所擒，定遂率遺衆數萬據平原，僭稱皇帝，大赦，改承光四年爲勝光元年。進征南大將軍、白蘭王吐谷渾慕璝爲開府儀同三司〔八〕、河南王。

己巳。二年　十月，畋於陰磐。定登苛初學記八引作「于可」二字〔九〕。藍山而望統萬城〔一〇〕，泣曰：「先帝若以朕承大業者，豈有今日之事乎！使天假朕年，當與諸卿建王季之業。」俄而有羣狐百數鳴於定傍，令射之，無所獲。定惡之，曰：「大不善，咄咄天道，復何言哉！」

庚午。三年　九月〔一〕，魏師來襲。十月，克安定，進攻平原。十一月，定遂掠民五萬户，西奔上邽。

辛未。四年宋元嘉八年。河南王慕璝因戎狄之衆，東面以争天下。璝原作「魏」。遣益州刺史没利延、寧州刺史拾虎率騎三萬來伐，執定以歸。此節亦見通鑑考異。吐谷渾拾虎原作「寅」，因唐諱改。者，拾虔之弟也。年數歲，猶大啼哭，母氏念憂其不惠，父樹洛干曰：「此兒吾家驪肩馹駒，伯樂尚不能目之，而況庸人哉！終成吾門户者，必在此子。」年六七歲而器識不恒，或謂之神童〔二〕。此段依御覽三百八十四引補。遂送定於魏。

勃勃初號龍昇元年，歲在丁未，至是歲在辛未，二十五載也。載記作「自勃勃至定二十有六載而亡」。

校勘記

〔一〕本傳及赫連定傳，事入劉宋，載記無，湯球以纂録爲本，綴補他書。以下見於纂録、偏霸部者，及原注已明出處者不出校。

〔二〕赫連昌發至四十匹　見御覽卷五五五引，偏霸部無。按御覽卷五五五引作「崔鴻三十國春秋夏録」。

〔三〕改真興七年爲承光元年　「承光」，屠本卷六七、通鑑卷一二〇同，纂録、偏霸部作「永光」，然下文亦作「承光」。

〔四〕羣臣咸賀至昌大悦　見書鈔卷一六〇引，偏霸部無。

〔五〕攻城　見纂録，偏霸部無。

〔六〕鵝青　偏霸部同，通鑑卷一二一考異引十六國春秋鈔作「娥清」。

〔七〕本傳載記無，以下見於纂録、偏霸部者，及原注已明出處者不出校。參本卷校記〔一〕。

〔八〕白蘭王吐谷渾慕璝　「慕璝」，偏霸部作「莫璝」，下同。

〔九〕于可　原作「子可」，據初學記卷八關内道「藍山那邑」條引改。

〔一〇〕苛藍山　偏霸部同，初學記卷八關内道「藍山那邑」條引作「可藍山」。

〔一一〕九月　纂録、偏霸部並作「八月」。

〔一二〕吐谷渾拾虎至神童　見御覽卷三八四引，偏霸部無。「拾虎」，御覽卷三八四引作「拾寅」；「拾虔」御覽引作「拾虔國」。按宋書、南齊書、魏書並作「拾寅」，非避唐諱改。上文「益州刺史没利延、寧州刺史拾虎」，通鑑卷一二二作「慕利延」、「拾虔」，考異云「十六國春秋作『没利延』、『拾虎』，今從宋書」。則「拾虎」爲「拾虔」異文，其人爲拾寅之兄。湯球改御覽之「拾寅」爲「拾虎」，誤。

中國史學基本典籍叢刊

十六國春秋輯補

下

〔北魏〕崔鴻撰
〔清〕湯球輯補
聶溦萌
羅新點校
華喆

中華書局

十六國春秋輯補卷六十七

前涼録一〔一〕

張軌

張軌字士彦，安定烏氏人，漢常山景王耳十七世孫也。家世孝廉，以儒學顯。祖烈，魏外黄令，父温，爲太官令，母隴西辛氏〔二〕。軌少明敏，好學明經〔三〕，有器望，姿儀典則。與同郡皇甫謐字士安。友善〔四〕，隱於宜陽女几山〔五〕。泰始初，受叔父錫官五品。中書監張華與軌論經義及政事損益〔六〕，甚器之，謂安定中正爲蔽善抑才，乃美爲之談〔七〕，以爲二品之精。衛將軍楊珧辟爲掾，拜太子二字一作「宫守」。舍人〔八〕。與京兆杜預善，以所注易遺之。太康中，爲尚書郎、太子洗馬、中庶子〔九〕，累遷散騎常侍、征西將軍司馬〔一〇〕。

軌以晉室多難〔一一〕，陰圖保據河西，追竇融故事〔一二〕。筮之，遇泰之觀，軌乃投筴喜曰：「霸者之兆也！」乃求爲涼州，公卿亦舉軌才堪御遠。永寧初，出爲護羌校尉、涼州刺史。

於時鮮卑反叛，寇盜縱横。軌到官，即討破之，斬首萬餘級，遂威著西州，化行河右。課農桑，拔賢才〔一三〕，以宋配、陰充、氾瑗、陰澹爲股肱謀主。

宋配一作「醜」。字仲業〔一四〕，燉煌人也。慷慨有大志，清素敦樸，不好華競。形狀短小，體有鱗甲。仕至當作「時爲」。西平太守。依御覽三百七十八引補。

始置崇文祭酒，位視别駕。徵九郡胄子五百人，立學校以教之，春秋行鄉射之禮。秘書監繆世徵、少府摯虞夜觀星象，相與言曰：「天下方亂，避難之國惟涼土耳。張涼州德量不恒，殆其人乎？」

及河間、成都二王之難，遣兵三千東赴京師。

初，漢末金城人陽成遠殺太守以叛，郡人馮忠赴尸號哭〔一五〕，嘔血而死。張掖人吴詠爲護羌校尉馬賢所辟，後爲太尉龐參掾，參、賢相誣，罪應死，各引詠爲證。詠計理無兩直，遂自刎而死，參、賢慙悔，自相和釋。軌皆祭其墓而旌其子孫。

永興中，鮮卑若羅拔能皆爲寇，軌遣司馬宋配擊之，斬拔能，俘十餘萬口，威名大震。

永興二年〔一六〕，惠帝遣加一作「拜」。安西將軍，封安樂鄉侯〔一七〕，邑千户。

光熙元年，惠帝崩，遣長史北宮純、司馬纂、别駕陰監奉表京師〔一八〕。是歲，大城姑臧〔一九〕。

姑臧城本匈奴所築也，南北七里，東西三里，地有龍形，故名臥龍城。初，漢末博士敦煌侯瑾謂其門人曰：「後城西泉水當竭，有雙闕起其上，與東門相望，中有霸者出焉。」至魏嘉平中，郡官果起學館，築雙闕於泉上，與東門正相望矣。至是，張氏遂霸河西。今之甘州。

永嘉元年正月〔二〇〕，東羌校尉韓稚殺秦州刺史張輔，軌少府司馬楊胤言於軌曰：「今稚逆命，擅殺張輔，明公杖鉞一方，宜懲不恪，此亦春秋之義：諸侯相滅亡，桓公不能救，則桓公恥之。」軌從焉。遣中督護氾瑗率衆二萬討之，先遣稚書曰：「今王綱紛撓，牧守宜戮力勤王。適得雍州檄，云卿稱兵內侮，吾董任一方，義在伐叛，武旅三萬，駱驛繼發。伐木之感，心豈可言！古之行師，全國爲上，卿若單馬軍門者，當與卿共平世難也。」稚得書而降。未幾，瑗爲亂兵所殺〔二一〕。氾瑗字伯玉，燉煌人也。與同郡宋配、陳璵遇相者於路，相者曰：「三人皆二千石俸，然氾瑗腹有逆毛，當兵死無後。」〔二二〕依御覽七百三十引補。

遣主簿令狐亞聘南陽王模。模甚悅，遺軌以帝所賜劍，謂軌曰：「自隴以西，征伐斷割悉以相委，如此劍矣。」

二年〔二三〕，王彌寇洛陽。軌遣北宮純、張纂、馬魴、陰濬等率州軍擊破之，又敗劉聰於河東。京師歌之曰：「涼州大馬，橫行天下；涼州鴟苕寇賊消，鴟苕翩翩怖殺人。」帝嘉其忠，進西平郡公，不受。

永嘉四年十一月，黄龍出於臨羌河，發水昇天，身長十餘丈〔二四〕。張掖臨松山有石如「張掖」字，七字一作「石有金馬」四字。「掖」字漸磨滅，粗可識，而「張」字分明。又有文曰：「初祚天下，西一作「四」。方安萬年。」〔二五〕此節亦見御覽五十，引作「晉元嘉元年」。姑臧又有玄石，白點成二十八宿。於時天下既亂，所在使命莫有至者。軌遣使貢獻，歲時不替，朝廷嘉之，屢降璽書慰勞。

五年〔二六〕，軌患風，口不能言，使子茂攝州事。酒泉太守張鎮潛引秦州刺史賈龕以伐軌，密使詣京師，請尚書侍郎曹祛爲西平太守，圖爲輔車之勢。軌别駕麴晁欲專威福，又遣使詣長安告南陽王模，稱軌廢疾，以請賈龕，而龕將受之。其兄讓龕曰：「張涼州一時名士，威著西州，汝何德以代之？」龕乃止。更以侍中爰瑜爲涼州刺史。治中楊澹馳詣長安，割耳盤上，訴軌之被誣，模乃表停之。

晉昌張越，涼州大族，讖言張氏霸涼，自以才力應之。從隴西内史遷梁州刺史〔二七〕，越志在涼州，遂託病歸河西，陰圖代軌。乃遣兄鎮及曹祛、麴佩移檄廢軌，以軍司杜耽攝州事，使耽表越爲刺史。軌令曰：「吾在州八年，不能綏靖區域，又值中州兵亂，秦隴倒懸，加以寢患委篤，實思斂迹避賢。但負荷任重，未便輒遂。不圖諸人横興此變，是不明吾心也。吾視去貴州如脱屣耳。」欲遣主簿尉髦奉表詣闕，便速脂轄，將歸老宜陽。長史王融、參軍孟暢蹹折鎮檄，排閤入諫曰：「晉室多故，人神塗炭，實賴明公撫寧西夏。張鎮兄弟敢肆凶逆，宜聲其罪而戮之，不可坐成其志也。」軌默然。融等出而戒嚴。武威太守張琠遣子坦馳詣京師表曰：「魏尚安邊而獲戾，充國盡忠而被譴，皆前史之所議，今日之明鑒也。順陽之思一作「爲」。劉陶，守闕者十人。刺史之莅臣州，若慈母之於赤子，百姓之愛臣軌，若旱苗之得膏雨。伏聞信惑流言，當有遷代，民情嗷嗷，如失父母。今戎夷猾夏，不宜騷動一方。」尋以子寔爲中督護率兵討鎮，遣鎮外甥太府主簿令孤亞前諭鎮曰：「舅何不審安危，明成敗？主公西河著德，兵馬如雲，此猶烈火已焚，待江漢之水，溺於洪流，望越人之助，其何及哉？今數萬之軍已臨近境，今唯全老親，存門户，輸誠歸官〔二八〕，必保萬全之福。」鎮流涕曰：「人誤我也！」乃委罪功曹魯連而斬之，詣寔歸罪。南討曹祛，走之。張坦至自京師，帝優詔勞軌，依模所表，命誅曹祛。軌大悦，赦州内殊死已下，命寔帥尹員、宋配步騎三萬討祛，別遣從事田迴、王豐率騎八百，自姑臧西南出石驢，據長寧。祛遣麴晁距之，戰於黄坂。寔詭道出浩亹，戰於破羌，斬祛及牙門田囂〔二九〕。

遣治中張閬送義兵五千及郡國秀孝貢計、器甲方物歸於京師。令有司可推詳立州已來清貞德素嘉遯遺榮，高才碩學著述經史，臨危殉義殺身爲君，忠諫而嬰禍，專對而釋患，權智雄勇爲時除難，諂佞誤主傷陷忠賢，具狀以聞。州中父老莫不相慶。

光禄傅祗、太常摯虞遺軌書，告京饑匱。軌即遣參軍杜勳獻馬五百匹、毯布三萬匹。帝遣使者進拜鎮西將軍、都督隴右諸軍事，封霸城侯。進車騎大將軍〔三〇〕、開府辟召儀同三司。策命未至，而王彌遂逼洛陽，軌遣將軍張斐、北宮純、郭敷等率精騎五千往衛京都。及劉曜攻陷長安，二字當作「京都」。遷晉帝於平陽〔三一〕，斐等皆没於賊。中州避難來者日月相繼，分武威置武興郡以居之。

是年，枹罕令嚴羌妾産一龍一鷲，鷲尋飛去，龍十五日雷雨迎之。大風吹拔張掖大樹，經夜還立〔三二〕。此節依御覽九引補。

六年〔三三〕，太府主簿馬魴言於軌曰：「四海傾覆，乘輿未反，明公以全州之力徑造平陽，必當萬里風披，有征無戰。未審何憚不爲此舉？」軌曰：「是孤心也。」又聞秦王入關，乃馳檄關中曰：「主上構危，遷幸非所，普天分崩，率土喪氣。秦王天挺聖德，神武應期，世祖之孫，王今爲長，凡我晉人，食土之類，龜筮克從，幽明同款，宜簡令辰，奉登皇位。今遣前鋒督護宋配步騎二萬徑至長安，翼衛乘輿，折衝左右；西中郎寔中軍三萬、武威太守張琠胡騎二萬，駱驛繼發，仲秋中旬會於臨晉。」俄而秦王爲皇太子，遣使拜張軌爲驃騎大將軍、儀同三司，固辭。

金城太守胡勖叛，軌遣都護宗毅、治中令狐瀏討之。濟河中流，白魚入船，瀏曰：「魚，鱗物，虜必解甲歸我矣。」勖果請降，軌宥之。此節依御覽九百三十五、事類賦注二十九引補。

秦州刺史裴苞、東羌校尉貫興據險斷使〔三四〕，命宋配討之。西平王叔與曹祛餘黨麴儒等劫前福禄令麴恪爲主，執太守趙彝，東應裴苞。寔回師討之，斬儒等。左督護陰預與苞戰狹西〔三五〕，大敗之，苞奔桑凶塢。是歲，北宮純降劉聰。

皇太子遣使重申前授，固辭。左司馬竇濤言於軌曰：「曲阜周旦弗辭，營丘齊望承命，所以明國憲、厲殊勳。天下崩亂，皇輿遷幸，州雖僻遠，不忘匡衛。故朝廷傾懷，嘉命屢集。宜從朝旨，以副羣心。」軌不從。

初，寔平麴儒，徙元惡六百餘家。治中令狐瀏曰：「夫除惡人，猶農夫之去草，令絶其根本，勿使能滋。今宜悉徙，以絶後患。」寔不納，儒黨果叛，進平之。

建興元年，晉愍帝即位於長安，遣使者拜軌鎮西大將軍、開府儀同三司，加侍中，封西平郡公，進位司空。固讓不受〔三六〕。

太府參軍索輔言於軌曰：「古以金貝皮幣爲貨，息穀帛量度之耗；二漢制五銖錢，通易不滯。泰始中，河西荒廢，遂不用錢，裂匹以爲段數。縑布既壞，市易又難，徒壞女工，不任衣用，弊之甚也。今中州雖亂，此方安全，宜復五銖，以濟通變之會。」軌納之，立制準布用錢，錢遂大行，人賴其利。時西胡致金胡餅，皆拂菻力禁切。作，奇狀並人高，二枚〔三七〕。

此節依御覽七百五十八引補。

劉曜寇北地，軌又遣參軍麴陶領三千人衛長安。

二年〔三八〕，帝遣大鴻臚辛攀進拜軌侍中、太尉、涼州牧、西平公。辛攀字懷遠，隴西狄道人也。父鑒，一作「爽」，一作「奭」。尚書郎。兄鑒、曠，弟寶、迅，皆以才識知名，秦雍間爲之語曰：「五一作「三」。龍一門，金友玉昆。」攀年七歲，隨父鑒在京師。北地程曉，鑒之親友，目攀而笑曰：「犁牛騂犢，孺子之謂。」攀曰：「戲及人親，非雅訓也。」曉及衆賓大奇異之〔三九〕。此依御覽三百八十四及四百九十五、八百四引補。軌又固辭。以軌年老多疾，拜子寔行撫軍、副涼州刺史〔四〇〕。

在州十三年。五月〔四一〕，軌寢疾，遺令曰：「吾無德於人，今疾病彌留，殆將命也。文武將佐咸當弘盡忠規，務安百姓，上思報國，下以寧家。素棺薄葬，無藏金玉。善相安遜，以聽朝旨。」表立子寔爲世子。己丑，二字亦見通鑑考異，帝紀作「壬辰」。薨於正寢，年六十。葬建陵。三字亦見通鑑考異。册贈侍中、太尉，謚武穆公。張祚僭號，追尊武王，廟號太宗〔四二〕。

校勘記

〔一〕前涼張氏事晉書不入載記而立張軌傳，湯球前涼録即本此傳，而注中通謂之「載記」。今校勘記内仍稱「本傳」。

〔二〕祖烈至辛氏　「祖烈魏外黄令」、「母隴西辛氏」，並見偏霸部，本傳無。

〔三〕少明敏好學明經　本傳作「少明敏好學」，偏霸部作「少好學明經」。

〔四〕與同郡皇甫謐友善　「皇甫謐」，本傳同，偏霸部作「皇甫士安」。

〔五〕隱於宜陽女几山　「女几山」，原作「女儿山」，據本傳改。屠本卷七〇亦作「女几山」。

〔六〕與軌論經義　「軌」，原作「親」，據本傳、屠本卷七〇改。

〔七〕美爲之談　原作「爲之美談」，據本傳、屠本卷七〇改。

〔八〕太子舍人　本傳同，偏霸部作「宫守舍人」。

〔九〕與京兆杜預至中庶子　偏霸部無「善」字，本傳無此節。

〔一〇〕征西將軍司馬　纂録同，偏霸部作「征西軍司馬」，本傳作「征西軍司」。

〔一一〕晉室多難　「晉室」，偏霸部同，本傳作「時方」。

〔一二〕追竇融故事　見偏霸部，本傳無。

〔一三〕課農桑拔賢才　見偏霸部，本傳無。

〔一四〕宋配字仲業　「宋配」，御覽卷三七八引同，屠本卷七五宋配傳題下校「或作『宋醜』」。

〔一五〕赴尸號哭　「尸」，原作「户」，據本傳改。

〔一六〕永興二年　見偏霸部，本傳無。

〔一七〕安樂鄉侯　本傳同，偏霸部作「樂安鄉侯」。

〔一八〕光熙元年至奉表京師　偏霸部無「光熙元年」，本傳無此節。

〔一九〕是歲大城姑臧　「是歲」，偏霸部同，本傳作「於是」。「大城」，原作「大破」，據本傳、偏霸部改。

〔二〇〕永嘉元年正月　本傳作「永嘉初」，屠本卷七〇作「永嘉元年春正月」。按，韓稚殺張輔，晉書卷四惠帝紀在永興二年，永嘉初當指韓稚降張軌之時。

〔二一〕未幾瑗爲亂兵所殺　見屠本卷七五氾瑗傳，本傳無。

〔二二〕氾瑗字伯玉至無後　「氾瑗」，屠本卷七五氾瑗傳同，御覽卷七三〇引作「況瑗」。「字伯玉燉煌人也」，見屠本氾瑗傳，御覽卷七三〇引無。「宋配」，屠本氾瑗傳同，御覽卷七三〇引作「宗配」。「二千石俸」，屠本氾瑗傳作「二千石」，御覽卷七三〇引作「二千石封」。

〔二三〕二年　本傳作「俄而」。

〔二四〕永嘉四年十一月至身長十餘丈　見偏霸部，本傳無。

〔二五〕張掖臨松山至安萬年　此節本傳作：「張掖臨松山石有金馬字，磨滅粗可識，而『張』字分明。又有文曰：『初祚天下，西方安萬年。』」御覽卷五〇引作：「晉元嘉元年，張掖臨松山有石如『張掖』字，『掖』漸滅，『張』字分明。又有文曰：『初天下四方安萬年』。」按晉諸帝年號無元嘉，「元」蓋「永」之誤。

〔二六〕五年　見偏霸部，本傳無。

〔二七〕遷梁州刺史　「梁州」，原作「涼州」。按本傳宋本作「梁州」，據下文言「越志在涼州，遂託病歸河西」，作「梁州」是，今改。

〔二八〕輪誠歸官　「輪」，原作「輔」，據本傳改。

〔二九〕斬祛及牙門田囂　本傳「斬祛」上有「軌」字。

〔三〇〕車騎大將軍　偏霸部同，本傳作「車騎將軍」。

〔三一〕及劉曜至平陽　偏霸部「及」作「而」，餘同。本傳作「及京都陷」。

〔三二〕是年至經夜還立　本傳無，御覽卷九引「是年」作「永嘉五年」，「張掖」下有「郡」字。

〔三三〕六年　本傳無。

〔三四〕東羌校尉貫與　「貫與」，屠本卷七〇同，本傳作「貫與」。

〔三五〕與苞戰狹西　「狹西」，原作「陜西」，據本傳、屠本卷七〇改。

〔三六〕建興元年至固讓不受　偏霸部無「進位司空」，餘同。本傳作：「愍帝即位，進位司空，固讓。」

〔三七〕西胡致金胡鉼至二枚　見御覽卷七五八引，本傳無。「枚」，御覽卷七五八引作「杖」。

〔三八〕二年　見偏霸部，本傳無。

〔三九〕辛攀字懷遠至大奇異之　見屠本卷七五辛攀傳、御覽卷三八四、四九五、八〇四引，本傳無。「鑊」，屠本同，御覽卷三八四引作「爽」，卷四九五引作「奭」。「五」，御覽卷四九五引同，屠本、御覽卷八〇四引作「三」。

〔四〇〕以軌年老至副涼州刺史　見偏霸部，本傳無。

〔四一〕五月　見偏霸部，本傳無。

〔四二〕己丑至廟號太宗　見偏霸部，本傳但云：「卒年六十，曰武公。」通鑑卷八九建興二年考異曰：「帝紀作『壬辰』。今從前涼録鈔。前涼録鈔又曰『葬建陵』，蓋張祚僭號後，追尊其墓耳。」

十六國春秋輯補卷六十八

前涼録二

張寔

張寔字安遜，軌之世子也〔一〕。學尚明察，敬賢愛士。晉舉秀才，除尚書郎〔二〕。永嘉初元年〔三〕，「元」字恐誤。固辭驍騎將軍，請還涼州。帝許之，改授議郎。及至姑臧，以討曹袪功，封建武亭侯。尋遷西中郎將，進爵福禄縣侯。建興初，除西中郎將，領護羌校尉。

二年，軌卒，州人推寔攝父位。建興元年，長史張璽、氾禕等表寔嗣位〔四〕。

氾禕字休臧，燉煌人。爲福禄令，剛直不事上府，酒泉太守馬漢遣督郵張休祖劾禕。休祖曰：「君不聞『寧逢三千頭虎，不逢張休祖』乎？」禕怒，以印繫肘，出而就縛，縛訖，發印以告從事。事聞，休祖坐不解印擅縛令長，以大不敬論。禕遷居延令〔五〕。仕寔爲左長史〔六〕。依御覽四百二十八引補。

十月，愍帝遣使〔七〕，因下策書曰：「維乃父武公，著勳西夏。頃胡賊狡猾，侵逼近甸，義兵鋭卒，萬里相尋，奉貢遠珍，府無虚歲。方委專征，蕩清九域，昊天不弔，凋余藩后，朕用悼厥心。維爾雋劭英毅，宜世表西海，今授持節、都督涼州諸軍事、西中郎將、涼州刺史、領護羌校尉、西平公。往欽哉！其闡弘先緒，俾屏王室。」

乙亥。張寔元年〔八〕建興三年。蘭池長趙奭一作「嬰」。上言：軍士張冰於青澗水中得一玉璽，鈕，光照水外，文曰「皇帝璽」。羣寮上賀稱德，寔曰：「孤常忿袁本初擬肘，諸君何忽有此言！」乃送之於京師〔九〕。此節亦見御覽六百八十二。

丙子。二年建興四年。下令國中曰：「忝紹前蹤，庶幾刑政不爲百姓之患，而比年饑旱，殆由庶事有缺。竊慕箴誦之言，以補不逮。自今有面刺孤罪者，酬以束帛；翰墨陳孤過者，答以筐篚；謗言於市者，報以羊米。」賊曹佐高昌隗瑾進言曰：「聖王將舉大事，必崇三訊之法，朝置諫官以匡大理，疑承輔弼以補闕拾遺。今事無巨細，盡決聖慮，興軍布令，朝中不知，若有謬闕，則下無分謗。竊謂宜偃聰塞智，開納羣言，政刑大小，與衆共之。若恒内斷聖心，則羣寮畏威而面從矣。善惡專歸於上，雖賞千金，終無言也。」寔納之，增位三等，賜帛四十匹。

遣督護王該送諸郡貢計，獻名馬方珍、經史圖籍於京師。會劉曜逼長安，寔遣將軍王該率衆以援京城，帝嘉之，拜都督陜西諸軍事。十一月〔一〇〕，帝將降於劉曜，下詔於寔曰：「天步危運，禍降晉室，京師傾陷，先帝晏駕賊庭，朕流漂宛許，爰曁舊京。羣臣以宗廟無主，歸之於朕，遂以沖眇之身託於王公之上。自踐寶位，四載於兹，不能翦除巨寇，以救危難，元元兆庶，仍遭塗炭，皆朕不明所致。羯賊劉載僭稱大號，禍加先帝，肆殺藩王，深爲仇恥，枕戈待旦。劉曜自去年九月率其蟻衆乘虚深寇，劫質羌胡，攻没北地。麴允總戎在外，六軍敗績，侵逼京城，矢流宫闕，胡崧等雖赴國難，殿而無效。圍斬十重，外救不至，糧盡人窮，遂爲降虜，仰慙乾靈，俯痛宗廟。君世篤忠亮，勳隆西夏，四海具瞻，朕所憑賴。今進君大都督、侍中、司空、涼州牧，承制行事。琅邪王宗室親賢，遠在江表，今朝廷播越，社稷倒懸，朕已詔王，時攝大位。君其挾贊琅邪，共濟艱運，若不忘主，宗廟有賴。明便出降，故夜見公卿，屬以後事，密遣黄門侍郎史淑〔一一〕、侍御史王沖齎詔假授。臨出寄命，公其勉之！」

丁丑。三年〔一二〕元建武元年，寔猶稱建興五年。史淑等至姑臧〔一三〕，寔以天子蒙塵，沖讓不拜。建威將軍、西海太守張肅，寔叔父也，以京師危逼，請爲先鋒擊劉曜。寔以肅年老，弗許。肅曰：「狐死首丘，心不忘本；鍾儀在晉，楚弁南音。肅受晉寵，剖符列位，羯逆滔天，朝廷傾覆，肅宴安方裔，難至不奮，何以爲人臣！」寔曰：「門户受重恩，自當闔宗効死，忠衛社稷，以申先公之志。但叔父春秋已高，氣力衰竭，軍旅之事，非耆老所堪。」乃止。既而聞京師陷没，肅悲憤而卒。

寔知劉曜逼遷天子平陽〔一四〕，大臨三日。遣太府司馬韓璞、滅寇將軍田齊、撫戎將軍張閬、前鋒督護陰預步騎一萬，東赴國難。命討虜將軍陳安、故太子賈騫〔一五〕、隴西太守吴紹各統郡兵，爲璞等前驅。戒璞曰：「前遣諸將多違機信，所執不同，致有乖阻。且内不和親，焉能服物！今遣卿督五將兵事，當如一體，不得令乖異之問達孤耳也。」復遣南陽王保書曰：「王室有事，不忘投軀。孤州遠域，首尾多難，是以前遣賈騫，瞻望公舉，中被符命，勑騫還軍。忽聞北地陷没，寇逼長安，胡崧不進，麴允持金五百請救於崧，是以決遣賈騫等進軍度嶺。會聞朝廷傾覆，爲忠不達於主，遣兵不及於難，痛慨之深，死有餘責。今更遣韓璞等惟公命是從。」及璞次南安，諸羌斷軍路，相持百餘日，糧竭矢盡。璞殺駕牛饗軍，泣謂衆曰：「汝曹念父母乎？」曰：「念。」「念妻子乎？」曰：「念。」「欲生還乎？」曰：「欲。」「從我令乎？」曰：「諾。」乃鼓譟進戰，會張閬率金城軍繼至，夾擊，大敗之，斬級數千。

時焦嵩、陳安寇隴右，東與劉曜相持，雍秦之人死者十八九。初，永嘉中，長安謠曰：「秦川中，血没腕，惟有涼州倚柱觀。」至是謠言驗矣。

戊寅。四年元太興元年，寔猶稱建興六年。焦嵩、陳安逼上邽，南陽王保遣使告急。以金城太守竇濤爲輕車將軍，率威遠將軍宋毅及和苞、張閬、宋輯、辛韜、張選、董廣步騎二萬赴之。軍次新陽，會愍帝崩問至，素服舉哀，大臨三日。時南陽王保謀稱尊號，破羌都尉張詵言於寔曰：「南陽王忘莫大之恥而欲自尊，天不受其圖籙，德不足以應運，終非濟時救難者也。晉王明德暱藩，先帝憑屬，宜表稱聖德，勸即尊號。傳檄諸藩，副言相府，則欲競之心息，未合之徒散矣。」從之。於是馳檄天下，推崇晉王爲天子，遣牙門蔡忠奉表江南，勸即尊位。

是歲，元帝即位於建鄴，改年太興。寔猶稱建興六年，不從中興之改也。

己卯。五年〔一六〕太興二年。南陽王保聞愍帝崩，自稱晉王，年號建康〔一七〕，署置百官，遣使拜寔征西大將軍、開府儀同三司〔一八〕，增邑三千户。俄而保爲陳安所叛，氐羌皆應之，保窘迫，遂去上邽，遷祁山。寔遣將韓璞步騎五千赴難。陳安退保緜諸，保歸上邽。未幾，保復爲安所敗，使詣寔乞師。遣宋毅赴之，而安退。祁山地震，從中陶原坂三里，冒覆下川，忽如見掩，坂上草木存焉。此節依御覽八百八十引補。

庚辰。六年〔一九〕會保爲劉曜所逼，遷於桑城，將謀奔寔。寔以其宗室之望，若至河右，必動物情。遣其將陰監逆保，聲言翼衛，實禦之也。會保薨，其衆散奔涼州者萬餘人。寔自恃險遠，頗自驕恣。

初，寔寢室梁間有人像無頭，久而乃滅，寔甚惡之。六月〔二〇〕，京兆人劉弘者，挾左道，客居天梯第五山，然燈懸鏡於山穴中爲光明，以眩惑百姓，受道者千餘人，寔左右皆事之。帳下閻沙、牙門趙仰皆弘鄉人，弘謂之曰：「天與我神璽，應王涼州。」沙、仰信之，密與寔左右十餘人謀殺寔，奉弘爲王。寔潛知其謀，收弘殺之。沙等不之知，以其夜皆懷刃入内，斬寔於外寢〔二一〕。時年五十，在位六年，葬寧陵〔二二〕。晉元帝册贈大司馬、涼州牧〔二三〕。私謚曰昭公，元帝賜謚曰元公。張祚僭號，追尊曰明王，廟號高祖〔二四〕。子駿年幼，母弟茂攝事〔二五〕。以寔子幼，嗣茂〔二六〕。

張茂

張茂字成遜，寔之母弟〔二七〕。虚靖好學，不以勢利嬰心〔二八〕。建興元年，相國南陽王保辟從事中郎，又薦爲給事黄門、散騎侍郎、中壘將軍，皆不就〔二九〕。二年，徵爲侍中，以父老疾固辭〔三〇〕。四年，拜平西將軍、秦州刺史，加散騎常侍，領雍州，皆不受〔三一〕。

太興三年，寔既遇害，寔左司馬陰元等以寔子駿沖幼，宜立長君〔三二〕，州人乃推茂爲大都督、太尉、涼州牧。茂不從，但受使持節、平西將軍、行都督涼州諸軍事、護羌校尉、涼州牧、西平公〔三三〕。乃誅閻沙及黨與數百人，大赦其境内。九月，立寔子駿爲撫軍將軍、武威太守、西平公世子〔三四〕。

茂永元元年〔三五〕太興四年。辛巳。茂築靈鈞臺，周輪八十餘堵，基高九仞。武陵人閻曾夜叩門呼曰〔三六〕：「武公遣我來，曰：何故勞百姓而築臺乎？」姑臧令辛巖以曾妖妄，請殺之。茂曰：「吾信勞人。曾稱先君之令，何謂妖乎？」太府主簿馬魴諫曰：「今世難未夷，唯當弘尚道素，不宜勞役，崇飾臺榭。且比年已來，轉覺衆務日奢於往，每所經營，輕違雅度，實非士女所望於明公。」茂曰：「吾過也。」命止作役。

壬午。二年永昌元年。　永昌初，茂使將軍韓璞率衆取隴西、南安之地，以置秦州〔三七〕。載記類載在後，姑依屠本附於此。

癸未。三年〔三八〕明太寧元年。　劉曜遣其將劉咸攻韓璞於冀城，呼延寔攻寧羌護軍陰監於桑壁。臨洮人翟楷、石琮等逐令長，以縣應曜，河西大震。參軍馬岌勸茂親征，長史氾禕怒曰：「亡國之人復欲干亂大事！宜斬岌以安百姓。」岌曰：「氾公書生糟粕，刺舉近才，不惟國家大計！且朝廷旰食有年矣，今大賊自至，不煩遠師，遐邇之情，實繫此州。事勢不可以不出，且宜立信勇之驗，以副秦隴之望。」茂曰：「馬生之言得之矣。」乃出次石頭。茂謂參軍陳珍曰：「劉曜以乘勝之聲，握三秦之鋭，繕兵積年，士卒習戰。若以精騎奄剋南安，席卷河外〔三九〕，長驅而至者，計將何出？」珍曰：「曜雖乘威怙衆，恩德未結於下，又其關東離貳，内患未除，精卒寡少，多是氐羌烏合之衆，終不能近舍關東之難，增隴上之戍，曠日持久與我争衡也。若二旬不退者，珍請爲明公率弊卒數千以擒之。」茂大悦，以珍爲平虜護軍，率步騎一千八百救韓璞。曜陰欲引歸，聲言要先收隴西，然後回滅桑壁。珍發氐羌之衆擊曜，走之，剋復南安。茂深嘉之，拜折衝將軍。尋稱藩於曜〔四〇〕，劉曜遣鴻臚拜茂太師、涼王〔四一〕。

茂復大城姑臧，修靈鈞臺。別駕吴紹諫曰：「伏惟修城築臺，蓋懲既往之事。愚以爲恩德未洽於近侍，雖處層樓，適所以疑諸下。徒見不安之意，而失士民繫託之本心，示怯弱之形，乖匡霸之勢。遐方異境窺我之齷齪也，必有乘人之規。嘗願止役省勞，與下休息，而更興功動衆，百姓豈所望於明君哉？」茂曰：「亡兄怛然失身於物，王公設險，武夫重閉，亦達人之至戒也。且忠臣義士豈不欲盡節義於亡兄哉？直以危機密發，雖有賁、育之勇，無所復施。今事未靖，不可以拘繫常言，以太平之理責人於迍邅之世。」紹無以對。

茂雅有志節，能斷大事。涼州大姓賈摹，寔之妻弟也，勢傾西土。先是，謡曰：「手莫頭，圖涼州。」茂以爲信，誘而殺之。於是豪右跡屏，威行涼州。

時辛晏叛，辛憑勸茂討之〔四二〕。前燉煌太守辛憑〔四三〕，隴西人也。唯有一子髦，至狄道省墓，遇辛晏反叛，爲晏所執。憑勸茂討晏，茂曰：「髦在彼，如何？」憑曰：「人臣奉主，豈顧子乎？」茂曰：「汝純臣。」賜爵關内侯。此節依御覽四百十八引補。

甲申。四年太寧二年。正月，黄霧四塞〔四四〕。十字依御覽八百七十八引補。

五月，茂寢疾，臨終〔四五〕，執駿手泣曰：「昔吾先人以孝友見稱，自漢初以來，世執忠順。今雖華夏大亂，皇輿播遷，汝當謹守人臣之節，無或失墜。吾遭擾攘之運，承先人餘德，假攝此州，以全性命，上欲不負晉室，下欲保完百姓。然官非王命，位由私議，苟以集事，豈榮之哉？氣絶之日，白帢入棺，無以朝服，以彰吾志焉。」薨於正寢〔四六〕，年四十八，在位五年。私謚曰成。劉曜遣使贈太宰，謚成烈王。張祚僭號，追尊曰成王，廟號太宗〔四七〕。茂無子，駿嗣位。

校勘記

〔一〕軌之世子也　見偏霸部，本傳無。

〔二〕晉舉秀才除尚書郎　偏霸部同，本傳作「以秀才爲郎中」。

〔三〕永嘉初元年　本傳作「永嘉初」，偏霸部作「永嘉元年」。

〔四〕二年軌卒至表寔嗣位　前謂「二年」，後謂「建興元年」，顯誤。此節本傳作：「軌卒，州人推寔攝父位。」偏霸部作：「建興元年，長史張璽、汜禕等表寔嗣位。」按諸書，軌卒於建興二年，偏霸部云「建興元年」蓋誤，而湯球照録偏霸部引文，以致捍格。

〔五〕汜禕字休臧至禕遷居延令　見屠本卷七五汜禕傳、御覽卷四二八引，本傳無。「告從事事聞」，屠本、御覽「事」字皆不重出。

〔六〕仕寔爲左長史　見屠本卷七五氾褘傳，御覽卷四二八引無。

〔七〕十月愍帝遺使　本傳無，偏霸部「愍帝」作「帝」。

〔八〕張寔元年　據本傳，張氏世奉晉愍帝建興年號，惟張祚改建興四十二年爲和平元年，張天錫執政，復奉晉穆帝升平之朔；然偏霸部引崔鴻前涼録，張寔以下皆不稱晉年號，但云某主某年，若「茂之四年」、「玄靖八年」，惟張祚建元「和平」；屠本前涼録用晉紀年。輯補於張寔、張天錫不稱年號，而張茂有永元、張駿有太元、張重華有永樂、張玄靖有太始之號，與汪克寬通鑑綱目考異同。按晁公武郡齋讀書志卷五「運歷圖」條云：「按晉史，張軌世襲涼州，始末不聞有改元事。唯潁書載張寔改元曰永安，張茂改元曰永元，張重華曰永樂，曰和平，張元靚曰太始，張天錫曰太清，張大豫曰鳳凰，不知潁何所據而言然。或云出崔鴻十六國春秋，鴻書久不傳於世，莫得而考焉。」自後多有言前涼年號者。

〔九〕蘭池長至京師　「趙奭」，本傳同，御覽卷六八二引作「趙嬰」。「上言」，御覽卷六八二引同，本傳作「上」。「於青澗水中得一玉璽鈕光照水外」，御覽卷六八二引同，本傳但作「得璽」。

〔一〇〕十一月　見偏霸部，本傳無。

〔一一〕黄門侍郎　本傳、通鑑卷九〇並作「黄門郎」，按下卷張駿傳謂「愍帝使人黄門侍郎史淑」。

〔一二〕三年　見偏霸部，本傳無。

〔一三〕史淑等至姑臧　見屠本卷七一、通鑑卷九〇，本傳無。

〔一四〕平陽　見偏霸部，本傳無。

〔一五〕故太子　本傳作「故太守」，通鑑卷九〇作「安故太守」，胡注云：「蓋張氏分金城、西平二郡地置安故郡也。」

〔一六〕五年　見偏霸部，本傳無。

〔一七〕年號建康　本傳無，偏霸部作「號年建康」。

〔一八〕開府儀同三司　「開府」，見偏霸部，本傳無。

〔一九〕六年　見偏霸部，本傳無。

〔二〇〕六月　見偏霸部，本傳無。

〔二一〕皆懷刃入内斬寔於外寢　偏霸部同，本傳作「害寔」。

〔二二〕時年五十在位六年葬寧陵　「時年五十」、「葬寧陵」，並見偏霸部，本傳無。

〔二三〕晉元帝册贈大司馬涼州牧　屠本卷七一同，偏霸部「晉元帝」作「晉王寶」，本傳無此句。按偏霸部所引十六國春秋前涼録，司馬保之名多有作「寶」者。

〔二四〕張祚僭號追尊曰明王廟號高祖　見偏霸部，本傳無。

〔二五〕母弟茂攝事　纂録作「母弟茂嗣」，本傳作「弟茂攝事」，偏霸部無此句。

〔二六〕以寔子幼嗣茂　見纂録，本傳、偏霸部無。

〔二七〕寔之母弟　見偏霸部，本傳無。

〔二八〕不以勢利嬰心　「勢利」，偏霸部同，本傳作「世利」。「嬰心」，本傳同，偏霸部作「爲心」。

〔二九〕建興元年至皆不就　「建興元年」，偏霸部同，本傳作「建興初」。「相國」，見偏霸部，本傳無。「給事黄門散騎侍郎中壘將軍」，偏霸部作「給事黄門侍郎」，本傳作「散騎侍郎中壘將軍」。

〔三〇〕以父老疾固辭　「老疾」，本傳作「老」，偏霸部作「疾」。

〔三一〕四年至不受　「四年」，偏霸部同，本傳作「尋」。「加散騎常侍領雍州皆不受」，見偏霸部，本傳無。

〔三二〕寔左司馬陰元至宜立長君　屠本卷七一同，偏霸部「以寔」下有「既初害」三字，本傳無此句。

〔三三〕使持節至西平公　本傳作「使持節、平西將軍、涼州牧」，偏霸部作「以平西將軍行都督涼州諸軍事、護羌校尉、涼州牧、西平公」。

〔三四〕九月至西平公世子　本傳作：「復以兄子駿爲撫軍將軍、武威太守、西平公。」偏霸部作：「九月，立寔子駿爲世子。」

〔三五〕茂永元元年　本傳作「歲餘」。按，永元年號不見於本傳、偏霸部，參見本卷校勘記〔八〕。

〔三六〕武陵人閻曾　「閻曾」，原作「閻魯」，據本傳改。

〔三七〕永昌初至以置秦州　本傳此句在後文殺賈摹事後。

〔三八〕三年　偏霸部同，本傳作「明年」。

〔三九〕席卷河外　「河外」，原作「河内」，據本傳改。

〔四〇〕尋稱藩於曜　屠本卷七一作「尋遣使稱藩於曜」，通鑑卷九二作「茂尋遣使稱藩」，本傳無。

〔四一〕劉曜遣鴻臚拜茂太師涼王　見偏霸部，本傳無。

〔四二〕時辛晏叛辛憑勸茂討之　御覽卷四一八引、本傳並無。

〔四三〕前燉煌太守辛憑　「辛憑」，原作「辛馮」，御覽卷四一八引作「幸憑」，又前文亦作「辛憑」，今據改。下文「憑曰」原作「馮曰」，亦據改。

〔四四〕四年正月黄霧四塞　御覽卷八一七引作：「前涼張茂四年正月，黄霧四塞，其年茂死也。」本傳無。

〔四五〕五月茂寢疾臨終　本傳作：「太寧三年卒，臨終」，偏霸部作：「四年茂寢疾」，按通鑑卷九三繫茂死在太寧二年。「五月」，見屠本卷七一、通鑑卷九三。

〔四六〕薨於正寢　見偏霸部，本傳無。

〔四七〕劉曜遣使贈太宰至廟號太宗　見偏霸部，本傳無。

十六國春秋輯補卷六十九

前涼録三

張駿

張駿字公庭，寔之世子。永嘉元年生〔一〕，嘉麥一莖九穗生於姑臧〔二〕。此節依初學記二十七、御覽八百三十八引補。幼而奇偉。建興四年，封霸城侯。十歲能屬文，卓越不羈，而淫縱過度，常夜微行於邑里，國中化之。及統任，年十八。先是，愍帝使人黄門侍郎史淑在姑臧，茂之四年〔三〕，左長史氾禕、右長史馬謨等諷淑，令拜駿使持節、大都督、大將軍、涼州牧、領護羌校尉、西平公。大赦其境内。置左右前後四率官，繕南宫。劉曜又使人拜駿大將軍〔四〕、涼州牧、涼王。

時辛晏阻兵於枹罕，駿讌羣寮於閑豫堂，命竇濤等進討辛晏。從事劉慶諫曰：「霸王不以喜怒興師，不以乾没取勝，必須天時人事，然後起也。辛晏父子安忍凶狂，其亡可待。

奈何以饑年大舉，猛寒攻城？昔周武迴戈以須亡殷之期，曹公緩袁氏使自弊，何獨殿下以旋兵爲恥乎？」駿納之。

遣參軍王騭聘於劉曜。曜謂之曰：「貴州必欲追蹤竇融，款誠和好，卿能保之乎？」騭曰：「不能。」曜侍中徐邈曰：「君來和同，而云不能，何也？」騭曰：「齊桓貫澤之盟，憂心兢兢，諸侯不召自至；葵丘之會，驕而矜誕，叛者九國。趙國之化常如今日可也，若政教陵遲，尚未能察邇者之變，況鄙州乎？」曜顧謂左右曰：「此涼州高士，使乎得人。」禮而遣之。

時太寧二原誤「元」。年〔五〕，猶稱建興十二年。

乙酉。駿太元元年〔六〕太寧三年。正月〔七〕，駿親耕藉田。

二月〔八〕，始承晉元帝崩問，駿大臨三日。會有黃龍見於揟次之嘉泉，右長史氾禕言於駿曰：「案建興之年，是少帝始起之號，帝以凶終，理應改易。朝廷越在江南，音問隔絕，宜因龍興改號，以章休徵。」不從。

駿之立也，姑臧謠曰：「鴻從南來雀不驚，誰謂孤雛尾翅生，高舉六翮鳳皇鳴。」至是辛晏降，而復收河南之地〔九〕。

丙戌。二年明咸和元年。九月，雨冰，狀若絲纊，皆著草。依御覽八百七十七引補。

駿懼爲劉曜所逼，使將軍宋輯、魏纂將兵，徙隴西、南安二千餘家於姑臧。使聘於李雄，修鄰好。此節并下節，載記附下「初戊己校尉」之上，以及下三四事，類載於後。今姑依前後分附，以便觀覽。

丁亥。三年咸和二年。夏五月，駿聞劉曜軍爲後趙石勒所敗，乃去曜官爵，復稱晉大將軍、涼州牧〔一〇〕。

駿遣武威太守竇濤〔一一〕、金城太守張閬、武興太守辛巖、揚烈將軍宋輯等率衆東會韓璞，攻討秦州諸郡。曜遣其將劉胤西伐駿之武威，枹罕護軍辛晏告急。句依後補。駿遣將辛巖、韓璞東距劉胤，屯於狄道城〔一二〕。韓璞進度沃干嶺，辛巖曰：「我握衆數萬，藉氐羌之鋭，宜速戰以滅之。不可以久，久則變生。」璞曰：「自夏末以來，太白犯月，辰星逆行，白虹貫日，皆變之大者。不可以輕動，輕動而不捷，爲禍更深，吾將久而弊之。且曜與石勒相攻，胤亦不能久也。」積七十餘日，軍糧竭，遣辛巖督運於金城。胤聞之大悦，謂其將士曰：「韓璞之衆十倍於吾，羌胡皆叛，不爲之用。吾糧廩將懸，難以持久。今虜分兵運糧，可謂天授吾也。若敗辛巖，璞等自潰，彼衆我寡，宜以死戰。戰而不捷，當無匹馬得還，宜厲爾戈矛，竭汝智力。」衆咸奮，於是率騎三千襲巖於沃干嶺。戰於臨洮，大爲曜軍所敗，璞軍遂潰，璞等退走〔一三〕，四句依後校補。死者三一作「二」。萬餘人〔一四〕。此段亦見御覽三百三十二、通典百六十。面縛歸罪。駿曰：「孤之罪也，將軍何辱？」皆赦之。胤乘勝追奔濟河，攻陷令居，入據振武，河西大震。駿遣皇甫該禦之。張閬、辛晏降曜，駿遂失河南之地〔一五〕。

戊子。四年〔一六〕　赦其境內。

會劉曜東討石生，長安空虛，大蒐講武，將襲秦雍。理曹郎中索詢諫曰：「曜雖東征，胤猶守本，險阻路遥，爲主人甚易。胤若輕騎憑氐羌以距我者，則奔突難測；輟彼東合而逆戰者，則寇我未已。頃年頻出，戎馬生郊，外有饑羸，内資虚秏，豈是殿下子物之謂邪？」駿曰：「每患忠言不獻，面從背違，吾政教缺然而莫我匡者。卿盡辭規諫，深副孤之望也。」以羊酒禮之。

西域諸國獻汗血馬、火浣布、封牛、孔雀、巨象及諸珍異二百餘品。西域長史李柏請擊叛將趙貞，爲貞所敗。議者以柏造謀致敗，請誅之。駿曰：「吾每以漢世宗之殺王恢，不如秦穆之赦孟明。」竟以減死論，羣心咸悦。駿觀兵新鄉，狩於北野，因討軻没虜，破之。下令境中曰：「昔鯀殛而禹興，芮誅而缺進，唐帝所以殄洪災，晉侯所以成五霸。法律：犯死罪，期親不得在朝。今盡聽之，唯不宜内參宿衛耳。」於是刑清國富。

十二月，劉曜爲勒所擒。

己丑。五年　曜太子毗及劉胤等率衆奔上邽〔一七〕。

庚寅。六年　春，有彩虹五里，隆隆如鐘鼓之聲〔一八〕。此二句見御覽十四。

初，戊己校尉趙貞不附於駿，至是駿擊擒之，以其地爲高昌郡。及石勒殺劉曜，駿因長安亂，復收河南地，至於狄道，置武衛、石門、侯和、漒川、甘松五屯護軍，與勒分境〔一九〕。甘松山東北有西王母㩙蒲山，大有神驗，江水出焉。上四句依御覽五十引補。

二月，石勒稱天王，遣使拜駿征西大將軍、涼州牧，加五錫之禮。駿不受，留其使。後懼勒强，遣使稱臣於勒，兼貢方物，遣其使歸〔二〇〕。

辛卯。七年　駿境内嘗大饑，穀價踴貴。市長譚詳請出倉穀貸與百姓，秋收三倍徵之。從事陰據諫曰："昔西門豹宰鄴，積之於人；解扁蒞東封之邑，計入三倍。文侯以豹有罪而可賞，扁有功而可罰。今詳欲因人之饑，以要三倍，反裘傷皮，未足諭之。"駿納之〔二一〕。

壬辰。八年〔二二〕　羣寮勸駿稱涼王，領秦、涼二州牧，署置公卿百官，如魏武、晉文故事。駿曰："此非人臣所宜言也。敢有此言者，罪在不赦。"然境内皆稱之爲王。羣寮又請立世子，駿不從。中堅將軍宋輯言於駿曰："禮急儲君者，蓋重宗廟之故。周成、漢昭立於繦褓，誠以國嗣不可曠，儲宮當素定也。昔武王始有國，元王作儲君；建興之初，先王在位，殿下正名統。況今社稷彌崇，聖躬介立，大業遂殷，繼貳闕然哉？臣竊以爲國有累卵之危，而殿下以爲安踰泰山，非所謂也。」駿納之，乃立子重華爲世子。

校勘記

〔一〕寔之世子永嘉元年生　見偏霸部，本傳無。

〔二〕嘉麥一莖九穗生於姑臧　見初學記卷二七五穀「一莖九穗」條、御覽卷八三八引。

〔三〕茂之四年　見偏霸部，本傳無。

〔四〕大將軍　見偏霸部，本傳無。

〔五〕太寧二年　「二年」，本傳作「元年」。

〔六〕駿太元元年　偏霸部作「元年」。太元年號不見於本傳、偏霸部，參見本書卷六八校勘記〔八〕。

〔七〕正月　見偏霸部，本傳無。

〔八〕二月　見偏霸部，本傳無。

〔九〕至是辛晏降而復收河南之地　「辛晏降」，本傳無。屠本卷七二云：「辛晏以枹罕來降，拜爲護軍，復有河南之地。」通鑑卷九三云：「辛晏以枹罕降，駿復收河南之地。」

〔一〇〕夏五月至涼州牧　見屠本卷七二，亦略見於晉書劉曜載記、通鑑卷九三，本傳無。

〔一一〕駿遣武威太守竇濤　本傳此句上有「咸和初」。

〔一二〕曜遣其將劉胤至狄道城　「枹罕護軍辛晏告急」，見本傳後文。「曜遣其將劉胤西伐駿之武威」、「駿遣將辛巖韓璞東距劉胤屯於狄道城」，通典卷一六〇同，御覽卷三三二引「駿遣將」作「駿將遣」，「韓璞」作「韓瑛」，注曰「音英」。本傳作：「曜遣其將劉胤來距，屯於狄道城」。

〔一三〕戰於臨洮至退走　「戰於臨洮大爲曜軍所敗」、「璞等退走」，皆見本傳後文。

〔一四〕三萬餘人　「三」，御覽卷三三二引同，本傳、通典卷一六〇作「二」。

〔一五〕張閬至河南之地　「張閬辛晏降曜」，本傳無，事見晉書卷一〇三劉曜載記、通鑑卷九三。「張閬」，原作「張朗」，據前文及劉曜載記、通鑑改。「駿遂失河南之地」，見本傳後文。

〔一六〕四年　見偏霸部，本傳無。

〔一七〕十二月至奔上邽　本傳無，偏霸部無「五年」，餘同。

〔一八〕六年至鐘鼓之聲　本傳無，御覽卷一四引無「春」字，屠本卷七二「春」作「春正月」。

〔一九〕初戊己校尉至與勒分境　本傳此節在後。

〔二〇〕二月至遣其使歸　此節本傳在後。「二月石勒稱天王」，見偏霸部，本傳無。「征西大將軍涼州牧加五錫之禮」，偏霸部同，本傳作「官爵」。

〔二一〕駿境内嘗大饑至駿納之　本傳此節在後。

〔二二〕八年　見偏霸部，本傳無。

十六國春秋輯補卷七十

前涼録四

張駿

癸巳。駿九年咸和八年。　先是，駿遣傅穎假道於蜀，通表京師，李雄弗許。駿又遣治中從事張淳稱藩於蜀，託以假道焉，雄大悦。雄又有憾於南氐楊初，淳因説曰：「南氐無狀，屢爲邊害，宜先討百頃，次平上邽，二國并勢，席卷三秦，東清許洛，掃氛燕趙，拯二帝梓宫於平陽，反皇輿於洛邑，此英霸之舉，千載一時。寡君所以遣下臣冒險通誠，不遠萬里者，以陛下義聲遠播，必能愍寡君勤王之志矣。天下之善一也，惟陛下圖之。」雄怒，僞許之，將覆淳於東峽。蜀人橋贇密以告淳，淳言於雄曰：「寡君使小臣行無迹之地，通百蠻之域，萬里表誠者，誠以陛下義矜戮力之臣，能成人之美節故也。若欲殺臣者，當顯於都市，宣示衆目，云涼州不忘舊義，通使琅邪，爲表忠誠，假途於我，主聖臣明，發覺殺之。當令義聲遠著，天下畏威。今盜殺江中，威刑不顯，何足以揚休烈，示天下也？」雄大驚曰：「安有此邪？當相放還河右耳。」雄司隸校尉景騫言於雄曰：「張淳壯士，宜留任之。」雄曰：「壯士豈爲人留？且可以卿意觀之。」騫謂淳曰：「卿體大，暑熱，可且遣下吏，少住須涼。」淳曰：「寡君以皇輿幽辱，梓宮未返，天下之恥未雪，蒼生之命倒懸，故遣淳來，表誠大國。所論事重，非下吏能傳。若下吏所了者，則淳本亦不來。雖有火山湯海，無所辭難，豈寒暑之足避哉？」雄曰：「此人矯矯，不可得用也。」厚禮遣之。謂淳曰：「貴主英名蓋世，土險兵盛，何不稱帝自娛一方？」淳曰：「寡君以乃祖乃父世濟忠良，未能雪天人之大恥，解衆庶之倒懸，日昃忘食，枕戈待旦。以琅邪中興江東，故萬里翼戴，將成桓文之事。何言自娛邪？」雄有慙色，曰：「我乃祖乃父亦是晉臣，往與六郡避難此都，爲同盟所推，遂有今日。琅邪若能中興大晉於中州者，亦當率衆輔之。」淳還至龍鶴，募兵通表，後皆達京師，朝廷嘉之。

初，建興中，燉煌計吏耿訪到長安。既而遇賊不得反，奔漢中，因東渡江，以太興二年至京都。屢上書，以本州未知中興，宜遣大使，乞爲鄉導。時連有内難，許而未行。至是，始以訪守治書御史，拜駿鎮西大將軍，校尉、刺史、公如故，選西方人隴西賈陵等十二人配之。訪停梁州，七年，以驛道不通，召還。訪以詔書付賈陵，託爲賈客，到長安，不敢進，以咸和八年始達涼州。駿受詔，遣部曲督王豐等報謝，并遣陵歸。上疏稱臣而不奉正朔，猶稱建興二十一年〔一〕。

是年，雨五稼穀於武威、燉煌，種之皆生，因名天麥。依御覽八百三十八引補。

甲午。駿十年咸和九年。復使訪隨豐等齎印板進駿大將軍。自是每歲往來不絶〔二〕。

張駿譏羣寮於閑豫堂〔三〕，議欲嚴刑峻制。一作「罰」。衆咸以爲宜，參軍黄斌進曰：「臣未見其可。」駿問其故，斌曰：「夫法制所以經綸邦國，篤俗齊物，既立必行，不可窪隆也。若尊親者犯令，則法不行矣。」駿性嚴猛〔四〕，乃屏几改容曰：「夫法唯上行，制無高下，且微黄君〔五〕，一作生。吾不聞過矣。黄君可謂忠之至也。」此段亦見初學記十八、書鈔百、御覽四百五十四。

於坐擢爲燉煌太守。駿有計略，於是厲操改節，勤修庶政，總御文武，咸得其用。遠近嘉詠，號曰「積賢君」。自軌據涼州，屬天下之亂，所在征伐，軍無寧歲，至駿，境内漸平。

乙未。駿十一年咸康元年。使其將楊宣率衆越流沙，伐龜兹、鄯善。宣以其部將張植爲前鋒〔六〕。六月，至於流沙，無水，士卒渴甚。植乃剪髮肉袒，徒跣升壇，慟泣請雨。俄而雲起西北，雨水成川。植殺所乘馬祭天而去〔七〕。依御覽十一引補。於是西域並降。

丙申。駿十二年〔八〕鄯善王元孟獻女姝一作「殊」。好〔九〕，號曰美人，立賓遐觀以處之。焉耆前部、于寘王並遣使貢方物。得玉璽於河，其文曰「執萬國，建無極」。

時駿盡有隴西之地，士馬强盛，雖稱臣於晉，而不行中興正朔。舞六佾、建豹尾，所置官僚府寺擬於王者，而微異其名。又分州西界三郡置沙州，東界六郡置河州，二府官僚莫不稱臣。又於姑臧城南築城，起謙光殿，畫以五色，飾以金玉，窮盡珍巧。殿之四面各起一殿，東曰宜陽青殿，以春三月居之〔一〇〕；南曰朱陽赤殿，夏三月居之；西曰刑政白殿，秋三月居之；北曰玄武黑殿，冬三月居之。其傍皆有直省内官寺署，一同方色。及末年，任所游處，不復依四時而居。

駿遣參軍麴護上疏曰：「東西隔塞，踰歷年載，夙承聖德，心繫本朝。而江吴寂蔑，餘波莫及，雖肆力修塗，同盟靡恤。奉詔之日，悲喜交并。天恩光被，褒崇輝渥，即以臣爲大將軍、都督陝西雍秦涼州諸軍事。休寵振赫，萬里懷戴，嘉命顯至，銜感屏營。伏惟陛下天挺岐嶷，堂構晉室，遭家不造，播幸吴楚。宗廟有黍離之哀，園陵有殄廢之痛，普天咨嗟，含氣悲傷。臣專命一方，職在斧鉞，遐域僻陋，勢極秦隴。勒雄既死，人懷反正，謂季龍、李期之命，曾不崇朝，而皆篡繼凶逆，鴟目有年。東西遼曠，聲援不接，遂使桃蟲鼓翼，四夷喧譁，向義之徒，更思背誕。鉛刀有干將之志，螢燭希日月之光，是以臣前章懇切，欲齊力時討。而陛下雍容江表，坐觀禍敗，懷目前之安，替四祖之業，馳檄布告，空文徒設，臣所以宵吟荒漠，痛心長路者也。且兆庶離主，漸冉經世，先老消落，後生靡識，忠良受梟懸之罰，羣凶貪縱横之利，懷君戀故，日月告流。雖時有尚義之士，畏逼首領，哀歎窮廬。臣聞少康中興，由於一旅，光武嗣漢，衆不盈百，祀夏配天，不失舊物。況以荆揚慓悍，臣州突騎，吞噬遺羯，在於掌握哉！願陛下敷弘臣慮，永念先績，敕司空鑒、征西亮等汎舟江沔，使首尾俱至也。」自後駿遣使多爲季龍所獲，不達。

丁酉。駿十三年　駿又遣護羌參軍陳寓、從事徐虓、華馭等至京師。征西大將軍亮上疏言陳寓等冒險遠至，宜蒙銓敘，詔除寓西平相，虓等爲縣令。

戊戌。駿十四年咸康四年。　五月，雨雪降霜。駿避正殿，素服，命羣寮極言得失〔一一〕。

己亥。駿十五年　以右長史任處領國子祭酒，立辟雍明堂而行禮焉。命西曹掾集閣内外事付索綏以著涼春秋。十一月，以世子重華行涼州事〔一二〕。

庚子。駿十六年咸康六年。

辛丑。駿十七年　八月，天有大聲，下震地。孟池縣人夜怪室如晝曉〔一三〕，起視，西北間有光明照地〔一四〕。此節見御覽八百七十四，作「張駿時，晉建興十七年」，知原作「駿十七年」，而爲後人所改。

壬寅。駿十八年咸康八年。

癸卯。駿十九年建元元年。　田於建西，踰玉石縣。九月，改玉石縣爲金澤縣〔一五〕。

甲辰。駿二十年建元二年。　武威姑臧民曰白興，以女爲妾〔一六〕，其妻妬之。興怒，以妻爲婢，爲女給使。郡縣以聞，張駿大驚曰：「自古所未聞也！將爲怪乎！」於姑臧市轘殺之。是月，沈陰昏暝，霧霾四塞。此節見御覽六百四十五。

乙巳。駿二十一年〔一七〕穆永和元年。　以世子重華爲五官中郎將、涼州刺史。始置百官，官號皆擬天朝，車服旌旗，一如王者〔一八〕。

酒泉太守馬岌上言：「酒泉南山，即崑崙之體也。周穆王見西王母樂而忘歸，即在此山。此山有石室、玉室〔一九〕，二字一作「王母堂」。珠璣鏤飾，煥若神宮。以上數句亦見御覽三十八。禹貢：崑崙在臨羌一作「江」。之西，即此明矣〔二〇〕。宜立西王母祠，以裨朝廷無疆之福。」駿從之。

丙午。駿二十二年永和二年。　五月，駿有疾，夢出遊不識其處，見一玄黿向之張口而言：「更九日，當有嘉問。」遂經九日〔二一〕，以上見御覽四百。　六月，薨於正德前殿〔二二〕。在位二十二年，時年四十。私謚曰文公，晉穆帝遣策贈大司馬〔二三〕，謚曰忠成公。七月，葬大陵。張祚僭號，追尊文王，廟號世祖〔二四〕。

校勘記

〔一〕初建興中至猶稱建興二十一年　本傳此節在後。

〔二〕駿十年至往來不絶　此節本傳在後。「駿十年」，本傳作「九年」，謂咸和九年。

〔三〕讌羣寮於閑豫堂　見御覽卷四五四引，本傳無。

〔四〕性嚴猛　見初學記卷一八諷諫「屏几改容免冠頓首」條引、書鈔卷一〇〇引、御覽卷四五四引，本傳無。

〔五〕且微黄君　「黄君」，本傳同，初學記卷一八諷諫「屏几改容免冠頓首」條引、書鈔卷一〇〇引、御覽卷四五四引作「黄生」。

〔六〕宣以其部將張植爲前鋒　見屠本卷七二、晉書卷九七焉耆傳，本傳無。

〔七〕六月至祭天而去　見御覽卷一一引，本傳無。御覽引文前云：「張植爲西域校尉，與奮威將軍牛霸率騎救張沖。」其事不見他書，輯補以此爲張沖降於麻秋時事，見下卷張重華傳。

〔八〕駿十二年　纂録、偏霸部並作「十二月」，事在八年立世子事後。

〔九〕姝好　纂録同，下校「二作『殊』」，偏霸部作「殊好」。

〔一〇〕以春三月居之　本傳此句下有「章服器物皆依方色」。

〔一一〕十四年五月至極言得失　見偏霸部，本傳無。

〔一二〕十五年至行涼州事　見偏霸部，本傳無。

〔一三〕孟池縣人夜怪室如晝曉　「人」，原作「有」，據御覽卷八七四引改。

〔一四〕起視西北間有光明照地　御覽卷八七四引作「起視有門光明照地」，「起視」下有小字「見西北開」。

〔一五〕十九年至金澤縣　見偏霸部，本傳無。

〔一六〕以女爲妾　「妾」，屠本卷七二同，御覽卷六四五引作「妻」。

〔一七〕駿二十一年　本傳作「永和元年」，偏霸部作「二十一年」。

〔一八〕始置百官至一如王者　見偏霸部，本傳無。

〔一九〕此山有石室玉室　「玉室」，本傳作「玉堂」，偏霸部、御覽卷三八引作「王母堂」。

〔二〇〕禹貢至即此明矣　見偏霸部、屠本卷七二，本傳無。「臨羌」，偏霸部同，屠本卷七二作「臨江」。

〔二一〕二十二年五月至遂經九日　見御覽卷四〇〇引，本傳無。「二十二年」，御覽誤作「十二年」。

〔三二〕六月薨於正德前殿　見偏霸部，本傳無。

〔三三〕遣策贈大司馬　見偏霸部，本傳無。

〔三四〕七月至廟號世祖　見偏霸部，本傳無。

十六國春秋輯補卷七十一

前涼録五

張重華

張重華字泰臨，駿之第二子也。寬和懿重，沈毅少言。駿薨，時年十六，以永和二年右長史任處上華爲使持節〔一〕、大都督、太尉、涼州牧、護羌校尉、西平公，假涼王，大赦其境内。尊其母嚴氏爲太王太后，居永訓宫；所生母馬氏爲王太后，居永壽宫。輕賦斂，除關税，省園囿，以恤貧窮。

遣使奉章於石季龍。季龍使王擢、麻秋、孫伏都等侵寇不輟。秋伐武威，金城太守張沖告急。張植爲西域校尉，與奮威將軍牛霸率騎救沖，聞城陷，乃還〔二〕。依御覽十一引補。沖降於秋。張沖字長思，燉煌人。散家財巨萬，施之鄉閭，時人爲之謡曰「推財不疑張長思」。依御覽四百七十七引補。金城令車濟死之〔三〕。車濟字萬度，燉煌人也。果毅有大量，重華以爲金城令，爲石虎將麻秋所陷。濟不爲秋屈，秋必欲降之，乃臨之以兵。濟辭色不撓，曰：「吾雖才非龐德，而受任同之。身可殺，志不可移。」乃伏劍而死。秋歎其忠節，以禮葬之。後重華迎致其喪，親臨慟哭，贈宜禾都尉。依晉書忠義傳録。

於是涼州振動。重華掃境内，使其征南將軍裴恒禦之。恒壁於廣武，欲以持久弊之。牧府相司馬張耽言於重華曰：「臣聞國以兵爲强，以將爲主。主將者，存亡之機，吉凶所繫，故燕任樂毅，剋平全齊，及任騎劫，喪七十城之地，是以古之明君靡不慎於將相也。今之所要，在於軍帥。然議者舉將多推宿舊，未必妙盡精才也，且韓信之舉，非舊名也，穰苴之信，非舊將也，呂蒙之進，非舊勳也，魏延之用，非舊德也，蓋明王之舉，舉無常人，才之所能，則授以大事。今强寇在郊，諸將不進，人情騷動，危機稍逼。主簿謝艾，兼資文武，明識兵略，若授以斧鉞，委以專征，必能折衝禦侮，殲殄凶類。」重華召艾問以討寇方略，艾曰：「昔耿弇不欲以賊遺君父，黄權願以萬人當寇。乞假臣兵七千，爲殿下吞王擢、麻秋等。」重華大悦，以艾爲中堅將軍，配步騎五千擊秋。引師出振武，夜有二梟鳴於牙中，艾曰：「梟，邀也，六博得梟者勝，今梟鳴牙中，剋敵之兆。」於是進戰，大破之，斬首五千級。此段亦見御覽二百九十五。重華封艾爲福禄伯，善待之。諸寵貴惡其賢，共毁譖之，乃出爲酒泉太守。

季龍又令麻秋進陷大夏，大夏護軍梁式執太守宋晏，以城應秋。秋遣晏以書誘致宛戍都尉宋矩。宋矩至，謂秋曰：「辭父事君，當立功義，功義不立，當守名節。矩終不背主覆宗〔四〕，偷生於世。」於是先殺妻子，自刎而死。秋曰：「義士也。」命吏人葬之。重華嘉其誠節，賜振威將軍〔五〕。此亦見御覽四百十八引補。

是月，有司議遣司兵趙長迎秋西郊，謝艾以春秋之義，國有大喪，省蒐狩之禮，宜待踰年。別駕從事索遐議曰：「禮，天子崩、諸侯薨，未殯，五祀不行，既殯而行之。魯宣公三年，天王崩，不廢郊祀。今聖上統承大位，百揆惟新，宜在璿璣玉衡，以齊七政。立秋，萬物將成，殺氣之始，其於王事，杖麾誓衆，釁鼓禮神，所以討逆除暴，成功濟務，寧宗廟社稷，致天下之福，不可廢也。」重華從之。

丁未。永樂元年〔六〕晉永和三年，建元永樂。麻秋進攻枹罕，晉陽太守郎坦以城大難守，宜棄外城。武威太守張悛曰〔七〕：「棄外城則大事去矣，不可以動衆心。」寧戎校尉張璩從之，固守大城。秋率衆八萬，圍塹數重，雲梯雹一作「抛」。車〔八〕，地突百道，皆通於內。城中亦起雲梯抛車，穿地以應之〔九〕，殺傷秋衆已數萬。以上亦見御覽三百三十六。季龍復遣其將劉渾等率步騎二萬會之。郎坦恨言之不從，教軍士李嘉潛與秋通，引賊千餘人上城西北隅。璩使宋修、張弘、辛挹、郭普距之，短兵接戰，斬二百餘人，賊乃退。璩戮李嘉以狥，燒其攻具。秋退保大夏，謂諸將曰：「我用兵於五都之間，攻城略地，往無不捷。及登秦隴，謂有征無戰，豈悟南襲仇池，破軍殺將，築城長最，匹馬不歸，及攻此城，傷兵挫鋭。殆天所贊，非人力也。」季龍聞而歎曰：「吾以偏師定九州，今以九州之力困於枹罕，真所謂彼有人焉，未可圖也。」

重華以謝艾爲使持節、軍師將軍，率步騎三萬，進軍臨河，秋以三萬衆距之。艾乘軺車，冠白幍，鳴鼓而行。秋遥覩而怒曰：「艾年少書生，冠服如此，輕我也。」命黑矟龍驤三千人馳擊之。艾左右大擾，左戰帥李偉勸艾乘馬，艾不從，乃下車踞胡牀，指麾處分。賊以爲伏兵發也，懼不敢進。艾又遣將張瑁從左南緣河而截其後〔一〇〕，秋軍乃退。艾乘勝追擊，遂大敗之，斬秋將杜勳、汲漁，俘斬一萬三千級，秋匹馬奔大夏。此段亦見御覽二百九十四。重華論功，以謝艾爲太府左長史，進封福禄縣伯，邑五千户，帛八千匹。

麻秋又據枹罕，有衆十二萬，進屯河内。遣王擢略地晉興、廣武，越洪池嶺，至於曲柳，姑臧大震。重華議欲親出距之，謝艾固諫以爲不可。别駕從事索遐進曰：「賊衆甚盛，漸逼京畿。君者，國之鎮也，不可以親動。左長史謝艾文武兼資，國之方邵，宜委以推轂之任，殿下居中作鎮，授以筭略，小賊不足平也。」重華納之，於是以艾爲使持節、都督征討諸軍事，行衛將軍，遐爲軍正將軍，率步騎二萬距之。艾建牙旗，盟將士。有西北風吹旌旗東南指，遐曰：「風爲號令，今能令旗指之，天所贊也，破之必矣。」軍次神烏，王擢與前鋒戰敗，遁還河南。艾還討叛虜斯骨真萬餘落，破之，斬首千餘級，俘擒二千八百，獲牛羊十餘萬頭。

戊申。永樂二年　重華自以連破勍敵，頗怠政事，希接賓客。司直索遐諫曰：「殿下承四聖之基，當昇平之會，荷當今之任，憂率土之塗炭，宜躬親萬機，開延英乂，夙夜乾乾，勉之庶政。自頃內外囂然，皆云去賊投誠者應即撫慰，而彌日不接。國老朝賢，當虛己引納，詢訪政事，比多經旬積朔，不留意接之。文奏入內，歷月不省，廢替見務。注情於棋奕之間，繾綣左右小臣之娛，不存將相遠大之謀。至使親臣不言，朝吏杜口，愚臣所以迴惶忘寢與食也。今王室如燬，百姓倒懸，正是殿下銜膽茹辛厲心之日。深願垂心朝政，延納直言，周爰五美，以成六德，捐彼近習，彌塞外聲，修政聽朝，使下觀而化。」重華覽之大悦，優文答謝，然不之改也。

己酉。永樂三年永和五年。九月，晉遣使者侍御史俞歸拜重華侍中、大都督隴右諸軍事、大將軍、涼州刺史，領護羌校尉、假節、西平公。重華以位號未稱，怒不受詔。羣寮上重華爲丞相、涼王、雍秦涼三州牧〔一一〕。

庚戌。永樂四年　重華好與羣小游戲，屢出錢帛以賜左右。從事一作「徵士」。索振諫曰〔一二〕：「先王寢不安席，志平天下，故繕甲兵，積資實。大業未就，懷恨九泉。殿下遭巨寇於諒闇之中，賴重餌以挫勍敵，今遺燼尚廣，倉帑虛竭，金帛之費，所宜慎之。昔世祖即位，躬親萬機，章奏詣闕，報不終日，故能隆中興之業，定萬世之功。今章奏停滯，動經時月，下情不得上達，哀窮困於囹圄。蓋非明王之事，臣竊未安。」重華善之。此段載記在後，依屠本移此。

辛亥。永樂五年永和七年。重華讌羣寮於閑預庭，講論經義，顧問索綏曰：「孔子婦誰家女？老聃父字爲何？四皓既安太子，住乎？還山乎？」綏曰：「孔子婦姓亓官氏女。聃父名乾，字元杲，胎則一作「刖」。無耳，一目不明，孤單。年七十二，無妻，與鄰人益壽氏老女野合，懷胎八十年，乃生老子。四皓還否，臣所未悉。」重華曰：「卿不知乎？四皓死於長安，有四皓冢，爲不還山也。」〔一三〕

是時，石季龍西中郎將王擢屯結隴上，爲苻雄所破，奔重華。重華厚寵之，以爲征虜將軍、秦州刺史、假節。

壬子。永樂六年　使張弘、宗悠率步騎萬五千配擢伐苻健。健遣苻碩禦之，戰於龍黎，擢等大敗，單騎而還，弘、悠皆没。重華痛之，素服爲戰亡吏士舉哀號慟，各遣弔問其家。復授擢兵，使攻秦州，剋之。

遣使上疏曰：「季龍自斃，遺燼游魂，取亂侮亡，覩機則發。臣今遣前鋒都督裴恒步騎七萬，遥出隴上，以俟聖朝赫然之威。山東騷擾，不足厝懷，長安膏腴，宜速平蕩。臣守任西荒，山川悠遠，大誓六軍，不及聽受之末，猛虎鷹揚，不豫告成之次。瞻雲望日，孤憤義傷，彈劒慷慨，中情藴結。」於是康獻皇后詔報，遣使進重華爲涼州牧。是時御史俞歸至涼州，重華方謀爲涼王，不肯受詔。使親信人沈猛謂歸曰：「我家主公奕世忠於晉室，而不如鮮卑矣。臺加慕容儁燕王，今甫授州主大將軍，何以加勸有功忠義之臣乎？明臺今且移河右，共勸州主爲涼王。大夫出使，苟利社稷，專之可也。」歸對曰：「王者之制，異姓不得稱王，九州之内，重爵不得過公。漢高一時王異姓，尋皆誅滅，蓋權時之宜，非舊體也。故王陵曰：『非劉氏而王，天下共伐之。』至於戎狄，不從此例。春秋時吳楚稱王而諸侯不以爲非者，蓋蠻夷畜之也。假令齊魯稱王，諸侯豈不伐之？故聖上以貴公忠賢，是以爵以上公，位以方伯，鮮卑北狄，豈足爲比哉？子失問也。且吾又聞之，有殊勳絶世者亦有不世之賞，若今便以貴公爲王者，設貴公以河右之衆南平巴蜀、東掃趙魏、修復舊都，以迎天子，天子復以何爵何位可以加賞？幸三思之。」猛具宣歸言，重華遂止。後將受詔，未及而卒。

癸丑。永樂七年永和九年。十月，重華寢疾臨春坊，遣左長史馬岌策拜子靈曜爲世子，大赦境内。十一月，薨於平章殿〔一四〕。年二十七，「七」當作「四」。在位十一「十一」當作「八」。年。葬顯陵〔一五〕，私謚曰昭公，後改曰桓公，穆帝賜謚曰敬烈。張祚僭號，追謚桓王，廟號世祖〔一六〕。子靈曜一作「耀靈」。嗣。

張靈曜〔一七〕

靈曜字元舒，年十歲嗣事，稱大司馬、校尉、刺史、西平公。伯父長寧侯祚性傾巧，善承内外，初與重華寵臣趙長、尉緝等結異姓兄弟。長等矯稱重華遺令，以祚爲持節、督中外諸軍、撫軍將軍，輔政。長等議以靈曜沖幼，時難未夷，宜立長君。祚先烝重華母馬氏，馬氏遂從緝議，命廢靈曜爲涼寧侯，而立祚。祚尋使楊秋胡害靈曜於東苑，埋之於沙坑，私謚曰哀公。

校勘記

〔一〕右長史任處上華爲使持節　偏霸部同，本傳作「自稱持節」。

〔二〕秋伐武威至聞城陷乃還　「秋伐武威金城太守張沖告急」、「聞城陷乃還」，略見屠本卷七五張植傳，御覽卷一一一引無。

〔三〕金城令車濟死之　本傳無。

〔四〕背主覆宗　「覆宗」，見御覽卷四一八引，本傳無。

〔五〕秋曰義士也至賜振威將軍　見御覽卷四一八引，本傳無。

〔六〕永樂元年　永樂年號不見於本傳、偏霸部，參見本書卷六八校勘記〔八〕。

〔七〕武威太守張悛　「武威」，屠本卷七三同，本傳作「武城」，通鑑卷九七作「武成」。

〔八〕雲梯雹車　「雹」，本傳同，御覽卷三三六引作「抛」。

〔九〕城中亦起雲梯抛車穿地以應之　「起雲梯抛車穿地以」，見御覽卷三三六引，本傳無。

〔一〇〕艾又遣將　見御覽卷二九四引，本傳無。

〔一一〕三年九月至三州牧　「三年九月」，見偏霸部，本傳無。「侍中」至「西平公」，偏霸部無「假節」，本傳作「護羌校尉、涼州刺史、假節」。「重華以位號未稱」至「雍秦涼三州牧」，見偏霸部，本傳無。

〔一二〕從事索振　屠本卷七三作「從事」，下校「一作『徵士』」，本傳作「徵事」。

〔一三〕五年至爲不還山也　見偏霸部，本傳無。「則」，偏霸部同，纂録作「刖」。「八十年」，纂録同，偏霸部作「十年」。

〔一四〕七年十月至薨於平章殿　見偏霸部，本傳無。

〔一五〕葬顯陵　見偏霸部，本傳無。

〔一六〕張祚僭號至廟號世祖　見偏霸部，本傳無。

〔一七〕張靈曜之名，本傳、晉書穆帝紀、五行志並作「耀靈」，魏書序紀、張寔傳、通鑑並作「曜靈」，偏霸部引作「靈曜」。輯補前涼録皆作「靈曜」。

十六國春秋輯補卷七十二

前涼録六

張祚

張祚字太伯，駿之長庶子〔一〕。博學雄武，有政治之才〔二〕。駿之二十一年，拜延興太守，封長寧侯。重華薨，子靈曜嗣，七年十一月，右長史趙長等矯稱遺令，以祚爲使持節、都督中外諸軍事、撫軍大將軍，輔政。十二月，趙長等議以靈曜沖幼，世難未夷，宜立長君，廢曜爲寧涼侯〔三〕，立祚爲大都督、大將軍、護羌校尉、涼州牧、涼公〔四〕。淫暴不道，又通重華妻裴氏，自閤内媵妾及駿、重華未嫁子女，無不暴亂，國人相目，咸賦牆茨之詩。

甲寅。和平元年〔五〕永和十年。祚納尉緝、趙長等議，僭即王位一作「僭稱帝位」。於謙光殿〔六〕，立宗廟，舞八佾，置百官。下書曰：「昔金行失馭，戎狄亂華，胡羯氐羌，咸懷窺璽。我武公以神武撥亂，保寧西夏，貢款勤王，旬朔不絶。四祖承光，忠誠彌著，往受晉禪，天下所知，謙沖遜讓，四十年於兹矣。今中原喪亂，華裔無主，羣后僉以九州之望，無所依歸，神祇嶽瀆，罔所憑係，逼孤攝行大統，以一四海之心。辭不獲已，勉從羣議，待掃穢二京，蕩清周魏，然後迎帝舊都，謝罪天闕，思與兆庶同兹更始。」改建興四十二年爲和平元年，赦殊死，賜鰥寡帛，加文武爵各一級。追崇曾祖軌爲武王，祖寔爲昭王，從祖茂爲成王，父駿爲文王，弟重華爲明王。立妻叱干二字一作「辛」。氏爲王一作「皇」。后，子泰和爲太子〔七〕。封弟天錫爲長寧侯，一作「王」。子庭堅爲建康侯，原作「王」。重華少子玄靖一作「靚」。爲涼武侯〔八〕。

二月，郊祀天地〔九〕。其夜，天有光如車蓋，聲若雷霆，震動城邑。明日，大風拔木，天晦黑，風冥闇〔一〇〕。此句見御覽八百七十八〔一一〕，依以補。災異屢見，而祚凶虐愈甚。其尚書馬岌以切諫免官，郎中丁琪又諫曰：「先公累執忠節，遠宗吴會，持盈守謙，五十餘載。蒼生所以鵠企西望、四海所以注心大涼、皇天垂贊，士庶效死者，正以先公道高彭昆，忠踰西伯，萬里通虔，任節不貳也。故能以一州之衆，抗崩天之虜，師徒歲起，人不告疲。陛下雖以大聖雄姿，纂戎鴻緒，勳德未高於先公，而行革命之事，臣竊未見其可。華夷所以歸係大涼，義兵所以千里響赴者，以陛下爲本朝之故。今既自尊，人斯高競，一隅之地，何以當中國之師。城峻衢生，負乘致寇，惟陛下圖之。」祚大怒，斬之於闕下。

遣其將和昊率衆伐驪靬戎於南山，大敗而還。

太尉桓温入關，王擢時鎮隴西，馳使於祚，言温善用兵，勢在難測。祚既震懼，又慮擢反噬，即召馬岌復位而與之謀。密遣親人刺擢，事覺不剋。益懼，大聚衆，聲言東征，實欲西保燉煌，會温還而止。更遣其平東將軍秦州刺史牛霸、司兵張芳率三千人擊擢，破之。擢奔於苻健。

乙卯。二年〔一二〕永和十一年。其國中五月雨雪霜降，殺苗稼果實，行人凍死〔一三〕。

祚宗人張瓘時鎮枹罕，祚惡其强，遣其將易揣、張玲率步騎萬三千以襲之。又廣徵兵三十餘道，入擊南山諸種夷〔一四〕。其時張掖人王鸞頗知神道，上書諫言：「軍不可行，出不復還，涼國將有不利一作「大變」。矣。」〔一五〕祚大怒，以鸞爲妖言沮衆，斬之以上亦略見御覽八百七十八。以狗，三軍乃發。鸞臨刑曰：「我死不二十日，軍必敗。」時有神降於玄武殿，自稱玄冥，與人交語。祚日夜祈之，神言與之福利，祚甚信之。

祚又遣張掖太守索孚代瓘鎮枹罕，爲瓘所殺。

索孚字國明，燉煌人。善射，十中八九。或謂之曰：「射有法乎？」孚曰：「射之爲法，猶人主之治天下也。射者，弓有强弱，矢有銖兩，弓不合度，矢不端直，雖逢蒙不能以中。才不稱官，萬務荒怠，雖有堯舜之君，亦無以爲治也。」此見御覽七百四十四引。

玲等濟河未畢，又爲瓘兵所破。揣單騎奔走，瓘軍躡之，祚衆震懼。

征東張瓘遣兵傳檄廢祚，以侯還第，復立靈曜〔一六〕。

八月，祚收瓘弟琚及其子嵩等。驍騎將軍宋混兄修素與祚有隙，祚疑之，混西奔，招合夷晉，聚衆至萬餘人以應瓘，還向姑臧。祚大懼，遣陽秋胡將靈曜於東苑，拉音獵。其腰而殺之，埋於沙坑〔一七〕。

九月，宋混次於武始大澤，爲靈曜發哀。閏月，混至姑臧〔一八〕。瓘弟琚及子嵩募數百市人，揚聲言：「張祚無道，我兄大軍已到城東，敢有舉手者誅三族。」祚衆披散。琚、嵩率衆入城。祚與嚴展、吴綽升飛鸞觀〔一九〕。一作「神雀觀」。張琚、張嵩殺祚守卒，死者四百餘人，斬西門關内混，領軍趙長開宫門以應琚〔二〇〕。征虜趙長、校尉張璹等懼罪，入謙光殿，呼重華母馬氏出殿，拜靈曜庶弟玄靖爲主〔二一〕。長馳入殿中，大呼稱萬歲。祚以長敗賊，下觀勞之〔二二〕。見混等〔二三〕，祚乃按劒殿上，大呼令左右死戰。祚既失衆心，莫有鬥志。祚愕然，便下曰：「欲殺我邪？」長曰：「然！」遂奮槊刺祚中額〔二四〕。此節亦略見御覽八百七十八。

揣等率衆入殿，收長殺之〔二五〕。祚奔入萬秋閣，爲厨士徐黑一作「里」。所殺〔二六〕。梟其首，宣示内外，暴尸道左，國内咸稱萬歲。祚篡立三年而亡，以庶人禮葬之。天錫即位，備禮改葬於愍陵，追謚威王，封子廷堅爲金澤侯〔二七〕。

張玄靖〔二八〕

張玄靖字元安，重華少子，母郭夫人。和平二年，宋混、張琚等上玄靖爲大都督、大將軍、涼州牧、護羌校尉、西平公，時年七歲〔二九〕。赦其境内，廢和平之號，復稱建興四十三年。誅祚二子。張瓘至姑臧，推立玄靖爲大將軍、涼王，自爲衛將軍，領兵萬人，使持節、都督中外諸軍事、尚書令、涼州牧、張掖郡公〔三〇〕，行大將軍事，改易僚屬。有隴西人李儼誅大姓彭、姚，自立於隴右，奉中興年號，百姓悦之。玄靖遣牛霸率衆討之，未達，而西平人衛綝又據郡叛，霸衆潰，單騎而還。

丙辰。玄靖太始元年〔三一〕晉永和十二年。瓘先欲征綝，以兄珪在綝中爲疑。綝亦以弟在瓘中，故彼我經年不相伐。西平人郭勛解天文，不應州郡之命，綝禮聘之。勛曰：「張氏應衰，衛氏當興，豈得以一弟而滅一門，宜速伐瓘。」綝將從之。瓘遣弟琚領大衆征綝，敗之。西平田旋要酒泉太守馬基背瓘應絣，旋謂基曰：「絣擊其東，我等絶其西，不六旬，天下可定，斯閉口捕舌也。」基許之。瓘遣司馬張姚、王國將二千人伐基，敗之，斬基、旋二人之首，傳姑臧。瓘兄弟强盛，負其勳力，有簒立之謀。

丁巳。二年晉升平元年。右將軍宋熙請取天龜觀壞以爲宅〔三二〕。此見初學記八引。

戊午。三年

己未。四年　五月，東苑大冢上忽有地陷爲澤，地燃廣袤數丈。執法御史杜逸言於瓘曰：「此皆變之大者，可移之他族。」瓘徵兵數萬集於姑臧，謀討宋氏〔三三〕。輔國宋混與弟澄及左右壯士楊和等四十餘騎奔入南城，一作「門」。申令諸營曰：「張瓘謀逆，被太后詔誅之。」俄而衆至二千。瓘率衆出戰，混擊敗之，衆悉去，瓘自殺，混盡夷其屬。入見〔三四〕。玄靖以混爲使持節、都督中外諸軍事、車騎大將軍、酒泉郡侯，假節，輔政〔三五〕。六月，大風震雷晦冥，宮中雨水深四尺。時宋混兄弟擅權，玄靖虚坐而已。此節依御覽八百七十六引補。

庚申。五年　六月，大旱，令諸祈雨之官皆詠雲漢詩。儒林祭酒索綏曰：「雲漢陳周宣之美，非祈旱之文。昔神鼎之出漢，虞丘不賀，今辭與事違，恐非致澤之意也。」綏字士艾，燉煌人。父戢，晉司徒。綏家貧好學，舉孝廉，爲記室祭酒，母喪去官，又舉秀才。著涼春秋五十卷，又作六夷頌、符命傳十餘篇，以著述之功封平樂亭侯〔三六〕。

辛酉。六年〔三七〕升平五年。

宋混卒，又以澄代之。玄靖右司馬張邕惡澄專擅，殺之，遂滅宋氏。玄靖乃以邕爲中護軍，叔父天錫爲中領軍，共輔政。

邕自以功大，驕矜淫縱，又通馬氏，樹黨專權，國人患之。天錫腹心郭增、劉肅二人並年十八九，因寢謂天錫曰：「天下事欲未静。」天錫曰：「何謂也？」二人曰：「今護軍出入，有似長寧。」天錫大驚曰：「我早疑之，未敢出口。計當云何？」肅曰：「政當速除之耳。」天錫曰：「安得其人？」肅曰：「肅即是也。」天錫曰：「汝年少，更求可與謀者。」肅曰：「趙白駒及肅二人，足以辦之矣。」於是天錫從兵四百人，與邕俱入朝，肅與白駒剔刀鞘出刃，從天錫入。值邕於門下，肅斫之不中，白駒繼之，又不剋，二人與天錫俱入禁中。邕得逸走，因率甲士三百餘人，反攻禁門。天錫上屋大呼，謂將士曰：「張邕凶逆，所行無道，諸宋何罪，盡誅滅之？傾覆國家，肆亂社稷。我不惜死，實懼大人廢祀，事不獲已故耳。我家門户事，而將士豈可以干戈見向！今之所取，邕身而已，天地有靈，吾不食言！」邕衆聞之，悉散走，邕以劒自刎而死。於是悉誅邕黨，天錫以使持節、都督中外諸軍輔政〔三八〕。

玄靖年既幼沖，性又仁弱，天錫既剋邕，專掌朝政，改建興四十九年奉升平之號。

壬戌。七年晉哀隆和元年。

癸亥。八年〔三九〕晉哀興寧元年。　駿妻馬氏卒，玄靖以其庶母郭氏爲太妃。郭氏以天錫專政，與大臣張欽等謀討之。事泄，欽等伏法。

右將軍劉肅一作「濟南」，故原誤作「齊肅」。等議，以靖多難務殷，須立長君，勸天錫自立〔四〇〕。閏月，天錫率衆入禁門，潛遣肅等夜害玄靖〔四一〕，宣言暴薨，時年十四，在位九年。葬平陵，私謚曰沖公〔四二〕，一作「王」。孝武帝賜謚曰敬悼公。

校勘記

〔一〕駿之長庶子　見偏霸部，本傳無。

〔二〕有政治之才　「治」，偏霸部同，本傳作「事」。

〔三〕駿之二十一年至廢曜爲寧涼侯　見偏霸部，本傳無。「長寧侯」，纂録、晉書張耀靈傳同，偏霸部作「寧侯」。「寧涼侯」，纂録同，偏霸部、晉書張耀靈傳作「涼寧侯」。

〔四〕立祚爲至涼公　偏霸部無「大都督」，本傳作：「既立，自稱大都督、大將軍、涼州牧、涼公。」

〔五〕和平元年　本傳作「永和十年」。

〔六〕僭即王位　偏霸部同，本傳作「僭稱帝位」。

〔七〕立妻至太子　「叱干氏」，偏霸部同，本傳作「辛氏」。「王后」，屠本卷七三同，偏霸部、本傳作「皇后」。「泰和」，本傳同，偏霸部作「太和」。

〔八〕封弟天錫至涼武侯　「長寧侯」，偏霸部同，本傳作「長寧王」。「子庭堅爲建康侯」，本傳「侯」作「王」，偏霸部無此句。「玄靖」，偏霸部同，本傳作「玄靚」。

〔九〕二月郊祀天地　見偏霸部，本傳無。

〔一〇〕天晦黑風冥闇　本傳無，御覽卷八七八引「天晦」作「大會」。

〔一一〕「八百七十八」，原誤「八百七十七」，今改。

〔一二〕二年　御覽卷八七八引作「張祚和平元年」，本傳無。

〔一三〕其國中至凍死　「雨雪」、「行人凍死」，見御覽卷八七八引，本傳無。

〔一四〕廣徵兵三十餘道入擊南山諸種夷　御覽卷八七八引無「夷」字，本傳無此句。

〔一五〕上書諫言至將有不利矣　本傳作：「言於祚曰：『軍出不復還，涼國將有不利矣。』」御覽卷八七八引作：「上書諫言：『軍不可行，行有大變。』」

〔一六〕征東張瓘至復立靈曜　見偏霸部，本傳無。

〔一七〕八月至埋於沙坑　偏霸部無「以應瓘」，本傳此節作：「敦煌人宋混與弟澄等聚衆以應瓘。」「陽秋胡」，纂録同，偏霸部、晉書張耀靈傳「陽」作「楊」。

〔一八〕九月至混至姑臧　見偏霸部，本傳無。

〔一九〕祚與嚴展吴綽升飛鸞觀　御覽卷八七八引同，偏霸部作「祚登神雀觀」，本傳無此句。

〔二〇〕張琚張嵩至以應琚　見偏霸部，本傳無。

〔二一〕征虜趙長至玄靖爲主　本傳此節在「瓘弟琚及子嵩募數百市人」前，輯補張祚敗亡事以纂録爲本，乃爲之顛倒本傳文句。「征虜」、「校尉」，見御覽卷八七八引，本傳無。「入謙光殿」，御覽卷八七八引同，本傳作「入閤」。

〔二二〕長馳入殿中至下觀勞之　見偏霸部，本傳無。

〔二三〕見混等　見屠本卷七三，偏霸部、本傳並無。

〔二四〕祚愕然至中額　「祚愕然」至「長曰然」，見御覽卷八七八引，本傳無。「奮槊刺祚中額」，見偏霸部，本傳無。

〔二五〕揣等率衆入殿收長殺之　本傳「收」作「伐」，句在「瓘弟琚及子嵩募數百市人」前、「拜耀靈庶弟玄靚爲主」後。

〔二六〕祚奔入萬秋閣爲厨士徐黑所殺　見偏霸部，本傳無。「徐黑」，纂録同，下校「一作『里』」，偏霸部作「徐里」。

〔二七〕天錫即位至金澤侯　見偏霸部，本傳無。

〔二八〕張玄靖之名，偏霸部引前涼録、魏書序紀、張寔傳同，晉書、通鑑作「玄靚」。輯補前涼録皆作「玄靖」。

〔二九〕張玄靖字元安至時年七歲　偏霸部無「大都督」，本傳作：「玄靚字元安。既立，自號大都督、大將軍、校尉、涼州牧、西平公。」

〔三〇〕張瓘至姑臧至張掖郡公　偏霸部無「衛將軍領兵萬人」，本傳作：「以張瓘爲衛將軍，領兵萬人。」

〔三一〕太始元年　太始年號不見於本傳、御覽卷一二四引，參見本書卷六八校勘記〔八〕。

〔三二〕二年至壞以爲宅　初學記卷八隴右道「龜觀鳥城」條引「二年」作「前涼張玄静時」，本傳無此節。

〔三三〕四年五月至謀討宋氏　見偏霸部，亦略見於屠本卷七四、魏書卷九九張玄靖傳，本傳無。「地陷爲澤」，纂録、屠本同，偏霸部作「池東天澤」，按魏書張玄靖傳有「東苑大冢上忽有池水，城東大澤地忽火燃，廣數里」之語，偏霸部「天澤」或爲「大澤」之誤。「丈」，纂録、屠本同，偏霸部作「大」。

〔三四〕輔國宋混與弟澄至入見　偏霸部「輔國宋混」作「混」，「奔入」作「奄入」，無「盡夷其屬」。本傳此節作：「輔國宋混與弟澄共討瓘，盡夷其屬。」「南城」，偏霸部同，纂録下校「一作『門』」。

〔三五〕玄靖以混爲至假節輔政　本傳無「使持節」、「酒泉郡侯」，偏霸部「車騎」作「驃騎」，無「假節」。

〔三六〕五年六月至平樂亭侯　見偏霸部，本傳無。「祈旱之文」，纂録同，偏霸部無「祈」字。

〔三七〕六年　見偏霸部，本傳無。

〔三八〕天錫以使持節都督中外諸軍輔政　見偏霸部，本傳無。

〔三九〕八年　纂録同，偏霸部作「八月」，接六年事後，下敘劉肅等勸天錫自立事。本傳作「興寧元年」。

〔四〇〕右將軍劉肅至勸天錫自立　見偏霸部，本傳無，亦略見於屠本卷七四、通鑑卷一〇一。「劉肅」，屠本、通鑑同，屠本下校「一作『濟南』」，偏霸部作「齊肅」。按下文張天錫傳謂張邕之誅，劉肅有勳，作「劉肅」是。

〔四一〕閏月至夜害玄靖　「閏月」，偏霸部同，本傳作「是歲」。「遣肅等夜」，見偏霸部，本傳無。

〔四二〕葬平陵私謚曰沖公　「葬平陵」，見偏霸部，本傳無。「沖公」，本傳同，偏霸部作「沖王」。

十六國春秋輯補卷七十三

前涼録七

張天錫

張天錫字純嘏，駿之少子也，小名獨活。初字公純嘏，入朝，人笑其三字，因自改焉。母曰劉美人〔一〕。玄靖八年即位，年十八，謁於太廟，尊母劉氏爲太后〔二〕，自號大將軍、校尉、涼州牧、西平公。遣司馬綸騫奉章請命，并送御史俞歸還京都。

甲子。天錫元年　四月，秦遣鴻臚回國拜天錫大將軍、涼州牧、西平公〔三〕。

乙丑。二年晉興寧三年。天錫元日與嬖褻飲，既不受羣寮朝賀，又不朝於永訓宮。從事郎中張憲一作「慮」。輿櫬切諫〔四〕，不納。此節依御覽四百五十四引補。

丙寅。三年太和元年。姑臧北山楊樹生松葉，西苑牝鹿生角，東苑銅佛生毛。四月，延興地震，陷裂水出。上三句亦見御覽八百八十引。天錫避正殿，引咎責躬〔五〕。

詔以天錫爲大將軍、大都督、督隴右關中諸軍事、護羌校尉、涼州刺史、西平公〔六〕。天錫數宴園池，政事頗廢，蕩難將軍、校書祭酒索商上疏極諫。天錫答曰：「吾非好行，行有得也。觀朝榮，則敬才秀之士；翫芝蘭，則愛德行之臣；覩松竹，則思貞操之賢；臨清流，則貴廉絜之行；覽蔓草，則賤貪穢之吏；逢飈風，則惡凶狡之徒。若引而申之，觸類而長之，庶無遺漏矣。」

戊辰。五年　羌廉岐自稱益州刺史，率略陽四千家背苻堅就李儼。

丁卯。四年　天錫自往討之。以別駕楊遹爲監前鋒軍事、前將軍，趣金城，晉興相常據爲使持節、征東將軍，向左南，游擊將軍張統出白土，天錫自率三萬人次倉松，伐儼。儼大敗，入城固守，遣子純求救於苻堅。堅使其將王猛救之，天錫敗績，死者十二三，天錫乃還。

己巳。六年　立子大懷爲世子。

庚午。七年　晉遣使拜隴右關中諸軍、大將軍、涼州牧、西平公〔七〕。

辛未。八年咸安元年。　郡國火燃於泥中三十所〔八〕。自天錫之嗣事也，連年地震山崩，水泉湧出，柳化爲松，火生泥中。而天錫荒於聲色，不恤政事。

初，安定梁景、燉煌劉肅並以門胄，總角與天錫友昵。張邕之誅，肅、景有勳，天錫深德之，賜姓張氏，又改其字以爲己子〔九〕，天錫諸子皆以「大」爲字，故景曰大奕，肅曰大誠。景、肅等俱參政事，人情怨懼。從弟從事中郎憲切諫，不納。

時苻堅强盛，復有并兼之規〔一〇〕，每攻之，兵無寧歲。天錫大懼，乃立壇刑牲，率典軍將軍張寧、中堅將軍馬芮等，遥與晉三公盟誓，獻書大司馬桓温，剋其年夏誓同大舉，都會上邽〔一一〕。遣從事中郎韓博、奮節將軍康妙奉表於晉，并送盟文。博有口才，温甚稱之。嘗大會，温使司馬刁彝嘲之。彝謂博曰：「君是韓盧後邪？」博曰：「卿是韓盧後。」温笑曰：「刁以君姓韓，故相問焉。他自姓刁，那得韓盧後邪？」博曰：「明公脱未之思，短尾者則爲刁也。」一坐推歎焉。

時少府長史紀瑞上疏論時政曰〔一二〕：「臣聞東野善馭而敗其駕，秦氏富强而覆其國。馬力已盡，求之弗休，人既勞竭，役之無已故也。造父之御，不盡其馬，虞舜之治，不窮其人，故造父無失御，虞舜無失人。」此段依御覽六百二十三引補。

九年晉簡文咸安二年。壬申。天錫母劉氏卒。

時備禮徵處士郭瑀〔一三〕。郭瑀字元瑜，燉煌人也。少有超俗之操，東游張掖，師事郭荷，盡傳其業。精通經義，雅辯談論，多才藝，善屬文。荷卒，瑀以爲父生之，師成之，君爵之，而五服之制，師不服重，蓋聖人謙也，遂服斬衰，廬墓三年。禮畢，隱於臨松之薤谷，鑿石窟而居，服柏實以輕身。作春秋墨說、孝經錯緯，弟子著録千餘人。天錫遣使者孟公明持節，以蒲輪玄纁備禮徵之。遺瑀書曰：「先生潛光九皋，懷真獨遠，心與至境冥符，志與四時消息，豈知蒼生倒懸，四海待拯者乎？孤忝承時運，負荷大業，思與賢明同贊帝道。昔傅説龍翔殷朝，尚父鷹揚周室，孔聖車不停軌，墨子駕不俟旦，皆以黔首之禍不可以不救，君不獨立，道由人弘故也。況今九服分爲狄場，二都盡爲戎穴，天子僻陋江東，名教淪於左衽，創毒之甚，開闢未聞。先生懷濟世之才，坐觀而不救，其於仁智，孤竊疑焉。故遣使者虚左授綏，鵠一作「鶴」。企先生，乃眷下國。」公明至山，瑀指鴻以示之曰：「此鳥也，安可籠哉？」遂深逃絶迹。公明拘其門人，瑀歎曰：「吾逃禄，非逃罪也。豈得隱居行義，害及門人。」乃出而就徵。及至姑臧，值天錫母卒，瑀括髪入弔，三踊而出，還於南山。及天錫滅，苻堅又以安車徵瑀定禮儀，會父喪而止。太守辛章遣書生三百人就受業焉（一四）。苻氏末，天錫子大豫起兵，王穆應之，遣使招瑀。詳見後涼吕光傳。

癸酉。十年晉孝武寧康元年。廢世子大懷爲使持節、鎮西將軍、高昌郡公，立嬖一作「次」。

子大豫爲世子，豫母焦氏爲左夫人〔一五〕。

七月，大水，地震，西平五十日中地十動，土樓崩。天錫疾。美人閻姬、薛姬皆自殺〔一六〕。二姬國色，並不如何許人也，有殊寵於天錫。天錫寢疾，謂之曰：「汝二人將何以報我？我死之後，豈可更爲人妻乎？」皆曰：「尊若不諱，妾請效死於前，供灑掃於地下，誓無他志。」及其疾篤，二姬皆自刎。十月，天錫疾瘳，大赦境内。追悼二姬，葬以夫人之禮〔一七〕。依晉書列女傳校補。

甲戌。十一年　有赤風昏闇。依御覽八百七十六引補。

乙亥。十二年

丙子。十三年晉太元元年。五月，苻堅遣武衛將軍苟萇、毛當、梁熙、姚萇等率衆十萬來伐〔一八〕，渡石城津。天錫集議，中録事席仂曰：「先公既有故事，徐思後變，此孫仲謀屈伸之略也。」衆以仂爲老怯，咸曰：「龍驤將軍馬達精兵萬人距之，必不敢進。」廣武太守辛章保城固守〔一九〕。章與晉興相彭知正、西平相趙疑謀曰：「馬達出於行陣，必不爲用，則秦軍深入，吾相與率三郡精卒，斷其糧運，決一朝命矣。」征東常據亦欲先擊姚萇，須天錫命。天錫率萬人頓金昌城。馬達率萬人逆萇等，因請降。兵人散走，常據、席仂皆戰死。常據字元琰，燉煌人也〔二〇〕。年十四，拜奉車都尉，從梁肅征隴右，與王擢遇於刑崗，相拒十餘日。據銜枚密擊，遂大破之，由是顯名。依御覽三百五十七引補。司兵趙充哲與萇苦戰，又死。天錫遣中衞將軍史景等拒戰赤岸，爲秦所敗，景亦没於陣〔二一〕。天錫大懼，出城自戰，城内又反。天錫窘逼，納左長史馬芮之言，面縛降於萇等，東徙長安〔二二〕。初，天錫所居西昌門及平章殿無故而崩，旬日而國亡。即位凡十三年。

自張軌以晉永寧元年辛酉歲牧涼州，至天錫敗亡之歲歲在丙子，原誤「午」。凡八主，一作「九世」。七十六年矣〔二三〕。

苻堅先爲天錫起宅，至則居之，拜歸義侯、北部尚書，遷右僕射〔二四〕。苻堅大敗於淮肥，時天錫爲苻融征南司馬，於陣歸國。詔曰：「昔孟明不替，終顯厥功，豈以一眚而廢其才用。其以天錫爲散騎常侍、左員外。」又詔曰：「故太尉、西平公張軌，著德遐域，世襲前勞，强兵縱害，遂至失守。散騎常侍天錫拔迹登朝，先祀淪替，用增矜慨。可復天錫西平郡公爵本封。」〔二五〕俄拜金紫光禄大夫。

天錫少有文才，流譽遠近。及歸朝，甚被恩遇。朝士以其國破身虜，多共毁之。會稽王道子嘗問其西土此句作「孝武問之曰北方」。所出何物爲美，天錫應聲對曰：「桑椹甘香，一作

「甜甘」。鵖鴔革鞶，乳酪一作「淳酪」。養性，人無異一作「姤」。心。」〔二六〕此節亦見御覽九百五十五、事類賦注二十五。後形神昏喪，雖處列位，不復被齒遇。隆安中，會稽世子元顯用事，常延致之，以爲戲弄。以其家貧，拜廬江太守，本官如故。桓玄時，欲招懷四遠，乃用天錫爲護羌校尉、涼州刺史。尋薨，年六十一。追贈鎮西將軍、金紫光禄大夫，謚悼公〔二七〕。

校勘記

〔一〕母曰劉美人　見偏霸部，本傳無。

〔二〕玄靖八年至太后　偏霸部同，本傳作「玄靚死，國人立之」。

〔三〕元年四月至西平公　見偏霸部，本傳無。

〔四〕從事郎中張憲　「張憲」，御覽卷四五四引作「張慮」。按後文有「從弟從事中郎憲」。

〔五〕三年至引咎責躬　偏霸部無「四月」，本傳無此節。「四月」，見御覽卷八八〇引。

〔六〕詔以天錫至西平公　本傳此句上云「太和初」。

〔七〕晉遣使至西平公　見偏霸部，然事在「三年」下，與本傳「太和初」詔拜天錫疑爲一事，輯補天錫三年已具。屠本卷七四繫此於晉太和五年，即天錫七年。

〔八〕八年郡國火燃於泥中三十所　見偏霸部，本傳無。

〔九〕改其字　原作「改其子」，據本傳改。

〔一〇〕復有并兼之規　見偏霸部，本傳無。

〔一一〕剋其年至上邽　「其年」，偏霸部同，本傳作「六年」。「都會上邽」，見偏霸部，本傳無。

〔一二〕時少府長史紀瑞　「少府」，御覽卷六一三引作「小府」。

〔一三〕九年至處士郭瑀　本傳、晉書卷九四隱逸郭瑀傳、偏霸部並無，屠本作：「咸安二年，天錫母劉氏卒。先是，天錫遣使者孟公明持節，以蒲輪玄纁徵燉煌處士郭瑀。」

〔一四〕郭瑀字元瑜至就受業焉　本傳無郭瑀小傳，見晉書卷九四隱逸郭瑀傳。按輯補分瑀小傳後半於後涼録吕光大安二年。

〔一五〕十年至左夫人　偏霸部「廢世子大懷」作「以世子懷」，「立嬖子大豫」作「次子太豫」。本傳此句作：「廢大懷爲高昌公，更立嬖子大豫爲世子。」句在「景、肅等俱參政事」前。

〔一六〕七月至皆自殺　見偏霸部，本傳無。

〔一七〕二姬國色至夫人之禮　見偏霸部、晉書卷九六列女張天錫妾閻氏薛氏傳，本傳無。「天錫寢疾謂之曰」，晉書列女傳同，偏霸部作「天錫每謂之曰」。「及其疾篤二姬皆自刎」，見晉書列女傳，偏霸部無。「十月」、「大赦境内」，並見偏霸部，晉書列女傳無。

〔一八〕十三年至來伐　「十三年五月」，見偏霸部，本傳無。「武衛將軍」，偏霸部同，本傳作「其將」。「率衆十萬來伐」，偏霸部同，本傳作「來寇」。

〔一九〕廣武太守辛章　「太守」，原作「太宰」，據本傳改。

〔二〇〕常據字元琰燉煌人也　「常據」，屠本卷七五同，御覽卷三五七引作「張璩」。本書卷七一前涼録五有「寧戎校尉張璩」，疑是御覽引文之人，而此處常據別爲一人。「燉煌人也」，見屠本卷七五，御覽卷三五七引無。

〔二一〕天錫遣至景亦没於陣　偏霸部無「景亦没於陣」，本傳作「中衛將軍史景亦没于陣」。

〔二二〕天錫窘逼至東徙長安　「納左長史馬芮之言面縛」、「東徙長安」，並見偏霸部，本傳無。

〔二三〕自張軌至七十六年矣　偏霸部「永寧元年」訛作「永寧九年」、「丙子」訛作「丙午」。本傳此節作：「自軌爲涼州，至天錫，凡九世七十六年矣。」「永寧元年」，纂録同。

〔二四〕苻堅先爲至右僕射　「至則居之」，見屠本卷七五，本傳、偏霸部無。「拜歸義侯北部尚書遷右僕射」，見偏霸部，本傳無。

〔二五〕可復天錫西平郡公爵本封　「本封」，本傳無。按偏霸部未引詔文，但作「復本封」。

〔二六〕會稽王道子至異心　「會稽王道子嘗問其西土」，本傳同，御覽卷九五五引、事類賦注卷二五桑賦引作「晉孝武帝問之曰北方」。「何物爲美」，見御覽卷九五五引、事類賦注卷二五引，本傳無。「甘香」，御覽、事類賦注引同，本傳作「甜甘」。「乳酪」，本傳同，御覽、事類賦注引作「淳酪」。「異」，本傳、事類賦注引作「妬」，御覽引作「疾」。

〔二七〕追贈至悼公　「鎮西將軍」、「謚悼公」，見偏霸部，本傳無。

十六國春秋輯補卷七十四

前涼録八

郭荷

郭荷字承休，略陽人也。六世祖整，漢安順之世，公府八辟、公車五徵，皆不就。自整及荷，世以經學致位。荷明究羣籍，特善史書，不應州郡之命。張祚遣使者以安車束帛，徵爲博士祭酒，使者迫而致之。及至，署太子友。荷上疏乞還，祚許之，遣以安車蒲輪，送還張掖東山。年八十四卒，謚曰玄德先生。見晉書隱逸傳。

宋纖

宋纖字令艾〔一〕，燉煌效穀人也。少有遠操，沈靖不與世交。隱居於酒泉南山，明究經緯，弟子受業三千餘人〔二〕。不應州郡辟命，惟與陰顒齊好友善。張祚時，太守楊宣畫其象於閣上，出入視之，以上亦見御覽四百七十四。作頌曰：「爲枕何石，爲漱何流，身不可見，名不可求。」酒泉太守馬岌，高尚之士也，具威儀、鳴鐃鼓造焉。纖高樓重閣，距而不見。岌歎曰：「名可聞而身不可見，德可仰而形不可覩，吾而今而後，知先生人中之龍也。」銘詩於石壁曰：「丹崖百丈，青壁萬尋，奇木蓊鬱，蔚若鄧林。其人如玉，維國之琛，室邇人遐，實勞我心。」纖注論語及爲詩頌數萬言，年八十，篤學不倦。

張祚後遣使者張興備禮徵爲太子友。興逼喻甚切，纖喟然歎曰：「德非莊生，才非干木，何敢稽停明命。」遂隨興至姑臧。祚遣其太子太和以執友禮造之，纖稱疾不見，贈遺一皆不受。尋遷太子太傅。頃之，上疏曰：「臣受生方外，心慕太古，生不喜存，死不悲没。素有遺屬，屬諸知識，在山投山，臨水投水，處澤露形，在人親土。聲聞書疏，勿告我家。今當命終，乞如素願。」遂不食而卒，時年八十二，謚曰玄虛先生。見晉書隱逸傳。

氾騰

氾騰一作「勝」。字無忌〔三〕，燉煌人也。舉孝廉，除郎中。屬天下兵亂，去官還鄉里〔四〕。太守張閟造之，閉門不見，禮遺一無所受。以上亦見御覽四百二十五。歎曰：「生於亂世，貴而能貧，乃可以免。」散家財五十萬以施宗族，柴門灌園，琴書自適。張軌徵一作「辟」。之爲府司馬，騰曰：「門一杜，其可開乎？」固辭。病兩月餘而卒。見晉書隱逸傳。

氾昭

氾昭字嗣先，燉煌人。辟州主簿，志在理枉申滯，人有於夜中報昭以黄金者，昭責而遣之。御覽八百十作「前燕録」〔五〕。

辛綝弟理

辛綝。

綝弟理，美姿貌。駿欲奪其妻，以寡妹妻之，理割鼻自誓。駿大怒，徙理燉煌，遂以憂死。御覽三百七十九。

張世度

張世度，燉煌人，幼以孝讓著稱。遊學京師，遇中州大疫，鄉人宗族死於京師數十人。世度年十六，收恤殯葬，識者嘉之。御覽四百二十一〔六〕。

索襲

索襲字偉祖，燉煌人也。虚靖好學，不應州郡之命。舉孝廉〔七〕、賢良方正，皆以疾辭。游思於陰陽之術，著天文地理十餘篇，多所啓發。不與當世交通，或獨語獨笑，或長歎涕泣，或請問不言。張茂時，燉煌太守陰澹奇而造焉，經日忘反。出而歎曰：「索先生碩德名儒，真可以諮大義。」澹欲行鄉射之禮，請襲爲三老，曰：「今四表輯寧，將行鄉射之禮。先生年耆望重，道冠一時，養老之義，實繫儒賢。既樹非梧桐，而希鸞鳳降翼，器謝曹公，而冀蓋公枉駕，誠非所謂也。然夫子至聖，有召赴焉，孟軻大德，無聘不至。蓋欲弘闡大猷，敷明道化故也。今之相屈，尊道崇教，非有爵位，意者或可然乎？」會病卒，時年七十九。澹素服會葬，贈錢二萬。澹曰：「世人之所有餘者，富貴也；目之所好者，五色也；耳之所玩者，五音也。而先生棄衆人之所收，收衆人之所棄，味無味於慌惚之際，兼重玄於衆妙之内。宅不彌畝，而志忽九州，形居塵俗，而棲心天外。雖黔婁之高遠，莊生之不願，蔑以過也。」乃謚曰玄居先生。見晉書隱逸傳。

索紞

索紞字叔徽，燉煌人也。少游京師，受業太學，博綜經籍，遂爲通儒。明陰陽天文，善術數占候〔八〕。一作「夢」。司徒辟，除郎中，知中國將亂，避世而歸。鄉人從紞占問吉凶，門中如市。紞曰：「攻乎異端，戒在害己，無爲多事，多事多患。」遂詭言虚説，無驗乃止。惟以占夢爲無悔吝，乃不逆問者。孝廉令狐策夢立冰上，與冰下人語。紞曰：「冰上爲陽，冰下爲陰，陰陽事也。士如歸妻，迨冰未泮，婚姻事也。君在冰上與冰下人語，爲陽語陰，媒介事也。君當爲人作媒，冰泮而婚成。」策曰：「老夫耆矣，不爲媒也。」會太守田豹因策爲子求鄉人張公徽女〔九〕，仲春而成婚焉。「田豹」一作「田豩」。郡主簿張宅夢走馬上山，還，繞舍三周，但見松柏，不知門處。紞曰：「馬屬離，離爲火，火，禍也。人上山，爲凶字。但見松柏，墓門象也。不知門處，爲無門也。三周，三期也。後三年必有大禍。」宅果以謀反伏誅。以上亦見御覽三百九十七。索充初夢天上有二棺落充前。紞曰：「棺者，職也，當有京師貴人舉君。二官者，頻再遷。」俄而司徒王戎書屬太守使舉充，太守先署充功曹而舉孝廉。充後夢見一虜脱上衣來詣充。紞曰：「虜去上半，下半男字，夷狄陰類，君婦當生男。」終如其言。宋桷夢内中有一人着赤衣，桷手把兩杖，極打之。紞曰：「内中有人，肉字也。肉，赤色也。兩杖，箸象也。極打者，飽肉食也。」俄而亦驗焉。馬興平三字一作「黄平」二字。問紞曰〔一〇〕：「我昨夜夢舍中馬舞，數十人向馬拍手，此何祥也？」紞曰：「馬者，火也，舞爲火起。向馬拍手者，救火人也。」平未歸而火作。此節亦見御覽三百九十七。索綏夢東有二角書詣綏，大角朽敗，小角有題韋囊，角佩一在前，一在後。紞曰：「大角朽敗，腐棺木。小角有題，題所詣。一在前，前凶也。一在後，後背也。當有凶背之問。」時綏父在東，三日而凶問至。郡功曹張邈嘗奉使晉州〔一一〕，夜夢狼啖一脚。紞曰：「脚肉被啖，爲却字。」會東虜反，遂不行。張斌當舉孝廉，夢竪竿中天。紞曰：「此未字也。」斌果停〔一二〕。凡所占夢，莫不中驗〔一三〕。上二節亦見御覽三百九十七。

太守陰澹從求占書，紞曰：「昔入太學，因一父老爲主人。其人無所不知，又匿姓名，有似隱者。紞因從父老問占夢之術，審測而説，實無書也。」澹命爲西閤祭酒，紞辭曰：「少無山林之操，游學京師，交結時賢，希申鄙藝。會中國不靖，欲養志終年，老亦至矣，不求聞達。又少不習勤，老無吏幹〔一四〕，濛汜之年，弗敢聞命。」澹以束帛禮之，月致羊酒。年七十五，卒於家。見晉書藝術傳。

校勘記

〔一〕宋纖字令艾　「令艾」，晉書卷九四隱逸傳同，御覽卷四七四引作「令文」。

〔二〕弟子受業三千餘人　「受」，原作「守」，據晉書卷九四隱逸傳、屠本卷七五改。

〔三〕氾騰字無忌　「氾騰」，晉書卷九四隱逸傳同，御覽卷四二五引作「氾勝」。

〔四〕去官還鄉里　「鄉里」，御覽卷四二五引同，晉書卷九四隱逸傳作「家」。

〔五〕氾昭傳，御覽卷八一〇引作「前燕録曰」，屠本傳在前涼録中。

〔六〕「四百二十一」，原誤「四百二十」，今改。

〔七〕舉孝廉　「孝廉」下原衍「方正」，據晉書卷九四隱逸傳、屠本卷七五删。

〔八〕善術數占候　「占候」，晉書卷九五藝術傳同，御覽卷三九七引作「占夢」。

〔九〕太守田豹　「田豹」，晉書卷九五藝術傳同，御覽卷三九七引作「田邈」。

〔一〇〕馬興平　御覽卷三九七引同，晉書卷九五藝術傳作「黄平」。

〔一一〕奉使晉州　「晉」，屠本卷七五同，晉書卷九五藝術傳、御覽卷三九七引作「詣」。

〔一二〕張斌當舉孝廉至斌果停　見御覽卷三九七引，晉書卷九五藝術傳無。

〔一三〕凡所占夢莫不中驗　御覽卷三九七引同，晉書卷九五藝術傳作「凡所占莫不驗」。

〔一四〕老無吏幹　「老」，原作「勞」，據晉書卷九五藝術傳、屠本卷七五改。

十六國春秋輯補卷七十五

前涼録九

張斌

張斌字洪茂〔一〕，燉煌人也。作蒲萄酒賦，文致甚美。御覽九百七十二。

李弇

李弇字子完，隴西狄道人也。弇本名良，又妻姓梁，張駿戲之曰：「卿名良，妻姓梁，夫妻相同稱，子孫將何以目其舅氏？昔耿弇以少年，立功立事，吾今賴卿，有同於耿氏。」乃賜名曰弇。御覽三百六十二。

祈嘉

祈嘉字孔賓，酒泉人也。少清貧好學，年二十餘，夜忽窗中有聲呼曰：「祈孔賓，祈孔賓！隱去來，隱去來！修飾人世，甚苦不可諧。所得未毛銖，所喪如山崖。」旦而逃去，西至燉煌，依學官誦書，貧無衣食，爲書生都養以自給。遂博通經傳，精究大義。西游海渚，教授門生百餘人。張重華徵爲儒林祭酒，性和裕，教授不倦。依孝經作二九神經，在朝卿士、郡縣守令彭和正等受業獨拜牀下者二千餘人，天錫謂爲先生而不名之。竟以壽終。見晉書隱逸傳。

校勘記

〔一〕張斌字洪茂　「張斌」，屠本卷七五同，下校「一作『賦文』」，御覽卷九七二引作「張賦文」。

十六國春秋輯補卷七十六

蜀録一

李特

李特字玄休，巴西宕渠人。其先廩君之苗裔也。昔武落鍾離山崩，有石穴二所，其一赤如丹，一黑如漆。有人出於赤穴者，名曰務相，姓巴氏。有出於黑穴者，凡四姓，曰曎（廣韻引作「皡」〔一〕）。氏、樊氏、柏氏、鄭氏。五姓俱出，皆争爲神，於是相與以劒刺穴屋，能著者以爲廩君。四姓莫著，而務相之劒懸焉。又以土爲船，雕畫之而浮水中，曰：「若其船浮存者，以爲廩君。」務相船又獨浮。於是遂稱廩君。乘其土船，將其徒卒，當夷水而下，至於鹽陽。鹽陽水神女子止廩君曰：「此魚鹽所有，地又廣大，與君俱生，可止無行。」廩君曰：「我當爲君，求廩地，不能止也。」鹽神夜從廩君宿，旦輒去爲飛蟲，諸神皆從其飛，蔽日晝昏。廩君欲殺之，不可别，又不知天地東西。如此者十日，廩君乃以青縷遺鹽神，曰：「嬰此即宜之，與汝俱生，弗宜，將去汝。」鹽神受而嬰之。廩君立碭石之上，望膺有青縷者，跪而射之，中鹽神。鹽神死，羣神與俱飛者皆去，天乃開朗。廩君復乘土船，下及夷城。夷城石岸曲，泉水亦曲。廩君望如穴狀，歎曰：「我新從穴中出，今又入此，奈何！」岸即爲崩，廣三丈餘，而階陛相乘，廩君登之。岸上有平石，方一丈，長五尺。廩君休其上，投策計算，皆著石焉，因立城其旁而居之。其後種類遂繁。

秦并天下，以爲黔中郡，薄賦其人〔二〕，二字一作「斂之」。口歲出錢四十。巴人謂賦爲賨，因謂之賨人焉。及漢高祖爲漢王，始募賨人平定三秦。既而不願出關〔三〕，求還鄉里。高祖以其功，復同豐沛，不供賦稅，更名其地爲巴郡。土有鹽鐵丹漆之饒，一作「利」。民用敦一作「殷」。阜〔四〕，俗性剽勇，又善歌舞。高祖愛其舞，詔樂府習之，今巴渝舞是也。漢末，張魯居漢中，以鬼道教百姓。賨人敬信巫覡，多往奉之。值天下大亂，自巴西之宕渠遷於漢中楊車坂，抄掠行旅，百姓患之，號爲楊車巴。其後繁昌，分爲數十姓〔五〕。及魏武剋漢中，特祖父虎將五百餘家歸魏〔六〕。魏武帝嘉之〔七〕，遷於略陽，拜虎等爲將軍。徙内者亦萬餘家，散居隴右諸郡及三輔、弘農〔八〕，所在北土復號之爲巴氐〔九〕。

虎子慕〔一〇〕，爲東羌獵將。慕生有五子，輔、特、庠、流、驤〔一一〕。

特少仕州郡，見異當時，身長八尺，雄武善騎射，沈毅有大度。元康中，氐齊萬年反，關西擾亂，天水、略陽、扶風、始平諸郡皆被兵寇〔一二〕。氐頻歲大饑〔一三〕，百姓乃流移就穀，相與入漢川者數萬家。特隨流人將入於蜀，至劒閣，箕踞太息，顧盻險阻，曰：「劉禪有如此之地而面縛於人，豈非庸才邪！」同移者閻式、趙肅、李遠、任迴等咸歎異之。

初，流人既至漢中，上書求寄食巴蜀。朝議不許，遣侍御史李苾持節慰勞且監察之，不令入劒閣。苾至漢中，受流人貨賂，反爲表曰：「流人十萬餘口，非漢中一郡所能振贍。東下荊州，水湍迅險，又無舟船。蜀有倉儲，人復豐稔，宜令就食。」朝廷從之。由是散在益梁，不可禁止。

永康元年〔一四〕，詔徵益州刺史趙廞爲大長秋，以成都内史耿滕代廞。廞遂謀叛，潛有劉氏割據之志，乃傾倉廩，振施流人，以收衆心。特之黨類皆巴西人，與廞同郡，率多勇壯，廞厚遇之，以爲爪牙。故特等聚衆專爲寇盜，蜀人患之。滕密上表以爲：「流人剛剽而蜀人愞弱，客主不能相制，必爲亂階，宜使移還其本土。若致之險地，將恐秦雍之禍萃於梁益，必貽聖朝西顧之憂。」廞聞而惡之。時益州文武千餘人已往迎滕，滕率衆入州，廞遣衆逆滕，戰於西門，滕敗走，廞獲殺之〔一五〕。廞自稱大都督、大將軍、益州牧。

特弟庠與兄弟及妹夫李含、任迴、上官惇、扶風李攀、始平費佗、氐符成、隗伯等以四千騎歸廞。廞以庠爲威寇將軍，使斷北道。庠素東羌之良將，曉兵法〔一六〕，不用麾幟，舉矛爲行伍，斬部下不用命者三人，部陣肅然。廞惡其齊整，欲殺之而未言。長史杜淑、司馬張粲言於廞曰：「傳云『五大不在邊』，將軍起兵始爾，便遣李庠握强兵於外，愚竊惑焉。且非我族類，其心必異，倒戈授人，竊以爲不可。願將軍圖之。」廞斂容曰：「卿言正當吾意，可謂『起予者商』，此天使卿等成吾事也。」會庠在門請見廞，廞大悦，引庠見之。庠欲觀廞意旨，再拜進曰：「今中國大亂，無復綱維，晉室當不可復興也。明公道格天地，德被區宇，湯武之事，實在於今。宜應天時，順人心，拯百姓於塗炭，使物情知所歸，則天下可定，非但庸蜀而已。」廞怒曰：「此豈人臣所宜言！」令淑等議之。於是淑等上庠大逆不道，乃殺之，及其子姪宗族三十餘人。廞慮特等爲難，遣人諭之曰：「庠非所宜言，罪應至死，不及兄弟。」以庠尸還特，復以特兄弟爲督將，以安其衆。牙門將許弇求爲巴東監軍，杜淑、張粲固執不許，弇怒，於廞閣下手刃殺淑、粲，左右又殺弇，皆廞腹心也。

特兄弟既以怨廞，引兵歸綿竹。廞恐朝廷討己，遣長史費遠、犍爲太守李苾、督護常俊督萬餘人斷北道，次綿竹之石亭。特密收合得七千餘人，夜襲遠軍，遠軍大潰，因放火燒之，死者十八九，進攻成都。廞聞兵至，驚懼不知所爲。李苾、張徵等夜斬關走出，文武盡散。廞獨與妻子乘小船走至廣都，爲其下人朱竺所殺。特至成都，縱兵大掠，害西夷護軍姜發，殺廞長史袁治及廞所置守長。遣其牙門王角、李基詣洛陽陳廞之罪狀。

先是，梁州刺史羅尚聞廞叛，上表稱廞非雄才，又蜀人不願爲亂，事終無成，願欲征之。惠帝遣尚爲平西將軍、領護西夷校尉、益州刺史〔一七〕，督牙門將王敦、上庸都尉義歆、蜀郡太守徐儉、廣漢太守辛冉等凡七千餘人入蜀。特等聞尚來，甚懼，使其弟驤於道奉迎，并貢寶物。尚甚悦，以驤爲騎督。特及弟流復以牛酒劳尚於綿竹。王敦、辛冉並説尚曰：「特等流人專爲盜賊，急宜梟除，可因會斬之。」尚不納。冉先與特有舊，因謂特曰：「故人相逢，不吉當凶矣。」特深自猜懼。

尋有符下秦雍州，凡流人入漢川者，皆下所在召還。特兄輔素留鄉里，託言迎家，既至蜀，謂特曰：「中國方亂，不足復還。」特以爲然，乃有雄據巴蜀之意。朝廷以討趙廞功，拜特宣威將軍，封長樂鄉侯，流爲奮威將軍、武陽侯。璽書下益州條列六郡流人與特協同討廞者，將加封賞。會辛冉以非次見徵，不願應召，又欲以滅廞爲己功，乃寢朝命，不以實上，衆咸怨之。

羅尚遣從事催遣流人，限七月上道。辛冉性貪暴，欲殺流人首領，取其資貨，乃移檄發遣，又令梓橦太守張演於諸要施關搜索寶貨。特等固請，求至秋收。流人布在梁益，爲人傭力，及聞州郡逼遣，人人愁怨，不知所爲，又知特兄弟頻請求停，皆感而恃之。且水雨將降，年穀未登，流人無以爲行資，遂相與詣特。特乃結大營於綿竹，以處流人，移冉求自寬。冉大怒，遣人分牓通逵，購募特兄弟，許以重賞。特見，大懼，悉取以歸，與驤改其購云：「能送六郡之豪李、任、閻、趙、楊、上官及氐、叟侯王一首，賞百匹。」流人既不樂移，咸往歸特，騁馬屬鞬，同聲雲集，旬月閒衆過二萬。流亦聚衆數千。特乃分爲二營，特居北營，流居東營。

特遣閻式詣羅尚，求申期。式既至，見冉營柵衝要，謀揜流人，歎曰：「無寇而城，讎必保焉。今而速之，亂將作矣。」又知冉及李苾意不可迴，乃辭尚還綿竹。尚謂式曰：「子且以吾意告諸流人，今聽寬矣。」式曰：「明公惑於奸説，恐無寬理。弱而不可輕者，百姓也。今促之不以理，衆怒難犯，恐爲禍不淺。」尚曰：「然。吾不欺子，子其行矣！」式至綿竹，言於特曰：「尚雖云爾，然未可必信也。何者？尚威刑不立，冉等各擁强兵，一旦爲變，亦非尚所能制。深宜爲備。」特納之。

冉、苾相與謀曰：「羅侯貪而無斷，日復一日，流人得展奸計。李特兄弟並有雄才，吾屬將爲竪子虜矣。宜爲決計，不足復問之。」乃遣廣漢都尉曾元、牙門張顯、劉並等潛率步騎三萬襲特營。羅尚聞之，亦遣督護田佐助元。特素知之，乃繕甲厲兵，戒嚴以待之。元等至，特安卧不動，待其衆半入，發伏擊之，殺傷者甚衆，害田佐、曾元、張顯，傳首以示尚、冉。尚謂諸將曰：「此虜成去矣，而廣漢不用吾言，以張賊勢，今將若之何！」

於是六郡流人推特爲主。特命六郡民部曲督李含、上邽令任臧、始昌令閻式、諫議大夫李攀、陳倉令李武、陰平令李遠、將兵都尉楊褒等上書，請依梁統奉竇融故事，冬十月，六郡流人推特行鎮北大將軍，承制封拜〔一八〕，其弟流行鎮東將軍，弟驤驍騎將軍，少子雄爲前將軍，以相統領〔一九〕。

於是進兵攻冉於廣漢。冉衆出戰，特每破之。尚遣李苾及費遠率衆救冉，憚特不敢進，冉智力既窘，出奔江陽。特入據廣漢，以李超爲太守，進兵攻尚於成都。閻式遺尚書，責其信用讒搆，欲討流人，又陳特兄弟立功王室，以寧益土。尚覽書，知特等將有大志，嬰城固守，求救於梁寧二州。

於是特自稱使持節、大都督、鎮北大將軍，承制封拜一依竇融在河西故事。兄輔爲驃騎將軍，弟驤爲驍騎將軍，長子始爲武威將軍，次子蕩爲鎮軍將軍，少子雄爲前將軍，李含爲西夷校尉〔二〇〕。含子國、離、任迴、李恭、上官晶、李攀、費佗等爲將帥，任臧、上官惇、楊褒、楊珪、王達、麴歆等爲爪牙，李遠、李博、夕斌、嚴檉、上官琦、李濤、王懷等爲僚屬，閻式爲謀主，何巨、趙肅爲腹心。時羅尚貪殘，爲百姓患，而特與蜀人約法三章，施捨振貸，禮賢拔滯，軍政肅然。百姓爲之謡曰：「李特尚可，羅尚殺我。」

尚頻爲特所敗，乃阻長圍，緣水作營，自都安至犍爲七百里，與特相距。河間王顒遣督護衙博、廣漢太守張徵討特，南夷校尉李毅又遣兵五千助尚，尚遣督護張龜軍繁城，三道攻特。特命蕩、雄襲博，特躬擊張龜，龜衆大敗。蕩又與博接戰連日，博亦敗績，死者大半。蕩追博至漢德，博走葭萌。蕩進寇巴西，巴西郡丞毛植、五官襄珍以郡降蕩。蕩撫恤初附，百姓安之。蕩進攻葭萌，博又遠遁，其衆盡降於蕩。

癸亥。建初元年〔二一〕太安二年。載記作「元年」，誤。特自稱一作「部下推特」。益州牧〔二二〕、都督梁益二州諸軍事、大將軍、大都督，改元爲建初元年，大赦其境内。於是進攻張徵。徵依高據險，與特相持連日。時特與蕩分爲二營，徵候特營空虛，遣步兵循山攻之。特逆戰不利，山險窘逼，衆不知所爲。羅準、任道皆勸引退，特量蕩必來，故不許。徵衆至稍多，山道至狹，唯可一二人行，蕩軍不得前，謂其司馬王辛曰：「父在深寇之中，是我死日也。」乃衣重鎧，持長矛，大呼直前，推鋒必死，殺十餘人。徵衆來相救，蕩軍皆殊死戰，徵軍遂潰。特議欲釋徵還涪，蕩與王辛進曰：「徵軍連戰，士卒傷殘，智勇俱竭，宜因其弊遂擒之。若舍而寬之，徵養病收亡，餘衆更合，圖之未易也。」特從之，復進攻徵，徵潰圍而走。特遣蕩將水陸追之，遂害徵，生擒徵子存，以徵喪還之。此段亦見御覽三百十四、通典百六十二〔一三〕。

以騫碩爲德陽太守，碩略地至巴郡之墊江。

特之攻張徵也，使弟驤與李攀、任迴、李恭屯軍毗橋以備羅尚。尚遣軍挑戰，驤等破之。尚又遣數千人出戰，驤又陷破之，大獲器甲，攻燒其門。流進次成都之北。尚遣將張興僞降於驤，以觀虛實。時驤軍不過二千人，興夜歸白尚，尚遣精勇萬人銜枚隨興夜襲驤營。李攀逆戰死，驤及將士奔於流柵，以上亦見御覽三百五十七。與流并力迴攻尚軍。尚軍亂敗，還者十一二。

晉梁州刺史許雄遣軍攻特，特陷破之，進擊破尚水上軍，遂寇成都。蜀郡太守徐儉以小城降特。以李瑾爲蜀郡太守以撫之。羅尚據大城自守，流進屯江西，尚懼，遣使求和。

是時蜀人危懼，並結村堡，請命於特，特遣人安撫之。益州從事任明説尚曰：載記亦作

「任明」，羅尚傳作「任鋭」，通鑑從華陽國志作「任叡」。「特既凶逆，侵暴百姓，又分散人衆在諸村堡，驕怠無備，是天亡之時也。可告諸村，密剋期日，内外擊之，破之必矣。」尚從之。明先僞降特，特問城中虚實，明曰米穀皆欲盡，但有貨帛耳，因求省家，特許之。明潛説諸村，諸村悉聽命，還報尚，尚許如期出軍，諸村亦許一時赴會。

二月〔二四〕，惠帝遣荆州刺史宋岱、建平太守孫阜救尚。阜已次德陽，特遣蕩督李璜助任臧距阜。尚遣大衆掩襲特營，連戰二日，衆少不敵，特軍大敗，收合餘卒引趣新繁。尚軍引還，特復追之，轉戰三十餘里。尚出大軍逆戰，到官桑〔二五〕，特軍敗績，死之。通鑑考異引御覽作「特見殺」〔二六〕。斬特及李輔、李遠，皆焚尸，傳首洛陽。

在位二年。其子雄僭稱成都王〔二七〕，追謚特景王，及僭稱尊號，追尊曰景皇帝，廟號始祖。

校勘記

〔一〕廣韻卷三晧韻「皡」字：「姓，本出武落鍾離山黑穴中者，見蜀録。」

〔二〕薄賦其人　「其人」，偏霸部同，載記作「斂之」。

〔三〕不願出關　見偏霸部，載記無。

〔四〕土有鹽鐵丹漆之饒民用敦阜　「饒」，載記同，偏霸部作「利」。「民用敦阜」，纂録同，偏霸部「敦」作「殷」，載記無此四字。

〔五〕其後繁昌分爲數十姓　見偏霸部，載記無。

〔六〕特祖父虎　偏霸部同，載記無「父虎」二字。

〔七〕魏武帝嘉之　「嘉之」，見偏霸部，載記無

〔八〕徙内者至弘農　見偏霸部，載記無。

〔九〕所在北土復號之爲巴氐　載記無「所在」二字，偏霸部作「所在號爲巴人」。

〔一〇〕虎子　偏霸部同，載記作「特父」。

〔一一〕慕生有五子輔特庠流驤　見偏霸部，載記無。

〔一二〕天水至兵寇　見偏霸部，載記無。

〔一三〕氐頻歲大饑　「氐」，纂録同，偏霸部作「民」，載記無。

〔一四〕永康元年　載記、纂録同，偏霸部誤作「元康九年」。

〔一五〕滕敗走廞獲殺之　偏霸部同，載記作「滕敗死之」。

〔一六〕兵法　纂録同，偏霸部作「兵陣」，載記作「軍法」。

〔一七〕先是梁州刺史至益州刺史　偏霸部無「領護西夷校尉」，餘同。載記作：「先是，惠帝以梁州刺史

羅尚爲平西將軍、領護西夷校尉、益州刺史。」

〔一八〕上書請依梁統至承制封拜　載記無「冬十月六郡流人」，見偏霸部。按，載記「請依梁統奉竇融故事」以下皆上書内容，湯球合入偏霸部敘事之文，不當。

〔一九〕其弟流至以相統領　偏霸部同，載記作「其弟流行鎮東將軍以相鎮統」。按，載記驤爲驍騎、雄爲前將軍在此後，參本卷校勘記〔二〇〕。

〔二〇〕兄輔爲至西夷校尉　按，偏霸部於上文六郡流人李含等上書推特行鎮北大將軍時云以驤爲驍騎、雄爲前將軍，或與載記所記爲一事。

〔二一〕建初元年　載記作「太安元年」，偏霸部作「太安二年」。

〔二二〕特自稱　載記同，纂録作「部下推特」，偏霸部作「都下推特」。

〔二三〕此注原在下句「巴郡之墊江」下，按御覽、通典所引均止於「以徵喪還之」，今移注於此。

〔二四〕二月　屠本卷七六同，載記作「二年」。按，載記上文以李特改元建初在太安元年，而偏霸部上文已云「二年」，不可復有二年。華陽國志卷八、通鑑卷八五皆云李特被殺在太安二年二月。

〔二五〕到官桑　見偏霸部，載記無。

〔二六〕見通鑑卷八五太安二年考異，所引爲「祖孝徵修文殿御覽」。

〔二七〕其子雄僭稱成都王　「成都王」，偏霸部同，載記無「成都」二字。

十六國春秋輯補卷七十七

蜀録二

李流

李流字玄通，慕第四子一作「特第四弟」。也〔一〕。少好學，便弓馬。東羌校尉何攀稱流有賁育之勇，舉爲東羌校尉〔二〕。及避地益州，刺史趙廞器異之。廞之使庠合部衆也，流亦招鄉里子弟，得數千人。庠爲廞所殺，流從特安慰流人，破常俊於綿竹，平趙廞於成都，晉朝論功〔三〕，拜奮威將軍，封武陽侯。特之承制也，以流爲鎮東將軍，居東營，號爲東督護。特常使流督鋭衆與羅尚相持。特之陷成都小城，使六郡流人分口入城，壯勇督領村堡。流言於特曰：「殿下神武，已剋小城。然山藪未集，糧仗不多，宜録州郡大姓子弟以爲質任，送付廣漢，縶之二營，收集猛鋭，嚴爲防衛。」又書與特司馬上官惇，深陳納降若待敵之義。特不納。

建初元年，特既見殺〔四〕，蜀人多叛，流人大懼。流與兄子蕩、雄收遺衆還赤祖，流保東營，蕩、雄保北營。流自稱大將軍、大都督、益州牧。時宋岱水軍三萬次於墊江，前鋒孫阜破德陽，獲特所置守將騫碩，太守任臧等退屯涪陵縣。羅尚遣督護常深軍毗橋，牙門左汜、黄訇、何沖三道攻北營。流身率蕩、雄攻深柵，剋之，深士衆星散。追至成都，尚閉門自守，蕩馳馬追擊，犨古「觸」字，一作「角牛」二字，誤。倚矛被傷死〔五〕。一作「爲傻長矛所樁死」。流以特、蕩並死，而岱、阜又至，甚懼。太守李含又勸流降，流將從之。雄與李驤迭諫，不納。流遣子世及含子胡質於阜軍。胡兄含子離聞父欲降，自梓潼馳還，欲諫不及，退與雄謀襲阜軍，曰：「若功成事濟，約與三年迭爲主。」雄曰：「今計可定，二翁不從，將若之何？」離曰：「今當制之，若不可制，便行大事。翁雖是君叔，勢不得已，老父在君，夫復何言！」雄大喜，乃攻尚軍。尚保大城，雄渡江，害汶山太守陳圖，遂入郫城。流移營據之。

三蜀百姓並保險結塢，城邑皆空，流野無所略，士衆飢困。涪陵范長生率千餘家依青城山，尚參軍涪陵徐轝求爲汶山太守，欲要結長生等與尚犄角討流，尚不許。轝怨之，求使江西，遂降於流，説長生等使資給流軍糧。長生從之，故流軍復振。

流素重雄有長者之德，每云：「興吾家者，必此人也。」敕諸子尊奉之。

九月〔六〕，流疾篤，謂諸將曰：「驍騎高明仁愛，識量一作「識斷」。多奇〔七〕，固足以濟大事。然前軍英武，殆天所相，可共受事於前軍，以爲成都王也。」遂薨，時年五十六。諸將共立雄爲主。雄僭稱尊號〔八〕，追謚流秦文王，子龍嗣〔九〕。

李雄

李雄字仲儁，特第三子也。母羅氏夢雙虹自門升天，一虹中斷，既而生蕩。後羅氏因汲水，忽然如寐，又夢大蛇繞其身，遂有孕，十四月而生雄。常言：「吾二子若有先亡，在者必大貴。」蕩以李流世卒〔一〇〕。雄身長八尺三寸，美容貌，相工相之曰：「此君將貴，其相有四，目如重雲，鼻如龜龍，口方如器，耳如相望，法爲大貴，位過三公不疑。」〔一一〕雄少以烈氣聞，每周旋鄉里，識達之士皆器重之。有劉化者，道術士也，每謂人曰：「關隴之士皆當南移，李氏子中惟仲儁有奇表，終爲人主。」

特起兵於蜀，稱益州牧〔一二〕，承制以雄鎮梓潼，又拜前將軍〔一三〕。流薨，雄自稱大都督、大將軍、益州牧，治郫城〔一四〕。一作「都於郫城」。羅尚攻郫，驤被傷，李安救之〔一五〕。李安字武龍，少養外家羅氏。元康八年避地入蜀，從李特征伐，以勇烈聞。李驤引爲帳下督，數有戰功，甚信愛之。尚之遣隗伯攻郫也，驤迎戰不利，被傷落馬，卧未能起。士衆皆散，唯安與任迴在左右。伯從數千騎來，叱安曰：「羅武龍，吾所取有人，卿宜避我。」安嗔目呵之曰：「吾不相與！」因前馬刺之。伯逡巡而退。依御覽四百二十一引補。羅尚遣將攻雄，雄擊走之。

李驤攻犍爲，斷尚運道。尚軍大餧，攻之又急，遂留牙門羅特一作「張羅」。固守〔一六〕，尚委城夜遁。特開門内雄，遂剋成都。於時雄軍衆甚饑餧，乃率衆一作「將民」。就穀於郪〔一七〕，掘野芋而食之。上數句亦見御覽九百七十五。蜀人流散，東下江陽，南入七郡〔一八〕。

甲子。建興元年〔一九〕雄以西山范長生巖居穴處，求道養志之士〔二〇〕，欲迎以爲君上五字見書鈔百五十八。而臣之。長生固辭曰：「推步太元，五行大會甲子，祚鍾於李，非吾節也。」〔二一〕雄乃深自挹損，不敢稱制，事無巨細，皆決於李國、李離兄弟，國等事雄彌謹。

諸將固請雄即尊位。以永興元年十月〔二二〕，雄即成都王位於南郊〔二三〕，大赦其境内，建元爲建興。除晉法，約法七章。以叔父驤爲太傅，兄虎威始爲太保〔二四〕。雄異母兄始，字伯敬，爲太保，善撫士衆，衆多歸之。時爲之語曰：「欲養老，屬太保。」依御覽二百六引補。折衝李離爲太尉，建威李雲爲司徒，翊軍李璜爲司空，材官李國爲太宰，其餘拜授各有差。追尊其曾祖虎曰巴郡桓王〔二五〕，一作「公」。祖慕隴西襄王，父特成都景王，母羅氏曰王太后。

乙丑。二年晉永興二年。

丙寅。晏平元年晉光熙元年。三月〔二六〕，范長生自西山乘素輿詣成都〔二七〕。雄迎之於大門，執版延坐，長生請雄對坐〔二八〕，即拜丞相，尊曰范賢。長生勸雄稱尊號。夏六月〔二九〕，雄僭即帝位。二句亦見通鑑考異。大赦其境内，改元，國號大成〔三〇〕。追尊父特爲景帝，廟號始祖，母羅氏爲太皇后〔三一〕。十月，加丞相范長生爲天地太師之號〔三二〕，封西山侯，復其部曲不豫軍征，租稅一入其家。

雄時建國草𠜍，素無法式，諸將恃恩，各争班位。其尚書令閻式上疏曰：「夫爲國制法，勳尚仍舊。漢晉故事，惟太尉、大司馬執兵，太傅、太保，父兄之官，論道之職，司徒、司空掌五教九土之差。秦置丞相，總領萬機，漢武之末，越以大將軍統政令。國業初建，凡百未備，諸公大將，班位有差降，而競請施置，不與典故相應，宜立制度，以爲楷式。」雄從之。

丁卯。二年晉永嘉元年。遣李國、李雲等率衆二萬寇漢中。梁州刺史張殷奔於長安，國等陷南鄭，盡徙漢中人於蜀。

戊辰。三年　先是，南土頻歲饑疫，死者十萬計。南夷校尉李毅固守不降，雄誘建寧夷使討之。毅病卒，城陷，殺壯士三千餘人，送婦女千口於成都。

己巳。四年　時李離據梓潼，其部將羅羕〔三三〕、一作「羨」。張金苟等殺離及閻式，以梓潼歸於羅尚。尚遣其將向奮屯安漢之宜福以逼雄。雄率衆攻奮，不剋。

庚午。五年　時李國鎮巴西，其帳下文碩又殺國，以巴西降尚。雄乃引還，遣其將張寶襲梓潼，陷之。會羅尚卒，巴西亂〔三四〕。李驤原作「雄」。攻譙登於涪城〔三五〕，無救援，登固守不下，士卒皆燻鼠食之，一無叛者。此節見御覽三百二十，依補。

辛未。玉衡元年晉永嘉五年。李驤攻涪，又陷之，執梓潼太守譙登，遂乘勝進軍討文碩，害之。雄大悦，赦其境内，改元曰玉衡。

雄母羅氏卒。雄信巫覡者之言，多有忌諱，至欲不葬，其司空趙肅諫，雄乃從之。雄欲申三年之禮，羣臣固諫，雄弗許。李驤謂司空上官惇曰：「今方難未弭，吾欲固諫，不聽主上終諒闇，君以爲何如？」惇曰：「三年之喪，自天子達於庶人，故孔子曰：『何必高宗，古之人皆然。』但漢魏以來，天下多難，宗廟至重，不可久曠，故釋縗絰，至哀而已。」驤曰：

「任迴方至，此人決於行事，且上常難違其言，待其至，當與俱請。」及迴至，驤與迴俱見雄。驤免冠流涕固請公除，雄號泣不許，迴跪而進曰：「今王業初建，凡百草剏，一日無主，天下惶惶。昔武王素甲觀兵，晉襄墨經從戎，豈所願哉！爲天下屈己故也。願陛下割情從權，永隆天保。」遂强扶雄起，釋服親政。

壬申。二年　是時，南陽、一作「得」。漢嘉、涪陵遠人繼至〔三六〕。雄於是下寬大之令，降附者皆假復除。

癸酉。三年晉建興元年。

甲戌。四年　雄虛己愛人，授用皆得其人，益州遂定。

乙亥。玉衡五年晉建興三年。　正月〔三七〕，僞立其妻任氏爲皇后。

丙子。六年

丁丑。七年晉建武元年。

戊寅。八年　四月，范長生卒，以其子侍中賁爲丞相。長生善天文，有術數，民奉之如神〔三八〕。

己卯。九年晉太興二年。

庚辰。十年

辛巳。十一年　氐王楊難敵兄弟爲劉曜所破，奔葭萌，遣子入質。

壬午。十二年　晉永昌元年，隴西賊帥陳安又來附。

癸未。十三年晉明太寧元年。　遣李驤征越嶲，太守李釗降驤。進軍由小會攻寧州刺史王遜，遜使其將姚岳悉衆拒戰。驤軍不利，又遇霖雨，驤引軍還，爭濟瀘水，士衆多死。釗到成都，雄待遇甚厚，朝廷儀式喪紀之禮皆決於釗。

楊難敵之奔葭萌也，雄安北李稚厚撫之，縱其兄弟還武都，難敵遂恃險多爲不法，稚請討之。雄遣中領軍琀及將軍樂次、費他、李乾等由白水橋攻下辨，征東李壽督琀弟玝攻陰平〔三九〕。難敵遣軍拒之，壽不得進，而琀、稚長驅至武街。難敵遣兵斷其歸道，四面攻之，獲琀、稚，死者數千人。琀、稚，雄兄蕩之子也。雄深悼之，不食者數日，言則流涕，深自咎責焉。

甲申。十四年〔四〇〕　將立蕩子班爲太子。雄有子十餘人，羣臣咸欲立雄所生，雄曰：「起兵之初，舉手扞頭，本不希帝王之業也。值天下喪亂，晉氏播蕩，羣情義舉，志濟塗炭，而諸君遂見推逼，處王公之上。本之基業，功由先帝。吾兄適統，丕祚所歸，恢懿明叡，殆天所命，大事垂尅，薨於戎戰。班姿性仁孝，好學夙成，必爲名器。」李驤與司徒王達諫曰：「先王樹冢適者，所以防篡奪之萌，不可不慎。吴子捨其子而立其弟，所以有專諸之禍；宋宣不立與夷而立穆公，卒有宋督之變。猶子之言，豈若子也！深願陛下思之。」雄不從，竟立班。驤退而流涕曰：「亂自此始矣。」

張駿遣使遺雄書，勸去尊號，稱藩於晉。雄復書曰：「吾過爲士大夫所推，然本無心於帝王也，進思爲晉室元功之臣，退思共爲守藩之將，掃除氛埃，以康帝宇。而晉室陵遲，德聲不振，引領東望，有年月矣。會獲來貺，情在闇室，有何已已。知欲遠遵楚漢，尊崇義帝，春秋之義，於斯莫大。」駿重其言，使聘相繼。巴郡嘗告急，云有東軍。雄曰：「吾嘗慮石勒跋扈，侵逼琅邪，以相耿耿。不圖乃能舉兵，使人欣然。」雄之雅譚，多如此類。

乙酉。十五年

丙戌。十六年晉咸和元年。

丁亥。十七年

戊子。十八年

己丑。十九年　雄以中原喪亂，乃頻遣使朝貢，與晉穆帝分天下〔四一〕。張駿領秦梁，先是，遣傅穎假道於蜀，通表京師，雄弗許。駿又遣治中從事張淳稱藩於蜀，託以假道。雄大悅，謂淳曰：「貴主英名蓋世，土險兵强，何不自娱，稱帝一方〔四二〕？」淳曰：「寡君以乃祖世濟忠良，未能雪天下之恥，解衆人之倒懸，日昃忘食，枕戈待旦。以琅邪中興江東，故萬里翼戴，將成桓文之事，何言自娱邪？」〔四三〕雄有慙色，曰：「我乃祖乃父亦是晉臣，往與六郡避難此地，爲同盟所推，遂有今日。琅邪若能中興大晉於中夏，亦當率衆輔之。」淳還，通表京師，天子嘉之。

庚寅。二十年　時李驤死，以其子壽爲大將軍、西夷校尉，督征南費黑、征東任迴攻陷巴東〔四四〕。太守楊謙退保建平。壽别遣費黑寇建平，晉巴東監軍毌丘奥退保宜都。

辛卯。二十一年

壬辰。二十二年　雄遣李壽攻朱提，以費黑、卬攀爲前鋒。又鎮南任迴征木落，分寧州之援。

癸巳。二十三年　寧州刺史尹奉降，遂有南中之地。雄於是赦其境内，使班討平寧州夷，以班爲撫軍。

甲午。二十四年〔四五〕晉咸和八年，當作「九年」。　雄分寧州置交州，以爨琛爲交州刺史〔四六〕。

「交州刺史爨琛」六字見廣韻。

五月，雄寢疾，生瘍於頭。六月丁卯，薨〔四七〕。御覽引作「晉咸康六年八月」。死之日，宮内積雪，自外則否〔四八〕。三句依御覽八百七十八引補。時年六十一，在位三十年。僞謚武皇帝，廟號太宗〔四九〕。十月，葬安都陵〔五〇〕。太子班襲位〔五一〕。

雄性寬厚，簡刑約法，甚有名稱。氐苻成、隗文既降復叛〔五二〕，手傷雄母，及其來也，咸釋其罪，厚加待納，由是夷夏安之，威震西土。時海内大亂而蜀獨無事，故歸之者相尋。雄乃興學校，置史官，聽覽之暇，手不釋卷。其賦男丁歲穀三斛，女丁半之，户調絹不過數丈，綿數兩。事少役稀，百姓富實，閭門不閉，無相侵盜。然雄意在招致遠方，國用不足〔五三〕，故諸將每進金銀珍寶，多有以得官者。丞相楊褒諫曰：「陛下爲天下主，當網羅四海，何有以官買金邪！」雄遜辭謝之。後雄嘗醉而推中書令，杖太官令，褒進曰：「天子穆穆，諸侯皇皇，安有天子而爲酗也！」雄即舍之。雄無事小出，褒於後持矛馳馬過雄。雄怪問之，對曰：「夫統天下之重者，如臣乘惡馬而持矛也，急之則慮自傷，緩之則懼其失，是以馬馳而不制也。」雄寤，即還。雄爲國無威儀，官無禄秩，班序不別，君子小人服章不殊。行軍無號令，用兵無部隊〔五四〕，戰勝不相讓，敗不相救，攻城破邑，動以虜獲爲先。此其所以失也。

此段見魏書崔鴻傳〔五五〕。

校勘記

〔一〕慕第四子　纂録同，載記作「特第四弟」，偏霸部誤作「特第四子」。

〔二〕舉爲東羌校尉　「東羌校尉」，偏霸部同，載記作「東羌督」，是。

〔三〕晉朝論功　「晉朝」，偏霸部同，載記作「朝廷」。

〔四〕建初元年特既見殺　偏霸部同，載記作「特既死」。

〔五〕犨倚矛被傷死　屠本卷七七、華陽國志卷八作「爲僾長矛所椿死」。

〔六〕九月　見偏霸部，載記無。

〔七〕識量多奇　「識量」，偏霸部同，載記作「識斷」。

〔八〕雄僭稱尊號　「僭」，原作「潛」，據載記改。

〔九〕子龍嗣　見偏霸部，載記無此三字。

〔一〇〕蕩以李流世卒　偏霸部同，載記作「蕩竟前死」。

〔一一〕相工至不疑　見偏霸部，載記無。「大貴」，偏霸部作「貴人」。

〔一二〕稱益州牧　見偏霸部，載記無。

〔一三〕鎮梓潼又拜前將軍　偏霸部同，載記作「爲前將軍」。

〔一四〕治郫城　偏霸部同，載記作「都於郫城」。

〔一五〕羅尚攻郫驤被傷李安救之　此句諸書並無，蓋湯球自補以啓下文。

〔一六〕羅特　載記同，屠本卷七七、通鑑卷八五、華陽國志卷八作「張羅」。

〔一七〕於時雄軍至就穀於郪　「雄」，原作「雍」，據載記改。「衆甚饑餒」，御覽卷九七五引同，載記作「饑甚」。「率衆」，載記同，御覽卷九七五引作「將民」。

〔一八〕南入七郡　「入」，原作「陵」，據載記改。屠本卷七七亦作「南陵七郡」，誤。按七郡謂南中七郡也，故曰「南入」，華陽國志卷七有「後主會羣臣，議欲南入七郡」之語。

〔一九〕建興元年　見偏霸部，載記無。

〔二〇〕求道養志之士　載記無「之士」二字，偏霸部作「求遵養之志」。

〔二一〕曰推步太元至非吾節也　見偏霸部，載記無。太元即太玄也。

〔二二〕十月　見偏霸部，載記無。

〔二三〕雄即成都王位於南郊　偏霸部同，載記作「僭稱成都王」。

〔二四〕虎威　見偏霸部，載記無。

〔二五〕追尊其曾祖虎曰巴郡桓王　「虎」，載記作「武」。「王」，屠本卷七七同，載記作「公」。

〔二六〕晏平元年三月　見偏霸部，載記無。

〔二七〕范長生自西山乘素輿詣成都　「西山」，原作「山西」，載記各本同，中華本校勘記謂其誤倒，今據乙正。又，屠本卷七七作「西山」。

〔二八〕長生請雄對坐　見偏霸部，載記無。

〔二九〕夏六月　見偏霸部，載記無。

〔三〇〕國號大成　偏霸部同，載記作「曰太武」，誤，説見通鑑卷八六光熙元年條考異。

〔三一〕母羅氏爲太皇后　「太皇后」，偏霸部同，載記作「太后」。

〔三二〕十月至之號　「十月加丞相」、「之號」，見偏霸部，載記無。

〔三三〕羅羕　載記同，屠本卷七七作「羅羨」。晉書卷五懷帝紀亦作「羅羨」。

〔三四〕會羅尚卒巴西亂　「巴西」，載記作「巴郡」，疑湯球據上文改。

〔三五〕李驤攻譙登於涪城　「李驤」，御覽卷三二〇引作「蜀主李雄」。按御覽泛稱，而湯球據載記「李驤攻涪」改。

〔三六〕是時至繼至　「南陽」，載記作「南得」，是。此句當作：「是時，南得漢嘉、涪陵，遠人繼至。」

〔三七〕玉衡五年正月　見偏霸部，載記無。

〔三八〕八年四月至奉之如神　見偏霸部，載記無。

〔三九〕琀弟玗　「玗」，原作「玗」，據載記改。

〔四〇〕十四年　見偏霸部，載記無。

〔四一〕與晉穆帝分天下　「晉穆帝」，載記同。按，魏書卷九六李雄傳無「晉」字，謂魏穆帝猗盧，是。

〔四二〕何不自娱稱帝一方　「娱」，載記無。按輯補前涼録亦載此事，作「何不稱帝自娱一方」。

〔四三〕何言自娱邪　「娱」，屠本卷七七同，載記作「取」。輯補前涼録作「何言自娱邪」。

〔四四〕任迴　載記殿本同，各本作「任砚」，晉書音義亦作「砚」。

〔四五〕二十四年　見偏霸部，載記無。

〔四六〕雄分寧州至交州刺史　此條不見載記，按通鑑卷九五咸和九年條云：「三月，成主雄分寧州置交州，以霍彪爲寧州刺史，爨深爲交州刺史。」屠本卷七七繫在正月，文略同，唯「深」字作「琛」。廣韻卷四换韻「爨」字：「蜀録有交州刺史爨深。」元和姓纂卷九换韻爨姓有「交阯刺史爨琛」。

〔四七〕五月至丁卯薨　偏霸部無「生瘍於頭」，餘同。載記作：「咸和八年，雄生瘍於頭，六日死。」按「六日」蓋「六月」之誤。御覽卷八七八引作：「後蜀李雄以晉咸康六年八月死。」

〔四八〕死之日宫内積雪自外則否　載記無，御覽卷八七八引「死之日」作「其日」，餘同。

〔四九〕僞謚武皇帝廟號太宗　「武皇帝」，偏霸部同，載記作「武帝」。「廟號」，偏霸部同，載記作「廟曰」。

〔五〇〕十月葬安都陵　「十月葬」，偏霸部同，載記作「墓號」。

〔五一〕太子班襲位　見偏霸部，載記無。

〔五二〕氐苻成隗文既降復叛　「隗文」，原作「文隗」，載記各本同，中華本校勘記謂其誤倒，今據乙正。

〔五三〕國用不足　「足」，原作「用」，據載記改。

〔五四〕用兵無部隊　「隊」，原作「對」，據載記改。

〔五五〕按此段見載記，不見魏書崔鴻傳。

十六國春秋輯補卷七十八

蜀録三

李班

李班字世文，雄兄蕩第四子，雄妻任氏無子，養班爲子〔一〕。初署平南將軍，後立爲太子。班謙虚博納，敬愛儒賢，自何點、李釗，班皆師之。又引名士王嘏及隴西董融、天水文夔等以爲賓友，每謂融等曰：「觀周景王太子晉、魏太子丕、吴太子孫登，文章鑒識，超然卓絶，未嘗不有慙色。何古賢之高朗，後人之莫逮也？」爲性汎愛，動修軌度，時諸李子弟皆尚奢靡，而班常戒厲之。每朝有大議，雄輒令豫之。班以「古者墾田均平，貧富獲所，今貴者廣占荒田，貧者種殖無地，富者以己所餘而賣之，此豈王者大均之義乎！」雄納之。及雄寢疾，班晝夜侍側。雄少數攻戰，多被傷夷，至是疾甚，瘡皆膿潰。雄子越等惡而遠之，班爲吮膿，殊無難色。每嘗藥流涕，不脱衣冠。其孝誠如此。

雄薨，班即位〔二〕。以李壽録尚書事，輔政。班居中執喪禮，政事皆委壽及司徒何點、尚書令王環等。雄子車騎將軍越時鎮江陽，以班非雄所生而嗣位，心甚不平〔三〕。至此，奔喪，與其弟期密計圖之。李玝勸班遣越還江陽，以期爲梁州刺史鎮葭萌，班以未葬，不忍遣，推誠居厚，心無纖芥。時有白氣一道帶天，太史令韓豹奏：「宫中有陰謀兵氣，戒在親戚。」班不悟。咸和九年十月，班因夜哭臨〔四〕，越殺班於殯宫。於是矯太后令罪狀，謚厲太子〔五〕。時年四十七，在位一年。遂立雄之子期嗣位焉。

李期

李期字世運，雄第四子也。聰慧好學，弱冠能屬文，輕財好施，虛心招納。初爲建威將軍，雄令諸子及宗室子弟以恩信合衆，多者不至數百，而期獨致千餘人。其所表薦，雄多納之，故長吏列署頗出其門。

既殺班，欲立越爲主。越以期雄妻任氏所養，又多才藝，乃讓位於期。甲子，期僭即皇帝位〔六〕，誅班弟都，使李壽伐都弟玝於涪，玝棄城降晉。封壽漢王，拜梁州刺史、東羌校尉、中護軍，録尚書事；封兄越建寧王，拜相國、大將軍，録尚書事。

乙未。玉恒元年晉咸康元年。正月。大赦境内，改元玉恒〔七〕。立妻閻氏爲皇后。以其衛將軍尹奉爲右丞相、驃騎將軍，尚書令王環爲司徒。期自以謀大事既果，輕諸舊臣，外則信任尚書令景騫、尚書姚華、田褒。褒無他才藝，雄時勸立期，故寵待甚厚。内則信宦豎許涪等。國之刑政，希復關之卿相，慶賞威刑，皆決數人而已，於是綱維紊矣。

丙申。二年　乃誣其尚書僕射武陵公李載謀反，下獄死。

先是，晉建威將軍司馬勳屯漢中，期遣李壽攻而陷之，遂置守宰，戍南鄭。雄子霸、保並不病而死，皆云期鴆殺之，於是大臣懷懼，人不自安。

丁酉。玉恒三年原作「四年」。天雨大魚於宫中，其色黄。此二句亦見御覽八百七十七。又宫中豕犬交。三月，大風拔樹發屋〔八〕。以上依御覽八百七十六引補。

期多所誅夷，籍没婦女資財以實後庭。内外兇兇，道路以目，諫者獲罪，人懷苟免。期又鴆殺其安北李攸。攸，壽之養弟也。於是與越及景騫、田褒、姚華謀襲壽等，欲因燒市橋而發兵。期又累遣中常侍許涪至壽所伺其動静。及殺攸，壽大懼，又疑許涪往來之數也。

四月，大將軍、漢王壽乃率步騎一萬，自涪向成都〔九〕，表稱景騫、田褒亂政，興晉陽之甲，以除君側之惡。以李奕爲先登。壽到成都，期、越不虞其至，預不設備，壽遂取一作「即尅」。其城，屯兵宫門〔一〇〕。期遣侍中勞壽，壽奏相國建寧王越、尚書令河南公景騫、尚書田褒、姚華、中常侍許涪、征西將軍李遐及將軍李西等皆懷姦亂政，謀傾社稷，大逆不道，罪合夷滅。期從之。於是殺相國建寧王越、尚書令景騫、尚書田褒等〔一一〕。壽矯任氏令，廢期爲邛都縣公，幽之别宫。期嘆曰：「天下主乃當於小縣公〔一二〕，不如死也。」咸康三年，期自殺〔一三〕，一作「自縊而死」。時年二十五，在位三年。謚曰幽公。及葬，賜鸞輅九旒，餘如王禮。雄之子皆爲壽所殺。

校勘記

〔一〕雄兄蕩至養班爲子　纂録同，偏霸部誤「雄妻」爲「雄事」，載記無此節。按，偏霸部引十六國春秋蜀録，李班事在李期傳内。

〔二〕雄薨班即位　偏霸部同，載記作「雄死嗣僞位」。

〔三〕雄子車騎至不平　「雄子車騎將軍」、「而嗣位」，見偏霸部，載記無。「心甚不平」，偏霸部同，載記作「意甚不平」。

〔四〕咸和九年十月班因夜哭臨　載記作「咸和九年班因夜哭」，偏霸部作「十月因夜哭臨」。

〔五〕於是矯至厲太子　纂録同，偏霸部「厲太子」作「戾太子」，載記無此節。

〔六〕甲子期僭即皇帝位　「甲子期」，偏霸部同，載記作「於是」。

〔七〕玉恒元年正月大赦境内改元玉恒　偏霸部無「境内」，「改元玉恒」作「改年」；載記無「玉恒元年正月」，且句在上文「誅班弟都」之上。按，偏霸部此上述殺班、立期事，此句下接立后事，則期嗣位至次年始改元、立后；載記則以即位當年即改元。輯補從偏霸部，移載記此句於後。

〔八〕玉恒三年至拔樹發屋　「玉恒三年」，御覽卷八七六引作「玉恒四年」，載記無。「天雨」至「豕犬交」，見載記，御覽卷八七六引無。「三月大風拔樹發屋」，見御覽卷八七六引，載記無。

〔九〕四月至向成都　「四月大將軍漢王壽」，偏霸部、載記無。「向」，原作「迴」，據載記、偏霸部改。

〔一〇〕預不設備壽遂取其城屯兵宫門　「預不」，偏霸部同，載記作「素不」。「壽遂取」，載記同，偏霸部作「即剋」。「宫門」，偏霸部同，載記作「至門」。

〔一一〕於是至田褒等　偏霸部無「於是」，餘同，載記作「於是殺越騫等」。

〔一二〕天下主乃當於小縣公　「於」，偏霸部同，載記作「爲」。

〔一三〕期自殺　偏霸部同，載記作「自縊而死」。

十六國春秋輯補卷七十九

蜀録四

李壽

李壽字武考，特季弟驤之少子也〔一〕。少尚禮容〔二〕，敏而好學，雅量豁然，異於李氏諸子。雄奇其才器〔三〕，以爲足荷重任，拜前將軍，督巴西軍事，遷征東將軍，時年十九。聘處士譙秀以爲賓客，盡其讜言，在巴西威惠甚著。驤死，遷大將軍、大都督、侍中，封扶風公，録尚書事。征寧州，攻圍百餘日，悉平諸郡。雄大悦，封爲建寧王。雄薨，受遺輔政。期立，改封漢王，食梁州五郡，領梁州刺史。

壽威名遠振，深爲李越、景騫等所憚，壽深憂之。代李玝治涪城〔四〕，每應期朝覲，常自陳邊疆寇警，不可曠鎮，故得不朝。壽又見期、越兄弟十餘人，年方壯大而並有强兵，懼不自全，乃聘禮巴西龔壯。壯雖不應聘，數往見壽。時岷山崩，江水竭，壽惡之，每問壯以自安之術。壯以特殺其父及叔，欲假手報仇，未有其由，因説壽曰：「節下若能捨小從大，以危易安，則開國裂土，長爲諸侯，名高桓文，勳流百代矣。」壽從之，陰與長史略陽羅恒、巴西解思明共陰謀據成都，稱藩於晉〔五〕。二字一作「歸順」。乃誓文武，得數千人，襲成都，尅之。縱兵虜掠，至乃姦略雄女及李氏諸婦，多所殘害，數日乃定。

戊戌。漢興元年　恒與思明及李奕、王利等勸壽稱鎮西將軍、益州牧、成都王，稱藩於晉，而任調與司馬蔡興、侍中李豔及張烈等勸壽自立。壽命筮之，占者曰：「可數年天子。」調喜曰：「一日尚爲足，而況數年乎！」思明曰：「數年天子，孰與百世諸侯！」〔六〕壽曰：「朝聞道，夕死可矣。任侯之言，策之上也。」遂以咸康四年僭即皇帝位於南郊，大赦其境内，改咸康四年爲漢興元年〔七〕。以董皎爲相國，羅恒、馬當爲股肱，李奕、任調、李閎爲爪牙，解思明爲謀主。以安車束帛聘龔壯爲太師，壯固辭，特聽縞巾素帶，居師友之位。拔擢幽滯，處之顯列。追尊父驤爲獻皇帝，母昝氏爲太后，立妻閻氏爲皇后，世子勢爲太子。有告廣漢太守李乾與大臣通謀欲廢壽者。壽令其子廣與大臣盟於前殿，徙乾漢嘉太守。

己亥。二年

庚子。漢興三年　二月〔八〕，大風暴雨，震其端門。以上亦見御覽八百七十六。壽深自悔責〔九〕，命羣臣極盡忠言，勿拘忌諱。

遣其散騎常侍王嘏、中常侍王廣聘於石季龍。先是，季龍遺壽書，欲連横入寇，約分天下，壽大悦。

六月，壽下書曰：「吳會遺燼，久逋天誅，今將大興百萬，躬行天罰。」〔一〇〕乃大修船艦，嚴兵繕甲，吏卒皆備糇糧。以其尚書令馬當爲六軍都督，假節鉞。

營東場。九月〔一一〕，大閲軍士七萬餘人，舟師泝江而上，過成都，鼓譟盈江，壽登城觀之。其羣臣咸曰：「我國小衆寡，吳會險遠，圖之未易。」解思明又切諫懇至。壽於是命羣臣陳其利害。龔壯諫曰：「陛下與胡通孰如與晉通！胡，豺狼國也，晉既滅，不得不北面事之，若與之争天下，則强弱異勢。此虞虢之成範，已然之明戒，願陛下熟慮之。」羣臣以壯之言爲然，叩頭泣諫，壽乃止。士衆咸稱萬歲。

遣其鎮東大將軍李奕征牂牁，太守謝恕保城拒守者積日，不拔。會奕糧盡，引還。

十月，講一作「議」。禮於太學，舉明經者，封好學侯〔一二〕。

辛丑。四年〔一三〕以其太子勢領大將軍，録尚書事。

壽承雄寬儉，新行篡奪，因循雄政，未逞其志欲。會李閎、王嘏從鄴還，盛稱季龍威强，宫觀美麗，鄴中殷實。壽又聞季龍虐用刑法，王遜亦以殺罰御下，並能控制邦域。壽心欣慕，人有小過，輒殺以立威。又以郊甸未實，都邑空虚，工匠器械，事未充盈，乃徙傍郡户三丁以上以實成都，興尚方御府，發州郡工巧以充之。廣修宫室，引水入城，務於奢侈。又廣太學，起讌殿。百姓疲於使役，呼嗟滿道，思亂者十室而九矣。其左僕射蔡興切諫，壽以爲誹謗，誅之。右僕射李嶷數以直言忤旨，壽積忿非一，托以他罪，下獄殺之。

壬寅。五年

癸卯。六年晉康建元元年。分寧州興古、一作「乾右」。永昌、雲南、朱提、越嶲、河陽六郡爲漢州〔一四〕。

四月，壽寢疾，疾篤〔一五〕，常見李期、蔡興爲祟。八月〔一六〕，薨。時年四十四，在位六原作「五」。年〔一七〕。僞謚昭文皇帝，廟號中宗，葬安昌陵〔一八〕。

壽初爲王，好學愛士，庶幾善道，每覽良將賢相建功立事者，未嘗不反覆誦之，故能征伐四剋，闢國千里。雄既垂心於上，壽亦盡誠於下，號爲賢相。及即僞位之後，改立宗廟，以父驤爲漢始祖廟，特、雄爲大成廟，又下書言與期、越別族，凡諸制度皆有改易。公卿以下率用己之僚佐，雄時舊臣及六郡士人皆見廢黜。壽初病，思明等復議奉王室，壽不從。李演自越嶲上書，勸壽歸正返本，釋帝稱王，壽怒殺之，以威龔壯、思明等。壯作詩七篇，託言應璩以諷壽。壽報曰：「省詩知意，若今人所作，賢哲之話言也，古人所作，死鬼之常辭耳。」動慕漢武、魏明之所爲，恥聞父兄時事，上書者不得言先世政化〔一九〕，自以己勝之也。

李勢

李勢字子仁，壽之長子也。初，壽妻閻氏無子，驤殺李鳳，爲壽納鳳女，生勢。期愛勢姿貌，拜翊軍將軍、漢王世子。勢身長七尺九寸，腰帶十四圍，善於俯仰，時人異之。壽既薨，僭即皇帝位〔二〇〕，大赦其境内，改元曰太和。

甲辰。太和元年　正月〔二一〕，尊母閻氏爲皇太后，妻李氏爲皇后〔二二〕。太史令韓皓奏熒惑守心，以宗廟禮廢。勢命羣臣議之，其相國董皎、侍中王嘏等以爲景武倡業，獻文承基，至親不遠，無宜疏絶。勢更令祭特、雄，同號曰漢王。

乙巳。太和二年晉永和元年。勢弟大將軍、漢王廣以勢無子，求爲太弟，勢弗許。馬當、解思明以勢兄弟不多，若有所廢則益孤危，固勸許之。勢疑當等與廣有謀，遣其太保李奕襲廣於涪城，命董皎收馬當、思明斬之，夷其三族。貶廣爲臨邛侯，廣自殺。思明有計謀，强諫諍，馬當甚得人心，自此之後，無復紀綱及諫諍者。

丙午。嘉寧元年　李奕自晉壽舉兵反，蜀人多有從奕者，衆至數萬。勢登城距戰，奕單騎突門，門者射而殺之，衆乃潰散。勢既誅奕，大赦境内，改年嘉寧。

初，蜀土無獠，至此始從山而出，北至犍爲、梓潼，布在山谷十餘萬落，不可禁制，大爲百姓之患。勢既驕吝而性愛財色，常殺人而取其妻，荒淫不恤國事。夷獠叛亂，軍守離缺，境宇日蹙。加之荒儉，性多忌害，誅殘大臣，刑獄濫加，人懷危懼。斥外父祖臣佐，親任左右小人，羣小因行威福。又常居内，少見公卿。史官屢陳蜀連有災譴，天雨血，地仍震，地生毛，鵂鶹集城下〔二三〕，此五句依御覽九百二十四引補。乃加董皎太師，以名位優之，實欲與分災眚。

丁未。嘉寧二年　晉遣安一作「征」。西將軍荆州刺史桓温率水軍來伐〔二四〕。温次青衣，勢大發軍禦之〔二五〕，又遣李福與昝堅等數千人從山陽趣合水距温，謂温從步道而上。諸將皆欲設伏於江南以待王師，昝堅不從，率諸軍從江北鴛鴦碕向犍爲，而温從山陽出江南。鎮東李位都逆往「往」疑作「温」。降〔二六〕。昝堅到犍爲，方知與温異道，乃迴從沙頭津北渡。及堅至，温已達成都之十里陌，堅衆自潰。

三月〔二七〕，温至城下，縱火燒其大城諸門。勢衆惶懼，無復固志，其中書監王嘏、散騎常侍常璩等勸勢降。勢以問侍中馮孚，孚言：「昔吴漢征蜀，盡誅公孫氏，今晉下書，不赦諸李，雖降恐無全理。」勢乃夜開東門，與昝堅走九百里至晉壽，然後送降文於温，曰：「僞嘉寧二年三月十七日，略陽李勢叩頭死罪。伏惟大將軍節下，先人播流，恃險因釁，竊有汶蜀。勢以闇弱，復統末緒，偷安荏苒，未能改圖。猥煩朱軒，踐冒險阻，將士狂愚，干犯天威。仰慙俯愧，精魂飛散，甘受斧鑕，以釁軍鼓。伏惟大晉，天綱恢弘，澤及四海，恩過陽日。逼迫倉卒，自投草野，即日到白水城，謹遣私署散騎常侍王幼奉牋以聞，並敕州郡投戈釋杖。窮池之魚，待命漏刻。」勢尋輿櫬面縛軍門，温解其縛，焚其櫬，遷勢及叔父福〔二八〕、載記作「及弟福」。從兄權親族十餘人於建康，晉封爲歸義侯。升平五年死於建康。在位五年而敗。

常璩字道將，蜀成都人，少好學。著華陽國志十篇，序開闢以來迄於李勢，皆有條理。

云：「宕渠，古賨國，今有賨城。秦始皇時有長人長五丈，見宕渠。秦史胡母敬曰：『五百年外，其地必有異人爲大人者。』及雄之稱尊號，祖先出自宕渠，有識者皆以爲應云。譙周云：『我死後三十年，當有異人入蜀。』又著讖云：『廣漢城北有大賊，曰流曰特攻難得，歲在玄宮自相剋。』又惠帝之世，蜀童謡曰：『江橋頭，闕下市，成都北門十八子。』至是而應焉。」〔二九〕李特以晉永寧元年歲在辛酉起兵，至勢嘉寧二年，晉永和三年歲在丁未原作「壬戌」，誤。而降晉，合四十七年〔三〇〕。載記作：「始，李特以惠帝太安元年起兵，至此六世，凡四十六年，以穆帝永和三年滅。」

校勘記

〔一〕特季弟驤之少子也　偏霸部同，載記作「驤之子也」。

〔二〕少尚禮容　偏霸部同，載記在「雅量豁然」下。

〔三〕雄奇其才器「器」，纂録同，偏霸部作「秀」，載記無此字。

〔四〕治涪城　偏霸部同，載記作「屯涪」。

〔五〕稱藩於晉「於晉」，偏霸部同，載記作「歸順」。

〔六〕執與百世諸侯　「世」，原作「姓」，據載記改。

〔七〕遂以咸康四年至漢興元年　「僭即皇帝位於南郊」，偏霸部同，載記作「僭即僞位」。「大赦其境内」，偏霸部作「大赦」，載記作「赦其境内」。「改咸康四年爲漢興元年」，偏霸部同，載記作「改元爲漢興」。

〔八〕漢興三年二月　見御覽卷八七六引，載記無。

〔九〕壽深自悔責　「深」，原作「倏」，據載記改。

〔一〇〕六月至天罰　見偏霸部，載記無。

〔一一〕九月　見偏霸部，載記無。

〔一二〕十月至好學侯　偏霸部「講」作「醮」，餘同，載記無。纂録作「譙」，下校「一作『講』」。

〔一三〕四年　見偏霸部，載記無。

〔一四〕六年至漢州　見偏霸部，載記無。「興古」，纂録、偏霸部同，纂録校云「一作『乾右』」。

〔一五〕四月壽寢疾疾篤　載記作「壽疾篤」，偏霸部作「四月壽寢疾」。

〔一六〕八月　偏霸部同，載記作「八年」。

〔一七〕時年四十四在位六年　「四十四」，載記同，偏霸部作「四十」。「六」，載記作「五」，偏霸部無此句。

〔一八〕僞謚至安昌陵　「昭文皇帝」，偏霸部同，載記作「昭文帝」。「廟號」，偏霸部同，載記作「廟曰」。

「葬」，偏霸部同，載記作「墓曰」。

〔一九〕先世政化　「化」字原無，據載記補。

〔二〇〕壽既薨僭即皇帝位　偏霸部無「皇」字，餘同，載記作「壽死勢嗣僞位」。

〔二一〕太和元年正月　見偏霸部，載記無。

〔二二〕妻李氏爲皇后　「李氏」，原作「季氏」，據載記、偏霸部改。

〔二三〕史官屢陳至集城下　御覽卷九二四引無「譴」字，餘同。載記僅「史官屢陳災譴」。

〔二四〕嘉寧二年至來伐　偏霸部無「率水軍」，餘同，載記作「大司馬桓温率水軍伐勢」。

〔二五〕勢大發軍禦之　「禦之」，偏霸部同，載記作「距守」。

〔二六〕鎮東李位都逆往降　見偏霸部，載記無。

〔二七〕三月　見偏霸部，載記無。

〔二八〕叔父福　載記作「弟福」，偏霸部亦作「叔父福」，有校云「載記云『及弟福』」。

〔二九〕常璩字道將至至是而應焉　見偏霸部，載記無。「開闢以來」，原作「開國以來」，據偏霸部、華陽國志卷一序志改。「成都北門十八子」，纂録同，偏霸部「子」作「字」，按「十八子」上下相合爲「李」字，是。

〔三〇〕李特以至四十七年　見偏霸部，載記無。「丁未」，偏霸部作「壬戌」。

十六國春秋輯補卷八十

蜀録五

李庠

李庠字玄序，特第三弟也。少以烈氣聞，仕郡督郵、主簿，皆有當官之稱。元康四年察孝廉，不就。後以善騎射舉良將，亦不就。州以庠才兼文武，舉秀異，固以疾辭。州郡不聽，以其名上聞，中護軍切徵，不得已而應之，拜中軍騎督〔一〕。弓馬便捷，膂力過人，時論方之文鴦。以洛陽方亂，稱疾去官。

性在任俠，好濟人之難，州黨争附之。與六郡流人避難梁益，道路有飢病者，庠常營護隱恤，振施窮乏，大收衆心。至蜀，趙廞深器之，與論兵法，無不稱善，每謂所親曰：「李玄序蓋亦一時之關張也。」及將有異志，委以心膂之任，乃表庠爲部曲督，使招合六郡壯勇，至萬餘人。以討叛羌功，表庠爲威寇將軍，假赤幢曲蓋，封陽泉亭侯，賜錢百萬，馬五十四。被誅之日，六郡士庶莫不流涕，時年五十五。傳見載記。

龔壯

龔壯字子瑋，巴西人也。潔己自守，與鄉人譙秀齊名。父叔爲李特所害，壯積年不除喪。力弱不能復仇，及李壽戍漢中，與李期有嫌，期，特孫也，壯欲假壽以報，乃説壽曰：「節下若能並有西土，稱藩於晉，人必樂從。且捨小就大，以危易安，莫大之策也。」壽然之，遂率衆討期，果剋之。壽猶襲僞號，欲官之，壯誓不仕，賂遺一無所取。會天久雨，百姓饑墊，壯上書説壽以歸順允天心，應人望，永爲國藩，福流子孫。壽省書内愧，秘而不宣。及遣使入胡，壯又諫之，壽又不納。壯謂百行之本，莫大忠孝，既假壽殺期，私仇已雪，又欲使其歸朝，以明臣節。壽既不從，壯遂稱聾，又云手不制物，終身不復至成都，惟研考經典，覃思文章。至李勢時卒。

初，壯每歎中夏多經學，而巴蜀鄙陋，兼遭李氏之難，無復學徒，乃著邁德論，文多不載。見晉書隱逸傳。

譙秀

譙秀字元彦，巴西人也。祖周，以儒學著稱，顯明蜀朝。秀少而静默，不交於世，知天下將亂，預絶人事，雖内外宗親，不與相見。郡察孝廉，州舉秀才，皆不就。及李雄據蜀，略有巴西，雄叔父驤、驤子壽皆慕秀名，具束帛安車徵之，皆不應。常冠皮弁弊衣，躬耕山藪，龔壯常歎服焉。桓温滅蜀，上疏薦之。朝廷以秀年在篤老，兼道遠，故不徵，遣使敕所在四時存問。尋而范賁、蕭敬相繼作亂，秀避難宕渠，鄉里宗族依憑之者以百數。秀年出八十，衆人欲代之負擔，秀曰：「各有老弱，當先營護。吾氣力猶足自堪，豈以垂朽之年累諸君也！」年九十餘卒。依晉書隱逸傳録。

許延妻杜氏

許延妻杜氏，不知何許人也。延爲益州别駕，爲李驤所害。驤欲納杜氏爲妻，杜氏號哭守夫尸，駡驤曰：「汝輩逆賊無道，死有先後，寧當久活！我杜氏女，豈爲賊妻也！」驤怒，遂害之。依晉書列女傳録。

校勘記

〔一〕中軍騎督　「軍」，原作「書」，據載記改。

十六國春秋輯補卷八十一

後涼録一

呂光

呂光字世明，略陽氐人也。其先呂文和，漢文帝初，自沛避難遷略陽，因家焉〔一〕，世爲氐酋豪〔二〕。父婆樓，字廣平〔三〕，佐命前秦苻堅〔四〕，官至太尉。光以趙建武中生於枋頭〔五〕，夜有神光之異，故以「光」爲名焉。年十歲，與諸童兒游戲邑里，爲戰陣之法，而童兒咸推爲主〔六〕，部分詳平，羣童歎服。不樂讀書，唯好鷹馬。及長，身長八尺四寸，目重瞳子，左肘有肉印，沈毅凝重，寬簡有大量，喜怒不形於色。時人莫之知一作「識」。也〔七〕，唯王猛甚異之，曰：「此非常人。」言之苻堅。

舉賢良，除美陽令，民夷憚愛，鄰境肅清〔八〕。遷鷹揚將軍，以功賜爵關内侯〔九〕。從堅征張平，戰於銅壁，刺平養子蚝中之，自是威名大著。

苻雙反於秦州，堅將楊成世爲雙將苟興所敗。光與王鑒討之，鑒欲速戰，光曰：「興初破成世，姦氣漸張，宜持重以待其弊。興乘勝輕來，糧竭必退，退而擊之，可以破也。」二旬而興退，諸將不知所爲，光曰：「揆其姦計，必攻楡眉，若得楡眉，據城斷路，資儲復贍，非國之利也。宜速進師，若興攻城，尤須赴救，如其奔也，彼糧既盡，可以滅之。」鑒從之，果敗興軍。從王猛滅慕容暐，封都亭侯。苻重之鎮洛陽，以光爲長史。及重謀反，苻堅聞之曰：「呂光忠孝方正，必不同也。」馳使命光檻重送之。尋入爲太子右率，甚見敬重。蜀人李焉聚衆二萬攻逼益州，堅以光爲破虜將軍，率兵討滅之，遷步兵校尉。苻洛反，光又擊平之，拜驃騎將軍。

堅既平山東，士馬强盛，遂有圖西域之志。建元十九年〔一〇〕，以光爲使持節、都督西討諸軍事，率將軍姜飛、彭晃、杜進、康隆等〔一一〕，總兵七萬，鐵騎五千，以討西域。以隴西董方、馮翊郭抱、武威賈虔、弘農楊穎爲四府佐將。堅太子宏執光手曰：「君器相非常，必有大福，宜深保愛。」

行至高昌，聞堅寇晉，光欲更須後命，部將杜進曰：「節下受任金方，赴機宜速，有何不了，而更留乎！」乃進。及流沙，三百餘里無水，將士失色，光曰：「吾聞李廣利精誠玄感，飛泉涌出，吾等豈獨無感致乎！皇天必將有濟，諸君不足憂也。」俄而大雨，平地三尺。進兵至焉耆，其王泥流率其旁國請降。

十二月，至龜兹〔一二〕。龜兹王帛純捍命不降〔一三〕。光軍其城南，五里爲一營，深溝高壘，廣設疑兵，以木爲人，被之以甲，羅之壘上，以爲持久之計〔一四〕。帛純徙城外人入於城中，附庸侯王各嬰城自守。

至是，光左臂内脉起成字，文曰「巨霸」。營外夜有一黑物，大如斷堤，摇動有頭角，目光若電，及明而雲霧四周，遂不復見。旦視其處，南北五里，東西三十餘步，鱗甲隱地之所，昭然猶在。光笑曰：「黑龍也。」俄而雲起西北，暴雨滅其跡。杜進言於光曰：「龍者神獸，人君利見之象。易曰：『見龍在田，德施普也。』斯誠明將軍道合靈和，德符幽顯。願將軍勉之，以成大慶。」光有喜色。又進攻龜兹城，夜夢金象飛越城外，光曰：「此謂佛神去之，胡必亡矣。」光攻城益急。將軍竇苟，洛陽人〔一五〕，以壯勇知名，從吕光攻龜兹，每登雲梯，入地道，或時墜落，蘇而復上，光深奇之。依御覽七百六十五及三百三十六引補。

二十年五月〔一六〕，帛純乃傾國財寶，請救於獪胡。獪胡遣弟吶龍、侯將馗率騎二十餘萬，並引温宿、一作「姑默宿」。尉頭一作「須」。等國王及諸胡内外合七十餘萬人以救之〔一七〕。胡便弓馬，善矛槊，鎧如連鎖，射不可入，乃以革索爲羂〔一八〕，策馬擲人，多有中者，衆甚憚之。諸將咸欲每營結陣，案兵以距之。光曰：「彼衆我寡，衆營又相遠，勢分力散，非良策也。」於是遷營相接，案陣爲勾鏁之法〔一九〕，精騎爲游軍，彌縫其闕。秋七月〔二〇〕，戰於城西，大敗之，斬萬餘級。帛純收其珍寶逃奔〔二一〕，一作「遁走」。王侯降者三十餘國。此段亦見御覽三百九、通典百五十八。光入其城。城有三重，廣輪與長安城等，城中塔廟千數。帛純宮室壯麗，煥若神居〔二二〕。光大饗將士，賦詩言志〔二三〕，命參軍京兆段業著龜茲宮賦以譏之。胡人奢侈，富於奉養，家有蒲桃酒或至千斛，經十年不敗，士卒淪没酒藏者相繼矣。此節亦見御覽七百六十五及九百七十二。諸國憚光威名，貢款屬路。乃立帛純弟震爲王以安之。光撫寧西域，威恩甚著，桀黠胡王昔所未賓者，不遠萬里，皆來歸附，上漢所賜節傳，光皆表而易之。堅聞光平西域，以光爲使持節、散騎常侍、都督玉門已西諸軍事、安西將軍、西域校尉，進封順鄉侯〔二四〕，道絶不通。

光既平龜茲，有留焉之志。時始獲鳩摩羅什，羅什勸之東還，曰：「此凶亡之地，不可淹留，推運揆數，將軍宜速東歸，中路自有福地可居。」〔二五〕見西夷傳。二十一年正月〔二六〕，光大饗文武，博議進止，衆咸請還，光從之。三月，引還〔二七〕。以駝二萬餘頭致外國珍寶及奇伎異戲、殊禽怪獸千有餘品，駿馬萬餘匹而還。

苻堅高昌太守楊翰説其涼州刺史梁熙距守高桐、伊吾二關，熙不從。光至高昌，翰以郡迎降。初，光聞翰之説，惡之，又聞苻堅喪敗，長安危逼，謀欲停師。杜進諫曰：「梁熙文雅有餘，機鑒不足，終不能納善從説也，願不足憂之。聞其上下未同，宜在速進，進而不捷，請受過言之誅。」光從之。及至玉門，梁熙傳檄責光擅命還師，遣子胤與振威姚皓、別駕衛翰率衆五萬距光於酒泉。光報檄涼州，責熙無赴難之誠，數其遏歸師之罪。遣彭晃、杜進、姜飛等爲前鋒擊胤，大敗之。胤輕將麾下數百騎東奔，杜進追擒之。於是四山胡夷皆來款附〔二八〕。武威太守彭濟執熙請降。

九月〔二九〕，光入姑臧，自領涼州刺史、護羌校尉。表杜進爲輔國將軍、武威太守，封武始侯，自餘封拜各有差。

光主簿尉祐，姦佞傾險人也，見棄前朝。與彭濟同謀執梁熙，光深見寵任，乃譖誅南安姚皓、天水尹景等名士十餘人，遠近頗以此離貳。光尋擢祐爲寧遠將軍、金城太守。祐次允吾，襲據外城以叛，祐從弟隨據鸇陰以應之。光遣其將魏真討隨，隨敗奔祐。光將姜飛又擊敗祐衆，祐奔據興城，扇動百姓，夷夏多從之。飛司馬張象、參軍郭雅謀殺飛應祐，發覺，逃奔。

丙戌。大安元年〔三〇〕初，苻堅之敗，張天錫南奔，其世子大豫爲長水校尉王穆所匿。及堅還長安，穆將大豫奔禿髮思復鞬，思復鞬送之魏安。是月，魏安人焦松、齊肅、張濟等起兵數千，迎大豫於揟次，陷昌松郡。光遣其將杜進討之，爲大豫所敗。大豫遂進逼姑臧，求決勝負，王穆諫曰：「呂光糧豐城固，甲兵精鋭，逼之非利，不如席卷嶺西，厲兵積粟，東向而争，不及期年，可以平也。」大豫不從，乃遣穆求救於嶺西諸郡，建康太守李隰、祁連都尉嚴純及閻襲起兵應之。大豫進屯城西，王穆率衆三萬，及思復鞬子奚干等陣於城南〔三一〕。光出擊破之，斬奚干等二萬餘級。光謂諸將曰：「大豫若用王穆之言，恐未可平也。」諸將曰：「大豫豈不及此邪，皇天欲贊成明公八百之業，故令大豫迷於良算耳。」光大悦，賜金帛有差。大豫自西郡詣臨洮，驅略百姓五千餘户保據俱城〔三二〕。光將彭晃、徐炅攻破之。大豫奔廣武，穆奔建康，廣武人執大豫送之，斬於姑臧市。

苻丕以光爲車騎大將軍、涼州牧、領護西域大都督、酒泉公〔三三〕。光始聞苻堅爲姚萇所害，奮袂哀怒〔三四〕，三軍縞素，大臨於城南。傳檄諸州，期孟冬大舉〔三五〕。僞謚堅爲文昭皇帝，長吏百石已上服斬縗三月，庶人哭泣三日。

十月〔三六〕，大赦境内，改建元爲大安〔三七〕。十一月，羣寮勸進曰：「長蛇未殄，方掃國難，不一無「不」字。宜進位元台。」〔三八〕十二月，上光爲使持節〔三九〕、侍中、中外大都督、督隴右河西諸軍事、大將軍、領護匈奴中郎將、涼州牧、酒泉公。

丁亥。二年　王穆據酒泉〔四〇〕，自稱大將軍、涼州牧。時穀價踊貴，斗直五百，人相食，死者大半。光西平太守康寧自稱匈奴王，阻兵以叛，光屢遣討之，不捷。

初，光之定河西也，杜進有力焉，以爲輔國將軍、武威太守。既居都尹，權高一時，出入羽儀，與光相亞。光甥石聰至自關中，光曰：「中州人言吾政化何如？」聰曰：「止知有杜進耳，實不知有舅。」光默然，因此誅進。

光後讌羣寮，酒酣，語及政事。時刑罰峻重，參軍段業進曰：「嚴刑重憲，非明王之義也。」光曰：「商鞅之法至峻而兼諸侯，吳起之術無親而荆蠻以霸，何也？」業曰：「明公受天眷命，方君臨四海，景行堯舜猶懼有弊，奈何欲以商申之末法，臨道義之神州！豈此州士女所望於明公哉！」光改容謝之，於是下令責躬，乃崇寬簡之政。

其將徐炅與張掖太守彭晃謀叛，光遣師討炅，炅奔晃。晃東結康寧，西通王穆，光議將討之。諸將咸曰：「今康寧在南，阻兵伺隙，若大駕西行，寧必乘虚出於嶺左。晃、穆未平，康寧復至，進退狼狽，勢必大危。」光曰：「事勢實如卿言，今而不往，當坐待其來。晃、穆共相脣齒，寧又同惡相救，東西交至，城外非吾之有。若是，大事去矣。今晃叛逆始爾，寧、穆與之情契未密，及其倉卒，取之爲易。且隆替命也，卿勿復言。」光於是自率步騎三萬，倍道兼行。既至，攻之二旬，晃將寇顗斬關納光〔四一〕，於是誅彭晃。

初，略陽王穆起兵酒泉以應大豫，遣使招郭瑀，瑀歎曰：「臨河救溺，不卜命之短長，脈病三年，不豫絶其餐饋。魯連在趙，義不結舌，況人將左袵而不救之！」乃與燉煌索嘏起兵五千，運粟三萬石，東應王穆。穆以瑀爲太府左長史、軍師將軍，嘏爲燉煌太守。瑀雖居元佐，而口詠黄老，冀功成世定，追伯成之蹤。穆惑於纔閒，既而忌嘏威名，率衆伐嘏。瑀諫曰：「昔漢定天下，然後誅功臣，今事業未建而誅之，立見麋鹿游於此庭矣。」穆不從。瑀出城大哭，舉手謝城曰：「吾不復見汝矣。」還而引被覆面，不與人言，不食七日，輿疾而歸，旦夕祈死。夜夢乘青龍上天，至屋而止，寤而歎曰：「龍飛在天，今止於屋，屋之爲字，尸下至也，龍飛至尸，吾其死也。古之君子不卒内寢，況吾正士乎！」遂還酒泉南山赤崖閣，飲氣而卒〔四二〕。此段依晉書隱逸傳補足。蓋載記因已採爲隱逸傳，故於此多删節云。

光聞之，謂諸將曰：「二虜相攻，此成擒也。」光將攻之，衆咸以爲不可，光曰：「取亂侮亡，武之善經，不可以累征之勞而失永逸之舉。」率步騎二萬攻酒泉，剋之，進次涼興。穆引師東還，路中衆散。穆單騎奔騂馬，騂馬令郭文斬首送之。

戊子。三年　八月，甘露降逍遥園。白鷰翔於酒泉，衆鷰成列而從之〔四三〕。

校勘記

〔一〕遷略陽因家焉　偏霸部同，載記作「徙焉」。

〔二〕氐酋豪　載記作「酋豪」，偏霸部作「氐酋」。

〔三〕字廣平　見偏霸部，載記無。

〔四〕前秦苻堅　載記作「苻堅」，偏霸部作「前秦」。

〔五〕光以趙建武中生於枋頭　「以趙建武中」，見偏霸部，載記無。

〔六〕而童兒咸推爲主　「童兒」，偏霸部同，載記作「儔類」。

〔七〕時人莫之知也　「知」，偏霸部同，載記作「識」。

〔八〕民夷憚愛鄰境肅清　偏霸部同，載記作「夷夏愛服」。

〔九〕以功賜爵關内侯　見偏霸部，載記無。

〔一〇〕建元十九年　見偏霸部，載記無。

〔一一〕康隆　纂録同，偏霸部無，載記作「康盛」。

〔一二〕十二月至龜兹　見偏霸部，載記無。

〔一三〕捍命不降　偏霸部同，載記作「距光」。

〔一四〕以爲持久之計　見偏霸部，載記無。

〔一五〕洛陽人　御覽卷七六五引同。按，「洛陽」疑「略陽」之誤，晉書本卷八四竇苟傳亦云「略陽氐也」。

〔一六〕二十年五月　見偏霸部，載記無。

〔一七〕並引温宿至救之　「温宿」，載記同，偏霸部作「姑默宿」。「尉頭」，偏霸部同，載記作「尉須」。「及諸胡内外」，見偏霸部，載記無。

〔一八〕乃以革索爲羂　「羂」，原作「羃」，據載記、偏霸部改。

〔一九〕案陣爲勾鑣之法　「案」，載記、偏霸部無。

〔二〇〕秋七月　見偏霸部，載記無。

〔二一〕帛純收其珍寶逃奔　「逃奔」，偏霸部同，載記作「而走」，御覽卷三〇九引、通典卷一五八作「遁走」。

〔二二〕城有三重至焕若神居　見偏霸部，載記無。

〔二三〕賦詩言志　此下載記有「見其宮室壯麗」六字。

〔二四〕進封順鄉侯　見偏霸部，載記無。

〔二五〕曰此凶亡之地至可居　載記作「語在西夷傳」。按唐修晉書無「西夷傳」，鳩摩羅什語見藝術傳。

〔二六〕二十一年正月　見偏霸部，載記無。

〔二七〕三月引還　見偏霸部，載記無。

〔二八〕於是四山胡夷皆來款附　「四山」，原作「西山」，據載記改。

〔二九〕九月　見偏霸部，載記無。

〔三〇〕大安元年　見偏霸部，載記無。

〔三一〕思復鞬子奚干　「奚干」，載記作「奚于」，下同。

〔三二〕驅略百姓五千餘户保據俱城　「俱城」，原作「其城」，據載記、通鑑卷一〇六改。

〔三三〕苻丕以至酒泉公　見偏霸部，載記無。「大都督」，纂録同，偏霸部無「督」字。

〔三四〕奮袂哀怒　偏霸部同，載記作「憤怒哀號」。

〔三五〕傳檄諸州期孟冬大舉　見偏霸部，載記無。

〔三六〕十月　見偏霸部，載記作「光於是」。

〔三七〕改建元爲大安　偏霸部同，載記作「建元曰太安」。按建元是苻堅年號，時吕光聞堅死，受苻丕官爵，乃奉丕年號曰太安，非光自建元也。

〔三八〕十一月至元台　見偏霸部，載記無。「不宜」，纂録、偏霸部並作「宜」，纂録校云「一作『不宜』」。

〔三九〕十二月上光爲使持節　「十二月上光爲」，見偏霸部，載記作「光自稱」。

〔四〇〕王穆據酒泉　載記「據」上有「襲」字。

〔四一〕晃將寇顗斬關納光　「寇顗」，原作「寇頭」，據載記改。

〔四二〕初略陽王穆至而卒　「㟪爲燉煌太守」、「既而忌㟪威名率衆伐㟪」見載記，餘依晉書卷九四隱逸郭瑀傳。

〔四三〕三年八月至從之　見偏霸部，載記無。

十六國春秋輯補卷八十二

後涼録二

吕光

己丑。麟嘉元年　正月〔一〕，麟見金澤縣，百獸從之，光以爲己瑞。於是羣寮奉表崇進名號，光從之〔二〕。以孝武太元十四年二月僭即三河王位於南郊〔三〕，置官司，自丞郎已下猶攝州縣事〔四〕，大赦其境内，改元〔五〕，年號麟嘉。

光妻石氏、子紹、弟德世至自仇池。光迎於城東，大饗羣臣。

遣其子左將軍他、武賁中郎將纂討北虜匹勒於三巖山〔六〕，大破之。

立妻石氏爲王妃，子紹爲世子，讌其羣臣於内苑新堂。

庚寅。二年　九月〔七〕，太廟新成，追尊其高祖爲敬公，曾祖爲恭公，祖爲宣公，父爲景昭王，母曰昭烈妃。其中書侍郎楊穎上疏，請依三代故事，追尊吕望爲始祖，永爲不遷之廟，光從之。

是歲，張掖督郵傅曜考覈屬縣，而丘池令尹興殺之，投諸空井。曜見夢於光，曰：「臣張掖郡小吏，案校諸縣，而丘池令尹興贓狀狼籍，懼臣言之，殺臣，投於南亭空井中，臣衣服形狀如是。」光寤而猶見，久之乃滅。遣使覆之，如夢。光怒，殺興。

辛卯。三年　著作郎段業以光未能揚清激濁，使賢愚殊貫，因療疾於天梯山，作表志詩九歎、七諷十六篇以諷焉。光覽而悦之。

南羌彭奚念入攻白土，都尉孫峙退奔興城。

壬辰。四年　光遣其南中郎將吕方及其弟右將軍吕寶、振威楊範、强弩竇苟討乞伏乾歸於金城。方屯河北，寶進師濟河，爲乾歸所敗，寶死之。

武賁吕纂、强弩竇苟率步騎五千南討彭奚念，戰於盤夷，大敗而歸。光親討乾歸、奚念，遣纂及揚武楊軌、建忠沮渠羅仇、建武梁恭軍於左南。奚念大懼，於白土津累石爲堤，以水自固，遣精兵一萬距守河津。光遣將軍王寶潛趣上津，夜渡湟河。光濟自石堤，攻剋枹罕。奚念單騎奔甘松，光振旅而還。

癸巳。麟嘉五年　天崩，有聲若雷，久之乃止。見御覽八百七十四。

甲午。六年　初，光徙西海郡人於諸郡，至是，謡曰：「朔馬心何悲，念舊中心勞。燕雀何徘徊，意欲還故巢。」頃之，遂相扇動，復徙之於西河樂都。

羣議以高昌雖在西垂，地居形勝，外接胡虜，易生翻覆，宜遣子弟鎮之。光以子覆爲使持節、鎮西將軍、都督玉門已西諸軍事、西域大都護，鎮高昌，命大臣子弟隨之。

乙未。七年

丙申。龍飛元年　五龍見於浩亹，羣臣咸賀，勸光稱號〔八〕。光於是以太元二十一年六月僭即天王位於南郊〔九〕，大赦境内，改年龍飛。備置羣司〔一〇〕，立世子紹爲太子，諸子弟爲公侯者二十人。中書令王詳爲尚書左僕射，段業等五人爲尚書。

乾歸從弟軻彈來奔，光下書曰：「乾歸狼子野心，前後反覆，朕方東清秦趙，勒銘會稽，豈令豎子鴟峙洮南！且其兄弟内相離間，可乘之機勿過今也。其敕中外戒嚴，朕當親討。」

丁酉。二年　光於是次於長最，使吕纂率楊軌、竇苟等步騎三萬攻金城。乾歸率衆二萬救之，光遣其將王寶、徐炅率騎五千邀之，乾歸懼而不進。光又遣其將梁恭、金石生以甲卒萬餘出陽武下峽，與秦州刺史没奕干攻其東，光弟天水公延以枹罕之衆攻臨洮、武始、河關，皆剋之。呂纂剋金城，擒乾歸金城太守衛鞬。鞬瞋目謂光曰〔一一〕：「我寧守節斷頭，不爲降虜也。」光義而免之。乾歸因大震，泣歎曰：「死中求生，正在今日也。」乃縱反間，稱乾歸衆潰，東奔成紀。呂延信而追之，引師輕進。延司馬耿稚諫曰〔一二〕：「告者視高而色動，必有姦計〔一三〕，不可。乾歸雄勇過人，權略難測，破王廣，剋楊定，皆羸師以誘之，雖蕞爾小國，亦不可輕也。困獸猶鬥，況乾歸而可覩風自散乎！今宜部陣而前，步騎相接，徐俟諸軍大集，可一舉滅之。」延不從，與乾歸相遇，戰敗死之。此段亦見御覽二百八十六及二百九十二、通典百五十一又百五十四。耿稚及將軍姜顯收集散卒，屯於枹罕。光還於姑臧。

光荒耄信讒，殺尚書沮渠羅仇、三河太守沮渠麴粥。羅仇弟子蒙遜叛光，殺中田護軍馬邃，攻陷臨松郡，屯兵金山，大爲百姓之患。蒙遜從兄男成先爲將軍守晉昌，聞蒙遜起兵，逃奔貲虜，扇動諸夷，衆至數千，進攻福禄、建安。寧戎護軍趙策擊敗之，男成退屯樂涫。呂纂敗蒙遜於忽谷。酒泉太守壘澄率將軍趙策、趙陵步騎萬餘討男成於樂涫，戰敗，澄、策死之。壘澄本姓裴氏。此句依通鑑考異及廣韻引補。按皆引作後趙録，自係後涼之誤〔一四〕。男成進攻建康，説太守段業曰：「呂氏政衰，權臣擅命，刑罰失中，人不堪役。一州之地，叛者連城，瓦解之勢，昭然在目，百姓嗷然，無所宗附。府君豈可以蓋世之才，而立忠於垂亡之世！男成等既唱大義，欲屈府君撫臨鄯州，使涂炭之餘，蒙來蘇之惠。」業不從。相持二旬，而外救不至，郡人高逵、史惠等言於業曰：「今孤城獨立，臺無救援，府君雖心過田單，而地非即墨，宜思高算，轉禍爲福。」業先與光侍中房晷、僕射王詳不平，慮不自容，乃許之。男成等推業爲大都督、龍驤大將軍、涼州牧、建康公。光命呂纂討業。沮渠蒙遜進屯臨洮，爲業聲勢。戰於合離，纂師大敗。

光散騎常侍、太常郭麐明天文，善占候，謂王詳曰：「於天文，涼之分野將有大兵。主上老病，太子沖闇，纂等凶武，一旦不諱，必有難作。以吾二人久居内要，常有不善之言，恐禍及人，深宜慮之。田胡王乞機部衆最强〔一五〕，二苑之人多其故衆。吾今與公唱義，推機爲主，則二苑之衆盡我有也。剋城之後，徐更圖之。」詳以爲然。夜燒光洪範門，二苑之衆皆附之，詳爲内應。事發，光誅之。麐遂據東苑以叛。

光馳召纂，諸將勸纂曰：「業聞師迴，必躡軍後，若潛師夜還，庶無後患矣。」纂曰：「業雖憑城阻衆，無雄畧之才，若夜潛還，張其姦志。」乃遣使告業曰：「郭麐作亂，吾今還都。卿能決者，可出戰。」於是引還。業不敢出。

纂司馬楊統謂其從兄桓曰：「郭麐明善天文，起兵其當有以。京城之外非復朝廷之有，纂今還都，復何所補。統請除纂，勒兵推兄爲盟主，西襲呂弘，據張掖以號令諸郡，亦千載一時也。」桓怒曰：「吾聞臣子之事君親，有隕無二。吾未有包胥存救之效，豈可安榮其禄，亂增其難乎！呂宗若敗，吾爲弘演矣。」統懼，至番禾，遂奔郭麐。

麐遣軍邀纂於白石，纂大敗。光西安太守石元良率步騎五千赴難，與纂共擊麐軍，破之，遂入於姑臧。麐之叛也，得光孫八人於東苑，及軍敗，恚甚，悉投之於鋒刃之上，枝分節解，飲血盟衆。衆皆掩目，不忍視之，麐悠然自若。

麐推後將軍楊軌爲盟主，軌自稱大將軍、涼州牧、西平公。呂纂擊麐將王斐於城西，大破之。自是麐勢漸衰。光遺楊軌書曰：「自羌胡不靖，郭麐叛逆，南蕃安否，音問兩絶。行人風傳，云卿擁逼百姓，爲麐脣齒。卿雅志忠貞，有史魚之操，鑒察成敗，遠侔古人，豈宜聽納姦邪，以虧大美！陵霜不彫者松柏也，臨難不移者君子也，何圖松柏彫於微霜，而鷄鳴已於風雨！郭麐巫卜小數，時或誤中，考之大理，率多虚謬。朕宰化寡方，澤不逮遠，致世事紛紜，百城離叛。戮力一心，同濟巨海者，望之於卿也。今中倉積粟數百千萬，東人戰士一當百餘，入則言笑晏晏，出則武步涼州，吞麐咀業，綽有餘暇。但與卿形雖君臣，心過父子，欲全卿名節，不使貽笑將來。」軌不答。

戊戌。三年　軌率步騎二萬北赴郭麐，至姑臧，壘於城北。軌以士馬之盛，議欲大決成敗，麐每以天文裁之。呂弘爲段業所逼，光遣呂纂迎之。軌謀於衆曰：「呂弘精兵一萬，若與光合，則敵强我弱。養獸不討，將爲後患。」遂率兵邀纂，纂擊敗之。郭麐聞軌敗，東走魏安，遂奔於乞伏乾歸。楊軌聞麐走，南奔廉川。

己亥。四年　九月，光寢疾。十二月，疾甚〔一六〕，立其太子紹爲天王，光自號太上皇帝，以子纂爲太尉〔一七〕，呂弘爲司徒。謂紹曰：「吾疾病唯增，恐將不濟。三寇闚闟，迭伺國隙。吾終之後，使纂統六軍，弘管朝政，汝恭己無爲，委重二兄，庶可以濟。若內相猜貳，釁起蕭牆，則晉趙之變，旦夕至矣。」又謂纂、弘曰：「永業才非撥亂，直以正嫡有常，猥居元首。今外有强寇，人心未寧，汝兄弟輯穆，則貽厥萬世，若內自相圖，則禍不旋踵。」纂、弘泣曰：「不敢有二心。」

光以安帝隆安三年薨，時年六十三，在位十年。當作「十四年」〔一八〕。葬高陵〔一九〕，僞謚武〈載記作「懿武」〉。皇帝，廟號太祖。

校勘記

〔一〕麟嘉元年正月　偏霸部同，載記作「是時」。

〔二〕於是至從之　見偏霸部，載記無。

〔三〕僭即三河王位於南郊　「於南郊」，見偏霸部，載記無。

〔四〕置官司自丞郎已下猶攝州縣事　偏霸部同，載記作「置百官自丞郎已下」。

〔五〕改元　見偏霸部，載記無。

〔六〕討北虜匹勒於三巖山　「匹勒」，屠本卷八一同，載記作「匹勤」。

〔七〕二年九月　纂録同，偏霸部「二」作「三」，載記無此四字。

〔八〕龍飛元年至稱號　見偏霸部，載記無。

〔九〕光於是以至南郊　「六月」、「於南郊」，見偏霸部，載記無。

〔一〇〕備置羣司　見偏霸部，載記無。

〔一一〕鞬瞋目謂光曰　「瞋」，原作「瞑」，據載記改。

〔一二〕延司馬耿稚諫曰　「耿稚」，載記、通典卷一五一同，御覽卷二九二引作「耿雉」，御覽卷二八六引、通典卷一五四作「耿雅」。

〔一三〕告者視高而色動必有姦計　此句載記在下文「可覩風自散乎」之下，御覽卷二八六引及通典卷一五四無此句，御覽卷二九二引及通典卷一五一耿稚語則僅存此句。

〔一四〕廣韻卷三旨韻「壘」字：「後趙録有壘澄，本姓裴氏。」通鑑卷一〇五太元九年胡注引姓譜同，未見通鑑考異引。

〔一五〕田胡王乞機部衆最强　「王乞機」，載記作「王氣乞機」。按晉書卷九五藝術郭麐傳，麐叛，「推王乞基爲主」，即此王乞機也。屠本卷八一、通鑑卷一〇九並作「田胡王乞基」。

〔一六〕四年至疾甚　偏霸部同，載記作「光疾甚」。

〔一七〕以子纂爲太尉　「子」，偏霸部同，載記作「吕」。

〔一八〕湯球以吕光「建元大安」，光之「大安元年」當晉太元十一年，故謂「當作十四年」。按上文及晉書卷九孝武帝紀並云光以太元十四年稱三河王，至隆安三年，應是十一年。

〔一九〕葬高陵　偏霸部同，載記作「墓號高陵」，在「廟號太祖」句下。

十六國春秋輯補卷八十三

後涼録三

吕纂

吕纂字永緒，光之長庶子也，母趙淑媛〔一〕。少便弓馬，好鷹犬，苻堅時入太學，不好讀書，唯以交結公侯聲樂爲務。及堅亂，西奔上邽。太安元年〔二〕，至於姑臧。拜武賁中郎將，封太原公。

光臨薨，執手戒之曰：「汝性麤武，深爲吾憂。開基既難，守成不易。善輔永業，勿聽讒言。」〔三〕光薨，吕紹秘不發喪，纂推閤入哭，盡哀而出。紹懼爲纂所害，以位讓之，曰：「兄功高年長，宜承大統，願兄勿疑。」纂曰：「臣雖年長，陛下國家之冢嫡，不可以私愛而亂大倫。」紹固以讓纂，纂不許之。

及紹嗣僞位，驍騎吕超言於紹曰〔四〕：「纂統戎積年，威震内外，臨喪不哀，步高視遠，觀其舉止亂常，恐成大變。宜早除之，以安社稷。」紹曰：「先帝明命，音猶在耳，兄弟至親，豈有此乎！吾弱年而荷大任，方賴二兄，以寧家國，縱其圖我，我視死如歸，終不忍有此意也。卿慎勿過言。」超曰：「纂威名素盛，安忍無親，今不圖之，後必噬臍矣。」紹曰：「吾每念袁尚兄弟，未曾不痛心忘寢食。寧坐而死，豈忍行之！」超曰：「聖人稱知幾其神，陛下臨幾不斷，臣見大事去矣。」既而纂見紹於湛露堂，超執刀侍紹，目纂請收之，紹弗許。

初，光欲立弘爲世子，會聞紹在仇池，乃止。弘由是有憾於紹，遣尚書姜紀密告纂曰：「先帝登遐，主上闇弱，兄總攝内外，威恩被於遐邇，輒欲遠追廢昌邑之義，以兄爲中宗，何如？」纂聞超謀〔五〕，遂夜率壯士數百逾北城，攻廣夏門。弘率東苑之衆斫洪範門，左衛齊從守融明觀，逆問之曰：「誰也？」衆曰：「太原公。」從曰：「國有大故，主上新立，太原公行不由道，夜入禁城，將爲亂邪！」因抽劍直前，斫纂中額，纂左右擒之。纂曰：「義士也，勿殺。」紹遣武賁中郎將吕開率其禁兵距戰於端門，驍騎吕超率卒二千赴之。衆素憚纂，悉皆潰散。纂入自青角門，升於謙光殿。紹登紫閣自殺，吕超出奔廣武。

纂憚弘兵强，勸弘即位。弘曰：「自以紹，弟也，而承大統，衆心不順，是以違先帝遺敕，慙負黄泉。今復越兄而立，何面目以視息世間！大兄長且賢，威名振於二賊，宜速即大位，以安國家。」

纂以隆安三年原作「四年」〔六〕。遂僭即天王位，大赦境内，改龍飛四年爲咸寧元年〔七〕，謚紹爲隱王。以弘爲使持節、侍中、大都督、都督中外諸軍事、大司馬、車騎大將軍、司隸校尉、録尚書事，改封番禾郡公。其餘封拜各有差。

纂謂齊從曰：「卿前斫我，一何甚也！」從泣曰：「隱王先帝所立，陛下雖應天順時，而微心未達，唯恐陛下不死，何謂甚也！」纂嘉其忠，善遇之。

纂遣使謂征東呂方曰：「超實忠臣，義勇可嘉，但不識經國大體、權變之宜。方賴其忠節，誕濟世難，可以此意喻之。」超上疏陳謝，纂復其爵位。

庚子。咸寧二年　呂弘自以功名崇重，恐不爲纂所容，纂亦深忌之。弘遂起兵東苑，劫尹文、楊桓以爲謀主，請宗燮俱行。燮曰：「老臣受先帝大恩，位爲列棘，不能隕身授命，死有餘罪，而復從殿下親爲戎首者，豈天地所容乎！且智不能謀，衆不足恃，將焉用之！」弘曰：「君爲義士，我爲亂臣。」乃率兵攻纂。纂遣其將焦辨擊弘，弘衆潰，出奔廣武。纂縱兵大掠，以東苑婦女賞軍，弘之妻子亦爲士卒所辱。纂笑謂羣臣曰：「今日之戰何如？」其侍中房晷對曰：「天禍涼室，釁起戚藩，先帝始崩，隱王幽逼，山陵甫訖，大司馬驚疑肆逆，京邑交兵，友于接刃。雖弘自取夷滅，亦由陛下無棠棣之義。宜考己責躬，以謝百姓，而反縱兵大掠，幽辱士女。釁自由弘，百姓何罪！且弘妻，陛下之弟婦也，弘女，陛下之侄女也，奈何使無賴小人辱爲婢妾，天地神明，豈忍見此！」遂歔欷悲泣。纂改容謝之。召弘妻及男女於東宮，厚撫之。呂方執弘繫獄，馳使告纂，纂遣力士康龍拉殺之。

是月，立其妻楊氏爲皇后，以楊氏父桓爲散騎常侍、尚書左僕射、涼都尹，封金城侯。

纂將伐禿髮利鹿孤，中書令楊穎諫曰：「夫起師動衆，必參之天人，苟非其時，聖賢所不爲。禿髮利鹿孤上下用命，國未有釁，不可以伐。宜繕甲養鋭，勸課農殖，待可乘之機，然後一舉蕩滅。比年多事，公私罄竭，不深根固本，恐爲患將來。願抑赫斯之怒，思萬全之算。」纂不從。渡浩亹河，爲利鹿孤弟傉檀所敗，遂西襲張掖。姜紀諫曰：「方今盛夏，百姓廢農，所利既少，所喪者多。若師至嶺西，虜必乘虚寇掠都下。宜且迴師，以爲後圖。」纂曰：「虜無大志，聞朕西征，正可自固耳。今速襲之，可以得志。」遂圍張掖，略地建康。聞傉檀寇姑臧，乃還。

即序胡安據盗發張駿墓，見駿貌如生，得真珠簾、琉璃榼、白玉樽、赤玉簫、紫玉笛、珊瑚馬鞭、馬腦鍾，此節亦見御覽三百五十九。水陸奇珍，不可勝紀。纂誅安據黨五十餘家，遣使弔祭駿，並繕修其墓。

道士句摩羅耆婆言於纂曰：「潛龍屢出，豕犬見妖，將有下人謀上之禍。宜增修德政，以答天戒。」纂納之。羅耆婆即羅什之别名也。是年有猪生子，一身三頭。又有龍出東廂井中，到殿前蟠卧，比旦失之。纂以爲美瑞，號大殿爲龍翔殿。又有黑龍行於當陽九宫門，改爲龍興門〔八〕。

辛丑。三年　纂游田無度，荒耽酒色，其太常楊穎諫曰：「臣聞皇天降鑒〔九〕，惟德是與，德由人弘，天應以福。故勃焉之美，奄在聖躬。大業已爾，宜以道守之，廓靈基於日新，邀洪福於萬祀。自陛下龍飛，疆宇未闢，崎嶇二嶺之内，綱維未振於九州。當競競夕惕，經略四方，成先帝之遺志，拯蒼生於荼蓼。而更飲酒過度，出入無恒，宴安游盤之樂，沈湎樽酒之間，不以寇讎爲慮，竊爲陛下危之。糟丘酒池，洛汭不返，皆陛下之殷鑒。臣蒙先帝夷險之恩，故不敢避干將之戮。」纂曰：「朕之罪也。不有貞亮之士，誰匡邪僻之君！」然昏虐自任，終不能改。常與左右因醉馳獵於坑澗之間，殿中侍御史王迴、中書侍郎王儒扣馬諫曰：「千金之子，坐不垂堂，萬乘之主，清道而行。奈何去輿輦之安，冒奔騎之危！銜橜之變，動有不測之禍，愚臣竊所不安，敢以死争。願陛下遠思袁盎攬轡之言，不令臣等受譏千載。」纂不納。

纂番禾太守吕超擅伐鮮卑思盤，思盤遣弟乞珍訴超於纂，纂召超將盤入朝。超至姑臧，大懼，自結於殿中監杜尚。纂見超，怒曰：「卿恃兄弟桓桓，欲欺吾也！要當殺卿，然後天下可定。」超頓首曰：「不敢。」纂因引超及其諸臣讌於内殿，吕隆屢勸纂酒，已至昏醉，乘步輓車將超等游於内〔一〇〕。至琨華堂東閤，車不得過，纂親將竇川、駱騰倚劍於壁，推車過閤。超取劍擊纂，纂下車擒超，超刺纂洞胷，奔於宣德堂。川、騰與超格戰，超殺之。纂妻楊氏命禁兵討超，杜尚約兵舍杖。將軍魏益多入斬纂首以徇，曰：「纂違先帝之命，殺害太子，荒耽酒獵，昵近小人，輕害忠良，以百姓爲草芥。番禾太守超以骨肉之親，懼社稷顛覆，已除之矣。上以安宗廟，下爲太子報仇。凡我士庶，同兹休慶。」

僞巴西公吕他、隴西公吕緯時在北城，或謂緯曰：「超陵天逆上，士衆不附，明公以懿弟之親，投戈而起，姜紀、焦辯在南城〔一一〕，楊桓、田誠在東苑，皆我之黨也，何慮不濟！」緯乃嚴兵，謂他曰：「隆、超弑逆，所宜擊之。昔田恒之亂，孔子鄰國之臣，猶抗言於哀公。況今蕭牆有難，而可坐觀乎！」他將從之，他妻梁氏止之曰：「緯、超俱兄弟之子，何爲舍超助緯而爲禍首乎！」他謂緯曰：「超事已立，據武庫，擁精兵，圖之爲難。且吾老矣，無能爲也。」超聞，登城告他曰：「纂信讒言，將滅超兄弟。超以身命之切，且懼社稷覆亡，故出萬死之計，爲國家唱義。叔父當有以亮之。」超弟邈有寵於緯，説緯曰：「纂殘國破家，誅戮兄弟。隆、超此舉，應天人之心，正欲尊立明公耳。先帝之子，明公爲長，四海顒顒，人無異議。隆、超雖不達臧否，終不以孽代宗，更圖異望也。願公勿疑。」緯信之，與隆、超結盟，單馬入城。超執而殺之。

初，纂嘗與鳩摩羅什棊，殺羅什子，曰：「斫胡奴頭。」羅什曰：「不斫胡奴頭，胡奴斫人頭。」超小字胡奴〔一二〕，竟以殺纂。

纂妻楊氏及侍婢數人〔一三〕殯纂於城西。將出宮，超恐其齎珍寶出外，使人搜之，楊氏厲色責超曰：「爾兄弟不能和睦，手刃相屠，我旦夕死人，何用金寶！」超慚而退〔一四〕。又問楊氏玉璽何一作「所」。在，楊氏怒曰：「盡壞之一作「毀之」。矣。」楊氏，國色也，超將妻之，謂其父桓曰：「后若自殺，禍及卿宗。」桓以言告楊氏，楊氏曰：「大人本賣女與氐，一作「呂」〔一五〕。以圖富貴，一之已甚，可復使女辱於二氏乎！」桓不能强。乃自殺。謚曰穆后〔一六〕。此見御覽四百三十九引，而以晉書列女傳補足。

纂在位三年，以元興元年死。蓋實以隆安五年死，載記誤推下一年也。隆既簒位，僞謚靈皇帝，墓號白石陵〔一七〕。一作「葬白石陵」。

呂紹〔一八〕

呂紹字永業，光之嫡子也。麟嘉元年，與母石氏至自仇池，遂立爲世子。光僭即天王位，進爲太子。光死，紹秘不發喪。下事載記俱附於纂傳，纂録本亦同。庶兄太原公纂與常山公弘率壯士數百攻紹，紹登紫閣自殺，追謚隱王。先是，光未亡時，有鬼叫於都街，曰：「兄弟相滅百姓弊。」徼吏尋視之，則無所見。其年，光死，紹立五日，爲纂所殺。

案：紹當有傳，載記將其事盡附纂傳，而不存其目，豈以其即位日淺歟？然援前涼張靈曜例，重華十一月死，十二月廢靈曜，亦無多日。故姑録屠本前後兩段，以存梗概。

呂隆

呂隆字永基，光弟寶之子也。美姿貌，善騎射。光末，拜北部護軍，稍歷顯位，有聲稱。

超既殺纂，讓於隆。隆有難色，超曰：「今猶乘龍上天，豈可中下！」隆以安帝元興元年蓋實安帝隆安五年也，載記誤推下一年。遂僭即天王位。超先以番禾得小鼎，以爲神瑞，大赦，改咸寧三年爲神鼎元年〔一九〕。

二月〔二〇〕，追尊父寶爲文皇帝，母衛氏爲皇太后，妻楊氏爲皇后。以弟超有佐命之勳，拜爲使持節、侍中、都督中外諸軍事、輔國大將軍、司隸校尉、録尚書事，封安定公。

初，吕紹之死也，美人敦煌張氏年十四，爲沙門〔二一〕，一作「便請爲尼」。清辯有姿色，吕隆見而悦之，欲穢其行〔二二〕，遣中書郎裴敏説之。張氏善言明理，敏爲之屈。隆親逼之，張氏曰：「欽樂至法，故投身道門，誓不受辱〔二三〕。且一辱於人，誓不毀節，今逼如此，豈非命也！」遂昇門樓，自投於地。二脛俱折，口誦佛經，俄然而卒。此節見御覽四百三十九引，而以晉書列女傳補足。

右僕射楊桓纂后父。奔河西利鹿孤，任爲左司馬。利鹿孤率衆來攻，隆與戰，敗，掠其民二千餘户而去〔二四〕。

夏五月，隆殘虐無度〔二五〕，多殺豪望以立威名，内外囂然，人不自固。魏安人焦朗遣使説姚興將姚碩德曰：「吕氏因秦之亂，制命此州。自武皇棄世，諸子競尋干戈，德刑不恤，殘暴是先。饑饉流亡，死者大半，唯泣訴昊天，而精誠無感。伏惟明公道邁前賢，任尊分陜，宜兼弱攻昧，經略此方，救生靈之沈溺，布徽政於玉門。篡奪之際，爲功不難。」遣妻子爲質。碩德遂率衆至姑臧，其部將姚國方言於碩德曰：「今懸師三千，後無繼援，師之難也。宜曜勁鋒，示其威武。彼以我遠來，必決死距戰，可一舉而平。」碩德從之。吕超出戰，大敗遁還。隆收集離散，嬰城固守。

時熒惑犯帝坐，有羣雀鬥於太廟，死者數萬。東人多謀外叛，魏益多又唱動羣心，乃謀殺隆、超。事發，誅之，死者三百餘家。於是羣臣表求與姚興通好，隆弗許。吕超諫曰：「通塞有時，艱泰相襲。孫權屈身於魏，譙周勸主迎降，豈非大丈夫哉？勢屈故也。天錫承七世之資，樹恩百載，武旅十萬，謀士盈朝〔二六〕，秦師臨境，識者導以見機，而愎諫自專，社稷爲墟。前鑒不遠，我之元龜也，何惜尺書單使，不以危易安！且令卑辭以退敵，然後内修德政，廢興由人，未損大略。」隆曰：「吾雖常人，屬當家國之重，不能嗣守成基，保安社稷，以太祖之業委之於人，何面目見先帝於地下！」超曰：「應龍以屈伸爲靈，大人以知機爲美。今連兵積歲，資儲内盡，强寇外逼，百姓嗷然無糊口之計。假使張陳韓白，亦無如之何。陛下宜思權變大綱，割區區常慮。苟卜世有期，不在和好，若天命去矣，宗族可全。」隆從之，乃請降。碩德表隆爲使持節、鎮西大將軍、涼州刺史、建康公。於是遣母弟愛子，文武舊臣慕容筑、楊穎、史難、閻松等五十餘家質於長安，碩德乃還。

壬寅。神鼎二年　秦遣鴻臚恒敦拜隆征北大將軍、都督河西諸軍事、涼州牧、建康公〔二七〕。涼州險絶，世難先違，道清後順，不如因其饑弊而取之。」興乃遣使來觀虛實。姚興謀臣皆曰：「隆籍伯父餘資，制命河外，今雖饑窘，尚能自支，若將來豐贍，終非國有。

沮渠蒙遜又伐隆，隆擊敗之。蒙遜請和結盟，留穀萬餘斛以振饑人。姑臧穀價踴貴，斗值錢五千文，人相食，餓死者十餘萬口。城門晝閉，樵採路絶，百姓請出城乞爲夷虜奴婢者日有數百。隆懼沮動人情，盡坑之，於是積尸盈於衢路。

癸卯。三年〔二八〕　禿髮傉檀及蒙遜頻來伐之，隆以二涼之逼也〔二九〕，遣超率騎二百，多齎珍寶，請迎於秦姚興。興乃遣其尚書左僕射齊難等〔三〇〕，率步騎四萬來迎。難至姑臧，隆素車白馬，迎於道旁。使呂胤告光廟曰：「陛下往運神略，開建西夏，德被蒼生，威振遐裔。枝嗣不臧，迭相篡弑，二虜交逼，將歸東京。謹與陛下奉訣於此。」歔欷慟泣，酸感興軍。隆率户一作「騎」。一萬〔三一〕，隨難東遷。既至長安，興一作「秦」。以隆爲散騎常侍、尚書〔三二〕，公如故，超爲安定太守，文武三十餘人皆擢敘之。其後隆坐與姚興少子廣平公弼謀反〔三三〕，爲興所誅。

吕光以乙酉歲據涼州，至於是歲，歲在癸卯，凡一十九年〔三四〕。載記作：「吕光以孝武太元十二年定涼州，十五年僭立，至隆凡十有三載。」似有誤。以安帝元興三當作「二」。年滅。

校勘記

〔一〕母趙淑媛　見偏霸部，載記無。

〔二〕太安元年　見偏霸部，載記無。

〔三〕光臨薨至讒言　見偏霸部，載記無。

〔四〕驍騎吕超　「驍騎」，見偏霸部，載記無。

〔五〕纂聞超謀　見偏霸部，載記無。

〔六〕隆安三年　載記「三」作「四」。

〔七〕改龍飛四年爲咸寧元年　見偏霸部，載記作「改元爲咸寧」。

〔八〕原注録自晉書卷九五藝術鳩摩羅什傳。

〔九〕皇天降鑒　「降」，原作「隆」，據載記改。

〔一〇〕乘步輓車將超等游於内　「步輓車」，偏霸部同，載記作「輓車」。

〔一一〕姜紀焦辯在南城　「焦辯」，屠本卷八四吕緯傳同，載記作「焦辨」。

〔一二〕超小字胡奴　「小字」，原作「字」，據載記改。

〔一三〕侍婢數人　御覽卷四三九引同，晉書卷九六列女吕纂妻楊氏傳作「侍婢十數人」。

〔一四〕將出宫至超慚而退　見晉書卷九六列女吕纂妻楊氏傳，御覽卷四三九引無。

〔一五〕按御覽卷四三九引、晉書卷九六列女吕纂妻楊氏傳、屠本卷八四纂妻楊氏傳皆作「氏」，未見作「吕」者。

〔一六〕謚曰穆后　御覽卷四三九引、晉書卷九六列女吕纂妻楊氏傳皆無，見屠本卷八四纂妻楊氏傳。

〔一七〕墓號白石陵　載記同，偏霸部作「葬白石陵」。

〔一八〕此傳節録自屠本卷八二吕紹傳，參傳後湯球案語。

〔一九〕改咸寧三年爲神鼎元年　偏霸部同，載記作「改元爲神鼎」。

〔二〇〕二月　見偏霸部，載記無。

〔二一〕爲沙門　御覽卷四三九引同，晉書卷九六列女吕紹妻張氏傳作「便請爲尼」。

〔二二〕欲穢其行　見晉書卷九六列女吕紹妻張氏傳，御覽卷四三九引無。

〔二三〕誓不受辱　見晉書卷九六列女吕紹妻張氏傳，御覽卷四三九引無。

〔二四〕右僕射楊桓至二千餘户而去　此節見屠本卷八三吕隆傳，載記無。

〔二五〕夏五月隆殘虐無度 見屠本卷八三呂隆傳，載記無。

〔二六〕謀士盈朝 屠本卷八三呂隆傳同，載記無「謀士」二字。

〔二七〕神鼎二年至建康公 見偏霸部，載記無。「神鼎」原無，偏霸部亦無。因神鼎元年即呂纂咸寧三年，神鼎年號宜出於此，今補。「都督河西諸軍事」，纂録同，偏霸部無「都督」二字。

〔二八〕三年 見偏霸部，載記無。

〔二九〕隆以二涼之逼也 「涼」，偏霸部同，載記作「寇」。

〔三〇〕尚書左僕射 見偏霸部，載記無。

〔三一〕率户一萬 「户」，偏霸部同，載記作「騎」。

〔三二〕尚書 見偏霸部，載記無。

〔三三〕姚興少子廣平公弼 偏霸部同，載記作「子弼」，語似呂隆之子，不當。

〔三四〕呂光以乙酉歲至一十九年 此句見偏霸部，載記文見原注。

十六國春秋輯補卷八十四

後涼録四

吕憲妻苻氏

建中將軍、遼東太守吕憲妻苻氏，年十五，有姿色。憲卒，自殺。見御覽四百三十九。

郭麐

郭麐，西平人也。少明式易，仕郡主簿。張天錫末年，苻氏每有西伐之問，太守趙凝使麐筮之，麐曰：「若郡内二月十五日失囚者，東軍當至，涼祚必終。」凝乃申約屬縣。至十五日，鮮卑折掘送馬於凝，凝怒其非駿，幽之内廄，鮮卑懼而夜遁。凝以告麐，麐曰：「是也。國家將亡，不可復振。」

苻堅末，當陽門震，刺史梁熙問麐曰：「其祥安在？」麐曰：「爲四夷之事也。當有外國二王來朝主上，一當反國，一死此城。」歲餘而鄯善及前部王朝於苻堅，前部王西歸，鄯善王死於姑臧。

呂光之王河西也，西海太守王楨叛，麐勸光襲之。光之左丞呂寶曰：「千里襲人，自昔所難，況王者之師，天下所聞，何可僥倖以邀成功！麐不可從，誤人大事。」麐曰：「若其不捷，麐自伏鈇鉞之誅。如其剋也，左丞爲無謀矣。」光從而剋之。光比之京、管，常參帷幄密謀。光將伐乞伏乾歸，麐諫曰：「今太白未出，不宜行師，往必無功，終必覆敗。」太史令賈曜以爲必有秦隴之地。及剋金城，光使曜詰麐，麐密謂光曰：「昨有流星東墜，當有伏尸死將，雖得此城，憂在不守。正月上旬，河冰將解，若不早渡，恐有大變。」後二日而敗問至，光引軍渡河訖，冰泮。時人服其神驗。光以麐爲散騎常侍、太常。

麐後以光年老，知其將敗，遂與光僕射王詳起兵作亂。百姓聞麐起兵，咸以聖人起事，事無不成，故相率從之如不及。麐以爲代呂者王，乃推王乞基爲主。後呂隆降姚興，興以王尚爲涼州刺史，終如麐言。麐之與光相持也，逃人稱呂統病死，麐曰：「未也。光、統之命，盡在一時。」後統死三日而光死。麐嘗曰：「涼州謙光殿，後當有索頭鮮卑居之。」

終於秃髮傉檀、沮渠蒙遜迭據姑臧。

性褊酷，不爲士庶所附。戰敗，奔乞伏乾歸。乾歸敗，入姚興。麐以滅姚者晉，遂將妻子南奔，爲追兵所殺也。此依晉書藝術傳録。

十六國春秋輯補卷八十五

西秦録一

乞伏國仁

乞伏國仁，隴西鮮卑人也。其先有如弗、斯引、出連、叱盧三部〔一〕，自漠北南出大陰山，遇一巨蟲於路，狀若神龜，大如陵阜。乃殺馬而祭之，祝曰：「若善神也，便開路；惡神也，遂塞不通。」俄而不見，乃有一小兒在焉。時又有乞伏部有老父無子者，請養爲子，衆咸許之。老父欣然自以有所依憑，字之曰紇干〔二〕。紇干者，夏言依倚也。年十歲，驍勇善騎射，彎弓五百斤，四部服其雄武，推爲統主，號之曰乞伏可汗託鐸莫何。託鐸者，言非神非人之稱也。其後有祐一作「拓」。鄰者〔三〕，即國仁五世祖也。晉泰始初，率户五萬一作「千」。遷於夏緣〔四〕，部衆稍盛。鮮卑鹿結七萬餘落，屯於高平川〔五〕，與祐鄰迭相攻擊。鹿結敗，南奔略陽，祐鄰盡並其衆，因遷居高平川。祐鄰卒，子結一作「詰」。權立〔六〕，遷於牽屯。結權卒，子利那立，擊鮮卑吐賴於烏樹山，討尉遲渴權於大非川，收衆三萬餘落。利那卒，弟祁遲立。祁遲卒，利那子述延立，討鮮卑莫侯於苑川，大破之，降其衆二萬餘落，因遷於苑川。以叔父軻遲爲師傅，委以國政；斯引烏遲爲左輔將軍，鎮蔡園川；出連高胡爲右輔將軍，鎮至便川；叱盧那胡爲率義將軍，鎮牽屯山。述延卒，祁遲一無此二字。子傉大寒立〔七〕。石勒之滅劉曜也，懼而遷於麥田元一作「無」。孤山〔八〕。大寒卒，子司繁立，秦皇始中遷於度堅山〔九〕。

建元七年，秦將王統來伐，司繁率騎三萬拒統於苑川。統潛襲度堅山，部民五萬餘落悉降於統〔一〇〕。司繁歎謂左右曰：「智不距敵，德不撫衆，劒騎未交而本根已敗，見衆分散，勢亦難全。若奔諸部，必不我容，吾將爲呼韓邪之計矣。」乃詣統歸降於苻堅。堅大悦，署爲南單于，留之長安。以司繁叔父吐雷爲勇士護軍，撫其部衆。俄而鮮卑勃寒侵斥隴右，堅以司繁爲使持節、都督討西胡諸軍事、鎮西將軍以討之。勃寒懼而請降，司繁遂鎮勇士川，甚有威惠之稱〔一一〕。

司繁卒，國仁即位代鎮〔一二〕。及堅興壽春之役，徵爲前將軍，領先鋒騎。會國仁叔父步頽叛於隴西，堅遣國仁還討之。步頽聞而大悦，迎國仁於路。國仁置酒高會，攘袂大言曰：「苻氏往因趙石之亂，遂妄竊名號，窮兵極武，跨僭八州。疆宇既寧，宜綏以德，方虚廣威聲，勤心遠略，騷動蒼生，疲弊中國，違天怒人，將何以濟！且物極則虧，禍盈而覆者，天之道也。以吾量之，是役也，難以免矣。當與諸君成一方之業。」聞堅征晉奔敗〔一三〕，國仁乃招集諸部，有不附者討而並之，收衆至十餘萬。

乙酉。建義元年　又聞堅爲姚萇所殺〔一四〕，國仁謂其豪帥曰：「苻氏以高世之姿而困於烏合之衆，可謂天也。夫守常迷運，先達恥之，見機而作，英豪之舉。吾雖薄德，藉累世之資，豈可睹時來之運而不作乎！」於是以孝武太元十年自稱大都督、大將軍、大單于，領秦河二州牧，改秦建元二十一年爲建義元年〔一五〕。以其將乙旃音渥爲左相，屋引出支爲右相，獨孤匹蹄爲左輔，武羣勇士爲右輔，弟乾歸爲上將軍，自餘拜授各有差。置武成、武陽、安固、武始、漢陽、天水、略陽、㴽川、甘松、匡朋、白馬、苑川十二郡〔一六〕，築勇士都城以都之〔一七〕。

鮮卑匹蘭率衆五千降。

丙戌。二年〔一八〕　南安祕宜及諸羌虜來擊國仁，四面而至。國仁謂諸將曰：「先人有奪人之心，不可坐待其至，宜抑威餌敵，羸師以張之。軍法所謂怒我而怠寇也。」於是勒衆五千，襲其不意，大敗之。祕宜奔還南安，尋與其弟莫侯悌眷率衆三萬餘户降於國仁〔一九〕，各拜將軍、刺史。

丁亥。三年〔二〇〕苻登遣使者拜國仁使持節、大都督、都督雜夷諸軍事、大將軍、大單于、苑川王。

國仁率騎三萬襲鮮卑大人密貴、裕苟、提倫等三部於六泉。高平鮮卑没奕干〔二一〕、東胡金熙連兵來襲，相遇於渴渾川，大戰敗之，斬級三千，獲馬五千匹。没奕干及熙奔還，三部震懼，率衆迎降。署密貴建義將軍、六泉侯，裕苟建忠將軍、蘭泉侯，提倫建節將軍、嗚泉侯。

戊子。四年　國仁建威將軍叱盧烏孤跋擁衆叛，保牽屯山。國仁率騎七千討之，斬其部將叱羅侯〔二二〕，降者千餘户。跋大懼，遂降，復其官位。因討鮮卑越質叱黎於平襄，大破之，獲其子詰歸、弟子復半及部落五千餘人而還。

太元十三年六月〔二三〕，國仁薨。在位四年，僞謚宣烈王〔二四〕，一無「宣」字。廟號烈祖。

校勘記

〔一〕其先有如弗斯引出連叱盧三部　屠本卷八五同，載記「其先」作「在昔」，無「引」字。通志卷二九氏族略引西秦録作：「乞伏國仁之先如弗與出連、斯引、叱靈二部自漠北出陰山。」通志「二」當作「三」，載記蓋脱「與」、「引」二字，説詳中華本校勘記。

〔二〕字之曰紇干　「紇干」，原作「紇于」，據載記改。下同。

〔三〕其後有祐鄰者　「祐鄰」，載記、纂録同，偏霸部作「拓鄰」。

〔四〕率户五萬遷於夏緣　「五萬」，偏霸部同，載記作「五千」。

〔五〕屯於高平川　「高平川」，原作「高平州」，下同，誤。載記皆作「高平川」，偏霸部無此句，下句亦作「高平川」，今據改。

〔六〕子結權立　「結權」，載記、纂録同，偏霸部作「詰權」。原注原作「一作『誥』」，然諸書未見作「誥」者，纂録校語亦謂「一作『詰』」，今據改。

〔七〕祁渥子傉大寒立　偏霸部同，載記無「祁渥」二字。

〔八〕懼而遷於麥田元孤山　「元孤山」，載記同，偏霸部作「無孤山」。

〔九〕秦皇始中　纂録同，偏霸部作「秦始皇中」，顯誤倒，載記作「始」。按，皇始，前秦苻健年號。

〔一〇〕建元七年至悉降於統　見偏霸部，載記作：「尋爲苻堅將王統所襲，部衆叛降于統。」

〔一一〕甚有威惠之稱　「之稱」，見偏霸部，載記無。

〔一二〕即位代鎮　偏霸部作「即位」，載記作「代鎮」。

〔一三〕聞堅征晉奔敗　偏霸部同，載記作「及堅敗歸」。

〔一四〕又聞堅爲姚萇所殺　「又聞」，偏霸部同，載記作「及」。

〔一五〕改秦建元二十一年爲建義元年　偏霸部同，載記作「建元曰建義」。

〔一六〕置武成至十二郡　載記同，偏霸部作「置武陵苑川等十一郡」。

〔一七〕築勇士都城以都之　偏霸部同，載記作「築勇士城以居之」。

〔一八〕二年　載記作「明年」。

〔一九〕莫侯悌眷　屠本卷八五、通鑑卷一〇六同，載記作「莫侯悌」。按乞伏乾歸載記有「鎮南將軍、南梁州刺史悌眷」。

〔二〇〕三年　見偏霸部，載記無。

〔二一〕没奕干　屠本卷八五同，載記作「没奕于」，下同。

〔二二〕叱羅侯　原作「叱盧侯」，據載記改。

〔二三〕六月　見偏霸部，載記無。

〔二四〕宣烈王　載記同，偏霸部作「烈王」。

十六國春秋輯補卷八十六

西秦録二

乞伏乾歸

乞伏乾歸，國仁弟也。雄武英傑，沈雅有大量〔一〕。國仁之薨也，其羣寮咸以國仁之子公府幼稚〔二〕，宜立長君，乃推乾歸爲大都督、大將軍、大單于、河南王，大赦其境内，改四年爲太初元年〔三〕。立其妻邊氏爲王后，以南川侯出連乞都爲丞相〔四〕，鎮南將軍、南梁一作「涼」。州刺史莫侯悌眷九字亦見廣韻引。爲御史大夫〔五〕，自餘封拜各有差。九月〔六〕，遷於金城。

己丑。二年晉太元十四年。正月〔七〕，苻登遣使拜乾歸爲大將軍、大單于、金城王。南羌獨如率衆七千降之，休官阿敦、侯年二部各擁五千餘落據牽屯山，爲其邊害。乾歸討破之，悉降其衆，於是聲振邊服。吐谷渾大人視連遣使貢方物。鮮卑豆留鞬、叱豆渾及南丘鹿結，並休官曷呼奴、盧水尉地拔並率衆降於乾歸，皆署其官爵。

庚寅。三年　隴西太守越質詰歸以平襄叛，自稱建國將軍、右賢王。

辛卯。四年　乾歸擊敗之，詰歸東奔隴山。既而擁衆來降，乾歸妻以宗女，署立義將軍。

苻登將没奕干遣使結好，以二子爲質，請討鮮卑大兜國。乾歸乃與没奕干攻大兜於安陽城，大兜退固鳴蟬堡，乾歸攻陷之，遂還金城。

壬辰。五年　寶進追乾歸，乾歸使其將彭奚念斷其歸路，躬貫甲冑，連戰敗之，寶及將士投河死者萬餘人。

爲呂光弟寶所攻，敗於鳴雀峽，退屯青岸。

癸巳。六年　立子熾磐爲太子〔八〕。

甲午。七年　苻登遣使署乾歸假黄鉞、大都督隴右河西諸軍事、左丞相、大將軍、河南王，領秦梁益涼沙五州牧，加九錫之禮。時登爲姚興所逼，遣使請兵，進封乾歸梁王，命署官司，納其妹東平長公主爲梁王后〔九〕。乾歸遣其前將軍乞伏益州、冠軍翟瑥率騎二萬救之。會登爲興所殺，乃還師。

十月〔一〇〕，氐王楊定率步騎四萬來伐。乾歸謂諸將曰：「楊定以勇虐聚衆，窮兵逞欲。兵猶火也，不戢，將自焚。定之此役，殆天以之資我也。」於是遣其涼州牧乞伏軻殫、秦州牧乞伏益州、立義將軍詰歸距之。定敗益州於平川，軻殫、詰歸引衆而退。翟瑥奮劒諫曰：「吾王以神武之姿，開基隴右，東征西討，靡不席卷，威震秦梁，聲光巴漢。將軍以維城之重，受閫外之寄，宜宣力致命，輔寧家國。秦州雖敗，二軍猶全，奈何不思赴救，便逆奔散，何面目以見王乎！昔項羽斬慶子以寧楚，胡建戮監軍以成功，將軍之所聞也。瑥誠才非古人，敢忘項氏之義乎！」軻殫曰：「向所以未赴秦州者，未知衆心何如耳。敗不相救，軍罰所先，敢自寧乎！」乃率騎赴之。益州、詰歸亦勒衆而進，大敗定軍，斬定及首級萬有七千。於是盡有隴西之地〔一一〕。

以太元十九「九」原誤「七」。年十二月僭稱秦王〔一二〕，大赦其境内殊死已下。署其長子熾磐領尚書令，左長史邊芮爲尚書左僕射，右長史祕宜爲右僕射，「僕射祕宜」四字亦見廣韻〔一三〕。翟瑥爲吏部尚書，翟勍爲主客尚書，杜宣爲兵部尚書，王松壽爲民部尚書，樊謙爲三公尚書，方弘〔一四〕、麴景爲侍中，自餘拜授一如魏武、晉文故事。猶稱大單于、大將軍。

乙未。八年〔一五〕 楊定之死也，天水姜乳襲據上邽。至是，遣乞伏益州討之。邊芮、王松壽言於乾歸曰：「益州以懿弟之親，屢有戰功，狃於累勝，常有驕色。若其遇寇，必將易之。且未宜專任，示有所先。」乾歸曰：「益州驍勇善御衆，諸將莫有及之者，但恐其專擅耳。若以重佐輔之，當無慮也。」於是以平北韋虔爲長史，散騎常侍務和爲司馬。至大寒嶺，益州恃勝自矜，不爲部陣，命將士解甲游畋縱飲，令曰：「敢言軍事者斬。」虔等諫曰：「王以將軍親重，故委以專征之任，庶能摧彼凶醜，以副具瞻。賊已垂逼，奈何解甲自寬，宴安酖毒，竊爲將軍危之！」益州曰：「乳以烏合之衆，聞吾至，理應遠竄。今乃與吾決戰者，斯成擒也。吾自揣之有方，卿等不足慮也。」乳率衆距戰，益州果敗。乾歸曰：「孤違蹇叔，以至於此。將士何爲，孤之罪也。」皆赦之。

索虜禿髮如苟率户二萬降之，乾歸妻以宗女。

呂光率衆十萬來伐乾歸（一六），左輔密貴周、左衛將軍莫者羖羝八字亦見廣韻引（一七）。言於乾歸曰：「光旦夕將至，陛下以命世雄姿，開業洮、罕，剋剪羣凶，威振遐邇，將鼓淳風於東夏，建八百之鴻慶，不忍小屈，與奸竪競於一時，若機事不捷，非國家利也。宜遣愛子以退之。」乾歸乃稱藩於光，遣子勃勃爲質（一八）。既而悔之，遂誅周等。

丙申。九年　乞伏軻殫與乞伏益州不平，奔於呂光。光又伐之，咸勸其東奔成紀，乾歸不從，謂諸將曰：「昔曹孟德敗袁本初於官渡，陸伯言摧劉玄德於白帝，皆以權略取之，豈在衆乎！光雖舉全州之衆，而無經遠之算，不足憚也。且其精卒盡在呂延，延雖勇而愚，易以奇策制之。延軍若敗，光亦遁還，乘勝追奔，可以得志。」衆咸曰：「非所及也。」

丁酉。十年〔一九〕晉隆安元年。光遣其子纂伐乾歸，使呂延爲前鋒。乾歸泣謂諸將曰：「今事勢窮蹙，逃命無所，死中求生，正在今日。涼軍雖四面而至，然相去遼遠，山河既阻，力不周接，敗其一軍而衆軍自退。」乃縱反間，稱秦王乾歸衆潰，東奔成紀。延信之，引師輕進，果爲乾歸所敗，遂斬之。

戊戌。十一年　禿髮烏孤遣使來結和親。使乞伏益州攻剋支陽、鸇武、允吾三城，俘獲萬餘人而還。又遣益州與武衛慕容允、冠軍翟瑥率騎二萬伐吐谷渾視羆，至於度周川，大破之。視羆遁堡白蘭山，遣使謝罪，貢其方物，以子宕豈爲質。

己亥。十二年　鮮卑疊掘河内率户五千，自魏降乾歸。

庚子。十三年〔二〇〕　乾歸所居南景門崩，惡之，遂遷於苑川。

秦姚興征西大將軍姚碩德率衆五萬來伐〔二一〕，入自南安峽，乾歸次於隴西以距碩德。興潛師繼發，乾歸聞興將至，謂諸將曰：「吾自開建以來，屢摧勍敵，乘機籍算，舉無遺策。

今姚興盡中國之師，軍勢甚盛，山川阻狹，無縱馳之地，宜引師平川，伺其殆而擊之。存亡之機，在斯一舉，卿等勠力勉之！若梟剪姚興，關中之地盡吾有也。」於是遣其衛軍慕容允率中軍二萬遷於柏陽，鎮軍羅敦將外軍四萬遷於侯辰谷，乾歸自率輕騎數千候興軍勢。俄而大風昏霧，遂與中軍相失，爲興追騎所逼，入於外軍。旦而交戰，爲興所敗。乾歸遁還苑川，遂走金城，謂諸豪帥曰：「吾才非命世，謬爲諸君所推，心存撥亂，而德非時雄，叨竊名器，年踰一紀，負乘致寇，傾喪若斯。今人衆已散，勢不得安，吾欲西保允吾以避其鋒。若方軌西邁，理難俱濟，卿等宜安土降秦，保全妻子。」羣下咸曰：「昔古公杖策，豳人歸懷；玄德南奔，荆楚襁負。分岐之感，古人所悲，況臣等義深父子，而有心離背！請死生與陛下俱。」乾歸曰：「自古無不亡之國，廢興命也。苟天未亡我，冀興復有期。德之不建，何爲俱死！公等自愛，吾將寄食以終餘年。」於是大哭而別，乃率騎數百馳至允吾。秃髮利鹿孤遣弟傉檀迎乾歸，處之於晉興。

南羌梁弋等遣使招之，乾歸將叛，謀洩，利鹿孤遣弟吐雷屯於捫天嶺。乾歸懼爲利鹿孤所害，謂其子熾磐曰：「吾不能負荷大業，致茲顛覆。以利鹿孤義兼姻好，冀存脣齒之援，乃忘義背親，謀人父子，忌吾威名，勢不全立。姚興方盛，吾將歸之。若其俱去，必爲追騎所及。今送汝兄弟及汝母爲質，彼必不疑。吾既在秦，終不害汝。」於是送熾磐兄弟於西平，乾歸遂奔長安。姚興見而大悦，拜乾歸持節、都督河南諸軍事、鎮遠將軍、河州刺史、歸義侯。

辛丑。太初十四年〔二二〕　姚興遣乾歸還鎮苑川，盡以部衆配之。乾歸既至苑川，以邊芮爲長史，王松壽爲司馬，公卿大將已下悉降號爲偏裨。

壬寅。十五年〔二四〕晉元興元年。　熾磐自西平奔長安，姚興以爲振忠將軍、興晉太守，尋五月，乾歸隨姚碩德伐涼〔二三〕。此節依通鑑考異引十六國西秦春秋補。

遣使者加乾歸散騎常侍、左賢王。

癸卯。十六年　遣隨興將齊難迎呂隆於河西。討叛羌党龍頭於滋川。

甲辰。十七年　攻楊盛將苻帛於皮氏堡，剋之〔二五〕。

乙巳。十八年晉義熙元年。　正月，乾歸至自長安〔二六〕。破吐谷渾將大孩，俘獲萬餘人而還。尋復率衆攻楊盛將楊玉於西陽堡，剋之。

丙午。十九年晉義熙二年。　五月〔二七〕，苑川地震裂生毛，百草皆自反〔二八〕，以上亦見御覽八百八十及九百九十四，據補。狐雉入於寢内，乾歸甚惡之。

十一月，又朝於長安〔二九〕。

丁未。二十年〔三〇〕義熙三年。姚興慮乾歸終爲西州一作「川」。之患〔三一〕，因其朝也，留拜主客尚書，以其子熾磐爲建武將軍、西夷校尉，行河州刺史〔三二〕，監撫其衆。

戊申。二十一年〔三三〕義熙四年。熾磐以長安兵亂將始，乃招結諸部一萬七千，築城於嵻峎山以據之。

己酉。更始元年 乾歸隨姚興如平涼〔三四〕。熾磐攻枹罕，克之，遂遣使來告乾歸，乾歸奔還苑川〔三五〕。鮮卑悦大堅有衆五千，自龍馬苑降乾歸。乾歸遂如枹罕，留熾磐鎮之。乾歸收衆三萬，遷於度堅山，羣下勸乾歸稱王，乾歸以寡弱弗許。固請曰：「夫道應符歷，雖廢必興，圖籙所棄，雖成必敗。本初之衆，非不多也，魏武運籌，四州瓦解；尋、邑之兵，非不盛也，世祖龍升，亡新鳥散。故天命不可虚邀，符籙不可妄冀。姚數將終，否極始泰，乘機撫運，實係聖人。今見衆三萬，足可以疆理秦隴，清蕩洮河。陛下應運再興，四海鵠望，豈宜固守謙沖，不以社稷爲本！願時即大位，允副羣心。」乾歸從之。以義熙五一誤「三」。年七月僭稱秦王〔三六〕，大赦其境内，改元更始，置百官，公卿以下皆復本位。

庚戌。二年 遣熾磐討諭薄地延，師次煩于，地延率衆出降，署爲尚書，徙其部落於苑川。又遣隴西羌昌何攻剋姚興金城郡，以其驍騎乞伏務和爲東金城太守。乾歸復都苑川，又攻剋興略陽、南安、隴西諸郡，徙二萬五千户於苑川〔三七〕、枹罕。

辛亥。三年　姚興力未能西討，恐更爲邊害，遣使署乾歸使持節〔三八〕、散騎常侍、都督隴西嶺北匈奴雜胡諸軍事、征西大將軍、河州牧、大單于、河南王。乾歸方圖河右，權宜受之，遂稱藩於興。

遣熾磐與其次子中軍審虔率步騎一萬伐秃髮傉檀〔三九〕，師濟河，敗傉檀太子武臺於嶺南，獲牛馬十餘萬而還。又攻剋興别將姚龍於伯陽堡，王憬於永洛城，徙四千餘户於苑川，三千餘户於譚郊。乾歸率步騎三萬征西羌彭利髮於枹罕。

壬子。四年〔四〇〕　師次於奴葵谷，利髮棄其部衆南奔。乾歸遣其將公府追及於清水，斬之。乾歸入枹罕，收羌户一萬三千。因率騎二萬討吐谷渾支統阿若干於赤水，大破降之。

五月〔四一〕，乾歸畋於五谿山〔四二〕，有梟集於其手，乾歸甚惡之。六月〔四三〕，爲兄子公府所弑，並其諸子十餘人。公府出奔固大夏〔四四〕，熾磐遷於枹罕，遣弟載記作「乾歸弟」。廣武將軍智達、揚武木奕干討之〔四五〕。公府走，達等追擒於嵻峎山南，並其四子，轘裂之於譚郊。八月，葬乾歸於枹罕元平陵，僞謚武元王，廟號高祖〔四六〕。在位二十四年。

校勘記

〔一〕沈雅有大量　「大量」，載記作「度量」，偏霸部作「度略」。

〔二〕國仁之薨至公府幼稚　「薨」，偏霸部同，載記作「死」。「羣寮」，偏霸部同，載記作「羣臣」。「幼稚」，偏霸部同，載記作「沖幼」。

〔三〕改四年爲太初元年　偏霸部同，載記作「改元曰太初」。

〔四〕南川侯　見偏霸部，載記無。

〔五〕南梁州刺史　載記同。廣韻卷五鐸韻「莫」字：「西秦録有左衛將軍莫者羖羝、南涼州刺史莫侯悌眷」。

〔六〕九月　見偏霸部，載記無。

〔七〕二年正月　偏霸部同，載記作「太元十四年」。

〔八〕六年立子熾磐爲太子　見偏霸部，載記無。

〔九〕東平長公主　「長」字原無，據載記補。

〔一〇〕十月　見偏霸部，載記無。

〔一一〕隴西之地　偏霸部同，載記作「隴西巴西之地」，疑誤。

〔一二〕以太元十九年十二月僭稱秦王　載記作「太元十七年」，偏霸部作「十二月僭稱秦王」，事在乾歸太初七年，即晉太元十九年。

〔一三〕見廣韻卷四至韻「祕」字。

〔一四〕方弘　原作「方引」，據載記改。

〔一五〕八年　見偏霸部，載記無。

〔一六〕來伐乾歸　載記作「將伐乾歸」，偏霸部作「來伐」。

〔一七〕見廣韻卷五鐸韻「莫」字。

〔一八〕遣子勃勃爲質　「勃勃」，偏霸部同，載記作「敕勃」。

〔一九〕十年　載記作「隆安元年」。

〔二〇〕十三年　見偏霸部，載記無。

〔二一〕秦姚興征西大將軍姚碩德率衆五萬來伐　偏霸部無「姚興」，載記作：「姚興將姚碩德率衆五萬伐之。」

〔二二〕十四年　見偏霸部，載記無。

〔二三〕五月乾歸隨姚碩德伐涼　載記無，見通鑑卷一一二隆安五年呂隆降秦事，考異引十六國西秦春秋。

〔二四〕十五年　載記作「元興元年」。

〔二五〕剋之　載記作「並剋之」，又上文無「十七年」，謂並剋苻帛及党龍頭。

〔二六〕十八年正月乾歸至自長安　見偏霸部，載記無。

〔二七〕十九年五月　見偏霸部，載記無。

〔二八〕百草皆自反　載記、偏霸部無，御覽卷九九四引十六國春秋西秦録云：「永和二年，國中地震，百草皆自反。」按西秦無永和年號，晉永和二年亦不及西秦，而後秦姚泓有永和二年，疑御覽卷九九四誤後秦録爲西秦録，輯補又誤補於此。

〔二九〕十一月又朝於長安　見偏霸部，載記無。

〔三〇〕二十年　見偏霸部，載記無。

〔三一〕西州　載記、纂録、偏霸部、屠本卷八五皆同，未見作「西川」者。

〔三二〕行河州刺史　見偏霸部，載記無。

〔三三〕二十一年　見偏霸部，載記無。

〔三四〕更始元年乾歸隨姚興如平涼　偏霸部「平涼」作「平流」，餘同，載記無此句。

〔三五〕熾磐攻枹罕至奔還苑川　偏霸部同，載記語稍略。

〔三六〕以義熙五年七月僭稱秦王　「義熙五年」，載記作「義熙三年」。「七月」，見偏霸部，載記無。

〔三七〕二萬五千户　「户」字原無，據載記補。

〔三八〕使持節　原作「持節」，據載記改。

〔三九〕秃髮傉檀　「傉」字原無，據載記補。

〔四〇〕四年　見偏霸部，載記無。

〔四一〕五月　見偏霸部，載記無。

〔四二〕五谿山　偏霸部同，載記作「五谿」。

〔四三〕六月　偏霸部同，載記作「六年」。

〔四四〕公府出奔固大夏　載記作「公府奔固大夏」，偏霸部作「公府出奔」。

〔四五〕揚武木奕干　載記作「陽武木奕于」。

〔四六〕八月至廟號高祖　「八月」、「元平陵」、「廟號高祖」，並見偏霸部，載記無。

十六國春秋輯補卷八十七

西秦録三

乞伏熾磐

乞伏熾磐，乾歸長子也。性勇果英毅，臨機能斷，權略過人。初，乾歸爲姚興所敗，熾磐質於禿髪利鹿孤。後自南平逃而降興，興以爲振忠將軍、興晉太守，又拜建武將軍，行西夷校尉，留其衆鎮苑川。及乾歸返政，復立熾磐爲太子，領冠軍大將軍、都督中外諸軍、録尚書事。後乾歸稱藩於姚興，興遣使署熾磐假節、鎮西將軍、左賢王、平昌公，尋進號撫軍大將軍。

乾歸薨，義熙八原誤「六」。年〔一〕，熾磐襲僞位，自稱大將軍、河南王〔二〕，大赦，改年爲永康元年〔三〕。以尚書令翟勍爲相國〔四〕，麴景爲御史大夫，段暉爲中尉，弟延祚爲禁中録事，樊謙爲司直，封拜各有差〔五〕。罷尚書令、僕射、尚書、六卿、侍中、散騎常侍、黄門郎官，置中左右常侍、侍郎各三人。

癸丑。永康二年〔六〕晉義熙九年。遣其龍驤乞伏智達、平東王松壽討吐谷渾樹洛干於澆河，大破之，獲其將呼那烏提，虜三千餘户而還。又遣其鎮東曇達與松壽率騎一萬東討，破休官權小郎、呂破胡于白石川，虜其男女萬餘口，進據白石城，休官降者萬餘人。後顯親休官權小成、呂奴迦等叛保白坑，曇達謂將士曰：「昔伯珪憑險，卒有滅宗之禍；韓約肆暴，終受覆族之誅。今小成逆命白坑，宜在除滅，王者之師，有征無戰，粤爾輿人，戮力勉之！」衆咸拔劍大呼，於是進攻白坑，斬小成、奴迦及首級四千七百，隴右休官悉降。遣安北烏地延、冠軍翟紹討吐谷渾別統句旁于泣勤川，大破之，俘獲甚衆。熾磐率諸將討吐谷渾別統支旁於長柳川，掘達於渴渾川，皆破之，前後俘獲男女二萬三千〔七〕。

甲寅。三年晉義熙十年。正月〔八〕，有五色雲起於南山，熾磐以爲己瑞，大悦，謂羣臣曰：「吾今年應有所定，王業成矣！」於是繕甲整兵，以伺四方之隙。

五月〔九〕，聞禿髮傉檀西伐乙弗，投劒而起曰：「可以行矣！」率步騎二萬襲樂都，禿髮武臺憑城距守，熾磐攻之，一旬而剋。遂入樂都，論功行賞各有差。遣平遠犍虔率騎五千追傉檀，徙武臺與其文武及百姓萬餘户於枹罕。傉檀遂降，署爲驃騎大將軍、左南公，隨僔檀文武依才銓擢之。

熾磐既并南涼〔一〇〕，兵强地廣，十月，僭即秦王位〔一一〕，置百官，立其妻禿髮氏爲王后〔一二〕。

乙卯。四年〔一三〕義熙十一年。熾磐子元基自長安逃歸，拜尚書左僕射〔一四〕。熾磐攻剋沮渠蒙遜河湟太守沮渠漢平，以其左衛匹逵爲河湟太守，因討降乙弗窟乾而還。遣其將曇達、王松壽等討南羌彌姐康薄於赤水，降之。

丙辰。五年 熾磐攻漒川，師次沓中，沮渠蒙遜率衆攻石泉以救之。熾磐聞而引還，遣曇達與其將出連虔率騎五千赴之。蒙遜聞曇達至，引歸，遣使聘於熾磐，遂結和親。又遣曇達、王松壽等率騎一萬伐姚艾於上邽。曇達進據蒲水，艾距戰，大敗之，艾奔上邽。曇達進屯大利，破黃石、大羌二戍，徙五千餘户於枹罕。

令其安東木奕干率騎七千討吐谷渾樹洛干於塞上，破其弟阿柴於堯扞川，俘獲五千餘口而還。洛干奔保白蘭山而死。熾磐聞而喜曰：「此虜矯矯，所謂有豖白蹢。往歲曇達東征，姚艾敗走；今木奕干西討，黠虜遠逃。境宇稍清，姦凶方殄，股肱惟良，吾無患矣。」於是以曇達爲左丞相，其子元基爲右丞相，麴景爲尚書令，翟紹爲左僕射。遣曇達、元基東討姚艾，降之。

丁巳。六年　乙弗鮮卑烏地延率户二萬降於熾磐，署爲建義將軍。地延尋死，弟他子立，以子軻蘭質於西平。他子從弟提孤等率户五千以西遷叛於熾磐。涼州刺史出連虔遣使喻之，提孤等歸降。熾磐以提孤姦滑，終爲邊患，税其部中戎馬六萬匹。後二歲而提孤等扇動部落，西奔出塞。他子率户五千入居西平。

先是，姚艾叛降蒙遜，蒙遜率衆迎之。艾叔父儁言於衆曰：「秦王寬仁有雅度，自可安土事之，何爲從涼主西遷？」衆咸以爲然，相率逐艾，推儁爲主，遣使請降。熾磐大悦，徵儁爲侍中、中書監、征南將軍，封隴西公，邑一千户。

戊午。七年　使征西他子討吐谷渾覓地於弱水南，大破之。覓地率衆六千降於熾磐，署爲弱水護軍。

遣其左衛匹逵、建威梯君等討彭利和於漒川，大破之，利和單騎奔仇池，獲其妻子。徙羌豪三千户於枹罕，漒川羌三萬餘户皆安堵如故。

己未。建弘元年〔一五〕晉元熙元年。　立其第二子慕末爲太子，領撫軍大將軍、都督中外諸軍事，大赦境内，改元曰建弘，其臣佐等多所封授。熾磐在位八原誤「七」。年而宋氏受禪〔一六〕。

庚申。二年宋永初元年。　吐谷渾阿柴遣使來降，熾磐署阿柴爲征西大將軍、開府儀同三司、安州牧、白蘭王〔一七〕。

辛酉。三年

壬戌。四年　遣尚書郎莫者阿胡、積弩將軍又寅等入見於魏，貢黄金二百斤，並陳伐夏方略，太宗許之〔一八〕。

癸亥。五年宋景平元年。

甲子。六年宋元嘉元年。

乙丑。七年　白蘭王吐谷渾阿柴卒〔一九〕。白蘭王吐谷渾阿柴臨卒，呼子弟謂曰：「汝等各奉吾一隻箭，將玩之地下。」俄而命母弟慕延曰：「取汝一隻箭折之。」延折之。又曰：「取十九隻箭折之。」延不能折。柴曰：「汝曹知單者易折，衆則難摧，戮力一心，然後社稷可固。」言終而卒。此節見御覽三百四十九引。吐谷渾掘逵等帥部衆二萬餘落叛奔昴川，附於吐谷渾王慕瓆〔二〇〕。

丙寅。八年　熾磐遣叔父平遠將軍渥頭、弟安遠將軍安度爲質於魏，又使中書侍郎王愷、丞相從事中郎烏訥闐奉表貢其方物〔二二〕。

丁卯。九年〔二三〕以尚書焦嵩代姚濬領澆河太守，爲吐谷渾元緒所執〔二三〕。

熾磐寢疾，顧命太子慕末〔二四〕，以宋元嘉四年乃薨於外寢〔二五〕，子慕末嗣僞位。六月，葬武平陵，謚文昭王，廟號太祖〔二六〕。

乞伏慕末〔二七〕

乞伏慕末，字安石。熾磐之第二子〔二八〕，幼而好學，有文才，建弘元年立爲太子。熾磐薨，僭即秦王位。

戊辰。永弘元年宋元嘉五年。大赦，改年爲永弘元年。二月，立萬載爲太子〔二九〕。

沮渠蒙遜尚書王杼送戎罽千匹〔三〇〕，銀三百斤〔三一〕。此節依御覽八百十六引補。

己巳。二年　殺尚書隴西辛進並其五族二十七人〔三二〕。

辛進字國都，隴西人，建弘初爲散騎常侍，從乞伏熾磐遊於後園淩霄觀〔三三〕，彈鳥丸傷慕末母之面。及慕末嗣位〔三四〕，問母面傷之由，母曰辛進彈鳥所傷。慕末怒，故誅之。御覽三百五十。

慕末弟軻殊羅烝熾磐左夫人禿髮氏，慕末知而禁之，因與叔父什寅謀殺慕末。使禿髮氏盜門鑰，鑰誤，門不得開，門者以告。慕末收其黨與盡殺之，而赦軻殊羅、什寅，鞭之。什寅曰：「我負汝死，不負汝鞭。」慕末怒，刳其腹，投屍於河水。禿髮氏乃自殺〔三五〕。

庚午。三年　什寅母弟前將軍白養及鎮衛將軍去列，以什寅之死，頗有怨言，慕末皆殺之。慕末政刑酷濫，内外崩離。九月，部民多叛，又爲河西王蒙遜所逼，遣中書侍郎王愷、從事中郎烏訥闐請迎於魏。世祖許以平涼以東、安定以西封之〔三六〕。慕末乃焚城邑，毁寶器，率户五千東如上邽，此句亦見通鑑考異。爲赫連定所拒，遂國南安。十一月，魏遣尚書庫結率騎五千來迎，慕末衛軍吉毗固諫以爲不宜遂内徙，從之。庫結引還。

辛未。四年　赫連定遣其叔北平公韋代率衆一萬攻南安，城内大饑，人相食。傳侍中乞伏延祚、吏部尚書乞伏跋跋逾城奔代，慕末乃銜璧出降。送於上邽，及宗族五百餘人悉爲赫連定所誅。

自國仁建義元年乙酉歲至辛未，四十七載。載記作：「慕末在位三年，爲赫連定所殺。始國仁以孝武太元十年僭位，至慕末四世，凡四十有六載而滅。」

校勘記

〔一〕八年　載記作「六年」。

〔二〕自稱大將軍河南王　見偏霸部，載記無。

〔三〕改年爲永康元年　偏霸部同，載記作「改元曰永康」。

〔四〕尚書令翟勍　偏霸部「翟勍」作「翟就」，載記無「尚書令」。按通鑑卷一一六作「翟勍」。

〔五〕封拜各有差　見偏霸部，載記無。

〔六〕永康二年　載記作「義熙九年」。

〔七〕熾磐率諸將至男女二萬三千　「掘達」，載記同，偏霸部作「屈達」，又册府卷二三一、通鑑卷一一六並作「掘逵」。「二萬三千」，載記作「二萬八千」，偏霸部未及討支旁事而云：「盤討吐谷渾別統屈達于渴渾川，大破之，俘獲男女二萬三千」。按通鑑謂破支旁後「虜旁及其民五千餘户而還」，破掘逵後「虜男女二萬三千」，蓋即載記所謂「前後俘獲男女二萬八千」，湯球誤改載記。

〔八〕三年正月　偏霸部同，載記作「僭立十年」，疑誤。

〔九〕五月　見偏霸部，載記無。

〔一〇〕熾磐既并南涼　「并南涼」，偏霸部同，載記作「兼傉檀」。

〔一一〕十月僭即秦王位　見偏霸部，載記無。

〔一二〕立其妻禿髮氏爲王后　「禿髮氏」，載記同，偏霸部作「吐蕃氏」。

〔一三〕四年　偏霸部同，載記作「十一年」，謂義熙十一年。

〔一四〕熾磐子元基至尚書左僕射　見偏霸部，載記無。

〔一五〕建弘元年　偏霸部同，載記作「元熙元年」。

〔一六〕熾磐在位八年而宋氏受禪　「八年」，載記作「七年」。

〔一七〕吐谷渾阿柴遣使來降至白蘭王　見屠本卷八六、通鑑卷一一九永初二年，載記無。湯球蓋以御覽卷三四九引西秦録有白蘭王阿柴卒時事，乃先敍其得封。

〔一八〕遣尚書郎至太宗許之　見屠本卷八六，載記無。事又見魏書卷九九乞伏國仁傳及通鑑卷一一九景平元年。

〔一九〕白蘭王吐谷渾阿柴卒　載記、御覽卷三四九引皆無此句。

〔二〇〕吐谷渾掘逵至吐谷渾王慕璝　見屠本卷八六、通鑑卷一二〇元嘉三年，載記無。通鑑「掘逵」作「握逵」。

〔二一〕熾磐遣叔父平遠將軍渥頭至貢其方物　見屠本卷八六，載記無。事又見魏書卷九九乞伏國仁傳。

〔二二〕九年　見偏霸部，載記無。

〔二三〕以尚書焦嵩至爲吐谷渾元緒所執　事見屠本卷六、通鑑卷一二一元嘉五年，載記無。「元緒」，原作「元諸」，據屠本及通鑑改。

〔二四〕熾磐寢疾顧命太子慕末　見偏霸部，載記無。

〔二五〕以宋元嘉四年乃薨於外寢　載記作「以宋元嘉四年死」，偏霸部作「乃薨于外寢」。

〔二六〕六月至廟號太祖　見偏霸部，載記無。

〔二七〕載記無乞伏慕末事，輯補乞伏慕末傳本纂録「乞伏慕末」條。下文見纂録、偏霸部「乞伏慕末」條者，及原注已明出處者不出校。

〔二八〕熾磐之第二子　「第二子」，屠本卷八六同，偏霸部作「太子」。按，本卷乞伏熾磐傳謂熾磐「立其第二子慕末爲太子」。

〔二九〕立萬載爲太子　纂録同，偏霸部「萬載」上有「子」字。

〔三〇〕沮渠蒙遜尚書王杼　「王杼」，屠本卷八六、通鑑卷一二一同，御覽卷八一六引作「王杍」。

〔三一〕銀三百斤　「三百」，原作「百三」，據御覽卷八一六引乙正。

〔三二〕殺尚書隴西辛進並其五族二十七人　見屠本卷八六，載記無。事亦見魏書卷九九乞伏國仁傳。

〔三三〕遊於後園淩霄觀　「淩霄觀」，屠本卷八六同，御覽卷三五〇引作「霄觀」，通鑑卷一二一作「陵霄觀」。

〔三四〕及慕末嗣位　御覽卷三五〇引作「至是」，屠本卷八六、通鑑卷一二一作「及慕末即位」。

〔三五〕慕末弟軻殊羅至禿髮氏乃自殺　見屠本卷八七禿髮氏傳，載記無。事又見魏書卷九九乞伏國仁傳、通鑑卷一二一。「赦軻殊羅什寅鞭之」，通鑑「什寅」上有「執」字，魏書謂「欲鞭什寅」。

〔三六〕三年至封之　偏霸部惟「三年九月部民多叛」，餘皆見屠本卷八六。

十六國春秋輯補卷八十八

西秦録四

醜門于弟

下將軍醜門于弟。廣韻（一）。

武都氏

武都氏。廣韻（二）。

吐谷渾 視連 視羆 烏紇堤即大孩 樹洛干

視連辟奚子。既立，通聘於乞伏乾歸，拜爲白蘭王。視連幼廉慎有至性，以父憂卒，不知政事，不飲酒游田七年矣。鍾惡地進曰：「夫人君者，以德御世，以威齊衆，養以五味，娱以聲色。此四者，聖帝明王之所先也，而公皆略之。昔昭公儉嗇而喪，偃王仁義而亡，然則仁義所以存身，亦所以亡己。經國者，德禮也；濟世者，刑法也。二者或差，則綱維失緒。明公奕葉重光，恩結西夏，雖仁孝發於天然，猶宜憲章周孔，不可獨追徐偃之仁，使刑德委而不建。」視連泣曰：「先王追友于之痛，悲憤升遐，孤雖纂業，尸存而已。聲色游娱，豈所安也！綱維刑禮，付之將來。」臨終，謂其子視羆曰：「我高祖吐谷渾公常言子孫必有興者，永爲中國之西藩，慶流百世。吾已不及，汝亦不見，當在汝之子孫輩耳。」在位十五年而卒，有二子，長曰視羆，少曰烏紇堤。

視羆性英果有雄略，嘗從容謂博士金城騫苞曰：「易云：『動静有常，剛柔斷矣』。先王以仁宰世，不任威刑，所以剛柔靡斷，取輕鄰敵。當仁不讓，豈宜拱默者乎！今將秣馬厲兵，争衡中國，先生以爲何如？」苞曰：「大王之言，高世之略，秦隴英豪所願聞也。」於是虚襟撫納，衆赴如歸。

乞伏乾歸遣使拜爲使持節、都督龍涸已西諸軍事、沙州牧、白蘭王。視羆不受，謂使者曰：「自晉道不綱〔三〕，姦雄競逐，劉、石虐亂，秦、燕跋扈，河南王處形勝之地，宜當糾合義兵，以懲不順，奈何私相假署，擬僭羣凶！寡人承五祖之休烈，控弦之士二萬，方欲掃氛秦隴，清彼沙涼，然後飲馬涇渭，戮問鼎之豎，以一丸泥封東關，閉燕趙之路〔四〕，迎天子於西京，以盡遐藩之節，終不能如季孟、子陽妄自尊大。爲吾白河南王，何不立勳帝室，策名王府，建當年之功，流芳來葉邪！」乾歸大怒，然憚其强，初猶結好。後竟遣衆擊之，視羆大敗，退保白蘭。在位十一年，年三十三卒。子樹洛干年少，傳位於烏紇堤。

烏紇堤一名大孩，性懦弱，耽酒淫色，不恤國事。乞伏乾歸之入長安也，烏紇堤屢抄其境。乾歸怒，率騎討之。烏紇堤大敗，亡失萬餘口，保於南涼，遂卒於胡國。在位八年，時年三十五，視羆之子樹洛干立。

樹洛干九歲而孤，其母念氏聰惠有姿色，烏紇堤妻之，有寵，遂專國事。洛干十歲便自稱世子，年十六嗣立，率所部數千家奔歸莫何川，自稱大都督、車騎大將軍、大單于、吐谷渾王。化行所部，衆庶樂業，號爲戊寅可汗，沙漒雜種莫不歸附。乃宣言曰：「孤先祖避地於此，暨孤七世，思與羣賢共康休緒。今士馬桓桓，控弦數萬，孤將振威梁益，稱霸西戎，觀兵三秦，遠朝天子，諸君以爲何如？」衆咸曰：「此盛德之事也，願大王自勉！」乞伏乾歸甚忌之，率騎二萬攻之於赤水，樹洛干大敗，遂降乾歸。乾歸拜爲平狄將軍、赤水都護，又以其弟吐護真爲捕虜將軍、層城都尉〔五〕。其後屢爲乞伏熾磐所破，又保白蘭，慚憤發病而卒。在位九年，時年二十四。熾磐聞其死，喜曰：「此虜矯矯，所謂有豖白蹢也。」有子四人，世子拾虔嗣。以上四段依晉書西戎傳録〔六〕。

校勘記

〔一〕廣韻卷三有韻「醜」字云：「西秦録有下將軍醜門十弟。」按，集韻卷九「十弟」作「于弟」，通志卷二九氏族略作「弟子」。

〔二〕廣韻卷三麌韻「武」字云：「西秦録有武都氏。」

〔三〕自晉道不綱　「綱」，原作「剛」，據晉書卷九七四夷吐谷渾傳改。

〔四〕開燕趙之路　「開」，晉書卷九七四夷吐谷渾傳作「閉」。

〔五〕層城都尉　「層城」，原作「屠城」，據晉書卷九七四夷吐谷渾傳改。

〔六〕輯補分晉書卷九七四夷吐谷渾傳於前燕、西秦二録末。吐谷渾、吐延、葉延、辟奚事見輯補前燕録，其餘在此。

十六國春秋輯補卷八十九

南涼録一

秃髮烏孤

秃髮烏孤，河西鮮卑人也。其先與後魏同出，八世祖匹孤率其部自塞北遷於河西，其地東至麥田、牽屯，西至濕羅，南至澆河，北接大漠。匹孤卒，子壽闐立。初，壽闐之在孕，母姓胡掖氏〔一〕，此句亦見廣韻。因寢而産於被中，鮮卑謂被爲「秃髮」，因而氏焉。壽闐卒，孫樹機能立，壯果多謀略。泰始中，殺秦州刺史胡烈於萬斛堆，敗涼州刺史蘇愉於金山，此句通鑑考異引作：「斬涼州刺史牽弘。」〔二〕又殺涼州刺史楊欣於丹嶺〔三〕，盡有涼州之地，武帝爲之旰食。後爲馬隆所敗，部下殺之以降。能死，從弟務丸代立。丸死，孫推斤立。斤死，子思復鞬立，部衆轉盛，遂據涼土〔四〕。烏孤即思復鞬之子也。

鞬卒，子烏孤襲位。養民務農，修結鄰好〔五〕。吕光遣使署爲假節、冠軍大將軍、河西鮮卑大都統、廣武縣侯。烏孤謂諸將曰：「呂氏遠來假授，當可受不？」衆曰：「吾士衆不少，何故屬人！」烏孤將從之，其將石真若留曰：「今本根未固，理宜隨時。光德刑修明，境內無虞，若致死於我者，大小不敵，後雖悔之，無所及也。不如受而遵養之，以待其釁耳。」烏孤乃受之。

烏孤討乙弗、折掘二部，大破之，遣其將石亦干築廉川堡以都之。烏孤登廉川大山，泣而不言。石亦干進曰：「臣聞主憂臣辱，主辱臣死，大王所爲不樂者，將非呂光乎？光年已衰老，師徒屢敗。今我以士馬之盛，保據大川，乃可以一擊百，光何足懼也！」烏孤曰：「光之衰老，亦吾所知。但我祖宗以德懷遠，殊俗憚威，盧陵〔六〕、契汗萬里委順。及吾承業，諸部背叛，邇既乖違，遠何以附？所以泣耳。」其將苻渾曰：「大王何不振旅誓衆，以討其罪？」烏孤從之，大破諸部。呂光封烏孤廣武郡公。又討意云鮮卑，大破之。光又遣使署烏孤征南大將軍、益州牧、左賢王。烏孤謂使者曰：「呂王昔以專征之威，遂有此州，不能以德柔遠，惠安黎庶。諸子貪淫，三甥肆暴，郡縣土崩，下無生賴，吾安可違天下之心，受不義之爵！帝王之起，豈有常哉！無道則滅，有德則昌。吾將順天人之望，爲天下主。」留其鼓吹、羽儀，謝其使而遣之。

丁酉。太初元年晉隆安元年。正月，改元〔七〕，自稱大都督、大將軍、大單于、西平王，赦其境内。以弟利鹿孤爲驃騎將軍，傉檀爲車騎將軍〔八〕。曜兵廣武，攻剋金城。光遣將軍竇苟來伐，戰於街亭，大敗之。

戊戌。二年　降光樂都、湟河、澆河三郡。嶺南羌胡數萬落皆附之。光將楊軌、王乞基率户數千來奔。烏孤改稱武威王。

己亥。三年　徙治一作「於」。樂都〔九〕。署弟利鹿孤爲驃騎大將軍、西平公，鎮安夷，傉檀爲車騎大將軍、廣武公，鎮西平。以楊軌爲賓客，金石生、時連珍，四夷之豪儁；陰訓、郭倖，西州之德望；楊統、楊貞、衛殷、麴丞明、郭黄、郭奮、史暠、鹿嵩，文武之秀傑；梁昶、韓疋、張昶、郭韶，中州之才令；金樹、薛翹、趙振、王忠、趙晁、蘇霸，秦雍之世門，皆内居顯位，外宰郡縣，官方授才，咸得其所。

烏孤從容謂其羣下曰：「隴右區區數郡地耳，因其兵亂，分裂遂至十餘。乾歸擅命河南，段業阻兵張掖，虐氏假息，偷據姑臧。吾藉父兄遺烈，思廓清西夏，兼弱攻昧，三者何先？」楊統進曰：「乾歸本我所部，終必歸服。段業儒生，才非濟世，權臣擅命，制不由己，千里伐人，糧運懸絶，且與我鄰好，許以分災共患，乘其危弊，非義舉也。呂光衰老，嗣紹沖闇，二子纂、弘雖頗有文武，而内相猜忌，若天威臨之，必應鋒瓦解。宜遣車騎鎮浩亹，鎮北據廉川，乘虚迭出，多方以誤之。救右則擊其左，救左則擊其右，使纂疲於奔命，人不得安其農業。兼弱攻昧，於是乎在。不出二年，可以坐定姑臧，姑臧既拔，二寇不待兵戈，自然服矣。」烏孤然之，遂陰有吞并之志。

段業爲吕纂所侵，遣利鹿孤救之。纂懼，燒氐池、張掖穀麥而還。

以利鹿孤爲涼州牧，鎮西平。追傉檀入録府國事。

八月，烏孤因酒走馬，馬倒傷脅〔一〇〕。笑曰：「幾使吕光父子大喜。」俄而患甚，顧謂羣下曰：「方難未靖，宜立長君。」言終而薨。在王位三年，僞謚武王，廟號烈祖。弟利鹿孤立。

禿髮利鹿孤

禿髮利鹿孤，烏孤弟。以太初三年八月即僞位〔一一〕，大赦其境内殊死已下，徙治西平〔一二〕。使記室監麴梁明聘於段業。業曰：「貴主先王创業啓運，功高先世，宜爲國之太祖，有子何以不立？」梁明曰：「有子羌奴，先王之命也。」業曰：「昔成王弱齡，周召作宰；漢昭八歲，金霍夾輔。雖嗣子沖幼，而二叔休明，左提右挈，不亦可乎？」梁明曰：「宋宣能以國讓，春秋美之；孫伯符委事仲謀，終開有吳之業。且兄終弟及，殷湯之制也，亦聖人之格言，萬代之通式，何必胤己爲是，紹兄爲非？」業曰：「美哉！使乎之義也。」

利鹿孤聞呂光死，遣其將金樹、蘇翹率騎五千，屯於昌松漠口。

庚子。建和元年〔一三〕大赦其境内，改年曰建和。二千石長吏清高有惠化者，皆封亭侯、關内侯。延耆老，訪政治〔一四〕。

呂纂來伐，使傉檀距之。纂士卒精鋭，進度三堆，三軍擾懼。傉檀下馬據胡牀而坐，士卒衆心乃始安。與纂戰，敗之，斬二千餘級。纂西擊段業，傉檀率騎一萬乘虛襲姑臧，纂弟緯守南北城以自固。傉檀置酒於朱明門上，鳴鐘鼓以饗將士，耀兵於青陽門，虜八千餘户而歸。

乞伏乾歸爲姚興所敗，率騎數百來奔，處之晉興，待以上賓之禮。乾歸遣子謙等質於西平。鎮北將軍俱延四字亦見廣韻〔一五〕。言於利鹿孤曰：「乾歸本我之屬國，妄自尊立，理窮歸命，非有款誠。若奔東秦，必引師西侵，非我利也，宜徙於乙弗之間，防其奔逸之路。」利鹿孤曰：「吾方弘信義以收天下之心，乾歸投誠而徙之，四海將謂我不可以誠信託也。」俄而乾歸果奔於姚興。利鹿孤謂延曰：「不用卿言，乾歸果叛，卿爲吾行也。」延追乾歸至河，不及而還。

辛丑。建和二年〔一六〕龍見於長寧，麒麟游於綏羌。於是羣臣勸進，固請即尊號，不許〔一七〕。乃以隆安五年僭稱河西王。其將鍮勿崙進曰：「昔我先君肇自幽朔，被髮左衽，無冠冕之儀，遷徙不常，無城邑之制，用能中分天下，威振殊境。今建大號，誠順天心。然寧居樂土，非貽厥之規，倉府粟帛，生敵人之志。且首兵始號，事必無成，陳勝、項籍，前鑒不遠。宜置晉人於諸城，勸課農桑，以供軍國之用，我則習戰法以誅未賓。若東西有變，長算以縻之，如其敵强於我，徙而以避其鋒，不亦善乎！」利鹿孤然其言。

於是使傉檀率師伐呂隆〔一八〕，大敗之，獲其右僕射楊桓。傉檀謂之曰：「安寢危邦，不思擇木，老爲囚虜，豈曰智也！」桓曰：「受呂氏厚恩，位忝端貳，雖洪水滔天，猶欲濟彼俱溺〔一九〕，實恥爲叛臣以見明主。」傉檀曰：「卿忠臣也。」以爲左司馬。

利鹿孤謂其羣下曰：「吾無經濟之才，忝承業統，自負乘在位，三載於兹。雖夙夜惟寅，思弘道化，而刑政未能允中，風俗尚多凋弊，戎車屢駕，無闢境之功，務進賢彦，而下猶蓄滯，豈所任非才，將吾不明所致也？二三君子其極言無諱，吾將覽焉。」祠部郎中史暠對曰〔二〇〕：「古之王者，行師以全軍爲上，破國次之，拯溺救焚，東征西怨。今不以綏寧爲先，惟以徙户爲務，安土重遷，故有離叛，所以斬將刻城，土不加廣。今取士拔才，必先弓馬，文章學藝爲無用之條，非所以來遠人，垂不朽也。孔子曰：『不學禮，無以立。』宜建學校，開庠序，選耆德碩儒以訓胄子。」利鹿孤善之，於是以田玄沖、趙誕爲博士祭酒，以教胄子。

七月，姚碩德伐呂隆，利鹿孤攝廣武守軍以避之。此節依通鑑考異引補〔二一〕。

時利鹿孤雖僭位，尚臣姚興。楊桓兄經佐命姚萇，早死，興聞桓有德望，徵之。利鹿孤餞桓於城東，謂之曰：「本期與卿共成大業，事乖本圖，分岐之感，情深古人。但鯤非溟海，無以運其軀，鳳非修梧，無以晞其翼。卿有佐時之器，夜光之寶，當振纓雲閣，耀價連城，區區河右，未足以逞卿才力。善勖日新，以成大美。」桓泣曰：「臣往事呂氏，情節不建。陛下有臣於俘虜之中，顯同賢舊，每希攀龍附鳳，立尺寸之功。龍門既開，而臣違離，公衡之戀，豈曰忘之！」利鹿孤爲之流涕，遣之。

傉檀又攻呂隆昌松太守孟禕於顯美。

壬寅。三年　剋顯美〔二二〕。傉檀執禕而數之曰：「見機而作，賞之所先；守迷不變，刑之所及。吾方耀威玉門，掃平秦隴，卿固守窮城，稽淹王憲，國有常刑，於分甘乎？」禕曰：

「明公開剪河右，聲播宇内，文德以綏遠人，威武以懲不恪，況禕蕞爾，敢距天命！釁鼓之刑，禕之分也。但忠於彼者，亦忠於此。荷吕氏厚恩，受藩屏之任，明公至而歸命，恐獲罪於執事，惟公圖之。」傉檀大悦，釋其縛，待以客禮。徙顯美、麗靬二千餘户而歸。嘉禕忠烈，拜左司馬。禕請曰：「吕氏將亡，聖朝之并河右，昭然已定。但爲人守而不全，復忝顯任，竊所未安。明公之恩，聽禕就戮於姑臧，死且不朽。」傉檀義而許之。

吕隆爲沮渠蒙遜所伐，遣使乞師，利鹿孤引羣下議之。尚書左丞婆衍崘曰：「今姑臧饑荒殘弊，穀石萬錢，野無青草，資食無取。蒙遜千里行師，糧運不屬，使二寇相殘，以乘其釁。若蒙遜拔姑臧，亦不能守，適可爲吾取之，不宜救也。」傉檀曰：「崘知其一，未知其二。姑臧今雖虚弊，地居形勝，河西一都之會，不可使蒙遜據之，宜在速救。」利鹿孤曰：「車騎之言，吾之心也。」遂遣傉檀率騎一萬救之。至昌松而蒙遜已退，傉檀徙凉澤、段家五百餘家而歸。

三月〔二三〕，利鹿孤寢疾，令曰：「昔我諸兄弟傳位非子者，蓋以泰伯三讓，周道以興故也。武王創践寶曆，垂諸樊之試，終能克昌家業者，其在車騎乎。吾寢疾惙頓，是將不濟〔二四〕，内外多虞，國機務廣，其令車騎經總百揆，以成先王之志〔二五〕。」在位三年而薨，僞謚康王，葬於西平陵之東南〔二六〕。弟傉檀嗣。

校勘記

〔一〕母姓胡掖氏　載記無「姓」字，廣韻卷一模韻「胡」字云：「南涼録，秃髮壽闐之母姓胡掖氏。」

〔二〕通鑑卷七九考異云：「崔鴻十六國春秋秃髮烏孤傳云：其先樹機能本河西鮮卑，泰始中，殺秦州刺史胡烈，斬涼州刺史牽弘。」

〔三〕又殺涼州刺史楊欣於丹嶺　見偏霸部，載記無。

〔四〕部衆轉盛遂據涼土　偏霸部「部衆」作「部落」，餘同，載記作「部衆稍盛」。

〔五〕韃卒至修結鄰好　見偏霸部，載記作「及嗣位務農桑修鄰好」。

〔六〕廬陵　載記作「盧陵」。

〔七〕太初元年正月改元　偏霸部同，載記作「隆安元年」，於後文「赦其境内」後有「年號太初」。

〔八〕以弟利鹿孤至車騎將軍　見偏霸部，載記無。

〔九〕三年徙治樂都　偏霸部作：「三年正月，徙治樂都。」載記作：「後三歲，徙于樂都。」

〔一〇〕八月烏孤因酒走馬馬倒傷脅　偏霸部同，載記作「是歲烏孤因酒墜馬傷脅」。

〔一一〕秃髮利鹿孤至即僞位　偏霸部同，載記作：「利鹿孤以隆安三年即僞位」。

〔一二〕徙治西平　纂録同，偏霸部作「改治西平」，載記作「又徙居于西平」。

〔一三〕建和元年　偏霸部作「建和元年正月」，載記作「既逾年」。

〔一四〕延耆老訪政治　見偏霸部，載記無。

〔一五〕廣韻卷一虞韻「俱」字云：「南涼録有將軍俱延。」

〔一六〕建和二年　偏霸部作「二年」，載記作：「利鹿孤立二年」。

〔一七〕固請即尊號不許　見偏霸部，載記無。

〔一八〕於是使傉檀率師伐呂隆　載記無「使傉檀」，屠本卷八八作「傉檀率師伐呂隆」。按，通鑑卷一一二云：「河西王利鹿孤伐涼，與涼王隆戰，大破之，徙二千餘户而歸。」

〔一九〕濟彼俱溺　「溺」，原作「弱」，據載記改。

〔二〇〕史暠　原作「史嵩」，據載記改。按史暠亦見上文。

〔二一〕見通鑑卷一一二隆安五年呂隆降後秦事下考異引。

〔二二〕三年剋顯美　載記連上文作「克之」。「顯美」，原作「美顯」，據上文乙正。

〔二三〕三月　見偏霸部，載記無。

〔二四〕昔我諸兄弟至是將不濟　見偏霸部，載記無。

〔二五〕內外多虞至先王之志　偏霸部同，載記「經總百揆」作「嗣業」。

〔二六〕葬於西平陵之東南　偏霸部作「葬西平陵」，載記作「葬於西平之東南」，疑陵在西平東南，輯補綴連偏霸部、載記文字不當。

十六國春秋輯補卷九十

南涼録二

禿髮傉檀

禿髮傉檀，利鹿孤弟也〔一〕。少機警有才略，其父奇之，謂諸子曰：「傉檀明識幹藝，非汝等輩也。」是以諸兄不以授子，欲傳之於傉檀。及利鹿孤即位，垂拱而已，軍國大事皆以委之。建和三年襲位〔二〕。

壬寅。弘昌元年　以晉元興元年僭號涼王，遷於樂都，改元曰弘昌。初，乞伏乾歸之在晉興也，以世子熾磐爲質。後熾磐逃歸，爲追騎所執，利鹿孤命殺之。傉檀曰：「臣子逃歸君父，振古通義，故魏武善關羽之奔，秦昭恕頃襄之逝。熾磐雖逃叛，孝心可嘉，宜垂全宥以弘海岳之量。」乃赦之。至是，熾磐又奔允街，傉檀歸其妻子。

秦遣使拜傉檀車騎將軍、廣武公。

癸卯。二年，傉檀大城樂都。姚興遣將齊難率衆迎呂隆於姑臧，傉檀攝昌松、魏安二戍以避之。

興涼州刺史王尚遣主簿宗敞來聘。敞父燮，吕光時自湟河太守入爲尚書郎，見傉檀於廣武，執其手曰：「君神爽宏拔，逸氣淩雲，命世之傑也，必當剋清世難。恨吾年老，不及見耳，以敞兄弟託君。」至是，傉檀謂敞曰：「孤以常才，謬爲尊先君所見稱，每自恐有累大人水鏡之明。及忝家業，竊有懷君子。詩云：『中心藏之，何日忘之。』不圖今日得見卿也。」敞曰：「大王仁侔魏祖，存念先人，雖朱暉眄張堪之孤，叔向撫汝齊之子，無以加也。」酒酣，語及平生。傉檀曰：「卿魯子敬之儔，恨不與卿共成大業耳。」

甲辰。三年　傉檀以姚興之盛，又密圖姑臧，乃去其年號，罷尚書丞郎官，遣參軍關尚聘於興。興謂尚曰：「車騎投誠獻款，爲國藩屏。擅興兵衆，輒造大城，爲臣之道固若是乎？」尚曰：「王侯設險以自固，先王之制也，所以安人衛衆，預備不虞。車騎僻在遐藩，密邇勍寇，南則逆羌未賓，西則蒙遜跋扈，蓋爲國家重門之防，不圖陛下忽以爲嫌。」興笑曰：「卿言是也。」

傉檀遣其將文支討南羌、西虜，大破之。上表姚興，求涼州，不許，加傉檀散騎常侍，增邑二千户。

乙巳。四年　傉檀於是率師伐沮渠蒙遜，次於氐池。蒙遜嬰城固守。芟其禾苗，至於赤泉而還。獻興馬三千匹、羊三萬頭於秦〔三〕。

六月〔四〕，秦遣授傉檀爲使持節、都督河右諸軍事、車騎大將軍、領護匈奴中郎將、涼州刺史，常侍、公如故，鎮姑臧。傉檀率步騎三萬次於五澗，興涼州刺史王尚遣辛晁、孟禕、彭敏出迎。尚出自青陽門〔五〕，鎮南文支入自涼風門。宗敞以别駕送尚還長安，傉檀曰：「吾得涼州三千餘家，情之所寄，唯卿一人，奈何捨我去乎？」敞曰：「今送舊君，所以忠於殿下。」傉檀曰：「吾今新牧貴州，懷遠安邇之略，爲之若何？」敞曰：「涼土雖弊，形勝之地，道由人弘，實在殿下。段懿、孟禕，武威之宿望；辛晁、彭敏，秦隴之冠冕；裴敏、馬輔，中州之令族；張昶，涼國之舊胤；張穆、邊憲，文同楊班；梁崧、趙昌，武同飛羽。以大王之神略，撫之以威信，農戰並修，文教兼設，可以縱横於天下，河右豈足定乎！」傉檀大悦，賜敞馬二十匹。於是大饗文武於謙光殿，班賜金帛各有差。

丙午。五年　遣西曹從事史暠聘於姚興。興謂暠曰：「車騎坐定涼州，衣錦本國，其德我乎？」暠曰：「車騎積德河右，少播英問，王威未接，投誠萬里。陛下官方任才，量功授職，彝倫之常，何德之有？」興曰：「朕不以州授車騎者，車騎何從得之？」暠曰：「使河西雲擾、呂氏顛狽者，實由車騎兄弟傾其根本〔六〕。陛下雖鴻羅遐被，涼州猶在天網之外。故征西以周召之重，力屈姑臧；齊難以王旅之盛，勢挫張掖。王尚孤城獨守，外逼羣狄，陛下不連兵十年，殫竭中國，涼州未易取也。今以虛名假人，内收大利，乃知妙算自天，聖與道合，雖云遷授，蓋亦時宜。」興悦其言，拜騎都尉。

七月〔七〕，傉檀讌羣臣於宣德堂〔八〕，仰視而歎曰：「古人言作者不居，居者不作，信矣。」前昌松太守孟禕進曰〔九〕：「張文王築城苑，繕宗廟〔一〇〕，構此堂〔一一〕，爲貽厥之資，萬世之業，秦師濟河，灌然瓦解。梁熙據全盛之地，擁十萬之衆，軍敗於酒泉，身死於彭濟。呂氏以排山之勢，王有西夏，率土崩離，銜璧秦雍。寬饒有言：『富貴無常，忽輒易人。』此堂之建，年垂百載，十有三一作「二」。主〔一二〕，唯信順可以久安，仁義可以永固。願大王勉之。」傉檀曰：「非君無以聞讜言也。」

八月，以鎮南大將軍文支鎮姑臧。傉檀還於樂都〔一三〕。傉檀雖受制於秦，然車服禮章一如王者〔一四〕。以宗敞爲太府主簿，録記室事。

傉檀僞游澆河，襲徙西平、湟河諸羌三萬餘户於武興、番禾、武威、昌松四郡，徵集戎夏之兵五萬餘人，大閲於方亭。

十一月，遷於姑臧〔一五〕。

丁未。六年　遂伐沮渠蒙遜，入西陜。蒙遜率衆來距，戰於均石，爲蒙遜所敗。傉檀率騎二萬，運穀四萬石以給西郡。蒙遜攻西郡，降之。其後傉檀又與赫連勃勃戰於陽武，爲勃勃所敗，將佐死者十餘人，傉檀與數騎奔南山，幾爲追騎所得。傉檀懼東西寇至，徙三百里内百姓入於姑臧，國中駭怨。屠各成七兒因百姓之擾也，率其屬三百人叛傉檀於北城，推梁貴爲盟主，貴閉門不應。一夜衆至數千。殿中都尉張猛大言於衆曰：「主上陽武之敗，蓋恃衆故也。責躬悔過，明君之義，諸君何故從此小人作不義之事！殿内武旅正爾相尋，目前之危，悔將無及。」衆聞之，咸散。七兒奔晏然，殿中騎將白路等追斬之。軍諮祭酒梁裒、輔國司馬邊憲等七人謀反，傉檀悉誅之。

戊申。嘉平元年〔一六〕晉義熙四年。　姚興以傉檀外有陽武之敗，内有邊、梁之亂，遣其尚書郎韋宗來觀釁。傉檀與宗論六國從横之規，三家戰争之略，遠言天命廢興，近陳人事成敗，機變無窮，辭致清辯。宗出而歎曰：「命世大才，經綸名教者，不必華宗夏士；撥煩理亂，澄清濟世者，亦未必八索、九丘。五經之外，冠冕之表，復自有人。車騎神機秀發，信一代之偉人，由余、日磾豈足爲多也！」

宗還長安，言於興曰：「涼州雖殘弊之後，風化未頹；傉檀權詐多方，憑山河之固，未可圖也。」興曰：「勃勃以烏合之衆尚能破之，吾以天下之兵，何足剋也！」宗曰：「形移勢變，終始殊途，陵人者易敗，自守者難攻。陽武之役，傉檀以輕勃勃至敗。今以大軍臨之，必自固求全，臣竊料羣臣無傉檀匹也。雖以天威臨之，未見其利。」興不從，乃遣其將姚弼及斂成等率步騎三萬來伐，又使其將姚顯爲弼等後繼。遣傉檀書云：「遣尚書左僕射齊難討勃勃，懼其西逸，故令弼等於河西邀之。」傉檀以爲然，遂不設備。弼衆至漠口，昌松太守蘇霸嬰城固守。弼喻霸令降，霸曰：「汝違負盟誓，伐委順之藩，天地有靈，將不祐汝！吾寧爲涼鬼，何降之有！」城陷，斬霸。

弼等至於姑臧城下〔一七〕，屯於西苑。州人王鍾、宋鍾、王娥等密爲內應〔一八〕，候人執其使送之。傉檀欲誅其元首，前軍伊力延侯曰：「今强敵在外，內有姦豎，兵交勢蹙，禍難不輕，宜悉坑之以安內外。」傉檀從之，殺五千餘人，以婦女爲軍賞。命諸郡縣悉驅牛羊於野，斂成縱兵虜掠，傉檀遣其鎮北俱延、鎮軍敬歸等十將率騎分擊，大敗之，此段亦畧見御覽二百八十六、通典百五十六〔一九〕。斬首七千餘級。姚弼固壘不出，傉檀攻之未剋，乃斷水上流，欲以持久弊之。會雨甚，堰壞，弼軍乃振。姚顯聞弼敗，兼道赴之，軍勢甚盛。遣善射將孟欽等五人挑戰於涼風門，弦未及發，材官將軍宋益等馳擊斬之。顯乃委罪斂成，遣使謝傉檀，引師而歸。

傉檀於是以十一月僭即涼王位於南郊〔二〇〕，大赦其境内，改年爲嘉平，置百官。立夫人折掘氏爲王后，世子虎臺爲太子〔二一〕、録尚書事，左長史趙晁、右長史郭倖爲尚書左右僕射，鎮北俱延爲太尉，鎮軍敬歸爲司隸校尉，自餘封署各有差。

己酉。二年　正月，以子明德歸爲南中郎將，領昌松太守。歸儁爽聰悟，傉檀甚寵之。年始十三，命爲高昌殿賦，援筆即成，影不移漏，一作「晷」。傉檀覽而善一作「異」。之，擬之於曹子建云〔二二〕。此節亦見御覽六百及六百二。

校勘記

〔一〕利鹿孤弟也　見偏霸部，載記無。

〔二〕建和三年襲位　見偏霸部，載記無。

〔三〕獻興馬三千匹羊三萬頭於秦　載記無「於秦」二字。按二字與上文「獻興」重複，屠本卷八九有

「於秦」而無「興」字。

〔四〕六月　載記無，偏霸部作「四年六月」。

〔五〕尚出自青陽門　「青陽門」，載記作「清陽門」。按通鑑卷一一四義熙二年正文亦作「清陽門」，胡注云「『清陽』當作『青陽』」。

〔六〕車騎兄弟　「兄弟」二字原無，據載記補。

〔七〕七月　見偏霸部，載記無。按，偏霸部此事在弘昌四年。

〔八〕傉檀讌羣臣於宣德堂　「臣」，纂録同，載記、偏霸部並作「寮」。

〔九〕前昌松太守　見偏霸部，載記無。

〔一〇〕繕宗廟　「宗廟」，載記、纂録同，偏霸部作「宫廟」。

〔一一〕構此堂　見偏霸部，載記無。

〔一二〕十有三主　「三」，偏霸部同，載記作「二」。

〔一三〕八月至於樂都　偏霸部「還」作「遷」，餘同，載記無。按，偏霸部此事在弘昌四年。

〔一四〕一如王者　「者」，原作「也」，據載記、偏霸部改。

〔一五〕十一月遷於姑臧　見偏霸部，載記無。按，偏霸部此事在弘昌四年。

〔一六〕嘉平元年　見偏霸部，載記無。

〔一七〕弼等至於姑臧城下　御覽卷二八六引、通典卷一五六作「姚弼等至於城下」，載記作「弼至姑臧」。

〔一八〕州人王鍾宋鍾王娥等密爲内應　「王娥」，原作「王俄」，據載記、屠本卷八九改。

〔一九〕御覽二百八十六通典百五十六　御覽卷數原誤作「二百十六」，通典卷數原誤作「百五十五」，今改。

〔二〇〕以十一月僭即涼王位於南郊　「以十一月」、「於南郊」，並見偏霸部，載記無。

〔二一〕世子虎臺爲太子　「虎臺」，偏霸部同，載記避唐諱作「武臺」。

〔二二〕二年正月至曹子建云　見偏霸部，載記無。「年始十三」以下又見御覽卷六〇〇、六〇二引。「子明德歸」，偏霸部同，卷六〇〇引作「傉檀子禮」，卷六〇二引作「傉檀子歸」。「高昌殿」，偏霸部作「昌高殿」，卷六〇〇、六〇二引並作「高昌殿」。「影不移漏」，各卷皆同。「善之」，偏霸部同，卷六〇〇、六〇二引並作「異之」。

十六國春秋輯補卷九十一

南涼録三

秃髮傉檀

庚戌。嘉平三年　遣其左將軍枯木、附馬都尉胡康伐沮渠蒙遜，掠臨松人千餘户而還。蒙遜大怒，率騎五千至於顯美方亭，破車蓋鮮卑而還。俱延又伐蒙遜，大敗而歸。傉檀將親率衆伐蒙遜，趙晁及太史令景保諫曰：「今太白未出，歲星在西，宜以自守，難以伐人。比年天文錯亂，風霧不時，唯修德責躬可以寧吉。」傉檀曰：「蒙遜往年無狀，入我封畿，掠我邊疆，殘我禾稼。吾蓄力待時，將報東門之恥。今大軍已集，卿欲沮衆邪！」保曰：「陛下不以臣不肖，使臣主察乾象，若見事不言，非爲臣之體。天文顯然，動必無利。」傉檀曰：「吾以輕騎五萬伐之，蒙遜若以騎兵距我，則衆寡不敵；兼步而來，則舒疾不同；救右則擊其左，赴前則攻其後，終不與之交兵接戰，卿何懼乎？」保曰：「天文不虚，必將有變。」傉檀怒，鏁保而行，曰：「有功當殺汝以徇，無功封汝百户侯。」既而蒙遜率衆來距，戰於窮泉，傉檀大敗，單馬奔還。景保爲蒙遜所擒，讓之曰：「卿明於天文，爲彼國所任，違天犯順，智安在乎？」保曰：「臣匪爲無智，但言而不從。」蒙遜曰：「昔漢高祖困於平城，以婁敬爲功；袁紹敗於官渡，而田豐爲戮。卿策同二子，貴主未可量也。卿必有婁敬之賞者，吾今放卿，但恐有田豐之禍耳。」保曰：「寡君雖才非漢祖，猶不同本初，正可不得封侯，豈慮禍也。」蒙遜乃免之。至姑臧，傉檀謝之曰：「卿，孤之蓍龜也，而不能從之，孤之深罪。」封保安亭侯。

蒙遜進圍姑臧，百姓懲東苑之戮，悉皆驚散。疊掘、麥田、車蓋諸部盡降於蒙遜。傉檀遣使請和，蒙遜許之，乃遣司隸校尉敬歸及子他爲質。歸至胡坑，逃還，他爲追兵所執。蒙遜徙其衆八千餘户而歸。右衛折掘奇鎮據石驢山以叛。

傉檀懼爲蒙遜所滅，又慮奇鎮剋嶺南，乃遷於樂都，留大司農成公緒守姑臧。傉檀始出城，焦諶、王侯等閉門作難，收合三千餘家，保據南城〔一〕。諶推焦朗爲大都督、龍驤大將軍，諶爲涼州刺史，降於蒙遜。鎮軍敬歸討奇鎮於石驢山，戰敗，死之。蒙遜因剋姑臧之威來伐，傉檀遣其安北段苟、左將軍雲連乘虚出番禾以襲其後，徙三千餘家於西平。

辛亥。四年　蒙遜圍樂都，三旬不剋，遣使謂傉檀曰：「若以寵子爲質，我當還師。」傉檀曰：「去否任卿兵勢。卿違盟無信，何質以供！」蒙遜怒，築室返耕，爲持久之計。羣臣固請，乃以子安周爲質，蒙遜引歸。

吐谷渾樹洛干率衆來伐，傉檀遣其太子虎臺距之〔二〕，爲洛干所敗。傉檀又將伐蒙遜，邯川護軍孟愷諫曰：「蒙遜初並姑臧，凶勢甚盛，宜固守伺隙，不可妄動。」不從。五道俱進，至番禾、苕藋，掠五千餘户。其將屈右一作「窟古」。進曰〔三〕：「陛下轉戰千里，前無完陣，徙户資財，盈溢衢路，宜倍道旋師〔四〕，早度峻險。蒙遜善於用兵，士衆習戰，若輕軍卒至，出吾慮表〔五〕，一作「不慮」。大敵外逼，徙户内攻，危之道也。」衛尉伊力延曰：「我軍勢方盛，將士勇氣自倍，彼徒我騎，勢不相及。若倍道旋師，必捐棄資財，示人以弱，非計也。」屈右出而告其諸弟曰：「吾言不用，天命也。此吾兄弟死地。」俄而昏霧風雨，蒙遜軍大至，傉檀敗績而還。此段亦見御覽三百二十六、通典百五十六。蒙遜進圍樂都，傉檀嬰城固守，以子染干爲質，蒙遜乃歸。

壬子。五年

癸丑。六年　遣安西紇勃耀兵西境。蒙遜侵西平，徙户掠牛馬而還。

邯川護軍孟愷表鎮南、湟河太守文支荒酒愎諫，不恤政事。傉檀謂伊力延曰：「今州土傾覆，所杖者文支而已，將若之何？」延曰：「宜召而訓之，使改往修來。」傉檀乃召文支，既到，讓之曰：「二兄英姿早世，吾以不才嗣統，不能負荷大業，顛狽如是，胡顏視世，雖存若隕。庶憑子鮮存衛，藉文種復吳，卿之謂也。聞卿唯酒是耽，荒廢庶事〔六〕。吾年已老，卿復若斯，祖宗之業將誰寄也？」文支頓首陳謝。

邯川人衛章等謀殺孟愷，南啓乞伏熾磐。郭越止之曰：「孟君寬以惠下，何罪而殺之！吾寧違衆而死，不負君以生。」乃密告之。愷誘章等飲酒，殺四十餘人。愷懼熾磐軍之至，馳告文支，文支遣將軍匹珍赴之。熾磐軍到城，聞珍將至，引歸。

蒙遜又攻樂都，一旬不剋而還。鎮南文支以湟河降蒙遜，徙五千餘户於姑臧。蒙遜又來伐，傉檀以太尉俱延爲質，蒙遜乃引還。

甲寅。七年〔七〕傉檀議欲西征乙弗，孟愷諫曰：「連年不收，上下饑弊，南逼熾磐，北迫蒙遜，百姓騷動，下不安業。今遠征雖剋，後患必深，不如結盟熾磐，通糴濟難，慰喻雜部，以廣軍資，畜力繕兵，相時而動。易曰：『其亡其亡，繫於苞桑。』惟陛下圖之。」傉檀曰：「孤將略地，卿無沮衆。」謂其太子虎臺曰：「今不種多年，內外俱窘，事宜西行以拯此弊。

蒙遜近去，不能卒來，旦夕所慮，惟在熾磐。彼名微衆寡，易以討禦，吾不過一月，自足周旋，汝謹守樂都，無使失墜。」傉檀乃率騎七千西襲乙弗，大破之，獲牛馬羊四十餘萬。

熾磐乘虚來襲，撫軍從事中郎尉肅言於虎臺曰：「今外城廣大，難以固守，宜聚國人於内城，肅等率諸晉人距戰於外，如或不捷，猶有萬全。」虎臺曰：「小賊蕞爾，旦夕當走，卿何慮之過也。」虎臺懼晉人有二心也，乃召豪望有勇謀者閉之於内。孟愷泣曰：「熾磐不道，人神同憤，愷等進則荷恩重遷，退顧妻子之累，豈有二乎！今事已急矣，人思自効，豈有猜邪？」虎臺曰：「吾豈不知子忠，實懼餘人脱生慮表，以君等安之耳。」一旬一作「一旦」。而城潰〔八〕。

安西樊尼自西平奔告傉檀。傉檀謂衆曰：「今樂都爲熾磐所陷，男夫盡殺，婦女賞軍，雖欲歸還，無所赴也。卿等能與吾借乙弗之資，取契汗以贖妻子者，是所望也。不爾，即歸熾磐便爲奴僕矣，豈忍見妻子在他懷抱中！」遂引師而西，衆多逃返，遣鎮北段苟追之，苟亦不還。於是將士皆散，惟中軍紇勃、後軍洛肱、安西樊尼、散騎侍郎陰利鹿在焉。傉檀曰：「蒙遜、熾磐昔皆委質於吾，今而歸之，不亦鄙乎！四海之廣，匹夫無所容其身，何其痛哉！蒙遜與吾名齊年比，熾磐姻好少年，俱其所忌，勢皆不濟。與其聚而同死，不如分而或全。樊尼長兄之子，宗部所寄，吾衆在北者户垂二萬，蒙遜方招懷遐邇，存亡繼絶，汝其西也，紇勃、洛肱亦與尼俱。吾年老矣，所適不容，寧見妻子而死。」遂歸熾磐，惟陰利鹿隨之。傉檀謂利鹿曰：「去危就安，人之常也。吾親屬皆散，卿何獨留？」利鹿曰：「臣老母在家，方寸實亂，但忠孝之義，勢不俱全。雖不能西哭沮渠，申包胥之誠，東感秦援，展毛遂之操，負羈靮而侍陛下者，臣之分也。惟願開弘遠猷，審進止之算。」傉檀歎曰：「知人固未易，人亦未易知。大臣親戚皆棄我去，終始不虧者，惟卿一人。歲寒不凋，見之於卿。」

六月〔九〕，傉檀至西平，熾磐遣使郊迎，待以上賓之禮。

初，樂都之潰也，諸城皆降於熾磐，傉檀將振威將軍尉賢政固守浩亹不下〔一〇〕。熾磐呼之曰：「樂都已潰，卿妻子皆在吾間，孤城獨守，何所爲也！」賢政曰：「受涼王厚恩，爲國藩屏，雖知樂都已陷，妻子爲擒，先歸獲賞，後順受誅，然不知主上存亡，未敢歸命。妻子小事，豈足動懷！昔羅憲待命，晉文亮之，文聘後來，魏武不責。邀一時之榮，忘委付之重，竊用恥焉，大王亦安用之哉！」熾磐乃遣虎臺手書喻政，政曰：「汝爲國儲，不能盡節，反面縛於人，棄父負君，虧萬世之業。賢政義士，豈如汝乎！」此段亦見御覽四百十八。既而聞傉檀至左南，乃降。

熾磐以傉檀爲驃騎大將軍，封左南公。歲餘，爲熾磐所鴆。左右勸傉檀解藥，傉檀曰：「吾病豈宜瘳邪！」遂死。時年五十一，在位十三年，僞謚景王。虎臺後亦爲熾磐所殺。傉檀少子保周、臘子破羌〔一一〕、俱延子覆龍、利鹿孤孫副周、烏孤孫承鉢皆奔沮渠蒙遜，久之歸魏。魏以保周爲張掖王，覆龍酒泉公，破羌西平公，副周永平公，承鉢昌松公。

自烏孤太初元年歲在丁酉，至傉檀滅原作「薨」。之歲甲寅，十有八歲〔一二〕。載記作：「烏孤以安帝隆安元年僭立，至傉檀三世，凡十八原誤『九』。年，以安帝義熙十年滅。」

曇霍

沙門曇霍者，不知何許人也。秃髮傉檀時從河南來，持一錫杖，令人跪曰：「此是波若眼，奉之可以得道。」時人咸異之。或遺以衣服，受而投之於河，後日以還其本主，衣無所汙。行步如風雲，言人死生貴賤，無毫釐之差。人或藏其錫杖，曇霍大哭數聲，閉目須臾，起而取之，咸奇其神異，莫能測也。每謂傉檀曰：「若能安坐無爲，則天下可定，祚胤克昌；如其窮兵好殺，禍將及己。」傉檀不能從。傉檀女病甚，請救療，曇霍曰：「人之生死自有定期，聖人亦不能轉禍爲福，曇霍安能延命邪？正可知早晚耳。」傉檀固請之，時後宮門閉，曇霍曰：「急開後門，及開門則生，不及則死。」傉檀命開之，不及而死。後兵亂，不知所在也。此傳依晉書藝術傳録。

校勘記

〔一〕保據南城　「南城」，原作「南威」，據載記改。

〔二〕傉檀遣其太子虎臺距之　「虎臺」，載記避唐諱作「武臺」，參上卷校勘記〔三〕。輯補皆回改作「虎臺」，下不具校。

〔三〕其將屈右進曰　「屈右」，載記、通典卷一五六同，御覽卷三二六引作「窟古」，「窖古」未見。

〔四〕宜倍道旋師　「旋師」，通典卷一五六同，御覽卷三二六引作「遊師」。下同。

〔五〕出吾慮表　「慮表」，載記、通典卷一五六同，御覽卷三二六引作「不慮」。

〔六〕荒廢庶事　「庶」，原作「署」，據載記改。

〔七〕七年　見偏霸部，載記無。

〔八〕一旬而城潰　「旬」，載記同，偏霸部作「旦」。

〔九〕六月　見偏霸部，載記無。

〔一〇〕傉檀將振威將軍尉賢政　「振威將軍」，御覽卷四一八引作「振武將軍」，載記無。

〔一一〕臘子破羌　「子」，載記作「于」。

〔一二〕自烏孤至十有八歲　載記文字見原注引，偏霸部「滅」作「薨」，餘同。按，上文云傉檀降熾磐在嘉平七年甲寅歲，「歲餘，爲熾磐所鴆」，輯補因改此爲「傉檀滅之歲甲寅」。

十六國春秋輯補卷九十二

西涼録一〔一〕

李暠古老切。

李暠字玄盛，小字長生，隴西狄道一作「成紀」。人也〔二〕。漢前將軍廣之十六世孫也，廣子侍中敢之後〔三〕。廣曾祖仲翔，漢初爲將軍，討叛羌於素昌，素昌即狄道也，衆寡不敵，死之。仲翔子伯考奔喪，因葬於狄道之東川，遂家焉，世爲西州右姓。高祖雍、曾祖柔仕晉，並歷位郡守。祖父弇仕前涼張軌〔四〕，爲武衛將軍、天水太守〔五〕、安世亭侯。父昶字中堅〔六〕，幼有令名，世子侍講，年十八卒。暠，昶之遺腹子〔七〕。少而好學，性沈敏寬和〔八〕，四字一作「沈毅」。美器度，通涉經史，尤善文義。及長，頗習武藝，誦孫吴兵法。常與吕光太史令郭黁及其同母弟宋繇同宿，黁起謂繇曰：「君當位極人臣，李君有國土之分。家有騧草馬生白額駒，此其時也。」

後涼呂光龍飛二年〔九〕，建康太守京兆段業自稱涼州牧〔一〇〕，號神璽元年〔一一〕，以敦煌太守趙郡孟敏爲沙州刺史，拜暠效穀令。敏尋卒。二年〔一二〕，敦煌護軍馮翊郭謙、沙州治中敦煌索仙等以暠温毅有惠政，推暠爲寧朔將軍、敦煌太守。暠初難之，會宋繇仕於業，告歸敦煌，言於暠曰：「兄忘郭黁之言邪！白額駒今已生矣。」暠乃從之。尋進號冠軍，稱藩於業。業以暠爲安西將軍、敦煌太守、領護西胡校尉。

及業僭稱涼王，其右衛將軍索嗣構暠於業，乃以嗣爲敦煌太守，率騎五百而西。未至二十里，移暠使迎己。暠驚疑，將出迎之。效穀令張邈及宋繇止之曰：「呂氏政衰，段業闇弱，正是英豪有爲之日。將軍處一國成資，奈何束手於人！索嗣自以本邦，謂人情附己，不虞將軍卒能距之，可一戰而擒矣。」宋繇亦曰：「大丈夫已爲世所推，今日便授首於嗣，豈不爲天下笑乎！大兄英姿挺傑，有雄霸之風，張王之業不足繼也。」暠曰：「吾少無風雲之志，因官至此，不圖此郡士人忽爾見推。向言出迎者，未知士大夫之意故也。」因遣繇覘嗣。繇見嗣，啗以甘言，還謂曰：「嗣志驕兵弱，易擒耳。」於是遣其二子歆、讓與邈、繇及司馬尹建興等逆戰，破之。嗣奔還張掖。暠素與嗣善，結爲刎頸交，反爲所構，故深恨之，乃罪狀嗣於段業。業將沮渠男成又惡嗣，至是因勸除之。業乃殺嗣，遣使謝暠。分敦煌之涼興、烏澤，晉昌之宜禾三縣爲涼興郡。業復進暠持節〔一三〕、都督涼興已西諸軍事、鎮西將軍、領護西夷校尉。

庚子。庚子元年〔一四〕時有赤氣起於暠後園，龍迹見於小城。隆安四年十一月，晉昌太守唐瑶移檄六郡，推暠爲大都督、大將軍、涼公、領秦涼二州牧、護羌校尉。暠乃大赦其境内，改年爲庚子，追尊祖弇曰涼景公，父昶涼簡公。以唐瑶爲征東將軍，郭謙爲軍諮祭酒，索仙爲左長史，張邈爲右長史，尹建興爲左司馬，張體順爲右司馬，張條爲牧府左長史，令狐溢爲右長史，張林爲太府主簿，宋繇、張謖爲從事中郎，繇加折衝將軍，謖加揚武將軍，索承明爲牧府右司馬，令狐遷爲武衛將軍、晉興太守，汜德瑜爲寧遠將軍、西郡太守〔一五〕，張靖爲折衝將軍、湟河太守〔一六〕，索訓爲威遠將軍、西平太守，趙開爲騂馬護軍、大夏太守，索慈爲廣武太守，陰亮爲西安太守，令狐赫爲武威太守，索術爲武興太守，以招懷東夏。又遣宋繇東伐涼興，並擊玉門已西諸城，皆下之，遂屯玉門、陽關，廣田積穀，爲東伐之資。

辛丑。二年　初，吕光之稱王也，遣使市六璽玉於于闐。至是，六月〔一七〕，玉至敦煌，納之郡府。此節見御覽八百四。

壬寅。三年　正月〔一八〕，暠於南門外臨水起堂，名曰靖恭之堂，以議朝政，閲武事。堂成，圖讚自古聖帝明王、忠臣孝子、烈士貞女。暠親爲序頌，以明鑒誡之義。當時文武羣寮亦皆圖焉。是月，有白雀翔於靖恭堂，暠觀之大悦，頌之〔一九〕。此節見御覽一百七十六。

癸卯。四年

甲辰。五年　正月〔二〇〕，立泮宫，增高門學生五百人。起嘉納堂於後園，以圖讚所志。四月，敦煌有葛緣木而生，作黄鳥之形。世子譚卒。九月，立第二子歆爲世子〔二一〕。

乙巳。建初元年晉義熙元年。正月，大赦，改年爲建初元年〔二二〕。遣舍人黄始、梁興間行奉表詣闕，曰：

昔漢運將終，三國鼎峙，鈞天之曆，數鍾皇晉。高祖闡洪基，景文弘帝業，嗣武受終，要荒率服，六合同風，宇宙齊貫。而惠皇失馭，權臣亂紀，懷愍迍邅，蒙塵於外，懸象上分，九服下裂，眷言顧之，普天同憾。伏惟中宗元皇帝基天紹命，遷幸江表，荆揚蒙弘覆之矜，五都爲荒榛之藪。故太尉、西平武公軌，當元康之初，屬擾攘之際，受命典方，出撫此州，威略所振，聲蓋海内。明盛繼統，不隕前志，長旍所指，仍闢三秦，義立兵强，拓境萬里。文桓嗣位，奕葉載德，囊括關西，化被崐裔，遐邇款藩，世修職貢。

晉德之遠揚，繄此州是賴。大都督、大將軍天錫，以英挺之姿，承七世之業，志匡時難，剋隆先動。而中年降災，兵寇侵境，皇威遐邇，同獎弗及。以一方之師，抗七州之衆，兵孤力屈，社稷以喪。

臣聞曆數相推，歸餘於終，帝王之興，必有閏位。是以共工亂象於黄農之間，秦項篡竊於周漢之際，皆機不動踵，覆餗成凶。自戎狄陵華，已涉百齡，五胡僭襲，期運將杪，四海顒顒，懸心象魏。故師次東關，趙魏莫不企踵，淮南大捷，三方欣然引領。

伏惟陛下道協少康，德侔光武，繼天統位，志清函夏。至如此州，世篤忠義，臣之羣寮以臣高祖東莞太守雍、曾祖北地太守柔荷寵前朝，叅忝時務，伯祖龍驤將軍廣晉太守長寧侯卓、亡祖武衛將軍天水太守安世亭侯弇毗佐涼州，著功秦隴，殊寵之隆，勒於天府，忘臣無庸，輒依竇融故事，迫臣以義，上臣大都督、大將軍、涼公、領秦涼二州牧、護羌校尉。臣以爲荆楚替貢，齊桓興召陵之師，諸侯不恭，晉文起城濮之役，用能勳光踐土，業隆一匡，九域賴其弘猷，春秋恕其專命，功冠當時，美垂千祀。況今帝居未復，諸夏昏墊，大禹所經，奄爲戎墟，五嶽神山，狄汙其三，九州名都，夷穢其七，江辛有所言，於兹而驗。微臣所以叩心竭氣，忘寢與食，雕肝焦慮，不遑寧息者也。

涼雖遼，義誠密邇，風雲苟通，實如脣齒。臣雖名未結於天臺，量未著於海內，然憑賴累祖寵光餘烈，義不細辭，以稽大務，輒順羣議，亡身即事，轅弱任重，懼忝威命。昔在春秋，諸侯宗周，國皆稱元，以布時令。今天臺邈遠，正朔未加，發號施令，無以紀數，輒年冠建初，以崇國憲。冀杖寵靈，全制一方，使義誠著於所天，玄風扇於九壤，殉命灰身，隕越慷慨。

暠謂羣寮曰：「昔河右分崩，羣豪競起，吾以寡德，爲衆賢所推，何嘗不忘寢與食，思濟黎庶。故前遣母弟繇董率雲騎，東殄不庭，軍之所至，莫不賓下。今惟蒙遜鴟跱一城，自張掖已東，晉之遺黎雖爲戎虜所制，至於向義思風，過於殷人之望西伯。大業須定〔二三〕，不可安寢，吾將遷都酒泉，漸逼寇穴，諸君以爲如何？」張邈贊成其議〔二四〕。暠大悅，曰：「二人同心，其利斷金。張長史與孤同矣，夫復何疑！」乃以張體順爲寧遠將軍、建康太守，鎮樂涫，徵宋繇爲右將軍、領敦煌護軍，與其子敦煌太守讓鎮敦煌。遂遷居於酒泉。今之肅州。

校勘記

〔一〕西涼事，晉書以李暠唐帝室之先，不入載記，爲涼武昭王李玄盛傳。湯球輯補西涼録即本此傳，而注通謂之「載記」。今校勘記内仍稱「本傳」。

〔二〕隴西狄道人也　「狄道」，偏霸部同，本傳作「成紀」。

〔三〕廣子侍中敢之後　見偏霸部，本傳無。

〔四〕前涼張軌　本傳作「張軌」，偏霸部作「前涼」。

〔五〕天水太守　見偏霸部，本傳無。

〔六〕字中堅　見偏霸部，本傳無。

〔七〕世子侍講至遺腹子　見偏霸部，本傳作「早卒遺腹生玄盛」。「暠」，本傳皆作「玄盛」，晉書以暠爲李唐先祖，故稱字也，下不具校。

〔八〕沈敏寬和　本傳同，纂録作「沈毅」，偏霸部作「沈敏」。

〔九〕後涼吕光龍飛二年　本傳作「吕光末」，偏霸部作「後涼龍飛二年」。

〔一〇〕建康太守　見偏霸部，本傳無。

〔一一〕號神璽元年　見偏霸部，本傳無。

〔一二〕二年　見偏霸部，本傳無。

〔一三〕業復進舃持節　「業復」二字，見偏霸部，本傳無。

〔一四〕庚子元年　「庚子」二字原無，偏霸部有，且下文云「改年爲庚子」，此處當有「庚子」，今補。

〔一五〕西郡太守　「西郡」，原作「西都」，據本傳改。

〔一六〕湟河太守　「湟河」，本傳作「河湟」。晉書斠注云：「此作『河湟』，疑是倒誤」。中華本晉書校勘記云：「沮渠蒙遜載記、秃髮傉檀載記、通鑑一一七並有湟河太守。」湯球改「湟河」，是也。

〔一七〕六月　見御覽卷八〇四引，本傳無。

〔一八〕三年正月　見偏霸部，本傳無。

〔一九〕舃於南門外至頌之　事見本傳及御覽卷一七六引三十國春秋西涼傳，亦略見偏霸部。「堂成」、「是月」、「頌之」，本傳無，見御覽卷一七六引。

〔二〇〕五年正月　見偏霸部，本傳無。

〔二一〕四月至歆爲世子　見偏霸部，本傳無。「第二子」，纂録同，偏霸部作「好」，疑訛。

〔二二〕正月至元年　偏霸部同，本傳作：「義熙元年，玄盛改元爲建初。」

〔二三〕大業須定　「須」，原作「雖」，據本傳改。

〔二四〕張邈贊成其議　「成」字原無，據本傳補。

十六國春秋輯補卷九十三

西涼録二

李暠

丙午。建初二年 暠手令誡其諸子曰：

吾自立身，不營世利，經涉累朝，通否任時，初不役智，有所要求，今日之舉，非本願也。然事會相驅，遂荷州土，憂責不輕，門户事重，雖詳人事，未必天心，登車理轡，百慮填胸。後事付汝等，粗舉旦夕近事數條，遭意便言，不能次比。至於杜漸防萌，深識情變，此當任汝所見深淺，非吾敕誡所益也。汝等雖年未至大，若能剋己纂修，比之古人，亦可以當事業矣。苟其不然，雖至白首，亦復何成！汝等其戒之，慎之。

節酒慎言，喜怒必思，愛而知惡，憎而知善，動念寬恕，審而後與，衆之所惡，勿輕承信。詳審人，核真僞，遠佞諛，近忠正，蠲刑獄，忍煩擾，存高年，恤喪病，勤省按，聽訟訴。刑法所應，和顔任理，慎勿以情輕加聲色。賞勿漏疏，罰勿容親。耳目人間，知外患苦，禁禦左右，無作威福。勿伐善施勞，逆詐億必，以示己明，廣加諮詢，無自專用。從善如順流〔一〕，去惡如探湯。富貴而不驕者，至難也，念此貫心，勿忘須臾。寮佐邑宿，盡禮承敬，讌饗饌食，事事留懷。古今成敗，不可不知，退朝之暇，念觀典籍，面牆而立，不成人也。

此郡世篤忠厚，人物敦雅，天下全盛時，海内猶稱之，况復今日，實是名邦。正爲五百年鄉黨婚親相連，至於公理，時有小小頗迴，爲當隨宜斟酌。吾臨蒞五年，兵難騷動，未得休衆息役，惠康士庶。至於掩瑕藏疾，滌除疵垢，朝爲寇讎，夕委心膂，雖未足希準古人，粗亦無負於新舊。事任公平，坦然無類，初不容懷，有所損益，計近便爲少，經遠如有餘，亦無愧於前志也。」以上宜附建初元年〔二〕。

初，暠之西也，留女敬愛養於外祖尹文。文既東遷，暠從姑梁褒之母養之。其後，秃髮傉檀假道於北山鮮卑，遣褒送敬愛於酒泉，並通和好。暠遣使報聘，贈以方物。暠親率騎二萬，略地至於建康東〔三〕。

鄯善前部王遣使貢其方物。

沮渠蒙遜來侵，至於建康，掠三千餘户而歸。暠大怒，率騎追之，及於彌安，大敗之，盡收所掠之户。

初，苻堅建元之末，徙江漢之人萬餘户於敦煌，中州之人有田疇不闢者，亦徙七千餘户。郭麐之寇武威，武威、張掖已東人西奔敦煌、晉昌者數千户。及暠東遷，皆徙之於酒泉，分南人五千户置會稽郡，中州人五千户置廣夏郡，餘萬三千户分置武威、武興、張掖三郡。築城於敦煌南子亭以威南虜。

丁未。建初三年　暠以前表未報，復遣沙門法泉間行奉表，曰：

江山悠隔，朝宗無階，延首雲極，翹企遐方。伏惟陛下應期踐位，景福自天，臣去乙巳歲順從羣議，假統方城，時遣舍人黄始奉表通誠，遥途嶮曠，未知達不。吴涼懸邈，蜂蠆充衢，方珍貢使，無由展御，謹副寫前章，或希簡達。

臣以其歲進師酒泉，戒戎廣平，庶攘茨穢〔四〕，而黠虜恣睢，未率威教，憑守巢穴，阻臣前路。竊以諸事草創，倉帑未盈，故息兵按甲，務農養士。時移節邁，荏苒三年，撫劒歎憤，以日成歲。今資儲已足，器械已充，西招城郭之兵，北引丁零之衆，冀憑國威，席卷河隴，揚旌秦川。承望詔旨，盡節竭誠，隕越爲效。

又，臣州界迥遠，勍寇未除，當須鎮副，爲行留部分，輒假臣世子歆監前鋒諸軍事、撫軍將軍、護羌校尉，督攝前軍，爲臣先驅。又，敦煌郡大衆殷，制御西域，管轄萬里，爲軍國之本，輒以次子讓爲寧朔將軍、西夷校尉、敦煌太守，統攝崐裔，輯寧殊方。自餘諸子，皆在戎間，率先士伍。臣總督大綱，畢在輸力，臨機制命，動静續聞。既還酒泉，乃敦勸稼穡。羣寮以年穀頻登，百姓樂業，請勒銘酒泉，暠許之。於是使儒林祭酒劉昞載記作「彦明」者，亦以唐諱故也。爲文，刻石頌德。

劉昞字彦明，燉煌人也。父寶，字子玉，以儒學見稱。昞年十四就博士郭瑀學。時弟子五百餘人，有女始笄，妙選良偶，有心於昞，遂别設一席於座前，謂諸弟子曰：「吾有一女，年向成長，欲覓一快女壻。誰坐此席者，吾當壻焉。」昞遂奮衣來坐，神志湛然，曰：「向聞先生欲求快女壻，昞其人也。」此段見史通削繁引。按其注云「除二十二字，校三十六字」，則此係史通校文，或後人依之而録。遂以女妻之。昞後隱居酒泉，不應州郡辟命，弟子受業者常數百人。武昭王暠徵爲儒林祭酒、從事中郎，雅好文典，書史穿落者，親自補治。昞時侍側，前請代暠。暠曰：「躬自執者，欲人重此典籍。吾與卿相值，何異孔明之會玄德！」遷撫夷護軍，雖有政務，手不釋卷。暠謂之曰：「卿注記篇籍，以燭繼晝，白日且然，夜可休息。」昞曰：

「朝聞道，夕死可矣，不知老之將至，孔聖稱焉。昞何人，斯敢不如此！」昞以三史文繁，著略記百三十篇，八十四卷，涼書十卷，燉煌實録二十卷，方言三卷，靖恭堂銘一卷，並注周易、韓子、人物志、黄石公三略，並行於世。後北涼沮渠蒙遜平酒泉，徵昞秘書郎中，賜號玄虛先生〔五〕。事詳遜傳〔六〕。

既而蒙遜每年侵寇不止，暠志在以德撫其境内，但與通和立盟，弗之校也。

戊申。四年　時白狼、白兔、白雀、白雉、白鳩皆棲其園囿，其羣下以爲白祥，金精所誕，皆應時雍而至，又有神光、甘露、連理、嘉禾衆瑞，請史官記其事。暠從之。

己酉。五年

庚戌。六年　春三月，魏安焦朗據姑臧，自號龍驤大將軍，遣使稱臣，暠因其所稱而授之〔七〕。

秋七月，沮渠蒙遜率騎來攻。遣世子歆及别將朱元虎禦之，戰於馬廟，歆敗，元虎被擒。暠以銀三千斤、金二千兩贖元虎，蒙遜歸之，暠與遜結盟而還。

辛亥。七年　秋八月，蒙遜復背前盟，率輕騎來侵。暠曰：「兵有不戰而敗敵者，挫其鋭也。蒙遜新與吾盟，而遽來襲我，我閉門不與戰，待其鋭氣已竭，徐而擊之，蔑不剋矣。」

蒙遜糧盡引去〔八〕。暠遣世子歆要擊敗之，獲其將沮渠百年。

壬子。八年

癸丑。九年　三月三日，暠讌於曲水〔九〕，命羣寮賦詩而親爲之序。亦見御覽三十。又寫諸葛亮訓勵以勖諸子，曰：「吾負荷艱難，寧濟之勳不建，雖外總良能，憑股肱之力，而戎務孔殷，坐而待旦。以維城之固，宜兼親賢，故使汝等未及師保之訓，皆弱年受任，常懼弗剋，以貽咎悔。古今之事，不可以不知，苟近而可師，何必遠也。覽諸葛亮訓勵、應璩奏諫，尋其終始，周孔之教盡在中矣。爲國足以致安，立身足以成名，質略易通，寓目則了，雖言發往人，道師於此。且經史道德，如采菽中原，勤之者則功多，汝等可不勉哉！」

暠乃修敦煌舊塞東西二圍以防北虜之患，築敦煌舊塞西南二圍以威南虜。

甲寅。十年　暠以緯世之量，當呂氏之末，爲羣雄所奉，遂起霸圖，兵無血刃，坐定千里之地，謂張氏之業不足成〔一〇〕，一作「指期而成」。河西十郡歲月而一。既而禿髮傉檀入據姑臧，沮渠蒙遜基宇稍廣，於是慨然著述志賦焉，其辭曰：

涉至虛以誕駕，乘有輿於本無，稟玄元以陶衍，承景靈之冥符。蔭朝雲之菴藹，仰朗日之照煦，既敷既載，以育以成。幼希顏子，曲肱之榮，游心上典，玩禮敦經。蔑玄冕於朱門，羨漆園之傲生，尚漁父於滄浪，善沮溺之耦耕。穢鵷鳶之籠嚇，欽飛鳳於太清，杜世競於方寸，絶時譽之嘉聲。超霄吟於崇嶺，奇秀木之淩霜，挺修榦之青葱，經歲寒而彌芳。情遥遥以遠寄，想四老之暉光。將戢繁榮於常衢〔一一〕，控雲轡而高驤，攀瓊枝於玄圃，漱華泉之渌漿，和吟鳳之逸響，應鳴鸞於南崗。

時弗獲彭，心往形留，眷駕陽林，宛首一丘，銜風沐雨，載沈載浮。利害繽紛以交錯，歡感循環而相求。乾扉奄寂以重閉，天池絶津而無舟，悼貞信之道薄，謝慙德於圜流。遂乃去玄覽，應世賓，肇弱巾於東宫，並羽儀於英倫，踐宣德之秘庭，翼明后於紫宸。

赫赫謙光，奕奕崇明，岋岋王居，詵詵百辟，君希虞夏，臣庶夔益。張王頹岩，梁后墜壑，淳風杪莽以永喪，搢紳淪胥而覆溺。吕發釁於閨牆，厥構摧以傾顛，疾風飄於高木，迴湯沸於重泉，飛塵翕以蔽日，大火炎其燎原，名都幽然影絶，千邑闃而無烟。斯乃百六之恒數，起滅相因而迭然。於是人希逐鹿之圖，家有雄霸之想，闇王命而不尋，邀非分於無象。故覆車絶路而繼軌，膏生靈於土壤，哀餘類之忪懞，邈靡依而靡仰，求欲專而失愈遠，寄玄珠於罔象。

悠悠涼道，鞠焉荒凶，杪杪余躬，迢迢西邦。非相期之所會，諒冥契而來同。跨弱水以建基，躡崐墟以爲墉，總奔馴之駭轡，接摧轅於峻峰。崇崖崨嶫，重險萬尋，玄邃窈窕，磐紆嶔岑，榛棘交横，河廣水深，狐狸夾路，鴞鵄羣吟。挺非我以爲用，任至當如影響，執同心以御物，懷自彼於握掌，匪矯情而任荒，乃冥合而一往，華德所以來庭，野逸所以就鞅。

休矣時英，茂哉儁哲，庶罩網以遠籠，豈徒射鈎與斬袂！或脱梏而纓蕤，或後至而先列，采殊才於巖陸，拔翹彦於無際。思留侯之神遇，振高浪以蕩穢，想孔明於草廬，運玄籌之罔滯，洪操槃而慷慨，起三軍以激鋭。詠羣豪之高軌，嘉關張之飄傑，誓報曹而歸劉，何義勇之超出，據斷橋而横矛，亦雄姿之壯發。輝輝南珍，英英周魯，挺奇荆吴，昭文烈武，建策烏林，龍驤江浦。推堂堂之勁陣，鬱風翔而雲舉，紹樊韓之遠蹤，侔徽猷於召武。非劉孫之鴻度，孰能臻兹大祜！信乾坤之相成，庶物希風而潤雨。

岷益既蕩，三江已清，穆穆盛勳，濟濟隆平。御羣龍而奮策，彌萬載以飛榮，仰遺塵於絶代，企高山而景行。將建朱旗以啓路，驅長轂而迅征，靡商風以抗旆，拂招摇之華旌，資神兆於皇極，協五緯之所寧。赳赳干城，翼翼上弼，姿馘奔鯨，截彼醜類。且灑游塵於當陽，拯涼德於已墜，間昌寓之驂乘，曁襄城而按轡，知去害之在兹，體牧童之所述，審機動之至微，思遺殄而忘寐。表略韻於紈素，託精誠於白日。

乙卯。建初十一年

丙辰。十二年

丁巳。十三年　正月〔一二〕，暠寢疾，顧命長史宋繇曰〔一三〕：「吾少離荼毒〔一四〕，百艱備嘗，於喪亂之際，遂爲此方所推，才弱智淺，不能一同河右。今氣力惙然，當不復起矣。死者大理，吾不悲之，所恨志不申耳。居元首之位者，宜深誠危殆之機。吾終之後，嗣子猶卿子也〔一五〕，善相輔導，述吾平生，勿令居人之上，專驕自任。軍國之宜，委之於卿，無使籌略乖衷，失成敗之要。」晉義熙十三年二月，薨於恭德殿〔一六〕，時年六十七。「七」一作「九」。葬建世陵〔一七〕，國人上謚曰昭武王，廟號太祖。

先是，河右不生楸、槐、柏、漆，張駿之世，取於秦隴而植之，終即皆死。至是而酒泉宮之西北隅有槐樹生焉，又著槐樹賦以寄性，此節亦見御覽九百五十四，作前涼録。蓋歎僻陋遐方，立功非所也。亦命主簿梁中庸及劉昞等並作。又感兵難繁興，時俗諠競，乃著大酒容賦，以表恬豁之懷。初與辛景、辛恭靖同志友善，景等歸晉，遇害江南，暠聞而弔之。暠前妻同郡辛納女，貞順有婦儀，先卒，親爲之誄。自餘詩賦數十篇。

世子譚早卒，第二子歆嗣。

校勘記

〔一〕從善如順流　「如」，原作「而」，據本傳改。

〔二〕此録繫年一襲屠本。湯球蓋據手令「臨莅五年」之語，以爲當在建初元年，而未改屠本之舊，故有此注。

〔三〕略地至於建康東　「建康東」，屠本卷九一同，本傳作「建東」。

〔四〕庶攘茨穢　「攘」，原作「擾」，據本傳改。

〔五〕劉昞字彦明至玄虚先生　本傳無劉昞小傳，見魏書卷五二劉昞傳。「有女始笄」至「昞其人也」一節又見史通點煩引。

〔六〕原注謂御覽卷四七四引北涼録有劉昞入北涼賜號玄虚先生之事，見輯補卷九六北涼録沮渠蒙遜傳，此則從略。按，御覽引劉昞事在北涼録，而諸書皆不言西涼録有劉昞傳，惟屠本於西涼録、北涼録並有劉昞傳。輯補於西涼録補劉昞小傳，蓋襲屠本。

〔七〕六年至授之　本傳無，見屠本卷九一。事又見宋書卷九八氏胡傳。

〔八〕秋七月至糧盡引去　見屠本卷九一，本傳但云「尋而沮渠蒙遜背盟來侵」。

〔九〕三月三日暠讌於曲水　本傳作：「暠上巳日讌於曲水」。御覽卷三〇「三月三日」條引作：「李暠三日讌于曲水」。

〔一〇〕張氏之業不足成　「不足成」，偏霸部同，本傳作「指期而成」。

〔一一〕將戢繁榮於常衢　「戢」，原作「職」，據本傳改。

〔一二〕十三年正月　見偏霸部，本傳無。

〔一三〕長史　見偏霸部，本傳無。

〔一四〕吾少離荼毒　「少」字原無，據本傳補。

〔一五〕嗣子猶卿子也　「嗣子」，偏霸部同，本傳作「世子」。

〔一六〕晉義熙十三年二月薨於恭德殿　偏霸部云建初十三年「二月薨於恭德殿」，本傳作「十三年薨」。按李暠建初十三年，當晉義熙十三年。

〔一七〕葬建世陵　見偏霸部，本傳作「墓曰建世陵」。

十六國春秋輯補卷九十四

西涼録三

李歆

李歆字士業〔一〕，暠第二子〔二〕。暠薨，時府寮左長史宋繇等上爲大都督〔三〕、大將軍、涼公，領涼州牧、護羌校尉，大赦境内，改年爲嘉興元年〔四〕。尊母尹氏爲太后，以宋繇爲武衛將軍、廣夏太守、軍諮祭酒，録三府事，索仙爲征虜將軍、張掖太守。

沮渠蒙遜遣其張掖太守沮渠廣宗詐降誘歆，歆遣武衛温宜等赴之，親勒大軍爲之後繼。蒙遜率衆三萬設伏於蓼泉，歆聞，引兵還，爲蒙遜所逼。歆親貫甲先登，大敗之，追奔百餘里，俘斬七千餘級。

戊午。嘉興二年〔五〕蒙遜又伐歆，歆將出距之，左長史張體順固諫，乃止。蒙遜大芟秧稼而還。

是歲，朝廷以歆爲持節、都督七郡諸軍事、鎮西大將軍、護羌校尉、酒泉公。

己未。三年　歆用刑頗嚴，又繕築不止，從事中郎張顯上疏諫曰：「入歲以來，陰陽失序，屢有賊風暴雨，犯傷和氣。今區域三分，勢不久並，并兼之本，實在農戰。懷遠之略，事歸寬簡，而更繁刑峻法，宮室是務，人力凋殘，百姓愁悴，致災之咎，實此之由。」主簿氾稱又上疏諫曰：

臣聞天之子愛元后，殷勤至矣，故政之不修，則垂災譴以戒之。改者雖危必昌，宋景是也，其不改者雖安必亡，虢公是也。嘉興元年三月癸卯〔六〕，燉煌謙德門陷〔七〕，以上三句亦見御覽八百八十。八月，效穀地裂。二年元日，昏霧四塞。四月，日赤無光，二旬乃復。十一月，狐上南門。今兹春夏，地頻五震。六月，隕星於建康。臣雖學不稽古，敏謝仲舒，頗亦聞道於先師，且行年五十有九，請爲殿下略言耳目之所聞見，不復能遠論書傳之事也。

乃者咸安之初，西平地裂，狐入謙光殿前，俄而秦師奄至，都城不守。梁熙既爲涼州，藉秦氏兵亂，規有全涼之地，外不撫百姓，內多聚斂。建元十九年，姑臧南門崩，隕石於閑豫堂。二十年而呂光東反，子敗於前，身戮於後。段業因羣胡創亂，遂稱制此方，三年之中，地震五十餘所。既而先王龍興瓜州，蒙遜殺之張掖。此皆目前之成事，亦殿下之所聞知。效穀，先王鴻漸之始；謙德，即尊之室。基陷地裂，大凶之徵也。日者，太陽之精，中國之象，赤而無光，中國將爲胡夷之所陵滅。諺曰：「野獸入家，主人將去。」今狐上南門，亦災之大也。又狐者，胡也。天意若曰將有胡人居於此城，南面而居者也。昔春秋之世，星隕於宋，襄公卒爲楚所擒。地者至陰，胡夷之象，當静而動，反亂天常。天意若曰胡夷將震動中國，中國若不修德，將有宋襄之禍。

臣蒙先朝布衣之眷，輒自同子弟之親，是以不避忤上之誅，昧死而進愚款。願陛下親仁善鄰，養威觀釁，罷宫室之務，止游畋之娱。後宫嬪妃，諸弟子女〔八〕，躬受分田，身勸蠶績，以清儉素德爲榮。息兹奢靡之費，百姓租税，專擬軍國。虚衿下士，廣招英儁，修秦氏之術，以强國富俗。待國有數年之積，庭盈文武之士，然後命韓白爲前驅，納子房之妙算，一鼓而姑臧可平，長驅可以飲馬涇渭，方東面而争天下，豈蒙遜之足憂！不然，臣恐宗廟之危，必不出紀。

歆並不納。

庚申。嘉興四年　歆立四年而宋受禪。歆將謀東伐，張體順切諫，乃止。

七月〔九〕，歆聞蒙遜南伐西秦禿髮傉檀〔一〇〕，命中外戒嚴，將攻張掖。尹太后以爲不可〔一一〕，不聽。宋繇亦固諫，歆怒不從〔一二〕。繇退而歎曰：「大事去矣。吾見師之出，不見師之還也。」歆遂率步騎三萬東伐，次於都瀆澗。蒙遜自浩亹來距，戰於懷城，歆爲蒙遜所敗。左右勸歆還酒泉，歆曰：「吾違太后明誨，遠取敗辱，不殺此胡，復何面目以見母也！」勒衆復戰，敗於蓼泉，爲蒙遜所殺。歆諸弟驍騎將軍酒泉太守翻〔一三〕、擊虜將軍新城太守預〔一四〕、領羽林右監密、左將軍眺、右將軍亮等西奔敦煌，蒙遜遂入於酒泉。歆之未敗也，有大蛇從南門而入，至於恭德殿前，有雙雉飛出宮内，通街大樹上有烏鵲争巢，鵲爲烏所殺。又有敦煌父老令狐熾，夢白頭公衣帢而謂熾曰：「南風吹，動長木，胡桐椎，不中轂。」言訖，忽然不見。歆小字桐椎，至是而亡。此節亦見御覽六百八十八。

翻及弟敦煌太守恂與諸子等棄敦煌，奔於北山。蒙遜以索嗣子元緒行敦煌太守。元緒粗嶮好殺，大失人和。郡人宋承、張弘等以恂在郡有惠政，密信招恂。恂率數十「十」一作「千」。騎入於敦煌〔一五〕，元緒東奔涼興。宋承等推恂爲冠軍將軍、涼州刺史，改元永建〔一六〕。

蒙遜遣世子德政率衆攻恂，恂閉門不戰。蒙遜自率衆二萬攻之，三面起堤，以水灌城。恂遣壯士一千，連板爲橋，潛欲決堤。蒙遜勒兵逆戰，宋承等開門出降，恂自殺〔一七〕，遜屠其城。恂字士誠，暠之第六子也〔一八〕。

歆子重耳脱身奔於江左，仕於宋，後歸魏，爲弘農太守。

翻字士舉，小字武强，暠少子也，歷驍騎將軍、祈連、晉昌、酒泉三郡太守。

翻子寶，字懷素，小字衍孫，驍勇善撫接。蒙遜復獲翻子寶，徙於姑臧。歲餘，隨舅唐契北奔伊吾，臣於蠕蠕。民歸附者稍至二千，寶傾身接禮，甚得衆心，皆樂爲用，每希報雪。後二十餘年，至魏太平三年，魏世祖遣將討沮渠無諱於敦煌，無諱捐城遁走。寶自伊吾率流人及虜騎南襲敦煌〔一九〕，據之，修繕城府，規復先業，遣弟懷達奉表歸降於魏。獨尹氏及諸女死於伊吾。世祖嘉寶忠款，拜懷達散騎常侍、敦煌太守，别遣使以寶爲使持節、侍中、都督西垂諸軍事、鎮西大將軍、開府儀同三司、領護西戎校尉、沙州牧、燉煌公，承制玉門以西。寶寛雅有度量，甚著威惠於西土。在燉煌三年，因入朝，遂留京師。徙爲鎮南將軍、并州刺史，轉鎮北將軍。魏太安五年薨，謚宣公〔二〇〕。

自暠元年，歲在庚子，至爲蒙遜所滅，二十一年〔二一〕。載記作：「玄盛以安帝隆安四年立，至宋少帝景平元年滅，據河右凡二十四年。」○按載記蓋并李恂永建二年、寶在唐契晉昌二年而數之也。

暠后尹氏

暠后尹氏〔二二〕，天水冀人也。幼好學，清辯有志節。初適扶風馬元正，元正卒，爲暠繼室。以再醮之故，三年不言。撫前妻子踰於己生。暠之創業也，謨謀經略多所毗贊，故西州諺曰：「李尹王敦煌。」

及暠薨，子歆嗣位〔二三〕，尊爲太后。歆將攻沮渠蒙遜，尹氏謂歆曰：「汝新造之國，地狹人稀，靖以守之，猶懼其失，云何輕舉，闚冀非望！蒙遜驍武善用兵，汝非其敵。吾觀其數年已來有并兼之志，且天時人事，似欲歸之。今國雖小，足以爲政，知足不辱，道家明誡也。且先王臨薨，遺令殷勤，志令汝曹深慎兵戰，俟時而動。言猶在耳，奈何忘之！不如勉修德政，蓄力以觀之。彼若淫暴，人將歸汝，汝苟德之不建，事之無日矣。汝此行也，非唯師敗，國亦將亡。」歆不從，果爲蒙遜所滅。

尹氏至姑臧，蒙遜引見，勞之。對曰：「李氏爲胡所滅，知復何言！」或諫之曰：「母子命懸人手，奈何倔傲！且國敗子孫屠滅，何獨無悲？」尹氏曰：「興滅生死，理之大分，何爲同凡人之事，起兒女之悲！吾一婦人，不能死亡，豈憚斧鉞之禍，求爲臣妾乎！若殺我者，吾之願矣。」蒙遜嘉之，不誅，爲子茂虔聘其女爲妻。及魏氏以武威公主妻茂虔，尹氏及女遷於酒泉。既而女卒，撫之不哭，曰：「女死晚矣。」

沮渠無諱時鎮酒泉，每謂尹氏曰：「后諸孫在伊吾，后能去不？」尹氏未測其言，答曰：「子孫漂流，託身醜虜，老年餘命，當死於此，不能作氈裘鬼也。」俄而潛奔伊吾。無諱遣騎追及之，尹氏謂使者曰：「沮渠酒泉許我歸北，何故來追！汝可斬吾首歸，終不迴矣。」使者不敢逼而還。年七十五，卒於伊吾。依晉書列女傳録。

校勘記

〔一〕李歆字士業　「李歆」，本傳作「涼後主諱歆」。按此下本傳皆避諱改「歆」爲「士業」，輯補皆作

「歆」，不具校。

〔二〕暠第二子　見偏霸部，本傳無。

〔三〕時府寮左長史宋繇等上爲大都督　「左長史宋繇等上」，見偏霸部，本傳作「奉」。

〔四〕改年爲嘉興元年　偏霸部同，本傳無「元年」。

〔五〕嘉興二年　本傳作「明年」。

〔六〕嘉興元年三月癸卯　「嘉興」二字，見御覽卷八八〇引，本傳無。

〔七〕燉煌謙德門陷　「謙德門」，御覽卷八八〇引同，本傳作「謙德堂」。

〔八〕諸弟子女　「弟」，原作「夷」，據本傳改。

〔九〕七月　見偏霸部，本傳無。按偏霸部「七月」接在嘉興元年後。

〔一〇〕西秦禿髮傉檀　本傳作「禿髮傉檀」，偏霸部作「西秦」。按魏書卷九九李暠傳作「乞伏」，此時禿髮傉檀已死，晉書本傳誤。

〔一一〕尹太后以爲不可　偏霸部同，本傳作「尹氏固諫」。

〔一二〕歆怒不從　偏霸部同，本傳作「士業並不從」。

〔一三〕驍騎將軍　見偏霸部，本傳無。

〔一四〕擊虜將軍新城太守預　「擊虜將軍」，見偏霸部，本傳無。「預」，本傳同，偏霸部作「豫」。

〔一五〕恂率數十騎入於敦煌　「十」，本傳同，偏霸部作「千」。

〔一六〕改元永建　見屠本卷九三西涼録李恂傳、通鑑卷一一九，本傳無。

〔一七〕宋承等開門出降恂自殺　見偏霸部，本傳無。

〔一八〕恂字士誠暠之第六子也　本傳無，偏霸部作「恂暠之第六子也」，「字士誠」三字見屠本卷九三李恂傳。

〔一九〕寶自伊吾率流人及虜騎南襲敦煌　「自」，原作「至」，據屠本卷九三西涼録李翻傳、魏書卷三九李寶傳改。

〔二〇〕翻字士舉至謚宣公　據屠本卷九三西涼録李翻傳，糅合晉書本傳文句。本傳作：「蒙遜徙翻子寶等於姑臧，歲餘，北奔伊吾，後歸於魏，獨尹氏及諸女死于伊吾。」按，屠本文字出魏書卷三九李寶傳，略有删節。

〔二一〕自暠元年至二十一年　見偏霸部，本傳無。

〔二二〕暠后尹氏　「暠」，晉書卷九六列女傳作「涼武昭王李玄盛」。下同。

〔二三〕子歆嗣位　「歆」，晉書卷九六列女傳避諱作「士業」。下同。

十六國春秋輯補卷九十五

北涼録一

沮渠蒙遜

沮渠蒙遜，臨松盧水胡人也。匈奴有左沮渠、右沮渠之官〔一〕，其先世爲匈奴左沮渠，遂以官爲氏焉。世居盧水，爲酋豪。高祖暉、曾祖遮，皆雄健有勇力。祖祁復延，封北地王。父法弘襲爵，苻堅時以爲中田護軍，卒，蒙遜代領部曲〔二〕。蒙遜好學，博涉羣史，頗曉天文，雄烈有英略，滑稽善權變，梁熙、吕光皆奇而憚之，故常游飲自晦。

光之王於涼土，使蒙遜自領營人配箱直，又以蒙遜伯父羅仇爲西平太守，仇弟麴粥爲三河太守〔三〕。

後涼龍飛二年，蒙遜伯父羅仇、麴粥從吕光子纂璝征河南王乞伏乾歸於枹罕〔四〕。光前軍大敗，麴粥言於兄羅仇曰：「主上荒耄，驕縱諸子〔五〕，朋黨相傾，讒人側目。今軍敗將死，正是智勇見猜之日，可不懼乎！吾兄弟素爲所憚，與其經死溝瀆，豈若勒衆向西平，出苕藋，奮臂大呼，涼州不足定也。」羅仇曰：「理如汝言。但吾家累世忠孝，爲一方所歸，寧人負我，無我負人。」俄而皆爲光所殺。宗姻諸部會葬者萬餘人，蒙遜哭謂衆曰：「昔漢祚中微，吾之乃祖翼獎竇融，保寧河右。呂王昏耄，荒虐無道，豈可坐觀成敗，不上繼先祖安時一作「民」。之志，下使二父有恨黄泉！」〔六〕衆咸稱萬歲。遂斬光中田護軍馬邃、臨松令井祥立盟約以盟〔七〕。一旬之間，衆至萬餘，屯據金山。

光遣呂纂逆擊蒙遜，遜敗績，將六七人逃入山中，家户悉散亡。時從兄男成聞蒙遜起兵，亦合衆數千，還屯樂涫，殺酒泉太守疊滕。蒙遜乃收集部曲〔八〕，與從兄男成推光建康太守段業爲使持節、大都督、龍驤大將軍、涼州牧、建康公，改呂光龍飛二年爲神璽元年。業以蒙遜爲鎮西將軍、張掖太守，男成爲輔國將軍、酒泉太守，委以軍國之任〔九〕。

神璽二年，業將使蒙遜攻西郡，衆咸疑之。蒙遜曰：「此郡據嶺之要，不可不取。」業曰：「卿言是也。」遂遣之。經旬不克〔一〇〕。蒙遜引水灌城，城潰，執太守呂純以歸。於是王德以晉昌，孟敏以敦煌降業。業封蒙遜臨池侯，以德爲酒泉太守，敏爲沙州刺史，徙男成爲晉昌太守〔一一〕。業使男成及王德攻光常山公呂弘，弘不勝〔一二〕，去張掖，將東走。業遂徙治張掖〔一三〕，議欲擊之。蒙遜諫曰：「歸師勿遏，窮寇弗追，此兵家之戒也。不如縱之，以爲後圖。」業曰：「一日縱敵，悔將無及。」遂率衆追之，爲弘所敗。業賴蒙遜而免，歎曰：「孤不能用子房之言，以至於此！」此節亦見御覽三百十四、通典百六十二〔一四〕。業築西安城〔一五〕，此句亦見初學記二十四。以其將臧莫孩爲太守。蒙遜曰：「莫孩勇而無謀，知進忘退，所謂爲之築冢，非築城也。」業不從，俄而爲呂纂所敗。蒙遜懼業不能容己，每匿智以避之。

天璽元年，業僭稱涼王，以蒙遜爲尚書左丞，梁中庸爲右丞。

呂光遣其二子紹、纂伐業，業請救於禿髮烏孤，烏孤遣其弟利鹿孤及楊軌救業。紹以業等軍盛，欲從三門關挾山而東。纂曰：「挾山示弱，取敗之道，不如結陣衝之，彼必憚我而不戰也。」紹乃引軍而南。業將擊之，蒙遜諫曰：「楊軌恃虜騎之强，有窺覦之志。紹、纂兵在死地，必決戰求生。不戰則有泰山之安，戰則有累卵之危。」業曰：「卿言是也。」乃按兵不戰。紹亦難之，各引兵歸。此段亦見通典一百五十九。

天璽二年，前晉昌太守唐瑶叛歸李暠，酒泉太守王德亦叛，自稱河州刺史。業使蒙遜討之。德焚城，將部曲奔唐瑶。蒙遜追至沙頭，大破之，虜其妻子部曲而還〔一六〕。

業憚蒙遜雄武，微欲遠之，乃以蒙遜從叔父益生爲酒泉太守，蒙遜爲臨池太守。業門下侍郎馬權，儁爽有逸氣，武略過人。權兄爲涼將綦毋翊所殺，權後殺翊，食其肝〔一七〕。此二句依御覽三百七十六引補。業以權代蒙遜爲張掖太守，甚見親重，每輕陵蒙遜。蒙遜亦憚而怨之，乃譖之於業曰：「天下不足慮，惟當憂馬權耳。」業遂殺之。蒙遜謂男成曰：「段業愚闇，非濟亂之才，信讒愛佞，無鑒斷之明。所憚惟索嗣、馬權，今皆死矣，蒙遜欲除業以奉兄，何如？」男成曰：「業羈旅孤飄，我所建立，有吾兄弟，猶魚之有水。人既親我，背之不祥。」乃止。

辛丑。永安元年三月〔一八〕，蒙遜既以爲業所憚，内不自安，請爲西安太守。業亦以蒙遜有大志，懼爲朝夕之變，乃許焉。蒙遜期與男成同祭蘭門山，密遣司馬許咸告業曰：「男成欲謀叛，許以取假日作逆。若求祭蘭門山，臣言驗矣。」至期日，果然。四月〔一九〕，業收男成，賜死，令自殺〔二〇〕。男成曰：「蒙遜欲謀叛，先已告臣，臣以兄弟之故，隱忍不言。以臣今在，恐部人不從，與臣剋期祭山，返相誣告。臣若朝死，蒙遜必夕發。乞詐言臣死，説臣罪惡，蒙遜必作逆，臣投袂討之，事無不捷。」業不從。蒙遜聞男成死，泣告衆曰：「男成忠於段公，枉見屠害，諸君能爲報讎乎？且州土兵亂，似非業所能濟。吾所以初奉之者，以之爲陳、吴耳，而信讒多忌，枉害忠良，豈可安枕卧觀，使百姓離於塗炭！」男成素有恩信，衆皆憤泣而從之。比至氐池，衆逾一萬。鎮軍臧莫孩率部衆附之，羌胡多起兵響應。蒙遜壁於侯塢。

業先疑其右將軍田昂〔二一〕，幽之於内。至是謝而赦之，使昂與武衛將軍梁中庸等攻蒙遜。業將王豐孫言於業曰：「西平諸田，世有反者。昂貌恭而心狠，志大而情險，不可信也。」業曰：「吾疑之久矣，但非昂無可以討蒙遜。」豐孫言既不從，昂至一作「攻」。侯塢，蒙遜自氐池救之〔二二〕，昂率騎五百歸於蒙遜。軍遂大潰，中庸來奔〔二三〕。

五月〔二四〕，蒙遜至張掖，田昂兄子承愛斬關内蒙遜。業左右皆散走，蒙遜大呼曰：「鎮西何在？」軍人曰：「在此！」業曰：「孤單飄一己，爲貴門所推，可見乞餘命，投身嶺南，庶得東還，與妻子相見。」蒙遜遂斬之。

業，京兆人也。博涉史傳，有尺牘之才，爲杜進記室，從征塞表。儒素長者，無他權略，威禁不行，羣下擅命。尤信卜筮讖記、巫覡徵祥，故爲姦佞所誤。

隆安五年六月，右長史梁中庸〔二五〕、房晷、田昂等推蒙遜爲使持節、大都督、大將軍、涼一作「梁」。州牧〔二六〕、張掖公，大赦其境内，改元永安。署從兄伏奴爲鎮軍將軍、張掖太守、和平侯，弟挐爲建忠將軍、都谷侯，田昂爲鎮南將軍、西郡太守，臧莫孩爲輔國將軍，房晷、梁中庸爲左右長史，張鷟、謝正禮爲左右司馬。擢任賢才，文武咸悅。是時敦煌太守李暠亦起兵，自號冠軍大將軍、西胡校尉、沙州刺史，太守如故，稱元庚子，與蒙遜相抗〔二七〕。時姚興遣將姚碩德攻呂隆於姑臧，蒙遜遣從事中郎李典聘於興，以通和好。蒙遜以呂隆既降於興，酒泉、涼寧二郡叛降於李暠，乃遣建忠挐、牧府長史張潛見碩德於姑臧，請軍迎接，率郡人東遷。碩德大悅，拜潛張掖太守，挐建康太守。潛勸蒙遜東遷。挐私於蒙遜曰：「呂氏猶存，姑臧未拔，碩德糧竭將還，不能久也。何故違離桑梓，受制於人！」輔國莫孩曰：「建忠之言是也。」蒙遜乃斬張潛，因下書曰：「孤以虛薄，猥忝時運，未能弘闡大猷，戡蕩羣孽。使桃蟲鼓翼東京，封豕烝涉西裔，戎車屢動，干戈未戢，農失三時之業，百姓戶不粒食。可蠲省百傜，專功南畝，明設科條，務盡地利。」

壬寅。二年　蒙遜與禿髮傉檀共攻涼州，爲呂隆所破。李暠遣唐瑤及宋繇攻酒泉，獲太守益生〔二八〕。時梁中庸爲西郡太守，西奔李暠。蒙遜聞之，笑曰：「吾與中庸義深一體，而不信我，但自負耳，孤豈罪之！」乃盡歸其妻孥。

癸卯。三年　蒙遜下令曰：「養老乞言，晉文納輿人之誦，所以能招禮英奇，致時雍之美。況孤寡德，智不經遠，而可不思聞讜言以自鏡哉！內外羣寮，其各搜揚賢儁，廣進芻義，以匡孤不逮。」

甲辰。四年　遣輔國臧莫孩襲山北虜，大破之。姚興遣將齊難率衆四萬迎呂隆，隆勸難伐蒙遜，難從之。莫孩敗其前軍，難乃結盟而還。蒙遜遣弟挐入貢於秦〔二九〕。

蒙遜伯父中田護軍親信、臨松太守孔篤並驕奢侵害，百姓苦之。蒙遜曰：「亂吾國者二伯父也，何以紀綱百姓乎！」皆令自殺。

蒙遜襲狄洛磐於番禾，不剋，遷其五百餘户而還。

秦姚興遣使人鴻臚梁斐、張構等拜蒙遜鎮西大將軍、開府儀同三司、沙州刺史、二字一作「牧」。西海侯〔三〇〕。一作「公」。時興亦拜禿髮傉檀爲車騎將軍，封廣武公。蒙遜聞之不悦，謂斐等曰：「傉檀上公之位，而身爲侯者，何也？」構對曰：「傉檀輕狡不仁，款誠未著，聖朝所以加其重爵者，褒其歸善即敘之義耳。將軍忠貫白日，勳高一時，當入諧鼎味，匡贊帝室，安可以不信待也。聖朝爵必稱功，官不越德，如尹緯、姚晃佐命初基，齊難、徐洛元勳驍將，並位纔二品，爵止侯伯，將軍何以先之乎？竇融殷勤固讓，不欲居舊臣之右，未解將軍忽有此問！」蒙遜曰：「朝廷何不即以張掖見封，乃更遠封西海邪？」構曰：「張掖規畫之内，將軍已自有之。所以遠授西海者，蓋欲廣大將軍之國耳。」蒙遜大悦，乃受拜。

乙巳。永安五年晉義熙元年。

丙午。六年

丁未。七年　蒙遜襲李暠於酒泉。至安彌，去城六十里乃覺，引軍出戰，遂大破之，閉城自守。蒙遜亦引而歸〔三一〕。

戊申。八年　地震，山崩折木。太史令劉梁言於蒙遜曰：「辛酉金也，地震於金，金動刻木，大軍東行無前之徵。」時張掖城每有光色，蒙遜曰：「王氣將成，百戰百勝之象也。」遂攻秃髮傉檀於均石，大戰破之。進攻西郡太守楊統於日勒〔三二〕。統降，拜爲右長史，寵踰功舊。

己酉。九年　二月，兩月並出〔三三〕。

庚戌。十年　張掖太守句呼勒出奔西涼。以從弟成都爲金山太守，羅仇子也；鄯爲西郡太守，麴粥子也。句呼勒自西涼奔還，待之如初。

蒙遜率騎二萬東征，次於丹嶺，北虜大人思盤率部落三千降之。

時木連理生於永安，永安令張披上書曰〔三四〕：「異枝同幹，遐方有齊化之應；殊本共心，上下有莫二之固。蓋至道之嘉祥，大同之美徵。」蒙遜曰：「此皆二千石令長匪躬濟時所致，豈吾薄德之所能感也！」

辛亥。十一年　蒙遜率步騎三萬伐南涼秃髮傉檀，次於西郡。大風從西北來，氣有五色，俄而晝昏。入其境，至顯美〔三五〕，徙數千户而還。傉檀追及蒙遜於窮泉，蒙遜將擊之。諸將皆曰：「賊已安營，不可擊一作「犯」。也。」蒙遜曰：「傉檀謂吾遠來疲弊，必輕而無備，及其壘壁未成，可以一鼓而滅。」進擊敗之。乘勝至於姑臧，夷夏降者萬數千户。傉檀懼，請和，許之而歸。此段亦見御覽二百八十六。

及傉檀南奔樂郡，魏安人焦朗據姑臧自立。蒙遜率步騎三萬攻朗，尅而宥之。

壬子。十二年　饗文武將士於謙光殿，班賜金馬有差。以敦煌張穆博通經史，才藻清贍，擢拜中書侍郎，委以機密之任。以其弟挐爲護羌校尉、秦州刺史，封安平侯，鎮姑臧。旬餘而挐死，又以從祖益子爲鎮東將軍〔三六〕、護羌校尉、秦州刺史，鎮姑臧。

校勘記

〔一〕匈奴有左沮渠右沮渠之官　屠本卷九四同，載記、偏霸部無，事見宋書卷九八大且渠蒙遜傳。按，本録據屠本補者，多見宋書及魏書沮渠蒙遜傳，下不一一説明。

〔二〕世居至部曲　屠本卷九四略同，載記、偏霸部無。「高祖暉」，屠本、宋書卷九八氏胡傳作「高祖暉仲歸」。

〔三〕光之王至三河太守　載記、偏霸部無，見屠本卷九四。

〔四〕後涼龍飛二年至枹罕　「後涼龍飛二年」，載記、屠本卷九四無，宋書卷九八氏胡傳載此事作「安帝隆安三年春」。「呂光子慕璝」，屠本同，載記作「呂光」，宋書卷九八氏胡傳作「呂光遣子鎮東將軍纂」，按「慕璝」疑爲「纂」之訛。「河南王乞伏乾歸於枹罕」，屠本同，載記但作「河南」。

〔五〕驕縱諸子　「驕縱」，載記無，見屠本卷九四。

〔六〕豈可至黄泉　「坐觀成敗」，載記無，見偏霸部。「時」，載記同，偏霸部作「民」。「下」，載記無，見偏霸部。

〔七〕立盟約以盟　載記作「以盟」，偏霸部作「立盟約」。

〔八〕光遣吕纂逆擊蒙遜至收集部曲　載記、偏霸部無，見屠本卷九四。

〔九〕業以蒙遜爲至軍國之任　「鎮西將軍」、「酒泉太守」，載記無，見屠本卷九四。按，宋書卷九八氏胡傳云：「業以蒙遜爲鎮西將軍、臨池太守，王德爲酒泉太守，尋又以蒙遜領張掖太守。」屠本謂以男成爲酒泉太守，未知何據。

〔一〇〕經旬不克　載記無，見屠本卷九四。

〔一一〕以德爲至晉昌太守　載記、偏霸部無，見屠本卷九四。按，德爲酒泉，敏爲沙州，見通鑑卷一〇〇隆安二年，而屠本云徙男成爲晉昌太守未知何據。

〔一二〕業使男成至弘不勝　載記無，見屠本卷九四。御覽卷三一四引作：「後涼呂弘攻段業於張掖，不勝。」

〔一三〕遂徙治張掖　載記、御覽卷三一四引無，見屠本卷九四。

〔一四〕「通典百六十二」，原作「通鑑百六十一」，今改。又按，通典文句同御覽卷三一四引。

〔一五〕業築西安城　載記同。初學記卷二四城郭「西安南武」條引作：「沮渠蒙遜等推段業爲涼州牧，業築西安城。」

〔一六〕天璽二年至而還　載記、偏霸部無，見屠本卷九四。

〔一七〕權兄至食其肝　見御覽卷三七六「肝」引，載記無。二「翊」字御覽引皆作「詡」。

〔一八〕永安元年三月　見偏霸部，載記無。

〔一九〕四月　見偏霸部，載記無。

〔二〇〕賜死令自殺　偏霸部作「賜死」，載記作「令自殺」。

〔二一〕右將軍田昂　「田昂」，載記、纂録同，偏霸部作「田昴」。

〔二二〕蒙遜自氏池救之　見偏霸部，載記無。

〔二三〕軍遂大潰中庸來奔　見偏霸部，載記無。

〔二四〕五月　見偏霸部，載記無。

〔二五〕六月右長史　載記無，見偏霸部。「右」，原作「有」，據載記、偏霸部改。按偏霸部敘事較略，云「右長史梁中庸等推遜」，載記以梁中庸爲右長史在下文。

〔二六〕涼州牧　載記、纂録、偏霸部並同，纂録校云「一作『梁』」。

〔二七〕是時至相抗　載記、偏霸部無，見屠本卷九四，宋書卷九八氏胡傳亦有此節。蓋以非北涼事，録作小字。

〔二八〕二年至益生　載記、偏霸部無，見屠本卷九四。

〔二九〕蒙遜遣弟挐入貢於秦　載記、偏霸部無，見屠本卷九四。

〔三〇〕秦姚興遣使人至西海侯　此節拼綴偏霸部與載記文字。「鴻臚」見偏霸部，載記無。「張構」見載記，偏霸部無。「開府儀同三司」見偏霸部，載記無。「沙州刺史西海侯」，載記同，偏霸部作「沙州牧西海公」。按下文云「身爲侯」。

〔三一〕蒙遜襲李暠至亦引而歸　載記、偏霸部無，見屠本卷九四。

〔三二〕遂攻禿髮傉檀至日勒　「傉檀於均石大戰破之進攻」，載記無，見屠本卷九四。

〔三三〕九年二月兩月並出　見偏霸部，載記無。

〔三四〕永安令張披上書曰 「張披」，原作「張掖」，據載記、屠本卷九四改。

〔三五〕入其境至顯美 御覽卷二八六引作「入其境」，載記作「至顯美」。

〔三六〕又以從祖益子爲鎮東將軍 「鎮東將軍」，屠本卷九四同，載記、册府卷二三四並作「鎮京將軍」。

十六國春秋輯補卷九十六

北涼録二

沮渠蒙遜

壬子。玄一作「王」。始元年　冬十月，蒙遜遷都姑臧〔一〕，以義熙八年十一月僭即河西王位於謙光殿〔二〕，大赦境内，改元玄始。置百官，始如吕光爲三河王故事〔三〕。繕宫殿，起城門諸觀。

癸丑。二年　四月〔四〕，立其子德政爲世子，加鎮衛大將軍、録尚書事。傉檀來伐，蒙遜敗之於若厚塢。傉檀湟河太守文支據湟川護軍成宜侯率衆來降。蒙遜署文支爲鎮東大將軍、廣武太守、振武侯，成宜侯爲振威將軍、湟川太守，以殿中將軍王建爲湟河太守。蒙遜下書曰：「古先哲王應期撥亂者，莫不經略八表，然後光闡純風。孤雖智非靖難，職在濟時，而狡虜傉檀鴟峙舊京，毒加夷夏，東苑之戮，酷甚長平，邊城之禍，害深玁狁。每念蒼生之無辜，是以不遑啓處，身疲甲胄，體倦風塵，雖傾其巢穴，傉檀猶未授首。傉檀弟文支，追項伯歸漢之義，據彼重藩，請爲臣妾。自西平已南，連城繼順，惟傉檀窮獸，守死樂都。四支既落，命豈久全！五緯之會已應，清一之期無賒，方散馬金山，黎元永逸，可露布遠近，咸使聞知。」

蒙遜西如苕藋，遣冠軍伏恩率騎三萬襲卑和、烏啼二虜，大破之，俘二千餘落而還。

蒙遜寢於新臺，閹人王懷祖擊蒙遜，傷足，其妻孟氏擒斬之，夷其三族。蒙遜母車氏疾篤，蒙遜升南景門，散錢以賜百姓。下書曰：「孤庶憑宗廟之靈，乾坤之祐，濟否剥之運會，拯遺黎之荼蓼，上望掃清氛穢，下冀保寧家福。而太后不豫，涉歲彌增，將刑獄枉濫，衆有怨乎？賦役繁重，時不堪乎？羣望不絜，神所譴乎？内省諸身，未知罪之攸在。可大赦殊死已下。」俄而車氏卒。

甲寅。三年

乙卯。四年　蒙遜遣其將運糧於湟河，自率衆攻剋乞伏熾磐廣武郡。以糧運不繼，自廣武如湟河，度浩亹。熾磐遣將乞伏魋尼寅距蒙遜，蒙遜擊斬之。熾磐又遣將王衡、折斐、麴景等率騎一萬據勒姐嶺，蒙遜且戰且前，大破之，擒折斐等七百餘人，麴景奔還。蒙遜以弟漢平爲折衝將軍、湟河太守，乃引還。

晉益州刺史朱齡石遣使來聘，蒙遜遣舍人黄迅報聘益州，因表曰：「上天降禍，四海分崩，靈曜擁於南裔，蒼生没於醜虜。陛下累聖重光，道邁周漢，純風所被，八表宅心。臣雖被髪邊徼，才非時雋，謬爲河右遺黎推爲盟主。臣之先人，世荷恩寵，雖歷夷險，執義不回，傾首朝陽，乃心王室。去冬益州刺史朱齡石遣使詣臣，始具朝廷休問。承車騎將軍劉裕秣馬揮戈，以中原爲事，可謂天讚大晉，篤生英輔。臣聞少康之興大夏，光武之復漢業，皆奮劒而起，衆無一旅，猶能成配天之功，著車攻之詠。陛下據全楚之地，擁荆揚之鋭，而可垂拱晏然，棄二京以資戎虜！若六軍北軫，尅復有期，臣請率河西戎卒，爲晉右翼前驅。」

熾磐率衆三萬襲湟河，漢平力戰固守，遣司馬隗仁夜出擊熾磐，斬級數百。熾磐將引退，先遣老弱。漢平長史焦昶、將軍段景密信招熾磐，熾磐復進攻漢平。漢平納昶、景之説，面縛出降。仁勒壯士百餘據南門樓上，三日不下，衆寡不敵，爲熾磐所擒。熾磐怒，命斬之，段暉諫曰：「仁臨難履危，奮不顧命，忠也。宜宥之以厲事君。」熾磐乃執之而歸。在熾磐所五年，暉又爲之固請，乃得還姑臧。及至，蒙遜執其手曰：「卿，孤之蘇武也！」以爲高昌太守，爲政有威惠之稱，然頗以愛財爲失。

丙辰。五年　二月，與西秦通和〔五〕。

蒙遜西巡祀金山，遣沮渠廣宗率騎一萬襲烏啼虜，大捷而還。蒙遜西至苕藋，遣前將軍沮渠成都將騎五千襲卑和虜，蒙遜率中軍三萬繼之，卑和虜率衆迎降。遂循海而西，至鹽池祀西王母寺。寺中有玄石神圖，命其中書侍郎張穆賦焉，銘之於寺前。遂如金山而歸。

丁巳。玄始六年　蒙遜下書曰：「頃自春大旱，害及時苗，碧原青野，倏爲枯壤。將刑政失中，下有冤獄乎？役繁賦重，上天所譴乎？內省多缺，孤之罪也。書不云乎：『百姓有過，罪予一人。』可大赦殊死已下。」翌日而澍雨大降。

蒙遜聞劉裕滅姚泓，怒甚。門下校書郎劉祥言事於蒙遜，蒙遜曰：「汝聞劉裕入關，敢研研然也！」遂殺之。其峻暴如此。顧謂左右曰：「古之行師，不犯歲鎮所在。姚氏舜後，軒轅之苗裔也，今鎮星在軒轅而裕滅之，亦不能久守關中也。」

蒙遜爲李歆敗於解支澗，復收散卒欲戰。前將軍成都諫曰：「臣聞高祖有彭城之敗，終成大漢，宜旋師以爲後圖。」蒙遜從之，城建康而歸。

戊午。七年　其羣下上書曰：「設官分職，所以經國濟時，恪勤官次，所以緝熙庶政。當官者以匪躬爲務，受任者以忘身爲效。自皇綱初震，戎馬生郊，公私草槲，未遑舊式。而朝士多違憲制，不遵典章，或公文御案，在家卧署，或事無可否，望空而過。至令黜陟絶於皇朝，駁議絶於聖世，清濁共流，能否相雜，人無勸競之心，苟爲度日之事。豈能憂公忘私，奉上之道也！今皇化日隆，遐邇寧泰，宜肅振綱維，申修舊則。」蒙遜納之，令征南姚艾、尚書左丞房晷撰朝堂制。行之旬日，百僚振肅。

是年，晉遣使拜蒙遜爲涼州刺史。蒙遜稱藩，故有是命〔六〕。

己未。八年

庚申。九年　太史令張衍言於蒙遜曰：「今歲臨澤城西當有破兵。」蒙遜乃遣其世子政德屯兵若厚塢。蒙遜西至白岸，謂張衍曰：「吾今年當有所定，但太歲在申，月又建申，未可西行，且當南巡，要其歸會，主而忽客，以順天心。計在臨機，慎勿露也。」

蒙遜伐西涼李歆於酒泉〔七〕，遂先攻浩亹，浩音閤，亹音門。而蛇盤於帳前。蒙遜笑曰：「前一通典作「太乙」。爲騰蛇，今盤在吾帳前，天意欲吾迴師先定酒泉。」燒攻具而還，次於川巖。聞李歆徵兵欲攻張掖，蒙遜曰：「入吾計矣！但恐聞吾迴軍，不敢前也。兵事尚權。」

乃露布西境，稱得浩亹，將進軍黃谷。歆聞而大悅，進入都瀆澗，蒙遜潛軍逆之，敗歆於懷城，遂進剋酒泉。此段亦見御覽二百八十六、通典百五四。百姓安堵如故，軍無私焉。以子茂虔爲酒泉太守，李歆舊臣皆隨才擢敘。蒙遜令曰：「秘書郎中燉煌劉彦明，學冠當時，道先區内，可授玄虛先生，拜以三老之禮。」起陸沈觀於東苑以處之〔八〕。此節依御覽四百七十四引補。先酒泉南有銅駝出，言虜犯者大雨雪。蒙遜遣工取之，得銅數萬斤〔九〕。此節依初學記二、類聚二、御覽十二引補。

歆弟敦煌太守恂據郡，自稱冠軍大將軍。十月，蒙遜遣世子政德攻之〔一〇〕。

辛酉。十年　正月，蒙遜自率衆攻燉煌，乃築長堤，以水灌城，數十日不下。恂武衛宋承、廣武張弘等舉城來降，殺恂而屠其城，獲其弟子寶，囚於姑臧，李氏由是遂亡。於是鄯善王比龍入朝，西域三十六國皆詣蒙遜稱臣貢獻，宋遣使拜蒙遜爲鎮軍大將軍、開府儀同三司、涼州刺史。寶逃晉昌。

十二月，晉昌太守唐契據郡以叛，遣世子政德討之。

壬戌。玄始十一年　春正月，饗羣臣於謙光殿。蒙遜曰：「南方有惡氣經天，暴兵象一作「聚」。也。不出一旬，必有寇問。」命治兵東苑以備之。西秦遣騎七千來襲，至於孫猴嶺，聞有備而還。此段依御覽八百七十七引補。

政德攻晉昌，剋之。唐契及弟和、甥李寶同奔伊吾，遂臣柔然。柔然來攻，蒙遜遣政德拒之。政德輕騎進戰，軍敗見殺。立次子興國爲世子。

癸亥。十二年　乞伏熾磐來攻，遂陷白草嶺及臨松郡。

甲子。十三年　熾磐執蒙遜從弟成都及從子白蹄、頗羅等。

乙丑。玄始十四年　七月，西域貢吞刀吐火秘幻奇伎。以上依御覽七百三十七引補。

起遊林堂於內苑，圖列古聖賢之像。九月，堂成，遂讌羣臣，談論經傳。顧謂郎中劉昞曰：「仲尼何如人也？」昞曰：「聖人也。」遜曰：「聖人者不疑滯於物，而能與世推移，畏於匡，辱於陳，伐樹削跡，聖人固若是乎？」昞不能對。蒙遜曰：「卿知其外，未知其內。昔魯人有浮海而失津者，至於亶州。仲尼及七十二子遊於海中，與魯人一木杖，令閉目乘之，使歸告魯侯築城以備寇。魯人出海，投杖水中，乃龍也。具以狀告，魯侯不信，俄而有羣燕數萬，銜土培城，魯侯信之。大城曲阜訖，而齊寇至，攻魯不剋而還。此其所以稱聖也。」〔二二〕

丙寅。玄始十五年

丁卯。十六年

戊辰。承玄元年　蒙遜遣兵伐西秦，時乞伏熾磐死，慕末送成都歸，以求和親。於是大赦境内，改元承玄。蒙遜復伐西秦。

己巳。二年　慕末遷保定連，蒙遜遣世子興國攻之。慕末率衆迎擊，興國戰敗被擒，殺軍士三千餘人。蒙遜遣使送穀三十萬斛以贖世子興國於西秦，慕末不許，蒙遜乃立興國弟菩提爲世子。

蒙遜遣使詣宋入貢，並求周易及子、集諸書，詔並給之，又就司徒王弘求搜神記，弘寫與之。

庚午。三年

辛未。義和元年　赫連定自治城濟河〔一二〕，欲擊蒙遜。定濟未半，吐谷渾王慕璝擊敗之，執定以歸。於是蒙遜大赦境内，改元義和。以世子菩提爲冠軍將軍、河西王世子。蒙遜遣子安周入侍於魏。十一月，魏遣太常李愼拜蒙遜爲假節、加侍中、都督涼州西域羌戎諸軍事、太傅、行征西大將軍、涼州牧、涼王，加九錫之禮〔一三〕，使崔浩爲册書以褒賞之。

壬申。二年　蒙遜末年，忍於刑戮，閨庭之中，略無風紀。

癸酉。三年　夏四月，蒙遜寢疾，立子茂虔爲世子。此句亦見通鑑考異。薨於路寢。五月，葬元陵，謚武宣王，廟號太祖〔一四〕。

蒙遜以安帝隆安元年自稱州牧，義熙八年僭立，後八年而宋氏受禪，以元嘉十年死，時年六十六，在僞位三十三年。子茂虔嗣立〔一五〕。

校勘記

〔一〕玄始元年至遷都姑臧　「玄始元年冬十月」，載記無，見偏霸部，惟偏霸部誤「玄始」爲「正始」，纂録不誤。「遷都」，偏霸部同，載記作「遷于」。

〔二〕以義熙八年十一月僭即河西王位於謙光殿　「十一月」、「於謙光殿」，見偏霸部，載記無。

〔三〕置百官始如吕光爲三河王故事　偏霸部同，載記「百官」作「官僚」，無「始」字。

〔四〕二年四月　見偏霸部，載記無。

〔五〕五年二月與西秦通和　見偏霸部，載記無。「五年」，纂録、偏霸部皆作「三年」，屠本卷九四事在五年。

〔六〕是年至是命　屠本卷九四同，事見宋書卷九八氏胡傳，載記無。

〔七〕蒙遜伐西涼李歆於酒泉　屠本卷九四同，事見宋書卷九八氐胡傳，載記無。

〔八〕蒙遜令曰至以處之　見御覽卷四七四引，載記無。

〔九〕先酒泉南至數萬斤　載記無，見初學記卷二雪「玉馬銅駝」條、類聚卷二、御覽卷一二引。「銅駝出」，類聚卷二引同，初學記卷二雪「玉馬銅駝」條、御覽卷一二引皆作「銅駝山」。

〔一〇〕歆弟至政德攻之　見屠本卷九四，載記無。按自此以下事入劉宋，載記無，湯球多據屠本卷九四補入。以下略依史源分段，見於屠本者及原注已明出處者不校。

〔一一〕起遊林堂至稱聖也　此節見偏霸部。

〔一二〕治城　原作「冶城」，據宋書卷九八氐胡傳改。通鑑卷一二二甲十一行本作「冶城」，乙十一行本作「治城」。

〔一三〕十一月至九錫之禮　見偏霸部。「李慎」，偏霸部同，魏書卷九九沮渠蒙遜傳作「李順」，是，事詳魏書卷三六李順傳。

〔一四〕三年至廟號太祖　見偏霸部。

〔一五〕蒙遜以安帝至子茂虔嗣立　此節見載記。通鑑卷一二二元嘉十年此事下考異云：「宋書、十六國春秋作『茂虔』，後魏書紀傳作『牧犍』，今從之。」

十六國春秋輯補卷九十七

北涼録三

沮渠茂虔〔一〕

沮渠茂虔，蒙遜第三子。聰穎好學，和雅有度量。義和三年立爲世子，加中外都督、大將軍、録尚書。蒙遜薨，僭即河西王位，大赦，改年爲永和元年，立子封壇一作「壇」。爲世子〔二〕，加撫軍大將軍、録尚書事。

遣使請命於魏。先是，世祖遣李順迎蒙遜女爲夫人，茂虔稱受先王遺意，送妹興平公主於魏，世祖拜爲左昭儀〔三〕。因遣順拜茂虔爲使持節、侍中、都督涼沙河三州西域羌戎諸軍事、車騎將軍、開府儀同三司、領護西戎校尉、涼州刺史、河西王。茂虔以無功受賞，乃留順，上表乞安、平一號，世祖優詔不許。「遣使」以下，依魏書録。

甲戌。永和二年　茂虔遣使上表於宋，告嗣位曰〔四〕：「臣聞功以濟物爲高，非竹帛無以述德，名以當實爲美，非謚號無以休終。先臣蒙遜，西復涼城，澤懌崐裔，芟夷羣暴，清灑區夏。暨運鍾有道，備大宋之宗臣，爵班九秩，享惟永之丕祚，功名昭著，克固貞節。考終由正，而請名之路無階，懿迹雖弘，而述敘之美有闕。臣子痛感，咸用不安。謹案謚法，克定禍亂曰武，善聞周達曰宣。先臣廓清河外，勳光天府，標榜稱述，實並斯義，輒上謚爲武宣王。若允天聽，垂之史筆，則幽顯荷榮，始終無恨。今遣使臣上表以聞。」〔五〕宋遣使下詔曰：「故使持節、侍中、都督秦河沙涼四州諸軍事、車騎大將軍、開府儀同三司、領護匈奴中郎將、西夷校尉、涼州牧、河西王蒙遜，才兼文武，勳濟西服，爰自萬里，款誠夙著。方仗忠果，翼宣遠略，奄至薨隕，悽悼於懷，便遣使弔祭，並加顯謚。嗣子茂虔，纂戎前軌，乃心彌彰，宜蒙寵授，紹茲蕃業。可持節、散騎常侍、都督秦涼河沙四州諸軍事、征西大將軍、領護匈奴中郎將、西夷校尉、涼州刺史、河西王。」此段依宋書録。

三年乙亥。正月，西中郎將燉煌太守沮渠唐兒上言曰：「十五日，有一老父見於郡城東門，投書於地，忽然不見。其書一紙，八字滿之，文曰：『涼王三十年若七年。』」茂虔訪於奉常張慎，慎曰：「昔虢將亡，神降於莘。深願陛下克念修政，以副三十年之慶。若盤於遊田，荒於酒色，臣恐七年將有大變。」茂虔不悅。

丙子。四年　大雷震電，又於震所得石，丹書曰：「河西河西三十年，破帶石，樂七年。」帶石，山名，在姑臧南山祀傍，泥陷不通。茂虔征南大將軍沮渠董來曰〔六〕：「祀豈有知乎？」遂毀祀伐木，通道而行。依魏書録。

丁丑。五年　茂虔遣鎮西將軍沮渠旁周詣魏入貢。世祖遣侍中古弼、尚書李順賜其侍臣衣服有差，並徵世子封壇疑「壇」字。入侍。茂虔遣封壇如魏〔七〕。復遣使如宋，奉表獻其方物，並獻周生子十三卷、時務論十二卷、三國總略二十卷、俗問十一卷、十三州志十卷、文檢六卷、四科傳四卷、敦煌實録十卷、涼書十卷、漢皇德傳二十五卷、亡典七卷、魏駁九卷、謝艾集八卷、古今字二卷、乘丘先生三卷、周髀一卷、皇帝王歷三合紀一卷、趙敺傳并甲寅元歷一卷、孔子贊一卷，合一百五十四卷。又求晉、趙起居注諸雜書數十種，帝皆與之〔八〕。

魏世祖遣奉常李順，以其妹武威公主妻茂虔。遣右相宋繇隨順詣平城，奉表入謝〔九〕，獻馬五百匹、黄金五百斤。繇又表請公主及茂虔母后妃定號，世祖使羣臣議之，皆曰：「母以子貴，妻從夫爵。茂虔母宜稱河西國太后，公主於其國内可稱王后，於京師則稱公主。」依魏書録。

戊寅。六年

己卯。七年　正月，朝羣臣於謙光殿。有狐在於東序，門者不見其入，左右以告，命禽一作「射」。之，不獲。二月，端門崩。初，茂虔爲酒泉太守，起浮圖於中街，有石像在焉。是月，目流血。五月，太廟階一作「基」。陷〔一〇〕。六月，當陽門崩。此二事亦見御覽八百八十。

世祖遣尚書賀多羅使涼州，且觀虚實。還言茂虔雖外修臣禮，而内實乖悖，命公卿爲書以讓茂虔，數其十二罪〔一一〕。茂虔聞有魏師〔一二〕，驚曰：「何爲乃爾！」用左丞姚定國計，不肯出迎，求援於柔然。遣弟征南大將軍董來將兵萬餘人拒戰於城南〔一三〕，奔潰入城。魏常山王赤堅率衆至姑臧〔一四〕，遣使諭茂虔出降。茂虔聞柔然欲入魏邊爲寇，冀幸世祖東還，遂嬰城固守。兄子祖踰城出降，世祖具知其情。九月，茂虔兄子萬年率麾下出降。是日，茂虔率左右文武五千人面縛出降，魏釋其縛〔一五〕。十月〔一六〕，徙茂虔及宗室士民十萬户於平城〔一七〕。此句亦見通鑑考異，云魏書作「三萬」。世祖猶以妹壻禮待之，拜茂虔征西大將軍，王如故，又爲武宣王蒙遜置守墓三十家。此段原文甚略，依魏書補〔一八〕。

庚辰。八年　初，魏軍未入之前，茂虔使人斫開府庫，取金銀珠玉及珍寶器物，不更封閉，百姓因之入盜，巨細蕩盡。有司求賊不得，既而所親人及守藏者告之，乃究竟其事，搜其家中，悉得所藏器物。又告茂虔父子多畜毒藥，前後隱竊殺人乃有百數，姊妹皆爲左道，朋行淫佚，曾無愧顔。於是賜左昭儀沮渠氏死〔一九〕，并誅其宗族。又有人言茂虔猶與故臣民交通，潛謀反叛。世祖詔司徒崔浩就公主第賜死，茂虔與公主決，良久乃自裁。葬以王禮，依魏書録。謚哀王〔二〇〕。

自蒙遜永安元年歲在辛丑，至是歲庚辰〔二一〕，原作「寅」。三十九載。

沮渠無諱，茂虔次弟。封安彌縣侯，爲征西將軍、沙州刺史、都督建康以西諸軍事、領酒泉太守。茂虔敗，無諱擁家户，西就從弟敦煌太守唐兒。魏使弋陽公元潔守酒泉，無諱使唐兒保敦煌，自與弟張掖太守宜得攻酒泉，拔之，執元潔。進攻張掖，不剋，退保臨松，得四萬餘户，還據酒泉。世祖不復加討，但以詔諭之。時永昌王健鎮涼州，無諱饑甚，懼不自立，使中尉梁偉詣健求奉酒泉，又送元潔及統帥兵士於健。世祖遣兼鴻臚持節拜無諱爲征西大將軍、涼州牧、酒泉王。世祖以無諱終爲邊患，遣鎮南將軍、南陽公奚眷討酒泉。無諱謀渡流沙，引衆西行，遣弟樂都太守安周西擊鄯善。其王欲降，會魏使者至，勸令拒守，連旬不剋，退保東城。明年，無諱將萬餘家棄敦煌，西就安周。未至，鄯善王將四千餘家西奔且末，無諱乃留安周住鄯善，自率衆趣高昌，留屯高昌。乃遣常侍氾儁奉表詣建康，貢獻方物。宋主詔曰：「往年狡虜縱逸，侵害涼土。河西王茂虔遂至不守，淪陷寇逆，累世著誠，以爲矜悼。次弟無諱，克紹遺業，保據方隅，外結鄰國，内輯民庶，係心闕庭，踐修貢職，宜加朝命，以褒篤勳。可持節、散騎常侍、都督涼河沙三州諸軍事、征西大將軍、領護匈奴中郎將、西夷校尉、涼州刺史、河西王。」未幾卒〔二二〕。

沮渠安周，茂虔第七弟，封屋蘭縣侯，爲樂都太守。茂虔敗後，與其兄無諱據鄯善。及無諱卒，因而自立，遣使詣建康入貢。宋主詔曰：「故征西大將軍、河西王無諱弟安周，才略沈到，世篤忠款，統承遺業，民衆懷歸。雖亡土喪師，孤立異所，而能招率殘寡，攘寇自全，宜加榮授，垂軌先烈。可使持節、散騎常侍、都督涼河沙三州諸軍事、領西域戊己校尉、涼州刺史、河西王。」其後遂爲蠕蠕所并〔二三〕。

沮渠唐兒，茂虔從弟，爲敦煌太守。姑臧既破，無諱收合遺民西就之，拒而不納，無諱乃留從弟天周守酒泉，復與宜得引兵討唐兒。唐兒將萬人出戰，大敗，爲無諱所執，殺之〔二四〕。

沮渠天周，茂虔從弟，爲武威太守。唐兒被殺，天周保據酒泉。世祖遣鎮南奚眷率兵圍之。城中糧盡，饑甚，萬餘口皆餓死，天周乃殺妻以食戰士。食盡城陷，爲魏所執，送於平城，殺之〔二五〕。

沮渠萬年，茂虔兄子。姑臧破，沮渠宗族皆被殺，惟萬年及祖以先降獲免，拜萬年張掖王，祖廣武公。復坐謀叛，與祖俱賜死〔二六〕。

張譚

張譚字元慶，武威姑臧人也。爲和寧令，政以德化爲本，不務威刑，民有過者，讀孝經及忠臣孝子傳訓導之，百姓愛之如父母，號曰「慈君」。御覽二百六十八。

校勘記

〔一〕沮渠茂虔事入劉宋，載記無，湯球以纂録爲本，綴補他書。以下略依史源分段，見於纂録、偏霸部者及原注已明出處者不校。又，本傳原注謂依宋書、魏書録，文句實多同屠本卷九五，以下僅擇要出校。又，茂虔之名，載記、偏霸部、宋書同，魏書作「牧犍」，不具校。

〔二〕立子封壇爲世子　「封壇」，偏霸部同。魏書卷九九沮渠蒙遜傳作「封壇」，見本卷下文引。

〔三〕送妹興平公主至左昭儀　魏書卷九九沮渠蒙遜傳作「送妹於京師拜右昭儀」。按，所送爲興平公主，見魏書卷五二宋繇傳；「左昭儀」，屠本卷九五同。

〔四〕永和二年茂虔遣使上表於宋告嗣位曰　屠本卷九五同，宋書卷九八氐胡傳作「十一年茂虔上表曰」。

〔五〕今遣使臣上表以聞　屠本卷九五同，宋書卷九八氐胡傳無。

〔六〕茂虔征南大將軍沮渠董來曰　「沮渠董來」，屠本卷九五同，魏書卷九九沮渠蒙遜傳但作「董來」。按董來爲茂虔之弟，見魏書。

〔七〕五年至如魏　偏霸部無，見屠本卷九五及魏書卷九九沮渠蒙遜傳。「鎮西將軍沮渠旁周」，屠本卷九五同，魏書卷九九沮渠蒙遜傳無「鎮西」二字。

〔八〕復遣使如宋至與之　偏霸部無，見屠本卷九五及宋書卷九八氐胡傳。

〔九〕魏世祖至奉表入謝　屠本卷九五無「奉常李順」，魏書卷九九沮渠蒙遜傳作：「牧犍尚世祖妹武威公主，遣其相宋繇表謝。」

〔一〇〕太廟階陷　「階」，纂録、偏霸部皆作「基」。

〔一一〕命公卿爲書以讓茂虔數其十二罪　魏書卷九九沮渠蒙遜傳具録其書。

〔一二〕茂虔聞有魏師　魏書卷九九沮渠蒙遜傳作「官軍濟河」。

〔一三〕征南大將軍　魏書卷九九沮渠蒙遜傳無。按魏書上文有「征南大將軍董來」。

〔一四〕魏常山王赤堅率衆至姑臧　偏霸部同，魏書卷九九沮渠蒙遜傳作「車駕至姑臧」。

〔一五〕九月至魏釋其縛　屠本卷九五「九月」下有「丙戌姑臧城潰」，餘同。又見偏霸部及魏書卷九九沮渠蒙遜傳。

〔一六〕十月　見屠本卷九五、通鑑卷一二三，偏霸部、魏書卷九九沮渠蒙遜傳無。

〔一七〕徙茂虔及宗室士民十萬户於平城　「十萬」，偏霸部同，屠本卷九五、魏書卷九九沮渠蒙遜傳作「三萬」。通鑑卷一二三元嘉十六年考異云：「十六國春秋鈔云『十萬户』，今從後魏書。」

〔一八〕按，「此段」謂「世祖遺尚書賀多羅」以下，「原文」謂纂録之文。

〔一九〕於是賜左昭儀沮渠氏死　「左昭儀」，屠本卷九五同，魏書卷九九沮渠蒙遜傳作「昭儀」。

〔二〇〕八年至謚哀王　偏霸部作：「八年，賜死，謚哀王」，餘俱見魏書卷九九沮渠蒙遜傳。

〔二一〕至是歲庚辰　「庚辰」，屠本卷九五同，偏霸部誤作「庚寅」。

〔二二〕沮渠無諱小傳録自屠本卷九六，而其事皆見於宋書卷九八氐胡傳、魏書卷九九沮渠蒙遜傳。

〔二三〕沮渠安周小傳録自屠本卷九六。屠本云「茂虔第七弟」、「封屋蘭縣侯」不知何據，餘皆見於宋書卷九八氐胡傳、魏書卷九九沮渠蒙遜傳。

〔二四〕沮渠唐兒小傳録自屠本卷九六，事亦見宋書卷九八氐胡傳。

〔二五〕沮渠天周小傳録自屠本卷九六，事亦見宋書卷九八氐胡傳、魏書卷三〇奚眷傳。

〔二六〕沮渠萬年小傳録自屠本卷九六，事亦見魏書卷九九沮渠蒙遜傳。

十六國春秋輯補卷九十八

北燕録一

馮跋

馮跋字文起，長樂信都人也，小字乞直伐。其先畢萬之後也，萬之子孫有食采馮鄉者，因以氏焉。晉永嘉之亂，跋祖父和避地上黨。父安，雄武有器量，慕容永時爲將軍。永滅，跋東徙和龍，家於長谷一作「樂」。中〔一〕。幼而懿重少言，寬仁有大度，飲酒一石不亂。三弟皆任俠不修行業，惟跋恭慎，勤於家産，父母器之。所居止每有雲氣若樓閣，時咸異之。嘗夜夢見天門開，神光赫然，燭於庭内。及慕容寶僭號，永康末〔二〕，拜中衛將軍。

初，跋弟素弗與從兄萬泥及諸少年游於水濱，有一金龍浮水而下。素弗謂萬泥曰：「頗有見否？」萬泥等皆曰：「無所見也。」乃取龍而示之，咸以爲非常之瑞。慕容熙聞而求焉，素弗秘之，熙怒，及即僞位，密欲誅跋兄弟。其後，跋又犯熙禁，懼禍，乃與其諸弟逃於山澤。每夜獨行，猛獸常爲避路。時賦役繁數，人不堪命，跋兄弟謀曰：「熙今昏虐，兼忌吾兄弟，既還首無路，不可坐受誅滅，當及時而起，立公侯之業。事若不成，死其晚乎！」建始元年〔三〕，遂與萬泥等二十二人結謀。跋與二弟乘車，使婦人御之，潛入龍城，匿於北部司馬孫護之室，遂襲殺熙，立高雲爲主。

正始元年〔四〕，雲以跋爲使持節、侍中、都督中外諸軍事、征北大將軍、開府儀同三司、録尚書事，封武邑公。

跋讌羣寮，忽有血流其左臂，跋惡之。從事中郎王乘一作「垂」。因陳符命之應〔五〕，跋戒其勿言。此節亦見御覽三百七十五。

己酉。太平元年〔六〕雲爲其幸臣離班、桃仁所殺。跋升洪光門以觀變，帳下督張泰、李桑謂跋曰：「此豎勢何所至，請爲公斬之。」於是奮劒而下，桑斬班於西門，泰殺仁於庭中。羣臣衆推跋爲主〔七〕，跋曰：「范陽公素弗才略不恒，志於靖亂，掃清凶桀，皆公勳也。」素弗辭曰：「臣聞父兄之有天下，傳之於子弟，未聞子弟借父兄之業而先之。今鴻基未建，危甚綴旒，天工無曠，業係大兄。願上順皇天之命，下副元元之心。」羣臣固請，乃許之。於是以太元二十年當作義熙五年〔八〕。乃僭即天王位於昌黎，而不徙舊號，大赦其境内，令曰：

「義貴適時，不必改作，故陳氏代姜，不徙齊號。即號燕國。」〔九〕改爲太平元年〔一〇〕。分遣使者巡行郡國，觀察風俗。追尊祖和爲元皇帝，父安爲宣皇帝，尊母張氏爲太后，立妻孫氏爲皇后〔一一〕，子永爲太子。署弟素弗爲侍中、車騎大將軍、録尚書事，弘爲侍中、征東大將軍、尚書右僕射、汲郡公，從兄萬泥爲驃騎大將軍、幽平二州牧，務銀提爲上大將軍、遼東太守，孫護爲侍中、尚書令、陽平公，張興爲衛將軍、尚書左僕射、永寧公，郭生爲鎮東大將軍、領右衛將軍、陳留公，從兄子乳陳爲征西大將軍、并青二州牧、上谷公，姚昭爲鎮南大將軍、司隸校尉、上黨公，馬弗勤爲吏部尚書、廣宗公，王難爲侍中、撫軍將軍、潁川公。自餘拜授，文武進位各有差。

尋而萬泥抗表請代，跋曰：「猥以不德，謬爲羣賢所推，思與兄弟同茲休戚。今方難未寧，維城任重，非明德懿親，孰克居也！且折衝禦侮，爲國藩屏，雖有他人，不如我弟兄，豈得如所陳也！」於是加開府儀同三司。

庚戌。太平二年。晉義熙六年。跋下書曰：「昔高祖爲義帝舉哀，天下歸其仁。吾與高雲，義則君臣，恩踰兄弟，其以禮葬雲及其妻子，立雲廟於韮町，置園邑二十家，四時供薦。」

初，跋之立也，萬泥、乳陳自以親而有大功，謂當入爲公輔，跋以二藩任重，因而弗徵，並有憾焉。乳陳性粗獷，勇氣過人，密遣告萬泥曰：「乳陳有至謀，願與叔父圖之。」萬泥遂奔白狼，阻兵以叛。跋遣將馮弘與將軍張興將步騎二萬討之。弘遣使諭之曰：「昔者兄弟乘風雲之運，撫翼而起，羣公以天意一作「命」。所鍾〔一二〕，人望攸係，逼奉一作「推逼」。主上光踐寶位〔一三〕，列土疏爵，當與兄弟共之。奈何欲尋干戈於蕭牆，棄友于而爲閼伯！過貴能改，善莫大焉。宜舍兹嫌，同奬王室。」萬泥欲降，乳陳按劒怒曰：「大丈夫死生有命，決之於今，何謂降也！」不從，遂剋期出戰。興謂弘曰：「賊明日出戰，今夜必來擊我營，宜命三軍，以備不虞。」弘乃密嚴備，仍令人課草十束，畜火伏兵以待之。是夜，乳陳果遣壯士千餘人來斫營〔一四〕，衆火俱起，伏兵邀擊，俘斬無遺。乳陳等懼而出降，弘皆斬之，遂平萬泥等〔一五〕。此段亦見御覽三百三十、通典百五十五。

署素弗爲大司馬，改封遼西公，馮弘爲驃騎大將軍，改封中山公。

辛亥。三年〔一六〕跋下書曰：「自頃多故，事難相尋，賦役繁苦，百姓困窮，宜加寬宥，務從簡易。前朝苛政，皆悉除之。守宰當垂仁惠，無侵害百姓，蘭臺都官，明加澄察。」

初，慕容熙之敗也，工人李訓竊貨而逃，貲至巨萬，行貨於馬弗勤，弗勤以訓爲方略令。既而失志之士書之於闕下碑，馮素弗言之於跋，請免弗勤官，仍推罪之。跋曰：「大臣無忠清之節，貨財公行於朝，雖由吾不明所致，弗勤宜肆諸市朝，以正刑憲。但大業草創，彝倫未敘，弗勤拔自寒微，未有君子之志，其特原之。李訓小人，汙辱朝士，可東市考竟。」於是上下肅然，請賕路絶。

蝚蠕勇斛律遣使求跋女僞樂浪公主，獻馬三千匹，跋命其羣下議之。素弗等議曰：「前代舊事，皆以宗女妻六夷，宜許以妃嬪之女，樂浪公主不宜下降非類。」跋曰：「女生從夫，千里豈遠，朕方崇信殊俗，奈何欺之！」乃許焉。遣其游擊秦都率騎二千，送其女歸於蝚蠕。庫莫奚虞出庫真率三千餘落請交市，獻馬千匹，許之，處之於營丘。

分遣使者巡行郡國，孤老久病不能自存者，振穀帛有差，孝悌力田閨門和順者〔一七〕，皆褒顯之。昌黎郝越、營丘張買、成周刁温、建德何纂以賢良，遼東佟萬以文章知名〔一八〕，九字依廣韻引補。皆擢敘之。遣其太常丞劉軒徙北部人五百户於長谷，爲祖父園邑。

七月，以其太子永領大單于，内置四輔〔一九〕。

壬子。四年　跋勵意農桑，勤心政事，乃下書省傜薄賦，惰農者戮之，力田者褒賞，命尚書紀達爲之條制。每遣守宰，必親見東堂，問爲政事之要，令極言無隱，以觀其志。於是朝野競勸焉。

癸丑。太平五年

甲寅。六年　先是，河間人褚匡言於跋曰：「陛下至德應期，龍飛東夏，舊邦宗族，傾首朝陽，以日爲歲。若聽臣往迎，致之不遠。」跋曰：「隔絶殊域，阻迴數千，將何可致也？」匡曰：「章武郡臨海，船路甚通，出於遼西臨渝，不爲難也。」跋許之，署匡游擊將軍、中書侍郎，厚加資遣。匡尋與跋從兄買、從弟睹自長樂率五千餘户來奔。署買爲衛尉，封城陽伯，睹爲太常，高城伯。

契丹、庫莫奚降，署其大人爲歸善王。

跋又下書曰：「今疆宇無虞，百姓寧業，而田畝荒穢，有司不隨時督察，欲令家給人足，不亦難乎！桑柘之益，有生之本，此土少桑，人未見其利，可令百姓人植桑一百根，柘二十根。」又下書曰：「聖人制禮，送終有度，重其衣衾，厚其棺槨，將何用乎！人之亡也，精魂上歸於天，骨肉下歸於地，朝終夕壞，無寒煖之期，衣以錦繡，服以羅紈，寧有知哉！厚於送終，貴而改葬，皆無益亡者，有損於生，是以祖考因舊立廟，皆不改營陵寢。申下境内，自今皆令奉之。」

魏使耿貳至其國，跋遣其黄門郎常陋迎之於道。跋爲不稱臣，怒而不見。及至，跋又遣陋勞之，貳忿而不謝。跋散騎常侍申秀言於跋曰：「陛下接貳以禮，而敢驕蹇若斯，不可容也。」中給事馮懿以傾佞有幸，又盛稱貳之陵傲以激跋。跋曰：「亦各其志也。匹夫尚不可屈，況一方之主乎！」請幽而降之，跋乃留貳不遣。

校勘記

〔一〕家於長谷中　載記無「中」字。按，偏霸部有「長樂中，跋夜見天門開」之語，謂慕容盛年號長樂，與載記云「家於長谷」本非一事，湯球誤以爲「長谷」一作「長樂」。

〔二〕永康末　見偏霸部，載記無。

〔三〕建始元年　見偏霸部，載記無。

〔四〕正始元年　見偏霸部，載記無。

〔五〕從事中郎王乘因陳符命之應　「王乘」，御覽卷三七五引同，載記作「王垂」。

〔六〕太平元年　見偏霸部，載記無。

〔七〕羣臣衆推跋爲主　載記無「羣臣」二字，偏霸部無「衆」字。

〔八〕按，載記云「太元二十年」，顯誤。偏霸部末云「自馮跋太平元年歲在己酉」，己酉年即義熙五年。

〔九〕令曰至燕國　見偏霸部，載記但作「即國曰燕」。

〔一〇〕改爲太平元年　偏霸部同，載記作「建元曰太平」。

〔一一〕立妻孫氏爲皇后　「皇后」，屠本卷九八同，載記作「王后」。

〔一二〕羣公以天意所鍾　「天意」，御覽卷三三〇引、通典卷一五五同，載記作「命」。

〔一三〕逼奉主上光踐寶位　「逼奉」，御覽卷三三〇引、通典卷一五五同，載記作「推逼」。

〔一四〕乳陳果遣壯士千餘人來斫營　「斫」，原作「所」，據載記、御覽卷三三〇引、通典卷一五五改。

〔一五〕遂平萬泥等　見御覽卷三三〇引、通典卷一五五，載記無。

〔一六〕三年　見偏霸部，載記無。

〔一七〕孝悌力田閨門和順者　「閨門」二字原無，據載記補。

〔一八〕遼東佟萬以文章知名　載記無此句。廣韻卷一冬韻「佟」字云：「北燕録有遼東佟萬，以文章知名。」

〔一九〕七月至四輔　「七月」，見偏霸部，載記無。「内置四輔」，偏霸部同，載記無「内」字。

十六國春秋輯補卷九十九

北燕録二

馮跋

乙卯。太平七年　是時，井竭三日而復。其尚書令孫護里有犬與豕交，護見而惡之，召太史令閔尚筮之。尚曰：「犬豕異類而交，違性失本，其於洪範爲『犬禍』，將悖亂失衆，以至敗亡。明公位極冢宰，遐邇具瞻，諸弟並封列侯，貴傾王室。妖見里庭，不爲他也，願公戒滿盈之失，修尚恭儉，則妖怪可消，永享元吉。」護默然不悦。昌黎尹孫伯仁、護弟叱支、叱支弟乙拔等俱有才力，以驍勇聞，跋之立也，並冀開府，而跋未之許。由是有怨言，每於朝饗之際，常拔劍擊柱曰：「興建大業有功力焉，而滯於散將，豈是漢高河山之義乎！」跋怒誅之，進護左光禄大夫、開府儀同三司、録尚書事以慰之。護自三弟誅後，常怏怏有不悦之色，跋怒酖之。尋而遼東太守務銀提自以功在孫護、張興之右，而出爲邊郡，抗表有恨言，密謀外叛，跋怒殺之。

跋下書曰：「武以平亂，文以經務，寧國濟俗，實所憑焉。自頃喪難，禮崩樂壞，閭閻絶諷誦之音，後生無庠序之教，子衿之歎，復興於今，豈所以穆章風化，崇闡斯文！可營建太學，以長樂劉軒、營丘張熾、成周翟崇爲博士郎中，簡二千石已下子弟年十五已上教之。」

丙辰。八年　跋弟丕先是因亂投於高句麗，跋迎致之，至龍城，以爲左僕射、常山公。

蝚蠕斛律爲其弟大但所逐，盡室奔跋，乃館之於遼東郡，待之以客禮。跋納其女爲昭儀。時三月不雨，至於夏五月。斛律上書請還塞北，跋曰：「棄國萬里，又無内應，若以强兵相送，糧運難繼，少也，勢不能固。且千里襲國，古人爲難，況數千里乎！」斛律固請，曰：「不煩大衆，願給騎三百足矣。得達敕勒，國人必欣而來迎。」乃許之，遣單于前輔萬陵率騎三百送之。陵憚遠役，至黑山，殺斛律而還。

丁巳。太平九年　晉青州刺史申永遣使浮海來聘，跋乃使其中書郎李扶報之。

蝚蠕大但遣使獻馬三千匹，羊萬口。

戊午。十年　有赤氣四塞蔽日，自寅至申〔一〕。太史令張穆言於跋曰：「兵氣也。今大魏威制六合，而聘使斷絶。自古未有鄰國接境，不通和好，違義怒鄰，取亡之道。宜還前使，修和結盟。」跋曰：「吾當思之。」尋而魏遣征東大將軍長孫道生率精騎二萬來伐〔二〕。魏軍大至，遣單于右輔古泥率騎候之，去城十五里，遇軍奔還。又遣其將姚昭、皇甫軌等距戰，軌中流矢死。跋嬰城固守，魏攻之不克〔三〕。魏以有備，引還。

己未。十一年　寠與「窶」同。國遣使來朝。其人穴居，多猪羊，少牛馬，夏衣魚皮，冬衣猪毛，至於漁獵，常持藥草自障，令人不見。俗無尊卑之別，寒則入穴聚。此見書鈔一百五十八，原本有缺字，屠本猶全，今從之以俟考。

庚申。十二年　龍城東溝竭涸積年，夏四月，溝中墳起有聲，俄而泉涌出。閔尚曰：「溝中墳起，所謂深谷爲陵，泉涌出，所謂百川沸騰，陰旺之所致也。」此見開元占經一百〔四〕。

辛酉。十三年　跋境地震山崩，洪光門鸛雀折，又地震右寢壞。跋問閔尚曰：「比年屢有地動之變，卿可明言其故。」尚曰：「地，陰也，主百姓。震有左右，比震皆向右，臣懼百姓將西移。」跋曰：「吾亦甚慮之。」分遣使者巡行郡國，問所疾苦，孤老不能自存者，賜以穀帛有差。

壬戌。十四年〔五〕　宿渾地燃，一旬乃滅。觸地生蛆，月餘乃止〔六〕。

癸亥。太平十五年　和龍城地遍生白毛，長一尺二寸，月餘乃滅。後遼西太守高潛謀反伏誅。此見御覽八百八十。

甲子。十六年　自春不雨，至於五月。有司奏右部王荀妻産妖〔七〕，傍人莫覺，俄而失之。乃暴荀妻於社，大雨普洽。此亦見御覽，作「十五年」，屠本作「十六年」〔八〕。

乙丑。十七年　二月，北部人趙壽女既嫁，化爲男，娶妻而無子。跋問諸羣臣曰：「此何祥？」尚書左丞傅權對曰：「漢世雌雞爲雄，陰變爲陽，君替臣僭之象，卒有婦人專寵，王莽簒逆。一作「位」。今女爲男，臣將爲君之徵。」跋曰：「將何以禳之？」權曰：「桑穀生朝，太戊修德而殷道以一作「中」。興，熒惑守心，宋景責躬，延齡二紀。唯修身崇善，可以轉禍爲福。」

丙寅。十八年　八月，立子翼爲太子。跋戒之曰：「吾聞君人以學爲本，不學無以立。尊敬師傅，人倫之始，汝其夙夜虔虔，欽承明訓。」

丁卯。十九年　丁零氏楊道來降〔九〕。初，後燕帝光始中，丁靈民疑作「丁零氏」。楊道獵於白鹿山，爲契丹所獲，流漂塞外，至大難北，及大黎國。逐山草而射獵爲業，至十月，乃收葦爲城，水澆令凍，高一丈五尺，東北七八十里，南北二十餘里，名淩城，居其中〔一〇〕。此見御覽一百九十二。

戊辰。二十年

己巳。太平二十一年　二月，飄風從征南大將軍上黨公姚昭宅，至於司徒中山公弘宅而散。上黨公家人問太史令閔尚，尚曰：「風者，天之號令，所以吹塵去穢，除姦匿之禍，當修德以免禍。」昭不聽〔一一〕。此依御覽八百七十六補。

庚午。二十二年　八月，跋寢疾，召中書監申秀、侍中楊哲於內寢〔一二〕，謂之曰：「吾患當不濟，卿等善相吾子，參決萬機。」九月，跋疾甚，輦而臨軒，命太子翼攝國事〔一三〕，勒兵聽政，以備非常。宋夫人規立其子受居〔一四〕，惡翼聽政，謂之曰：「上疾將瘳，奈何便欲代父臨天下乎！」翼性仁弱，遂還東宮，一日三省疾。宋夫人矯絕內外，遣閽寺傳問而已，翼及諸大臣皆不得見，惟中給事胡福獨得出入，專掌禁衛。福慮宋夫人遂成其謀，乃言於司徒、録尚書事、中山公弘〔一五〕。弘然之，於是與壯士數十人裹甲入禁中，宿衛皆不戰而散。宋夫人命閉東閤，弘家僮庫斗頭勁捷有勇力，踰閤而入，至於皇堂，射殺女御一人。跋驚懼而薨。弘遣巡城告曰：「天降凶禍，大行崩背，太子不侍疾，羣公不奔喪，疑有逆謀，圖危社稷。吾備大弟之親，遂攝大位，以寧國家，百官叩門入者進階二等。」太子翼率東宮兵出戰，敗退，兵皆奔散。弘遣使賜死。跋有子百餘人，弘皆殺之〔一六〕，命宗正馮哲、黃門盧昭一作「招」。典葬事於東宮〔一七〕。葬跋於長谷陵，僞謚文成皇帝，廟號太祖。

校勘記

〔一〕有赤氣四塞蔽日自寅至申　「蔽日自寅至申」，見魏書卷九七馮跋傳，載記無。

〔二〕魏遣征東大將軍長孫道生率精騎二萬來伐　載記無。魏書卷九七馮跋傳云：「太宗詔征東大將軍長孫道生率衆二萬討之。」

〔三〕跋嬰城固守魏攻之不克　見魏書卷九七馮跋傳，載記無。

〔四〕「一百」，原誤「九十八」，今改。按，開元占經卷一〇〇「水涌溢及竭」條引崔鴻十六國春秋北燕録未著何年，湯球繫在此時，未知何據。

〔五〕自本年以下事入劉宋，載記無，湯球以纂録爲本，綴補他書。以下見於纂録、偏霸部者及原注已明出處者不出校。

〔六〕觸地生蛆月餘乃止　魏書卷九七馮跋傳同，偏霸部無。

〔七〕有司奏右部王荀妻産妖　「右」，原作「左」，據御覽卷一一引、屠本卷九八改。

〔八〕此條御覽卷一一引出高閭燕志，且首云「太平十五年」。屠本卷九八繫在十六年，自注云「御覽作『十五年』」。

〔九〕十九年丁零氏楊道來降　御覽卷一九二引無此句。屠本卷九八云：「太平十九年春二月，丁零氏楊道來降。」

〔一〇〕初後燕至居其中　此節見御覽卷一九二引，偏霸部無。「大黎國」，屠本卷九八同，御覽卷一九二引作「黎大國」。「山草」，御覽卷一九二引作「出草」，疑皆誤，屠本卷九八作「水草」。

〔一一〕太平二十一年至昭不聽　偏霸部無此節，御覽卷八七六引無「當修德以免禍昭不聽」，餘同。按屠本卷九八此節下有「當修德以禳之庶可以免禍昭不聽」。

〔一二〕召中書監申秀侍中楊哲於内寢　「楊哲」，纂録同，偏霸部作「陽哲」。按載記附馮素弗傳有侍中陽哲。

〔一三〕命太子翼攝國事　偏霸部無「攝國事」，見屠本卷九八、魏書卷九七馮跋傳。

〔一四〕宋夫人規立其子受居　「受居」，屠本卷九八、魏書卷九七馮跋傳同，偏霸部作「受」。

〔一五〕惟中給事至中山公弘　屠本卷九八同，事又見魏書卷九七馮跋傳，偏霸部無。

〔一六〕跋有子百餘人弘皆殺之　屠本卷九八同，事又見魏書卷九七馮跋傳，偏霸部無。

〔一七〕黄門盧昭　「盧昭」，纂録、偏霸部同，纂録下校「一作『招』」。

十六國春秋輯補卷一百

北燕録三

馮弘〔一〕

馮弘字文通，跋之季弟。高雲篡位，拜中領軍，封汲郡公。太平元年，拜尚書右僕射，改封中山公，仍爲領軍，内掌禁衛，外總朝政〔二〕。遷尚書令、司徒、録尚書事。跋薨，弘僭即天王位，以姚昭爲大司馬。昭貪暴，其子肇諫曰：「大人不聞飄風之怪乎？」昭不納。明年，弘殺昭並諸子姪四十餘人〔三〕。依御覽八百七十六補。

辛未。太興元年　正月壬午朔，大赦，改年。二月，立夫人慕容氏爲皇后。

壬申。二年　正月，立少子王仁爲太子。鼠集城西〔四〕，盈數里地中，西行至水，前者銜馬尾，後者迭相銜尾而渡，識者以爲民遷之象。又有狼夜繞城羣嘷，如是終歲〔五〕。

七月，魏師來伐神高。八月，石城、遼東、營丘、成周四郡並降魏。九月，魏師引還，徙民四萬餘户而西。

尚書郭緣勸弘送款獻女於魏，乞爲附庸，保守宗廟。弘曰：「負釁在前，忿形已露，降附取死，不如守志，更圖所適也。」弘黜長樂公崇，使鎮肥如。崇遣弟樂陵公邈如降魏，世祖拜崇遼西王。弘使別將封羽率衆圍崇於遼西〔六〕。「尚書郭緣」以下依魏書補，下同。

癸酉。三年　世祖遣撫軍大將軍永昌王健督諸軍救遼西〔七〕。六月，魏永昌王健來伐。樓教別將五千騎圍凡城，封羽以城迎降〔八〕。

甲戌。四年　弘遣尚書高顒請罪於魏，乞以季女充奉掖庭。世祖許之，乃徵太子王仁入朝。弘不遣太子王仁質魏，散騎常侍劉訓諫，弘大怒，殺之〔九〕。

乙亥。五年　四月，遣右衛孫德乞師於宋。

世祖遣驍騎大將軍樂平王丕來伐。弘日就蹙削，上下危懼，太常楊崏勸弘請罪乞降，速送太子入侍，弘不聽〔一〇〕。

十二月，又遣尚書陽伊請迎於句麗。

丙子。六年　三月，端門崩。

四月，魏又遣侍中建興公虞弼〔一一〕、東平公鵜青來伐，攻克白狼。復遣使求迎於高麗〔一二〕。高麗將葛居盧〔一三〕、孟光率衆數萬，隨陽伊來迎，屯於臨川。尚書令郭生因民之憚遷，開門而引魏軍。此句亦見通鑑考異〔一四〕。魏軍疑而不赴，生遂勒衆攻弘。弘引高麗兵入自東門，與生戰於闕下，生中流矢卒。高麗軍既入城，取武庫甲以給其衆，城内美女皆爲高麗軍人所掠。

五月乙卯，弘率和龍見三字一作「龍城萬」。户東徙〔一五〕，焚燒宫殿，火一旬不絶。令婦人被甲居中，陽伊等勒精兵於外，葛居、孟光率騎後殿，方軌而進，前後八十餘里。魏軍追至遼水，不擊而還，遣使徵弘於高麗。

後二年，爲高麗所殺。初，弘至遼東，高麗王遣使勞之曰：「龍城王馮君爰適野次，士馬勞乎？」弘慚怒，稱制答讓之，高麗王乃處之於平郭，尋徙北豐。弘素侮高麗，政刑賞罰，猶如其國。高麗王奪其侍人，取其太子王仁爲質。弘忿怨之，高麗殺之於北豐，子孫同時死者十餘人〔一六〕。僞謚昭成皇帝。

自馮跋太平元年歲在己酉，至弘滅亡之歲丙子，二十八載。

馮素弗

馮素弗，跋之長弟也。慷慨有大志，姿貌魁偉，雄傑不羣，任俠放蕩，不修小節，故時人未知奇，惟王齊異焉，曰：「撥亂才也。」惟交結時豪爲務，不以産業經懷。弱冠自詣慕容熙尚書左丞韓業請婚，業怒而距之。復求尚書郎高邵女，邵亦弗許。南宮令成藻豪俊有高名，素弗造焉，藻命門者勿納，素弗逕入，與藻對坐，旁若無人，談飲連日。藻始奇之，曰：「吾遠求騏驥，不知近在東鄰，何識子之晚也！」當世俠士莫不歸之。及熙僭號，爲侍御郎、小帳下督。

跋之僞業，素弗所建也。及爲宰輔，謙虚恭慎，非禮不動，雖廝養之賤，皆與之抗禮。車服屋宇，務於儉約，修己率下，百僚憚之。初爲京尹，及鎮營丘，百姓歌之。常謂韓業曰：「君前既不顧，今將自取，何如？」業拜而陳謝。素弗曰：「既往之事，豈復與君計之！」然待業彌厚。好存亡繼絶，申拔舊門，問侍中陽哲曰：「秦趙勳臣子弟，今何在乎？」哲曰：「皆在中州，惟桃豹孫鮮在焉。」素弗召爲左常侍。論者歸其有宰衡之度。

跋之七年死。跋哭之哀慟，比葬，七臨之。載記小傳。

校勘記

〔一〕本傳事入劉宋，載記無，湯球以纂録爲本，綴補他書。以下見於纂録、偏霸部者及原注已明出處者不出校。

〔二〕仍爲領軍内掌禁衛外總朝政　偏霸部無，見屠本卷九九、魏書卷九七馮跋傳。

〔三〕以姚昭爲大司馬至四十餘人　偏霸部無，見御覽卷八七六引。

〔四〕鼠集城西　纂録、偏霸部句上有「六月」。

〔五〕又有狼夜繞城羣嘷如是終歲　偏霸部無，見屠本卷九九、魏書卷九七馮跋傳。

〔六〕尚書郭緣至遼西　按原注云「依魏書補」，文句實節引自屠本卷九九，事亦見魏書卷九七馮跋傳。

〔七〕世祖遣撫軍大將軍永昌王健督諸軍救遼西　見屠本卷九九、魏書卷九七馮跋傳。按下句「六月，魏永昌王健來伐」本纂録，此似與之一事重出。

〔八〕樓教至迎降　偏霸部無，見屠本卷九九，事亦見魏書卷九七馮跋傳。

〔九〕四年弘遣至殺之　偏霸部無，詳屠本卷九九，亦見魏書卷九七馮跋傳。「散騎常侍」，「侍」字原無，據屠本、魏書補。

〔一〇〕世祖遣驍騎大將軍至弘不聽　偏霸部無，詳屠本卷九九，亦見魏書卷九七馮跋傳。

〔一二〕侍中建興公虞弼　「侍中」，原作「侍郎」，據偏霸部改。按此即古弼，宋書卷九五索虜傳作吐奚愛弼，爲侍中、建興公，具見魏書卷二八本傳。

〔一三〕復遣使求迎於高麗　偏霸部無，見屠本卷九九，事亦見魏書卷九七馮跋傳。

〔一三〕高麗將葛居盧　「高麗」，屠本卷九九、魏書卷九七馮跋傳同，偏霸部作「句麗」，下不具校。「葛居盧」，纂録、屠本同，偏霸部作「葛居」，魏書卷九七馮跋傳作「葛盧」。

〔一四〕尚書令郭生至引魏軍　通鑑卷一二三宋紀元嘉十三年語略同，考異云「從十六國春秋鈔」。

〔一五〕弘率和龍見户東徙　「和龍見」，纂録同，偏霸部作「龍城見」。纂録校云「三字一作『龍城萬』」。

〔一六〕初弘至遼東至十餘人　偏霸部無，詳屠本卷九九，亦見魏書卷九七馮跋傳。

十六國春秋輯補年表

	285 乙巳	286 丙午	287 丁未	288 戊申
晉	武帝太康六年	七年	八年	九年
前趙				
後趙				
前燕	初，慕容涉歸爲鮮卑單于，至是子廆嗣位稱公，寇遼西〔一〕。			
前秦				
後燕				
後秦				
南燕				
夏				
前涼				
蜀				
後涼				
西秦				
南涼				
西涼				
北涼				
北燕				

續表

	289 己酉	290 庚戌	291 辛亥	292 壬子	293 癸丑	294 甲寅	295 乙卯
晉	十年	惠帝永熙元年	元康元年	二年	三年	四年	五年
前趙	以劉淵爲匈奴北部都尉。	以淵爲五部大都督。					
後趙							
前燕	廆降，以爲鮮卑都督。〔三〕					廆徙居大棘城。	
前秦							
後燕							
後秦							
南燕							
夏							
前涼							
蜀							
後涼							
西秦							
南涼							
西涼							
北涼							
北燕							

續表

	296 丙辰	297 丁巳	298 戊午	299 己未	300 庚申	301 辛酉	302 壬戌
晉	六年	七年	八年	九年	永康元年	永寧元年	太安元年
前趙							
後趙							
前燕							
前秦							
後燕							
後秦							
南燕							
夏							
前涼						以張軌爲涼州刺史。	
蜀			李特入蜀。〔三〕			李特殺趙廞，據廣漢。	
後涼							
西秦							
南涼							
西涼							
北涼							
北燕							

續表

	303 癸亥	304 甲子	305 乙丑
晉	二年	永興元年	二年
前趙		淵自稱漢王，改元元熙。	二年
後趙			公師藩起兵，匐與汲桑赴之。桑名匐爲石勒。
前燕			
前秦			
後燕			
後秦			
南燕			
夏			
前涼			
蜀	李特自爲大將軍，改元建初。見殺，流代領其衆，陷郫城。流死，雄代領其衆，入成都。	雄自稱成都王，改元建興。	二年
後涼			
西秦			
南涼			
西涼			
北涼			
北燕			

續表

		306 丙寅	307 丁卯	308 戊辰	309 己巳
晉		光熙元年	懷帝永嘉元年	二年	三年
前趙		三年	四年	永鳳元年，稱帝。	河瑞元年
後趙			石勒降漢。		
前燕			廆自爲鮮卑大單于。		
前秦					
後燕					
後秦					
南燕					
夏					
前涼					
蜀		晏平元年，稱帝，國號大成。	二年	三年	四年
後涼					
西秦					
南涼					
西涼					
北涼					
北燕					

續表

公元	干支	晉	前趙	後趙	前燕	前秦	後燕	後秦	南燕	夏	前涼	蜀	後涼	西秦	南涼	西涼	北涼	北燕
310	庚午	四年	聰光熙元年			蒲洪自稱略陽公。						五年						
311	辛未	五年	嘉平元年，陷洛陽。									玉衡元年						
312	壬申	六年	二年	勒據襄國。				姚弋仲自稱扶風公。〔四〕				二年						
313	癸酉	愍帝建興元年	三年	勒克鄴。								三年						

續表

	314 甲戌	315 乙亥	316 丙子	317 丁丑	318 戊寅
晉	二年	三年	四年	元帝建武元年	太興元年
前趙	四年。十一月改建元元年。綱目推下一年。	二年	麟嘉元年	二年	三年，聰卒。子粲立，靳準殺之。衆推曜爲主，稱光初元年。
後趙					
前燕					以廆爲大單于。
前秦					
後燕					
後秦					
南燕					
夏					
前涼	以張軌爲涼州牧，軌卒。	張寔元年	二年	三年。猶稱建興五年。	四年
蜀	四年	五年	六年	七年	八年
後涼					
西秦					
南涼					
西涼					
北涼					
北燕					

續表

	319 己卯	320 庚辰	321 辛巳	322 壬午
晉	二年	三年	四年	永昌元年
前趙	二年，漢改號趙。	三年	四年	五年
後趙	勒稱趙王元年。	二年	三年	四年
前燕		以廆爲平州刺史。	以廆爲遼東公。	
前秦				
後燕				
後秦				
南燕				
夏				
前涼	五年	六年，寔被殺。弟茂立，改年永元。	茂永元元年。茂、駿、重華、玄靚皆踰年稱元，綱目推上一年〔五〕。	二年
蜀	九年	十年	十一年	十二年
後涼				
西秦				
南涼				
西涼				
北涼				
北燕				

續表

	323 癸未	324 甲申	325 乙酉	326 丙戌	327 丁亥
晉	明帝太寧元年	二年	三年	成帝咸和元年	二年
前趙	六年	七年	八年	九年	十年
後趙	五年	六年	七年	八年	九年
前燕					
前秦					
後燕					
後秦	趙封弋仲爲平襄公。〔六〕				
南燕					
夏					
前涼	三年，趙封茂爲涼王。	四年，茂卒。子駿立，改年太元。	太元元年。説見前。	二年	三年
蜀	十三年	十四年	十五年	十六年	十七年
後涼					
西秦					
南涼					
西涼					
北涼					
北燕					

	328 戊子	329 己丑	330 庚寅	331 辛卯	332 壬辰
晋	三年	四年	五年	六年	七年
前趙	十一年，曜被勒擒。	十二年，曜子熙被殺，前趙亡。僭號凡二十六載〔七〕。			
後趙	太和元年		勒建平元年，稱帝。	二年	三年
前燕					
前秦					
後燕					
後秦					
南燕					
夏					
前涼	四年	五年	六年，趙以駿爲涼州牧，不受。	七年	八年
蜀	十八年	十九年	二十年	二十一年	二十二年
後涼					
西秦					
南涼					
西涼					
北涼					
北燕					

續表

	333 癸巳	334 甲午	335 乙未	336 丙申	337 丁酉
晉	八年	九年	咸康元年	二年	三年
後趙	四年，勒卒。子弘立，改年延熙。	弘延熙元年，虎弑之，自稱居攝天王。	虎建武元年，還都鄴。	二年	三年，虎稱趙天王。
前燕	廆卒，子皝立。	皝元年，晉以爲遼東公。	二年	三年	四年，皝自稱燕王。
前秦	苻洪自稱雍州刺史。				
後燕					
後秦					
南燕					
夏					
前涼	九年	十年	十一年	十二年	十三年
蜀	二十三年	二十四年，雄卒。子班立，越殺之，立期。	期玉恒元年。	二年	三年，期被廢，自殺。
後涼					
西秦					
南涼					
西涼					
北涼					
北燕					

續表

	338 戊戌	339 己亥	340 庚子	341 辛丑	342 壬寅
晉	四年	五年	六年	七年	八年
後趙	四年	五年	六年	七年	八年
前燕	五年	六年	七年	八年，封皝爲燕王。	九年，遷都龍城。
前秦	趙封洪爲西平郡公〔八〕。				
後燕					
後秦					
南燕					
夏					
前涼	十四年	十五年	十六年	十七年	十八年
蜀	壽漢興元年，改號漢。	二年	三年	四年	五年
後涼					
西秦					
南涼					
西涼					
北涼					
北燕					

續表

	343 癸卯	344 甲辰	345 乙巳	346 丙午	347 丁未
晉	康帝建元元年	二年	穆帝永和元年	二年	三年
後趙	九年	十年	十一年	十二年	十三年
前燕	十年	十一年	十二年	十三年	十四年
前秦					
後燕					
後秦					
南燕					
夏					
前涼	十九年	二十年	二十一年，駿自稱涼王〔九〕。	二十二年，駿卒。子重華立，改年永樂。	永樂元年，晉以重華爲西平公。
蜀	六年，壽卒，子勢立。	勢太和元年	二年	嘉寧元年	三年，勢降晉，國亡。凡四十七年。
後涼					
西秦					
南涼					
西涼					
北涼					
北燕					

續表

	348 戊申	349 己酉	350 庚戌
晉	四年	五年	六年
後趙	十四年	太寧元年〔一〇〕，稱帝。虎卒，子世立，遵殺世，鑒又殺遵。	石閔殺鑒，自立，改國號魏，稱永興元年。石祗稱帝襄國，改永寧元年。
前燕	十五年，皝卒，子儁立。	儁元年	二年，拔薊，都之。
前秦		趙封洪爲略陽郡公。	晉以洪爲廣川郡公，洪自稱三秦王，改姓苻。
後燕			
後秦		虎封弋仲爲西平郡公。	
南燕			
夏			
前涼	二年	三年，重華自稱涼王。	四年
後涼			
西秦			
南涼			
西涼			
北涼			
北燕			

續表

	351 辛亥	352 壬子	353 癸丑	354 甲寅
晉	七年	八年	九年	十年
後趙	二年，殺祗，趙亡。	三年，燕破閔，殺之。魏亡。		
前燕	三年〔一一〕	儁元璽元年，稱帝。	二年	三年
前秦	健自稱秦天王，改皇始元年。	二年	三年	四年
後燕				
後秦	晉封弋仲爲高陵郡公。	弋仲卒，子襄來歸。		
南燕				
夏				
前涼	五年	六年	七年，進重華爲涼州牧，卒〔一二〕。子靈曜立，祚廢之，自爲涼公。	祚和平元年，自稱涼王。
後涼				
西秦				
南涼				
西涼				
北涼				
北燕				

續表

	355 乙卯	356 丙辰	357 丁巳	358 戊午
晉	十一年	十二年	升平元年	二年
前燕	四年	五年	光壽元年，徙都鄴。	二年
前秦	五年，健卒。子生立，改壽光元年，稱帝。	二年	三年，生被殺。堅永興元年，去帝號，稱大秦天王〔三〕。	二年
後燕				
後秦	襄自稱大單于。		襄爲秦所殺，弟萇降。	
南燕				
夏				
前涼	二年，祚被殺。立玄靚爲主，去年號，猶稱建興四十三年。	太始元年	二年	三年
後涼				
西秦				
南涼				
西涼				
北涼				
北燕				

續表

	359 己未	360 庚申	361 辛酉	362 壬戌	363 癸亥
晉	三年	四年	五年	哀帝隆和元年	興寧元年
前燕	三年	四年，儁卒。子暐立，改建熙元年。	二年	三年	四年
前秦	甘露元年	二年	三年	四年	五年
後燕					
後秦					
南燕					
夏					
前涼	四年	五年	六年，奉升平之號，以玄靚爲西平公〔一四〕。	七年	八年，天錫弒玄靚自立。
後涼					
西秦					
南涼					
西涼					
北涼					
北燕					

續表

	364 甲子	365 乙丑	366 丙寅	367 丁卯	368 戊辰	369 己巳	370 庚午
晉	二年	三年	廢帝奕太和元年	二年	三年	四年	五年
前燕	五年	六年	七年	八年	九年	十年	十一年，爲秦所滅而亡。凡八十五年。
前秦	六年	建元元年	二年	三年	四年	五年	六年
後燕							
後秦							
南燕							
夏							
前涼	天錫元年	二年	三年	四年	五年	六年	七年
後涼							
西秦							
南涼							
西涼							
北涼							
北燕							

續表

	371 辛未	372 壬申	373 癸酉	374 甲戌	375 乙亥
晉	簡文帝咸安元年	二年	孝武帝寧康元年	二年	三年
前秦	七年	八年	九年	十年	十一年
後燕					
後秦					
南燕					
夏					
前涼	八年	九年	十年	十一年	十二年
後涼					
西秦					
南涼					
西涼					
北涼					
北燕					

續表

公元	干支	晉				前秦	後燕	後秦	南燕	夏	前涼		後涼	西秦	南涼	西涼	北涼	北燕
376	丙子	太元元年				十二年					十三年，降秦而亡。凡七十六年。							
377	丁丑	二年				十三年												
378	戊寅	三年				十四年												
379	己卯	四年				十五年												
380	庚辰	五年				十六年												
381	辛巳	六年				十七年												
382	壬午	七年				十八年												

	383 癸未	384 甲申	385 乙酉	386 丙戌	387 丁亥
晉	八年	九年	十年	十一年	十二年
魏				魏太祖道武登國元年	二年
前秦	十九年	二十年	二十一年，堅被殺。子丕太安元年。	二年，丕被殺。登太初元年，稱帝。	二年
後燕	慕容垂自稱燕王。	燕元元年	二年，垂定都中山。	建興元年，稱帝。	二年
後秦		姚萇白雀元年，自稱秦王〔一五〕。	二年	建初元年〔一六〕，稱帝。	二年
南燕					
夏					
後涼			呂光入姑臧，自稱涼州刺史。	光太安元年，自稱酒泉公。	二年
西秦	乞伏國仁據隴右。		國仁建義元年，自稱單于。	二年	三年
南涼					
西涼					
北涼					
北燕					

續表

續表

	388 戊子	389 己丑	390 庚寅	391 辛卯	392 壬辰	393 癸巳
晉	十三年	十四年	十五年	十六年	十七年	十八年
魏	三年	四年	五年	六年	七年	八年
前秦	三年	四年	五年	六年	七年	八年
後燕	三年	四年	五年	六年	七年	八年
後秦	三年	四年	五年	六年	七年	八年，萇卒，子興立。
南燕						
夏						
後涼	三年	麟嘉元年，自稱三河王。	二年	三年	四年	五年
西秦	四年，仁卒。弟乾歸太初元年。	二年	三年	四年	五年	六年
南涼						
西涼						
北涼						
北燕						

續表

	394 甲午	395 乙未	396 丙申	397 丁酉
晉	十九年	二十年	二十一年	安帝隆安元年
魏	九年	十年	皇始元年	二年
前秦	九年，登敗死。子崇延初元年，國亡。凡四十四年。			
後燕	九年	十年	十一年，垂卒。子寶永康元年。	二年
後秦	皇初元年	二年	三年	四年
南燕				
夏				
後涼	六年	七年	龍飛元年，自稱涼天王。	二年
西秦	七年，自稱秦王。	八年	九年	十年
南涼				禿髮烏孤太初元年，自
西涼				
北涼				段業神璽元年〔一七〕
北燕				

續表

		398 戊戌	399 己亥
晉		二年	三年
魏		天興元年	二年
後燕		三年，寶被弒。子盛建平元年，稱帝。	長樂元年
後秦		五年	弘始元年
南燕		慕容德元年〔一八〕，徙居滑臺，稱王。	二年，入廣固。
夏			
後涼		三年	四年，光卒，子紹立。纂殺而代之，稱咸寧元年。
西秦		十一年	十二年
南涼	稱西平王。	二年	三年，烏孤卒。弟利鹿孤立，徙治西平。
西涼			
北涼		二年	業稱涼王，改元天璽。
北燕			

續表

	400 庚子	401 辛丑	402 壬寅
晉	四年	五年	元興元年
魏	三年	四年	五年
後燕	二年	三年，盛卒。熙光始元年。	二年
後秦	二年	三年	四年
南燕	建平元年，稱帝。	二年	三年
夏			
後涼	二年	三年，篡被殺。隆神鼎元年。	二年
西秦	十三年，失國，奔長安。	十四年，還鎮宛川。	十五年
南涼	建和元年	二年	三年，利鹿孤卒。弟傉檀弘昌元年〔一九〕。
西涼	李暠庚子元年，稱涼公。	二年	三年
北涼	二年	蒙遜永安元年，稱張掖公。	二年
北燕			

續表

	403 癸卯	404 甲辰	405 乙巳	406 丙午
晉	二年	三年	義熙元年	二年
魏	六年	天賜元年	二年	三年
後燕	三年	四年	五年	六年
後秦	五年	六年	七年	八年
南燕	四年	五年	六年，德卒。兄子超太上元年。	二年
夏				
後涼	三年，隆入秦，涼亡。凡十九年。			
西秦	十六年	十七年	十八年	十九年
南涼	二年	三年，去年號。	四年	五年，秦以傉檀爲涼州刺史守姑臧。
西涼	四年	五年	建初元年，徙都酒泉。	二年
北涼	三年	四年	五年	六年
北燕				

續表

	407 丁未	408 戊申	409 己酉
晉	三年	四年	五年
魏	四年	五年	太宗永興元年
後燕	建始元年。高雲殺熙，自立爲天王，稱正始元年。	二年	三年，雲被殺，國亡。凡二十四年。
後秦	九年	十年	十一年
南燕	三年	四年	五年
夏	赫連勃勃龍昇元年〔二〇〕	二年	三年
西秦	二十年	二十一年	更始元年，復稱王〔二二〕。
南涼	六年	嘉平元年，復稱王〔二一〕。	二年
西涼	三年	四年	五年
北涼	七年	八年	九年
北燕			馮跋太平元年，自稱天王。

續表

	410 庚戌	411 辛亥	412 壬子
晉	六年	七年	八年
魏	二年	三年	四年
後秦	十二年	十三年	十四年
南燕	六年，超被執，國亡。凡十一年。原誤推上一年。		
夏	四年	五年	六年
西秦	二年	三年，復降於秦。	四年，乾歸被弑。子熾磐永康元年。
南涼	三年，還樂都。	四年	五年
西涼	六年	七年	八年
北涼	十年	十一年，拔姑臧。	十二年，十月，還姑臧，自稱河西王，改玄始元年。
北燕	二年	三年	四年

續表

	413 癸丑	414 甲寅	415 乙卯	416 丙辰
晉	九年	十年	十一年	十二年
魏	五年	神瑞元年	二年	泰常元年
後秦	十五年	十六年	十七年	十八年，興卒。子泓永和元年。
夏	鳳翔元年	二年	三年	四年
西秦	二年	三年	四年	五年
南涼	六年	七年，爲西秦所滅。凡十八年。		
西涼	九年	十年	十一年	十二年
北涼	二年	三年	四年，稱藩於晉。	五年
北燕	五年	六年	七年	八年

續表

	417 丁巳	418 戊午	419 己未	420 庚申
晉	十三年	十四年	恭帝元熙元年	二年，亡。宋高祖永初元年。
魏	二年	三年	四年	五年
後秦	二年，降晉，國亡。凡三十三年，原誤推上一年。			
夏	五年	昌武元年，稱帝。	真興元年。	二年
西秦	六年	七年	建弘元年。綱目推下一年。	二年
西涼	十三年，暠卒。子歆嘉興元年。	二年	三年，歆爲蒙遜所滅〔二三〕。	恂入敦煌，稱刺史，改永建元年〔二五〕。
北涼	六年	七年，以蒙遜爲涼州刺史。	八年，克酒泉〔二四〕。	九年
北燕	九年	十年	十一年	十二年

續表

	421 辛酉	422 壬戌	423 癸亥	424 甲子	425 乙丑
宋	二年	三年	宋景平元年	文帝元嘉元年	二年
魏	六年	七年	八年	世祖太武始光元年	二年
夏	三年	四年	五年	六年	七年，勃勃卒。子昌承光元年。
西秦	三年	四年	五年	六年	七年
西涼	恂被殺。唐契據晉昌，李寶逃歸之〔二六〕。		北涼克晉昌，李寶奔伊吾〔二七〕。共二十四年。		
北涼	十年	十一年	十二年	十三年	十四年
北燕	十三年	十四年	十五年	十六年	十七年

續表

	426 丙寅	427 丁卯	428 戊辰	429 己巳	430 庚午
宋	三年	四年	五年	六年	七年
魏	三年	四年	神䴥元年	二年	三年
夏	二年	三年	四年，昌被魏擒。弟定勝光元年，稱帝平涼〔二八〕。	二年	三年
西秦	八年	九年，熾磐卒，子暮末立。	永弘元年	二年	三年
西涼					
北涼	十五年	十六年	承玄元年	二年	三年
北燕	十八年	十九年	二十年	二十一年	二十二年，跋卒。弘殺太子翼自立。

續表

	431 辛未	432 壬申	433 癸酉	434 甲戌	435 乙亥
宋	八年	九年	十年	十一年	十二年
魏	四年	延和元年	二年	三年	太延元年
夏	四年，爲吐谷渾所襲，國亡。凡二十五年。				
西秦	四年，爲夏所滅，國亡。凡四十七年。				
西涼					
北涼	義和元年	二年	三年，蒙遜卒。子茂虔永和元年。	二年	三年
北燕	太興元年	二年	三年	四年，稱藩於魏〔二九〕。	五年，稱藩於宋〔三〇〕。

續表

	436 丙子	437 丁丑	438 戊寅	439 己卯
宋	十三年	十四年	十五年	十六年
魏	二年	三年	四年	五年
西涼				
北涼	四年	五年，遣子入侍於魏，復遣使如宋。	六年	七年，茂虔降魏，國亡。凡三十九載〔三一〕。保周據張掖〔三二〕，無諱還據酒泉〔三三〕。
北燕	六年，弘奔高麗，國亡。凡二十八年。			

續表

	440	441	442	443
	庚辰	辛巳	壬午	癸未
宋	十七年	十八年	十九年	二十年
魏	太平真君元年	二年	三年	四年
西涼			李寶入據敦煌，魏以爲敦煌公。	
北涼	魏殺保周〔三四〕。無諱以酒泉降，以爲酒泉王〔三五〕。	魏討酒泉，無諱引衆西行。	無諱據高昌，宋以爲河西王〔三六〕。	

續表

	444 甲申
宋	二十一年
魏	五年
西涼	李寶入朝於魏，魏留之。
北涼	無諱卒。弟安周代立，宋以爲河西王〔三七〕。後爲柔然所并。

校勘記

〔一〕初慕容涉歸至寇遼西　本書卷二三前燕録、纂録云晉太康五年慕容廆立，御覽偏霸部誤「五」爲「元」。通鑑卷八一廆立及寇遼西在太康六年。又，本書卷二三前燕録、載記、偏霸部、通鑑、通鑑綱目並不言慕容廆此時稱公。

〔二〕廆降以爲鮮卑都督　本書卷二三前燕録、載記皆未言何年，通鑑卷八二事在晉太康十年。

〔三〕李特入蜀　本書卷七六蜀録未言何年，通鑑卷八二事在晉元康八年。

〔四〕姚弋仲自稱扶風公　本書卷四九後秦録、載記未言何年，通鑑卷八八事在晉永嘉六年。

〔五〕綱目推上一年　按綱目無茂、駿、重華、玄靚年號，汪克寬綱目考異以爲當補注。

〔六〕趙封弋仲爲平襄公　通鑑卷九二在晉太寧元年，本書卷四九後秦録、載記云「劉曜之平陳安也」。

〔七〕僭號凡二十六載　「六」，偏霸部同，本書卷八前趙録正文、載記作「七」。

〔八〕西平郡公　「西平」原作「平西」，據本書卷三一前秦録、載記、偏霸部乙正。

〔九〕二十一年駿自稱涼王　本書卷七〇前涼録、偏霸部但云「始置百官，官號皆擬天朝，車服旌旗，一如王者」。魏書卷九九亦有此事，且言私署假涼王。通鑑卷九七事在晉永和元年。

〔一〇〕太寧元年　「太寧」，載記同，本書卷一九後趙録、偏霸部作「大寧」。

〔一一〕三年　原無，據本書卷二六前燕録補。

〔一二〕七年進重華爲涼州牧卒　本書卷七一前涼録，進重華爲涼州牧在重華永樂六年，重華卒在七年。通鑑卷九九、通鑑綱目二事在並在晉永和九年。

〔一三〕大秦天王　「大」字原無，據本書卷三三前秦録、載記、偏霸部補。

〔一四〕以玄靚爲西平公　本書卷七二前涼録無此事。晉書卷八哀帝紀、通鑑卷一〇一事在晉升平五年。

〔一五〕自稱秦王　「秦王」，通鑑綱目同，本書卷五〇後秦録、載記、偏霸部皆作「萬年秦王」。

〔一六〕建初元年　「建初」，原作「建興」，據本書卷五〇後秦録、載記、偏霸部改。

〔一七〕段業神璽元年　按本書卷九五北涼録，是時段業稱涼州牧、建康公。

〔一八〕慕容德元年　本書卷五八南燕録作「燕元年」。

〔一九〕弟傉檀弘昌元年　按本書卷九〇南涼録，傉檀號涼王，秦遣使拜傉檀廣武公。

〔二〇〕赫連勃勃龍昇元年　「龍昇」，原作「龍升」，據本書正文改。

〔二一〕嘉平元年復稱王　按本書卷九〇南涼録，傉檀弘昌三年去年號，四年秦授傉檀涼州刺史，廣武公如故，是時復稱涼王，改元嘉平。

〔二二〕更始元年復稱王　謂稱秦王，見本書卷八六西秦録。

〔二三〕三年歆爲蒙遜所滅　本書卷九二西涼録以明年（庚申）爲嘉興四年，歆滅事在四年。通鑑卷一一九亦繫蒙遜滅李歆於明年。

〔二四〕八年克酒泉　克酒泉即滅李歆，本書卷九六北涼録，事在沮渠蒙遜玄始九年庚申歲。參校勘記〔二三〕。

〔二五〕恂入敦煌稱刺史改永建元年　本書卷九二西涼録未言何年。通鑑卷一一九事在宋永初元年。

〔二六〕恂被殺唐契據晉昌李寶逃歸之　本書卷九二西涼録未言何年。本書卷九六北涼録在沮渠蒙遜玄始十年辛酉歲，通鑑卷一一九事亦在是年。

〔二七〕北涼克晉昌李寶奔伊吾　本書卷九二西涼録未言何年。通鑑卷一一九事在宋景平元年。北涼克晉昌，本書卷九六北涼録在沮渠蒙遜玄始十一年壬戌歲。

〔二八〕稱帝平涼　「平涼」，通鑑卷一二一、通鑑綱目同，本書卷六六夏録、偏霸部作「平原」。

〔二九〕四年稱藩於魏　本書卷一〇〇北燕録，馮弘太興四年「遣尚書高顒請罪於魏」。通鑑綱目，宋元嘉十一年「燕王弘稱藩于魏」。

〔三〇〕五年稱藩於宋　本書卷一〇〇北燕録，馮弘太興五年「遣右衛孫德乞師於宋」。通鑑綱目，宋元嘉十二年「燕王弘稱藩于宋」。

〔三一〕凡三十九載　本書卷九七北涼録以明年庚辰歲爲永和八年，謂北涼「至是歲庚辰，三十九載」。偏霸部，茂虔永和七年降魏，後云：「八年賜死，謚哀王。自遜永安元年歲在辛丑，至是歲庚寅，三十九載。」

〔三二〕保周據張掖　非北涼事。保周謂秃髮保周，南涼秃髮傉檀子，降魏爲張掖王。魏書卷四世祖紀，魏太延五年十月「癸亥，遣張掖王秃髮保周諭諸部鮮卑，保周因率諸部叛於張掖。」魏太平真君元年七月，保周敗逃自殺。

〔三三〕無諱還據酒泉　本書卷九七北涼録未言何年。宋書卷九八氐胡傳、通鑑卷一二三事在宋元嘉十七年。

〔三四〕魏殺保周　非北涼事，參校勘記〔三二〕。

〔三五〕無諱以酒泉降以爲酒泉王　魏書卷四世祖紀，通鑑卷一二三，無諱以酒泉降魏在魏太平真君元年八月，以爲酒泉王在二年正月。

〔三六〕無諱據高昌宋以爲河西王　本書卷九七北涼録未言何年。宋書卷九八氐胡傳、通鑑卷一二四事在宋元嘉十九年。

〔三七〕無諱卒至弟安周代立宋以爲河西王　本書卷九七北涼録未言何年。宋書卷九八氐胡傳、通鑑卷一二三事在宋元嘉二十一年。

附 録

續修四庫全書總目提要

十六國春秋輯補百卷 家刻本

徐世章撰

清湯球輯補。案魏崔鴻所著十六國春秋，隋志一百卷，唐志一百二十卷。至宋元間，其書已佚。崇文總目及晁、陳諸家皆不載此書。明屠喬孫、項琳等乃僞託鴻名，撰成百卷。球潛心著述，更刺取各書所引舊文，輯成是書，并録晉書載記、列傳及宋魏兩書以補其闕，又撰年表冠於首篇，經緯秩然。十六國先後敘次，一依鴻傳。正其違謬，校其異同，遂使散亡之籍，頓還舊觀。此書出而屠書可廢矣。

十六國春秋輯補一百卷附纂録十卷 廣雅書局本

江瀚撰

魏崔鴻撰，清湯球輯補。球字伯玕，安徽黟人。球嘗從同縣俞正燮、汪文臺游，潛心經術，多聞强識。魏書崔鴻傳，子子元「後永安中乃奏其父書曰：『乃刊著趙、燕、秦、夏、涼、蜀等遺載，爲之贊序，褒貶評論。唯有李雄蜀書搜索未獲，闕兹一國，遲留未成。去正光三年，購訪始得，討論適訖，而先臣棄世。凡十六國，名爲春秋，一百二卷。』」隋書經籍志，「魏崔鴻十六國春秋一百卷」、「纂録一十卷」，舊唐書經籍志，「崔鴻十六國春秋一百二十卷」，無纂録，唐書藝文志同。崇文總目始不著録，蓋亡于北宋。清四庫全書有十六國春秋一百卷，提要云：「舊本題崔鴻撰，實則明嘉興屠喬孫、項琳之僞本也。」又有别本十六國春秋十六卷，載何鏜漢魏叢書中，其出在屠喬孫本之前。提要以崇文總目有十六國春秋略二卷，疑或屬後人節録鴻書，亦未可定。而球則謂鴻書百卷，久已放佚，幸纂録本尚可概見於漢魏叢書中，四庫總目以爲别本，未免失檢，因取與北齊修文殿御覽偏霸部互相校讎，小有異同，則加考訂，補正脱誤，使成完書。故是編補輯，即以爲底本，多依晉書傳記録補。其十六國次序，既不從纂録，又不從載記者，蓋緣魏書本傳謂鴻「以劉淵、石勒、慕容儁、苻健、慕容垂、姚萇、慕容德、赫連勃勃、張軌、李雄、吕光、乞伏國仁、秃髮烏孤、李暠、沮渠蒙遜、馮跋等，各有國書，未有統一，乃撰爲十六國春秋」，因以此爲前後爾。其全書編纂雖不及屠詳，而采集皆信而有徵。至所引北齊修文殿御覽一書，未見傳本。嚴可均鐵橋漫稿云「邢氏澍言漢中張姓藏有是書，邢非漫言者，余將老矣，不無想望。」今去嚴時又遠，褒沔之間屢遭兵火，其書豈復在人間歟！

十六國春秋纂録校本敘目

隋書經籍志云「崔鴻十六國春秋一百卷」，又云「纂録一十卷」，知隋時其書原有二本。百卷久已放佚，而纂録本則歷代流傳，尚概見於何鏜漢魏叢書中，幸何如也。惟其名不彰，故宋崇文總目以爲「十六國春秋略」，通鑑考異以爲「十六國春秋鈔」，其所引概與此書同。四庫簡明目録稱或即崇文、考異之書，而以爲别本十六國春秋，未免失檢隋書經籍志矣。其書編纂簡潔，故能行之久遠，但傳鈔屢經，不無删節及脱誤難讀之處。又幸北齊修文殿御覽曾全載於偏霸部中，其編次前後概與此書同。可以兩相讎校。爰取二本之詳者以爲底本，其小異同則惟求其是，而注「一作某」，其有詳略則注「某節去」，或云「依某加」，以便檢閲。

雖不能云復原本之舊觀，亦可以覩古書之梗概。或曰與百卷不合，蓋此書原纂其録，所以國各爲録，豈必與百卷本同哉。參互攷訂，即纂録本，實信無疑。因定其一十卷之目，以列於後。

古黟湯球伯玕氏記。

十六國春秋纂録校勘記跋

崔鴻十六國春秋纂録，隋志十卷，宋崇文總目以爲十六國春秋略，通鑑考異以爲十六國春秋鈔，即隋志所題之纂録也。古黟湯先生伯玕據何鏜漢魏叢書所刊及北齊修文殿御覽互相校讎，録爲定本，小有異同，則加考訂，以求其是而復其舊，補正脱誤，使成完書。糾謬拾遺，厥功甚偉。今修文殿御覽已佚，嚴先生可均云：「邢氏澍爲余言，漢中張姓藏有是書，邢非謾言者，余將老矣，不無想望。」（見鐵橋漫稿卷八。）是嘉道間尚有傳本，而嚴未見也。湯先生與汪氏文臺、俞氏正燮游，時當承平，歙士大夫，家多藏書，或得借校，故敘目中，深以爲幸。自經兵火，此本豈復在天壤耶。宋太平御覽，即據修文殿御覽增訂而成，然鮑刻御覽與此本多有異同，即王謨漢魏叢書，亦非何鏜本之舊。兹檢二書，詳加校勘，别記簡末，藉以考證得失，使讀者知定本足貴，並可正鮑刻、王刻之誤云。

光緒甲午涂月陽湖後學吴翊寅。

中國史學基本典籍叢刊　書目

穆天子傳匯校集釋
國語集解
吴越春秋輯校彙考
越絶書校釋
西漢年紀
兩漢紀
漢官六種
東觀漢記校注
校補襄陽耆舊記（附南雍州記）
十六國春秋輯補
洛陽伽藍記校箋
建康實録
荆楚歲時記
大唐創業起居注箋證（附壺關録）
貞觀政要集校（修訂本）
唐六典
鑾書校注
十國春秋
皇朝編年綱目備要
皇宋十朝綱要校正
隆平集校證
宋史全文
宋太宗皇帝實録校注
金石録校證
丁未録輯考
靖康稗史箋證
中興遺史輯校
鄂國金佗稡編續編校注
皇宋中興兩朝聖政輯校
中興兩朝編年綱目
續宋中興編年資治通鑑
續編兩朝綱目備要

宋季三朝政要箋證
宋代官箴書五種
契丹國志
西夏書校補
大金弔伐録校補
大金國志校證
聖武親征録（新校本）
元朝名臣事略
明本紀校注
皇明通紀
明季北略
明季南略
國初群雄事略
三朝遼事實録
小腆紀年附考
小腆紀傳
史略校箋
廿二史劄記校證
通鑑地理通釋